외대역사문화연구총서 15
한국 근현대 기록관리

이영학 지음

저자 이 영 학(李永鶴)

· 서울대학교 인문대학 국사학과 학사 · 석사 · 박사
· 현재 한국외국어대학교 인문대학 사학과 겸
　　　　　　　　대학원 정보 · 기록학과 교수
· 한국역사연구회 회장(2001~2003)
· 한국기록학회 회장(2008~2009)

· 주요 논저
　『일제의 조선 관습조사 자료 해제II』(공저, 혜안, 2019)
　『한국근대 연초산업 연구』(신서원, 2013)
　『일제의 창원군 토지조사사업』(공저, 선인, 2013)
　『현대기록학산책』(공저, 다해, 2012)

한국외국어대학교 인문대학 사학과와 대학원 정보 · 기록학과에 재직 중이다.
한국근대 산업사와 한국근현대 기록관리를 강의하고 연구하고 있다.

외대 역사문화 연구총서 15
한국 근현대 기록관리

2019년 8월 28일 초판 1쇄 인쇄
2019년 8월 30일 초판 1쇄 발행

지은이 ■ 이영학
펴낸이 ■ 정용국
펴낸곳 ■ (주)신서원
서울시 서대문구 냉천동 260 동부센트레빌 아파트 상가동 202호
전화 : (02)739-0222·3 팩스 : (02)739-0224
신서원 블로그 : http://blog.naver.com/sinseowon
등록 : 제300-2011-123호(2011.7.4)
ISBN 978-89-7940-344-2 93910
값 34,000원

신서원은 부모의 서가에서 자녀의 책꽂이로
'대물림'할 수 있기를 바라며 책을 만들고 있습니다.
잘못된 책이 있으면 연락주세요.

외대 역사문화 연구총서 15

한국근현대
R·E·C·O·R·D·S·M·A·N·A·G·E·M·E·N·T
기록관리

이영학 지음

• 책머리에

  이 책은 2001년 한국외국어대학교 대학원에 정보·기록관리학과[현재는 정보·기록학과]를 설립한 이후 19년 동안 기록학을 교육하면서 써온 글을 모은 것이다. 우리나라에 기록학이 소개된 것은 1999년「공공기관의 기록물 관리에 관한 법률」[공공기관기록물법으로 약칭]이 통과된 이후이다. 이 법률의 통과는 한국 국가기록관리의 정상적 발전의 틀을 세우는 디딤돌이 되었다. 법률 제정 이전에는 대통령 기록을 비롯한 공공기록의 폐기 내지 은닉이 공공연히 자행되었는데, 법률 제정 이후 그러한 관행들이 불법으로 규정되었다. 공공기관기록물법의 제정은 공무원 사회에 기록관리의 중요성을 제고하는 계기가 되었고, 그를 바탕으로 기록물분류기준표가 작성되면서 국가기록관리가 본격화하는 계기가 되었다.
  공공기관기록물법의 제정 이후 외국의 기록학이 소개되고 국내에 기록학 교육기관이 설립되기 시작하였다. 1999년에 목포대학교 대학원에 기록관리학과를 시발로, 2000년 명지대학교에, 2001년에 한국외국어대학교에 기록학과가 설립되면서 국내에 기록학이 교육되기 시작하였다.
  필자는 기록학의 교육과 활동에 참여하면서 고민이 많았다. 본업인 역사연구도 성실히 하지 못하면서, 기록학의 영역에 한 발을 딛고 교육과 활동을 하는 데 대하여 제대로 할 수 있을 것인가에 대한 번민도 컸다. 기록학의 영역은 매우 넓어 역사학, 문헌정보학, 행정학, 컴퓨터학 등이 복합적으로 어우러지는 융합학문 분야이다. 각 분야를 기본적으로 이해하여야 학생들을 가르칠 수 있었다. 필자는 초창기에 학생들과 함께 미국의 기록학 교양서나 번역본을 읽어가며 강의를 진행하였다. 학생들을 가르치면서 배우는 것이 더 많았다. 그러한 번민을 덜어준 것은 주위에서 같은 고민을 하고 있었던 기록학 동료들이었다. 동료들과 고민을 토로하면서 동병상련의 심정으로 기록학을 교육하고 서로 독려하였다. 초창기 그들과 함께 우리 사회의 기록학과 기록관리체계를 구축하는 일은 매우 힘들면서도 보람있는 일이었다.

2000년에 한국기록학회가 창립되었고, 안병우·김익한·이승휘 교수와 함께 학회의 터를 닦는데 노력하였다. 후에 설문원·이소연 교수 등 많은 교수들이 적극 참여하였다. 2003년 참여정부가 출범하면서 국가기록관리의 혁신이 추진되었다. 참여정부는 2004년에 정부혁신지방분권위원회 산하에 기록관리혁신전문위원회를 설치하고 국가기록관리의 개혁을 추진하였다. 그러한 개혁 정책이 정부내에서 잘 추진하고 있는가를 점검하는 혁신분권평가전문위원회에 2005년부터 3년간 설문원 위원과 함께 상임위원으로 참여하였다. 그 과정에서 정부 내에 기록관리 혁신이 진행되는 상황을 살펴보는 기회를 가졌으며, 많은 것을 배웠다. 그 후 2007년에 출범하는 국가기록관리위원회에서 국가기록관리정책에 대해 심의하는 기회를 가지면서 국가 전체의 기록관리를 생각해보게 되었다.

2008년 이명박정부에 들어와 기록관리의 후퇴와 파행이 행해졌다. 2010년에 국무총리실의 행정내부규제 개선회의에서 기록관리분야의 "보존기간 5년 이하의 기록 폐기 시, 기록평가심의회 생략"과 "기록물관리전문요원 자격에 기존의 석사학위 이상의 학력제한 완화" 등이 결정되어 시행령을 개정하려고 하자, 학계 및 관련단체 등 8개 단체가 '기록관리현안공동대책위원회'를 구성하여 대응하였다. 당시 기록관리학전공주임교수협의회 회장 자격으로 참석하여 활동하였다. 이명박정부는 전자는 시행령 개정을 철회하고, 후자는 유관분야 학사학위 이상자를 대상으로 1년의 교육을 받고 전문요원 자격시험 통과자에게도 기록물관리전문요원의 자격을 주기로 합의하였다.

　그 후 국가기록관리의 주요 사건들이 계속 터져 나왔다. 쌀 직불금 문제를 빌미로 한 '대통령 지정기록의 공개', '2007 남북정상회담의 대화록 공개' 등 대통령기록의 관리에 심각한 문제들이 불거졌다. 기록학계에서는 '대책위원회'를 구성하여 현안에 대해 계속 논의하며 입장을 표명하였다.

　그 중 기억에 남는 일은 참여정부 때 2005년부터 정부혁신지방분권위원회 산하 혁신분권평가전문위원회에 참여하면서 3년 동안 활동했던 일이다. 그 때 격주로 회의를 하면서 정부에서 기록관리를 어떻게 행하는가를 알게 되었다.

　이 책의 구성은 다음과 같다. 「제1부 한국근대 기록관리의 성립과 변천」에서는 한국근대 기록관리의 시작을 1894년 갑오정권의 기록관리정책이라고 보고 그 역사적 의의를 살펴보았다. 갑오정권의 기록관리정책은 중세적인 화이관을 벗어나 근대 민족국가를 지향한 것이라고 평가하였다. 근대 기록법령을 공포하고 공문서에 조선 독자의 연호를 사용하며, 사용문자를 한자 대신 국문 혹은 국한문으로 사용하도록 한 것을 평가한 것이었다. 다음으로 대한제국의 기록관리정책은 갑오정권의 기록관리정책을 계승한 것이라는 사실을 규명하였다.

　「제2부 일제의 침탈과 기록관리제도의 재편」에서는 일본제국주의가 조선을 침략해 들어오면서 산업조사와 기록의 조사를 통하여 조선을 장악해 가는 실상을 규명하고자 하였다. 1905년 러일전쟁에서 승리한 일본이 조선에 을사조약을 강요하고 통감부를 설치하면서 조선을 침략해 들어왔다. 일본은 역사기록과 현용기록을 파악 정리하면서 조선사에 대한 식민사관을 구축하고 영구히 다스리는 장기 전략을 구사하였다. 그 실상을 규명하고자 하였다.

　「제3부 한국현대사와 기록관리」에서는 한국근현대사의 흐름 속에서 기록관리정책이 실시되어온 과정과 참여정부의 기록관리정책에 대해서 고찰하였다. 해방 이후 대한민국 정부의 기록관리정책의 큰 변화를 추동한 것은 1999년 「공공기관의 기록관리에 관한 법률」 제정이었다. 법률 제정 이후 참여정부에서 정부혁신지방분권위원회 산하에 기록관리혁신전문위원회를 설치하고 행정부의 기록관리혁신을 추진한 실상을 살펴보았다.

「제4부 한국 현대 기록관리제도」에서는 한국 현대의 기록관리제도 중 새롭게 등장하였던 기록관리제도를 고찰하였다. 먼저 2007년에 제정된 「대통령 기록물관리에 관한 법률」의 내용과 역사적 의의를 고찰하였고, 지방자치의 활성화를 위해서는 지방기록관리가 문화운동으로 정착되어야 함을 지적하였다. 아울러 2005년에 본격적으로 배치되기 시작한 기록물관리전문요원의 실상과 한계를 살펴보았다.

여기에 실려 있는 글들의 출처는 글 말미에 적어 놓았다. 일부는 기록학 도입 초창기의 글이라 현재의 상황을 반영하지 못한 미흡함이 느껴지지만, 당시의 수준과 상황을 반영한다는 측면에서 자귀의 수정만 거치고 그대로 게재하였다. 기록학이 도입된 2000년대 전반기의 사정을 알려주는 글로 읽어주면 좋겠다.

이 책을 발간하는 데는 많은 분들의 도움이 컸다. 김학준 전 이사장은 한국기록학회와 기록학계의 울타리가 되어 주었다. 안병우 교수는 참여정부 시절 기록관리혁신전문위원회부터 기록관리의 혁신을 이끌어오면서 멘토의 역할을 하였다. 김익한, 이승휘 교수는 기록관리혁신전문위원회 활동과 초창기 기록관리제도를 세우는 데 큰 기여를 하였다. 설문원 교수는 혁신분권평가전문위원회에서 같이 활동을 하면서 적절한 대안을 제시하여 많은 시사를 받았다. 이소연 교수는 한국기록학회 활동을 가장 열심히 하였고, 항상 모임에 적극적이었다. 곽건홍 교수는 기록학 초기 『한국 국가기록관리의 이론과 실제』(2003)를 출간하여 한국기록관리의 실상을 드러내면서 공동체 구성원들이 한국국가기록관리를 개혁해야 한다는 의식을 갖게 하였다. 이상민 박사는 ICA와 EASTICA의 활동을 많이 소개하여 한국기록관리의 방향을 생각해보게 하였다. 노명환 교수는 독일 등 서양의 기록관리를 국내에 소개하였다. 이원규 박사는 기록학계 활동에 항상 적극적으로 참여하였다.

이제 기록학의 토대를 놓았던 2000년대의 기록관리정책을 바탕으로 2020년대는 새로운 길을 열어가야 한다. 기록학의 초기에는 공공기록관리의 체계화에 전념하였다면, 이제는 공공기록뿐 아니라 민간영역의 기록관리도 필요한 단계에 들어섰다. 그리하여 기업·종교단체·대학·민간단체 등의 기록관리가 체계화되어야 하며, 나아가 민중 및 소수자의 기록관리를 통하여 그들의 위상이 역사 속에 위치지어지는 것이 중요하다. 이제 기록학의 영역도 넓어졌으며, 기록학을 담당하는 세대도 새로워졌다. 2008년에 한국기록학회를 맡고 있을 때, 한국기록관리학회 남권희 회장 등 두 학회 임원들과 협의하여 '전국기록인대회'를 창립하였다. 이 대회가 매년 기록학계가 당면한 시의성 있는 주제를 발표하면서 기록학계의 축제와 교류의 장이 되어감을 느낀다. 후학들의 정진을 기대한다.

이 책을 출간할 수 있는 기회를 얻게 된 것을 기쁘게 생각한다. 이 책이 한국의 기록관리체계를 세우는 데 조그만 기여를 할 수 있다면 더할 나위 없이 행복하겠다. 특히 어려운 출판 여건 속에서 책을 깔끔하게 만들어주신 신서원 정용국 사장님과 정서주 편집장에게 감사드린다.

2019년 8월

이 영 학

차례

책머리에 _ 5

총론 한국기록관리의 사적 추이

1. 머리말 …………………………………………………… 23
2. 전통시대의 기록관리 …………………………………… 25
3. 근대의 기록관리 ………………………………………… 31
4. 현대의 기록관리 ………………………………………… 35
   1) 조선총독부의 기록관리제도 원용과 미국 기록관리제도의 도입
      (1945~1969) …………………………………………… 35
   2) 정부기록보존소의 설립과 국가기록관리의 시작(1969~1999) …… 41
   3) 공공기록 법률의 제정과 국가기록관리의 정비(1999~2008) …… 45
   4) 기록관리의 파행과 새로운 기록관리의 모색(2008~) ………… 50

제1부
한국 근대 기록관리의 성립과 변천

제1장 18세기 『화성성역의궤』에 나타난 조선의 사회상　　61
1. 머리말 …………………………………………………… 61
2. 『화성성역의궤』의 편찬 경위와 내용 ………………… 63
3. 민에 대한 배려 ………………………………………… 70

4. 물가와 노임 수준 ………………………………………… 74
5. 새로운 건축 기계의 도입 ……………………………… 79
6. 맺음말 …………………………………………………… 85

제2장 갑오개혁과 근대기록관리제도의 성립　　87

1. 머리말 …………………………………………………… 87
2. 관제의 개편과 기록관리기구의 설립 ………………… 89
   1) 군국기무처의 설립과 기록관리기구 ……………… 89
   2) 내각의 설립과 기록관리기구 ……………………… 94
3. 기록관리규정과 기록관리 프로세스 ………………… 101
   1) 법령의 종류와 제정과정 …………………………… 102
   2) 일반 공기록의 관리 규정 ………………………… 104
4. 공문서 양식의 변화와 공기록 원본의 보존 ………… 106
   1) 공문서 양식의 변화 ………………………………… 106
   2) 공기록 원본의 보존 ………………………………… 115
5. 맺음말 …………………………………………………… 120

제3장 대한제국의 기록관리　　125

1. 머리말 …………………………………………………… 125
2. 대한제국의 설립과 관제의 개편 ……………………… 127
3. 기록관리기구의 설립과 업무 분장 …………………… 131
   1) 의정부 ………………………………………………… 132
   2) 궁내부 ………………………………………………… 135
   3) 원수부 ………………………………………………… 141
   4) 경부 …………………………………………………… 142
   5) 기타 …………………………………………………… 149
4. 기록관리제도의 특징 …………………………………… 154
5. 맺음말 …………………………………………………… 157

제2부
일제의 침탈과 기록관리제도의 재편

제4장 통감부의 기록장악과 조선침탈 161

  1. 머리말 161
  2. 통감부의 설치와 관제의 개편 165
  3. 기록관리제도의 개편과 권력 장악 168
    1) 통감부의 공문서제도 장악 169
    2) 의정부와 각 부의 기록관리제도 개편 173
    3) 궁내부 관제 개편과 기록관리기구 정비 179
  4. 통감부의 기록 정리와 내정 장악 185
    1) 규장각의 장악과 역사기록의 정리 185
    2) 정부기록류의 장악과 현용기록의 정리 194
    3) 재정기록의 수집과 조사를 통한 정부와 황실의 재정 정리 200
  5. 맺음말 204

제5장 통감부의 조사사업과 조선침탈 207

  1. 머리말 207
  2. 농업과 수산업 조사 209
    1) 농업조사 210
    2) 수산업조사 216
  3. 부동산조사와 관습조사 223
    1) 부동산조사 224
    2) 관습조사 230
  4. 맺음말 235

제6장 일제의 역사기록 수집·정리와 조선사 편찬 239

  1. 머리말 239
  2. 취조국과 참사관실의 역사기록 정리 241
    1) 취조국의 역사기록 정리 241
    2) 참사관실의 역사기록 정리 244

3. 중추원의 역사기록 정리와 반도사 편찬 ········· 246
4. 조선사편수회의 조선사 편찬 ················ 252
5. 맺음말 ······························ 258

제7장 일제의 구관제도조사사업과 그 주요 인물들   261

1. 머리말 ······························ 261
2. 일본제국주의의 '구관제도조사사업' ············ 266
3. 부동산법조사회의 활동과 그 관련자들 ·········· 274
4. 법전조사국의 활동과 그 관련자들 ············· 279
5. 조선총독부 취조국의 구관조사와 그 관련자들 ····· 284
   1) 취조국의 주요 임원들 ················· 286
   2) 취조국의 조선 인사들 ················· 288
6. 조선총독부 참사관실의 구관조사와 그 관련자들 ··· 291
7. 맺음말 ······························ 298

제8장 일제의 토지조사사업과 기록관리   301

1. 머리말 ······························ 301
2. 통감부의 토지소유권 조사 ·················· 302
3. 임시토지조사국의 설립과 토지조사 ············ 307
   1) 임시토지조사국의 설립 ················ 307
   2) 토지조사사업의 실시 ················· 310
4. 토지조사사업의 실시와 생산 기록 ············· 316
5. 맺음말 ······························ 333

제3부
한국현대사와 기록관리

제9장 한국근현대사와 국가기록물관리 ··· 339
  1. 머리말 ··· 339
  2. 국가기록물 부재의 시대 ················· 340
  3. 한국근현대사 속의 국가기록물관리 ··· 345
    1) 일제시기의 국가기록물관리 ················· 345
    2) 해방 후의 국가기록물관리 ··················· 346
    3) 1960~1980년대 국가기록물관리 ·········· 347
    4) 1980년대 이후 국가기록물관리 ············ 348
  4. 효율적인 국가기록물관리를 위한 제언 ··· 350
    1) 중앙기록물관리기관의 권한 강화 ········ 350
    2) 전문인력의 육성과 배치 ······················· 351
  5. 맺음말 ··· 351

제10장 참여정부 기록관리정책의 특징 ··· 353
  1. 머리말 ··· 353
  2. 기록관리혁신전문위원회의 설치와 기록관리정책의 추진 ··· 355
    1) 공공기록 혁신의 역사적 배경 ·············· 355
    2) 기록관리혁신전문위원회의 설치 ········· 358
    3) 혁신분권평가전문위원회의 신설과 기록관리 평가 ··· 365
  3. 기록관리와 거버넌스 ······················· 369
  4. 기록물관리 전문요원의 배치와 기록물관리기관의 설치 ··· 373
    1) 기록물관리 전문요원의 배치 ··············· 373
    2) 기록물관리기관의 설치 ························· 377
  5. 기록관리법령의 정비 ······················· 379
  6. 맺음말 ··· 383

제11장 국가기록관리정책의 방향 385

1. 머리말 ·· 385
2. 기록관리와 거버넌스 ·· 387
3. 중앙기록물관리기관의 독립 ··· 389
4. 기록의 수집과 활용 ·· 392
   1) 기록의 기획 수집과 국가지정기록제도의 활용 ········· 392
   2) 기록의 활용과 거버넌스 ·· 395
5. 기록관리시스템의 확산과 고도화 ································· 397
6. 기록물관리기관의 활성화 ··· 400
7. 기록물관리 전문요원의 배치 ·· 403
8. 맺음말 ·· 409

제4부
한국 현대 기록관리제도

제12장 대통령기록관리제도 시행의 의의와 과제 415

1. 머리말 ·· 415
2. 「대통령기록물 관리에 관한 법률」의 제정 과정과 주요 내용 ··· 418
   1) 「대통령기록물 관리에 관한 법률」의 제정 과정 ········· 418
   2) 「대통령기록물 관리에 관한 법률」의 주요 내용 ········· 421
3. 대통령기록관의 조직과 활동 ·· 427
4. 대통령기록관리제도의 주요 쟁점 ································· 431
   1) 대통령지정기록물보호제도 ·· 431
   2) 열람권의 내용 ··· 433
   3) 대통령기록관의 독립성과 전문성 ······························ 435
5. 대통령기록관리제도의 과제 ··· 437
6. 맺음말 ·· 442

제13장 지방기록관리의 정립과 지방자치   445

  1. 머리말 ··· 445
  2. 지방기록관리의 중요성 ····································· 446
  3. 지방기록물관리기관의 설립 ····························· 450
     1) 지방기록물관리기관의 설립 목적과 설립 계획 ······ 450
     2) 지방기록물관리기관의 성격 ······················ 454
  4. 기록물관리전문요원의 배치 ····························· 457
  5. 기록문화운동의 전개 ··· 462
  6. 맺음말 ··· 465

제14장 기록물관리 전문요원의 운영현황   467

  1. 머리말 ··· 467
  2. 기록물관리 전문요원의 역할 ··························· 468
     1) 기록물관리 전문요원의 정의 ···················· 468
     2) 기록물관리 전문요원의 역할 ···················· 470
  3. 기록물관리 전문요원의 배치 요건 ·················· 473
  4. 기록물관리 전문요원의 배치 현황과 계획 ······ 476
  5. 기록물관리 전문요원의 양성 ··························· 485
  6. 맺음말 ··· 490

제15장 매뉴스크립트 관리전문가들의 국제협력 및 연대   493

  1. 매뉴스크립트 관리전문가의 역할 ···················· 493
  2. 기록관과 역사 기억 ··· 495
  3. 한국의 민주화운동기념사업회 사료관과 미국의 홀로코스트 기념관
     ··· 497
  4. 매뉴스크립트 관리전문가 간 국제협력 ··········· 500

이 책의 기초가 된 논문들 _ 503
참고문헌 _ 504
찾아보기 _ 516
외대 역사문화 연구총서를 간행하며 _ 520

〈표 차례〉

〈표 1-1〉	가게의 보상가격	74
〈표 1-2〉	민가의 보상가격	75
〈표 1-3〉	광교면의 전답가격	77
〈표 1-4〉	장인의 임금	78
〈표 1-5〉	화성 축조에 사용된 기계	81
〈표 2-1〉	제1차 갑오정권(1894.6.28)의 중앙부처 기록관리부서와 업무분장	92
〈표 2-2〉	내각 각 부처와 담당 고위 관료	95
〈표 2-3〉	내각(內閣)의 과별(課別) 업무분장(業務分掌)	96
〈표 2-4〉	내부(內部)의 과별(課別) 업무분장(業務分掌)	99
〈표 2-5〉	각 부 기록관리부서와 담당업무	100
〈표 2-6〉	갑오개혁 시기 공문서의 종류와 그 성격	116
〈표 3-1〉	의정부(議政府)의 조직구성과 업무 분장	133
〈표 3-2〉	갑오정권 시기 궁내부 산하 기구	137
〈표 3-3〉	대한제국시기 궁내부 산하 기구(1895-1903)	138
〈표 3-4〉	원수부(元帥府)의 조직구성과 업무 분장	141
〈표 3-5〉	경무청의 조직구성과 업무 분장	144
〈표 3-6〉	경부의 조직구성과 업무 분장	146
〈표 3-7〉	경위원(警衛院)의 조직구성과 업무 분장	148
〈표 3-8〉	통신원의 조직구성과 업무 분장	150
〈표 3-9〉	지계아문(地契衙門)의 조직구성과 업무 분장	153
〈표 4-1〉	통감부문서취급규정	171
〈표 4-2〉	1905년 「의정부소속직원관제」와 「의정부소속직원분과규정」의 업무 분장	174
〈표 4-3〉	1907년 「의정부소속직원관제」와 「의정부소속직원분과규정」의 업무 분장	176
〈표 4-4〉	규장각의 부서와 업무 분장	182
〈표 4-5〉	「궁내부문서조판규정」의 주요 내용	183
〈표 4-6〉	정부 기록의 보존기간	187
〈표 4-7〉	기록편찬분류표	188
〈표 4-8〉	규장각 소장의 역사기록과 공기록	191
〈표 4-9〉	규장각 기록의 정리 명부들	196
〈표 4-10〉	인계한 서류와 인계처	204
〈표 5-1〉	부동산법조사회의 현지 조사 상황	226
〈표 5-2〉	법전조사국 직원	230
〈표 5-3〉	조사항목의 편제	232
〈표 5-4〉	관습조사의 조사지역	233
〈표 5-5〉	일반조사지역	234
〈표 6-1〉	자료 수집 구분	250
〈표 6-2〉	수집대상 기록의 유형	255
〈표 7-1〉	일제의 동아시아 각국 조사사업의 전개	268
〈표 7-2〉	일제 식민지 관료의 인적 네트워크의 예	269
〈표 7-3〉	일제의 조선 구관제도 조사사업 현황	272
〈표 7-4〉	일제의 대만, 조선, 만주 구관제도조사 현황 비교	273
〈표 7-5〉	일제의 '구관제도조사사업'의 시행기구와 조사 내용	274
〈표 7-6〉	부동산법조사회의 구성원	277
〈표 7-7〉	법전조사국 직원	280
〈표 7-8〉	조선총독부 취조국 관원	286
〈표 7-9〉	조선총독부 참사관실 관원	293
〈표 7-10〉	조선총독부 참사관분실의 관원	294
〈표 7-11〉	'구관제도조사사업'의 핵심인물	297
〈표 8-1〉	마산시청 소장 창원군 토지조사사업 자료	317
〈표 9-1〉	각국 중앙기록관과 전국 기록관의 소장량	341
〈표 9-2〉	정부기록보존소의 역대 대통령기록 보존 현황	343
〈표 10-1〉	국가기록관리혁신 로드맵	363

〈표 10-2〉 기록물관리 전문요원의 연도별 배치 추이 ··· 375
〈표 10-3〉 기록물관리 전문요원 배치현황(2011년 12월말) ·· 375
〈표 11-1〉 전문요원 배치대상 기관 및 배치시한 ··· 404
〈표 11-2〉 기록물관리 전문요원 배치현황(2009년 3월 현재) ····································· 405
〈표 11-3〉 기록물관리 전문요원 배치현황(2009년 12월 7일 현재) ··························· 407
〈표 12-1〉 역대 대통령기록물 이관 현황 ··· 417
〈표 12-2〉 「공공기관기록물법」과 「대통령기록물법」의 차이점 ····································· 426
〈표 12-3〉 대통령기록관 정원과 근무인원(2007년 11월 30일) ································· 428
〈표 12-4〉 대통령기록관 정원과 근무인원(2008년 12월 현재) ·································· 429
〈표 12-5〉 대통령기록관 일반사업 예산(대통령기록관리체계 확립) ······························ 430
〈표 12-6〉 대통령기록관 정보화 예산 ·· 430
〈표 13-1〉 지방기록물관리기관 설치계획 비교(2010년) ··· 452
〈표 13-2〉 기록물관리 전문요원 배치 현황 ··· 458
〈표 13-3〉 전문요원 배치대상 기관 및 배치시한 ··· 458
〈표 14-1〉 전문요원 배치대상 기관 및 배치시한 ··· 479
〈표 14-2〉 기록물관리 전문요원 배치현황(2009년 3월 현재) ····································· 480
〈표 14-3〉 권역별·기관유형별 기록물관리 전문요원 미배치 기관(2009년 3월 현재) ··· 481
〈표 14-4〉 기록물관리 전문요원 유자격자 배출현황(2008년 12월 현재) ···················· 487

〈그림 차례〉
〈그림 0-1〉 한국육군 시행문과 기안문의 변화 ·· 37
〈그림 1-1〉 화성전도 도설 ··· 66
〈그림 1-2〉 공장 ··· 73
〈그림 1-3〉 거중기(『화성성역의궤』) ·· 83
〈그림 1-4〉 거중기 분해도(『화성성역의궤』) ·· 83
〈그림 1-5〉 녹로(『화성성역의궤』) ·· 84
〈그림 2-1〉 公移公復綴(규26217) ·· 114
〈그림 2-2〉 公移公復綴(규26217) ·· 114
〈그림 2-3〉 內閣來案 第一號(규17796) ·· 114
〈그림 2-4〉 度支來案 第一號(규17792) ·· 114
〈그림 4-1〉 통감부 직제(1906년 설립 당시) ·· 166
〈그림 4-2〉 '의궤류' 정리 양식 ·· 192
〈그림 4-3〉 '등록류' 정리 양식 ·· 192
〈그림 4-4〉 '일기류' 정리 양식 ·· 192
〈그림 4-5〉 '공문류' 정리 양식 ·· 192
〈그림 4-6〉 기록수령부(제1호 양식)와 목별 사건표(제2호 양식) ······························ 197
〈그림 4-7〉 건별 사건표(제3호 양식) ··· 197
〈그림 4-8〉 궁내부 공문록(제4호 양식) ··· 198
〈그림 4-9〉 궁내부기록총목록(제5호 양식) ··· 198
〈그림 8-1〉 토지조사기관 직제(1910.1) ··· 307
〈그림 8-2〉 임시토지조사국 직제(1911.12) ··· 309
〈그림 8-3〉 결수연명부[창원군 구산면 남포리] ··· 319
〈그림 8-4〉 과세지견취도 표지 ·· 321
〈그림 8-5〉 과세지견취도 연락도[창원군 천가면 동선리] ··· 322
〈그림 8-6〉 과세지견취도[창원군 천가면 동선리] ··· 323
〈그림 8-7〉 토지신고서 표지 ·· 326
〈그림 8-8〉 토지신고서[창원군 진해면 니동] ··· 327
〈그림 8-9〉 실지조사부[창원군 진해면 니동] ··· 329
〈그림 8-10〉 토지조사부등본 표지 ·· 330
〈그림 8-11〉 토지조사부[창원군 천가면 동선리] ·· 330
〈그림 8-12〉 토지조사부등본[창원군 천가면 동선리] ··· 331
〈그림 12-1〉 대통령기록관의 조직 구성(2부 7팀 1센터: 2007년 11월 30일) ········ 427
〈그림 12-2〉 대통령기록관의 조직 구성(1협력관 5과: 2008년 12월 현재) ············ 428

차례 19

총 론

한국기록관리의 사적추이

1. 머리말

　세계의 역사에서 대국으로 등장하여 영향력을 미치는 나라는 경제력과 군사력이 우수한 측면이 있지만, 기록관리를 바탕으로 한 정보력과 축적된 경험의 전수가 뒷받침이 되어 유지된다. 그러한 사실은 세계의 역사에서도 드러난다. 고대세계에서 세계 4대 문명이라고 일컫는 것이 이집트, 메소포타미아, 인더스, 황하문명인데, 이 지역은 문자를 발명하고, 그를 바탕으로 정보와 지식을 기록으로 남기고, 기록관리를 잘 하면서 그들의 문명을 전수한 곳이었다. 특히 이집트의 알렉산드리아 도서관 및 기록관은 도서와 기록의 보고였으며, 이곳의 정보를 이용하고 활용한 지식인들이 그리스와 로마 문명을 꽃피운 사상가가 되었다. 황하문명에서도 갑골문자를 발명하여 자신의 경험을 기록으로 남기고 문명을 전수하여 한자문화권의 꽃을 피웠다.

　서양의 중세와 근대 사회에서 영향력을 떨친 스페인, 네덜란드, 영국 등의 나라들도 기록을 잘 관리하면서 그들의 경험과 노하우를 전수하였다. 스페인 세비야의 인디어스 고문서관은 당시 인도에 관한 정보를 가장 많이 관리·활용한 곳이었으며, 인도를 발견하고자 한 콜럼버스 등의 탐험가들이 그곳의 기록을 열람하여 신대륙인 인도에 관한 지식을 얻고, 그를 바탕으로 인도를 발견하러 떠났던 곳이다. 네덜란드도 기록관의 나라였으며, 특히 동인도회사는 세계 곳곳에 나가 있던 상인들의 기록을 수집·정리하여 활용하면서 세계 무역의 리더 회사가 되었다. 영국도 세계 곳곳의 기록을 모두 수집·정리하여 활용하면서 '해가 지지 않는 나라'를 유지하였다.

현대사회에 들어와서 미국, 프랑스, 독일, 러시아, 중국, 일본 등의 열강들도 기록을 잘 관리하면서 세계에 영향력을 행사하고 있다. 미국은 세계에서 가장 많은 기록을 소장하고 관리하고 있으며, 자국의 기록뿐 아니라 세계 각국의 기록을 수집 활용하면서 세계에 영향력을 행사하고 있다. 러시아는 자국뿐 아니라 세계의 정보를 담고 있는 기록을 수집·관리하고 있다. 특히 세계 사회주의 활동에 관한 기록을 가장 많이 소장하고 있다. 코민테른 본부가 모스크바에 있었고, 특히 일제시기 조선 사회주의자의 활동에 관한 기록이 러시아국립문서보관소에서 관리되고 있다.

중국은 자국의 역사기록은 제1역사당안관[명, 청시대까지의 역사기록관리], 제2역사당안관[1911년 신해혁명부터 1949년 중화민주주의인민공화국 이전까지 역사기록관리], 중앙역사당안관[1949년 이후 정부의 역사기록관리]에서 수집·관리하며, 각 성(省) 당안관에서는 지방의 행정과 역사기록을 수집·관리하고 있다. 중국 성 당안관의 기록 가운데는 일제의 737세균부대와 조선 독립운동가에 관한 기록도 있다. 일본은 역사적 전통과 맞물려 지방기록관이 잘 정비되어 있다. 일본의 지방기록관은 지방의 행정 및 역사기록을 관리·활용하고 있으며, 나아가 지방문화센터의 기능을 수행하고 있다. 지방공무원과 연구자뿐 아니라 지역민들이 지방기록관에 찾아와 즐기면서 지역민의 정체성을 확인하는 장이기도 하다. 예를 들면 오키나와현 기록관에서는 류구(琉球)왕국의 자료를 관리·활용하면서 류구 신민으로서의 정체성도 지니고 있다.

역사 속에 흥미로운 사실은 전쟁을 수행할 때 다른 나라의 기록을 대거 수집한다는 사실이다. 미국 등의 열강이 평상시에도 세계 각국의 정보를 수집하여 기록으로 관리·활용하지만, 특히 전쟁을 수행할 때 상대방의 지역을 점령하면서 그 나라의 기록을 대거 수집한다는 사실이다. 예를 들면, 1950년 한국전쟁 시기에 유엔연합군이 9·15 인천상륙작전을 행하고 그 여세로 평양을 점령하였을 때 대거 북한의 기록을 수집하여 미국으로 가져갔다. 또한 2004년 이라크를 침공할 때도 그 지역을 점령하면서 이라크의 기록을 대거 수집해갔다. 제2차 세계대전 당시에 소련도 독일을 점령하면서 독일의 주요 기록을 대거 가져가서 현재 러시아 국립문서보관소에 소장하고 있다. 전쟁 수행 당시에는 적진의 주요 지역을 점령하면 정보부대 중 역사기록수집부대가 적국의 주요 기록을 대거 수집하여 가져왔던 것이다.

역사 속에서 정보를 담고 있는 기록의 수집과 정리 및 활용이 매우 중요하다는 사실을 확인하면서 한국역사에서는 기록을 어떻게 관리하면서 활용해왔는가를 살펴보고자 한다.

2. 전통시대의 기록관리

원시사회의 구성원들은 그들의 생각과 생활을 그림과 기호로 표시하고자 하였다. 그들은 동굴과 바위에 그들의 생각과 생활상을 표시하였다. 구석기인들이 기원전 3만 년에 알타미라 동굴 벽화와 라스코 동굴 벽화로 동물의 형상을 남긴 것처럼, 한반도의 원주민들은 울주군 반구대와 울주군 천전리 및 고령 양전동의 암각화를 통하여 그들의 생활상과 생각을 표현하였다. 울주군의 반구대 암각화에서는 고래의 다양한 종류와 동물들이 그려져 있다.

고대국가에서는 '기록을 장악한 자가 권력을 장악한다'는 말이 있듯이 지배층은 기록을 점유하고 정보를 독점함으로서 권력을 정당화하였다. 고대국가의 지배층은 자신들이 일반 종족과는 다른 종족이라는 사실을 건국설화를 통하여 내세우려고 하였다. 즉 자신의 족속은 '하늘에서 내려왔다' 혹은 '태양의 후예다' 혹은 '알에서 태어났다' 등의 설화를 통하여 일반 민과는 다르다는 사실을 강조하였다. 그 후 체제가 안정되고 민도가 높아지자, 당대 최고의 지식인을 동원하여 역사책을 저술케 함으로써 자국 건국의 정통성을 합리화하고 다른 나라 정벌의 정당성을 확보하고자 하였다. 고구려는 『유기』와 『신집』을, 백제는 『서기』를, 신라는 『국사』를 편찬하였다. 각 국은 역사책에서 자국이 어려운 환경을 이겨내고 국가를 세워 힘차게 성장해왔음을 서술하였을 것이다. 또한 삼국시대에는 고분벽화에서 그들의 생활상과 사상을 그림으로 표현하였고, 금석문과 목간 및 죽간을 통하여 그들의 행위와 의사를 표현하였다. 통일신라기에는 현존하는 '촌락문서'를 통하여 향촌지배의 실상을 엿볼 수 있다.

고려는 지방 호족의 연합정권으로 건국되었다. 고려는 사상적으로는 불교, 통치이데올로기로서는 유교를 기반으로 중앙집권체제를 유지해갔다. 고려는 국초부터 공문서를 작성하는 규정을 만들고 그 유통을 체계화함으로써 행정체계를 일원화하고자 하였다. 고려 성종대에 「공첩상통식」이라는 공문서 규정을 마련하였고, 건국 초부터 문서 작성을 담당하는 관리들이 배치된 것을 보면 일찍부터 일정한 격식이 있었음을 알 수 있다. 아울러 고려의 공문서 서식에서는 서명 양식이 매우 중시되어 기관의 서열에 따라 혹은 담당자의 관품에 따라 서명이 달라졌다. 이를 통해 고려 초기에 국가체

제가 정립되어 감에 따라 기록관리체계가 확립되어 갔음을 알 수 있다.[1]

또한 고려 정부는 사관(史官)을 임명하고 태종부터 목종까지 실록 36권을 편찬하기도 하였다. 아울러 고려는 몽고의 침입을 부처님의 설법을 빌어 물리치고자 하는 의도에서 동아시아의 불교 경전을 종합적으로 정리한 팔만대장경을 만들기도 하였다. 나아가 세계 최초의 금속활자로 직지심체요절이라는 불경을 인쇄하여[1377] 배포하기도 함으로서 고려의 기록관리체제가 매우 발달하였음을 확인할 수 있다.

그러나 몽고의 침입 이후 고려말 사회체제가 문란해지면서 기록관리체제도 와해되기 시작하였다. 고려말에 권문세족의 횡포가 심해지고 공문서 관리상태가 부실해지면서 토지의 주인이 7~8명이나 되고 농민은 전세를 몇 차례나 납부하게 되었다. 이에 평민은 힘센 유력자에게 투탁(投託)하게 되고, 호적뿐 아니라 토지 관련 소송이 폭발적으로 증가하게 되었다. 투탁이 심해지면서 국가에서 전세나 군역을 제대로 부과하지 못하기 때문에 국가 재정은 점점 줄어들게 되었다. 그리하여 정부에서는 전민변정도감(田民辨整都監)을 설치하여 그 문제를 해결하고자 하였다.

고려말에는 공기록관리의 부실로 국정을 수행함에 있어 책임소재가 불분명해지고, 정치 질서도 크게 혼란해졌으며, 각종 민원이 속출하여 부서마다 기능이 마비될 정도의 폐단이 일어났다. 이에 신흥사대부들은 권문세족의 횡포에 대하여 저항하고, 이를 바로잡아 가는 시도를 행하였다. 그리하여 중요 공기록을 체계적으로 수집·정리함으로써 당시 만연하였던 행정의 난맥상을 해소하고자 하였다. 신흥사대부들은 조선의 건국과 함께 조선의 공기록체제를 정비하였다. 그러한 공기록의 정리가 『경국대전』에서 완성되었다.[2]

---

[1] 강은경, 『고려시대 기록과 국가운영』, 혜안, 2007.
[2] 윤훈표, 「조선초기 공기록물 관리제의 개편」, 『기록학연구』 2, 한국기록학회, 2000.

조선초기 세종대에 문물이 정비되고, 한글이 창제됨으로서 문화가 융성해졌다. 아울러 조선 왕조는 기록의 생산과 관리를 철저히 하였다. 중요 기관에서는 자신의 업무를 요약 정리하는 일을 소홀히 하지 않았으며, 각 기관이 업무를 수행하면서 생산한 공기록의 발송과 수납을 요약 정리하는 등록(謄錄)을 작성하고 있었다. 즉 승정원을 비롯하여 비변사, 포도청, 각 도 감영 등에서는 각각 『승정원일기』, 『비변사등록』, 『포도청등록』, 각 도 감영계록 등을 작성하여 업무 수행 중에 발송하고 수납한 기록을 요약 정리하였다.

조선 왕조에서는 각 기관들이 업무를 수행하면서 기록을 잘 생산하고, 그 기록들을 요약·정리하면서 잘 관리하였다. 그 이유를 살펴보면 다음과 같다.

먼저 조선시기는 관료제사회이었기 때문에 기록을 잘 관리하였다. 고려왕조가 귀족주의적 성격을 띤 관료제라면, 조선왕조는 전형적인 관료제를 기반으로 움직였다. 관료제란 '정부의 직무에 대하여 권한과 책임을 지닌 사람이 규정된 절차에 따라 직무를 수행하고 급여를 받는 위계를 갖춘 조직체계'이다. 관료제가 강화될수록 기록관리에 대한 관심과 대책이 강조될 수밖에 없었다. 관료제는 사람의 말로 가동되는 것이 아니라, 기능으로 가동되며 그 기능은 문서로 표현되기 때문이다.[3]

업무를 수행하고 경험을 전수하려면 현용기록을 잘 남기고 전달해야 했다. 현실적인 업무 수행의 필요에 의해서 현용기록은 잘 정리하면서 이용해야 했던 것이다. 그러한 필요성에 의해 주요 아문의 기록들은 잘 정리되고 관리되었으며, 각 기관의 등록으로 정리되었다.[4] 조선후기에는 각 기관의 등록이 폭발적으로 증가하였다. 『승정원일기』, 『비변사등록』, 『일

---

3) 오항녕, 「조선전기 기록관리 체계의 이해」, 『기록학연구』 17, 한국기록학회, 2008, 16~18쪽.
4) 연갑수, 「조선후기 등록에 대한 연구」, 『외대사학』 12, 한국외국어대 역사문화연구소, 2000.

성록』등이 잘 정리되고 활용되었으며, 기록을 관리하는 방식도 체계적으로 정립되게 되었다.

다음으로 조선을 건국하는 과정에서 국가운영의 주도세력을 둘러싼 논쟁이 있었다. 그것은 왕권과 신권의 대립으로 나타났으며, 그 대립과정의 결과물이 『조선왕조실록』의 편찬과 관리로 나타났다. 조선 국가를 건설하는 과정에서 왕권과 신권이 대립하는 형태가 나타났다. 조선 건국의 이데올로그였던 정도전은 『조선경국전』에서 조선 건국의 주도자는 혈연으로 연결되는 왕이 아니라, '일인지하 만인지상(一人之下 萬人之上)'이 되어야 한다고 하였다. 즉 양반지식인층에서 선택되어 올라온 자가 국가를 운영해가야 한다고 주장하였다. 그러한 과정 속에서 정도전과 태종이 대립하였고, 또한 김종서 등 문신과 세조가 대립하였다. 이러한 과정 속에서 왕이 지닌 절대적 권한을 제한하기 위하여 왕의 일거수일투족을 기록으로 남겼던 것이다. 즉 왕의 말과 행동을 그대로 기록으로 남김으로써, 왕이 자의적으로 통치하는 것을 견제하고자 하였다. 이것의 산물이 『조선왕조실록』이었다. 실록은 왕이 죽은 후에 그 왕의 언행 및 업적이 편찬되는 것으로, 현재 왕이라고 하여도 선대 왕에 대한 기록을 열람할 수 없었다.

셋째로 현재의 경험을 기록으로 남겨 후대에 비슷한 일을 치를 때에 참조하도록 하였다. 조선에서는 자신의 업무 처리 경험을 후대에 전승해줌으로써 후손들이 새 업무를 담당하였을 때, 업무를 원활히 처리할 수 있도록 배려하였다. 즉 그들이 업무를 처리하면서 겪은 일들을 기록으로 남김으로써 새로운 세대들이 업무를 수행할 때 이 기록을 이용하여 원활히 업무를 수행해갈 수 있도록 배려하였다. 특히, 큰 사건이나 중요한 행사는 반드시 기록으로 남기도록 하였다. 그러한 사례의 대표적 예가 '의궤'였다. '의궤'란 중요한 사건이나 행사의 기획부터 과정은 물론 그것의 결과 및 영향까지 그림과 글로 남긴 종합보고서의 성격을 지니고 있었다.

넷째로 당대의 역사적 사건을 기록으로 남김으로써 후세에 역사적 평가를 기대하는 의미를 담고 있었다. 사관들은 당시의 현실을 사초(史草)로 기록하였고, 왕이 죽으면, 곧바로 사초와 시정기, 관청기록 등을 수합하여『조선왕조실록』을 편찬하였다. 조선전기에 실록을 편찬하는 과정은 순탄치 않았다. 태종대에 태조 이성계가 죽자 실록을 언제 편찬해야 하는지에 대한 논쟁이 있었고, 그 논쟁은 왕이 죽은 후에 곧바로 실록을 편찬하는 것으로 귀결되었다.

15세기에는 사초를 둘러싼 피비린내 나는 싸움이 일어났다. 김일손의 사초를 둘러싸고 무오사화(戊午士禍)가 일어났으며, 명종 즉위년[1545]에 을사사화(乙巳士禍)를 겪게 되었다. 그리하여 사관들은 '사초'를 '있는 그대로' 써야 하는지에 대한 고민에 당면하게 되었다. 15세기에 사초를 둘러싼 피비린내 나는 투쟁을 겪으면서, 한번 실록으로 편찬한 것은 정치적 견해를 달리한다고 하더라도 폐기하지 않기로 합의하였다. 그리하여 17세기에 광해군을 물리친 서인들이 인조반정을 일으킨 후에 광해군대에 북인들이 만들었던『선조실록』이 못마땅하더라도, 그것을 폐기하지 않고,『선조수정실록』을 편찬하여 동등하게 역사적 평가를 받고자 하는 전통을 만들었던 것이다. 그 이후 실록과 수정실록의 편찬 전통은 조선왕조의 고유한 기록문화로 전승되었다. 그것은 조선왕조 오백 년 동안 정치적 경쟁과 당쟁을 거치면서 양반지식인들이 타협하였던 원칙이었다.

조선왕조는 기록을 잘 남기고 관리한 나라였다. 조선시대의 대표적 기록인『조선왕조실록』,『승정원일기』,『일성록』,『비변사등록』, 의궤류 등의 역사기록뿐 아니라『양안』,『호적』,『공안』등의 부세기록은 물론이고『추안급국안』,『관서평난록』등 저항하는 지식인 및 민들을 통제해가는 기록들도 잘 남겼다.

3. 근대의 기록관리

1894년 이후 갑오정권은 새로운 기록관리제도를 시행하였다. 새로운 기록관리제도는 한국근대 기록관리의 시작을 알리는 분기가 되었다. 1894년은 한국 역사에서 획기적인 변화가 일어난 시기였다. 농민들의 전국적 저항인 갑오농민전쟁이 일어났고, 조선정부는 농민의 거국적 저항을 진압할 수 없었다. 이에 조선정부는 청국에 원병을 요청하였고, 이를 계기로 일본도 군대를 파병하였으며, 일본 군대는 청국 군대와 전쟁을 벌이며 한반도의 주도권을 장악하고자 하였다. 이 청일전쟁에서 일본이 승리함으로써 동아시아 정세가 크게 변하게 되었다. 지금까지 청이 주도하던 동아시아 형세에서 일본이 주도하는 동아시아 형세로 급격히 변하게 되었다.

1894년 6월 25일에 김홍집, 유길준 등 개화파를 중심으로 권력을 장악한 갑오정권은 군국기무처를 설립하면서 개혁정책을 실시해갔다. 6월 28일에 왕실을 정부로부터 분리하여 궁내부로 분립시키고, 중앙관제를 '의정부와 8아문'체제로 개편하였다. 아울러 기록관리기구를 정비하면서 기록관리제도를 개편하였다. 의정부에서는 기록국을 설치하여 행정문서와 역사기록을 관장하도록 하였고, 8개 아문에서는 기록국을 별도로 설치하여 공문서를 관리하게 하거나 혹은 총무국 산하에 기록담당 부서를 설치하여 현용기록과 비현용기록을 관리하도록 하였다.[5]

갑오정권에서는 1894년 7월 12일에 「명령반포식」을 공포하여 법률, 칙령, 명령 등 법령의 제정과정을 자세히 규정하였으며, 같은 해 7월 14일에는 「각부각아문통행규칙」을 공포하여 각 아문에서 공기관의 업무를 수행

---

5) 김건우, 『근대 공문서의 탄생』, 소와당, 2008; 이영학, 「갑오개혁 시기 기록관리제도의 변화」, 『역사문화연구』 27, 한국외국어대 역사문화연구소, 2007; 이경용, 「한말 기록관리제도 –공문서관리 규정을 중심으로–」, 『기록학연구』 6, 한국기록학회, 2002; 권태억, 「갑오개혁 이후 공문서 체계의 변화」, 『규장각』 17, 서울대 규장각, 1994.

하면서 생산하는 공기록의 처리방식을 상세히 규정하였다. 즉 「각부각아문통행규칙」에서는 기록관리 프로세스를 단계에 따라 자세히 규정하였다.6) 아울러 갑오정권에서는 공문서형식을 변화시켰다. 공문서형식의 변화는 관료들과 인민들에게 정치체제와 관료체제의 변화를 알리는 효과적 기제였다. 먼저 갑오정권은 공문서에 연도 표시를 중국 연호 대신 '개국기년(開國紀年)'을 사용하도록 하였다. 그것은 갑오정권이 중국의 예속관계를 벗어나 근대적 국가체제를 지향한다는 상징적 표현이었다.

또한 공문서에 사용하는 언어를 국문을 근본으로 하면서 국한문 혼용을 병행하도록 하였다. 공문서에 몇 백 년 동안 사용해온 한문체를 청산하고 국문 또는 국한문 혼용을 사용하도록 한 것은 획기적인 일이었다. 아울러 공문서 양식을 인쇄하여 사용하도록 하였다. 지면에 해당 아문의 명칭을 인쇄하고, 표리 10행의 선을 그은 공문서 양식을 사용하도록 한 것은 행정의 통일성을 기하면서 경비를 줄이고자 하는 의도를 가진 것이었다. 아울러 공문서 원본을 보존·관리하도록 하였다. 조선시기에는 각 공공기관에서 발신한 문서와 수신한 문서의 요지를 적어두는 등록제도가 발달해 있어서 중요한 공문서가 아니면 원본을 보존하는 경우가 드물었다. 그러나 갑오정권에 들어서는 공문서 원본을 보존·관리하는 경우가 증가하게 되었다.

1897년에 고종은 대한제국을 선포하고, 조선을 개혁하려는 시도를 하였다. 고종은 황제권을 강화해가면서 근대적 군대와 경찰제도를 마련하고, 그를 위한 재정 개혁을 시도하였다. 황제권을 뒷받침하는 특별기구인 궁내부, 원수부, 경부, 통신원, 지계아문 등에는 문서과와 기록과를 두어 기록관리를 체계적으로 행하도록 하였다. 정부 업무의 효율성을 증가시키고 체계적으로 수행하기 위해서는 기록관리부서를 분립하는 것이 효과적

---

6) 이경용, 「한말 기록관리제도 -공문서관리 규정을 중심으로-」, 『기록학연구』 6, 한국기록학회, 2002.

이라고 여겼던 것이다. 문서과에서는 현용문서의 접수와 발송 및 기안을 담당하도록 하였으며, 기록과에서는 영구보존문서의 보존 및 편찬을 담당하도록 하였다. 이와 같이 대한제국에서 개혁정책을 추진하였던 특별기구들에서는 기록관리를 중시하였으며, 대체로 갑오정권의 기록관리제도를 계승하였다. 아울러 공문서 작성에도 조선 독자의 연호[광무, 융희]를 사용하였으며, 공문서는 대부분 국한문으로 작성하였다.[7]

1905년 러일전쟁에서 승리한 일본은 조선에 을사조약을 강요하여 외교권과 재정권을 빼앗고, 1906년에 통감부를 설치하면서 조선을 보호국화하고자 하였다. 일찍이 일본은 1894년 청일전쟁에서 승리한 후, 대만을 식민지로 경영해가고 있었다. 일본은 대만의 식민지 운영 경험을 기반으로 하면서, 유럽 제국주의 국가의 식민정책을 벤치마킹하여 조선의 식민정책 틀을 만들어가고자 하였다.

일본제국주의는 한국을 식민지로 지배하기 위해서 치밀한 연구와 조사를 수행해갔다. 1906년 이후 '재원조사' '국유제실유재산조사' '산업조사' 등을 실시하였다.[8] 통감 이토 히로부미[伊藤博文]는 부동산법조사회[1906.7~1907.12]를 신설하여 조선의 부동산소유인식과 소유관행을 조사하게 하였다. 그를 바탕으로 조선에서 법률을 제정하여 일본인의 토지소유를 인정하였다. 이전에 조선정부에서는 외국인의 토지소유를 법적으로 인정하지 않았다. 이어서 법전조사국[1908.1~1910.8]을 설치하여 부동산에 관한 권리뿐 아니라, 민사 및 관습에 대한 조사를 실시하였다.[9] 나아가 통감부는 대한제국의 기록관리기구가 지니고 있던 역사기록과 행정기록을 인수

---

7) 이영학, 「대한제국의 기록관리」, 『기록학연구』 19, 한국기록학회, 2009.
8) 이영학, 「통감부의 조사사업과 조선침탈」, 『역사문화연구』 39, 한국외국어대 역사문화연구소, 2011.
9) 이승일, 「일제의 관습조사와 전국적 관습의 확립과정연구 -관습조사보고서의 편찬을 중심으로-」, 『대동문화연구』 67, 대동문화연구원, 2009.

하여 조선의 사정을 파악하고, 그를 바탕으로 조선을 식민지화해가는 작업을 실시해갔다.

1910년 일본제국주의는 조선을 식민지로 병탄하였다. 1910년대에 조선총독부는 취조국 및 참사관실을 설치하여, 통감부의 조사사업을 계승하고 대한제국 정부로부터 인계받은 14만여 권의 고도서를 정리하고, 아울러 조선의 전통적 구관·제도 관습 등을 조사·편찬하는 작업을 시행하였다. 그 조사사업은 1938년까지 전개되었다.[10]

일제는 식민통치를 효율적으로 하기 위한 기록관리제도를 구축하였다. 하나는 통감부 이래 실시하였던 역사기록과 행정기록을 대대적으로 정리하여 조선의 실상을 파악하거나 혹은 조선 사료를 정리하면서 조선사를 편찬하여 조선을 영구히 식민지배할 수 있는 식민사관을 구축하는 일이었다. 일제는 식민사관을 구축하여 조선인들에게 부정적 숙명론을 주입하여 조선인들의 저항의식을 약화시키고자 하였다. 다른 하나는 조선의 독립운동가 및 사상가들을 순사보 혹은 순사들이 사찰한 기록을 잘 관리하고 계승해가면서 조선을 효율적으로 통치하고자 하였다. 이는 경무국에서 '요시찰인'의 기록으로 관리하면서 조선인 지식인을 통제해갔다. 또한 일제는 업무를 수행하면서 생산한 공문서를 대거 비밀기록 혹은 대외비로 책정하여 조선인이나 조선인 관료들의 접근을 제한하였다.

또한 조선총독부가 조선인을 통치해가는 데 필요한 기본자료는 잘 생산하고 관리하였다. 예를 들면 인구와 토지에 관한 조사 자료를 잘 생산하고 관리·활용하였다. 일본이 명치유신을 단행하면서 근대국가로 발돋움하였고, 1894년 청일전쟁 승리 후 대만을 식민지로 취득하여 경영해가면서 터득한 원칙이었다. 조선총독부는 인구와 토지에 관한 조사 자료를 바

---

[10] 왕현종 외, 『일제의 조선 구관 제도 조사와 기초자료』, 혜안, 2019; 박성진·이승일, 『조선총독부 공문서-일제시기 기록관리와 식민지배』, 역사비평사, 2007.

탕으로 조선을 식량 원료의 공급기지로 재편해가는 식민지 정책을 추구해 갔던 것이다.

조선총독부의 기록관리는 식민통치를 효과적으로 하기 위한 것이었지, 행정의 투명성과 책임성을 제고하거나 한국의 기록문화유산을 보존하기 위한 것이 아니었다. 일제는 자신의 식민통치방법을 고도화하고, 당시의 식민통치의 목적을 실현하기 위하여 기록의 수집과 정리 및 기록의 보존 방법을 강구해갔다.

일제는 조선을 식민지로 경영해감으로써 일제의 이익을 적극적으로 관철해가는 입장에서 정책을 실시해갔다. 조선총독부는 한국인들의 삶이나 역사에 중대한 영향을 미친 정책들에 대한 기록을 거의 생산하지 않았을 뿐만 아니라, 생산한 기록들조차도 패전 직후 자신들의 범죄상을 은폐 왜곡하기 위하여 대부분 소각하였다.[11]

4. 현대의 기록관리

1) 조선총독부의 기록관리제도 원용과 미국 기록관리제도의 도입(1945~1969)

1945년 8월 15일 한국은 일본제국주의의 식민지로부터 해방되었다. 곧 한국민들은 자주적 민족국가를 수립하고자 하였다. 그러나 미국과 소련 등 열강들은 38도선을 경계로 한반도를 남북으로 분단시켰고, 미군정은 38도 이남의 남한을 통치하였다. 미군정은 1948년 8월 15일까지 3년 동안 남한 지역을 통치하였다. 미군정이 남한을 통치한 국가기록물은 현재 어디에 있는지 알려지지 않고 있다. 미군정의 통치 기록물은 한국의 국가기록원에도 존재하지 않고, 미국의 국립기록청[NARA]에도 보이지 않는다.

---

11) 한국국가기록연구원, 『기록사료관리와 근대』, 진리탐구, 2005, 17쪽.

미군이 3년 동안 한국을 통치하면서 기록을 생산하였지만, 현재는 그 기록이 어디에 있는지 발견할 수 없다. 미군정의 통치기록물을 통해서만이 이 시기의 역사적 실상을 제대로 규명할 수 있다.

남한에서는 1948년에 대한민국 정부가 수립되었다. 정부 수립 이후 남한 지역은 한국인에 의해 통치되기 시작하였다. 대한민국 정부는 국가 건설 초기 단계에서 국가기록관리를 체계화하는데 신경 쓸 여유가 없었다. 그리하여 대한민국 정부는 조선총독부의 기록관리제도를 그대로 답습하였다. 1949년에 「정부처무규정」을 만들고, 1950년에 「공문서규정」을 제정하여 정부 공문서의 서식, 작성방법, 유통 및 보존에 관한 사항을 규정하였지만, 이 규정은 조선총독부가 만들었던 「조선총독부처무규정」과 큰 차이가 없었다. 새로운 정부가 탄생하였지만 정부의 기록관리제도는 조선총독부의 그것을 그대로 원용하는 수준에 머물러 있었던 것이다.[12]

반면에 한국 육군은 고위 장교들이 미국 육군과 군사교류를 하고, 미육군으로부터 교육훈련을 받으면서 미육군의 선진적 행정관리 기법을 도입하고자 하였다. 1950년 한국전쟁을 거치면서 한국군은 60만 명으로 증가하였고, 한국군의 인력과 조직이 확대되면서, 그것을 효과적으로 통제하기 위한 행정관리기법과 기록관리제도를 필요로 하였다. 그리하여 1953년에 미국 육군의 「육군공문서규정」을 참고하여 독자적인 「육군공문서규정(육규 1-8)」을 제정했다.[13] 이 규정에서 공문서의 서식과 작성방식이 변화하였다. 〈그림 0-1〉에서 보는 바와 같이 공문서 서식이 횡서에서 종서로 바뀌었으며, 공문서의 문자도 한자 혹은 국한문 중심에서 한글 전용으로 바뀌었다. 아울러 본문의 구성도 서술식에서 개조식으로 변경되었다.

---

12) 이승일, 『기록의 역사』, 혜안, 2011, 19~26쪽.
13) 이상훈, 「한국정부 수립 이후 행정체계의 변동과 국가기록관리체제의 개편(1948~64년)」, 『기록학연구』 21, 한국기록학회, 2009, 179~185쪽.

〈그림 0-1〉 한국육군 시행문과 기안문의 변화

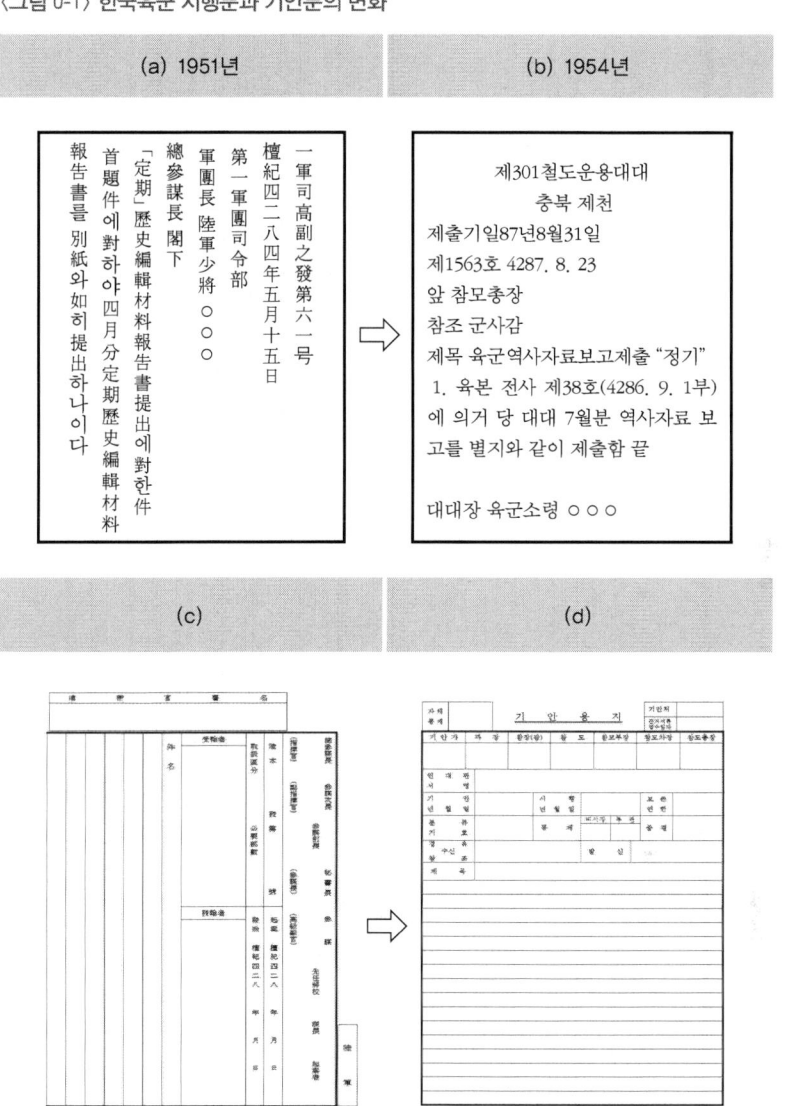

출처: 육군본부 편, 『부대역사일지 육군종합(1950~1958)』[이상훈, 「한국정부 수립 이후 행정체계의 변동과 국가기록관리체제의 개편(1948~64년)」, 『기록학연구』 21, 한국기록학회, 2009, 198~199쪽 재인용].

그 후 1953년에는 미국 육군에서 사용하던 '십진파일링시스템'을 도입하여 기능별 분류 및 부호화를 특징으로 하는 십진분류원칙을 채택하여 공문서 관리에 적용하다가, 1955년에는 「기록문서십진분류법」과 「기록문서분류정리법」을 제정하여 기록문서를 십진분류법에 의거하여 정리하고 관리하는 형식을 전면화하였다. 그리하여 기록 문서를 균일적이고 효과적으로 관리하도록 하였다. 이 두 규정은 육군기록의 현대화를 위해 미육군의 기록관리제도를 도입한 것이었다.[14]

1950년대 대한민국 정부는 조선총독부의 공문서관리규정을 그대로 계승한데 반하여, 대한민국 육군은 미국 육군의 기록관리제도를 수용하면서 조직을 관리해가기 시작하였다. 1950년대는 서로 다른 두 기록관리제도가 공존하던 시기였다.

대한민국 정부에서는 1950년대 중반부터 미국의 행정학을 도입하기 시작하였으며, 1959년에는 공무원의 능률 향상 및 사무처리의 개선을 위하여 행정사무개선책을 제시하였다. 미국의 행정관리 기법과 기록관리제도를 본격적으로 도입하여 한국 정부의 공공기록관리를 체계화하고자 한 것은 1961년 5·16 군사쿠데타 이후였다. 1961년 6월에 행정관리연구위원회를 설치하여 행정의 효율화를 위한 연구작업에 착수하였다. 이 위원회는 공문서의 서식 간소화를 위하여 중앙관서에서 사용 중이던 모든 공문서를 수집·분류하여 문서를 표준화하는 방안을 마련하고자 하였다. 이를 바탕으로 군사정부는 문서행정을 쇄신하기 위해 「정부공문서규정」[1961], 「양식제정절차규정」[1962], 「정부공문서분류표」[1962], 「공문서보관·보존규정」[1963] 등을 제정하였다.[15] 「정부공문서규정」[1961]은 문서제도의 통일성을 기하기 위해 제정하였으며, 「양식제정절차규정」은 양식이 임의적

---

14) 이승일, 『기록의 역사』, 혜안, 2011, 28~41쪽.
15) 이승일, 「1960년대 초반 한국 국가기록관리체제의 수립과정과 제도적 특징」, 『한국기록관리학회지』 제7권 2호, 한국기록관리학회, 2007.

으로 남발되지 않도록 통제하기 위해 제정한 것이었다.

또한 1962년에는 '문서 십진분류법 제정에 관한 작업계획'을 세워 현행 및 미래에 생산될 문서의 관리체계를 구축하고자 하였다. 그리하여 정부의 공문서를 기능분류를 하여 정부 전체 기능을 20개로 구분하고 6단계로 나누어 세목분류를 하여 제6단계에 이르러 2만개의 분류가 되는 「공문서분류표」[1963]를 완성하였다.16) 이 공문서분류표는 1963년부터 시행하도록 하였다. 이 공문서분류표에 보존기간을 책정한 「공문서보존기간종별책정기준에 관한 건」[1964]이 추가되어 국가기록관리의 틀을 갖추게 되었다.17)

한편 한국정부는 1961년 5·16 군사쿠데타 이후 대대적인 '보존문서정리사업'을 단행하였다. 내각사무처 행정관리국이 정부 수립 이후 각 기관에 적체된 공문서를 정리하면서 보존문서의 활용성을 높이려는 목적으로 1962년 1월 22일부터 4월 7일까지 76일간 이 사업을 실시하였다. 즉 정부에서는 행정의 효율화와 행정경험의 신속한 활용을 위하여 보존문서정리계획을 추진하였다. 그 작업의 내용은 보존문서의 분류작업을 행하였고, 그 문서의 보존연한을 책정하는 일이었다. 구체적으로 총 179만 권의 보존문서 중 중앙부처는 보존문서 79만 권 중 37.8%인 약 30만 권을 영구보존으로 지정하였고, 도에서는 보존문서 100만권 중 18%인 약 18만 권을 영구보존으로 지정하였다. 1962년의 '보존문서정리사업'은 1945년 해방 후부터 당시까지 국가에 의해 승인받지 못한 기록의 폐기를 공식화한 것이었다.18) 1962년 보존문서정리사업으로부터 시작된 국가기록관리체계

---

16) 제1단계는 20개, 제2단계는 140개, 제3단계는 810개, 제4단계는 3,500개, 제5단계는 10,500개, 제6단계는 20,000개로 기능을 분류하였다(이승일, 『기록의 역사』, 혜안, 2011, 70쪽 참조).
17) 이상훈, 「한국정부 수립 이후 행정체계의 변동과 국가기록관리체제의 개편(1948~64년)」, 『기록학연구』 21, 한국기록학회, 2009; 이승일, 『기록의 역사』, 혜안, 2011, 63~85쪽.
18) 이경용, 「한국의 공기록관리제도(Ⅰ)」, 『기록보존』 15, 행정자치부 정부기록보존소, 2002; 이승일, 『기록의 역사』, 혜안, 2011, 54~63쪽.

구축 노력은 과거에 생산된 문서뿐 아니라 현행 및 미래에 생산될 공문서의 효과적 감축을 위한 관리방법을 제정하는 데까지 확대되었다.[19]

다른 하나의 '보존문서정리사업'은 1968년에 행해졌다. 1968년에는 남북한의 대립과 미국·북한의 대립으로 인하여 전쟁 발발의 위기가 고조되었다. 1968년 1월 21일 무장공비 침투사건과 1968년 1월 24일 미국 핵잠수함 푸에블로호 납치사건으로 인하여 전쟁 위기가 최고조되었다. 이에 한국정부는 전쟁이 일어날 경우를 대비하여 정부문서를 분산 배치함으로써 보존·관리할 계획을 세우게 되었다. 그리하여 1968년 4월 1일부터 5월 30일까지 비상사태에 대비한 문서의 소개(疏開)와 영구보존문서의 보관이라는 관점에서 문서정리사업이 전개되었다. 작업의 내용은 영구보존문서를 재분류하고 유한문서는 폐기하며, 영구문서는 목록 작성하며 '영구보존문서 보존계획'에 따라 관리하도록 하였다. 즉 행정부의 문서를 중심으로 분류·폐기하여 중요 문서를 분산·보존할 계획을 세우게 하였다.[20] 그 후 1975년에도 정부의 '문서정리사업'이 행해졌고, 그 사업의 연장선상에서 1984년에 부산의 역사기록관이 설립되어 정부의 영구 및 준영구 문서가 분산 배치되어 보존·관리되었다.

요약하면 1948년 대한민국 정부 수립 이후 정부는 조선총독부의 기록관리제도를 원용하여 정국을 운영해 갔지만, 대한민국 육군에서는 1950년대 중반 이후 미국 육군의 기록관리제도를 수용하기 시작하였다. 그러다가 1961년 5.16 군사쿠데타 이후 정치권력을 장악한 군사정부에서 미국의 행정관리기법과 기록관리제도를 수용해가면서 정부를 운영해갔다. 그것이 본격화한 것은 1964년 이후였다.[21]

---

19) 이승일, 『기록의 역사』, 혜안, 2011, 83쪽.
20) 이승일, 『기록의 역사』, 혜안, 2011, 89~106쪽.
21) 이상훈, 「한국정부 수립 이후 행정체계의 변동과 국가기록관리체제의 개편(1948~1964년)」, 『기록학연구』 21, 한국기록학회, 2009.

2) 정부기록보존소의 설립과 국가기록관리의 시작(1969~1999)

1968년 정부의 보존문서정리작업은 영구보존문서를 생산기관이 아니라 문서보존을 전문적으로 수행하는 기관에서 보존할 것을 계획한 것이었다. 그러한 계획은 1969년 「공문서 보관·보존규정」에 반영되었고, 그 결과 1969년에 영구보존을 전담하는 정부기록보존소가 설치되었다. 정부는 1969년에 총무처 산하에 정부기록보존소를 설치하여 정부의 영구보존대상의 문서, 도면, 카드 등을 보존·관리하고, 활용하고자 하였다.

1969년에 총무처 산하에 설치된 정부기록보존소는 소장 아래에 행정사무관을 과장으로 하는 3개의 과[제도관리과, 분류보존과, 기술지원과]를 두고, 22명의 직원이 배치되었다.[22] 소장은 공무원 직급 중 3급을 임명하도록 하였다. 정부에서는 1975년에도 보존문서정리사업을 전개하였다. 1975년 4월 24일부터 5월 31일까지 대대적인 '영구보존문서 소산(疏散)계획'이 시행되었다. 이 계획은 1968년 보존문서정리사업과 유사한 작업으로 영구보존문서를 최하 보존기간으로 재분류하여 장기보존 대상문서를 최소한으로 축소하거나, 혹은 영구보존문서를 후방시설로 분산 배치하여 비상시에 대비하기 위한 것이었다. 그 소산계획은 1984년 정부기록보존소 부산지소의 설립으로 구체화되었고, 장기보존 대상문서들이 이곳에 분산 보존되었다.[23]

정부기록보존소의 설립은 정부기록을 전문적으로 관리하는 기관을 설치하였다는 점에 의의가 있었다. 그러나 정부기록보존소가 행정부 내에서 중요한 비중을 차지하는 곳은 아니었다. 정부기록보존소장은 3급직 공무원 중 퇴직하기 전에 잠시 머물다가 나가는 자리였고, 소장의 임기도 만 1년이 넘지 않았다.[24] 그리하여 정부기록보존소장이 책임감과 사명감을

---

22) 국가기록원, 『국가기록원 40년사』, 2009, 38쪽.
23) 이승일, 『기록의 역사』, 혜안, 2011, 100~107쪽.

갖고 정부기록관리의 업무를 수행하지 못하였다. 1999년 「공공기관의 기록물관리에 관한 법률」 제정 이전까지 정부기록보존소는 독자적인 기록관리정책을 기획할 수 없었고, 반면에 총무처 행정관리국에서 기록관리제도를 수립하였다. 즉 정부기록보존소는 정부의 기록관리제도 및 정책 수립 권한이 없었고, 행정부 혹은 지방자치단체에서 이관하는 영구보존문서를 수동적으로 넘겨 받아 관리하는 역할에 머물러 있었다. 정부기록보존소는 독자적인 인프라와 시스템을 구축하여 정부의 기록관리제도를 운영하지 못하였다.

1980년 광주민주화운동 이후 국민들의 사회의식이 크게 제고되었다. 정부는 1982년에 정부공문서제도의 개선을 도모하였다. 공문서 관리를 능률화하고 자료로서의 활용도를 높이기 위하여 문서관계 법령들을 통합 정비하여 분류 및 보존기간 등을 조정하고자 하였다. 그것은 두 방향으로 전개되었다. 하나는 「정부공문서규정」과 「공문서보관·보존규정」을 통합하여 공문서의 생산과 전달 및 보관 규정을 통합한 것이었고, 다른 하나는 「공문서분류표」와 「공문서보존기간종별책정기준표」를 통합하여 공문서의 분류와 평가 폐기를 통합하는 것이었다.[25]

1987년 6·10 민주항쟁은 한국민주주의 역사에서 획기적인 일이었다.[26] 1987년 6·10 민주항쟁을 계기로 모든 공공행위들이 기록화되어 보존되고 이를 일반 시민들이 자유롭게 열람할 수 있도록 투명하고 평등한 정보공개가 이루어지는 시민사회를 실현해야 한다는 생각과 주장이 확대되기 시작하였다.

---

24) 1969년부터 1999년까지 30년 동안 소장은 30명이 넘어서 만 1년을 채우지 못하였다 (국가기록원, 『국가기록원 40년사』, 2009 참조).
25) 이승일, 『기록의 역사』, 혜안, 2011, 130~148쪽.
26) 한국현대사에서 민주주의의 진전에 큰 역할을 한 사건은 1960년 4·19혁명, 1980년 광주민주화항쟁, 1987년 6·10민주항쟁, 2016년과 2017년의 촛불민중항쟁이었다.

1987년 이후 1990년대 기간은 컴퓨터 등의 사무자동화기기에 의한 공문서 생산 및 유통 상황을 반영하는 등의 제도적 보완이 이루어졌던 시기였다. 1991년에는 '사무관리규정'을 제정하여 정부공문서관리, 보고사무, 협조사무, 관인관리 및 서식에 관한 사항을 통합하고 자료관리, 업무편람, 사무자동화, 사무환경에 관한 사항을 정리하였다. 즉 기록의 생산, 유통, 편철, 분류, 평가, 폐기, 사무표준화 등에 관한 규정을 종합적으로 제시하였다.[27] 1992년에는 「공문서분류 및 보존에 관한 규칙」을 제정하여 국가기록물의 분류원칙으로 십진분류법을 전면적으로 도입하고, 분류체계의 설계와 운영방식에서는 일부 문헌정보학의 관리기법을 적극 수용하였다.[28] 이전에도 국가기록물 분류에 십진분류법을 도입하여 적용하였지만, 1992년에는 전면적으로 도입하였다.[29]

1987년부터 1996년까지 2차에 걸쳐 국가기간전산망 사업이 추진되면서 전산화, 정보화 작업이 지속되어 갔다. 1995년부터 초고속정보통신망 등 정보인프라 구축이 추진되었다. 그에 따른 법률적 보완이 이루어졌다. 1986년 「전산망 보급확장과 이용촉진에 관한 법률」, 1993년 「통신비밀보호법」, 1994년 「공공기관의 개인정보 보호에 관한 법률」, 1995년 「정보화촉진기본법」, 1996년 「공공기관의 정보공개에 관한 법률」 등이 정비되면서 전산화에 따른 개인정보 보호에 대한 규정이 강화되었다.

또한 1990년대는 우리나라에서 전자기록관리가 본격적으로 시작된 시

---

27) 이승일, 『기록의 역사』, 혜안, 2011, 149~153쪽.
28) 국가기록물 분류를 위해 십진분류법을 전면 도입하고, 정보 검색의 편익을 위해 조기호 및 상관색인 기법을 도입하였다(이승일, 『기록의 역사』, 혜안, 2011, 153~170쪽).
29) 1962년에 국가기록물의 분류에는 제1차 분류에서 정부조직을 그대로 원용하여 20개로 하였고, 1984년에는 제1차 분류에서 정부조직에 따라 19개로 하였다. 그러나 1992년에는 제1차 분류에서 정부조직을 유사기능군으로 통합하여 10개로 분류하였다. 나아가 제2차 분류 이하에서도 십진분류에 의해 철저히 기능 분류를 실시하였다(이승일, 『기록의 역사』, 혜안, 2011, 153~170쪽).

기였다. 1990년대 중반에는 김영삼정부[1993~1998]에서 전자정부를 표방하면서 정부기록의 전자시스템관리를 높여가기 시작하였다. 정부기록보존소는 1996년 이후 국가기록물관리 전산화, 광화일화 기본계획을 수립하고 주요 기록물 전산화와 광화일화를 본격적으로 전개하였다. 그런 와중에 1997년말 국가부도 사태를 겪게 되었고, 그것을 극복하는 과정으로 정부는 유효수요를 창출하기 위한 공공근로사업을 확대하였다. 정부기록보존소는 국가기록물을 데이터베이스화하고 정비하는 공공근로사업을 전개함으로써 국가기록물을 대대적으로 정리하게 되었다.30) 그러한 흐름은 2000년대에 이어져 공공기관에서는 신전자문서시스템, 자료관시스템, 업무관리시스템, 표준자료관시스템 등이 순차적으로 사용되게 되었다.

그러나 정권이 비민주적인 경우에는 국가기록관리가 제대로 이루어지지 못하였다. 독재정권의 경우에는 국가기록관리가 왜곡되었고, 주요 역사기록은 제대로 관리되지 못하였다. 전두환 정권[1980~1987] 시기에는 1980년 '청와대 비서실 직제'를 개편하고, 비서실에 통치사료실을 설치하여 대통령기록을 정리하고 기록하도록 하였다. 그러나, 전두환대통령도 퇴임할 때는 대통령기록을 폐기하거나 혹은 주요 자료를 모두 가지고 나갔다. "각종 말씀자료와 수석비서관 회의록, 수석들이 보관한 문서 등을 연희동 사저로 옮겼다"고 하는 신문기사 내용에서도 지적하는 것처럼 대통령 기록물의 관리는 전혀 개선되지 않았다.

이 시기에는 국가기록물의 파기와 유기 현상이 빈번하게 발생하였다.31) 중요한 역사기록물이 제대로 관리되거나 보존되지 못하고 폐기되는 일이 빈번하게 발생하였다. 예를 들면, 국가보위입법회의 회의록의 분실, 노태

---

30) 1927년과 1928년에 세계적인 대공황이 일어났는데, 미국에서 이 대공황을 극복하기 위한 공공근로사업으로 미국 국립기록청에서 미국의 공공기록을 대대적으로 정비하는 사업을 벌였다.
31) 곽건홍, 『한국 국가기록 관리의 이론과 실제』, 역사비평사, 2003.

우 정부의 남북밀사교환 기록의 유출, IMF 구제금융 관련 기록의 파기 등 주요 역사기록물이 제대로 보존·관리되지 못하였다.[32]

3) 공공기록 법률의 제정과 국가기록관리의 정비(1999~2008)

1997년 12월 대통령 선거에서 처음으로 야당이 승리하여 김대중 정부[국민의 정부, 1998~2003]가 탄생하였다. 1997년 12월 대통령선거 직후부터 1998년 2월말 김대중이 대통령으로 취임하기까지 국가정보원 등 국가 주요기관의 기록물 파기가 매우 심각하였다. 1998년 2월 말에 김대중이 대통령이 된 후, 이전 정부로부터 이관받은 대통령기록물이 없어 국정 운영을 완전히 새롭게 시작해야 했다.

이에 학계와 시민단체 등에서 대통령 기록 및 정부의 역사기록물을 제대로 관리해야 한다는 요구가 커졌고, 국민의 정부에서 이 요구를 수렴하여 1999년 1월에 「공공기관의 기록물관리에 관한 법률」[공공기관기록물법으로 약칭]을 제정하였다. 이 법률이 제정됨으로써 공공기관의 기록물을 체계적으로 관리할 수 있는 법률적 근거를 마련하였다. 1999년에 제정된 공공기관기록물법은 국가기록관리 체제 변화의 출발점이었다. 이 법률에서 공공기관에서 생산한 모든 기록의 등록, 회의록 등 중요 기록에 대한 생산 의무 부과, 기록 무단 폐기 등의 처벌, 대통령 기록의 체계적인 관리 등을 규정하였다.[33]

나아가 이 법률 제1조에서 기록관리의 목적을 "기록유산의 안전한 보존과 공공기관의 기록정보의 효율적 활용을 도모한다"[34]고 함으로써, 공공기관의 기록은 기록 유산이며, 그것을 잘 보존하고 효율적으로 활용함이

---

32) 이영학, 「한국근현대사와 국가기록물 관리」, 『기록학연구』 6, 한국기록학회, 2002.
33) 곽건홍, 『아카이브와 민주주의』, 선인, 2014, 27쪽.
34) 「공공기관의 기록물관리에 관한 법률」(1999), 제1조.

매우 중요함을 명시하였다. 이제 기록관리는 행정사무의 효율화를 위한 도구로서가 아니라, 그 자체로서 가치를 지니는 독립적 행정행위가 된 것이다.35) 그리하여 이 법률에서 구체적으로 공공기관에서 생산한 모든 기록의 등록 의무, 중요 기록의 생산 의무, 기록 무단 폐기 등의 처벌, 기록관의 설립, 기록물관리 전문요원의 배치 등을 명시하였다.36)

법률이 생긴 이후, 정부기록보존소는 중앙기록물관리기관으로서 정부[국가]의 기록관리제도를 수립하고 기록관리정책을 입안하여 집행해 갈 수 있게 되었다. 국가의 기록관리를 총괄하는 정부기록보존소의 기구와 조직을 확대하였고, 공공기관에서 기록물분류기준표를 전면적으로 작성하여 기록관리를 체계화하고자 하였다. 또한 자료관시스템을 구축하여 각급 기관의 공공기록을 제대로 관리하고자 하였다. 특히 2004년에는 정부기록보존소의 명칭을 국가기록원으로 변경하면서 기구와 조직이 크게 확대되었고, 국가기록원이 정부의 기록관리정책을 선도해가기 시작하였다.

그러나 공무원들의 공공 기록관리에 대한 인식이 깊지 못하였고, 공공기관의 기록관리는 철저하지 못하였다. 공공기관기록물법이 제정되었다고 하여 공무원들의 기록관리에 대한 인식과 기록의 활용이 금방 바뀌지는 않았다. 2004년 당시 공공기록관리의 부실은 시민단체인 참여연대와 세계일보가 공동 탐사하여 기사로 작성한 〈기록이 없는 나라〉37)를 통하여 적나라하게 드러났다. 행정부의 공공기록관리는 구태의연하게 부실한 형태로 이루어지고 있었다. 이에 행정자치부는 그 해 6월과 7월에 123개 공공기관의 기록관리 현황을 파악하여 8월에 국무회의에서 대통령에게

---

35) 서혜란, 「한국 공공기록관리정책의 연대기적 검토」, 『한국기록관리학회지』 제9권 2호, 한국기록관리학회, 2009, 195쪽.
36) 곽건홍, 「한국 국가기록관리체제 '혁신'의 성격」, 『기록학연구』 13, 한국기록학회, 2006, 7쪽.
37) 「기록이 없는 나라」 1~9, 『세계일보』, 2004년 5월 30일~7월 14일 특집 기사.

보고하였다.38) 당시 보고에 의하면 기획예산처는 공공기록의 무단 폐기를 자행하였고, 식품의약안전청은 공공기록물을 창고에 묶음 상태로 방치하는 등 공공기록관리 상황은 매우 부실하였다.39) 당시 언론과 시민단체에서는 정부의 기록관리 정상화에 대한 성명서를 쏟아내고 있었다. 이에 노무현 대통령은 감사원에게 정부의 공공기록물관리를 감사하라는 명령을 내렸다. 감사원에서 2004년 11월부터 2005년 2월까지 국가기록원 등 24개 정부기관의 기록물관리 실태를 감사하였는데, 중요 기록물의 유실, 대통령기록물과 비밀기록물의 관리 소홀 등이 드러나면서 광범위한 문제들이 드러났다.40) 구체적으로 국가기록원이 헌법의 필사본을 원본인 줄 알고 보존서고에 보관하거나, 혹은 국가의 상징인 국새와 발행 화폐를 분실하는 등 감사원 감사 결과 치명적인 공공기록관리의 문제점이 드러났다.41)

2003년에 출범한 참여정부[2003~2008]는 기록관리를 제대로 하는 것이 행정부의 혁신을 가져오는 것이라고 느끼게 되었다. 2004년에 대통령 직속 정부혁신지방분권위원회 산하에 기록관리혁신전문위원회를 설립하고,42) 기록학·역사학·문헌정보학 등 각 학계의 인사들과 정부 관료 등 전문 인사를 구성원으로 하여 공공기록관리의 혁신을 추진하였다. 기록관리혁신 전문위원회에서 '국가기록관리혁신 로드맵'을 작성하여 행정자치부 등 정부기관에 배포하여, 공공업무수행의 철저한 기록화, 정보공개 확대, 국가표준의 제정, 공공기록 편찬 및 서비스의 확대, 기록 법률의 제정 및 정비,

---

38) 정부혁신지방분권위원회, 『참여정부의 기록관리혁신』(정부혁신지방분권위원회 백서 7), 2005, 40쪽.
39) 행정자치부 국가기록원, 『기록물관리 실태조사 결과보고』, 2004년 7월.
40) 감사원, 「'공공기록물 관리 및 보존실태' 감사결과」, 2005년 10월 27일.
41) 이영학, 「참여정부 기록관리정책의 특징」, 『기록학연구』 33, 한국기록학회, 2012, 118~119쪽.
42) 정부혁신지방분권위원회 산하에는 '인사개혁' '지방분권' '행정개혁' '재정세제' '전자정부' '기록관리'의 6개 전문위원회가 있었다.

전문인력 확보 등을 추진해가도록 하였다.[43]

2005년 5월에 정부혁신지방분권위원회는 각 전문위원회에서 제출한 기획안을 정부 내에서 효율적으로 추진하고 있는가를 점검하기 위해 혁신분권평가위원회를 설치하였다. 혁신분권평가위원회 산하에 기록관리분야 평가위원이 선정되고, 그 평가위원들이 2005년 하반기부터 3년 동안 매년 「국가기록관리혁신 로드맵」이 잘 실행되고 있는지 점검하였고, 매년 말에 대통령이 참석하는 평가회의에서 각 분야별로 진행에 대한 결과를 보고하도록 하였다. 그 평가를 잘 받기 위해, 대통령비서실과 행정자치부 및 국가기록원 등에서 국가기록관리혁신을 위해 노력해가고 있었다.[44]

참여정부의 기록관리정책에서 중요한 특징은 다음과 같다. 첫째, 기록관리에 관계가 있는 이해 당사자들의 참여를 동반한 거버넌스(Governance)의 형태로 실행하고자 하였다. 기록의 생산기관 및 관리기관뿐 아니라 학계와 시민단체 및 민간전문가 등 관련 당사자와 소통하면서 기록관리정책을 추진하고자 하였다는 점이다. 참여정부는 기록학전문가를 초빙하여 기록관리혁신전문위원회를 가동하면서, 시민단체와 언론의 의견을 수렴하여 「국가기록관리혁신 로드맵」을 만들어 기록관리 개혁의 방향을 설정하였다. 이를 바탕으로 국가기록관리의 혁신을 도모하고자 하였다.

둘째, 공공기관의 기록물관리를 효율적으로 하기 위하여 기록물관리 전문요원을 배치하고 기록관을 설치하고자 하였다. 2004년에 공무원의 연구직렬에 기록연구직을 신설하고, 2005년에 중앙부처에 처음으로 기록연구사[45]를 배치하였다. 공공기관에 기록물관리 전문요원을 배치한 일은

---

43) 이영학, 「참여정부 기록관리정책의 특징」, 『기록학연구』 33, 한국기록학회, 2012.
44) 이영학, 「참여정부 기록관리정책의 특징」, 『기록학연구』 33, 한국기록학회, 2012, 128~132쪽.
45) 기록을 전문적으로 관리하는 사람을 기록물관리전문요원이라 칭하고, 그 중 정식 공무원이 된 사람을 기록연구사로 칭한다.

기록의 생산과 관리를 체계화하고 전문화하는 첫걸음이었다. 아울러 기록물관리 전문요원이 전문적으로 활동할 수 있는 기록물관리기관이 설치되게 되면서 기록의 관리 및 보존 시설을 갖추게 되고, 기록의 관리가 체계화되는 기반을 마련하였다. 기록물관리 전문요원들은 각 공공기관에서 자신의 활동영역을 구축하면서 기록관리를 철저히 하고 그를 바탕으로 정보공개도 원활히 할 수 있게 되었다.

셋째, 기록관리법령을 제정하거나 전면 개정하여 기록관리제도의 체계화를 도모하고자 하였다. 1999년의 「공공기관기록물법」을 전부 개정하여 2007년에 「공공기록물관리에 관한 법률」을 공포함으로써 전자기록 시대에 어울리는 법률 체계를 구축하였다. 또한 「대통령기록물관리에 관한 법률」을 제정하여 처음으로 대통령 기록의 생산과 관리 및 이용을 효율적으로 행하고자 하는 법적 기반을 구축하였다.

넷째, 이 시기에는 기록관리시스템과 기록관리 프로세스가 체계화되면서 전자기록관리시스템이 크게 확대되고 발전하였다. 참여정부에서는 기록관리시스템과 영구기록관리시스템을 체계화하고자 하였으며, 그를 바탕으로 공공기록 중에 전자기록물이 차지하는 비중을 높여가서 전자기록의 비중이 98.8%를 차지할 정도였다. 즉 전자정부 시대를 활짝 열어갔던 것이다.[46] 당시 세계전자정부 대회에 보고하여 한국이 주목을 받기도 하였다.

김대중 정부[국민의 정부]와 노무현 정부[참여정부]에서 민주주의의 신장과 권력의 분립을 지향하였으며, 그에 따라 공공기록관리의 영역이 체계화되기도 하였다. 특히 노무현 정부에서는 공공기록관리의 체계화가 행정부의 혁신을 가져오는 것이라고 여겨 공공기록관리의 개선에 적극적인 노력을 기울였다.

---

46) 이영학, 「참여정부 기록관리정책의 특징」, 『기록학연구』 33, 한국기록학회, 2012.

4) 기록관리의 파행과 새로운 기록관리의 모색(2008~)

민주주의의 정립과 아카이브(Archives) 구축은 정비례한다. 민주주의 제도가 정립될수록 아카이브 체제가 잘 갖추어지는 것이다. 이명박 정부 이후 10년은 지난 정부에서 마련한 국가기록관리제도가 후퇴하는 시기였다. 정치 권력이 중앙기록물관리기관을 장악하고 기록을 통제해가려고 하였고, 기록을 정치적으로 이용하려고 하였다.

이명박 정부가 2008년 출범하였다. 이명박 정부 5년 동안 미국산 소고기 수입반대 촛불집회 강경 진압, 2009년 1월 용산 참사, 민간인 사찰, 환경에 심각한 문제를 일으킨 4대강 사업 등을 행하면서 민주주의가 후퇴하였다. 민주주의의 퇴행은 국가기록관리의 후퇴를 가져왔다.[47]

2009년에 국가기록원은 '국가기록관리 선진화 전략'을 내세웠다.[48] "글로벌 경쟁력을 갖춘 선진 기록관리 실현"이라는 비전 하에 4대 목표,[49] 12개 과제를 제시하였다. '국가기록관리 선진화 전략'에서는 기록관리 부문에서 선진성을 내세웠으나, 그 기저에는 기록관리의 문화적·역사적·행정적 측면보다는 경제성의 여부가 추진 전략의 중요 고려사항이었다. 예를 들면 '국가기록관리 선진화 전략'을 추진하면, 기록관리를 통한 예산 절감 효과를 가져와 "회의록 정리비용 권당 2만원에서 무비용, 시스템 통합 활용에 따른 업무효율성 제고 48.5억 원, 업무 비능률 요소 저감 연간 2.4억원"을 가져오며, 국제기록엑스포 개최 등을 통해 25만 명의 고용 효과를 창출하고, 관광 수익 연 200억 원의 수입을 올린다고 강조하였다.[50] 국가

---

47) 곽건홍, 『아카이브와 민주주의』, 선인, 2014, 79쪽.
48) 국가기록원, 『국가기록관리 선진화 전략 종합실천계획』, 2009년 6월.
49) 4대 과제로 1. 내실 있는 기록관리로 신뢰받는 정부 구현, 2. 국가기록관리 기반강화로 선진 인프라 확충, 3. 기록정보 자원화와 편리한 서비스로 지식정보사회 선도, 4. 우리 기록문화의 글로벌 국가브랜드화로 국제적 위상 제고 등을 들었다.
50) 곽건홍, 『아카이브와 민주주의』, 선인, 2014, 71~78쪽.

기록관리 추진의 주요 고려사항은 경제성과 효율성이었으며, 역사적·문화적 측면은 경시되었다. 그리하여 추진과정에서 국가기록관리제도의 구축이 제대로 이루어지지 못하였다.

이명박 정부에서는 기록관리정책의 집행과정에서 정부의 공기록을 정치적으로 이용하였다. 2008년에 이명박정부 출범 후 미국산 쇠고기 파동으로 국민들의 저항이 심하게 되자 국민들의 관심을 돌리기 위하여 노무현 전대통령의 기록을 정치적으로 이용하였다. 국가기록원장으로 하여금 노무현 대통령이 「대통령기록물법」의 열람권을 바탕으로 노무현 전대통령의 기록을 복제하여 경상남도 봉하마을의 본인 집으로 가져간 것을 법률 위반으로 노무현 대통령 당시 기록관리 비서관 등 10명을 고발하게 하였다.[51] 노무현 전대통령은 법률적으로 다툼을 벌이려고 하였지만 포기하고, 봉하마을에 가져간 기록을 국가기록원에 반납하였다. 「대통령기록물법」에 의하면, 대통령 재임시에 생산한 기록을 퇴임 이후에도 열람할 수 있도록 하였다. 이 법률은 미국의 대통령기록관리제도를 원용한 것이다. 퇴임한 대통령에게 자신이 재직시에 생산한 기록을 열람하도록 함으로써 국가에 기여할 수 있는 기회를 제공하고, 아울러 재직시 대통령 기록을 생산·보존하게 하는 것을 장려하고자 한 것이다.

이명박 정부에서는 개혁정책의 미명 하에 기록관리제도를 변경하려고 하였다. 먼저 국가기록관리위원회와 대통령기록관리위원회의 위상을 약화시키려고 하였다. 위 위원회는 기록관리제도에 거버넌스를 실현하면서 민간전문가를 참여시켜 국가기록관리를 자문 심의하기 위해 만든 제도이다. 국무총리 산하의 국가기록관리위원회를 행정안전부 장관 산하로 변경하려고 하였으나, 위원들의 반발로 변경하지 못하였다. 또한 대통령기록

---

[51] 당시는 기술 수준이 미흡하여 봉하마을에 랜을 설치하여 재임시의 기록을 볼 수 없었기 때문에, 대통령 기록을 복제하여 1부를 대통령기록관으로 이관하고 다른 1부는 봉하마을로 가져갔다. 그 행위에 대한 법률적 적합성을 제기하였다.

관리위원회를 구성하지 않았다가, 시일이 훨씬 지난 후 구성하게 되었다.

「공공기록물법」에 의하면 공공기록의 폐기를 위해서는 3단계의 과정을 거친다. 처리과와 기록관에서 1차와 2차 심의를 거치고, 외부 민간위원이 참여하는 기록물평가심의회라는 3차의 과정을 거쳐서 폐기된다.[52] 그런데 이명박 정부에서는 보존기간이 5년 이하의 공공기록을 기록물평가심의회라는 단계를 거치지 않고 폐기하도록 개정하려고 하였다.[53] 보존기간 5년 이하의 공공기록이 90%를 차지하는 상황이고, 그 기록은 중요하지 않기 때문에 2차의 단계에서 폐기해도 괜찮을 것이라는 인식은 민간전문가와 여론의 반발에 밀려 실행되지 못하였다.

또한 기록물관리전문요원의 자격을 석사학위 취득자 이상으로부터 학사학위로 수정하려고 하였다. 표면적인 이유는 공무원의 자격을 학력에서 제한하는 것은 불평등하다는 것이었다. 그런데 현대사회에서 전문직은 전문교육을 통해서 양성되어 왔다. 의사, 변호사, 사서, 학예연구사 등은 전문교육을 통해서 양성되었다. 기록학계에서 기록전문가는 기록학 석사학위 소지자 이상으로 규정한다는 법률이 그대로 실현되어야 한다고 주장하여 정부와 충돌하였고, 그 후 이명박 정부와 타협하여 석사학위 소지자와 함께 학사학위 소지자도 지원할 수 있도록 통로를 열어 놓았다.[54]

이명박 정부 하에서는 법률이 정하는 세 차례의 평가 과정을 거치지 않고 무단 폐기하는 사례가 빈번히 행해졌다. 특히 정치 사회적으로 민감한 사안에 관련된 기록들은 의도적으로 폐기되기도 하였다. 예를 들면 2008

---

52) 「공공기록물관리에 관한 법률」(2007) 제27조; 「공공기록물관리에 관한 법률 시행령」 제43조, 제53조, 제54조.
53) 법률에 의하면, 기록의 보존기간은 1년, 3년, 5년, 10년, 30년, 준영구, 영구로 분류된다. 그 중 5년 이하의 공공기록을 2단계만에 폐기하려고 시도하였다.
54) 학사학위 소지자가 행정안전부장관이 정하는 교육기관에서 1년간 교육을 받고, 국가에서 행하는 시험에 합격한 자는 석사학위 소지자와 함께 기록물관리전문요원에 지원할 수 있도록 하였다.

년에 감사원은 '쌀 소득보전 직불금' 부정수급 의심자 17만 명에 대한 데이터를 폐기했다.55) 또한 서울경찰청은 용산 참사 관련 기록 일부를 폐기하였으며, 국무총리실 공직윤리지원관실은 민간인 사찰의 증거가 되는 기록들을 디가우징(Degaussing)으로 폐기했다. 교육과학기술부는 상지대 옛 재단의 복귀를 결정한 사학분쟁조정위원회의 속기록을 폐기했다.56)

국가는 국민에게 행정행위에 대한 설명 책임의 의무를 진다. 그러나 이러한 기록의 무단 폐기는 그 의무를 외면한 것에서 더 나아가 불법행위를 저지르고서도 그 책임을 회피하기 위해 기록을 무단으로 폐기하는 또 다른 불법행위를 자행하는 것이다. 결국 이명박 정부가 보여준 기록물관리에 대한 미숙한 태도와 관행, 고의적 악행은 기록물 불법 폐기와 이명박 대통령 자신의 빌딩에서 대통령기록물이 발견되는57) 민주주의의 근간을 뒤흔드는 초유의 사건으로 이어졌다.

공공기록을 정치적으로 이용하였던 정권은 후대의 두려움 때문에 기록을 남기지 않거나, 중요기록을 사저에 가지고 나가기도 하였다. 이명박 정부는 퇴임하면서 대통령 기록을 대통령기록관에 이관하였는데, 주요 내용이 있는 기록이 적거나, 비밀기록이 전혀 없었다. 이명박 정부에서 대통령기록관에 이관한 기록은 1,088만 건이지만, 웹기록이 50%를 차지하고, 온라인 시청각 기록 등 주요 기록이 미흡하다. 대통령실 업무관련 기록은 위민시스템에서 생산된 전자기록 24만 건, 종이기록 24만 건 합계 48만 건이 중심인데, 그 중 종이기록도 민원기록일 가능성이 있어, 중요한 내용을 갖춘 기록이 어느 정도 비중인지 알 수 없다.58)

---

55) 「직불금 부정수령 의혹 17만명 자료 모두 폐기」, 『서울신문』, 2008년 10월 16일.
56) 조영삼, 「국가기록관리 발전을 위한 정책 제안」, 『역사비평』 100, 역사비평사, 2012, 273~298쪽.
57) 「영포빌딩 지하창고는 '비리 기록물 판도라'」, 『경향신문』, 2018년 3월 20일.
58) 곽건홍, 『아카이브와 민주주의』, 선인, 2014, 79~85쪽.

아울러 이명박 대통령 기록 중 비밀기록이 한 건도 없다는 사실은 후임 정부에서 열람하지 못하도록 하겠다는 의도를 보인 것이다. 주요 기록은 지정기록으로 비정하여 15년 내지 30년을 열람하지 못하도록 하였고, 후임 정부가 참조할만한 기록은 비밀기록으로 지정하여 대통령 및 고위관료 등 비밀취급권한자들이 이용할 수 있도록 해야 하는데 그렇지 못하였다. 이명박 대통령 기록 이관은 이관량 부풀리기, 가치 없는 기록의 이관, 대통령지정기록 제도의 악용 등을 통해 왜곡되었다.[59]

박근혜 정부는 2013년 스마트 정부를 표방하면서 정부3.0을 공포하였다. 정부3.0에서는 정부와 국민의 소통을 강화하고 국민이 원하는 정보를 신속히 제공하는 것을 목표로 하고 있었다. 그러나 박근혜정부에서는 국민에게 정보공개하는 데 인색하였다. 2014년부터 각 공공기관의 국과장급 이상 결제문서의 원문을 제공하는 '원문공개 서비스'를 시행하였지만, 청와대는 예외로 하였다. 정보공개법 제8조에 의하면 모든 기관의 정보목록을 공개하는 것을 원칙으로 하였지만, 청와대는 예외를 두어 공개하지 않았다.[60]

정부는 기록을 통하여 설명책임성을 다하고, 정보공개를 통하여 업무의 정당성을 확보하는 것이다. 박근혜정부는 통치의 정당성이 미흡하고, 통치에 자신이 없었기에 정보공개를 매우 꺼렸다. 예를 들면 세월호 참사 당일 기록의 비공개, 메르스 사태를 키운 비공개주의, 국정교과서 집필진의 비공개 등을 고수하였다. 뿐만 아니라 정보공개심의위원과 국가기록관리위원회 및 대통령기록관리전문위원회 명단 등 국민이 알 권리를 주장하며 공개를 요청하였지만, '국가안보' 사항이라며 정보공개를 거부하였다.[61]

---

59) 곽건홍, 『아카이브와 민주주의』, 선인, 2014, 85쪽.
60) 김유승, 「박근혜 정부, 정보공개 잔혹사」, 『박근혜정부의 기록관리·정보공개를 평가한다』, 국회의원회관, 2017.
61) 김유승, 「박근혜 정부, 정보공개 잔혹사」, 『박근혜정부의 기록관리·정보공개를 평가

박근혜정부에서도 기록을 정치적으로 이용하거나, 대통령기록의 무단 폐기 등이 일어나게 되었다. 2013년에 '2007 남북정상회담 회의록'[62]을 국가정보원이 공개하여 국가 정상간의 대담을 국가기관이 나서서 공개함으로써 정상국가로서의 위신을 잃었다. 새누리당 정문헌 의원이 2012년 제18대 대통령선거를 앞두고 비밀기록으로 분류되어 있었던 '2007 남북정상회담 회의록' 내용을 공개하면서 기록을 둘러싼 정쟁이 여당과 야당 사이에 1년 이상이나 지속되었다.[63]

또한 2014년 11월에 세계일보사에서 청와대 공직기강비서관실에서 작성한 내부문건을 인용해 청와대 비서관 등 10인[십상시 모임]이 매달 강남의 중식당에서 모여 주요 국정을 논의·결정하고 있다는 사실을 폭로하였는데,[64] 청와대는 그 내용을 즉시 부정하고 증권가 지라시를 정리한 허위라며 세계일보 기자 및 사장을 고소하고 문건 유출자를 기소하였다.[65] 2016년에는 최순실게이트가 터지면서 대통령 연설문 및 국가기록 등이 민간인 최순실에게 유출되었다는 사실이 드러났다. 박근혜 탄핵 선고 후에는 대통령지정기록물 문제가 이슈가 되었다. 탄핵 국면에서는 대통령비서실에서 기록 파쇄기 26대를 동원하여 대통령기록을 무단 폐기하거나 혹은 대통령기록을 제대로 대통령기록관에 이관하지 않아 문제인 대통령 비서실에서 후에 발견되기도 하였다.

박근혜 탄핵 선고 이후에는 대통령지정기록물의 지정문제가 이슈가 되었다. 박근혜 대통령 기록물을 대통령 기록관에 이관할 때 대통령지정기

한다」, 국회의원회관, 2017, 16쪽.
[62] 2007년 11월에 노무현 대통령과 김정일 국방위원장이 평양에서 대담하였던 대화록.
[63] 곽건홍, 『아카이브와 민주주의』, 선인, 2014, 85~91쪽.
[64] 『세계일보』, 2014년 11월 24일.
[65] 전진한, 「박근혜 정부, 대통령기록 사태'와 제도개선의 논점들」, 『박근혜정부의 기록관리·정보공개를 평가한다』, 국회의원회관, 2017.

록물의 지정권한이 황교안 대통령권한대행에게 있는 것인지 논란이 되기도 하였다. 또한 대통령기록관에 이관한 박근혜대통령 기록이 주요 내용을 담고 있는 기록인지 의문을 제기하는 언론도 있었다.[66]

공공기록의 관리와 활용은 국민의 지식 역량을 고양시키고 국가를 한 단계 발전시키는 주요한 통로이다. 정부는 공공기록을 통하여 업무의 설명책임성을 다하고, 국민의 참여를 이끌어낼 수 있다. 민주주의의 발전 정도와 기록관리는 비례한다. 민주주의 정부는 정책을 일방적으로 집행하는 것이 아니라 그 정책과 관련되는 민간전문가·시민단체·국민들이 참여하면서 정책을 집행하고 수행한다.[67] 앞으로 한국의 기록관리가 나아가야 할 방향을 생각해 보자.

첫째, 국가기록원이 중앙기록물관리기관으로서 권력으로부터 독립성, 정파로부터 중립성, 기록의 전문성, 모든 아카이브와의 통합성을 확보해야 한다. 노무현 정부 때 정부기록보존소에서 국가기록원으로 명칭을 변경하면서 조직과 인원이 크게 확대되었다. 이명박 정부 이후 국가기록원은 권력의 시녀가 되어 기록이 정치화되는데 앞장섰으며, 국가기록원장은 임기를 1년도 못 채우는 행정관료들이 거쳐가는 자리가 되면서 장기적 전망을 세우며 발전하지 못하였다. 이제 국가기록원이 제 자리를 찾고, 중앙기록물관리기관으로서 국가기록관리의 중추적 역할을 수행해야 할 것이다.

둘째, 국가기록관리정책의 추진은 거버넌스의 형태로 이루어져야 한다. 정부는 국가기록관리정책을 기록관리에 이해관계를 갖고 있는 시민단체·학계·기업·민간전문가 등과 협력하여 추진하여야 한다.[68] 외국의

---

[66] 일부 언론에서는 대통령 기록 중에 청와대 식단 등 알맹이 없는 데이터셋이 포함되어 있다고 지적하였다.

[67] 이영학, 「국가기록관리정책의 미래」, 『한국기록관리학회지』 9권 2호, 한국기록관리학회, 2009.

[68] 설문원, 「로컬리티 기록화를 위한 참여형 아카이브 구축에 관한 연구」, 『기록학연구』 32, 한국기록학회, 2012.

선진적 기록관리체계를 수용한다고 하여 한국적 상황에 맞게 작동하지 않는다. 현재의 한국적 상황에 맞추어 적합한 기록관리체계를 구축해가려면, 거버넌스의 형태로 추진해야만 가능해진다.

셋째, 한국의 기록관리체계를 공공기록의 관리부터 민간영역의 기록관리로 확장해 가야 한다. 1999년「공공기관기록물법」제정 이후 한국은 공공기록의 체계를 구축해오는데 몰두하였다. 그 후 20년이 지난 현재, 중앙 부처의 기록관리체계는 어느 정도 구축되었고, 지방의 기록관리체계는 구축해가는 과정이다.69) 반면에 민간 영역의 기록관리는 매우 미흡한 상태이다. 앞으로 기업·종교단체·대학·병원·시민단체 등 민간영역의 기록관리가 제대로 이루어져야 한국사회가 한 단계 발전해갈 수 있을 것이다.70)

넷째 공동체 아카이브[Community Archives]를 적극적으로 구현해가야 할 것이다.71) 지금까지 아카이브에서는 지배자·권력을 가진 사람의 기록을 중심으로 보존·관리하였는데, 민주사회에서는 대중들의 삶에 대한 기록을 관리해야 할 것이다. 피지배자·소수자·민중들은 그들의 기록을 남길 수 없었다. 이제 민주사회에서는 기록을 남길 수 없었던 계층들의 기록을 수집하고 기록함으로써 그들의 목소리를 듣고 역사 속에서 그들의 자리를 위치지어 주어야 할 것이다.72) 또한 마을, 단체 등의 공동체의 정체

---

69) 현재 경상남도와 서울특별시에 지방기록관이 설립되어 지방기록의 관리와 활용이 시도되고 있다.
70) 곽건홍,「자율과 분권, 연대를 기반으로 한 국가기록관리 체제 구상」,『기록학연구』22, 한국기록학회, 2009.
71) 설문원,「디지털 환경에서의 로컬리티 기록화 방법론 연구」,『한국기록관리학회지』제11권 제1호, 한국기록관리학회, 2011; 김익한,「마을아카이빙 시론」,『기록학연구』26, 한국기록학회, 2010; 이영남,「마을아르페(Community Archpe) 시론 -마을 차원의 책·기록·역사, 그리고 치유와 창업의 커뮤니티를 위한 제언-」,『기록학연구』18, 한국기록학회, 2008.
72) 이영남,「공동체아카이브, 몇 가지 단상」,『기록학연구』31, 한국기록학회, 2012; 곽건

성을 확인하고 그들 삶의 의미를 느낄 수 있는 공동체 아카이브를 구축해야 할 것이다.

다섯째, 기록의 공개와 활용이 적극적으로 이루어져야 한다. 기록을 관리하고 보존하는 궁극적 목적은 기록의 공개와 활용에 있다. 국가기록원은 소장하고 있는 역사기록물을 적극적으로 연구자·국민에게 공개하여 국가지식역량을 제고시키는데 기여해야 할 것이다. 아울러 국사편찬위원회, 서울대 규장각, 한국학중앙연구원 장서각 등 역사기록을 관리하고 있는 기관들이 역사통합정보시스템으로 역사기록을 공개하고 있지만 효율적이지 못하다. 대국민 접근성이 강화된 '오픈 아카이브(Open Archives)' 역할을 하여야 한다.73) 또한 중앙부처와 지방정부도 기록관에서 소장하고 있는 공기록을 적극적으로 공개 활용하여 국민의 알 권리를 적극 충족시켜야 할 것이다.

여섯째, 기록관리시스템을 계속 업그레이드시키면서 고도화시켜야 할 것이다. 현재 공공기록의 99%가 전자기록으로 관리되고 있고, 민간기록의 영역도 전자기록으로 관리되는 비중이 높아지고 있다. 기록관에서 관리하는 기록관리시스템을 고도화하면서 활용도를 높일 수 있도록 적극적으로 노력해야 한다. 기록관리시스템으로 관리되는 기록이 관료·연구자·국민에게 잘 제공될 때만이 국가지식역량이 제고될 것이다.

홍, 「일상 아카이브(Archives of everyday life)의 패러다임 전환을 위한 소론」, 『기록학연구』 29, 한국기록학회, 2011.
73) 조영삼, 「국가기록관리 발전을 위한 정책 제안」, 『역사비평』 100, 역사비평사, 2012, 291~293쪽.

제 1 부

한국 근대 기록관리의 성립과 변천

제 1 장

18세기 『화성성역의궤』에 나타난 조선의 사회상

1. 머리말

조선 왕조는 기록의 생산과 관리를 철저히 하였다. 정부의 중요 기관에서는 업무를 수행하면서 생산한 공기록의 발송과 수납을 요약 정리하는 등록(謄錄)을 작성하고 있었다.

조선왕조는 관청별로 업무일지인 『등록』을 작성하였고, 각 관청의 등록을 정리한 『시정기』, 사관(史官)이 조정의 중요 행사와 회의에 참석하여 기록한 『사초』, 국왕의 비서실 일기인 『승정원일기』, 그리고 이 모든 기록을 종합적으로 정리한 『실록』을 편찬하였다.[1] 또한 조선은 국가의 중요한 행사를 할 때 그것을 그림과 글로 기록하였다. 그것의 대표적 사례가 의궤이다.[2]

의궤(儀軌)란 왕실이나 정부에서 공식적인 행사를 벌일 때 그 계획단계부터 진행과정 및 결과를 그림과 글로 정리한 보고서이다. 조선왕조에서

---
1) 한영우, 『조선왕조 의궤』, 일지사, 2005.
2) 의궤란 의례(儀禮)의 궤범(軌範)이 되는 책이라는 뜻이다.

는 국가와 왕실의 중요한 행사가 끝나면 의궤청을 설치하고, 이곳에 소속되어 의궤를 제작할 관리를 임명하며 관리들이 작업을 원활히 진행할 수 있도록 필요한 물품들을 제공했다.3) 의궤는 후대에 그와 비슷한 국가 행사를 치를 때 참조하기 위해서 작성하거나 혹은 행사 자체를 기록으로 남김으로서 후대의 역사적 평가를 기대한 것이다.

의궤에 기록된 각종 행사를 원활히 수행하기 위해서는 도감(都監)이라는 임시기구가 설치되었다. 도감은 행사의 명칭에 따라 이름이 달랐다. 왕실 혼례의 경우에는 가례도감, 왕실의 장례에는 국장도감, 국왕이나 왕세자의 책봉의식에는 책례도감, 왕실의 잔치에는 진연도감, 사신을 맞이한 행사인 경우에는 영접도감, 궁궐과 성의 건축에는 영건도감 등이 설립되어 각기 맡은 행사를 주관하였다.

현재 서울대학교 규장각에는 553종 3천여 책의 의궤가 소장되어 있고, 그 외 한국학중앙연구원 장서각에 293종 5백여 책, 일본 궁내청에 69종의 의궤가 소장되어 있다.4) 서울대 규장각에는 가장 풍부한 양의 의궤가 소장되어 있으며, 한국학중앙연구원 장서각에는 주로 적상산 사고에 보관되어 있던 것과 고종대 이후에 제작된 것들이 대부분이다. 일본 궁내청에 소장되어 있는 의궤는 일제하 식민지시기 때 일본이 조선을 통치하면서 가져간 것들이다. 파리국립도서관에도 191종, 297책이 소장되어 있었는데, 그 책들은 2011년에 대여 형식으로 한국으로 반환되어 현재 국립중앙박물관에 소장되어 있다.5)

정조는 1794년 1월부터 1796년 9월까지 수원에 화성을 축조하고, 1796

---

3) 김문식, 「'의궤사목'에 나타나는 의궤의 제작과정」, 『규장각』 37, 서울대 규장각, 2010.
4) 김문식·신병주, 『조선왕실기록문화의 꽃 의궤』, 돌베개, 2005, 61쪽.
5) 이 책들은 1866년 병인양요 때 프랑스 해군이 강화도에 있는 외규장각에서 가져간 것들이다. 프랑스 정부는 2011년 4월 14일부터 5월 27일까지 3차례에 걸쳐 5년마다 갱신하는 대여형식으로 297책 전부를 한국에 반환하였다. 현재 국립중앙박물관에 소장 중이다.

년 9월에 의궤청을 설치하여 그 해 11월 초에 『화성성역의궤』의 초고를 마무리하도록 하였으나, 다시 신하들에게 활자본으로 인쇄하라고 명하여 1801년 9월에 활자본으로 간행하였다. 이 글에서는 정조가 화성을 축조하기 위해 영건도감을 설치하고, 그 준비과정부터 축조할 때까지의 전 과정을 기록한 『화성성역의궤』를 분석하여 18세기말 조선의 사회상을 살펴보고자 한다. 이 책에는 화성을 축조하는 데 필요한 경비 규모, 참가 인원, 이용한 기구들, 작업 기간 등이 기록되어 있고, 심지어 작업에 참가한 기술자의 이름과 작업 기간 등이 기록되어 있어, 이 책을 분석하면 화성 축조의 준비 단계부터 완성되기까지 전 과정을 고찰할 수 있다. 이 글에서는 이 책을 분석하여 18세기말 평민의 위상, 물가 수준 등 경제적 측면 및 외국 문물의 유입 상황 등을 살펴보고자 한다.

이를 위해 서울대학교 규장각에서 영인 간행한 『화성성역의궤』[6]와 경기문화재단에서 국역하여 발행한 『화성성역의궤 국역증보판』[7]을 분석하여 검토하였다.

2. 『화성성역의궤』의 편찬 경위와 내용

18세기 말의 정조[재위, 1776~1800]는 조선을 중흥으로 이끈 왕이었다. 정조는 영조의 탕평책을 계승하여 노론의 일당전제정치를 견제하면서 조선을 개혁하고자 한 군주였다. 그는 규장각을 설립하고 그곳에 과거를 통하여 등용한 신진 지식인을 배치하였으며, 당시 국내외 신식 서적을 구입하여 규장각에 비치하고, 그것을 연구하여 새로운 개혁정책을 입안해내도

---

6) 서울대 규장각, 『화성성역의궤』(서울대 규장각 자료총서), 1994.
7) 경기문화재단, 『화성성역의궤 국역증보판』(기전문화예술총서), 2005.

록 하였다. 그는 규장각을 바탕으로 내정을 혁신하면서 학문을 드높이고, 산업과 기술을 발전시켜 가고자 하였다. 1800년에 그가 죽자, 조선왕조는 왕의 외척이 정권을 장악하여 통치하는 세도정치시기로 접어들었다.

정조의 업적 가운데 하나는 수원에 신도시를 건설하면서 화성을 축조한 것이었다. 정조가 1776년에 등극하여 어느 정도 왕권을 확립한 후, 1789년 양주 배봉산에 묻혀 있던 아버지 사도세자의 무덤을 경기도 수원으로 옮겼으며, 그곳에 신도시를 건설하면서 성을 축조하고자 하는 정책을 집행하였다.

그는 화성을 축조하고자 하면서 수원을 먼저 지리적 요충지로 설정하였다. 조선시기의 수도인 서울을 수호하기 위하여 개성과 강화는 이미 군사적·행정적 요충지로서 유수부로 지정하였는데, 그곳에 더하여 수원[1793]과 광주[1795]를 각각 유수부로 승격시켰다.[8] 이리하여 서울을 중심으로 동서남북의 유수부를 설정하여 광범위한 수도권을 형성시켰다. 정조는 특히 수원을 서울 다음의 제2도시로 만들고자 하였다.[9]

그러한 수원지역에 정조는 화성을 축조하고자 하였다. 처음에 정조는 20년 계획으로 화성을 축조하고자 하였는데, 화성 축조에 적극적인 지원을 하여 1794년 1월부터 시작하여 1796년 9월에 마쳐, 약 2년 8개월만에 완성하였다. 정조의 적극적인 지원 아래 채제공, 정약용, 조심태 등의 관료들이 적극적으로 노력한 결과였다. 화성을 축조하는 데는 연 70여만 명의 인원이 참여하였고, 비용은 80만 냥이 소요되었다.[10]

『화성성역의궤』는 화성을 설립하기 전의 계획부터 완성하기까지의 전

---

8) 유수부의 책임자인 유수(留守)는 지방관이 아닌 중앙관으로 관찰사(종2품)보다 한 급이 높고 한성부판윤과 동급인 정2품 판서급에 해당하였다(한영우, 「정조의 화성 건설과 "화성성역의궤"」, 『화성성역의궤 국역증보판』, 경기문화재단, 2005, 5쪽).
9) 한영우, 「정조의 화성 건설과 "화성성역의궤"」, 『화성성역의궤 국역증보판』, 경기문화재단, 2005, 7쪽.
10) 서울대 규장각, 『화성성역의궤』(서울대 규장각 자료총서), 1994, 1쪽.

과정에 대한 내용을 기록한 것이다.『화성성역의궤』의 편찬작업은 화성 축성 사업이 끝난 1796년 9월에 의궤청을 설치하면서 시작되었다. 의궤청에서는 그 해 11월 9일에 초고를 완성하였으나, 이보다 앞서 1795년 윤2월에 정조가 아버지 사도세자의 능[顯隆園]을 참배하고 아버지 및 어머니 혜경궁 홍씨의 회갑잔치를 화성행궁에서 거행한 사실을 종합적으로 기록한『원행을묘정리의궤』가 먼저 간행되었다. 이에 정조는『화성성역의궤』도『원행을묘정리의궤』의 예를 따라 다시 체제를 고치고 정리자(整理字)로 인쇄하여 편찬하라고 명하였다.[11] 이에 수정작업에 들어가 1800년 5월에『화성성역의궤』가 완성되어 인쇄 작업에 들어가게 되었다. 그러나 그 해 6월에 정조의 갑작스런 죽음으로 작업이 중단되었다가, 1801년 9월에 활자본으로 간행되었다.[12]

도시건설을 의궤로 작성한 것은『화성성역의궤』가 유일하다. 정조는 화성을 축조하면서 종합보고서인 의궤를 작성할 의도를 처음부터 지니고 있었다. 그리하여 초기부터 전교(傳敎)나 윤음(綸音)·유지(有旨)·전령(傳令)은 물론이고 각 기관에서 보낸 공문서 등을 모두 수집·정리하여 편찬할 수 있었던 것이다.

『화성성역의궤』는 80만 냥이란 거금을 투입한 대공사의 종합보고서였으므로 다른 의궤에 비해 분량이 많은 편이다. 또한 정조의 통치시기 중 가장 정점에 달했던 1790년대에 만들어진 보고서였기 때문에 그 내용이 매우 치밀하고 구체적이었다.[13]

---

11) 의궤는 필사본과 활자본으로 작성되었는데, 활자본의 경우에는 여러 부가 제작되어 춘추관, 사고뿐 아니라 관계기관 및 개인에게도 배포되었다(김문식, 「'의궤사목'에 나타나는 의궤의 제작과정」,『규장각』37, 서울대 규장각, 2010, 176~179쪽).
12) 한영우, 「"화성성역의궤"해제」,『화성성역의궤』, 서울대 규장각, 1994, 4쪽.
"보통 일반 의궤는 필사로 10부 내외의 소량으로 간행하지만,『원행을묘정리의궤』와『화성성역의궤』는 금속활자로 간행되어 20부 이상이 전해지고 있다. 필사본은 채색도가 들어가지만, 활자본은 간행판화(刊行版畵)가 삽입되어 있다."

『화성성역의궤』는 거질의 책이다. 권수(卷首) 1권, 본문 6권, 부록(附錄) 3권을 합하여 총 10권 9책[총 1,334쪽]으로 구성되어 있다. 권수 1권과 본문 6권은 화성축조에 관한 내용이고, 부록 3권은 행궁축조에 관한 내용이다.

〈그림 1-1〉 화성전도 도설

출전: 『화성성역의궤』 권수 도설.

권수[1권]에는 『화성성역의궤』의 체제를 설명한 범례, 화성을 건설하고 의궤를 편찬하며 인쇄하는 데 참여한 관원 명단, 그리고 도설(圖說) 즉 화성의 전체적 도시 모습과 화성에 들어선 주요 건물의 모습, 화성 건설에 투입된 주요 장비 등을 그려 놓고 있다.[14] 권수에는 시일(時日), 좌목(座

---

13) 김문식·신병주, 『조선왕실기록문화의 꽃 의궤』, 돌베개, 2005, 190쪽.
14) 『화성성역의궤』를 소개한 부분은 '한영우, 「"화성성역의궤"해제」, 『화성성역의궤』, 서울대 규장각, 1994'와 '한영우, 「정조의 화성 건설과 "화성성역의궤"」, 『화성성역의궤

目), 도설(圖說)이 실려 있다. 시일에는 1793년 12월에 성지(城地)를 조사하는 데서부터 1796년 10월 16일에 낙성연을 베풀 때까지의 주요 공사과정을 일지 형식으로 적고 있다. 좌목은 성역소좌목, 의궤좌목, 감인좌목으로 구성되어 있다. 먼저 성역소좌목은 1793년 성역에 참여한 채제공을 비롯한 수백 명의 관원 명단과 그들이 근무한 기간, 근무장소를 적은 것이다. 다음으로 의궤좌목은 1796년 9월에 의궤를 편찬한 관원 명단이다. 끝으로 감인좌목은 1800년 5월에 의궤를 인쇄한 관원 명단이다.[15] 도설에는 크게 건축물, 건축물 부분 및 부재, 각종 공사도구, 주요 행사 등 명칭, 도판 그림 해설이 실려 있다.

다음에 본문[6권]에는 화성건설의 기본계획서, 행사와 관련된 국왕의 명령과 대화 내용, 성을 쌓는 데 참여한 관리와 장인들에게 준 상품, 각종 의식의 절차, 공사 기간 중 관련 기관 사이에 오간 공문서, 장인들의 명단, 소요 물품의 수량과 사용 내역, 단가 등이 수록되어 있다. 구체적으로 살펴보면 다음과 같다.

본문 권1에는 어제성화주략(御製城華籌略)을 비롯하여 34일치의 전교, 1일치의 윤음, 6일치의 유지, 18일치의 전령, 18일치의 연설, 59일치의 계사가 실려 있다. 어제성화주략은 화성 건설의 기본계획서인데, 정약용의 축성안을 토대로 정조가 재정리한 것으로서 푼수, 재료, 호참, 터 쌓기, 돌 뜨기, 길 닦기, 수레 만들기, 성제 등 8항목으로 나누어 설명하고 있다. 다음으로 성역과 관련된 왕의 지시 사항인 전교, 화성성역의 공사를 감독하는 신하들에게 내리는 윤음, 수원부 유수 조심태에게 내리는 유지, 성역에 공이 있는 사람들에게 포상을 하는 전령 등이 실려 있다.

본문 권2에는 어제(御製), 어사(御射), 반사(頒賜), 호궤(犒饋), 상전(賞

국역증보판』, 경기문화재단, 2005'를 많이 참고하였다.
15) 한영우, 「정조의 화성 건설과 "화성성역의궤"」, 『화성성역의궤 국역증보판』, 경기문화재단, 2005, 17쪽.

典), 의주(儀註), 절목(節目), 고유문(告由文), 상량문(上樑文), 비문(碑文)이 들어 있다. 반사·호궤·상전에는 정조가 성역에 수고한 관료와 인부들에게 내린 하사품과 시상 내역을 기록한 것이고, 의주에는 상량문을 봉안하는 의식과 군사훈련의식을 기록하고 있다. 고유문[14편]에는 건물을 세우는 공사를 하면서 제사를 지내는 제문을 싣고 있다. 상량문[11편]은 화성 대문의 들보를 올리면서 지은 글이고, 비문[1편]에는 화성 축성의 전말을 밝힌 '화성기적비'를 싣고 있다. 그곳에는 화성의 축조는 1794년 봄부터 1796년 가을까지 진행되었으며 성의 둘레는 4,600보 도합 12리[약 5㎞]에 이르고 비용은 80만 냥이 들었고, 인부는 70여만 명이 투여되었다는 사실이 기록되어 있다.

본문 권3에는 장계(狀啓), 별단(別單), 이문(移文)의 기사가 실려 있다. 장계는 각 도의 관찰사와 수원 유수 조심태가 비변사에 올린 글인데, 충청도·황해도의 수사, 전라도의 관찰사가 배를 동원하여 목재를 실어 나른 상황을 보고하고 있다. 또한 수원부 유수 조심태가 화성 문루의 목재가 도착한 사항과 나무를 다듬는 사항을 비변사에 보고하고 있다. 별단에는 성역에 공이 있는 사람들에게 물품을 하사하였으며, 관료에게는 직급을 상승시켜주고 혹은 천인에게는 평민으로 상승시켜주기도 한 내용을 기록하고 있다. 이문에는 축성에 소용되는 물품의 조달상황을 기록하고 있다.

본문 권4에는 내관(來關), 감결(甘結), 품목(稟目), 사목(事目), 식례(式例), 공장(工匠) 명단이 실려 있다. 내관에는 각 지방관이 보낸 장인의 차출 공문과 균역청 및 각 관청에서 조달한 비용이 실려 있다. 감결에는 1793년 각 관청에서 기술자 차출예고공문이 실려 있고, 그 이후 각 관청에서 차출한 기술자 인원과 조달한 비용[돈, 곡식 등]이 실려 있다. 품목에는 각 작업장에서 필요한 비용을 지급해달라고 신청한 내용이 실려 있다. 식례에는 첫째 각 관료들의 급여와 연료비 규정이 실려 있고, 둘째 장인들의 임금 규정을 적고 있으며, 셋째 철물의 품질별[거친 것, 정교한 것, 아주 정교한 것]로 1근 당 쇠값, 숯값, 대장장이 품삯, 완제품값에 대한 규정을 적고 있다. 끝으로 공장은 각 기술자별 지역별 작업일수, 작업장, 소속을 기록하고 있다.

본문 권5에는 구획(區劃), 조비(措備), 실입(實入)1상 등 3개의 항목이 실려 있다. 구획에는 원예산과 추가경정예산 및 경기특별회계가 기록되어 있다. 조비에는 성역에 투입된 각종 곡물 자재, 기계, 소의 종류, 수량, 규격, 단가, 총비용이 기록되어 있다. 실입1상에는 총 68곳의 작업장 중 34곳의 작업장 수, 위치, 각종 투입비용이 자세히 기록되어 있다.

본문 권6에는 실입1하, 실입2, 실입3, 실입4의 4항목이 실려 있다. 실입1하에는 실입1상에 이어 총 34곳의 작업장 수, 위치, 각종 투입비용을 기록하고 있다. 실입2에는 어느 한 부문에 소속시킬 수 없는 것을 기록하였는데, 총 21개 계정을 기록하였다. 예를 들면, 터를 사들인 집과 전답 계정, 재목을 사들인 값, 수레 계정 등이다. 실입3은 특별히 성이나 관청건물과 관계없지만 이와 똑같은 자재가 필요한 곳, 성역에 관계되지만 일상적으로 지출되는 것이 아닌 곳 10개 처의 지출을 수록하였다. 예를 들면 성 주변의 식목에 필요한 나무값과 임금, 모군의 전염병 치료비 및 장막지기 임금 등이다. 실입4에는 배정한 것 외에 필요에 따라 각 도의 관청곡을 각 아문에 주고받은 것을 기록하였다. 실입 4의 끝에는 재고로 총 12,926냥이 각 자재별로 나누어 기록되어 있다.

부록[3권]에는 임금이 수원에 와서 머물기 위해 마련한 행궁과 기타 수원부의 관청 건물 및 사직단과 문묘, 정자와 도랑, 역관에 관한 기록을 적고 있다. 즉 행궁의 주요 건물과 부속 건물의 위치와 규모[칸수] 및 그 용도를 설명하고, 화성에 관계되는 각종 건축물의 규모와 위치, 그리고 각각에 소요된 경비가 상세히 정리되어 있다. 또한 1795년에 정조가 화성에 행차한 행사와 정조가 지었던 글이 소개되어 있는데 이는 『원행을묘정리의궤』와 중복되는 부분으로, 수정 과정에서 추가된 것으로 보인다.

『화성성역의궤』를 보면 그 내용이 매우 상세하고 치밀하다. 그 안에는 화성을 축조하는 과정이 그대로 묘사되어 있어 화성이 어떻게 축조되었는지의 과정을 모두 알 수 있다. 즉 화성이 소실된다고 할지라도 복원할 수 있을 정도로 정밀하게 묘사하고 있다.

3. 민에 대한 배려

정조는 화성을 건설하고 화성을 원행하는 과정에서 자신이 옛 성인을 능가하는 군주라는 사실을 보여주기 위해 많은 노력을 기울였다. 화성 건설에 투입된 80만 냥의 자금을 왕실 경비인 내탕으로 충당하여 국고를 사용하지 않으려고 노력하였다든가, 연인원 70여만 명의 인부들에게 최고의 품삯을 반나절까지 계산하여 지불하고자 한 것이라든가, 둔전 경영을 통해서 백성을 수탈하지 않는 자급적 기반을 마련하려고 한 것 등은 그러한 예들이었다.16)

아울러 정조는 화성을 축조하면서 민에 대한 배려를 하였다. 정조는 흉년이 들 때는 성역을 중단하라는 명령을 내리고, 성역 종사자들이 여름에 더위를 먹지 않도록 척서단(滌暑丹) 등 약재를 내려 주라고 하였으며, 성역종사자들과 주민들에게 피해가 가지 않도록 배려하라는 명령을 내리기도 하였다. 성역에 참여한 관원과 장인들에게 제중단, 척서단 등 한약재와 부채·책력·모자·생선류·쌀·무명·베·돈 등을 왕실의 내탕에서 지급하였다.

---

16) 한영우,「정조의 화성 건설과 "화성성역의궤"」,『화성성역의궤 국역증보판』, 경기문화재단, 2005, 9쪽.

성을 쌓는 일을 하면서 기술자나 모군들이 병이 생기는 경우, 장막친 곳에서 병을 치료하게 하면서 일정한 수당을 지급하기도 하였다. 예를 들면, 당시 모군의 일당이 2전 5분인데,17) 병자(病者)가 장막친 곳에 나가서 치료를 받는 경우, 일당 1전과 쌀 1되[升]를 지급하였고, 때때로 치료를 받는 경우 일당 1전 5분과 쌀 1되를 지불하였다.18) 이와 같이 일을 하다가 병이 생기는 경우 치료해주면서도 위로금을 지급하였던 것이다.

성역이 끝난 후에는 위로는 수원부 판관으로부터 아래로는 장인에 이르기까지 상을 내리기도 하였다. 예를 들면 1795년 3월 4일에는 "화성의 성역에 임한 공장들에게 등급을 나누어 상을 내리라"19)는 전교를 내리기도 하였다. 또한 화성을 완성한 후에는 장인들이 몇 해 동안 수고한 일을 치하하여 음식을 베푼 후 일일이 위로하라고 하거나, 혹은 지방의 장인들은 돌아갈 양식에다 돈을 따로 더 주라고 명하기도 하였다.20) 성역에 애쓴 관료에게는 직첩을 올려주었고, 천민인 경우에는 본인이 원하는 경우 평민으로 상승시켜 주기도 하였다.21)

나아가 장인들의 노력을 치하하여 『화성성역의궤』에 그들의 이름을 게재하도록 하였다. 『화성성역의궤』에는 성역에 참여한 수백 명의 관원 명단과 의궤를 편찬한 관원 명단 및 의궤를 간인(刊印)한 관원 명단을 기록하였을 뿐만 아니라, 성역에 참여한 각종 장인들의 명단도 기록하였다. 성역에 참여한 각종 장인들의 명단과 그들의 주거지, 작업장소 및 근무일수

---

17) 윤용출, 『조선후기의 요역제와 고용노동』, 서울대출판부, 1998, 288~290쪽.
18) 『화성성역의궤』 권6 實入三, 匠募救療(自甲寅至丙辰 瘟疫及無時病傷者 限差病) 出幕救療(每名 每日錢 一錢 米一升) 중략 無時救療(每名 每日 錢一錢五分 米一升).
19) 『화성성역의궤』 권1, 傳敎 乙卯(1795) 3월 4일, 서울대 규장각, 218쪽.
20) 『화성성역의궤』 권1, 전교 병진(1796) 8월 18일, 222쪽.
21) 『화성성역의궤』 권3, 별단 을묘(1795) 3월 8일, 410쪽(번역본); 『화성성역의궤』 권2, 상전 을묘(1795) 윤2월 27일, 264쪽(번역본), "성역에 애쓴 부사인 통정대부는 직첩을 상향시켜주고, 천인인 박재인과 이숙철은 면천을 시켜 주었다."

를 기록하도록 하였다.

이 의궤에는 석수(石手), 목수(木手), 미장이[泥匠] 등 21종류의 장인 1,840여 명의 명단을 기록하였다. 그 중 석수가 642명으로 가장 많고, 목수가 335명, 미장이 295명, 와벽장이 150명, 야장이 83명, 화공(畵工)이 46명으로서 이들이 전체 장인의 90퍼센트를 차지하였다. 소속별로는 서울에서 온 장인이 1,100여 명으로서 전체의 약 60퍼센트를 차지하고, 그 밖에 수원을 비롯한 경기도, 충청도, 전라도, 경상도에서 차출하였다. 석수의 경우는 대부분 지방에서 올라왔다.[22]

아울러 장인의 이름뿐 아니라 그들의 작업 일수를 기록하였다. 예를 들면 작업 일수는 '김복돌 165일' 혹은 '김차돌 123일 반' 등으로 기록하였다. 이와 같이 작업일수를 반나절까지 기록하여 그들의 일당을 정확히 계산하여 지급해주었다.

장인 명단에서 특별한 사실을 발견할 수 있다. 성역에 참여한 사람이면 평민뿐 아니라 천민에 속하는 사람들도 모두 등재하도록 하였다. 즉 화성을 축조하는 데 참여한 사람이라면 관료나 평민들은 물론 노비까지도 이름을 올려 그들의 업적을 후세에 전하도록 하였다. 〈그림 1-2〉에서 보듯이, 장인 명단에는 김쌀노미[金米老味], 박복돌(朴福乭), 최큰노미[崔大老味], 이뭉술[李無應述], 고검돌(高儉乭), 노차돌(盧次乭), 김쇠고치[金金古治], 김언노미[金於仁老味], 윤좀쇠[尹足今金], 홍귀노미(洪貴老味) 등 하급 신분에 속하는 자들의 이름이 많이 보이고 있다[그림 참조: 개성에 사는 石手]. 그 외 이돌쇠[李乭金], 권작은노미[權者斤老味], 중 궤행[僧 軌行] 등의 이름이 보이고 있다.[23]

---

22) 한영우, 「정조의 화성 건설과 "화성성역의궤"」, 『화성성역의궤 국역증보판』, 경기문화재단, 2005, 18~19쪽.
23) 『화성성역의궤』 권4 工匠, 서울대 규장각.

〈그림 1-2〉 공장

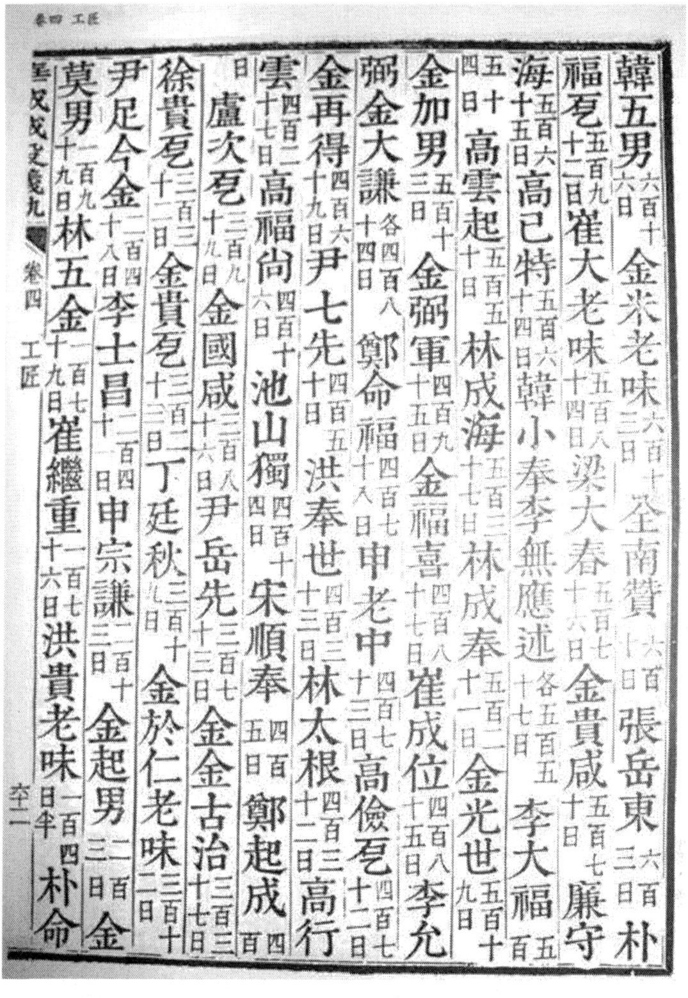
卷四 工匠

韓五男六百十六日金米老味六百十三日全南贊六百十日張岳東六百三日朴
福乭五百九十二日崔大老味五百八十四日梁大春五百七十六日金貴成五百七十日廉守
海五百六十五日高已特五百六十四日韓小奉李無應述各五百五十七日李大福五百
五十四日高雲起五百五十日林成海五百三十七日林成奉五百二十一日金光世五百十九日
金加男五百十三日金弼軍四百九十五日金福喜四百八十七日崔成位四百八十五日李允
弼金大謙各四百八十四日鄭命福四百七十八日申老中四百七十三日高儉乭四百七十二日
金再得四百六十九日尹七先四百五十日洪奉世四百三十三日林太根四百三十二日高行
雲四百二十七日高福尚四百十六日池山獨四百十四日宋順奉四百五日鄭起成四百
日盧次乭三百九十九日金國成三百八十六日尹岳先三百七十三日金金古治三百三十七日
徐貴乭三百三十二日金貴乭三百二十三日丁延秋三百十九日金於仁老味三百十二日
尹足今金二百四十八日李士昌二百四十一日申宗謙二百十三日金起男二百三日金
莫男二百九十九日林五金一百七十九日崔繼重一百七十六日洪貴老味一百四日朴命

華城城役儀軌 卷四 工匠

출전: 『화성성역의궤』 권4, 공장.

이와 같이 『화성성역의궤』에는 신분이 하찮게 여겨지는 장인들의 명단과 근무일수 및 일당을 기록하여 그들을 역사 속에 남기는 배려를 하였으며, 나아가 지불한 노임을 정확히 파악하고자 하는 의도를 지니고 있었다.

4. 물가와 노임 수준

『화성성역의궤』에는 정부가 화성을 축조하거나 길을 조성하면서 주위 민가의 전답과 가옥들을 수용하면서 보상한 금액을 기록하였다. 또한 화성을 축조하는 데 필요한 물품을 구입하면서 지불한 금액을 적어 놓았으며, 화성 축조에 필요한 노동력을 제공한 인부들에게 임금을 지불한 내용도 기술하고 있다. 이 자료를 통하여 당시의 물가와 노임 수준을 살펴볼 수 있다.

먼저 집값을 살펴보면 다음과 같다. 남리 지역 중에 십자가로(十字街路)를 만들면서 주위의 상가와 민가를 수용하게 되었는데, 상가를 수용하면서 보상한 가격은 〈표 1-1〉과 같다. 신발가게로 기와집이 5간인데 75냥을 지불하였고, 장작가게는 기와집이 3간인데 45냥을 지불하였으며, 쌀가게는 기와집 5간인데 75냥을 지불하였다. 결과적으로 가게는 기와집의 경우 1간당 15냥을 지불한 셈이었다. 반면에 장작가게의 초가는 5간인데 15냥을 지불하였으니, 1간당 3냥을 보상한 셈이었다. 즉 상가는 기와집인 경우 1간당 15냥, 초가집인 경우 1간당 3냥을 지불하였다.

〈표 1-1〉 가게의 보상가격

지명	가게명	주인명	가옥구분	크기[간]	지불금액[냥]	1간당 보상금액[냥]
남리 (南里)	신발가게 [鞋廛]		기와집 [瓦家]	5	75	15
	장작가게 [栖文廛]		기와집 [瓦家]	3	45	15
	장작가게 [栖文廛]		초가 (草家)	5	15	3
	쌀가게 [米廛]		기와집 [瓦家]	5	75	15

출전: 『화성성역의궤』 권4 품목, 500쪽(번역본).

〈표 1-2〉 민가의 보상가격

지역명	주인명	가옥구분	크기[간]	지불금[냥]	추가금액[냥]	1간당 보상액[냥]
북리 [북성이 침범한 곳]	김노미	초가	13	39	26	5
	송복동	초가	5	15	10	5
	오홍대	초가	5	15	10	5
	김험금	초가	6	18	12	5
	공대종	초가	8	32	20	6.5
	성오봉	흙방	2	3	2	2.5
	박잉돌	흙방	1	1.5	1	2.5
남리 [십자가로 침범지역]	심필대	초가	4	12	8	5
	이징이	초가	5	15	10	5
	홍득형	초가	8	24	16	5
	유광택	흙방	2	2	1	1.5
남리 [남성이 침범한 곳]	이재운	초가	8	38.4	23	7.68
	김득빈	초가	12.5	60	22	6.56
	최차명	초가	30	160	70	7.67
	박종의	초가	14	80	44	8.86
	김후복	초가	11	58	20	7.09
	유시담	초가	14	80	40	8.57
	이덕조	초가	15	80	55	9
북리	고선채	흙방	2	2	1	1.5
	김용강	흙방	1	0.7	0.5	1.2
	박중엽	흙방	3	2	1.7	1.23

출전: 『화성성역의궤』 권4 품목, 498~500쪽(번역본).

다음으로 민가를 수용하면서 지불한 가격은 〈표 1-2〉와 같다. 민가는 일반적으로 초가는 1간당 3냥을 지불하고, 추가로 2냥을 보상해주어 1간당 5냥을 지불하였다. 흙집은 1간에 1냥부터 2.5냥의 가격으로 보상하였다. 그러나 정부는 남성(南城)을 쌓으면서 남리의 초가들을 수용하고, 그 댓가로 초가 1간당 7냥 내지 8량의 높은 가격으로 보상하였다. 추가금액을 지불한 이유를 정확히 파악할 수 없다. 초가와 흙집에 대한 보상금액이 달랐다. 동일한 북리의 흙방이어도 북성이 침범한 지역과 그렇지 않은 지역에서는 보상가격이 달랐다. 전자는 1간당 2.5냥이었는데, 후자는 1간당 1.5냥 이하였다. 동일한 남리 지역에서도 보상가격의 차이가 컸다. 남성이 침범한 남리는 초가의 보상가격이 1간당 7~9냥이었다. 다른 지역보다 월등히 비싼 보상액이었다. 그 이유를 알 수 없지만, 아마 이곳은 번화가이거나 부유한 곳이라 정부에서 추가적으로 높게 보상해주었던 것 같다.

다음으로 전답가격은 비옥도에 따라 달리 책정하여 지급하였다. 〈표 1-3〉에서 보듯이, 일반적으로 밭은 1부당 1냥 이하였고, 논은 1부당 3냥 내외였는데, 비옥도에 따라 달리 책정하였다. 예를 들면, 광교면에서는 밭 4부 4속 값이 4냥 5전[주인 박진택], 밭 6부 2속 값이 6냥 2전[주인 권치명], 밭 5부 3속과 밭 7속을 합한 값이 5냥 3전[주인 李奴占奉],[24] 밭 7부 5속 값이 3냥 9전[주인 김철신]으로 대략 밭은 1냥 내외였다. 그러나 논은 1부당 3냥 내외였고, 특별한 곳은 1부당 5냥이 넘기도 하였다. 예를 들면 논 3부 4속 값이 11냥[주인 申奴就奉], 논 5부 1속 값이 18냥 9전[주인 申奴就奉], 논 4부 8속 값이 7냥 5전[주인 임복선]이었는데, 특별한 경우는 논 1부당 5냥이 넘는 곳[주인 안인문의 경우]도 있었다.[25] 즉 논은 비옥도에

---

24) 조선시대에는 노비를 일컬을 때에 성 아래 이름 위에 '노(奴)'를 넣어서 문서에 기록하였다. 소유권의 측면에서는 노비의 소유일수도 있지만, 대개 주인인 양반의 소유일 가능성이 높다. 즉 양반 본인의 성명을 적기보다는 노비명을 기록하는 것이 일반적이었다.
25) 경기문화재단, 『화성성역의궤 국역증보판』(기전문화예술총서), 2005, 500쪽.

따라 보상가격의 차이가 매우 컸다.

또한 읍이나 촌 백성들 중 자원자에 한해 소나 말 등을 판매하게 하여, 정부에서는 그것을 구입하여 물품을 운반하는 데 사용하였다. 화성 축조를 시작하면서 1794년 3월 22일에 말 30필, 소 40척을 매입하였고, 말은 1필당 40냥, 소는 1척당 30냥을 지불하였다.[26] 또한 모집한 마소에게는 1필 당 10리의 거리마다 돈으로 1전의 운반비를 지급하였다.[27]

〈표 1-3〉 광교면의 전답가격

전답 구분	소유자명	면적[부]	가격[냥]	1부당 가격[냥]
밭	박진택(朴辰宅)	4.4	4.5	1.02
	권치명(權致明)	6.2	6.2	1
	이노점봉(李奴占奉)	5.3 + 0.7	5.3	0.88
	김철신(金喆信)	7.5	3.9	0.52
	임노금득(任奴今得)	7.7	4.5	0.58
	김봉이(金奉伊)	1.3	0.9	0.69
	윤노귀돌(尹奴貴乭)	5.2 + 5.6 + 1.2	12	1
논	신노취봉(申奴就奉)	3.4	11	3.24
	신노백동(申奴百同)	2.4 + 1.1	7.2	2.06
	신노취봉(申奴就奉)	5.1	18.9	3.71
	이춘욱(李春郁)	0.6	1.8	3
	임복선(林福先)	4.8	7.5	1.56
	안인문(安仁文)	1.9	10	5.26

출전: 『화성성역의궤』 권4 품목, 500쪽(번역본).

---

26) 『華城城役儀軌』 卷4 稟目 갑인년(1794) 3월 22일, 503쪽(번역본).
27) 『華城城役儀軌』 卷4 稟目, 514쪽(번역본).

곡물가격은 해마다 변동이 있었다. 1794년과 1795년의 곡물 가격은 벼 1두에 2전, 보리 1두에 1전 5푼이었는데,[28] 1796년 말에는 벼 1두에 1전, 보리 1두에 8푼씩이었다.[29] 1796년에는 풍년이 들어 가격이 떨어졌기 때문이다.

〈표 1-4〉 장인의 임금

종류	인원	1일 임금	종류	인원	1일 임금
석수	1패[조역1인]		대장장이	1패[조역3인]	8전 9분
목수	1명	4전 2분	미장이	1명	4전 2분
조각장이	1명	4전 2분	나막신장이	1명	4전 2분
수레장이	1명	4전 2분	안장장이	1명	4전 2분
마조장이	1명	4전 2분	화공	1명	4전 2분
가칠장이	1명	4전 2분	박배장이	1명	4전 2분
와벽장이	1명	쌀3승, 2전	잡상장	1명	쌀 3승, 2전
차부	1명	3전 2분	담꾼	1명	3전
큰끌톱장이	1명	3전	작끌톱장이	1명	3전
기거장이	1명	3전	걸톱장이	1명	3전
선장	1명	3전	부계장이	1명	3전
막일꾼	1명	2전 5분	소지기	1명	2전 5분

출전: 『화성성역의궤』에 의해 작성.

---

28) 『華城城役儀軌』 卷4 稟目, 갑인년(1794) 12월 16일, 505~506쪽; 을묘년(1795) 11월 7일, 507~508쪽(번역본).
29) 『華城城役儀軌』 卷4 稟目, 병진년(1796) 12월 27일, 509쪽(번역본).

다음에는 화성 축조에 필요한 노동력을 제공한 인부들에게 노임을 얼마나 지불했는지 살펴보자. 18세기말에는 백성들의 강제적 부역노동에 의존하여 축성하지 않았다. 화성의 축조에 있어서 단순노동이라고 하더라도 모두 임금이 지불되었다. 장인들의 임금은 〈표 1-4〉에서 보듯이, 일정한 기술을 지닌 장인들은 노임이 높았으며, 단순노동자들은 노임이 낮았다. 석수, 대장장이, 목수, 미장이 등은 노임이 높았으며, 차부는 1일당 3전 2분, 선장(船匠)과 부계장이, 큰끌톱장이, 작은끌톱장이는 1일당 3전이었고, 막일꾼은 1일당 2전 5분이었다.30) 막일꾼은 1일의 노임이 벼 1두[1794년과 1795년의 경우] 내지 벼 2두[1796년의 경우]에 해당하는 액수를 지급받았다. 이와 같이 화성 축조에 필요한 인부들은 직역별로 노임을 달리 지불하였다.

5. 새로운 건축 기계의 도입

정조가 1789년에 아버지 사도세자의 무덤을 경기도 수원으로 이장하고, 1793년에 수원을 유수부로 승격시키면서 화성의 축조를 통한 수원 신도시의 건설을 계획한 뒤 1794년에 화성의 축조에 들어갔다. 처음 공사를 시작할 때는 공사기간이 20년 정도 걸릴 것으로 예상하였는데, 실제 공사는 2년을 조금 넘겨 끝나게 되었다[1794.1~1796.10]. 화성의 성역 공사가 이처럼 일찍 끝날 수 있었던 것은 국왕 정조의 전폭적인 지원과 추진 관료들의 적극적인 노력 및 민들의 합심 등이 어우러진 결과이지만, 그 외 거중기 등 기계 기술의 적극적인 채택도 한 몫을 했다.

정조는 외래문물 중 과학기술과 선진문물을 적극적으로 수용하고자 하였다. 그는 규장각을 설치하고 동아시아 문물을 기록한 신식 서적을 모두

---

30) 『華城城役儀軌』 卷4 式例, 雇價式例, 513~514쪽(번역본).

구입하여 비치하면서 신진 기예의 지식인들이 그것을 연구하여 새로운 정책을 입안해내도록 하였다. 그는 즉위 직후 청의 강희제 때 편찬한 5,022권의 방대한 『고금도서집성(古今圖書集成)』 등의 서적을 사들여와 규장각에 비치하고, 규장각 신하들이 그것을 열람하고 연구하여 조선의 학문과 과학 기술을 발전시키고자 하였다. 한 예로 정약용은 이 책 속에 들어 있는 Jean Terrens[登玉函]의 『기기도설(奇器圖說)』을 응용하여 거중기(擧重機)를 만들어 도성을 축조하는 데 이용함으로써 훨씬 능률적으로 도성을 축조할 수 있었던 것이다.31)

〈표 1-5〉에서 보듯이 수원 화성을 축조하는 데 많은 기계가 활용되었다. 화성 축성역에서는 특히 노동력을 절감하기 위한 노력의 일환으로 새로운 장비가 많이 동원되었다. 돌덩이를 끌어올리는 데 주로 이용되었던 거중기(擧重器)는 30명의 장정의 힘만으로도 12,000근 무게를 끌어올릴 수 있도록 도르레의 원리를 적용해서 설계한 것이다. 거중기는 규모가 큰 것이어서 화성 현장작업장에서 만들 수 없기 때문에 중앙정부에서 제조하여 지급하였다. 다음에 큰 돌을 들어올리는 데 사용하는 녹로도 대당 23냥을 들여 역소(役所)에서 제조하였다.

유형거(游衡車)는 화성을 쌓을 때 돌을 실어 나르기에 알맞게 만든 수레이다. 그것은 적은 제작 비용을 들이면서도 견고한 바퀴를 써서 역시 돌을 싣고 나르기 간편하도록 설계하였다. 모두 그 이전까지 사용하던 장비의 단점을 혁신적으로 개선한 것으로서, 정약용이 새로운 설계도에 따라 제작한 것이다. 당시 실학자들이 이 분야에 보인 깊은 관심을 반영한 것이라 하겠다.32) 유형거 11대 중 1대는 중앙정부에서 만들어 보내고 나머지 10대는 현장에서 제조하였다.

---

31) 윤용출, 『조선후기의 요역제와 고용노동』, 서울대출판부, 1998, 288~290쪽.
32) 윤용출, 『조선후기의 요역제와 고용노동』, 서울대출판부, 1998, 216쪽.

〈표 1-5〉 화성 축조에 사용된 기계

종류	수량	내역	1대당 제조금액	총액
거중기(擧重器)	1	왕실에서 하사		
녹로(轆轤)	2	역소에서 제조	23	46
유형거(游衡車)	11	1대는 하사 10대는 제조	14	140
대거(大車)	8	역소 제조	60	480
별평거(別平車)	17	역소 제조	23	391
평거(平車)	76	20대 [장연에서 1대당 8냥씩 구입]	8	160
		10대 [풍천에서 1대당 10냥씩 구입]	10	100
		46대 [역소에서 제조]	25	1,196
동거(童車)	192	역소에서 제조	2.5	480
발거(發車)	2	역소에서 제조	9	18
설마(雪馬)	9	역소에서 제조	14	126
구판(駒板)	8	역소에서 제조	2	16
계	326			3,153

출전: 『화성성역의궤』 권5, 재용상 조비 기계.

대거(大車)는 총 8대를 역소에서 제조하였는데, 1대당 60냥의 금액이 소요될 정도로 큰 기계였다. 별평거(別平車)는 총 17대를 제조하여 사용하였는데, 1대의 제조가격이 23냥 소요되었다. 평거(平車)는 76대 사용되었는데 20대는 장연에서 1대당 8냥씩 구입하였고, 10대는 풍천에서 1대당 10냥에 구입하였다.[33] 나머지 46대는 역소에서 25냥의 비용을 들여 제조

하였다.34)

화성을 축조하면서 돌을 끌어올리는데 거중기나 녹로를 사용하였고, 돌을 운반하는 차량으로서 대거, 평거, 발거(發車), 동거(童車), 구판(駒板), 썰매[설마, 雪馬] 등의 차량을 제작하거나 구입하여 이용하였다. 총 326대의 운반기구들이 이용되었다. 아울러 수레가 쉽게 다닐 수 있도록 부석소[浮石所: 돌을 떼어 오는 곳]에서 역소[役所: 작업장]까지의 도로를 새로 닦아서 공역에 소요되는 노동력의 절감을 꾀하였다.35)

뿐만 아니라『화성성역의궤』의 기록을 통하여 18세기 건축술의 모습을 어느 정도 파악할 수 있다. 총 건축비용이 80만 냥이 들었는데, 그것의 실질적인 출납비용이 기재되어 있고, 특히 자재의 소비에 있어서 각 건물별로 석재, 목재, 기와, 철물, 직종별 노임 등이 상세하게 명시되어 있어 전체적인 상황을 알 수 있다.

또한 거대한 축성 공사를 담당한 감독관들과 22개 직종에 종사한 1,840여명의 장인들의 출신지와 이름, 전국에서 조달된 수많은 종류의 자재들, 공사의 시작과 완성을 알리는 기간들, 공사 시작 때 치르는 고유의식에서 지붕틀이 완성되었을 때 치루는 상량의식의 전말, 공사에 소용된 각종 자재의 명칭과 수량들 실로 건축공사의 거의 모든 내용을 못 하나, 기와 한 장에 이르기까지 상세히 파악할 수 있어서 당시의 건축수준을 파악할 수 있는 것이다. 나아가 의궤에 실린 많은 건축그림을 통해서 화성의 주요 시설들의 모습을 확인할 수 있기 때문에『화성성역의궤』는 조선시대 건축 공사 내용을 연구하는 보고라고 할 수 있다.36)

---

33) 장연과 풍천에는 수레를 만드는 수공업장이 존재하였던 것 같다.
34)『華城城役儀軌』卷5 財用上, 措備 器械, 552쪽(번역본).
35)『장조영우원묘소도감의궤』이문, 임오 6월 10일(윤용출,『조선후기의 요역제와 고용노동』, 서울대출판부, 1998, 216쪽 재인용).
36) 김동욱,「조선시대 건축관련 史料로서 "화성성역의궤"의 가치」,『화성성역의궤 국역증

〈그림 1-3〉 거중기(『화성성역의궤』)

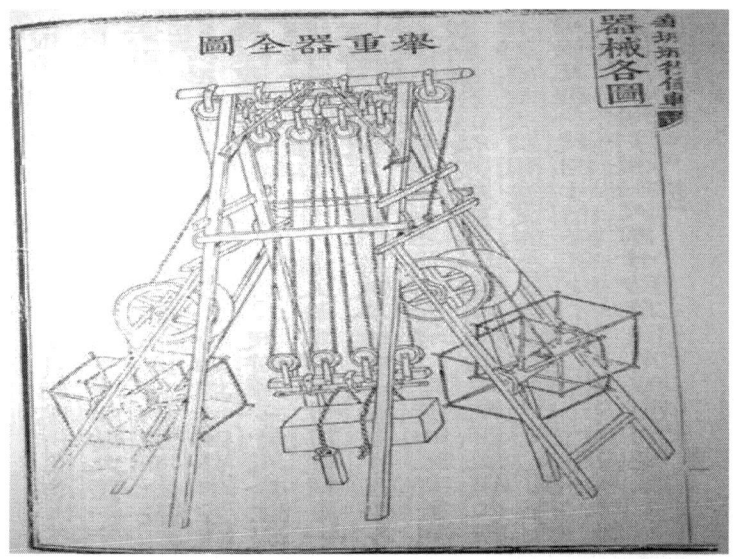

〈그림 1-4〉 거중기 분해도(『화성성역의궤』)

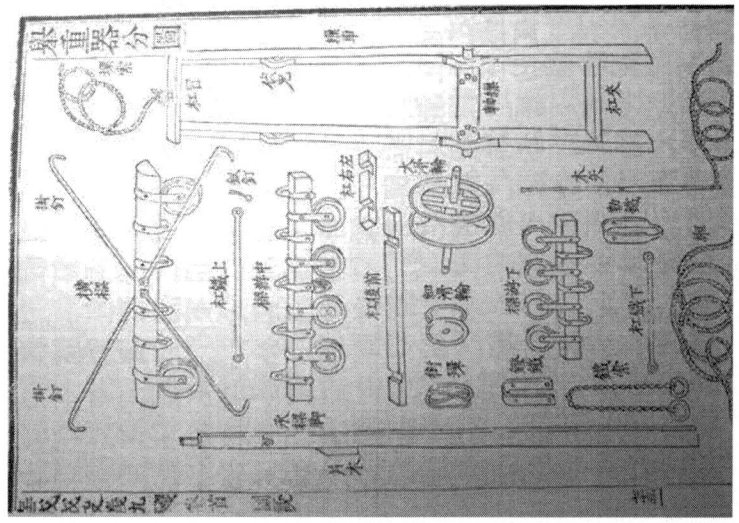

보관』, 경기문화재단, 2005, 28~29쪽.

〈그림 1-5〉 녹로(『화성성역의궤』)

6. 맺음말

　『화성성역의궤』는 화성을 축조하는 데 있어서 처음부터 끝까지 그 전말을 기록한 보고서이다. 화성을 축조하면서 계획한 신도시 건설에 대해서 준비 단계부터 마무리단계까지 모든 과정을 철저히 기록하였다는 점에 큰 의미가 있다. 유네스코에서 화성을 세계문화유산으로 지정한 근거는 화성의 시설뿐 아니라, 그것의 축조 전말을 기록한 『화성성역의궤』의 전승이 일정한 역할을 했다고 여겨진다.

　18세기말에 성의 축조를 바탕으로 한 신도시 건설의 전 과정을 세밀하게 기록한 책은 세계사에서도 찾아보기 드물다. 『화성성역의궤』는 18세기 말 정조대의 문화수준을 압축적으로 보여주는 책이다. 조선은 정부가 행한 주요 행사의 전말을 철저하게 기록함으로써 당시의 기술 수준과 문화 수준을 드러내고자 하였으며, 다른 한편으로 후세에 전승함으로써 당대의 사회운영 경험을 전수하고, 나아가 후대에 역사적 평가를 받고자 하는 의도도 지니고 있었다. 조선 정부는 의궤를 편찬함으로써 조선의 문화수준을 정리하고 드러냈다.

　이 글에서 『화성성역의궤』를 통하여 18세기 조선의 사회상을 살필 수 있었다. 정조시기에 정부는 화성을 축조하는 과정에 참여했던 평민과 노비 등을 기록으로 남김으로서 그들에 대한 배려가 매우 깊었음을 알 수 있었다. 아울러 당시의 상점가격, 집값, 전답가격 및 장인들의 임금 등을 통하여 당시의 물가수준을 알 수 있었다. 뿐만 아니라 정조대에 중국의 선진 문물 및 중요 건축 기계를 참조하여 거중기 등 기기를 발명하여 화성의 축조에 이용하였다는 사실을 알 수 있었다.

제 2 장

갑오개혁과 근대기록관리제도의 성립

1. 머리말

　1894년 갑오정권이 실시한 개혁정책은 한국 역사 흐름에 큰 변화를 가져왔다. 갑오개혁은 넓은 의미에서 1894년 6월 25일 군국기무처의 설립으로부터 1896년 2월 11일 아관파천까지 김홍집 정권의 개혁을 일컫는다. 이 통치 시기는 크게 두 시기로 구분된다. 제1차 갑오개혁 시기[1894.6.25.~1894.11.21]는 군국기무처를 중심으로 조선의 주요 정책을 논의하여 결정한 시기이다. 이 기간에 군국기무처는 약 210건의 개혁안을 의결·집행하였다. 이 기간에 청일전쟁을 벌이고 있던 일본 정부로서는 조선 정부의 능동적 협조가 필요하였을 뿐 아니라 러시아를 비롯한 열강의 외교 내지 무력간섭을 염려하였기 때문에 군국기무처에 대해 적극적인 간섭을 하지 못하였다. 이 기간의 개혁운동은 김홍집·유길준 등 군국기무처의 핵심 인물에 의해 주도되었다.[1]

　제2차 갑오개혁 시기[1894.11.21~1896.2.11]는 일본이 청일전쟁에서 승

---

[1] 최덕수,「갑신정변과 갑오개혁」,『한국사』11, 한길사, 1995; 유영익,「개요」,『한국사 40 –청일전쟁과 갑오개혁-』, 국사편찬위원회, 2000, 8쪽.

기를 잡고 농민군을 대패시킨 후, 일본의 내무대신 이노우에 가오루[井上馨]를 서울에 공사로 파견하여 조선의 내정에 적극적으로 관여한 시기였다. 그리하여 반일적 태도를 취하였던 대원군을 정권에서 물러나게 하고 내부대신 박영효를 내세우면서 적극적인 간섭정책을 실시해갔다.2)

갑오정권은 일본의 비호를 받았지만, 조선의 입장을 중시하는 개혁적인 인사들이 참여하여 정책을 추구하였기 때문에 자율적 측면이 존재하고 있었다.3) 갑오정권에서는 1880년대 초반 이후 개혁 정책을 계승하면서 여러 가지 근대국가를 지향하는 정책을 실시하였다.4)

대외적으로는 청나라로부터의 종속을 벗어나려고 조선의 자주 독립을 높이는 정책을 실시하였다. 국호를 '대조선제국'으로 개칭하고 '독립경일'의 제정, 국기 사용의 장려, 공문서에 '개국기년'의 사용 등을 결의하였다. 정치적으로는 전제주의 군주제를 제한하면서 내각 중심의 입헌군주적 통치방식을 지향해갔다. 궁중과 부중의 분리, 군국기무처와 내각제의 실시 등은 그러한 사례였다. 경제적으로는 재정을 확충하면서 근대적인 상공업 제도를 갖추어가려고 하였다. 금납제의 실시, 도량형의 통일, 정부 차원의 상공업진흥정책 등을 실시해갔다. 사회적으로는 양반 중심의 신분제를 타파하고 농민군이 요구한 신분해방을 수용해갔다.

갑오정권은 기록관리측면에서도 여러 가지 개혁적인 조처들을 실시하였다. 중앙의 각 부처별로 기록관리기구를 신설하여 기록관리업무를 담당하게 하였고, 기록관리 프로세스 규정을 제정하여 기록의 생애주기[Life cycle]에 따른 이행과정을 규정하기도 하였다. 나아가 공문서 양식을 변화

---

2) 유영익은 제2차 개혁시기(1894.11.21~1896.2.11)를 다시 구분하여 박영효가 실권을 장악한 시기(1894.11.21~1895.7.6)와 박영효가 실각하고 김홍집과 유길준이 집권한 시기(1895.7.7~1896.2.11)로 구분하였다(유영익, 위 글, 2000, 참조).
3) 주진오, 「갑오개혁의 새로운 이해」, 『역사비평』 가을호, 역사문제연구소, 1994.
4) 왕현종, 『한국 근대국가의 형성과 갑오개혁』, 역사비평사, 2003; 유영익, 『갑오경장연구』, 일조각, 1990.

시키기도 하였다. 중국 연호 대신 조선 연호를 사용하였고, 한문 사용을 금지하고 국문 또는 국한문으로 사용하게 하였으며, 공문서 양식을 인쇄하여 사용하게 하였다. 또한 공문서 형식을 통폐합하였으며, 공문서 원본의 보존을 체계화하고자 하였다.

이 글에서는 갑오정권에서 실시한 새로운 기록관리정책과 기록관리제도를 살펴보고, 그 역사적 의의를 고찰해보고자 한다. 특히 기존의 연구성과5)를 바탕으로 1894년 갑오개혁 이후 기록관리의 변화양상을 살펴보고, 그 변화가 이전 시기와는 어떠한 차이가 있는가를 살펴보고자 하였다.

2. 관제의 개편과 기록관리기구의 설립6)

1) 군국기무처의 설립과 기록관리기구

1894년 갑오정권은 권력체계 및 행정체계에 큰 변화를 가져왔다. 1894년 6월 25일에 갑오정권은 군국기무처를 설립하여7) 주요 정사를 논의하였고, 군국기무처에서 논의하여 결정한 사항을 '의안(議案)'으로 공포하면서 새로운 국가체제를 만들어 가려고 하였다.

갑오정권은 이를 실현하기 위해 관제 개편을 시도하였다. 1894년 6월 28일에 「각아문관제」를 공포하면서, 중앙기관을 궁내부와 의정부 및 8아

---

5) 이경용, 「한말 기록관리제도 -공문서관리 규정을 중심으로-」, 『기록학연구』 6, 한국기록학회, 2002; 권태억, 「갑오개혁 이후 공문서 체계의 변화」, 『규장각』 17, 서울대 규장각, 1994; 김재순, 「한국근대 공문서관리제도의 변천」, 『기록보존』 5, 총무처 정부기록보존소, 1992.

6) 이 장은 '이경용, 「한말 기록관리제도 -공문서관리 규정을 중심으로-」, 『기록학연구』 6, 한국기록학회, 2002'를 많이 참조하였다.

7) 『詔勅』, 「軍國機務處 設置件」, 1894.6.25(『한말근대법령자료집』, 대한민국국회도서관 1권, 2쪽[이하 『법령집』이라 약칭함]).

문[내무, 외무, 탁지, 법무, 학무, 공무, 군무, 농상아문] 체제로 개편하였다. 즉 6조[이조, 호조, 예조, 병조, 형조, 공조]를 폐지하고 8아문으로 개편하였으며,[8] 정치적으로 왕권을 제한하면서 입헌군주적 통치방식을 지향해갔다. 그를 위해 군국기무처 설립, 궁중과 부중의 분리, 궁내부의 설립 등을 실시하였다.[9]

기록관리분야도 새로운 변화가 시도되었다. 조선시기에는 춘추관에서 중요 기록을 중앙집중적으로 관리하였지만, 갑오정권 이후에는 각 아문에서 독자적으로 그 기록을 관리하게 하였다. 조선시기에는 경복궁 안의 춘추관에서 각 관청의 중요 기록을 수집·이관받아 관리하고 있었고, 왕이 죽은 후 실록청을 개설하여 실록을 편찬하여 사고에 비치하였다.

그러나 갑오정권 이후에는 각 아문에서 독자적으로 기록을 관리하게 하였다. 즉 중앙기관에서는 각 아문마다 기록국을 신설하거나 혹은 총무국에서 기록을 담당하도록 규정하였다. 아울러 「각부각아문통행규칙」[1894.7.14]에서 기록관리의 구체적 프로세스를 명시하면서, 기록의 생애주기[Life-Cycle]에 따른 이행과정을 자세히 규정하기도 하였다. 그러나 「각아문관제」나 「각부각아문통행규칙」은 독창적으로 만든 것이 아니고, 일본의 관제와 통행규칙을 참조하여 작성한 것이었다.[10] 갑오정권에 참여한 개화파들은 1881년 조사시찰단 이래 일본의 제도에 대해 조사·연구하였기 때문에 그것을 원용하여 설립할 수 있었던 것이다.

1894년 6월 28일에 공포한 「각아문관제」에서는, 중앙기관에서 공기록

---

8) 외무아문은 1880년에 설립된 통리기무아문의 후신이고, 농상아문은 일본의 관제를 모방하여 신설하였으며, 나머지 관서는 6조가 개편된 것이었다(김운태, 『조선왕조행정사』(근대편), 박영사, 1970, 192쪽 참조).
9) 서영희, 「1894~1905년의 정치체제변동과 궁내부」, 『한국사론』 23, 서울대 국사학과, 1990.
10) 이경용, 「한국의 근현대 기록관리제도사 연구 -1894~1969년-」, 중앙대 박사학위논문, 2002, 59~64쪽 참조.

을 담당하는 부서를 설치하고, 그 업무를 명확히 명시하였다.11) 〈표 2-1〉에서 보듯이, 의정부에서는 기록국(記錄局)을 설치하여 "행정문서와 통계 사무 및 역사기록을 관장하도록"12) 하였고, 아울러 기록국장(記錄局長)이 "관리 이력과 실학의 천서(薦書)를 관장하는 전고국장(銓考局長)을 겸직하게 하여"13) 인사와 문서의 출납 및 사후의 관리까지 담당하도록 하였다. 또한 편사국(編史局)을 설치하여 우리나라 역사를 편집하게 하였다.14) 의정부에서 기록국을 설치하여 행정문서와 통계 사무 및 존재하는 당안[檔案: 중요 기록이나 영구기록을 가리키는 것 같다]을 담당하도록 함으로써 공기록을 전담하도록 한 점이 눈에 띈다.

또한 8개 아문 가운데 외무아문과 탁지아문에는 기록국을 설치하여 공문서를 관리하게 하였다는 점이 특징이었다[〈표 2-1〉 참조]. 외무아문의 기록국에서는 조약서를 보관하고 외교문서를 보존하게 하였고,15) 탁지아문의 기록국에서는 아문의 왕복공문의 원본과 보존문건 및 지폐·증권·날인·소인 등의 업무를 관장하게 하였다.16) 외무아문과 탁지아문은 기록이 많거나 국가에서 중요하게 여기는 기록물이 존재하기 때문에, 기록국을 별도로 신설하였다고 여겨진다.

---

11) 이경용, 「한말 기록관리제도 -공문서관리 규정을 중심으로-」, 『기록학연구』 6, 한국기록학회, 2002.
12) 『議案』(규20066), 「議政府官制」, 甲午六月二十八日, "記錄局 掌收錄 行政底稿及統計事務 存作檔案" (이 논문에서 자료의 출처를 별도 표기하지 않은 경우, 서울대학교 도서관 규장각자료총서를 인용하였다.)
13) 『議案』(규20066), 「議政府官制」, 甲午六月二十八日, "銓考局 掌考準 官吏履歷 及薦書實學 參議一員 記錄局長兼之 主事二員."
14) 『議案』(규20066), 「議政府官制」, 甲午六月二十八日, "編史局 掌編輯本國歷史."
15) 『議案』(규20066), 「各衙門官制」, 甲午六月二十八日, 外務衙門, "記錄局 掌保管條約書 兼保存外交文書."(서울대 이상찬 교수는 "保管"은 영구히 관리하는 것이고, "保存"은 일정 기간 관리하는 것이 아닐까라는 제언을 하였다.)
16) 『議案』(규20066), 「議政府官制」, 甲午六月二十八日, 度支衙門, "記錄局 掌本衙門 往復公文底稿 編輯存案 及紙幣證券押印銷印等務."

〈표 2-1〉 제1차 갑오정권(1894.6.28)의 중앙부처 기록관리부서와 업무분장

각부아문	기록관리 부서 및 담당업무	관할부서
의정부	기록국 [행정문서와 통계사무 및 역사기록을 수록하는 것을 관장한다] 편사국 [우리나라 역사를 편집한다]	군국기무처, 도찰원, 중추원, **기록국**, 전고국, 관보국, **편사국**, 회계국, 기로소
내무	총무국[아직 설치하지 않은 각 국(局)의 서무를 관장한다]	**총무국**, 판적국, 주현국, 위생국, 지리국, 사사국, 회계국,
외무	총무국[아직 설치하지 않은 각 국(局)의 서무를 관장한다] 기록국[조약서와 보존하고 있는 외교문서를 관장한다]	**총무국**, 교섭국, 통상국, 번역국, **기록국**, 회계국
탁지	총무국[아직 설치하지 않은 각 국(局)의 서무를 관장한다] 기록국[본 아문이 주고받은 공문의 원본과 보존문서 및 지폐, 증권의 압인과 소인 등의 업무를 관장한다]	**총무국**, 주세국, 주계국, 출납국, 국채국, 저치국, **기록국**, 전환국, 은행국, 회계
법무	총무국[아직 설치하지 않은 각 국의 서무를 관장한다]	**총무국**, 민사국, 형사국, 회계국
학무	총무국[아직 설치하지 않은 각 국의 서무를 관장한다] 편집국[국문 철자와 각 국문의 번역 및 교과서 편집 등에 관한 사무를 관장한다]	**총무국**, 성균관급상교서원사무국, 전문학무국, 보통학무국, **편집국**, 회계국
군무	총무국[아직 설치하지 않은 각 국의 서무를 관장한다]	**총무국**, 친위국, 진방국, 해군국, 의무국, 기기국, 군수국, 회계국
공무	총무국[모든 공사를 감리하며, 모든 장인의 성명을 편록하며, 기사를 고용하고 새로운 기술을 가르치는 일을 관장한다]	**총무국**, 역체국, 전신국, 철도국, 광산국, 등춘국, 건축국, 회계국
농상	농상 총무국[아직 설치하지 않은 각 국의 서무를 관장한다]	**총무국**, 농상국, 공상국, 산림국, 수산국, 지질국, 장려국, 회계국

출전: 『의안』(규20066), 「각아문관제」, 甲午六月二十八日.

외무아문과 탁지아문을 제외한 6개 아문에서는 총무국에서 공문서와 기록들의 보존 등을 담당하게 하였다. 구체적으로 총무국은 "해당 아문 대신의 친전문서[親展文書: 대신이 직접 열람해야 하는 문서]와 기밀사무 및 관리 출척[黜陟: 승진과 좌천]에 관한 기록을 보관"[17]하도록 규정하였다. 아울러 총무국에는 비서관(秘書官)을 두어 대신(大臣)에 속하게 하고 총무국 사무를 총괄하도록 하였다.[18]

총무국 산하에는 기록관리업무를 수행하기 위해 문서과(文書課), 왕복과(往復課), 보고과(報告課), 기록과(記錄課)를 두어[19] 업무를 분장하게 하였다. 문서과는 각 국이 만든 문서[成案]와 기안한 문서[起草]를 심사하도록 하였고,[20] 왕복과는 각 관청에서 보내온 공문을 접수하고, 성안[成案: 시행문]을 발송하는 업무를 관장하였다.[21] 보고과는 각 부서의 통계안건을 모아 작업을 하여 표본을 만들어서, 대신에게 바쳐서 살펴보게 하고 아울러 관보국에 보내 관보에 게재하도록 하였다.[22] 기록과는 모든 아문의 공문[事務文案]을 수집하여 편찬하도록 하였다.[23] 이 시기에는 의정부와 각 아문이 기록관리를 위하여 독자적으로 '기록국'을 설치하여 분권적

---

17) 『議案』(규20066), 「各府各衙門通行規則」, 開國503年 7月 14日, 第27條, "總務局 保管該衙門 大臣親展文書 機密事務及官吏黜陟."
18) 『議案』(규20066), 「各府各衙門通行規則」, 開國503年 7月 14日, 第28條, "秘書官 專屬大臣 掌管總務局事務."
19) 『議案』(규20066), 「各府各衙門通行規則」, 開國503年 7月 14日, 第29條, "各府衙 總務局 置文書課 往復課 報告課 記錄課 分掌事務."
20) 『議案』(규20066), 「各府各衙門通行規則」, 開國503年 7月 14日, 第30條, "文書課 審査各局 成案及起草等事務."("成案"은 시행문을, "起草"는 기안문을 가리키는 것 같다.)
21) 『議案』(규20066), 「各府各衙門通行規則」, 開國503年 7月 14日, 第31條, "往復課 專掌各府衙 所來公文成案之接受發送."
22) 『議案』(규20066), 「各府各衙門通行規則」, 開國503年 7月 14日, 第32條, "報告課 採輯各局課統計案件 作爲表本 以供大臣査閱 兼送官報局 揭載官報."
23) 『議案』(규20066), 「各府各衙門通行規則」, 開國503年 7月 14日, 第33條, "記錄課 蒐集一切衙門事務文案編纂."

으로 기록관리를 하도록 하였다는 점이 특징이다.

2) 내각의 설립과 기록관리기구

일본은 청일전쟁에서 승리를 하고 농민군을 패퇴시킨 후, 대원군을 정권에서 물러나게 하고 새로운 정권을 탄생시키면서 정권에 대한 간섭을 강화해갔다. 그리하여 1894년 11월 21일에 제2차 김홍집정권이 출범하였다. 그 후 갑오개혁 정부는 1895년 3월 25일에 의정부(議政府)를 내각(內閣)으로 개칭하고, 관제는 8개 아문(衙門)으로부터 7개 부(部)로 개편하였다. 내각은 국무대신으로 구성되는 합의제 정책 심의 기관으로, 국무대신은 대군주폐하를 보필하고 소관사항에 관하여 정치적 책임을 지며, 내각 총리대신은 각 대신의 수반으로서 왕명을 받들어 행정 각부를 조정 통합하도록 하였다. 그리고 각 부의 소속 국(局)은, 〈표 2-1〉과 〈표 2-2〉를 비교해보면 알 수 있듯이, 전보다 대폭 축소되었다. 4월 1일에는 〈표 2-2〉와 같이 각 부서의 대신과 국장을 임명하면서 관직을 수여하였다. 내각 총리대신에는 정1품인 김홍집을 임명하였고, 내각의 업무를 총괄하는 총서(總書)에는 종2품인 유길준을, 내각의 기록을 담당하는 기록국장에는 3품인 박영두(朴永斗)를 임명하였다. 내각의 기록국장에 3품을 임명함으로써 기록국을 중시하였음을 알 수 있다. 각 부의 국장은 3품 이하 6품에서 임명되었다.

또한 1895년 4월 2일에는 궁내부 관제를 반포하였는데, 궁내대신과 산하 부서로 장례원, 시종원, 규장원, 회계원, 내장원, 제용원을 두었다. 그 중 왕실 전적과 기록을 보관하고 역대 임금들이 지은 글이나 쓴 글씨를 보관하는 사무를 맡은 곳이 규장원(奎章院)이었는데, 그 산하에 기록사(記錄司)를 두어 문서와 기록을 보존하는 사무를 맡도록 하였다.[24] 기록을 전담하는 부서를 설치하고 운영하였다는 점에서 여전히 기록관리를 중시

---

24) 『高宗實錄』 권33, 高宗 32년 4월 2일 癸卯.

하였다는 사실을 알 수 있다.

중앙관제를 내각제로 개편하면서, 내각의 권한이 크게 강화되었다. 각 부에서는 모든 안건을 집행하기 이전에 반드시 내각에 제출하여 의결을 거친 다음에 실행하도록 규정함으로써 국왕의 권한은 크게 위축되었다. 내각관제의 공포는 국왕권의 제한을 제도적으로 완성시킨 것이었다. 특히 법률과 칙령 등 주요 사항은 반드시 내각에서 기초를 하거나 혹은 각부 대신이 안(案)을 만들어 내각에 제출하고, 그 안을 내각회의에서 결정한 후, 내각총리대신과 주무대신이 왕에게 상주하여 재가함으로써 집행하도록 하였다.[25]

〈표 2-2〉 내각 각 부처와 담당 고위 관료

부서	대신	협판	국장
내각	김홍집 [정1품]	總書 유길준 [종2품]	기록국장 박영두
외부	김윤식 [종1품]	이완용 [종2품]	교섭국장 조중응, 통상국장 조성협
내부	박영효 [정1품]	이명선 [종2품]	주현국장 유세남, 토목국장 남궁억, 판적국장 윤진석, 회계국장 최정익, 위생국장 김인식
탁지부	어윤중 [종1품]	안경수 [정2품]	사세국장 이정환, 사계국장 김재풍, 출납국장 정항조, 회계국장 이해만, 서무국장 김유정
군부	조희연 [종1품]	권재형 [종2품]	포공국장 유혁로, 경리국장 이주회
법부	서광범 [종1품]	이재정 [종2품]	형사국장 장박, 검사국장 이종직, 회계국장 김영문
학부	박정양 [종1품]	고영희 [종2품]	학무국장 이응익, 편집국장 이경직
농상공부	김가진 [정2품]	이채연 [종2품]	농무국장 이종원, 통신국장 조병교, 상공국장 송헌빈, 광산국장 왕제웅, 회계국장 유성준

출전: 『고종실록』 권33, 고종 32년 4월 1일 임인.

---

25) 『勅令』 86호, 「公文式 改正件」(1895.5.8), 제2조(『법령집』 1권, 376~379쪽).

내각에서는 「내각소속직원관제(內閣所屬職員官制)」[1895.3.25]와 「내각소속직원분과규정(內閣所屬職員分課規程)」[1895.4.15]을 공포하여 기록관리기구를 재정비하였다. 내각에는 총리대신 관방, 참서관실, 기록국의 3부서를 설치하였다[〈표 2-3〉 참조]. 그 중 기록관리는 총리대신 관방의 비서과, 내각 참서관실의 문서과와 조사과, 기록국의 편록과·관보과·사적과가 담당하도록 하였다.

〈표 2-3〉 내각(內閣)의 과별(課別) 업무분장(業務分掌)

부서	과	업무분장
총리대신 관방 (總理大臣 官房)	비서과 (秘書課)	1. 기밀에 관한 사항 2. 관리의 진퇴 신분에 관한 사항
참서관실 (參書官室)	문서과 (文書課)	1. 공문서류 및 성안문서의 접수 발송 2. 조칙 및 법률 명령의 발포 3. 관인 관수 4. 각 관서 칙주임관의 이력의 편찬 보존 5. 각 관서 칙주임관의 이력 심사 6. 상주서(上奏書) 정사(淨寫)
	조사과 (調査課)	1. 법률 명령안의 조사 2. 공문의 사열(査閱) 기초(起草) 3. 청의서(請議書)의 심사 및 각의안(閣議案) 일체 조제
	회계과 (會計課)	1. 내각소관경비 및 제수입(諸收入)의 예산 결산 회계 2. 내각 소관 관유재산과 물품 및 그 장부조제
기록국 (記錄局)	편록과 (編錄課)	1. 내각기록의 편찬 보존 2. 조칙 및 법률 칙령의 원본과 기타 공문의 보존
	관보과 (官報課)	1. 관보와 직원록의 편찬간행 발매 및 배송 2. 관보와 직원록의 제수입 및 그 납상
	사적과 (史籍課)	1. 국사편찬 2. 통계재료의 수집, 제반 통계표의 편찬 및 교환 3. 내각소관도서의 구매류별 보존출납 및 그 목록조제 4. 내각소용도서의 출판

출전: 『관보』 제14호, 「내각소속직원분과규정」(1895.4.15).

〈표 2-3〉에서 보듯이 총리대신 관방에는26) 비서과(秘書課)를 설치하여 비밀에 관한 사무와 기록을 관장하도록 하였다. 참서관실에는 문서과, 조사과, 회계과의 3과를 두었다. 문서과에서는 공문서의 접수와 성안문서의 발송, 조칙 및 법률·명령의 발포를 담당하였고, 고위 관료의 인사기록을 편찬하여 보존하고 있었다. 조사과에서는 법률·명령안을 조사하고 공문을 기초하고 감사하며, 청의서(請議書)의 심사 및 내각회의 안건을 작성하는 일을 담당하였다.

기록국에는 편록과(編錄課), 관보과(官報課), 사적과(史籍課)의 3과를 두었다. 편록과는 내각기록을 편찬 보존하게 하였고, 또한 조칙·법률·칙령의 원본과 그 외 다른 공문을 보존하게 하였다. 관보과는 관보와 직원록(職員錄)을 편찬 간행하여 발매하거나 배송하게 하였다. 사적과는 국사를 편찬하고, 통계자료를 수집하여 편찬하며, 내각에 소장하고 있는 도서 목록을 작성하며, 내각에서 필요한 도서를 출판하게 하였다.

즉 기록의 라이프 사이클에 따라 관할 부서를 획정함으로써 내각의 공기록을 철저히 관리하는 체제를 갖추려고 하였던 것이다. 공문의 기초(起草)는 조사과, 공문의 접수·발송은 문서과, 완료한 기록의 편찬·보존은 편록과, 국사 편찬은 사적과, 비밀기록관리는 비서과 등이 관할하도록 명료히 규정하였다.27)

각 부에는 대신관방을 설치하여 기록을 담당하게 하였다. 「각부관제통칙(各部官制通則)」[칙령 제41호, 1895.3.25]과 '각부분과규정(各部分課規定)'을 정하여 각 부의 기록관리부서와 업무를 확정하였다. 「각부관제통칙」에서는 각 부의 대신관방이 문서를 일원적으로 관장하도록 하였다. 각 부의 기구가 전보다 축소되었지만, 각 부의 업무분장은 보다 체계화되었으며

---

26) 관방은 현재의 비서실에 해당한다.
27) 이경용, 「한말 기록관리제도 -공문서관리 규정을 중심으로-」, 『기록학연구』 6, 한국기록학회, 2002, 168쪽.

기록관리상의 일원화가 이루어졌다.

「각부관제통칙」 제11조에는 각 부에 대신관방을 설치하여 아래의 사무를 담당하도록 규정하고 있다.

> 제11조 각부에 대신관방을 설치하여 대신관방에서 아래의 사무를 담당함
> · 기밀에 관한 사항
> · 관리의 진퇴 신분에 관한 사항
> · 대신의 관인(官印) 및 부인(部印)의 관수(管守)에 관한 사항
> · 공문서류 및 성안(成案)문서의 접수 발송에 관한 사항
> · 통계보고의 조사에 관한 사항
> · 공문서류의 편찬보존에 관한 사항
> · 기타 각 관제에 의하여 특별히 대신관방의 소관업무에 속한 사항

구체적으로는 내부(內部), 외부(外部), 법부(法部), 학부(學部), 군부(軍部), 농상공부(農商工部)에서는 대신관방의 문서과 혹은 기록과에서 문서를 담당하도록 하였고, 탁지부에서만 서무국 문서과에서 공문의 접수·발송·보관을 담당하도록 하였다. 이전의 기록국 단위에서 문서과나 기록과로 낮추어졌지만, 방만한 조직의 형태로부터 규모가 작은 조직으로 기록을 관리해 간 것이라고 여겨진다.

그 중 한 부서의 사례를 살펴보자. 내부의 사례를 통하여 각 부서를 유추해볼 수 있을 것이다. 〈표 2-4〉에서 보듯이, 내부에는 대신관방을 비롯하여, 주현국, 토목국, 판적국, 회계국, 위생국을 설치하였고,[28] 그 중 대신관방에 비서과, 기록과, 서무과의 3과를 설치하여 내부의 기록을 관리하게 하였다. 즉 비서과에서는 비밀기록을 담당하였고, 기록과에서는 공문서의 접수·발송, 공문서의 편찬·보존, 도서와 보고서의 간행·관리를 담당하였으며, 서무과에서는 도서 출판을 담당하도록 하였다. 다른 부에

---
28) 『官報』 16호, 「內部分課規程」(1895.4.17).

서도 대체로 대신관방의 기록과나 문서과에서 기록을 관리하게 하였으며, 단 탁지부에서만 서무국 문서과에서 기록을 관리하게 하였다.

〈표 2-4〉 내부(內部)의 과별(課別) 업무분장(業務分掌)

부서	과	업무분장
대신관방 (大臣官房)	비서과 (秘書課)	1. 기밀에 관한 사항 2. 관리의 진퇴 신분에 관한 사항 3. 대신 관인(官印) 및 부인의 관수에 관한 사항
	기록과 (記錄課)	1. 공문서류 및 성안문서(成案文書)의 접수 발송에 관한 사항 2. 공문서류의 편찬 보존에 관한 사항 3. 도서 보고서류의 간행 및 관리에 관한 사항
	서무과 (庶務課)	1. 도서 출판에 관한 사항 2. 포상에 관한 사항 3. 사사사(祠社寺)에 관한 사항
주현국 (州縣局)	주현과 (州縣課)	1. 지방 이재(理財) 기타 일체 지방행정에 관한 사항
	지방비과 (地方費課)	1. 지방청의 경비에 관한 사항 2. 진휼 및 구제에 관한 사항 3. 자은(慈恩)에 공용(供用)하는 공립 영조물(營造物)에 관한 사항
토목국 (土木局)	토목과 (土木課)	1. 본부 직할 토목공사에 관한 사항 2. 지방 경영의 토목공사 및 기타 공공 토목공사에 관한 사항 3. 직할 공비(直轄 工費) 및 지방 공비(工費) 보조의 조사에 관한 사항
	지리과 (地理課)	1. 토지 측량에 관한 사항 2. 토지 수용에 관한 사항 3. 수면 전평(塡平)에 관한 사항
판적국 (版籍局)	호적과 (戶籍課)	1. 호구적(戶口籍)에 관한 사항
	지적과 (地籍課)	1. 지적(地籍)에 관한 사항 2. 무세 관유지(無稅 官有地)의 처분 및 관리에 관한 사항 3. 관유지 명목 변환에 관한 사항
회계국 (會計局)	회계과 (會計課)	1. 본부 소관 경비 및 제수입의 예산 결산 및 회계에 관한 사항
	용도과 (用度課)	1. 본부 소관 관유재산 및 물품의 장부 조제(調製)에 관한 사항
위생국 (衛生局)		1. 전염병 지방병의 예방 및 종두 기타 일체 공중위생에 관한 사항 2. 검역 정선(停船)에 관한 사항 3. 의사 약제사(藥劑師)의 업무와 약품 및 매약(賣藥)의 관사에 관한 사항

출전: 『관보』 제16호, 「내부분과규정」(1895.4.17).

〈표 2-5〉 각 부 기록관리부서와 담당업무

각 부	국	과	담당업무	출전
내부	대신관방	비서과	1. 기밀에 관한 사항	「내부분과규정」『관보』16호 (1895.4.17)
		기록과	1. 공문서류 및 성안문서의 접수 발송 2. 공문서류의 편찬 보존 3. 도서 보고서류의 간행 및 관리	
		서무과		
외부	대신관방	비서과	1. 기밀에 관한 사항	「외부분과규정」『관보』15호 (1895.4.16)
		문서과	1. 조약서 비준서 제 국서 및 외교문서의 보관 2. 공문서류 및 성안문서의 접수 발송 3. 통계보고의 조사 4. 공문서류의 편찬 보존 5. 도서의 보관 및 간행 6. 왕국에 있는 외국공사관 고인급첩(雇人給牒) 7. 전보의 기초와 접수 발송	
		번역과		
		회계과		
법부	대신관방	비서과	1. 기밀에 관한 사항	「법부분과규정」『관보』18호 (1895.4.20)
		법무과		
		문서과	1. 공문서류 및 성안문서의 접수 발송 2. 통계보고의 조사 3. 공문서류의 편찬 보존 4. 도서의 보관 및 간행	
학부	대신관방	비서과	1. 기밀에 관한 사항	「학부분과규정」『관보』19호 (1895.4.21)
		문서과	1. 공문서류 및 성안문서의 접수 발송 2. 통계보고의 조사 3. 공문서류의 편찬 보존	
		회계과		
농상공부	대신관방	비서과	1. 기밀에 관한 사항	「농상공부분과규정」『관보』20호 (1895. 4. 22)
		문서과	1. 공문서류 및 성안문서의 접수 발송 2. 통계 보고의 조사 3. 공문서류의 편찬 보존 4. 도서 및 보고서류의 간행 및 관리	
탁지부	서무국	국채과		「탁지부분과규정」『관보』17호 (1895. 4. 19)
		문서과	1. 공문서류 및 성안문서의 접수 발송 2. 통계보고의 조사 3. 공문서류의 편찬 보존 4. 회계법규의 제정 폐지 및 개정에 관계되는 성안(成案)의 조사 5. 각 국과의 주무(主務)에 속하지 아니한 사항	

〈표 2-5〉에서 보듯이, 각 부의 대신관방에서 기록을 담당하였음을 알수 있다. 대체로 대신관방의 비서과에서 기밀문서를 담당하였으며, 문서과에서는 공문서를 관리하였다. 예외적으로 내부는 대신관방의 기록과, 탁지부는 서무국 문서과에서 공문서를 관리하였다. 제1차 갑오정권 시기에는 총무국에 문서과, 왕복과, 보고과, 기록과가 기록의 프로세스별로 역할을 분담하여 담당하고 있었지만, 제2차 갑오정권 시기에는 대신관방의 문서과가 기록관리를 전담하고 있었다는 점이 다른 점이다. 즉 기록관리 부서인 대신관방의 문서과[내부는 기록과이고, 탁지부는 서무국 문서과]에서 공문서의 접수 및 발송과 공문서의 편찬 보존에 이르는 전 과정의 기록을 관리하였다. 제2차 갑오정권에서는 대신관방의 문서과가 기록의 중심기구였던 것이다.

3. 기록관리규정과 기록관리 프로세스

갑오정권이 성립하면서 실시한 공기록관리규정을 법령의 제정과정과 일반 공기록의 생산·접수·발송·보존 등의 과정으로 나누어서 살펴보려고 한다. 법령의 제정과정은 당시 공문서의 주요 부분의 하나인 법령의 성격뿐만 아니라 당시 권력의 역학관계 및 집행관계를 알 수 있다는 점에서 고찰하는 의의가 있다. 일반 공기록의 기록관리규정은 공공기관의 기록관리 프로세스 즉 공공기관의 기록 생산부터 발송·접수·보존 등에 이르는 과정을 서술한 것이다. 그 규정을 고찰하는 것은 권력구조 및 권력의 행사 관계 및 영(슈)의 전달과정 및 시행과정을 알 수 있다는 점에 의의가 있다.

1) 법령의 종류와 제정과정

갑오개혁 이후 법령의 제정과정을 기록한 것은 1894년 7월 12일 군국기무처 '의안'으로 공포하였던 「명령반포식(命令頒布式)」이었다.[29] 「명령반포식」에는 다음과 같이 기록되어 있다.

> 제2조 국내의 모든 법률(法律)과 칙령(勅令)은 다 임금의 유시(諭示)로 반포한다.
>
> 제3조 법률과 칙령은 총리대신(總理大臣)이 초안을 만들거나 또는 각 아문(衙門)의 대신이 안을 갖추어 의정부(議政府)에 제출하고 총리대신이 주청하여 임금이 재결한다.
>
> 제4조 법률(法律)과 정치(政治)에 관한 칙령은 임금이 수결한 후에 옥새를 찍고 총리대신이 연월일을 기록하여 주무대신(主務大臣)과 함께 그 밑에 연이어 수결한다. 다만 한 개 아문(衙門)의 사무에 속하는 경우에는 당해 주무 대신이 연월일을 기록하고 그 밑에 수결한다.
>
> 제5조 총리대신과 각 아문의 대신(大臣)들은 법률이나 명령의 범위 안에서 직권으로 특별히 위임된 것을 시행할 수 있으며 또 부령(府令)이나 아령(衙令)을[30] 내릴 수 있다.
>
> 제8조 국서(國書)나 조약(條約)을 비준하거나 외국에 파견하는 관원에게 주는 위임장, 각국에 주재하는 영사관(領事官)의 승인장에는 임금이 수결하고 옥새를 찍어야 한다.

모든 법률·칙령은 임금의 유시(諭示)로서 반포하고, 그 법령의 초안은 총리대신이나 각 아문의 대신이 작성하여 의정부 회의를 거치도록 하였다. 나아가 법률과 칙령은 임금이 직접 수결하고 옥새를 찍은 후, 총리대

---

29) 『議案』(규20066), 「命令頒布式」(1894.7.12), 제9조(『법령집』 1권, 32~33쪽).
30) 부령(府令)이란 의정부의 총리대신이 발하는 명령이며, 아령(衙令)이란 아문의 대신이 발하는 명령이다.

신과 관계 대신이 서명하여 발효하는 것으로 하였다. 국가 최고의 법률과 칙령을 대신들이 기안하고, 의정부 회의를 거치도록 함으로써 이전보다 대신들의 권한이 강대해졌다. 또한 총리대신과 각 아문의 대신들은 법률과 명령의 범위 내에서 직권을 사용할 수 있으며 부령(府令)이나 아령(衙令)을 내릴 수 있었다. 즉 법률과 명령의 범위 내에서 자율권을 갖고 영(令)을 내릴 수 있는 독자적 권한을 지니게 되었다.

그 후 1894년 11월 21일에 「공문식」을 공포하였다.[31] 이 「공문식」은 위의 「명령반포식」의 기조를 유지하면서 약간의 사항을 증보한 것이었다. 증보한 내용은 경무사(警務使)와 지방관도 직권 내에서 명령을 낼 수 있다는 사항과[32] 법률과 칙령을 한문이나 이두문이 아니라 국문이나 국한문 혼용으로 사용하도록 규정한 사항이었다.[33] 경무사란 좌우포청을 합쳐 한성부 내의 치안을 담당한 경무청의 장이다.[34]

1895년 3월 25일 의정부를 내각으로 개칭하고 8개 아문을 7개 부로 관제를 개편한 후, 1895년 5월 8일에 공문식을 개정 공포하였다.[35] 그 개정 내용은 위의 「공문식」에서 의정부를 내각으로, 아문을 부로 개칭한 것이었으며, 주요 내용은 앞의 「공문식」과 대동소이하였다.

당시 「공문식」에 따르면, 법령으로서는 국왕이 유시로 반포하는 것으로 법률·칙령이 있었다. 양자는 명칭에서 구분되고 있지만, 실제 입법과정에서 차이가 없었다.[36] 또한 법적 효력을 갖는 것으로 의안(議案) 조칙(詔勅) 등이 있었다. 의안은 군국기무처가 1894년 6월 28일부터 10월까지

---

31) 『勅令』 제1호, 公文式(1894.11.21)(『법령집』 1권, 118~122쪽).
32) 『勅令』 제1호, 公文式(1894.11.21), 제5조.
33) 『勅令』 제1호, 公文式(1894.11.21), 제14조.
34) 『議案』, 「警務廳官制 職掌」(1894.7.14)(『법령집』 1권, 38~41쪽).
35) 『勅令』 제86호, 公文式 改正件(1895.5.8)(『법령집』 1권, 376~378쪽).
36) 권태억, 「갑오개혁 이후 공문서 체계의 변화」, 『규장각』 17, 서울대 규장각, 1994, 85~88쪽.

활동기간 중에 발(發)한 것이었다. 조칙은 칙령과 법률에 준하는 것으로, 왕이 직접 내린 명령이었다.37) 다음에 들 수 있는 것이 각령(閣令)·부령(部令)·부령(府令)·군령(郡令) 등이었다. 각령은 내각의 총리대신, 부령은 각 부의 대신, 부령은 관찰사, 군령은 지방 수령이 발하는 것이었다.

2) 일반 공기록의 관리 규정

1894년 6월 28일「의정부관제」와「각아문관제」를 공포하여 각 부서의 편제와 역할을 규정하고, 다음으로 각 부에서 업무를 수행하면서 생산하는 공기록의 생산·접수·배부·결재·회답·보존의 과정을 규정한「각부각아문통행규칙」[1894. 7. 14]을 공포하였다. 즉 새로운 관제를 공포하면서 업무 수행에 필요한 기록관리 프로세스를 규정하였던 것이다.

그러나「각아문관제」를 일본의 명치유신 정부가 1886년에 공포한「각성관제」를 참조하여 공포한 것처럼,「각부각아문통행규칙」은 일본 명치정부의「각성관제통칙」을 모방하여 작성하였다.38)

「각부각아문통행규칙」은 '근대적' 형식을 갖춘 우리나라 최초의 기록관리규정으로서 공기관이 업무를 수행하면서 생산하는 기록의 프로세스를 단계에 따라 규정하였으며, 이에 맞추어 각 기관에서는 기관 나름의 기록관리 프로세스를 규정한 시행세칙을 마련하였다.

「각부각아문통행규칙」에서 가리키는 각 부와 각 아문이란 의정부와 8개 아문을 가리킨다[제1조]. 이 규칙은 제65개조로 구성되어 있는데, 앞부분에 각 부처 및 관리직급에 따른 권한 등에 관한 규정[제1조~제37조]이 있고, 문서처리절차를 규정한 것은 제38조부터 제51조에 걸친 사항이며,

---

37)『詔勅』(규17708)(서울대 규장각자료총서, 1994).

38) 이경용, 「한말 기록관리제도 -공문서관리 규정을 중심으로-」,『기록학연구』6, 한국기록학회, 2002, 182~191쪽.

나머지[제52조~제65조]는 회계과에 대한 설명이다.

각 부처 및 관리직급에 따른 권한 등에 관한 규정[제1조~제37조]에서는 첫 부분에 법률과 칙령에 대한 사항[제3조~제7조]이 있고, 다음으로 각 부에서 대신과 협판의 역할과 임무를 규정[제8조~제25조]하고 있으며, 마지막 부분[제26조~제37조]에 각 아문에서 문서를 주관하고 있는 총무국장관[總務局長官: 협판 담당]의 임무와 총무국의 각 과[문서과, 왕복과, 보고과, 기록과]의 담당업무들이 명시되어 있다.

문서처리절차[제38조~제51조]는 크게 3부분으로 구성되어 있다. 먼저, 문서의 접수와 배부절차에 관한 규정[제38조~제41조]이 있고, 다음으로 배부받은 문서의 처리와 관련하여 각 국과의 성안 작성 및 결재 회신에 대한 규정[제42조~제50조]이 있고, 끝으로 시행 완료된 문서의 기록과(記錄課) 인계와 보관[제51조] 규정이 있다.[39]

이제 문서처리절차에 대해 살펴보자. 먼저 문서의 접수 및 배부의 영역에서는 각 부·각 아문에서 보내온 공문을 총무국 왕복과장이 접수하여 등록하고, 해당 대신이나 해당 국에 배부하는 절차를 기술하였다. 그 내용을 살펴보면 다음과 같다. 각 부·각 아문에서 보내온 문건은 총무국 왕복과장이 접수하여 개봉하고, 그 건명과 번호를 자세히 대장에 등록하여 총무국장의 조사 검열에 대비한다[제38조].

총무국장이 문건을 조사 검열하다가 긴요한 사항은 해당 대신에게 넘겨주고, 일반 사항은 해당 담당국에 보내어 검인을 찍은 다음 왕복과장에게 넘겨주고 이어서 각처에 나누어 보내게 한다[제39조]. 대신이 직접 개봉하는 문건도 왕복과장을 거쳐 봉투에 번호를 등록하고 직접 대신에게 주도록 하였다[제40조]. 문서의 접수와 배부는 왕복과장이 접수하여 먼저

---

39) 이 부분은 '이경용, 「한말 기록관리제도 -공문서관리 규정을 중심으로-」, 『기록학연구』 6, 한국기록학회, 2002'를 주로 참고하였다.

건명과 번호를 기록하고, 이어 받을 사람이 장부에 다시 검인을 찍게 하는 [제41조] 확인 절차를 거치도록 하였다.

두 번째 각 국에서의 성안과 결재과정은 다음과 같다. 각국의 과장은 처리하여야 할 문건을 접수하고 기한을 넘기지 말아야 하며[제42조], 여러 국(局)과 과(課)에 관련이 있는 문건은 해당 국과 과에서 초안을 작성하고 서로 협의해야 한다[제43조]. 각 국과 과에서 심사한 문건은 다시 왕복과에 보내고, 왕복과에서는 총무국장에게 제출하며 총무국장은 자세히 조사한 후 대신의 결재를 청한다[제44조].

세 번째 결재문서의 발송은 다음과 같이 한다. 이미 대신의 재결을 받은 문서는 왕복과에서 정사(淨寫)하여 비서관을 거쳐 대신의 인(印)을 찍고 그 건명 번호를 부책에 적은 후에 곧바로 발송한다. 그 원본은 교부 발송한 연월일을 적은 후, 왕복과 검인을 거쳐 주무처에 반송하도록 하였다[제46조].

끝으로 각 국과 문서에서 이미 시행을 마친 것은 기록과에 보내고, 기밀문서에 속하는 것은 비서관이 대신의 명을 받들어 별도로 비치하도록 하였다. 이와 같이 문서처리절차를 자세히 규정하고 있었다. 그것은 일본의 기록관리 프로세스를 모방하여 작성한 것이었다.

4. 공문서 양식의 변화와 공기록 원본의 보존

1) 공문서 양식의 변화[40]

(1) 새로운 공문 형식의 반포

1894년 6월 25일 갑오정권이 탄생하면서 관제를 개편하고 새로운 법령

---

40) 이 부분은 '이경용, 「한국의 근현대 기록관리제도사 연구 -1894~1969년-」, 중앙대 박사학위논문, 2002, 44~47쪽'을 많이 참조하였다.

을 공포하였다. 아울러 「각부각아문통행규칙」[1894.7.14]을 공포하여 공문서의 작성과 접수 및 발송의 절차를 규정하였다. 그 후 1894년 11월 21일에 국왕의 유시로 행하는 칙령(勅令) 제1호를 공포하면서 "종전까지의 공문형식을 폐지하고, 오늘부터 새로운 공문의 형식을 사용하라는"[41] 「공문식(公文式)」을 발표하였다. 정권의 주체세력들이 정권이 바뀌었음을 알리는 가장 효과적인 방법은 공문서의 형식을 대폭 개정하는 일이었다. 곧이어 「공문유별급식양(公文類別及式樣)」[1895.6.1]을 공포하여 조선시기의 다양한 공문서의 양식을 몇 종류로 간소화시켰다. 「공문식」[1894.11.21]과 「공문유별급식양」[1895.6.1]의 공포와 시행은 조선시대 공문서의 양식을 대폭 개편하는 큰 변화를 가져왔다.

1901년 5월 31일에 황필수가 쓴 『신식유서필지(新式儒胥必知)』의 서문에서는 그 이후의 상황을 다음과 같이 묘사하고 있다.

> 갑오년 이전 유(儒)와 서(胥)가 만일 공문을 작성할 경우가 있으면 부득불 이 책[『유서필지(儒胥必知)』]을 표준으로 삼았다. 갑오경장 이후부터는 문서의 체제 역시 따라서 변하여 전일의 귀감이 오늘날 전혀 쓸모없는 것이 되어버렸다.[42]

즉 갑오정권 이전에는 공문서를 작성할 때 『유서필지(儒胥必知)』를 표준으로 삼아 작성하였는데, 갑오경장 이후에는 문서의 양식이 대거 변화하여 이전의 문서작성 매뉴얼은 쓸모없게 되었다는 언급이었다.

실제로 「공문유별급식양」[1895.6.1]을 공포하여 이전의 공문서 양식을

---

41) 『勅令』第1號, 公文式(1894.11.21), "朕裁可公文式制 使之頒布 從前公文頒布例規 自本日廢止 承宣院公事廳 並罷之"(『법령집』 1권, 118~122쪽).

42) 黃泌秀, 『新式儒胥必知』, 1901 "甲午以前 凡爲儒胥者 苟有事於公文 不得不以是爲則 一自更張以後 文字體制 亦隨而變 以若前日之龜鑑 便爲此時之弁髦"(김건우, 『근대 공문서의 탄생』, 소와당, 2008, 21~22쪽 재인용.)

폐지하고, 새로운 양식을 시행하도록 명하였다. 수십 종의 공문서를 폐지하고, 몇 종류의 공문서로 간소화하였다. 그 중 일부의 내용을 소개하면 다음과 같다.

- 一. 조회(照會)는 대등관(對等官) 사이에 왕복하는 공문이며, 반드시 회답을 필요로 한다. 회답을 할 때는 조복(照覆)이라고 칭한다. 이전에 사용하던 이문(移文), 회이(回移), 공이(公移) 등은 모두 폐지하고 조회라고 개칭한다.
- 一. 훈령(訓令)은 상관이 관할하는 관리와 감독하는 관리에게 내리는 명령을 말한다. 이전에 사용하던 관칙(關飭)과 찰칙(札飭), 하급관청에 보내는 전령(傳令)과 감결(甘結) 등은 모두 폐지하고, 훈령으로 개칭한다.
- 一. 지령(指令)은 하급 관료의 질품서 및 청원서에 대한 지시를 가르킨다. 이전에 사용하던 보장(報狀), 제사(題辭)는 폐지하고 지령이라 개칭한다.
- 一. 고시(告示)는 각 관청에서 인민에게 알리는 것을 말한다. 이전에 사용하던 민간전령(民間傳令)과 게방(揭榜) 등을 폐지하고 고시라고 개칭한다.
- 一. 보고서(報告書)는 하급 관료가 상관에게 보고하는 것이고, 질품서(質稟書)는 하급 관료가 상관에게 물어보는 것이며, 청원서(請願書)는 관할관이 본부 장관에게 청원하는 것을 말한다. 이전에 사용하던 보장(報狀), 유장(由狀) 등은 폐지한다.43)

위에서 언급한 것처럼 이전에 사용하던 다양한 공문서 양식을 폐지하고, 기능별로 규정하면서 몇 종류의 공문서 양식으로 간소화하였다. 아울러 새로운 공문서 양식을 실제 예시하였다.44) 즉 이전에 사용하던 수십 종의 공문서 양식을 몇 종류로 대폭 단순화하는 명령을 공포하였다. 이러

---

43) 『官報』 77호(1895.6.1), 「公文類別及式樣」(『법령집』 1권, 474~478쪽).
44) 위와 같음.

한 공문서 양식의 개편은 관료들이 시행해가면서 어려움을 겪기도 하였지만, 점차 정착해가고 있었다. 그러한 사실은 한말 지식인인 황현의 글에서 살펴볼 수 있다. 황현은『매천야록』에서 다음과 같이 지적하고 있다.

> 옛 제도의 문이[文移; 공문서를 보내고 받은 것는 경사[京司: 중앙관청]에서 외도(外道)에 신칙하거나 순영(巡營)에서 각읍(各邑)에 알리는 것을 관자(關子)·감결(甘結)이라고 하고, 읍에서 감영으로 보고하거나, 감영에서 한양으로 보고하는 것을 보장(報狀)이라 하고, 그리고 수령이 민에게 알리는 것을 전령(傳令)·하체(下帖)라고 하였다. 그런데 이때에 이르러 관자와 감결을 개칭하여 훈령·지령이라 하고, 보장을 질품서·보고서·청원서라고 개칭하고, 전령과 하체를 고시(告示)라고 하였으며, 국문과 한문을 섞어 사용하였는데, 서리와 일반 백성들이 몹시 괴롭게 여겼다.45)

즉 이전의 공문서 양식을 폐지하고 새로운 공문서 양식으로 개칭하고, 공문서 사용문자도 한자에서 국한문혼용으로 사용하면서 서리와 백성들이 어려움을 겪기도 하였다는 사실을 알려주고 있다. 그러나 관리들은 새로운 공문서 양식에 적응해갔으며, 현재 규장각에는 새로운 공문서의 양식들이 많이 현존하고 있다.

(2) 독자적 연호 사용과 공문서 사용문자의 변경

1894년 6월 25일 갑오정권이 탄생하면서 군국기무처를 설치하였고, 군국기무처에서 논의한 중요 결정사항은 「의안(議案)」이라는 형식으로 공포하였다. 6월 28일에 「의안」을 처음으로 공포하였는데, 관제를 개편하면서 마

---

45) 黃玹,『梅泉野錄』卷二 "舊制文移 自京司飭外道 自巡營輪各邑 則曰關子曰甘結 自邑達營 自營達京司 則曰報狀 守令喩民 則曰傳令曰下帖 至是改稱關甘結 曰訓令曰指令 報狀曰質稟曰報告 曰請願 傳令下帖曰告示 雜以國漢文 吏民厭苦之"(김건우,『근대 공문서의 탄생』, 소와당, 2008, 22~23쪽 재인용)

지막에 12조항을 공포하였다. 그 조항에는 "문벌 반상의 등급을 혁파하고 귀천을 막론하고 인재를 등용할 것" "죄인의 연좌율을 폐지할 것" "과부의 재가를 허용할 것" "공사노비제를 폐지할 것" 등 중요 개혁 사항을 공포하였는데,46) 그 첫 번째 조항이 "오늘 이후 국내외 공사문서(公私文書)에 개국기년(開國紀年)을 사용할 것"47)이었다. 당시에는 공문서에 중국 연호를 사용하여 시기를 표시하였는데, 1894년 6월 29일부터 공사문서에 '개국503년' 연호를 명기하도록 하였던 것이다.48) 나아가 며칠 뒤에는 중앙관서뿐 아니라, 지방 관청의 공사문서에 '개국기년'을 사용하도록 명령하였다.49)

갑오정권이 공사문서에 개국기년을 사용하는 의안을 공포한 것은 대외적으로 중국의 종속관계에서 벗어나 독립된 국가임을 알리고자 하는 의미를 담고 있었다. 아울러 국내적으로는 관료들에게 갑오정권이 중국의 간섭과 영향을 벗어나려는 시도를 하고 있음을 알리는 일이었다. 갑오정권은 「의안」을 공포하면서 군국기무처가 실권을 가지고 있다는 것을 과시하였고, 공문서에 개국기년을 사용하게 함으로서 국내외에 조선국의 자주성과 독립성을 나타내고자 하였던 것이다.

그 후 공문서에 독자적 연호를 사용하는 정부의 정책은 지속되었다. 1895년에 을미개혁을 수행한 후 1896년에는 '건양(建陽)'이라는 연호를 사용하였고, 1897년에 대한제국을 건립하면서 '광무(光武)'라는 연호를 사용하였다.

국가기관인 공공기관에서 업무를 수행하면서 생산한 공문서에 조선 독

---

46) 『議案』, 甲午六月二十八日

47) 『議案』, 甲午六月二十八日, "從今以後 國內外公私文牒 書開國紀年事"

48) 다음 날의 공문서는 "開國五百三年六月二十九日"로 표기하였다. 조선 건국이 1392년이므로, 1894년은 '개국503년'이 된다.

49) 『議案』, 開國五百三年七月初一日, "京各司及各道各邑 通行文牒 書開國記(紀의 誤字)年 行會事"

자적인 연호를 기록했다는 점은 갑오정권이 중국의 영향력에서 벗어난 독립된 자주국가를 지향해가려고 했다는 반증이라고 할 수 있다.

조선시대의 공문서에는 주로 한문(漢文)과 한문에 이두를 붙인 이두문(吏讀文)이 주로 사용되었다. 그러나 갑오정권은 몇 백 년 동안 사용해 온 한문체를 청산하려고 하였다. 먼저 1894년 7월에 군국기무처는 「의안」으로 "일체 국내외 공적인 문서와 사적인 문서에 외국의 국명, 지명, 인명이 구라파 글로 쓰여 있으면 모두 국문으로 번역해서 시행"50)하라는 명령을 내렸다. 즉 구라파 글로 쓰여 있는 공문서를 국문으로 사용하게 하였다. 그러다가 본격적으로 국가기관에서 업무를 수행하면서 생산하는 공문서에 국문을 근본으로 하면서 국한문 혼용체를 사용하도록 규정하였다.

갑오정권은 1894년 11월 21일에 「공문식」을 공포하면서 "법률 명령은 모두 국문을 근본으로 삼되 한문을 부역(附譯)하거나 국한문을 혼용할 수 있다"51)라고 규정함으로써, 공문서를 한문이 아니라 국문을 근본으로 하면서 국한문을 혼용하도록 하였다. 그것은 획기적인 일이었다. 어떤 역사학자는 이 사실을 "국가의 공식문서에서 수백 년간 독점적으로 사용되어 온 한자를 배격하고, 국문을 본으로 삼는다는 것은 가히 혁명적인 것이었음에 틀림없다. 이것은 자주·독립이라는 갑오개혁의 표방과 직결되는 것이었다. 이러한 조치 이후 한문이나 한문에 이두를 붙인 공문서 양식은 대부분 사라지게 되었다"52)고 서술하였다.

이제는 공문서를 한문이나 이두문이 아니라, 국문을 근본으로 하면서 국한문을 혼용하라는 규정을 명시함으로서 국가의 자존심을 높이고 한글

---

50) 『議案』, 開國五百三年七月初八日, "凡國內外公私文字 遇有外國國名地名人名之當用歐文者 俱以國文繙譯施行事."
51) 『勅令』第1號, 公文式(1894.11.21), 제14조, 法律勅令 總以國文爲本 漢文附譯 或混用國漢文(『법령집』1권, 118~122쪽).
52) 권태억, 「갑오개혁 이후 공문서 체계의 변화」, 『규장각』 17, 서울대 규장각, 1994, 92쪽.

에 대한 의미를 재음미하게 하였던 것이다. 갑오정권에서는 공문에 한글과 국한문을 사용하는 노력을 기울였다. 예를 들면, 12월 12일에 고종(高宗) 이하 대신들이 선대에 맹세하였던 「종묘서고문(宗廟誓告文)」을 한문, 국한문, 한글의 세 종류로 작성하여 관보에 공포하였다.[53] 아울러 12월 13일에는 그 취지와 요지를 백성들에게 윤음(綸音)으로 공포하면서도 한문, 국한문, 한글 세 종류로 작성하여 관보에 게재하였다.[54] 이것은 획기적인 변화였다. 공문서에 한글을 근본으로 하면서 국한문과 한문을 병행하도록 한 것은 조선의 자주의식을 높이면서, 평민들이 공문서를 이해하도록 한 측면이 공존한다고 여겨진다.

그러나 이 '국문을 근본으로 삼으라.'는 규정은 잘 지켜지지 않았다. 오히려 국한문 혼용이 확대되었다. 이 법령 공포 이후로 내각 기록국 관보과에서 발행하는 『관보』는 국한문 혼용체로 발행하게 되었다.[55] 아울러 이후의 공문서들도 대체로 국한문 혼용체의 사용이 확대되기 시작하였으며, 대한제국 시기와 통감부시기에도 공문서에는 주로 국한문 혼용체가 사용되었다.[56]

(3) 공문서 인쇄용지의 사용

갑오정권은 정권의 혁신성과 근대성을 보여주기 위하여 공문서 양식을 인쇄하여 사용하도록 하였다. 1894년 7월 9일 군국기무처의 「의안」으로 "중앙과 지방에서 왕래하는 문서는 따로 일정한 양식을 갖추고, 지면(紙面)에 해당 부(府)·아문(衙門)·주(州)·현(縣)의 명칭을 인쇄하여 (사용함으로서) 일률적으로 비용을 절약하도록 한다."[57]고 공포하였다. 즉 공

---

53) 「宗廟誓告文」(1894.12.12)(『官報』 1권, 819~833쪽).
54) 『官報』(1894.12.13)(아세아문화사 간행 1권, 835~852쪽).
55) 1894년 12월 10일 이후의 『官報』(內閣 記錄局 官報課 발행)는 모두 국한문 혼용체로 발간되었다.
56) 권태억, 「갑오개혁 이후 공문서 체계의 변화」, 『규장각』 17, 서울대 규장각, 1994, 92~93쪽.

문서를 일정한 양식으로 인쇄하고, 공문서 위에 당해 관청을 명기함으로써 행정의 효율성을 기하고 경비를 절감하고자 하였다. 이 명령에 따라 "ooo 衙門公用信紙" "議政府公用信紙" 등으로 인쇄된 용지에 공문을 작성하여 발송하기 시작하였다[〈그림 2-1〉, 〈그림 2-2〉 참조].

1895년 5월에는 칙임관이 올리는 주본(奏本)도 인찰지[印札紙: 판심으로 기관명이 찍힌 인쇄용지]를 사용하도록 하였다.[58] 또한 같은 해 6월 1일의 '공문유별급식양(公文類別及式樣)'에서는 비용 절감과 위조 방지를 위하여 공문 용지는 백지를 인찰판에 인쇄하고 해당 관청의 명칭을 반드시 인출하여 사용하도록 다시 명령하였다.[59]

개항 직후에도 인쇄지를 공문서로 사용한 적이 있지만,[60] 본격적으로 사용한 것은 갑오정권 이후에 들어서서였다. 1895년 이후 판심(版心)에 문서 작성 관서의 명칭이 찍히고 표지 10행의 선이 그어진 공문서 양식이 자리잡게 되었다. 이로써 종래 일정한 규격 없이 쓰이던 공문서 양식은 통일되어, 행정의 통일 및 효율성이 제고되었고 종이 비용도 절감하게 되었다[〈그림 2-3〉, 〈그림 2-4〉 참조].[61]

---

57) 『議案』(1894.7.9), "京外來往文牒 另有一定式樣 在紙面上印出 當該府衙州縣號記 以期劃一省費事."
58) 『閣令』 7호(1895.5.20), "勅任官의 上疏 箚子等 奏本紙를 自今 爲始호야 印札紙로 代用호믈 要홈."
59) 『官報』 77호(1895.6.1), 「公文類別及式樣」(『법령집』 1권, 474~478쪽).
60) 1881년의 『聞見事件』과 1883년의 『統理交涉通商事務衙門日記』도 表裏 10行의 인쇄된 용지를 사용한 적이 있지만, 1894년 이후 공문서 전체에 일반화되게 되었다(권태억, 「갑오개혁 이후 공문서 체계의 변화」, 『규장각』 17, 서울대 규장각, 1994, 주 68 참조).
61) 권태억, 「갑오개혁 이후 공문서 체계의 변화」, 『규장각』 17, 서울대 규장각, 1994, 92쪽.

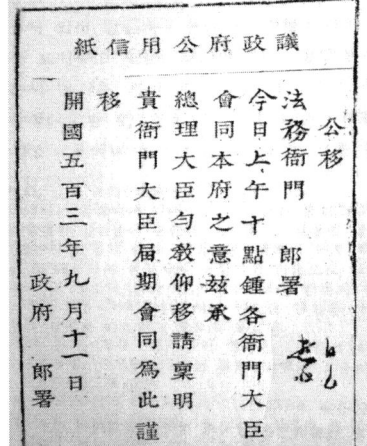

〈그림 2-1〉 公移公復綴(규26217)
제3책 16.5 x 25.2

議政府公用信紙
公移
法務衙門 郞署
今日上午十點鍾各衙門大臣
會同本府之意茲承
總理大臣勻敎仰移請稟明
貴衙門大臣屆期會同爲此謹
移
開國五百三年九月十一日
政府 郞署

〈그림 2-2〉 公移公復綴(규26217)
제1책 20.2 x 27.7

議政府公用信緘
公移
法務衙門 郞署
開國五百三年九月十日
政府郞署

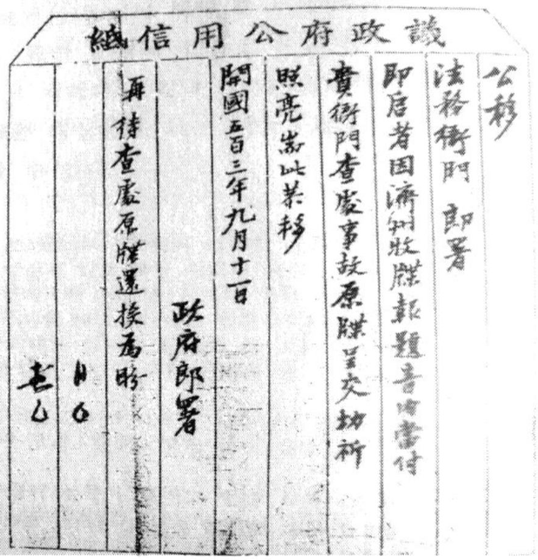

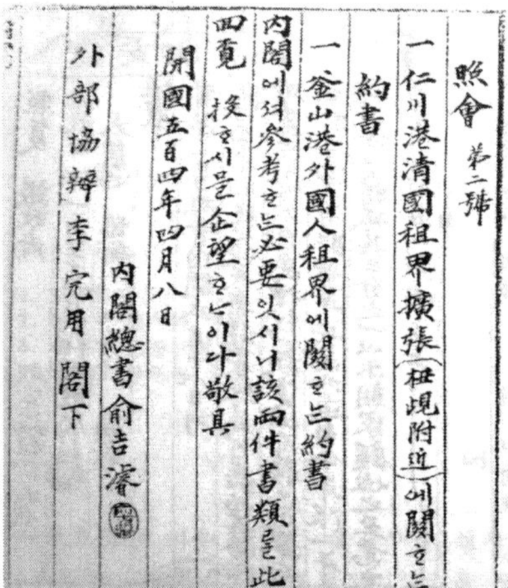

〈그림 2-3〉 內閣來案 第一號(규17796)
제1책 14.5 x 21

照會 第二號
一 仁川港淸國租界擴張(租峴附近)에關ᄒᆞᆫ約書
一 釜山港外國人租界에關ᄒᆞᆫ約書
內閣에셔參考ᄒᆞᆯ必要잇시니該兩件書類를此回覽ᄒᆞ시믈企望ᄒᆞᄂᆞ이다敬具
開國五百四年四月八日
內閣總書兪吉濬
外部協辦李完用 閣下

〈그림 2-4〉 度支來案 第一號(규17792)
제1책 14.9 x 21.4

度支部廉務局長金裕定 爲
照會事咸鏡黃海兩道防穀被害條와黃海道重稅條兩案과水[illegible]條合五案債款今年排還條九千三百三十三元三十三錢三厘을當從處의不日督刷ᄒᆞ여써速히償還ᄒᆞᆷ이可ᄒᆞᆫ事로本大臣旨意를承ᄒᆞ야玆以仰照ᄒᆞᆷ須至
照會者
右 照 會
外部會計課長金敎獻 座下
開國五百四年四月十六日

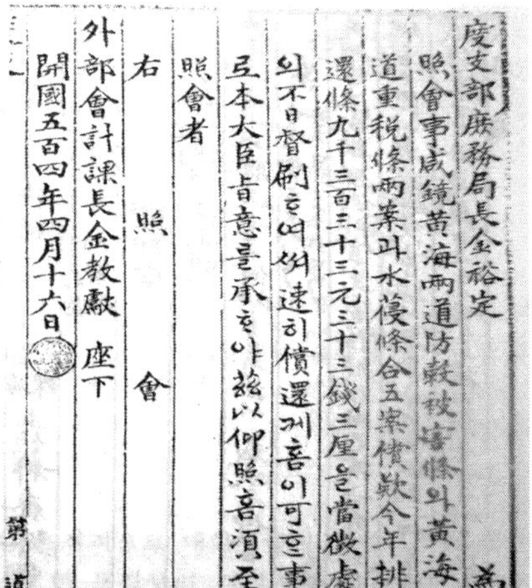

2) 공기록 원본의 보존

(1) 공문서의 종류

갑오정권은 정책의 혁신을 도모하면서 공문서의 양식을 대거 개편하였다. 이전의 공문서 양식을 사용하지 않고 새로운 양식을 사용함으로써 정권이 바뀌었음을 나타내고자 하였다.

공문은 크게 법령문과 일반 공문으로 나눌 수 있다. 법령에는 칙령, 법률, 조칙, 의안 등의 형식을 새롭게 공포하였다. 칙령, 법률, 조칙 등은 의정부가 기초하거나 각 아문대신이 의정부에 안을 제출하면 의정부 회의를 거쳐 총리대신이 상주하도록 하였다. 칙령과 법률은 국왕이 친서한 후 어새를 찍어 공포하도록 하였다. 조칙(詔勅)은 왕이 직접 내린 명령으로, 관직 임명이나 사건 처리 등을 명하였다. 의안은 군국기무처에서 논의하여 결정한 것으로 법률에 준하는 효력을 지니고 있었다.

그 외 법률과 명령의 범위 내에서 총리대신과 각 부의 대신들이 직권을 사용할 수 있는 각령(閣令), 부령(部令) 등이 있었으며, 각 도의 관찰사와 수령은 부령(府令)과 군령(郡令)을 사용할 수 있었다.

일반 공문서의 종류는 이전의 다양한 공문서의 양식을 간소화하였다. 이전의 다양한 공문서의 양식을 몇 개의 양식으로 통일하여 조회, 통첩, 훈령, 지령, 고시, 보고서, 질품서, 청원서 등의 양식으로 간소화하였다.

조회(照會)는 대등관(對等官) 사이에 왕복하는 공문이다. 이 공문을 받으면 반드시 회답을 해야 하는데, 이때는 반드시 조복(照覆)이라 칭하도록 하였다. 통첩(通牒)은 대등관에게 통지하는 공문인데, 회답을 필요로 하지 않는다. 이 밖에 훈령(訓令)·고시(告示)·지령(指令)이 있었다. 훈령은 법률과 명령의 범위 내에서 장관이 관할 관리에게 훈시 또는 명령하는 것을 말하며, 고시는 관청에서 일정한 사항을 때때로 인민에게 고지하는 것을 일컬으며, 지령은 하위관료가 제출한 질품에 대한 상관의 지시를 말한다.[62]

〈표 2-6〉 갑오개혁 시기 공문서의 종류와 그 성격

구분	공문서 종류	내용과 성격
법령류	칙령(勅令)	국왕의 유시로 반포함.
	법률(法律)	국왕의 유시로 반포함. 일반 행정에 관한 명령으로 가장 중요한 사안에 대한 법령
	조칙(詔勅)	왕이 직접 내린 명령으로, 관직 임명이나 사건 처리 등을 명한 것
	의안(議案)	군국기무처에서 논의하여 결정한 것
	각령(閣令)	내각 총리대신이 반포하는 것
	부령(部令)	각 부의 장관이 반포하는 것
	부령(府令)	각 도의 관찰사가 반포하는 것
	군령(郡令)	지방 수령이 반포하는 것
	주본(奏本)	의정부 총리대신이 국왕에게 상주하여 국왕의 재결을 마친 문서
	포달(布達)	궁내부에서 발하는 명령
일반 공문류	조회(照會)	대등관(對等官) 사이에 왕복하는 공문. 반드시 회답을 해야 하는데, 이때 반드시 조복(照覆)이라 칭한다. 이문(移文)·회이(回移)·공이(公移) 대신 사용함
	통첩(通牒)	대등관에게 통지하는 공문인데, 회답을 필요하지 않음.
	훈령(訓令)	법률 명령의 범위 안에서 장관이 관할하는 관리 및 그 감독에 속하는 관리에게 훈시(訓示) 또는 명령(命令)하는 것. 이전의 관칙(關飭)·찰칙(札勅)과 하급관청에 보내는 傳令(傳令)·감결(甘結)을 대신함.
	지령(指令)	하급 관(官)의 질품서 및 청원서에 대한 지시. 이전의 보장(報狀)·제사(題辭)를 대신함. 단 그에 대한 대답은 이전에는 그 공문의 말미에 썼으나, 반드시 당해 관청의 인찰지(印札紙)를 사용하여 작성함.
	고시(告示)	각 관청에서 인민에게 고지하는 것으로, 민간전령(民間傳令)·게방(揭榜)을 대신함
	보고서(報告書)	하급관이 상관에게 보고하는 것
	질품서(質稟書)	하급관이 상관에게 질품하는 것
	청원서(請願書)	관할관이 소속 장관에게 청원하는 것

출전: 『勅令』 제64호, 「閣令·部令·訓令·告示 及指令의 區分規程」(1895.3.29).
『官報』, 「公文 類別及式樣」(1895.6.1)(『법령집』 1권, 474쪽).
『勅令』 174호, 「地方官廳에서 發하는 命令의 公布式」(1895.10.6).

---

62) 『勅令』 제64호, 「閣令·部令·訓令·告示 及指令의 區分規程」(1895.3.29)(『법령집』 1권, 272~273쪽).

보고서는 하급관이 상관에게 보고하는 문서이며, 질품서는 하급관이 상관에게 질의하는 것이고, 청원서는 관할관이 소속 장관에게 청원하는 것이다. 이 공문서를 요약 정리한 것이 〈표 2-6〉이다.

(2) 공기록 원본의 보존

갑오정권에 들어와 공기록관리의 중요한 변화는 실제 사용하였던 공기록 원본을 보존하게 되었다는 점이다. 조선시기에는 행정관서에서 발신한 문서와 수신한 문서의 요지를 적어두는 '등록(謄錄)'제도가 발달해 있어서 중요한 공문서가 아니면 원본을 보존하는 경우가 드물었다.

조선시기에는 중앙 혹은 지방의 각 관아에서 처리한 행정사무를 날짜별로 적어두는 등록제도가 발달해 있었다.63) 개별 아문이 등록을 작성하는 주체가 되어서, 그 아문이 발신하거나 수신한 공문서의 내용을 날짜별로 적어두는 등록을 작성하였다. 등록에서는 문서의 내용을 요약·정리하면서 원본 내용을 충분히 전달해주지만, 문서의 원형을 알 수 없는 것이 일반적이다. 더욱이 의정부, 비변사, 충훈부, 규장각 등의 중요 부서에서는 등록을 작성하였지만, 한미한 기관에서는 등록을 잘 작성하지 않은 경우조차 있었다.64)

행정 관서에서 처리한 사무를 정리해 요약해두는 등록제도가 일반화되어 있어서, 제일 필요한 현용기록을 제외하고는 세초(洗草)하거나 뒷면에 재활용하는 경우가 일반적이었다. 또한 당시에는 종이의 가격이 매우 비쌌기 때문에 종이를 활용할 필요가 있었다.65) 그리하여 중요한 현용기록

---

63) 연갑수, 「조선후기 등록에 대한 연구」, 『외대사학』 12, 한국외국어대 역사문화연구소, 2000; 오항녕, 「실록(實錄): 등록(謄錄)의 위계」, 『기록학연구』 3, 한국기록학회, 2001.
64) 연갑수, 「조선후기 등록에 대한 연구」, 『외대사학』 12, 한국외국어대 역사문화연구소, 2000, 201쪽.
65) 연갑수, 「조선후기 등록에 대한 연구」, 『외대사학』 12, 한국외국어대 역사문화연구소,

을 제외하고는 세초하여 환지(還紙)를 하거나, 각 지방에서 올린 장계 등 문서의 이면지를 이용하여 기록을 남기는 경우들도 종종 있었다.

또한 중앙부서의 중요기록들은 정치적·사상적 이유로 인하여 세초를 하는 경우가 많았다. 예를 들면, 조선시기에는 중앙 아문인 춘추관이 국가 중요기관의 기록과 사관의 사초 등을 독점적으로 관리하였다. 그러다가 왕이 죽으면 실록청을 설립하여 재임기간 동안 모든 공공기관의 공기록과 사관의 사초 등을 종합하여 실록을 편찬하였다. 실록을 편찬한 뒤에는 실록을 작성하는데 원 자료가 되었던 사초, 시정기, 실록의 초초본, 중초본 등의 사료들을 모두 세초하였다. 환지의 필요성과 다른 해석의 여지를 남겨 두지 않기 위한 의도였다. 그리하여 조선시기의 중요기록과 사료들의 원본은 대부분 남아 있지 않게 되었다.

그러나 갑오정권 이후에는 실제적인 공문서를 편철하여 보관하게 하였다. 1894년 7월 14일에 공포한 「각부각아문통행규칙」에 따르면

> "대신의 재결을 받은 문서는 왕복과에서 정서(淨書)하여 비서관에게 주어 대신에게 날인할 것을 청하고 그 건명(件名)과 번호를 대장에 등록한 후에 직접 발송한다. 그 원본은 교부, 발송한 연월일을 등록한 후에 왕복과에서 검인을 찍어 도로 주무처(主務處)에 보낸다."66)

고 하였다. 다른 부서에서 받은 공문에 대한 답변을 대신의 결재를 받아 정서하여 상대방 부서에게 보내고, 원본은 해당 부서에 보낸다고 하였다. 그리고 시행이 끝난 문서는 기록과에 보내어 보존하도록 하였다.67)

2000, 205쪽.
66) 『議案』(규20066), 「各府各衙門通行規則」(1894.7.14), 제46조(『법령집』 1권, 50쪽).
67) 『議案』(규20066), 「各府各衙門通行規則」(1894.7.14.), 제51조, "각 국, 각 과의 문서로서 이미 시행한 것은 기록과(記錄課)에 보낸다. 다만 기밀에 속하는 문서만은 비서관이 대신의 명령을 받아 따로 둔다."

실제 업무부서에서 정본을 보존하라는 시행세칙을 제시하고 있었다. 예를 들면, 경무청은 「경무청처무세칙」에서 "각 대신의 훈령과 지령은 관방제일과(官房第一課)에서 등본(謄本)을 만들어 주무국과에 전송하고 그 정본은 경무사(警務使)에게 열람을 거친 후 제일과(第一課)에 보존한다."68) 고 하면서 등본을 주무국과에 보내고, 정본은 관방제일과에서 보존하도록 지침을 내리고 있었다. 또한 "서류는 주임이 조사하는 시기 이외에는 일정한 장소에 보내어 산일(散逸)을 방지해야 한다."69)고 하면서 주임이 공문서를 조사하는 시기 이외에는 문서를 보존 부서에서 옮기는 것을 금지하였다.

경무청에서는 "경무사나 경무청 명의로 발송한 문서는 그 주임이 어느 국 어느 과에 속하든 그 원본은 관방제일과에서 편철하여 보존하도록"70) 하였다. 그리하여 원본은 발송부서와 송부받은 부의 대신관방의 문서과[혹은 기록과]에서 보관하고 있었다. 즉 각 국과(局課)에서 발송한 문서의 원본은 각 국과에서 편철하여 보존하도록 하였다.71)

아울러 일련의 프로세스에 의해 진행된 일관문서들은 같이 편철하여 보존하도록 하였다. 예를 들면, 경무청에서는 "조회서에 대한 회답안과 소원에 대한 지령안은 해당 조회서 혹은 소원서에 첨부하여 편철해야 한다."72)고 규정하였다.

실제 업무부서에서는 접수한 공문에 번호를 적어 접수상황을 기록하였고, 그 서류를 해당 부서에 보내어 처리를 하도록 하였으며, 결재가 끝난 문서는 정사(淨寫)를 하여 정본은 보존하고 사본을 각 부처에 발송하였다.

---

68) 『法規類編』, 「警務廳處務細則」, 제18조, 117쪽(1895년 윤5월 5일)(『법령집』 1권, 429쪽).
69) 『法規類編』, 「警務廳處務細則」, 제19조, 117쪽(1895년 윤5월 5일)(『법령집』 1권, 429쪽).
70) 『警務廳訓令』 제6호, 「文書整理規則」, 제2조, (1895년 7월 1일)(『법령집』 1권, 499쪽).
71) 『警務廳訓令』 제6호, 「文書整理規則」, 제3조.
72) 『警務廳訓令』 제6호, 「文書整理規則」, 제4조.

지방관서에서도 훈령 등의 원문을 그대로 편철하여 보존하고 있었다. 예를 들면, 동래부의 경우 기안문 등을 중심으로 편철한 문서철을 그대로 보존하고 있었다.73)

5. 맺음말

1894년은 한국사에서 획기적인 변화를 유발하였다. 갑오농민전쟁, 청일전쟁, 갑오정권의 성립을 거치면서 한국뿐 아니라 동아시아 형세에 큰 영향을 미쳤고, 한국사회는 근대사회로의 모색을 도모한 시기였다.

1894년 6월 21일 일본은 주둔군을 앞세워 경복궁에 침입하여 민씨정권을 무너뜨렸고, 6월 25일 김홍집, 유길준 등은 군국기무처를 설립하면서 제1차 갑오개혁을 실시해갔다. 갑오정권은 6월 28일에 중앙관제를 개편하면서 '의정부와 8아문' 체제를 갖추게 되었다. 아울러 기록관리기구를 정비하면서 기록관리제도를 체계화하였다. 의정부에서는 기록국을 설치하여 행정문서와 역사기록을 관장하도록 하였고, 8개 아문에서는 기록국을 별도로 설치하여 공문서를 관리하게 하거나 혹은 총무국 산하에 기록담당 부서를 설치하여 현용기록과 비현용기록을 관리하도록 하였다.

일본은 청일전쟁에서 승리를 한 여세를 몰아 갑오농민군을 패퇴시킨 후, 반일적인 대원군을 정계에서 은퇴시키고 일본에 우호적인 갑오정권을 탄생시키면서[1894.11.21] 조선 내정에 적극적으로 간섭하기 시작하였다.

1894년 11월 21일에 일본의 적극적인 후원에 힘입어 제2차 갑오정권이 출범하였다. 갑오개혁 정부는 1895년 3월에 의정부를 내각으로 개편하고,

---

73) 김태웅, 「갑오개혁 전후 지방공문서관리의 변화에 관한 시론」, 『기록보존』 13, 총무처 정부기록보존소, 2000.

중앙관제를 내각과 7개 부로 재편하였다. 내각관제의 공포는 정부의 중요 안건을 모두 내각에서 논의하여 결정한 뒤 국왕에게 보고하여 재가하는 형태를 취하였기 때문에 국왕의 권한은 크게 약화하였다.

내각과 각 부의 부서를 재정비하면서 중앙의 기록관리기구를 재편하였다. 내각에는 총리대신 관방, 참서관실, 기록국의 3부서를 설치하였는데, 그 중 총리대신 관방의 비서과와 참서관실의 문서과 및 조사과, 그리고 기록국의 편록과·관보과·사적과가 기록을 담당하게 하였다. 각 부에는 대신관방에서 기록관리를 담당하도록 하였다. 조선시기의 중앙집중적 기록관리의 형태가 갑오정권에 들어와 각 부처에서 책임지고 관할하는 부서책임의 기록관리 즉 분권적 기록관리가 이루어지게 되었다.

갑오정권에서는 1894년 7월 12일에 「명령반포식」을 공포하여 법률, 칙령, 명령 등 법령의 제정과정을 자세히 규정하였으며, 같은 해 7월 14일에는 「각부각아문통행규칙」을 공포하여 각 아문에서 공기관의 업무를 수행하면서 생산하는 공기록의 처리방식을 상세히 규정하였다. 즉 기록관리 프로세스를 단계에 따라 자세히 규정하였다는 점에 의의가 있다. 각 아문의 총무국에는 기록을 관리하기 위하여 문서과, 왕복과, 보고과, 기록과를 설치하고, 각 과의 임무를 명확히 규정하였다.

갑오정권에서 여러 가지 개혁정책을 실시하였다. 그 중 공문서형식에도 변화를 주었다. 공문서형식의 변화는 정치체제와 관료체제의 변화를 쉽고 상징적으로 보여주는 것이었다. 먼저 갑오정권은 공문서에 연도 표시를 '개국기년(開國紀年)'을 사용하도록 하였다. 그것은 갑오정권이 중국의 예속관계를 벗어나 근대적 국가체제를 지향한다는 상징적 표현이었다.

또한 공문서에 사용하는 언어를 국문을 근본으로 하면서 국한문 혼용을 병행하도록 하였다. 몇 백 년 동안 사용해온 한문체를 청산하고 국문 또는 국한문 혼용을 사용하도록 한 것은 획기적인 일이었다. 아울러 공문서 양식을 인쇄하여 사용하도록 하였다. 지면에 해당 아문의 명칭을 인쇄하고, 표리 10행의 선을 그은 공문서 양식을 사용하도록 한 것은 행정의 통일성을 기하면서 경비를 줄이고자 하는 의도를 가진 것이었다.

갑오정권에 이르러 공문서 원본을 보존·관리하도록 하였다. 조선시기에는 각 공공기관에서 발신한 문서와 수신한 문서의 요지를 적어두는 등록제도가 발달해 있어서 중요한 공문서가 아니면 원본을 보존하는 경우가 드물었다. 즉 행정 관서에서 처리한 사무를 정리해 요약해두는 등록제도가 일반화되어 있어서, 필요한 현용기록을 제외하고는 세초하거나 혹은 뒷면에 재활용하는 경우가 일반적이었다. 그러나 갑오정권에 들어서는 공문서 원본을 보존·관리하는 경우가 증가하게 되었다. 다른 부서에서 받은 공문에 대한 답변을 대신의 결재를 받아 정서하여 상대방 부서에게 보내고, 시행이 끝난 문서는 기록과에 보내어 보존하도록 하였다. 즉 공문의 원본을 보존·관리하여 후대에 전승하도록 하였던 것이다.

서양에서 근대기록관리의 시작은 프랑스혁명 이후로 여겨진다. 프랑스혁명 이전에는 기록관의 기록은 왕과 귀족이 독점하였는데, 혁명 이후 부르주아[시민계층]가 기록관의 기록을 장악하고 활용하였기 때문이다. 즉 정치적 권력이 왕과 귀족에서 부르주아로 넘어갔고, 그에 따라 기록관에 기록을 보존하고 활용한 사람들이 부르주아였기 때문이다.

한국사회에서 근대기록관리의 시작은 언제인가? 나는 갑오정권의 기록관리를 근대기록관리의 시작이라고 본다. 그 이유는 다음과 같다. 먼저 공문서의 연호를 중국 황제 연호를 사용하지 않고 우리나라 독자의 연호를 사용하였다는 점이다. 이것은 중국 중심의 세계관을 벗어나 조선을 근대민족국가로 인식하기 시작하였다는 사실을 드러낸다. 다음으로 공문서의 문자를 한자에서 국문 또는 국한문으로 사용하기 시작하였다는 점이다. 공문서를 한자로 표기하면 양반들만 공문서를 작성하고 이해할 수 있는데 반하여, 공문서를 국문 또는 국한문으로 작성한다면 양반뿐 아니라 평민들도 이해하기 쉬워진다는 점이다. 즉 공문서의 작성과 이해가 평민층에서도 접근할 수 있다는 점에서 이전보다 진전된 양상이라 평가할 수 있다. 나아가 「명령반포식」, 「각부각아문통행규칙」을 통하여 법령의 제정과정과 기록관리프로세스를 규정하였다는 점에 근대적 기록관리제도가 정립되었다는 의미를 부여할 수 있다.

제 3 장

대한제국의 기록관리

1. 머리말

　1894년 6월 성립된 개화파들의 갑오정권은 일본의 후원을 받으면서 입헌군주제를 지향해갔고, 고종의 군주권을 제한하면서 근대적 정책을 실시해갔다. 갑오정권은 여러 가지 개혁적인 정책을 실시해갔다. 그러한 측면은 기록관리제도에서도 나타났다. 갑오정권은 일본의 기록관리제도를 벤치마킹하면서 조선의 기록관리제도를 변화시켜갔다. 1894년 갑오개혁 이후 전통적 기록관리제도는 크게 바뀌게 된다.[1]
　기록관리의 측면에서 살펴보면, 갑오정권의 정책은 이전 시기와는 차이를 보이고 있었다. 먼저 각 부처에서 기록관리부서를 신설하여 독자적으

---

1) 김건우, 『근대 공문서의 탄생』, 소와당, 2008; 이승휘, 「갑오개혁기 기록관리제도와 등기실체제(Registry System)」, 『기록학연구』 17, 한국기록학회, 2008; 이상찬, 「갑오개혁 이후의 문서행정」, 「한국문서행정의 발달사」, 한국고문서학회, 2008(2008년도 전국학술대회); 이영학, 「갑오개혁시기 기록관리제도의 변화」, 『역사문화연구』 27, 한국외국어대 역사문화연구소, 2007; 시귀선, 「대한제국시기 기록문화」, 『대한제국기 고문서』, 국립전주박물관, 2003; 이경용, 「한말 기록관리제도 -공문서관리 규정을 중심으로-」, 『기록학연구』 6, 한국기록학회, 2002.

로 기록관리를 행하도록 하였다. 이전에는 춘추관에서 공공기록을 모두 수집·관리하였는데, 갑오정권에서는 각 아문에서 독자적으로 기록을 관리하도록 하였다. 즉 중앙집권적 기록관리형태로부터 지방분권적 기록관리형태로 변화하였다.

다음으로 「명령반포식」과 「각부각아문통행규칙」을 통하여 기록관리 프로세스를 자세히 규정하였다. 중앙의 각 부처에서 안건을 발의하고 군국기무처나 내각에서 심의하여, 그 안건을 내각총리대신이 고종에게 주청하여 허락을 받아 명령을 내리도록 하였다. 그 안건에는 총리대신과 해당 아문의 대신이 수결(手決)을 하여 효력을 발생하도록 하였다. 나아가 공문서의 접수와 발송 등의 전달 과정을 상세히 명기하였다.

아울러 공문서의 양식을 개정하였다. 공문서의 연호 표기를 중국 연호로부터 조선 독자적 연호로 변경하였으며, 또한 공문서에 사용하는 문자를 순한문과 이두문으로부터 국문이나 국한문 혼용으로 바꾸었다. 또한 공문서 원본을 보존·관리하도록 하였다. 조선시기에는 각 공공기관에서 발신한 문서와 수신한 문서의 요지를 적어두는 등록(謄錄)제도가 발달해 있어서 중요한 공문서가 아니면 원본을 보존하는 경우가 드물었다. 그러나 갑오정권에서는 공문서 원본을 보존·관리하는 경우가 증가하게 되었다.

1897년 고종은 대한제국을 공포하면서 갑오정권에서 실시하였던 여러 가지 정책들을 폐기하였다. 특히 왕권을 제한하고자 하였던 정치제도나 권력기구를 폐지하였다. 내각제를 폐지하고 의정부를 다시 복설하거나, 왕실과 정부를 분리하고자 설립하였던 궁내부를 한층 강화해갔다. 그러나 대한제국시기의 기록관리제도는 갑오정권의 그것을 계승하였다. 대한제국 시기에 고종은 왕권을 강화해가면서 고종 나름의 개혁정책을 실시해가는데, 그를 위해 설립한 새로운 정부기구에서는 기록관리 담당부서를 설치하여 기록관리를 독립적으로 수행하도록 하였다.

이 글에서는 대한제국의 설립과 함께 왕권을 강화해가면서 정부기구를 어떻게 개편해갔는가를 살펴보고, 나아가 황제권을 강화해가기 위해 신설한 정부기구에서는 기록관리를 어떻게 해갔는가를 살펴보고자 하였다. 즉 대한제국에서 갑오개혁기의 기록관리제도를 구체적으로 어떻게 계승해갔는가를 살펴보고자 한다.

2. 대한제국의 설립과 관제의 개편

1896년 2월 고종이 러시아 대사관으로 피신하는 아관파천으로 말미암아 갑오정권은 무너지게 되었다. 고종의 뒷받침을 받지 못하는 개화파의 갑오정권은 지탱할 수 없었다. 고종은 1896년 9월 24일에 갑오개혁기 개화파 관료들에 의해 이루어졌던 내각제를 폐지하고 의정부를 다시 설치하였다. 고종은

> 반역지배가 국권을 조롱하고 조정(朝政)을 변경하여 의정부를 내각으로 개칭하여 대부분 교제(矯制)하는 데까지 이르니 전헌(典憲)은 이로 말미암아 파괴되고 중외(中外)는 이로 말미암아 시끄러워져 백관만인의 우분통해(憂慣痛駭)함이 이제 3년이며 국가의 오융(汚隆)에 관계됨이 또한 큰 지라. 이제부터는 내각을 폐지하여 다시 의정부라 칭하고 새로 전칙(典則)을 정하니 이는 구장(舊章)을 좇으면서 신규(新規)를 참고하여 무릇 국민 편의에 관계된 것을 잘 헤아려 반드시 시행되기를 힘쓰라.[2]

라고 조칙을 내리면서 제도를 변경하였다.

1896년 9월에 내각을 폐지하고, 의정부를 복설하였는데, 새로 반포된

---

2) 「詔勅 內閣을 廢止하고 議政府를 復設하는 件」, 建陽元年 9월 24일(『한말근대법령자료집』[이하 『법령집』으로 줄임] 2권, 177쪽).

「의정부관제」3)를 보면 의정부 회의에서 부결된 의안이라도 국왕이 칙령으로 반포할 수 있게 하여 국정의 운영권이 국왕에 있음을 선포하였다.4) 그 후 고종은 의정부의 대신과 차대(次對)를 함으로써 의정부 회의에 참석하지 않고도 의정부를 지배하고, 대신들에게 명령을 할 수도 있었다.5)

고종은 아관파천 이후 러시아에 의지하여 정책을 집행해가려고 하였지만 러시아가 적극적으로 도움을 주지 않았을 뿐만 아니라, 국내에서 개화파는 물론이고 유생 등의 위정척사파들이 일국의 대사관에 의지하여 국정을 운영하는 것에 대해 비판을 계속하자, 고종은 아관파천 후 1년만인 1897년 2월에 경운궁으로 환궁하였다.

1897년 3월에 고종은 "범백정무(凡百政務)가 실효(實效)가 없는 것은 관제(官制)를 많이 변경하고 규칙 중에 오히려 불편한 곳이 있는데 말미암음이라."6)는 조칙을 내리면서, 교전소(校典所)를 설치하여 갑오개혁기에 제정된 수많은 법령과 개혁조치들을 정리하도록 하였다. 그러나 서재필이 교전소를 주도하면서 제도와 법률의 대대적 개혁과 군주권에 제한을 가하여 민권을 신장시키는 개혁을 시도함으로써 내부 갈등이 일어나 고종의 의도는 관철되지 못하였다.

고종은 왕권을 강화해가려고 하였지만, 독립협회는 왕권을 제한하는 입헌군주제적 형태를 지향해갔다. 이에 고종은 일부 관료들과 민들의 지지를 이끌어내면서 8월에 연호를 '광무'로 확정하고, 10월에 대한제국을 수립하였다. 칭제 논리는 존호를 통해 '자주'와 '자강'을 표방하면서, 갑오년 이후 실추된 왕권을 회복하고자 하는 고종의 왕권 강화 의지를 뒷받침해

---

3) 「勅令 第1號 議政府官制」, 建陽元年 9월 24일(『법령집』 2권, 179쪽).
4) 도면회, 「정치사적 측면에서 본 대한제국의 역사적 성격」, 『역사와현실』 19, 한국역사연구회, 1996, 19쪽.
5) 「勅令 第15號 議政府次對規則」, 光武 2年 6월 10일(『법령집』 2권, 361쪽).
6) 「詔勅 諸般法規 整理에 관한 件」, 建陽 2年 3월 16일(『법령집』 2권, 215쪽).

줄 수 있는 것이었다.

1898년 3월에 독립협회는 서울 종로에서 만민공동회를 개최하여 러시아인 재정고문과 군사교관의 철수를 주장하였으며, 고종의 황제권 강화 정책에 대해서도 비판하였다. 10월에 독립협회는 종로에서 관민합작으로 만민공동회를 개최하여 헌의 6조를 상주하였다. 독립협회의 권력이 너무 커지는 것을 두려워한 고종은 보부상 단체인 황국협회를 조종하여 11월에 만민공동회를 습격하도록 하여 민간단체끼리 충돌을 야기시켰다. 그 후 고종은 12월에 병력을 동원하여 두 단체를 무력으로 진압하는 형식으로 만민공동회의 집회를 해산시켰다.[7]

1898년 12월에 고종이 만민공동회를 해산시킨 후, 황제권을 위협하는 국내의 정치세력은 거의 소멸되었다. 민씨척족은 1895년 명성황후 살해를 전후하여 위축되었고, 흥선대원군도 1898년 사망한데다가, 고종의 전제왕권을 견제하던 독립협회 세력은 거의 진압되었다. 이에 고종은 각종 법률·제도의 재편을 도모하면서 전제군주권을 강화해갔다. 당시 국내에는 고종에 대적할만한 정치세력은 존재하지 않았다. 이에 관료들은 외세에 의존하면서 정치 생명을 유지하거나 고종을 견제하기도 하였다.[8] 고종은 1898년 11월 하순에 「의뢰외국치손국체자처단례(依賴外國致損國體者處斷例)」를 제정하여 "외국에 의뢰하여 국체와 왕권을 손상하는 자를 처단하도록"[9]함으로써 신하들이 외세에 의존하여 왕권에 저항하는 것을 막고자 하였다. 1900년 9월 29일에는 「형률명례(刑律名例)」를 개악하여[10] 황실범·국사범에 대해 참형과 재산몰수를 실시함으로써 왕실에 대한 저

---

7) 도면회, 「정치사적 측면에서 본 대한제국의 역사적 성격」, 『역사와현실』 19, 한국역사연구회, 1996.
8) 서영희, 『대한제국 정치사연구』, 서울대 출판부, 2003, 64~78쪽.
9) 「法律 第2號 依賴外國致損國體者處斷例」, 光武2年 11월 22일(『법령집』 2권, 422쪽).
10) 「法律 第6號 刑律名例 改正」, 光武4年 9월 29일(『법령집』 3권, 208쪽).

항을 철저히 막고자 하였다.

고종은 1899년에 법적 제도적으로 황제권을 강화해가면서 자신이 구상하는 개혁정책을 실시해가고자 하였다. 그리하여 1899년 6월에는 법규교정소를 설치하여 법규를 정비하고자 하였고, 8월에는 「대한국국제(大韓國國制)」를 반포하여 근대법의 형식으로 황제권을 강화해가고자 하였던 것이다.

1899년 8월에는 「대한국국제」11)를 반포하여 황제의 권력이 무한한 자주정체임을 선언하고, 황제의 신성불가침, 육해군의 통솔권과 계엄권, 법률의 제정권·공포권·집행권·사면권, 행정 각부 관제 제정권 및 문무관 봉급 규정권, 행정명령 발포권, 문무관 임면권, 조약 체결권과 선전 강화권, 외교사절 파견권 등 모든 권한이 황제에 속함을 밝히면서 황제 중심의 국정을 운영해갔다.

고종은 여러 가지 개혁정책을 실시해가고자 하였다. 그를 위해서는 재원이 필요하였다. 그리하여 갑오정권에서 궁중과 부중을 분리시키고자 설치하였던 궁내부를 오히려 왕권 강화를 위한 사적 기구로 변화시켜갔다. 대한제국에 들어서 궁내부에 내장사를 설치하고 내장사[1899년 3월에 내장원으로 바뀜]에서 역둔토세, 인삼세, 광산세, 화폐주조수입, 잡세 등을 징수하여 국가 재정 수입의 45%까지 징수하였다.12)

고종은 정부의 물리적 기구를 강화하기 위해 군대제도, 경찰제도 등을 정비하였다. 1899년 6월에 원수부를 설치하여 군대제도를 정비하면서 황제 직속의 군대체제를 유지하였다. 또한 치안을 유지하는 경찰력을 강화하기 위해 갑오정권에서 신설하였던 경무청을 1900년 6월에 독자적 부서인 경부로 확대 개편하면서 직접 통할하였다. 1899년 이후 조선시기 전통

---

11) 「奏本 大韓國國制」, 光武 3年 8월 17일(『법령집』 2권, 541쪽).
12) 서영희, 「1894~1905년의 정치체제변동과 궁내부」, 『한국사론』 23, 서울대 국사학과, 1990, 387쪽.

의 관료들이 물러나고, 전통적 신분이 높지 않았던 왕실 친위세력들이 중심 정치세력을 구성하였으며, 의정부·육조 등의 전통적인 관료체제가 무너져 고종은 궁내부를 중심으로 국정을 도모해갔다.

그러나 1899년의 법규교정소에서 개편 정비하는 법률은 갑오정권기에 세운 법률 제도를 계승하는 측면이 강하였다.[13] 그러한 측면은 기록관리제도의 측면에서도 비슷하였다. 다음 장에서 갑오정권기의 기록관리제도와 대한제국기의 그것과 어떠한 차이가 나는지 살펴보도록 하자.

3. 기록관리기구의 설립과 업무 분장

고종은 1897년 10월에 대한제국을 설립하여 왕권을 강화해가면서 자신의 정책구상을 실행해가고자 하였다. 그는 갑오정권기의 내각제를 폐지하고 의정부를 설치하였으며[1896.9], 갑오정권기에 궁중과 부중을 분리하기 위해 설립하였던 궁내부를 오히려 확대 강화해갔다. 또한 물리력인 군대와 경찰제도를 정비하여, 황제가 공권력을 직접 통할하고자 하였다. 즉 고종은 원수부를 설치하여[1899.6] 군대를 직접 통할하였으며, 갑오정권기에 설립한 경무청을 경부로 격상시켜[1900.6] 직접 치안도 관장하였다. 아울러 고종은 통신국을 농상공부에서 독립시켜 통신원으로 격상시켰으며[1900.3], 1901년에는 지계아문을 설치하여 양전사업을 실시하면서 토지소유증서인 지계(地契)를 발급해 주었다. 그러한 특설기구에서 설립한 기록관리 담당 조직들은 무엇이며, 어떠한 업무를 담당하였는지를 살펴보자.[14]

---

13) 서영희, 『대한제국 정치사연구』, 서울대 출판부, 2003, 112~115쪽.
14) 이경용, 「한말 기록관리제도 -공문서관리 규정을 중심으로-」, 『기록학연구』 6, 한국기록학회, 2002, 173쪽.

1) 의정부

1896년 2월에 고종은 아관파천을 행한 후, 개화파를 중심으로 한 갑오정권이 무너지자 1896년 9월 24일에 내각을 폐지하고 의정부를 다시 설치하였다. 의정부관제 전문(前文)에는 "대군주폐하께서 만기(萬機)를 통령(統領)하사 의정부를 설치하시니라."15)고 명시하여 국정의 운영권이 국왕에게 있음을 선포하였다. 왕은 의정부 회의의 결과에 상관없이 재가할 수 있는 권리를 갖게 됨에 따라, 의정부는 단지 국왕의 의사결정을 추인하는 기관으로 전락하였다. 의정부는 중요 국정을 독립적으로 논의하는 자리가 아니라, 왕의 의도를 하달받아 형식적으로 논의를 거친 후 재가를 신청하는 통과기관이 되고 있었다.16)

1896년 10월에「의정부소속직원관제」[1896.10.9]와「의정부소속직원분과규정」[1896.10.15]을 연이어 개정하였다.「의정부소속직원분과규정」17)에 의하면 의정부 조직은 구체적으로 〈표 3-1〉과 같다. 의정부는 크게 의정관방과 총무국으로 나누어졌다. 의정관방(議政官房)은 다시 비서과와 문서과를 두었다. 비서과에서는 기밀사항, 관리 진퇴 신분에 관한 사항, 관인(官印) 관수(管守)에 관한 사항을 담당하였다. 문서과에서는 조칙 법률의 발포, 공문의 발송 접수와 공문의 기안 작성[起草], 주안[奏案: 황제에게 올리는 글]의 정사[淨寫: 깨끗하게 정리함] 등을 담당하였다. 총무국(總務局)은 기록과, 관보과, 회계과로 나누어졌다. 기록과(記錄課)에서는 문서를 기록·편찬하고, 조칙·법률 규칙과 기타 공문의 원본을 보존하도록 하였다[제5조]. 관보과(官報課)에서는 관보 및 직원록을 편찬 발매하는 일을 담당하였다[제6조]. 회계과(會計課)에서는 의정부의 예산·결산·회계를 관할하고, 장부 조제를 담당하였다[제7조].

---

15)「勅令 第1號 議政府官制」, 建陽元年 9月 24日(『법령집』2권, 179쪽).
16) 오연숙,「대한제국기 의정부의 운영과 위상」,『역사와현실』19, 한국역사연구회, 1996.
17)「議政府所屬職員分課規程」, 建陽元年 10月 15日(『법령집』2권, 190~191쪽).

〈표 3-1〉 의정부(議政府)의 조직구성과 업무 분장

부서	과	분장 업무
의정관방 [비서관]	비서과	. 기밀에 관한 사항 . 관리 진퇴 신분에 관한 사항 . 관인(官印) 관수(管守)에 관한 사항
	문서과 [참서관]	. 조칙과 법률 규칙의 발포 . 공문의 발송 접수와 기초(起草) . 법률 규칙 등 각 의안(議案)의 등초(謄草)에 관한 사항 . 회의할 때 문답과 토론을 필기 . 주안(奏案)을 정사(淨寫)
총무국 [총무국장]	기록과	. 각양 문서의 기록 편찬 . 조칙과 법률 규칙과 기타 공문의 원본을 보존 . 의정부소관도서의 구비류별보존 출납 및 그 목록의 편집 . 의정부 소용도서(所用圖書)의 출판 . 제반 통계표 편제(編制)
	관보과	. 관보 및 직원록의 편찬 발매 및 분파(分派)에 관한 사항
	회계과	. 의정부 소관 경비의 예산 결산 및 회계 . 의정부 소관 관유재산 및 물품보존과 그 장부 조제(調製)

출전:「議政府所屬職員分課規程」, 建陽元年 10月 15日(『법령집』 2권, 190~191쪽).

「의정부소속직원관제」[18])에 의하면, 의정부에는 총무국장[勅任 1명], 의정비서관[奏任 1명], 참서관[奏任 1명], 주사[判任 8명] 등 총 11명을 소속 임원으로 두었다[제1조]. 총무국장은 의정의 명을 받들어 총무국의 업무를 관장하고, 소속 직원을 감독하도록 하였다. 비서관은 의정관방 사무를 담당하고[제3조], 참서관은 문서과의 업무를 담당하도록 하였다[제4조]. 주사 8명으로 하여금 각 과의 업무를 책임지도록 하였으며, 그 외 서제(書題) 8인, 사령(使令) 10인, 순직(巡直) 6인, 청차(廳差) 8인을 두어 업무를

---

18)「勅令 第2號 議政府所屬職員官制」, 建陽元年 10月 9日(『법령집』 2권, 187~188쪽).

담당하거나 보조하도록 하였다[제7조].

의정부의 기록관리는 의정관방의 문서과와 총무국의 기록과가 중심적으로 담당하였다. 의정관방의 문서과에서는 공문의 발송과 접수 및 기안을 담당하였으며, 법률·규칙 등 주요 법령을 등초[謄草: 베껴서 정리함]하였으며, 주요 회의록을 작성하였다. 반면에 총무국 기록과에서는 중요 문서를 기록·편찬하거나, 조칙·법률 등 주요 법령의 원본을 보존·관리하는 역할을 담당하였다. 즉 의정관방의 문서과에서는 현용기록을 관리하였고, 총무국의 기록과에서는 비현용기록을 관리하면서 주요 법령 등 역사기록의 원본을 보존하거나 편찬하는 일을 담당하였다.

의정부의 업무 분장을 1895년 4월에 설치되었던 내각의 그것과 비교해보면, 위상의 변화와 함께 조직이 축소되었다.[19] 내각에서는 총리대신관방, 참서관실, 기록국이 있고 그 산하에 7개과가 존재하였는데,[20] 의정부에서는 의정관방과 총무국이 있고 그 산하에 5개과로 축소되었다. 즉 기록국에서 기록과로 축소되었고, 의정부 총무국 기록과에서는 시행 완료된 비현용문서의 기록 편찬과 원본 보존 등의 업무를 담당하였다.

기록관리업무는 대체로 대동소이한데, 현용기록을 담당하는 의정부 의정관방 문서과에서는 법률·규칙 등 의안(議案)을 등초하는 일과 회의할 때 문답과 토론을 필기하는 회의록을 작성하는 일이 추가되었다. 회의록을 작성하는 일은 고종이 주요 회의의 내용을 알기 위해서 필요한 일이었으리라 여겨진다.

각 부의 기록관리부서와 업무는 대체로 갑오정권기의 그것을 그대로 계

---

19) 이경용, 「한말 기록관리제도 -공문서관리 규정을 중심으로-」, 『기록학연구』 6, 한국기록학회, 2002, 175쪽.
20) 이영학, 「갑오개혁시기 기록관리제도의 변화」, 『역사문화연구』 27, 한국외국어대 역사문화연구소, 2007, 98쪽 참조.

승하였다고 여겨진다. 궁내부를 제외한 각 부의 직제 개정이 거의 이루어지지 않았으며, 개정된 각 부의 관제가 기록관리 업무와 연동하여 이루어진 것도 드물기 때문이었다.[21] 1899년에 법부의 부서와 배당 업무를 살펴보면 대체로 대동소이하였다. 법부는 대신관방, 사리국(司理局), 법무국, 회계국으로 나누어지고, 대신관방은 다시 비서과와 문서과로 구분되었다. 비서과에서 비밀기록을 관장하고, 문서과에서 공문서의 접수와 발송, 일체 공문서의 조사, 공문서류의 편찬과 보존, 도서의 보관과 간행 등을 담당하였다.[22] 기록관리부서와 업무는 갑오정권기의 내각체제의 그것과 거의 비슷하다.[23] 대한제국시기의 각 부의 기록관리부서와 업무는 갑오정권시기의 그것을 계승하였다고 여겨진다.

2) 궁내부

1894년에 농민군 진압을 명목으로 조선에 진출한 일본군의 후원에 힘입어 개화파는 6월 25일에 군국기무처를 설립하고, 6월 28일에 관제를 개편하면서 갑오정권을 출범시켰다. 갑오정권은 왕권을 제한하면서 위로부터의 개혁을 시도하였다. 그리하여 궁중(宮中)과 부중(府中)을 분리하여 봉건왕실의 정치적 권한을 제한하는 한편 자신들의 권력장악을 제도적으로 보장하는 정치기구 마련을 위해 궁내부를 설치하였다.[24]

6월 28일에 「의정부관제」, 「각아문관제」와 함께 「궁내부관제」가 반포

---

21) 이경용, 「한말 기록관리제도 -공문서관리 규정을 중심으로-」, 『기록학연구』 6, 한국기록학회, 2002, 177쪽.
22) 「議政府制定(?) 法部分課規程」, 光武3年 6月 15日(『법령집』 2권, 501~502쪽).
23) 이영학, 「갑오개혁시기 기록관리제도의 변화」, 『역사문화연구』 27, 한국외국어대 역사문화연구소, 2007, 102쪽 참조.
24) 서영희, 「1894~1905년의 정치체제변동과 궁내부」, 『한국사론』 23, 서울대 국사학과, 1990, 344쪽.

되었다. 이때 반포된 관제는 관원 배치나 관제 운영에 대한 상세한 규정 없이 단지 종래의 관아 중 국왕 직속 기관으로서 성격이 강한 부서들을 분리하여 궁내부 산하에 부속시킨 것뿐이었다. 즉 승정원을 승선원으로 개칭하고, 홍문관·예문관을 경연원으로, 교서관·도화서 등을 규장각으로 통합 정리하면서 내의원·시강원·내시사 등과 함께 궁내부의 관할을 받게 한 것이다. 이리하여 국가와 일체로 인식되던 왕실이 제도적으로 분리되어 궁내부 소속 관원과 국가기구인 각부 아문의 관원은 상호 겸직할 수 없게 되었으며, 그 재정은 탁지아문의 통제를 받는 등 봉건왕실의 권력기반은 상당히 축소되었다.[25]

그러나 고종은 군국기무처와 의정부가 왕권을 제한하는 것을 수용하지 않았다. 왕권과 군국기무처는 계속 대립하였다. 이에 일본은 청일전쟁의 승리를 바탕으로 조선에 본격적인 간섭을 수행하고자 내무대신을 역임한 이노우에 가오루(井上馨)를 일본공사로 파견하고 박영효를 앞세워 을미내각을 구성하여 왕권을 견제하였다. 홍범 14조를 공포하여 왕권을 제한하고 1895년 4월에는 정식으로「궁내부관제」를 제정하여 궁중의 권한을 축소하였다.「궁내부관제」[26]에 의하면 기구는 〈표 3-2〉와 같다.

〈표 3-2〉의 궁내부 기구에서 기록을 관리하는 기구를 명문화한 부서는 시종원의 비서감(秘書監)과 규장각의 기록사(記錄司)이다. 시종원은 조선시대의 승정원이 변화한 것인데, 비서감은 대군주의 비밀문서와 문서 보존을 관장하도록 규정하였다.[27] 규장각은 왕실 전적과 기록을 보관하고

---

25) 서영희,「1894~1905년의 정치체제변동과 궁내부」,『한국사론』23, 서울대 국사학과, 1990, 346~347쪽.

26) 「布達 第1號 宮內府官制」, 高宗 32年 4月 2日(『법령집』1권, 304쪽).

27) 「布達 第1號 宮內府官制」, 高宗 32年 4月 2日, 제24조, "秘書監 大君主秘書와 文書保存 ᄒᆞ는 事를 掌홈."(『법령집』1권, 308쪽).

역대 임금들이 지은 글과 쓴 글씨, 현 임금의 어진[御眞: 초상화]을 관장하도록 하였는데,[28] 그 중 기록사는 문서와 기록을 보존하는 일을 담당하도록 하였다.[29] 즉 시종원의 비서감은 국왕 측근의 문서와 비밀문서를 관장하도록 하였으며, 규장각의 기록사는 왕실의 전적과 영구 기록을 보존하였을 뿐 아니라, 현행문서도 관리하도록 하였던 것이다.

〈표 3-2〉 갑오정권 시기 궁내부 산하 기구

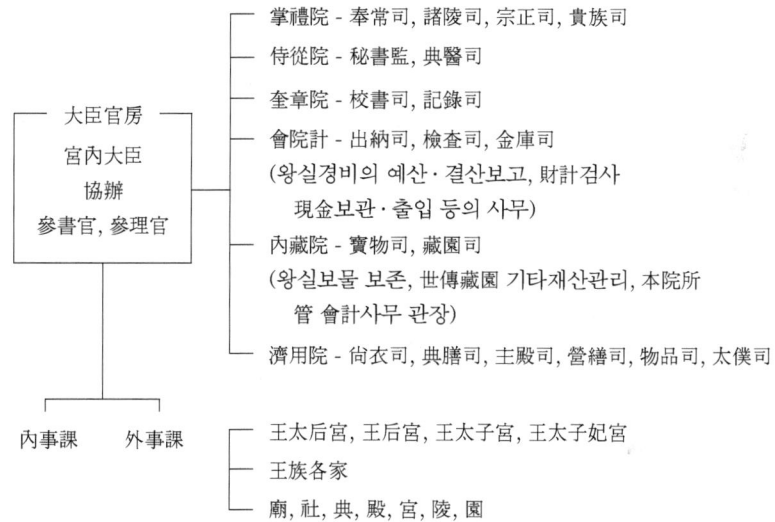

출전:「布達 第1號 宮內府官制」, 高宗 32年 4月 2日(『법령집』 1권, 304쪽)[서영희,「1894~1905년의 정치체제 변동과 궁내부」,『한국사론』 23, 서울대 국사학과, 1990 재인용].

---

28)「布達 第1號 宮內府官制」, 高宗 32年 4月 2日, 제25조, "奎章院 (중략) 王室典籍及記錄을 保管ᄒᆞ고 列聖御製御筆과 當宁御眞과 王統譜와 王族牒籍 奉藏ᄒᆞᄂᆞᆫ 事를 掌홈."(『법령집』 1권, 309쪽).

29)「布達 第1號 宮內府官制」, 高宗 32年 4月 2日, 제25조, "記錄司 保存文書記錄ᄒᆞᄂᆞᆫ 事를 掌홈."(『법령집』 1권, 309쪽). 문서와 기록을 구분한 것으로 보아, 문서는 현용기록을 의미하고 기록은 문서 중 주요 기록 및 역사 기록을 의미한다고 여겨진다.

1896년 2월에 고종이 러시아 대사관으로 피신하면서 갑오정권은 붕괴하였다. 고종이 러시아의 후원을 기대하였지만, 그것이 제대로 이루어지지 않자 1년 뒤인 1897년 2월에 다시 환궁하고 그 해 10월에「대한제국」을 반포하였다. 고종은 그 해 9월에 내각제를 폐지하고 의정부를 설치하였으며, 그 후「의정부차대규칙」을 공포하여 고종이 의정 이하 각부 대신을 매주 1회씩 만나 왕의 의사를 전달하면서 국정을 주도해갔다.

〈표 3-3〉 대한제국시기 궁내부 산하 기구(1895-1903)

기구명	관원 수	변동사항
대신관방	대신 1, 협판 1, 비서관 1, 참서관 3, 주사 10, 내사과장 1, 주사 4, 외사과장 1, 통역관 2, 주사 3, 특진과 15 이내	참리관 6 증치
시종원	경 1, 시종 8, 시어 4, 봉시 10	
비서원	경 1, 승 3, 낭 2	승 2, 랑 2 증치
규장원	경 1, 직학사 1, 교서 2, 주사 4	규장각으로 개칭
경연원	경 1, 시강 1, 부시강 1, 시독 4	홍문관으로 개칭
장례원	경 1, 장례 5, 주사 12	장례 2, 주사 6 증치
종정원	경 1, 주사 4	
귀족원	경 1, 주사 2	돈녕원으로 개칭
회계원	경 1, 검사과장 1, 출납과장 1, 주사 6	
전의사	장 1, 부장 4, 전의 4, 전의보 4, 주사 3	
봉상사	장 1, 주사 3	제조 16, 주사 4 증치
전선사	장 1, 주사 4	
상의사	장 1, 주사 5	주사 1 증치
주전사	장 1, 주사 2	
영선사	장 1, 주사 3	기수 2, 주사 5 증치
태복사	장 1, 주사 3	주사 1 증치
소계	163명	47명

내장사 (1899년 8월 22일 내장원으로 개칭)	경 1, 주사 1	
	장원과(장 1, 주사 6)	
	수륜과(장 1, 주사 8, 기사 4, 기수 2)	1898년 1월 23일 신설
	삼정과(장 1, 주사 2)	1899년 12월 1일 신설
	종목과(장 1, 주사 2)	1899년 12월 1일 신설
	공세과(장 1, 주사 2) --〉공업과로 개칭	1900년 9월 14일 신설
	기록과(장 1, 주사 2)	1900년 9월 14일 신설
	전생과(장 1, 주사 3, 기수 2)	1902년 4월 18일 신설
	공상과	1902년 8월 신설
	봉세관 13	1900년 8월 31일 신설
물품사	장 1, 주사 4	1896년 6월 13일 신설
통신사	장 1, 주사 1 전화과(장 1, 기사 2, 주사 8) 철도과(장 1, 기사 2, 주사 2)	1899년 6월 24일 신설
철도원	총재 1, 감독 2, 과장 3, 기사 3, 주사 3 기수 2	1900년 4월 6일 신설
서북철도국	총재 1, 감독 2, 의사장 10 이내, 국장 1, 기사 1, 주사 2, 기수 2	1900년 9월 3일 신설
예식원	장 1, 부장 1, 외무과장 1, 번역과장 1, 문서과장 1, 회계과장 1, 참리관 7, 번역관 4, 주사 8, 번역관보 5	1900년 12월 16일 신설
경위원	총관 1, 총무국장 1, 경무관 7, 주사 6, 총순 16	1901년 11월 17일 신설
광학국	국장 1, 감독 1, 기사 1, 주사 5	1902년 2월 16일 신설
수륜원	총재 1, 장 1, 주사 8, 기사 4, 기수 2 공상과 과장 1, 기사 5, 주사 3, 기수 10	1902년 4월 11일 승격 1902년 8월 6일 증설
관리서	관리 1, 부관 1, 이사 3, 주사 6	1902년 4월 11일 신설
평식원	총재 1, 부총재 1, 총무과장 1, 검정과장 1, 기사 1, 주사 4, 기수 2	1902년 7월 19일 신설
수민원	총재 1, 부총재 1, 감독 1, 총무국장 1, 참서관 3, 주사 6, 위원 약간명	1902년 11월 16일 신설
박문원	장 1, 부장 1, 찬의 2, 감서 2, 기사 3	1903년 1월 23일 신설
소계	259명	
총계	469명	

출전: 『법령집』 2, 3권[서영희, 『대한제국 정치사연구』, 서울대학교출판부, 2003, 80~81쪽 재인용].

1899년부터 고종은 의정부를 제쳐둔 채 궁내부를 통하여 국정의 주요 업무를 처리하였다. 갑오정권기에는 왕권을 제한하기 위하여 궁내부를 설치하였지만, 역으로 대한제국시기에는 고종이 궁내부를 확대해가면서 국정의 주요 정책을 집행해갔다. 1899년 이후 고종은 궁내부를 〈표 3-3〉처럼 크게 확대해갔고, 궁내부는 국가 재정수입의 약 45%까지 징수하였으며, 이를 바탕으로 고종이 추구하고자 하는 주요 정책은 궁내부의 산하기구를 통해 실시해갔다.

이 시기의 궁내부의 기록관리부서와 업무를 살펴보도록 하자. 1900년에 대신관방 산하의 내사과와 외사과를 개편하여 외사과를 폐지하고, 내사과는 문서과로 개편하였으며, 문서과에는 문서과장 1인과 주사 5명을 배치하였다.[30] 대신관방에서는 내사과로부터 명칭이 변경된 문서과가 기록관리를 담당하였을 것이다.

다음으로 궁내부 산하 기구 중에 경제적으로 가장 큰 역할을 수행하면서 직접 세금을 징수한 기구가 내장원이다. 내장원이 궁내부 수입의 근간이었으며, 고종은 내장원의 세입을 근간으로 개혁정책을 추구해갔다.[31] 궁내부 산하의 내장사는 1899년 3월에 내장원(內藏院)으로 명칭을 변경하고, 그 산하에 장원과, 종목과, 수륜과를 설치하였다. 그 후에 삼정과를 설치하였으며, 1900년에는 봉세관, 공세과, 기록과를 설치하였고, 1902년에는 전생과와 공상과를 설치하였다. 내장원의 기록관리는 기록과에서 담당하였다. 1900년 9월에는 기록과를 증설하고 기록과장 1명[주임]과 주사 2명[판임]을 배치하였다.[32] 내장원에서는 기록과를 독자적으로 설립할 정도로 기록관리를 중시하였으며, 내장원이 정책을 수행하는 과정에서 생산한 문서와 기록들은 기록과에서 정리·보존·관리하였을 것이라 여겨진다.

---

30) 「布達 第71號 宮內府官制 改正」, 光武4年 12月 16日(『법령집』 3권, 250쪽).
31) 양상현, 「대한제국기 내장원 재정관리 연구」, 서울대 국사학과 박사학위논문, 1997.
32) 「布達 第65號 宮內府官制 改正」, 光武4年 9月 14日(『법령집』 3권, 194쪽).

3) 원수부

고종은 1898년에 경찰과 군사력을 동원하여 독립협회와 만민공동회를 해체시키고 황실과 정부정책에 대한 견제세력을 제어하는 데 성공한 이후부터 절대주의 국가에서 볼 수 있는 황제 중심의 강력한 군대 육성과 통할권을 행사하였다. 그 일환으로 황실에서는 과거 군부대신이 갖고 있던 권한을 대폭 축소시키면서 이들에게 일반 사무행정의 군정권만 주고, 군령권(軍令權)은 황제에 귀속시켜 황제의 칙령이나 조칙을 통하지 않고서는 어느 누구도 명령을 발할 수 없게 하였다. 그것은 원수부(元帥府)의 설치로 표출되었다.[33]

〈표 3-4〉 원수부(元帥府)의 조직구성과 업무 분장

부서	분장 업무
군무국	· 인보상장에 관한 사항 · **군사에 관한 조칙과 공문을 군부와 경외 각대(各隊)에 발포하는 사항** · 국방과 용병과 군대 편성에 관한 사항 · 전투준비와 군비 지급에 관한 사항 · 육해군대학교와 육해측량에 관한 사항 · **군부와 경외 각대(各隊)의 일기와 보고를 접수하고 개략(槪略)을 초록하여 입주(入奏)하는 사항**
검사국	· 군사에 관한 상사와 승서와 천전과 징계에 관한 사항 · 각병학교의 교육에 관한 사항 · 경외 각대 소속장교의 근만을 심사하는 사항
기록국	· **군사에 대한 조칙과 문부(文簿) 및 도서(圖書) 등을 도서하는 사항**
회계국	· 군사에 관한 경비의 예산결산에 관한 사항 · 회계(會計)와 조사(調査)와 인가퇴환(認可退還)에 관한 사항

출전: 「詔勅 元帥府官制」, 光武3年 6月 22日(『법령집』 2권, 504~508쪽).

---

33) 조재곤, 「대한제국기 군사정책과 군사기구의 운영」, 『역사와현실』 19, 한국역사연구회, 1996.

고종은 1899년 6월에 「원수부관제」를 공포하고 "대황제폐하께서는 대원수(大元帥)이시니 군기(軍機)를 총람(總攬)하사 육해군을 통령(統領)하시고, 황태자전하께서는 원수(元帥)이시니 육해군을 일렬 통솔하사 원수부를 설치하심이라."34)라고 적시하면서 원수부를 설치하였다.

원수부에는 군무국, 검사국, 기록국, 회계국을 설치하였다. 〈표 3-4〉에서 보듯이 원수부에서는 기록을 담당하는 부서가 군무국과 기록국이었다. 군무국에서는 군사에 관한 조칙과 공문을 군부와 각 부대에 발송하였으며, 군부와 각 부대의 보고사항을 접수하여 그 개략을 요약하여 황제에게 알리는 역할을 담당하였다. 기록국에서는 군사에 관한 조칙과 주요 문서와 서적 및 기록을 보존하는 역할을 담당하였다.35) 즉 기록국에서는 주요 기록 및 역사 기록을 보존하는 역할을 담당하였던 것이다.

기록국의 국장(局長)은 장관(將官)으로 임명하였고, 국원으로는 위관(尉官) 1명과 하사 2명이 배정되었다. 이후 1900년에는 원수부 본부의 전체 정원을 늘리면서 기록국의 직원도 위관 2명과 하사(下士) 4명으로 증원하였다.36)

요약하면 원수부에서는 현용기록은 군무국에서 담당하고, 비현용기록은 기록국에서 관리 보존하고 있었던 것이다.

4) 경부

우리나라에서 근대적 형태의 경찰제도를 시도한 것은 1880년대였다. 1883년에 경부를 설치하였지만, 그 구체적인 운영 상황은 알 수가 없으며, 1884년 갑신정변 실패 이후 와해된 것 같다.

---

34) 「詔勅 元帥府官制」, 光武3年 6月 22日(『법령집』 2권, 504~508쪽).
35) 「詔勅 元帥府官制」, 光武3年 6月 22日, 제10조(『법령집』 2권, 506쪽).
36) 「詔勅 元帥府官制 改正」, 光武4年 3月 20日(『법령집』 3권, 49쪽).

1894년 갑오정권에서 치안을 유지하고 정책을 집행해가기 위해 기존의 포도청을 경무청(警務廳)으로 개편하면서 경찰기능을 강화해갔다. 대한제국기에는 이때 마련된 경찰제도의 틀을 유지하면서 내용적으로 확대 발전해갔다. 1900년에는 경부(警部)로 승격시켰다가, 1901년에는 경위원을 신설하고 1902년에는 경부를 다시 경무청으로 축소 개편하는 조치를 취하였다. 경위원과 경무청의 이원적인 체제는 1904년까지 지속되었다. 즉 경찰제도는 경무청[1894.7] → 경부[1900.6] → 경위원[1901.11]·경무청 [1902.2] 체제로 변화하여갔다.[37]

1894년 6월 28일에 성립한 갑오정권은 곧바로 7월 14일에 좌·우 포도청을 폐지하고 서울에 경무청을 설립하여 내무아문에 예속시키고, 경무사·경무부관·경무관·서기관·총순·순검 등을 두어 한성 5서 내의 모든 경찰행정을 관장하도록 하였다. 한성 5부에는 경찰지서를 분설하여 각 부내 경찰사무를 분장하도록 하였다. 경찰지서에는 서장 1명을 두고 경무관이 겸임하며 서기 2명, 순검 몇 명을 두었다.[38] 갑오정권기에 새로 마련된 경찰관제의 중요 특징은 일본의 경찰제도를 수용하여 근대적 경찰제도를 수립하려고 한 점이고, 아울러 문관경찰제를 도입하였다는 점이다. 갑오정권기의 경찰행정은 민생 치안뿐 아니라, 정치적 사건에 대한 수사와 반정부인사에 대한 내사와 탄압을 실시함으로써 정권 유지에 큰 도움이 되었다.[39]

경무청의 기록관리는 "서기(書記)가 판임(判任)으로 경무사의 지휘를 받아 기록부(記錄簿) 및 계산을 관장하도록"[40] 하였고, 경찰지서의 기록관리는 "지서(支署)서기가 서장의 지휘를 받아 기록부 계산을 관장하고

---

37) 차선혜, 「대한제국기 경찰제도의 변화와 성격」, 『역사와현실』 19, 한국역사연구회, 1996.
38) 「議案 警務廳官制 職掌」, 高宗 31년 7월 14일(『법령집』 1권, 38쪽).
39) 차선혜, 「대한제국기 경찰제도의 변화와 성격」, 『역사와현실』 19, 한국역사연구회, 1996.
40) 「議案 警務廳官制 職掌」, 高宗 31년 7월 14일, "書記爲判任 受警務使節制 掌記錄簿及計算."(『법령집』 1권, 38쪽).

부내 경찰 실재 상황을 갖추어 서장에 보고하고, 매월말에 서장은 경무사에 보고하도록"[41) 하였다.

경무청관제는 1895년 4월에 한 차례 개정하여 체제정비가 이루어진다.[42) 경찰행정의 기구는 경무청과 산하기구인 동·서·남·북·중서의 5개 경무서 그리고 분서·지서로 구성되었다. 경찰관리는 경무사, 경무관, 총순과 말단관리인 순검 등으로 이루어졌다.[43) 1896년 2월 현재 경무청 순검 수효는 1,080명이었다.[44)

〈표 3-5〉 경무청의 조직구성과 업무 분장

국별	과별	분장 업무
관방	제1과 (第一課)	·제규(制規)와 정례(定例)를 담당 ·관인(官印) 청인(廳印)의 관수(管守) ·**문서의 접수 발송 편찬 보존** ·**통계 보고 및 도서 보관** ·순검(巡檢) 채용 ·경찰관리의 교육
	제2과 (第二課)	·경비 예산 및 금전 출납 ·수용물품의 조달 및 토지건물 ·관청 몰수 및 보관한 금전물품 및 불용품 관리
총무국		·행정경찰에 관한 사항 ·사법경찰에 관한 사항 ·정사(政事) 및 풍속에 관한 출판물 및 집회 결사에 관한 사항 ·외국인에 관한 사항 ·영업 및 풍속 경찰에 관한 사항 ·총포 화약 도검 등의 관사(管査)에 관한 사항

출전: 「勅令 第85號 警務廳官制」, 高宗 32년 4월 29일(『법령집』 1권, 364쪽).

---

41) 「議案 警務廳官制 職掌」, 高宗 31년 7월 14일, "支署書記 受署長節制 掌記錄簿計算 兼具部內警察實在情形 呈署長査閱 每月終 由署長 申報警務使."(『법령집』 1권, 38쪽).
42) 「勅令 第85號 警務廳官制」, 高宗 32년 4월 29일(『법령집』 1권, 364쪽).
43) 차선혜, 「대한제국기 경찰제도의 변화와 성격」, 『역사와현실』 19, 한국역사연구회, 1996.
44) 『독립신문』, 건양 원년 2월 13일(차선혜, 「대한제국기 경찰제도의 변화와 성격」, 『역사와현실』 19, 한국역사연구회, 1996 재인용-).

조직 구성은 관방(官房) 제1과·제2과와 총무국으로 이루어졌으며 관방에 서무·회계 관계부서와 관내 감독관을, 총무국에 신문계를 각각 신설하고 5부 경무서 외에 궁내 경무서를 별도로 설치하여 조직과 업무 면에서 이전 관제보다 세분화되고 확대되었다. 경무청의 기록관리는 경무사 관방 제1과(第一課)에서 담당하였다. 제1과의 업무는 제규(制規)와 정례(定例)를 담당하고, 관인 청인의 관수(管守), 문서의 접수·발송·편찬·보존, 통계 보고 및 도서 보관 등을 담당하였다.[45]

과의 업무를 자세히 규정한 「경무청처무세칙」에 의하면 관방 제일과(第一課)는 공문의 접수 발송뿐 아니라 공문의 편찬 보존을 담당하도록 하였고, 국과 성안의 심사, 경무관 회의, 읍장과 동장의 명부 정리, 청령과 제 법령의 편찬, 통계 및 표 제조 등의 경무청의 기록관리를 전반적으로 담당하고 있었다.[46]

1898년 12월에 독립협회를 해산시킨 고종은 자신을 견제할 정치세력이 없어지게 되자, 자신의 권한을 강화시켜가면서 정책을 펴나갈 의지를 지니게 되었다. 그리하여 원수부 관제[1899.6] 공포, 대한국국제 선포[1899.8], 경부 승격[1900.6], 궁내부관제 개정 등을 통해 황제권 강화 정책을 실시하였다.

1900년 6월 9일에 고종은 "경장 초에 경무청이 비록 내부 직할에 속하였으나 현금의 국내 사무는 점차 번다해져 제의(制宜)를 조금도 늦출 수가 없으므로 경부(警部)를 별도로 설치하되 정부는 새 관제를 곧 회의하여 들이라"[47]는 내용의 조칙을 통해 경무청을 독자 부서인 경부로 승격시킴으로써 당시 정국에서 물리적 기초로 삼고자 하였다.

---

45) 『독립신문』, 건양 원년 2월 13일(차선혜, 「대한제국기 경찰제도의 변화와 성격」, 『역사와현실』 19, 한국역사연구회, 1996 재인용).
46) 「警務廳訓令 第1號 警務廳處務細則」, 高宗 32년 윤5월 5일, 제9조(『법령집』 1권, 425쪽).
47) 「詔勅 警部를 設置하는 件」, 光武 4년 6월 9일(『법령집』 3권).

〈표 3-6〉 경부의 조직구성과 업무 분장

국별	과별	분장 업무
대신관방	비서과	· 기밀에 관한 사항 · 관리진퇴신분에 관한 사항 · 대신 관인(官印) 및 부인(部印)의 관수(管守)
	감독부	· 경찰사무를 시찰
경무국	경무과	· 행정과 사법경찰 · 정사(政事) 및 풍속에 관한 출판 집회 결사 · 영업 및 풍속 경찰 · 도로 삼림 토지 위생 등의 경찰
	신문과	· 특명을 받아 황실범 및 국사범의 신문 · 칙주임관 구속 · 중죄 경죄 · 범죄 수사 · 고발 고소
서무국	문서과	· 공문서와 성안문서의 접수 발송 · 통계 보고 조사 · 경무관 회의 · 부령세칙(部令細則) 등 제정 개정 폐지에 관한 사항
	기록과	· 공문서류의 편찬 보존 · 도서 및 서류 간행 보관 · 본부 소속 칙주판임관 이하 관리의 명부와 주소록 및 전근 사망록 정리
회계국	회계과	· 경비 및 수입의 예산 및 회계 · 관유재산, 물품 및 장부조제 · 청사 건축 및 수선 · 물품 구입 비급(備給) 보관 · 감옥서 예산 지출

출전:「警部分課規程」, 光武 4년 10월 13일(『법령집』 3권, 219~221쪽).

경부관제는 6월 12일 칙령 제20호로 공포된 이래 9월 22일 관제 개정을 거쳐 10월 13일 경부분과규정48)이 제정되면서 제도적인 체계를 갖추어 나갔다.49) 이렇게 마련된 경부관제는 청(廳)을 부(部)로 승격시킨 단순한 기구 확대 이상의 의미를 함축하고 있었다. 즉, 종래 경무청체제에서 서울의 경찰행정은 경무청에서 담당하고, 지방경찰행정과 개항장 경무는 상급기관인 내부에서 담당하던 이원적인 행정체계를 경부로 일원화하여 국내의 모든 경찰사무를 관장하도록 했다. 이제 경부는 서울의 경찰행정뿐 아니라 지방경찰행정과 개항장 경무를 담당하도록 함으로써 명실공히 국내의 모든 경찰사무를 관장하도록 하였다. 아울러 치안 업무 및 세금징수뿐 아니라 황제의 지시를 받아 황실범과 국사범 등을 비밀리에 신문하여 고위관료까지 처벌할 수 있도록 함으로써 막강한 권력을 행사하였다.

경부의 조직은 한층 강화되면서 정제되었다. 경부의 조직은 대신관방, 경무국, 서무국, 회계국으로 구성되었으며, 대신관방은 비서과와 감독부를, 경무국에는 경무과와 신문과를, 서무국에는 문서과와 기록과를, 회계국에는 회계과를 설치하였다. 기록관리는 서무국에서 담당하였다. 문서과에서는 공문서와 성안문서의 접수 발송, 통계 보고 조사, 경무관 회의, 부령 세칙 등 제정 개정 폐지에 관한 사항을 주관하였고, 기록과에서는 공문서류의 편찬 보존, 도서 및 서류 간행 보관, 관리의 명부와 주소록 및 전근(轉勤) 사망록 정리를 담당하고 있었다. 다시 말하면, 현용기록의 접수 발송과 현황조사서는 문서과에서 관리하였지만, 현용기록 중 역사기록을 편찬 보존하고 주요 기록을 간행 보관하는 일은 기록과에서 담당하였다. 즉 현용기록은 문서과에서, 비현용기록은 기록과에서 담당하고 있었다.

대한제국의 정치구조는 궁내부와 의정부가 국정을 담당하고 있었는데,

---

48) 「警部分課規程」, 光武 4년 10월 13일(『법령집』 3권, 219~221쪽).
49) 이 부분은 '차선혜, 「대한제국기 경찰제도의 변화와 성격」, 『역사와현실』 19, 한국역사연구회, 1996'을 많이 참고하였다.

궁내부가 고종의 지원 아래 그 업무 영역을 넓혀가고 있었다.[50] 고종은 왕권의 절대화를 도모하면서 통치를 강화해갔다. 그리하여 군대제도를 정비하면서 원수부를 설립하였고, 경찰제도를 강화해가면서 경무청을 경부로 승격시켰다. 군대와 경찰의 물리적 기반을 강화해가면서 정치적 반대세력을 탄압하고, 그를 바탕으로 국가 재정의 확보를 위한 세금 징수도 행하였다.

〈표 3-7〉 경위원(警衛院)의 조직구성과 업무 분장

과별	분장 업무
경위과	· 황실 내외 경찰 · 경찰사무(警察事務)에 관한 일체 공문서류 주안(奏案) 기초(起草)에 관한 사항 · 각 개항장시 경무서 설립
문서과	· 공문서류의 편찬 보존 · 공문서류 및 성안문서의 접수 발송 · 통계 보고 조사 · 도서 및 서류 간행 보관 · 경무관 회의
신문과	· 특지를 받든 황실범 및 기타 범인에 대한 비밀 신문 · 칙주임과 구속에 관한 사항 · 중죄 경죄에 관한 사항 · 범죄 수사에 관한 사항
회계과	· 경비 및 제수입의 예산 결산 회계 · 관유재산 및 물품 장부 조제에 관한 사항 · 물품 구입 보관

출전: 「奏本 警衛院分課細則」, 光武5年 11月 22日(『법령집』 3권, 338~340쪽).

---

50) 서영희, 「1894~1905년의 정치체제변동과 궁내부」, 『한국사론』 23, 서울대 국사학과, 1990.

그러나 왕의 측근에서 계속 모반사건이 일어나자 그 정책을 수정하였다. 즉 1901년 3월 자신이 신임하던 김영준이 모반을 일으키자 심각한 위기의식을 갖게 되었다. 이 사건 직후 '경무청관제 복구령'을 지시하였고, 별도의 경찰기구 창설이 추진되었다. 1902년에 궁내부 산하에 경위원(警衛院)을 신설하고, 경부는 이전의 경무청관제로 하향 조정되었다. 이로써 경찰기구는 황제 직속의 경위원과 정부 산하 행정관청인 경무청의 이원적 체계로 운영되었다. 즉 경위원은 황궁 수비, 각종 사찰 및 정보수집, 국법 위반자에 대한 수사 및 체포 등의 업무를 담당함으로써 황실 수호를 중심으로 한 특수경찰기관의 성격을 띠었고, 경무청은 일반 경찰업무를 관장하는 행정관청으로서의 위상을 지니게 되었다.

경위원은 〈표 3-7〉에서 보듯이 경위과, 문서과, 신문과, 회계과를 두었다. 경위원의 기록관리는 경위과와 문서과에서 담당하였다. 경위과에서는 경찰 사무에 관한 일체 공문서 중 주요 기록을 요약하여 왕에게 보고하는 일[奏案]을 담당하였으며, 문서과에서는 공문서의 편찬 보존, 공문서와 성안문서의 접수와 발송, 도서와 서류의 보관 등을 담당하고 있었다.[51] 즉, 주요 기록 중 왕에게 보고하는 일은 경위과에서 담당하였지만, 현용기록과 비현용기록의 관리는 문서과에서 전담하도록 하였다.

5) 기타

이 절에서는 대한제국 시기에 황제 산하의 특설기구로서 설립한 통신원과 지계아문을 중심으로 기록관리부서와 업무를 살펴보고자 한다. 통신원은 대한제국이 실시한 개혁 사업 중에 나름대로 성과를 거둔 정보화사업 기관이고, 지계아문은 대한제국기에 고종이 심혈을 기울인 토지조사사업을 수행한 대표적 집행기관이기 때문이다.

---

51) 「奏本 警衛院分課細則」, 光武5年 11月 22日(『법령집』 3권, 338~340쪽).

(1) 통신원

1900년 3월에 설립되는 통신원은 우체·전신·선박·해원(海員)에 관한 일체 사무를 담당하는 기관이다. 대한제국이 실시한 사업 중에 성공적으로 진행한 것이 정보화 사업이었다. 1895년에는 농상공부 산하에 통신국으로 설립되었는데, 이제 농상공부에서 독립시켜 1등 내지 2등 기관으로 자립하게 되었다.

〈표 3-8〉 통신원의 조직구성과 업무 분장

부서	과	분장 업무
총판관방 (總辦官房)	비서과	· 비밀에 관한 사항 · 관리 진퇴 신분에 관한 사항 · 관인 원인 관수에 관한 사항
	문서과	· 공문서류(公文書類) 및 성안문서(成案文書)의 접수 발송 · 통계 보고의 조사 · 공문서류(公文書類)의 편찬(編纂) 보존(保存)에 관한 사항 · 도서(圖書) 및 보고서류(報告書類) 간행(刊行) 및 관리(管理)
	회계과	· 본원 소관 경비 및 제수입의 예산 결산 및 회계에 관한 사항 · 본원 소관 관유재산 및 물품과 그 장부 조제에 관한 사항
	번역과	· 외국 문서 번역과에 관한 사항 · 국문 한문서류의 외국어 번역에 관한 사항
서무국	체신과	· 우체에 관한 사항 · 전신 전화 및 그 건설 보존에 관한 사항 · 육운과 전기사업의 감독
	관선과 (管船課)	· 선박 해원 및 항로 표식에 관한 사항 · 표류물 및 난파선에 관한 사항 · 항칙에 관한 사항 · 정부에서 보호하는 수운회사 및 기타 수육운재사업 감독

출전: 「勅令 제11호 通信院官制」, 光武4年 3月 23日(『법령집』 3권, 53~55쪽).

새로 설립되는 통신원은 〈표 3-8〉과 같이 총판관방과 서무국으로 나뉘었는데, 총판관방 산하에는 비서과, 문서과, 회계과, 번역과를 두고, 서무국 산하에는 체신과와 관선과를 두었다. 총판(總辦)은 1인(人)으로 칙임관(勅任官) 1등 내지 2등이 담당하고, 국장(局長)은 1인으로 칙임관 혹은 주임관(奏任官)이 담당한다. 참서관(參書官) 3인, 기사(技師) 1인, 번역관(飜譯官) 1인은 주임관이 담당하며, 번역관보(飜譯官補) 1인, 주사(主事) 10인은 판임관(判任官)이 맡는다.52)

1900년 3월에 농상공부 협판인 민상호로 하여금 통신원 총판을 겸임하게 하고, 정3품 강인규를 통신원 서무국장에 임용하고 칙임관 4등에 서임하였다.53) 그 해 7월에는 통신원 산하에 전보사와 우체사를 두도록 하였다.54) 또한 국내 선세(船稅)도 통신원에서 관할하게 하였다.55) 통신원에서는 우체사와 전보사에서 일할 전문인력을 양성하는 우무학교(郵務學校)와 전무학교(電務學校)를 운영하기도 하였다.56) 이와 같이 통신원은 기관의 업무 영역을 넓혀가고 있었다.

통신원의 기록관리는 〈표 3-8〉에서 보듯이, 총판관방의 비서과와 문서과가 담당하였다. 비서과에서는 비밀에 관한 사항을 담당하고, 문서과에서는 공문서류 및 성안문서의 접수 발송, 통계 보고의 조사, 공문서류의 편찬 보존, 도서 및 보고서류 간행 및 관리를 담당하고 있었다.57) 문서과에서 공문서의 접수・발송과 주요 공문서의 편찬 보존을 모두 관리하고

---

52) 『高宗實錄』, 高宗 37年(1900) 3月 23日.
53) 『高宗實錄』, 高宗 37年(1900) 3月 26日.
54) 「勅令 제27호 電報司官制」, 光武4年 7月 25日(『법령집』 3권, 128~130쪽); 「勅令 제28호 郵遞司官制」, 光武4年 7月 25日(『법령집』 3권, 130~131쪽).
55) 「勅令 제29호 國內船稅規則 改正」, 光武4年 7月 25日(『법령집』 3권, 131~132쪽).
56) 「通信院令 제6호 郵務學徒規則」, 光武4年 11月 1日(『법령집』 3권, 228쪽); 「通信院令 제7호 電務學徒規則」, 光武4年 11月 1日(『법령집』 3권, 230쪽).
57) 「勅令 제11호 通信院官制」, 光武4年 3月 23日(『법령집』 3권, 53~55쪽).

있었다는 점이 특징적이다. 앞에서 살펴보았듯이 의정부와 원수부 및 경부에서는 현용기록과 비현용기록의 관리가 구분되어 있었는데, 통신원에서는 현용기록과 비현용기록 모두를 문서과에서 관리하였다. 즉 통신원 문서과에서는 현용기록의 접수·발송을 비롯하여 비현용기록의 편찬·보존을 행함으로써 기록관리를 엄격히 행하고 있었다.

(2) 지계아문

고종은 대한제국을 공포한 후 호구조사와 토지조사를 바탕으로 국가의 기반을 닦고자 하였다.58) 1898년 7월에 「양지아문직원급처무규정」59)을 반포하고 주관기관인 양지아문을 설립하였다. 양지아문은 내부·탁지부·농상공부와 동등한 위치에 있으면서 서로 밀접한 관련을 맺게 하였다. 그 기관에서 양전조례 등 각종 법령을 정비하면서 준비작업을 행하다가 1899년 여름부터 양전사업을 본격적으로 실시하였다. 대한제국의 양전사업은 토지소유권의 확립, 토지와 가옥 및 인구에 대한 전반적인 조사, 지세수입의 증가 등을 모색하고, 그것을 바탕으로 국가경영을 행하고자 하였다.60) 그러나 2년만인 1901년에 큰 흉년이 들어 양전사업을 실시할 수 없게 되자 당분간 중지하였다. 그때까지 양전사업을 마친 곳은 124개 군이었다.

한편 양전사업으로 토지소유권자를 확인하여 양안에 기재함으로써 그 토지의 소유권을 확인해주었지만, 그 후의 변동관계에 대한 아무런 제도적 확인장치가 없었다. 이에 토지소유권자들은 토지소유권의 확인과 변동의 공인(公認)을 요구하였고, 정부는 그 요구를 수렴하여 1901년 10월에 「지계아문직원급처무규정」을 반포하고 지계아문을 창설하였다. 지계아

---

58) 이영학,「대한제국의 경제정책」,『역사와 현실』26, 한국역사연구회, 1997.
59)「勅令제25호 量地衙門職員及處務規程」, 光武2年 7月 6日(『법령집』2권, 382쪽).
60) 한국역사연구회 편,『대한제국의 토지조사사업』, 민음사, 1995.

문은 양지아문을 통합하면서 양전을 실시하고 관계(官契)를 발행하는 모든 업무를 관장하였다. 당시 지계아문의 최고책임자는 고종이 가장 신임하였던 이용익이었다.

1901년 11월에 공포한 「지계아문분과규정(地契衙門分課規程)」에 의하면, 지계아문에는 문서과, 서무과, 회계과를 두었는데, 문서과에서는 공문서와 사업시행 성안문서를 작성 관리하였고, 서무과에서는 공문의 접수 발송, 공문서류를 편찬·보존하였으며 계권(契券) 도서를 간행하거나 관리하였다.[61] 즉 지계아문에서는 토지조사사업을 시행하면서 양안을 작성하였기 때문에 현용기록의 관리가 매우 중요하였다. 즉 문서과에서는 업무를 수행하면서 그 결과를 정리하는 광무양안의 작성과 조제를 담당하였던 데 반해, 서무과에서는 일반 공문서의 접수·발송과 주요 공문서의 편찬·보존 및 관계를 발급해주는 역할을 담당하였다.

〈표 3-9〉 지계아문(地契衙門)의 조직구성과 업무 분장

부서	분장 업무
문서과	· 기밀에 관한 사항 · 관리 진퇴 신분에 관한 사항 · 본아문 인장(印章) 관수(管守)에 관한 사항 · 공문서류 및 처판 성안문서에 관한 사항
서무과	· 공문 접수 발송에 관한 사항 · 통계 보고 조사에 관한 사항 · 공문서류 편찬 보존에 관한 사항 · 계권(契券) 도서 간행 및 관리에 관한 사항
회계과	· 본아문 소관 경비 및 제수입 용하(用下) 예산 결산 및 회계에 관한 사항 · 본아문 소관 관유재산 및 물품 장부 조제에 관한 사항

출전: 「地契衙門令 제1호 地契衙門分課規程」, 光武5年 11月 20日(『법령집』 3권, 337~338쪽).

---

61) 「地契衙門令 제1호 地契衙門分課規程」, 光武5年 11月 20日(『법령집』 3권, 337~338쪽).

4. 기록관리제도의 특징

대한제국기의 기록관리제도는 갑오정권기의 그것을 대체로 계승하였다. 먼저 각 정부 부처나 황제의 직할 부서에는 기록관리부서를 독립시켰다. 둘째, 기록관리 부서에서는 현용기록과 비현용기록의 관리를 구분하였으며, 부서를 분립해두거나 혹은 같은 부서에서 담당하기도 하였다. 이 형태는 갑오정권기에 각 아문의 총무국 산하 문서과에서 현용기록을 관리하고, 기록과에서 비현용기록을 관리하는 체계를 수용한 것이었다.[62] 셋째 공문서 양식을 계승하였다. 비용 절감과 위조 방지를 위하여 공문 용지를 인쇄하고 해당 관청의 명칭을 인출하여 사용하도록 하였으며, 공문서에는 조선의 독자적 연호인 '광무'를 사용하고, 글자는 국한문을 혼용하여 사용하도록 하였다. 넷째 공문서 원본의 보존·관리를 확대하도록 하였다. 다섯째 갑오정권기의 기록관리 프로세스를 대체로 준용하였다.

먼저 각 정부 부처나 정부의 핵심기관에서는 기록을 담당하는 부서를 확실히 지정하였다. 특히 황제 직속의 기구에서는 기록을 담당하는 부서를 반드시 설치하였다. 의정부에서는 〈표 3-1〉에서 보듯이 의정관방의 문서과와 총무국의 기록과가 설치되어 기록관리를 담당하도록 하였다. 황제의 직할기구인 궁내부에서는 대신관방의 내사과(內事課)로부터 문서과(文書課)로 개칭되었고, 궁내부의 핵심기구인 내장원에는 기록과를 설치하여 기록을 관리하게 하였다. 원수부는 기록국을 설치하였으며, 경부에서는 서무국에 문서과와 기록과를 설치하여 기록을 관리하게 하였다. 또한 황제가 심혈을 기울여 수행한 사업의 추진기구인 지계아문과 통신원 등의 기구에서도 문서과 또는 서무과를 설치하여 기록관리를 담당하게 하

---

62) 이영학, 「갑오개혁시기 기록관리제도의 변화」, 『역사문화연구』 27, 한국외국어대 역사문화연구소, 2007; 이경용, 「한말 기록관리제도 -공문서관리 규정을 중심으로-」, 『기록학연구』 6, 한국기록학회, 2002.

였다. 이와 같이 고종이 심혈을 기울이는 핵심기구에서는 기록관리를 전담하는 부서를 설치하였으며, 이것은 기록관리업무가 부서 업무를 체계적이면서도 효율적으로 수행하는 데 필요하였기 때문이라 여겨진다.

둘째 각 부서에서는 대체로 현용기록과 비현용기록을 구분하여 그것을 관장하는 부서를 달리하였다. 이 형태는 갑오정권기의 기록관리체계를 수용한 것이었다.

예를 들면, 의정부에서는 의정관방의 문서과가 조칙 법률의 발포, 공문의 발송 접수와 기초, 주안[奏案: 황제에게 올리는 글] 정사(淨寫) 등을 담당하는 현용기록관리부서였다면, 총무국의 기록과는 문서를 기록 편찬하고, 조칙 법률 규칙과 기타 공문의 원본을 보존하는 비현용기록관리부서였다.[63] 1899년에 설립한 원수부에서도 〈표 3-4〉에서 보듯이 군사에 관한 조칙과 공문을 발송하고 군부와 각 부대에서 올라오는 보고를 접수하는 현용기록관리 업무는 군무국(軍務局)에서 수행하지만, 주요 기록을 보존·관리하는 일은 기록국(記錄局)에서 수행하고 있었다. 또한 1900년에 경무청에서 승격한 경부에서도 〈표 3-6〉에 나타나듯이 서무국의 문서과가 공문서와 성안문서의 접수 발송을 담당하는 현용기록관리부서였다면, 서무국의 기록과는 공문서의 편찬 보존뿐 아니라 도서 및 서류를 간행하거나 보관하는 비현용기록관리부서였던 것이다.

이와는 달리 통신원과 지계아문에서는 현용기록과 비현용기록을 한 부서에서 관장하기도 하였다. 1900년에 설립한 통신원에서는 현용기록과 비현용기록을 모두 총괄관방의 문서과가 담당하였고, 지계아문에서는 현용기록과 비현용기록을 모두 서무과에서 관할하고, 부서의 특성상 토지조사를 수행하면서 무수한 양안을 생산해냈는데, 그것은 문서과가 담당하였다.

---

63) 「議政府所屬職員分課規程」, 建陽元年 10月 15日(『법령집』 2권, 190~191쪽).

이와 같이 대한제국 시기에는 부서마다 차이가 있지만, 대체로 현용기록과 비현용기록을 담당하는 부서가 분립되어 있었다. 이것은 기록의 생애주기[life cycle]를 고려하고, 기록물 평가를 염두에 두면서 기록관리를 행하고자 하는 인식이 근대적 형태로 발현되었다고 여겨진다.

셋째 갑오정권기의 공문서 양식을 계승하였다. 비용 절감과 위조 방지를 위하여 공문 용지를 인쇄하고 해당 관청의 명칭을 인출하여 사용하도록 하였다. 좌우 세로 10행의 줄을 치고 가운데 부서명을 인쇄하여 반으로 접어 사용하도록 하였다. 공문서에는 조선의 독자적 연호인 '광무'를 사용하고, 글자는 국한문을 혼용하여 사용하도록 하였다.

넷째 공문서 원본의 보존·관리를 확대하도록 하였다. 갑오정권 이전에는 매우 중요한 공문서만 원본을 보존·관리하였고, 많은 공문서는 문서의 요지를 적어두는 '등록'제도가 발달해 있었다. 갑오정권기에 주요 문서의 원본을 보존·관리하는 방침을 실시하였다. 한 예로 경무청에서는 경무사나 경무청 명의의 원본은 편철하여 보존하도록 하였다.[64] 대한제국 시기에도 이를 계승하였다.

다섯째 대한제국시기에는 갑오정권기에서 규정한 기록관리 프로세스를 대체로 준용한 것으로 여겨진다. 갑오정권기에 공포한 「각부각아문통행규칙」, 「각부처무규정통칙」, 「군부처무규정」과 경무청의 「문서정리규칙」 등에서 규정한 기록관리 프로세스를 대한제국시기에 들어와 개정한 사례가 없는 것으로 보아, 대한제국시기에는 갑오정권기의 기록관리 프로세스를 대체로 준용하였다고 여겨진다.

---

64) 이영학, 「갑오개혁시기 기록관리제도의 변화」, 『역사문화연구』 27, 한국외국어대 역사문화연구소, 2007, 118쪽.

5. 맺음말

1896년 2월 고종이 러시아 대사관으로 피신하면서 갑오정권은 붕괴하였다. 고종은 그 해 9월에 갑오정권의 내각제를 폐지하고 의정부를 복설하면서 국정의 운영을 장악하고자 하였다. 1897년 2월에 경운궁으로 환궁한 후, 8월에 연호를 '광무'로 확정하고 10월에 대한제국을 선포하였다.

반면에 독립협회는 고종이 황제권을 강화하면서 전제군주화하는 것을 반대하였다. 고종은 1898년 12월에 독립협회를 해산하였고, 그 후 국내에서는 고종을 견제할만한 정치세력은 존재하지 않았다. 1899년 8월 고종이 「대한국국제」를 반포하면서 황제 중심의 국정 운영을 적극적으로 추진해갔다. 고종의 황제권을 견제하는 것은 일본과 러시아 등의 외세의 힘이었다. 1897년 고종이 대한제국을 선포하면서, 의정부를 장악하고 궁중과 부중을 분리하기 위해 만들었던 궁내부의 조직과 권한을 확대해가면서 왕권을 강화해갔다. 아울러 고종은 명문 가문의 전통관료를 배제하고, 신분이 뛰어나지 못하였지만 충성심이 강한 인물들을 친위세력으로 중용하면서 국정을 운영해갔다.

그러나 갑오정권기에 만들었던 법제나 제도는 그대로 원용하기도 하였다. 대한제국기의 기록관리제도는 그러한 측면이 강하였다. 대한제국시기에 의정부와 각부의 기록관리제도는 갑오정권기의 그것을 그대로 계승하였다. 의정부의 기록관리기구는 약간 축소된 측면이 있지만, 각부의 기록관리제도는 큰 변동이 없었다.

또한 대한제국시기에 고종은 황제 직속의 부처에는 반드시 기록관리부서를 설치하였다. 고종은 황제권을 강화하면서 그 직속 부서들을 강화해갔는데, 예를 들면 궁내부, 원수부, 경부, 지계아문, 통신원 등은 그러한 예였다. 궁내부에서는 대신관방 산하에 내사과를 문서과로 개편하여 기록관리를 담당하게 하였고, 궁내부 기구 중에 가장 큰 영향력을 가진 내장원에는 기록과를 설치하여 내장원의 기록관리를 담당하게 하였다. 또한 황제 직속의 군대인 원수부에는 기록국을 설치하였고, 경찰기구인 경부에는 서무국에 문서과와 기록과를 설치하였고, 지계아문에서는 문서과와 서무과를, 통신원에는 총판관방의 문서과를 설치하여 기록관리를 담당하게 하였다.

다음으로 부서마다 차이가 있지만, 현재 사용하고 있는 현용기록과 시행 완료된 비현용기록을 관리하는 부서를 분리하여 설치하였다. 의정부에서는 의정관방의 문서과가 현용기록을 관리하였다면, 총무국의 기록과가 비현용기록을 관리하였다. 원수부에서도 군무국이 현용기록을, 기록국이 비현용기록을 관리하였고, 경부에서는 서무국의 문서과가 현용기록을, 서무국의 기록과가 비현용기록을 관리하였다. 반면에 궁내부에서는 그 구분을 알 수 없으며, 경위원과 통신원에서는 문서과에서 현용기록과 비현용기록을 같이 관리하기도 하였다.

각 부서에 기록관리기구를 설치한 것은 갑오정권기에 만든 분권적 기록관리체계가 확산되어 가는 것을 의미한다. 또한 현용기록과 비현용기록을 담당하는 부서가 분리되어 가는 것은 기록의 생애주기에 따른 체계화된 기록관리제도를 갖추어가고 있다는 것을 의미한다고 여겨진다. 결론적으로 대한제국시기의 기록관리제도는 갑오정권이 추진하였던 기록관리제도를 대체로 계승하면서 체계화한 측면이 크다고 할 수 있다.

제 2부

일제의 침탈과 기록관리제도의 재편

제 4 장

통감부의 기록장악과 조선침탈

1. 머리말

일본은 1904년 2월 8일 요동반도에 주둔하고 있었던 러시아 함대를 급습하면서 러일전쟁을 일으키고, 2월 23일에 대한제국에 「한일의정서」를 강요하면서 조선에 대한 간섭을 강화해갔다. 「한일의정서」에 "대한제국 정부는 일본 제국의 행동이 용이하도록 십분 편의를 제공하고, 일본 정부는 앞 항의 목적을 이루기 위해 군략상 필요한 지점을 정황에 따라 차지해 이용할 수 있다"[1]라고 정하였다. 그 후 러일전쟁에서 일본이 승기를 잡으면서, 1904년 8월에 「고문용빙에 관한 협정서」[2]를 조선에 강요하여, 대한제국으로 하여금 일본 정부가 추천하는 재정고문과 외교 고문을 용빙케 하여 조선의 재정과 외교를 장악하였다.

일본은 1905년 5월에 대한해협에서 러시아 발틱함대와의 전투에서 승리를 거둔 후, 미국과 카쓰라테프트밀약, 영국과 제2차 영일동맹, 러시아

---

[1] 「한일의정서」(1904.2.23), 제4조 (최덕수 외, 『조약으로 본 한국근대사』, 열린책들, 2010).
[2] 「고문용빙에 관한 협정서」(1904.8.22)(최덕수 외, 『조약으로 본 한국근대사』, 열린책들, 2010).

와 포츠머스조약을 맺으며 일본이 조선을 독자적으로 지배하는 것을 세계 열강들에 의해 양해받았다. 그것을 바탕으로 1905년 11월에 '을사조약'을 조선에 강요하면서 조선의 외교권을 빼앗고, 1905년 12월에 통감부를 설치하였다.

일제는 조선에 통감부를 설치하고 이토 히로부미[伊藤博文]를 통감으로 파견하여 조선의 외교권뿐 아니라 내정권도 장악하려고 하였다. 이에 고종은 네덜란드 헤이그에 밀사를 파견하여 세계 열강들에게 일본의 침탈을 알리려고 하였지만, 세계 열강들은 이를 인정하지 않았다. 일본은 헤이그 밀사 파견의 책임을 물어 고종을 강제 퇴위시키고, 제3차 한일협약[정미7조약]을 맺어 일본인을 각 부의 차관으로 임명하여 조선 내정을 실질적으로 장악하고 나아가 조선인 군대를 해산시킴으로써 조선 내정을 완전히 장악하게 되었다.[3]

이 글에서 1905년 12월에 일제가 통감부를 설치하여 조선에 외교권뿐 아니라 내정권을 장악해가면서 보호국화해가는 실상을 기록관리 측면에서 검토하고자 한다. 일제는 조선을 보호국화해가기 위하여 조선의 관료제를 장악하고 아울러 조선의 실상을 파악하기 위해 조선의 기록을 장악해갔다. 즉 일제가 관제의 개편을 통해 조선의 권력을 장악해가는 실상을 살펴보고, 기록관리제도를 재편하면서 조선의 명령 계통을 장악하고 공문서의 수수과정을 통하여 조선의 실상을 파악해가는 과정을 고찰하고자 한다.

이 분야에 대한 연구는 다음과 같다. 한국 근대 공문서 체계의 변화를 처음으로 연구한 사람은 권태억 교수이다. 그는 1894년 갑오정권 이후「명령반포식」등 새로운 법령이 공포되고, 공기록의 담당 기구가 신설되었으며, 공문서의 양식이 변화하였음을 밝혀 행정체계의 변화와 함께 기록관리제도도 변화하였음을 처음으로 규명하였다.[4] 그러나 초기 연구인 탓에

---

3) 서영희,『대한제국 정치사연구』, 서울대 출판부, 2003; 김혜정,「일제의 보호국화 추진과 통감부 설치」,『통감부 설치와 한국식민지화』, 독립운동사연구소, 2009.

개괄적인 소개에 머물렀다.

이 연구를 계승하면서 갑오정권 이후 근대 공문서제도가 도입되고 통감부 이후 일제가 공문서제도를 장악하면서 조선을 침략해들어오는 실상을 규명한 이는 김재순이다. 그는 국가기록원에 소장되어 있는『궁내부규례』, 『통감부예규』를 이용하여 1907년 이후 통감부가 기록관리제도를 장악하면서 조선을 침략해들어오는 실상을 규명하였다는 점에 의의가 있다.5)

다음으로 갑오정권 이후 근대적 기록관리제도가 전개되어 간 과정을 밝힌 사람은 이경용이다. 그는 갑오정권부터 통감부시기까지 기록관리제도를 개괄하고, 기록관리법령을 축조적으로 검토하면서 소개하였다는 점에 의의가 있다. 특히 이 논문에서 1894년 이후 새롭게 만들어진 갑오정권의「각부각아문통행규칙」이 일본의「각성관제통칙」을 상당 부분 참조해서 제정한 사실이라는 것을 실증적으로 규명했고, 1907년 이후 궁내부의 기록관리규정을 분석함으로써 이 규정에서 보존기간을 설정하고 '문목(門目)'분류방식을 채택하였다는 점을 언급하였다는 점에 의의가 있다.6)

김건우는 1907년 이후 궁내부의 기록관리규정을 검토하면서 공문서의 생산과 배부, 편찬과 보존, 목록작성과 대출 등의 내용을 설명하였다.7) 또한 그는 공문서 양식의 변화를 통하여 1894년 갑오정권 이후를 근대공문서제도의 시작이라고 규정하였다. 여러 가지 공문서의 양식을 실례로 제시하였다는 점에 연구의 의의가 있다.8)

---

4) 권태억,「갑오개혁 이후 공문서 체계의 변화」,『규장각』17, 서울대 규장각, 1994.
5) 김재순,「일제의 공문서제도 장악과 운용의 실제」,『한국문화』16, 규장각한국학연구소, 1995.
6) 이경용,「한말 기록관리제도 -공문서관리 규정을 중심으로-」,『기록학연구』6, 한국기록학회, 2002.
7) 김건우,「구한말 궁내부의 공문서 관리 규칙에 관한 일고찰」,『한국기록관리학회지』제7권 1호, 한국기록관리학회, 2007.
8) 김건우,『근대 공문서의 탄생』, 소와당, 2008.

한편 1907년 궁내부 규장각에서 도서와 기록을 정리한 사업에 대한 연구가 있다. 궁내부 규장각의 도서와 기록을 정리한 사업을 처음으로 연구한 이는 신용하 교수이다. 신용하 교수는 정조 때 규장각 설립 이후부터 1970년대 서울대 규장각도서관리실이 운영될 때까지 변화과정을 8단계로 나누어 고찰하였다.9) 그 과정에서 1907년 궁내부 규장각에서 도서와 기록을 정리하는 사업을 처음으로 고찰하였다는 점에 선구적 의의가 있다.

이를 계승하여 규장각의 도서와 기록의 정리를 실증적으로 규명한 사람은 서영희였다. 그녀는 궁내부 연구를 바탕으로10) 통감부가 1907년 이후 궁내부 규장각을 장악하면서 도서와 정부기록 및 황실재정에 대한 대대적인 정리사업을 하였고, 그것이 현재 서울대학교 규장각 소장 도서목록으로 남아있다는 사실을 규명하였다.11) 그러나 규장각의 정부기록류 정리사업은 1910년 조선 병탄 이후 이루어졌다고 언급하여 치밀하게 고증하지는 못하였다.12)

이 글은 이러한 선행연구를 바탕으로 통감부가 대한제국 정부 및 궁내부의 기록관리제도를 개편하면서 실질적으로 기록을 어떻게 정리해가며, 그 작업을 기반으로 열람 및 대출을 행하여 식민지배에 활용하였음을 밝히고자 한 것이다. 또한 필자가 갑오정권기, 대한제국기의 기록관리제도의 변화과정을 살핀 바 있는데,13) 그 작업의 연속선상에서 통감부의 기록관리제도를 고찰하는 의미도 지니고 있다.

---

9) 신용하, 「규장각도서의 변천과정에 대한 일연구」, 『규장각』 5, 서울대 규장각, 1981.
10) 서영희, 「1894~1904년의 정치체제 변동과 궁내부」, 『한국사론』 23, 서울대 국사학과, 1990.
11) 서영희, 「통감부시기 일제의 권력장악과 규장각 자료의 정리」, 『규장각』 17, 서울대 규장각, 1994.
12) 서영희, 「통감부시기 일제의 권력장악과 규장각 자료의 정리」, 『규장각』 17, 서울대 규장각, 1994, 113~114쪽.
13) 이영학, 「갑오개혁시기 기록관리제도의 변화」, 『역사문화연구』 27, 한국외국어대 역사문화연구소, 2007; 「대한제국시기의 기록관리」, 『기록학연구』 19, 한국기록학회, 2009.

2. 통감부의 설치와 관제의 개편

1905년 5월에 일본은 러일전쟁에서 승리한 후, 미국 영국 등의 서구 열강들과 밀약을 맺어 일본이 조선을 독자적으로 지배하는 것을 양해받았다. 일본은 1905년 11월에 조선에 을사조약을 강요하여 조선의 외교권을 빼앗은 후에 1905년 12월에 통감부 관제를 칙령으로 공포하였다.[14]

통감은 일본천황에 직접 속하고 외교에 관해 일본 외무대신을 경유하여 총리대신의 재가를 받도록 하였다. 통감은 일본정부를 대표하여 한국에서 외국인에 관한 사무를 관장하고, 주한 일본주차군 사령관에게 병력 사용을 명령할 수 있었다.

통감부 설치 당시 중앙행정조직은 황제 산하에 궁내부와 의정부가 병립하고 의정부 산하에 내부, 외부, 탁지부, 군부, 법부, 학부, 농상공부 등 7개의 행정부서가 존재하였다. 그런데 일제는 1905년 11월 을사조약 이후에 대한제국의 외교권을 박탈하면서 1906년 1월에 외부를 폐지하고 의정부에 외사국을 설치하였다. 통감은 외교뿐 아니라 내정에 관해서도 막강한 권한을 행사하였다. 통감은 군사적으로 병력을 사용할 수 있고[제4조], 한국의 시정 사무에 대해 명령하고 지방관에게 명령을 내릴 수도 있고[제5조], 심지어 금고 1년 이하 벌금 2백 엔 이하의 벌칙을 가하는 사법권도 행사하였다[제7조].[15] 통감부는 그 산하에 총무부, 농상공부, 경무부의 3부를 설치하였다.

1906년 2월 1일에 통감부를 개청하고 통감에 이토 히로부미를 비롯하여 총무장관에 츠루하라 사다키치[鶴原定吉], 농상공부장관에 키우치 쥬시로[木內重四郞], 경무총장에 오카 기시치로[岡喜七郞] 등이 임명되었다.[16]

---

14) 「統監府及理事廳官制」(1905.12.21)(金正明 편, 『일한외교자료집성』 8권, 巖南堂書店, 1963, 26~30쪽).

15) 「統監府及理事廳官制」(1905.12.21)(金正明 편, 『일한외교자료집성』 8권, 巖南堂書店, 1963, 26~30쪽).

〈그림 4-1〉 통감부 직제(1906년 설립 당시)

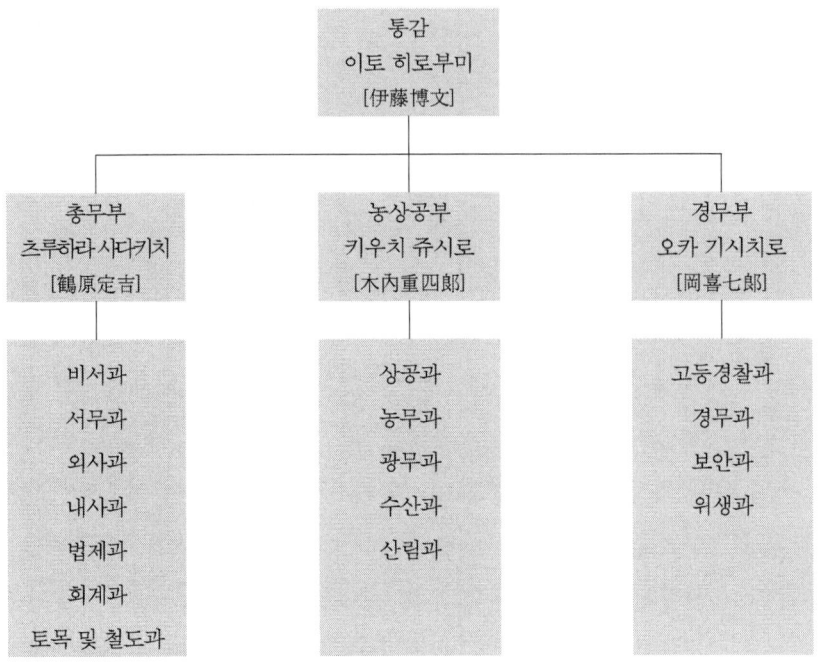

출전: 『구한말관보』, 「호외」, 1905년 12월 21일.

고종은 통감부의 내정간섭에 대해 저항하였다. 통감부가 조선을 침탈해 들어오는 것을 막기 위하여 네덜란드 헤이그에서 열리는 만국평화회의에 밀사를 파견하였다. 그곳에서 일제의 침략실상을 국제사회에 알리고 도움을 요청하고자 하였지만 뜻을 이루지 못하였다. 그것이 실패로 돌아가게 되자, 일본내각은 고종에게 그 책임을 물어 1907년 7월에 고종을 강제 퇴위시키고 순종을 즉위시켰다. 그리고 곧바로 '제3차 한일협약'[17])을 맺어 대한제국 정부의 차관에 일본인을 임명함으로써 통감부의 내정감독권을 훨씬 강화시켰다. 이 조약에 의해 한국정부는 법령 제정 및 중요한

---

16) 통감부, 『韓國施政年報』, 1906, 8~10쪽.
17) 「제3차 한일협약」(1907년 7월 24일)(최덕수 외, 『조약으로 본 한국근대사』, 2010).

행정상 처분에 앞서 통감의 승인을 얻어야 했고[제2조], 한국인 고등관리 임명에도 통감의 동의를 얻어야 했으며[제4조], 나아가 통감이 추천하는 일본인을 한국관리로 임명해야 함으로서[제5조] 정부의 주요 직책에 일본인이 차관으로 임명되어 '보호국화'의 정도가 더욱 심화되었다.

일제는 이미 1904년 8월 「고문용빙에 관한 협정서」[18]를 맺어 조선 정부의 중요 직위에 고문을 파견하기 시작하여 동년 10월에 재정고문 메가다 다네타로[目賀田種太郎], 12월 외교고문 미국인 스티븐스, 1905년 2월 학부 참여관 시데하라 타이라[幣原坦] 등이 내정에 관여하였고, 1907년 7월 「제3차 한일협약」의 체결로 궁내부와 행정 각부의 차관, 경부 등 중요 직위에 일본인이 임명되었다. 1907년 8월에 경무고문 마루야마 시게토시[丸山重俊]가 경시총감으로 임명된 것을 비롯하여 궁내부차관 츠루하라 사다키치, 내무차관 키우치 쥬시로, 학부차관 타와라 마고이치[俵孫一], 탁지부차관 아라이 켄타로[荒井賢太郞], 농상공부차관 오카 기시치로, 법부차관 구라토미 유자부로[倉富勇三郞] 등이 임명되었다.[19] 이들이 대한제국 정부의 실권을 장악하게 되었다.

일제는 조선의 보호국화 실현을 위해 조선의 관제를 개편하였다. 1907년 9월에 총장을 폐지하고 부통감을 친임으로 두어 통감을 보좌하고 통감의 유고시에 직무를 대리케 하였다. 한국의 궁내부 및 각 부의 차관급들을 통감부의 참여관으로 하는 구관제에서 농상공부와 경무를 폐관하고 새롭게 전임 2명의 참여관과 비서관 1명을 두어 기사 6명, 통역관 1명, 판임관 16명으로 규모를 축소시키고 경시 및 경부는 폐지시켰다.[20] 대신 감사부와 지방부를 두고 국정전반의 감사 특히 재정감사와 지방의 조직적인 지

---

18) 「고문용빙에 관한 협정서」(1904년 8월 22일)(최덕수 외, 『조약으로 본 한국근대사』, 2010).
19) 이상찬, 「통감부의 보호체제 구축」, 『통감부 설치와 한국식민지화』, 독립기념관 한국독립운동사연구소, 2009.
20) 통감부, 『통감부시정연보』, 1907, 8~9쪽.

배체제를 확대 강화하였다.21) 또한 통감부는 한국의 사법 및 감옥에 관한 사무인 사법권을 탈취하였다.

아울러 조선의 정부조직을 개편하였다. 고종의 영향력 하에 있는 의정부 직제를 폐지하고 통감이 관할할 수 있는 내각제로 개편하였다. 이토 히로부미는 고종의 반대에도 불구하고 1907년 6월에 이완용내각을 출범시켰다. 이토는 이완용내각에게 정치개선, 교육보급, 식산흥업에 역점을 둘 것을 지시하였다.22)

나아가 1909년 7월에 '기유각서'를 맺어 한국 사법 및 감옥 사무를 일본에 넘겨주게 되자 동 10월에 법부를 폐지하였으며, 이전 1907년 8월에 군대가 이미 해산되었기 때문에 존립하고 있었던 군부를 폐지하였다. 그리하여 1909년 10월의 관제는 황제 밑의 내각에는 내부, 탁지부, 학부, 농상공부만이 존재하였고, 통감부 산하에는 외무부, 감사부, 지방부가 존재하였다. 통감부 산하의 외무부는 외국과의 조약을 담당하는 외부의 역할을 수행하였고, 감사부는 법률의 제정 등을 담당하는 법부의 기능을 수행하였으며, 지방부는 지방행정, 식산 금융 등에 관한 사무를 관장하였다.

3. 기록관리제도의 개편과 권력 장악

1905년 12월에 통감부가 설치되면서 통감과 대한제국정부로 이중의 권력이 존재하게 되었고, 통감은 고종 권력을 배제하면서 조선 권력을 장악해가는 절차를 서서히 진행해갔다. 통감은 기록관리제도를 개편하여 공문서의 발송과 수수 과정을 장악하여 정보를 파악함으로써 권력을 장악해가

---

21) 이상찬, 「통감부의 보호체제 구축」, 『통감부 설치와 한국식민지화』, 독립기념관 한국독립운동사연구소, 2009, 50~51쪽.
22) 「한국시정개선에 관한 협의회 제16회」, 『일한외교자료집성』 6(김정명 편).

고자 하였다.

통감은 먼저 「고문급참여관감독규정(顧問及參與官監督規程)」[23]을 마련하여 조선 정부 내에 재직하고 있는 일본인 고문 및 참여관에게 중요 업무를 통감에게 먼저 보고하고 통감의 명령에 따라 업무를 수행하도록 규정하였다. 또한 대한제국의 정부조직을 개편하고 정부의 기록관리제도를 정비하여 현용 및 비현용기록을 장악함으로서 정부 운용의 고급 정보와 약점을 파악하여 권력을 장악해갔다. 통감은 조선 권력의 한 축인 황실을 관할하는 궁내부를 장악하고 기록관리규정을 정비하였다. 그리하여 왕실 및 조선 국가의 역사기록을 관장하고 있는 규장각을 장악하여 기록을 정리함으로써 역사적 상황을 파악하고 역사적 정당성을 담보해내고자 하였다. 나아가 일제는 그 작업을 심화시켜 가서 1930년대에 역사기록을 정리하여 식민사관을 구축하기도 하였다.[24]

1) 통감부의 공문서제도 장악

1906년 2월 1일에 초대 통감으로 이토 히로부미가 부임하면서 통감부 사무분장을 마련하고,[25] 3월에는 「고문급참여관감독규정」을 공포하여 일본인 고문과 참여관을 통해 조선의 내정을 장악하고자 하였다.[26] 일본인 고문과 참여관들은 1895년부터 조선 정부에 초빙되어 재직하고 있었다.[27]

---

[23] 『統監府例規』, 「顧問及參與官監督規程」(1906.3.10)(국가기록원, CJA0004668).

[24] 일제는 1910년 조선을 병합한 후에도 도서와 기록정리사업을 지속하였다. 일제는 조선총독부 취조국(1910~1912), 조선총독부 참사관실(1912~1914), 조선총독부 중추원(1914~1938)에서 조선 정부의 현용 및 비현용기록을 중심으로 역사서, 도서를 정리하여 1938년에 『조선사』 35권을 편찬해내면서 식민사관을 체계화하였다(『朝鮮舊慣制度調査事業概要』, 朝鮮總督府中樞院, 1938).

[25] 水田直昌 감수, 「통감부사무분장규정」, 『統監府時代의 財政』, 友邦協會, 1974, 69쪽.

[26] 김건우, 『근대 공문서의 탄생』, 소와당, 2008, 76~89쪽. 이 부분은 이 저서를 많이 참고하였다.

즉 대한제국 정부에 재직하고 있는 일본인 고문과 참여관을 통감이 장악함으로써 조선 내정 상황을 파악하고 그들의 공문서 발송과 송부 및 보고를 통하여 조선 내정을 장악하고자 하였다. 그 구체적인 내용은 다음과 같다.

> 일. 고문 또는 참여관이 한국정부와 협상하는 경우에는 미리 통감의 승인을 받아야 한다.
> 일. 종래 고문 또는 참여관으로서 제국관청 앞으로 보내는 공문서류는 통감이 별도로 정하는 것 외에는 일체 통감에 제출해야 한다.
> 일. 고문 또는 참여관으로 새로이 소속 직원을 용빙 또는 해용(解傭)하거나 혹은 그 지위를 변경하려고 할 때는 미리 통감의 승인을 거쳐 그 수속을 진행해야 한다.
> 일. 고문 또는 참여관은 매년 6월 말 및 12월 말일에 소속 직원 및 사무의 상황을 통감에게 정기 보고해야 하고 또 중요한 사항을 수시 보고해야 한다.
> 일. 고문 또는 참여관은 통감의 명령에 따라 조사 보고하는 일에 종사해야 한다.[28]

즉 고문 또는 참여관은 매년 6월 말과 12월 말에 사무상황을 통감에게 보고해야 했으며, 통감의 명령에 따라 사항을 조사 보고하도록 하였고, 한국 정부와 협상할 때도 미리 통감의 승인을 받도록 하였다. 아울러 본국에 보내는 공문서도 모두 통감에 제출하도록 하였다. 이와 같이 통감은 일본인 고문 및 참여관에게 공문서의 발송 및 배부의 과정을 통하여 조선 내정을 보고토록 하였으며, 그를 바탕으로 명령을 내렸다.

그 후 1906년 9월에 통감부에서는 「통감부문서취급규정」을 제정 배포함으로써 통감이 공문서의 발송과 수수과정을 통할하도록 하였다. 「통감부문

---

27) 김현숙, 「한말 조선정부의 고문관정책(1882~1904)」, 『역사와 현실』 33, 한국역사연구회, 1999; 이원순, 「한말 일본인 고빙문제연구」, 『한국문화』 11, 1990.
28) 『統監府例規』, 「顧問及參與官監督規程」(1906 3. 10)(국가기록원, CJA0004668, 4쪽).

서취급규정」은 총 24조로 구성되었으며, 통감부 총무부 문서과에서[29] 행하는 문서의 접수와 발송, 비밀문서의 취급, 문서의 보존과 편찬 등을 체계적으로 정리한 공문서 취급 규정이었다. 또한 총무부 문서과장은 매월 말에 수수(收受)한 문서의 처리상황을 요약 정리하여 보고함으로써 총무장관이 그 진행상황을 파악하도록 하였다. 그 내용을 제시하면 〈표 4-1〉과 같다.

〈표 4-1〉 통감부문서취급규정

제1조	문서과(文書課)에서 수수(收受)하는 문서로 개봉(開封)을 요하는 것은 문서과장(文書課長)이 그것을 개봉하고, 수수부(收受簿)에 건명, 수수연월일 및 번호를 기재한다. 동일한 수수연월일 및 번호를 본 문서에 적고 곧바로 주무부과(主務部課)에 배부한다.
제2조	통감에게 직접 보내는 친전서(親展書) 및 통감에게 가는 전보는 봉함 그대로 비서과(秘書課)에 송부한다.
제6조	회의(回議)에는 순차적으로 건명, 연월일, 발수자명, 처분안 및 이유를 기재해야 한다. 간단한 처분안은 난외(欄外)에 기입할 수 있다.
제9조	긴급을 요하는 문서는 상단에 빨간 종이[朱紙]를 첨부하고, 비밀을 요하는 것은 봉투에 담아 '비(秘)'인(印)을 날인해야 한다.
제12조	총무장관의 결재를 받은 것으로 통감의 결재를 필요로 하는 것은 문서과로부터 비서과로 송부해야 한다.
제16조	문서과에서 발송해야 하는 문서는 발송부에 건명, 발송연월일 및 번호를 기재한다.
제17조	집행이 완료된 문서는 주무부과에 송부하고, 주무부과에서는 완결문서일 때는 '완결'이라고 기입하여 문서과에 송부해야 한다. 완결문서는 문서과에서 편찬 보존한다.
제20조	비서과에서 수수한 문서로서 보통문서로 처리해야 할 것은 문서과로 송부해야 한다. 일의 기밀로 속하는 것으로 비서과에서 취급하는 것은 비서과에 보존해야 한다. 단 집행 후 기밀을 요하지 않는 문서는 문서과에 송부해야 한다.
제23조	문서과장은 매월 말일에 그 달 15일 이전에 수수한 문서의 처리 미제 일람표를 작성하여 관계부과에 회송하여 처리 미제의 이유를 기입하여 총무장관이 열람하도록 해야 한다.
제24조	문서의 편찬 및 보존에 관한 규정 및 도서에 관한 규정은 별도로 정한다.

출전: 『통감부예규』, 「통감부문서취급규정」(1906년 9월)(국가기록원, CJA0004668, 7~12쪽).

---

[29] 통감부 총무부 아래 부서는 비서과, 인사과, 문서과, 회계과, 지방과의 5과로 변경되었다(『한국시정연보』, 1906, 11쪽).

모든 문서의 수수는 문서과에서 주관하고, 통감에게 가는 친전문서 및 비밀문서는 비서과에서 주관한다[제2조, 제12조]. 문서과장은 매월 말일에 15일 이전에 수수한 문서의 처리일람표를 작성하여 총무장관이 처리상황을 신속하게 점검하도록 하였다[제23조].

즉 통감부 총무부 문서과에서 모든 공문서를 통제하였다. 통감부 소속 타부서에서 작성한 공문서는 이곳에서 하나하나 조사하여 총무장관을 거쳐서 통감에게 결재를 받도록 하였다. 그리고 결재가 끝난 문서는 다시 이곳을 거쳐서 발송되거나 보존·편찬되었다.[30]

1907년 7월에 헤이그밀사사건이 발생하고, 1907년 7월 24일에「제3차 한일협약」이 맺어지면서 통감에 의한 조선 내정 장악은 더욱 강화되었다. 1906년 이후에는 통감이 일본인 고문이나 참여관을 통해서 조선의 내정을 파악하고 장악해가려고 하였는데,「제3차 한일협약」이후에는 통감이 직접 한국의 국정을 장악해갈 수 있었다. 고종이 물러나면서, 이후 통감의 내정 장악을 견제하는 정치세력은 존재하지 않았다. 통감부는 고종이 영향력을 행사하고 있었던 의정부를 해체하고 통감이 관할할 수 있는 내각제로 개편하였다. 또한 고종이 물러나고 영향력이 없는 순종을 즉위시키면서 이토 히로부미는 한국을 전반적으로 통할해 갈 수 있었다.

「제3차 한일협약」의 제2조는 "한국 정부의 법령 제정 및 중요한 행정상의 처분은 통감의 승인을 거칠 것"[31]이라고 규정하여 한국 정부가 법령을 제정할 때나 주요 정책을 집행할 때 통감의 승인을 받도록 하였다. 대한제국의 순종은 한국 정부의 실권을 행사할 수 없었다.

그 해 8월에는 한국 내각과 각 부에 공문을 발송하여 "올해[1907] 7월 24일 협약 제2조에 의거하여 귀부(貴部) 주관의 명령 및 중요 처분의 시행

---

30)『統監府例規』,「統監府文書取扱規程」(1906년 9월)(국가기록원, CJA0004668).
31)「제3차 한일협약」, 제2조(최덕수 외,『조약으로 본 한국근대사』, 2010).

에 관하여 본관[통감]의 승인을 구하는 경우는 별지 서식의 서면에 그 성안을 첨부하여 제출하심을 요(要)함."32)이라고 명하고, 나아가 그 사유서를 제출하도록 하였다.33)

즉 정부기관에서 명령이나 중요 처분을 행할 때 각 부 대신들은 통감에게 공문서을 작성 제출하여 승인을 얻어야만 정책을 집행해갈 수 있도록 하였다. 이제 통감은 공문서 시행을 바탕으로 조선의 내정을 확실히 장악해 갈 수 있었다.

2) 의정부와 각 부의 기록관리제도 개편

일제는 대한제국 정부의 관제를 개편하고, 그에 따라 기록관리제도도 변경하고자 하였다. 1905년에 의정부와 각 부의 관제를 개편하면서 기록관리기구를 정비하였다. 먼저 의정부 관제를 새로이 제정하였다. 1905년에 「의정부소속직원관제(議政府所屬職員官制)」[1905.3.1]「의정부소속직원분과규정(議政府所屬職員分課規程)」[1905.4.11]을 공포하여, 의정부는 의정대신관방[비서과]과 참서관실[문서과, 조사과, 기록과, 관보과, 회계과] 체제로 개편되었다.34) 소속과의 업무 분장을 제시하면 〈표 4-2〉와 같다.

〈표 4-2〉에서 보듯이, 의정부 대신관방 비서과에서 기밀에 관한 사항과 관료의 인적 사항을 관할하였다. 참서관실 문서과에서는 공문서의 접수와 발송, 조칙·법률의 발포를 주관하였다. 조사과에서는 법률·명령의 조사와 공문의 사열(査閱)과 기초(起草)를 담당하였다. 기록과에서는 공문서 원본의 보존과 공문서 기록의 편찬을 담당하였으며, 그를 바탕으로 국사를 편찬하였다. 즉 현용기록은 문서과가, 비현용기록은 기록과가 관리하였다.

---

32) 『統監府例規』, 「機密統發第118號」(1907.8.9)(국가기록원, CJA0004668, 26쪽).
33) 『統監府例規』, 「秘受242號」(1907.11.2)(국가기록원, CJA0004668, 29쪽).
34) 이경용, 「한말 기록관리제도 -공문서관리 규정을 중심으로-」, 『기록학연구』 6, 한국기록학회, 2002.

〈표 4-2〉 1905년 「의정부소속직원관제」와 「의정부소속직원분과규정」의 업무 분장

관방	과	업무 분장
대신관방	비서과	· 기밀에 관한 사항 · 관리 진퇴 신분에 관한 사항 · 관인(官印) 및 대신관장(官章) 관수(管守)에 관한 사항
참서관실	문서과	· 조칙과 법률 규칙의 발포에 관한 사항 · **공문의 접수 발송에 관한 사항** · 법률 규칙 등 각 의안 등초(謄草)에 관한 사항 · **회의할 때 문답과 토론을 필기하는 사항** · 주안(奏案)을 정사(淨寫)하는 사항
	조사과	· 법률 명령안의 조사에 관한 사항 · 공문의 사열(査閱)과 기초(起草)에 관한 사항 · 청의서의 심사 및 의정부 의안 일체 조제(調製)에 관한 사항 · 각 관서 칙주임관의 이력 조사와 편찬 보존에 관한 사항
	기록과	· **각종 문서의 기록 편찬에 관한 사항** · **조칙과 법률 규칙 등과 기타 공문의 원본을 보존** · 의정부소관도서의 구비 유별 보존 출납 및 그 목록 편집 · 의정부소용도서의 출판 · 제반 통계표 편제 · **국사편찬**
	관보과	· 관보 및 직원록의 편찬 발매 및 분파에 관한 항의(項議)
	회계과	· 의정부 소관 경비의 예산 결산 및 회계 · 의정부 소관 관유재산 및 물품보존과 그 장부 조제(調製)

출전: 「의정부소속직원관제」(1905.3.1)(『법령집』 4권, 17~18쪽);
　　　「의정부소속직원분과규정」(1905.4.11)(『법령집』 4권, 94~95쪽).

즉 문서과에서는 공문서의 접수 발송을 맡아 현용기록의 관리를 담당하였고, 회의할 때 회의내용을 정리하거나, 법률 규칙 등의 의안을 등초하는 역할을 담당하였다. 기록과는 역사기록을 관리하였으며, 조칙 등 중요 공문서의 원본을 보존하고, 중요 기록을 편찬하였으며, 중요 역사기록을

바탕으로 역사를 편찬하는 일을 담당하였다.35)

일제는 1905년 5월에 러일전쟁에서 승리한 후, 동년 11월에는 조선에 을사조약을 강요하여 대한제국의 외교권을 박탈하고 1906년 1월에 외부를 폐지하였다. 그 후 외부의 축소된 업무를 의정부 외사국으로 이관하였다. 1907년에 의정부를 '직원관제'와 '직원분과규정'으로 개정하면서 대신관방의 비서과와 문서과 및 회계과, 외사국의 외사과와 번역과, 법제국의 법제과·기록과·관보과 체제로 변경하였다(〈표 4-3〉 참조).36)

〈표 4-3〉에서 보듯이 1907년의 의정부 관제가 1905년의 그것과 가장 큰 차이는 외부가 폐지되면서 의정부 외사국이 신설되었고, 법제국 법제과가 신설된 점이었다. 1906년에 통감부가 신설되면서 이토 통감은 동경제대 교수 우메 겐지로[梅謙次郎]를 초빙하여 '부동산법조사회'를 창설하여 조선의 부동산 관습을 조사하면서 부동산 법률, 조선민사령 등 법률을 제정할 계획이었다. 그리하여 의정부에 법제국 법제과를 신설하여 법률을 제정하는 사업을 진행해갔다.

기록관리업무 면에서는 문서과의 기능은 공문서의 수수 발송 등 현용 기록을 관리하면서 나아가 기록과가 담당하였던 공문서의 편찬 보존 업무를 이관받았다는 점이 특기할 점이다.37) 반면에 기록과는 '공문서 편찬 보존' 업무와 '의정부 도서 출납 및 목록 편집' 업무가 문서과로 이관되고, '관원 이력서 편찬 보존' 업무와 '직원록 법규유편 및 도서 편찬' 업무가 추가되었다.

---

35) 「議政府所屬職員分課規程」(1905.4.11)(『한말근대법령자료집』 4권, 94~95쪽[이하 『법령집』이라 약칭함]).
36) 「議政府所屬職員官制 改正」(1906.12.26)(『법령집』 5권, 376~378쪽); 「議政府所屬職員分課規程」(1907.1.11)(『법령집』 5권, 393~395쪽).
37) 1907년 문서과의 업무는 변동이 있었다. 1905년 참서관실 문서과의 업무 중 '조칙 법률 규칙의 발포'는 법제국 법제과로 이관되었고, 대신 참서관실 기록과의 업무 중 '공문서 편찬 및 보존' '의정부 소관 도서 구비 유별 보존 출납 및 목록 편집'을 이관받았다.

〈표 4-3〉 1907년 「의정부소속직원관제」와 「의정부소속직원분과규정」의 업무 분장

의정부	과	업무 분장
대신관방	비서과	·관리진퇴 신분 및 기밀에 관한 사항 ·부인(府印) 및 대신관장(官章) 관수(管守)에 관한 사항
	문서과	·<u>공문정사(公文淨寫) 접수 발송</u> ·<u>법률 칙령 규칙 등 각 의안(議案) 등초</u> ·<u>회의시 문답토론 등 필기</u> ·<u>주안정사(奏案淨寫)</u> [각 관청 친칙주임관 관고(官誥)를 정사(淨寫)] ·각양 문서 편찬보존 ·의정부소관도서구비 유별보존 출납 및 그 목록 편집
	회계과	·의정부 소관 경비의 예산 결산 및 회계 ·의정부 소관 관유재산 및 물품보존과 그 장부 조제(調製)
외사국	외사과	·친서 국서에 관한 사항 ·제국에 주재하는 각국인의 알현 및 대우와 외국인 서훈
	번역과	·각종 문서 번역에 관한 사항
법제국	법제과	·법률 칙령 규칙 의안의 기초(起草)와 개정 및 폐지 ·각부에서 제출한 법률 칙령 주안(奏案)과 청의서 및 반포안을 심사하여 의견을 개진 ·내외 칙주판임관 자격 조사 ·조칙 법률 칙령 규칙 등 발포
	기록과	·<u>국사편찬 및 보존</u> ·내외 칙주판임관(勅奏判任官)이력서 편찬보존 ·<u>제반통계표 조제(調製)</u> ·직원록 법규유편(法規類編) 및 제반도서편찬
	관보과	·관보 직원록 법규유편 및 도서 출판

출전: 「의정부소속직원관제 개정」(1906.12.26)(『법령집』 5권, 376~378쪽);
「의정부소속직원분과규정」(1907.1.11)(『법령집』 5권, 393~395쪽).
참조: 문서과와 기록과의 밑줄 친 부분은 1905년 의정부의 분과규정과 동일한 분야이다.

통감부는 의정부 산하에 대신관방, 외사국, 법제국을 두고 그를 바탕으로 조선의 기록을 장악해가려고 하였다. 대신관방의 비서과에서는 비밀기록을 관장하였으며, 문서과에서는 공문의 접수 발송 등을 행하였으며, 회의기록을 정리하도록 하였다. 즉 대신관방의 문서과에서 현용기록을 관장하도록 하였으며, 법제국 기록과에서는 비현용기록인 역사기록을 관장하도록 하였다. 비현용기록을 관리하여 역사를 편찬 및 보존하도록 하였다.

일제는 조선의 관료제를 효율적으로 이용하여 조선의 상황을 파악하고, 그를 바탕으로 조선을 침략해 들어왔다. 물론 일제는 자체적으로 조선의 상황을 조사하였다. 각 부문별로 일제가 필요로 하는 부분에 대해서는 일제의 관료나 대학교수 등 지식인을 동원하여 조선의 상황을 파악하는 보고서를 작성하도록 하였다. 그리하여 일제는 농업 및 수산업에 대한 조사를 하였고, 나아가 1906년부터 부동산법조사회를 통하여 조선의 부동산 소유권 등을 조사하였고, 나아가 1908년 법전조사국에서는 소유권 및 관습조사를 실시함으로써 조선의 상황을 파악하고자 하였다.[38]

이토 히로부미는 자신의 통제력을 강화하기 위해 고종의 반대에도 불구하고 1907년 6월에 의정부 관제를 내각제로 개정하였다. 아직까지 고종의 영향력 아래 있는 의정부를 변경하고, 이토가 영향력을 행사할 수 있는 내각제로 개편하였다.[39] 그리하여 내각의 업무체제를 대신관방[비서과], 서기관실[문서과, 회계과], 법제국[법제과, 기록과, 관보과], 외사국[외사과, 번역과] 체제로 변경하였다.[40] 즉 대신관방에는 비밀을 다루는 비서과

---

38) 이영학, 「통감부의 조사사업과 조선침략」, 『역사문화연구』 39, 한국외국어대 역사문화연구소, 2011.
39) 서영희, 『대한제국 정치사연구』, 서울대 출판부, 2003.
40) 「의정부를 내각으로 개칭하는 건」(1907.6.14)(『법령집』 5권, 522쪽); 「내각소속직원관제」(1907.6.15)(『법령집』 5권, 525~527쪽); 「내각소속직원분과규정」(1907.6.19)(『법령집』 5권, 534~536쪽).

를 그대로 두고, 서기관실을 신설하여 문서과와 회계과를 분리하였다는 점이 이전과 다르다. 내각 산하 과(課)의 업무 분장은 1907년의 의정부 업무 분장과 대동소이했다. 내각제 변경의 큰 특징은 고종이 의정부 대신과 각 부 대신을 자주 교체하면서 영향력을 행사하고 있었는데 그것을 제어하고, 대신 이토 통감이 관할하기 위해 내각제로 변경한 것이었다.[41] 이 체제는 대한제국이 운명을 다하는 날까지 변동이 없었다.

일제는 1905년 의정부 관제를 개편하면서, 각 부 관제도 함께 개편하였다.[42] 당시 정부 부처는 내부, 외부, 탁지부, 군부, 법부, 학부, 농상공부 등 7개 부가 존재하였다. 공문서의 수수와 기록의 관리 및 보존은 모두 대신관방에서 주관하도록 하였다. 각 부의 대신관방은 다음과 같은 업무를 주관하도록 규정하였다.

<u>1. 기밀에 관한 사항</u>
2. 관리 진퇴 신분에 관한 사항
3. 부인(府印) 및 대신관장(官章) 관수(管守)에 관한 사항
<u>4. 공문서류 및 성안문서 수수 발송에 관한 사항</u>
5. 통계 보고 조사에 관한 사항
<u>6. 공문서 편찬 보존에 관한 사항</u>
7. 기타 각 관제에서 특별히 대신관방 소관에 속한 사항[43]

의정부와 마찬가지로 각 부에서도 기밀에 관한 사항, 공문서의 수수 발송, 공문서 편찬 및 보존에 관한 사항은 대신관방에서 주관하도록 하였다. 즉 현용기록과 비현용기록의 관리는 대신관방에서 일괄적으로 처리하도록 규정하였던 것이다. 구체적으로 각 부에서는 대신관방 산하에 비서과

---

41) 서영희, 『대한제국 정치사연구』, 서울대 출판부, 2003, 347~370쪽.
42) 「각부관제통칙」(1905.3.1)(『법령집』 4권, 22~25쪽).
43) 「각부관제통칙」(1905.3.1), 제10조.

와 문서과를 두어, 비서과에서는 비밀 기록을 관리하고 문서과에서 공문서의 수수 발송 및 공문서의 편찬 보존을 담당하도록 하였다.44)

예를 들면 내부에서는 대신관방에 비서과와 문서과를 두었다. 비서과에서는 비밀에 관한 사항, 관리 진퇴 신분에 관한 사항을 관장하였고, 문서과에서는 공문서와 성안문서의 접수 및 발송, 공문서의 편찬 보존에 관한 사항을 담당하였다.45)

1907년 6월에 의정부가 내각제로 개편되었지만, 각 부의 기록관리체제는 변하지 않았다. 이전의 의정부체제와 마찬가지로 각 부의 대신관방에서 비밀기록 및 현용기록과 비현용기록을 관리하였다. 즉 대신관방에서 비밀을 관리하고, 공문서의 수수 및 공문서의 편찬 보존에 관한 업무를 담당하였다.46)

3) 궁내부 관제 개편과 기록관리기구 정비

통감부는 대한제국의 정부를 장악하는 것뿐 아니라 권력의 한 축인 왕실의 권한과 재정을 관할하는 궁내부를 통할하고자 하였다. 1894년 갑오정권 때 국정으로부터 왕실을 분리시키기 위해 궁내부가 신설되었는데, 1897년 고종이 대한제국을 창설하면서 왕권 강화와 함께 궁내부의 기구를 크게 확대하였다. 1903년 궁내부는 대신관방 외 28개 산하기구를 설치할 정도로 비대해졌고,47) 역둔토 경영, 광산 경영, 철도 경영, 홍삼 전매, 잡세 수취 등 관할 업무도 크게 확대해가면서 정부를 능가할 정도의 재정 수입을 확보하였다.48)

---

44) 각부의 분과규정에서 구체적으로 규정하고 있다(『법령집』 4권, 89~124쪽 참조).
45) 「내부분과규정」(1905.4.12)(『법령집』 4권, 97~99쪽).
46) 「각부관제통칙」(1907.6.21)(『법령집』 5권, 531~533쪽).
47) 이영학, 「대한제국시기의 기록관리」, 『기록학연구』 19, 한국기록학회, 2009, 168~170쪽.
48) 서영희, 『대한제국 정치사연구』, 서울대 출판부, 2003.

궁내부 관제는 1905년 이후 두 차례 크게 개편되었다. 1905년 3월 4일의 궁내부 신관제에서는 궁내부 산하 기구가 22개이었다가, 1907년 11월 29일 제정된 궁내부 신관제에서는 궁내부 산하에 11개 기구로 크게 축소되었다. 궁내부 신관제를 개편하는 목적은 궁내부 관제를 크게 축소시켜 궁내부의 영향력을 약화시키면서 궁내부 재정을 정부 재정으로 환원시키려는 것이었다.

이토 통감은 1907년 7월 헤이그 밀사사건을 빌미로 고종의 퇴위를 강요하고, 다른 한편으로 1907년 7월 24일 제3차 한일협약을 바탕으로 일본인을 대한제국의 차관으로 임명하면서 국정의 실질적 권한을 장악하게 하였다. 또한 군대를 해산하여 조선인의 저항을 무력화시키면서 통치권을 강탈하였다.

1907년 11월 29일 궁내부 관제를 개편하면서[49] 궁내부 산하 기구를 축소시켰지만, 오직 규장각의 조직만 확대시켰다. 즉 궁내부의 조직은 대신관방 산하에 11개 기구로 대폭 축소시켰으나,[50] 규장각의 조직만 확대하고 업무도 확장하였다.[51] 규장각의 업무는 다음과 같이 부여되었다.

① 제실의 전적과 문한 기록의 보관
② 열성의 어제 어필 어장 어진과 선원보첩의 보관
③ 진강과 대찬과 종실에 관한 사무 관장
④ 의시(議諡)와 제전에의 참열 등의 사무 관장[52]

---

49) 『궁내부규례』,「궁내부관제」(1907.11.29), 제27조.
50) 1905년 3월 4일 궁내부 관제 규정에는 궁내대신 관방 산하에 22개 원사(院司)가 소속되어 왕실 관련 업무를 담당하였다(서영희,「통감부시기 일제의 권력장악과 규장각 자료의 정리」,『규장각』17, 서울대 규장각, 1994, 105쪽 참조).
51) 서영희,「통감부시기 일제의 권력장악과 규장각 자료의 정리」,『규장각』17, 서울대 규장각, 1994, 106~107쪽.
52) 『궁내부규례』,「궁내부관제」(1907.11.29), 제27조.

규장각은 종래의 도서관리, 기록관리 외에 종친부, 홍문관의 업무를 모두 통합하게 하였으며 그 직임도 크게 확대되었다.[53] 규장각의 담당인력이 1905년 직제에서는 8명이었는데, 1907년에는 담당인력이 9명으로 증원하였고, 그 외 규장각 업무의 고문을 담당하는 명예관 10명을 추가하여 명예관이 40명 이내일 정도였다.[54]

1905년 궁내부 관제 개정 당시 규장각의 담당 관료의 정원은 8명이었다. 학사 1인[칙임], 직학사 1인[칙임], 직각 1인[주임], 대제 1인[주임], 주사 4인[판임] 등 총 8명이었다.[55] 그런데 1907년 11월 궁내부 관제 개편 당시 규장각의 조직과 업무가 크게 확대되었으며, 담당관원이 명예관으로 40인 이내이며,[56] 그 중 10인은 규장각 업무의 고문을 담당하고 있었다. 상근 정원은 경 1인, 기주관 2인, 전제관 2인, 주사 4인 등 총 9명이었다.[57] 규장각 업무에 직접 고문을 담당하였던 지후관으로는 정1품 이근명, 민영규, 조병호, 윤택영, 민영소, 종1품 윤용구, 김종한, 정2품 민상호, 김사준, 엄주익 등 10인이었고, 실무 최고 책임자인 규장각경에는 정2품 조동희, 기주관에 종2품 김천수, 전제관에 종2품 김유성이 임명되었다.[58]

---

53) 서영희, 「통감부시기 일제의 권력장악과 규장각 자료의 정리」, 『규장각』 17, 서울대 규장각, 1994, 106쪽.
54) 『궁내부규례』, 「궁내부관제」(1907.11.29), 제27조.
55) 「궁내부관제 개정」(1905.3.4.), 제30조(『법령집』 4권, 50쪽).
56) 명예관으로는 대제학 1인(칙임명예관), 제학 10인 이내(칙임명예관), 부제학 10인 이내(칙임 혹 주임명예관), 직각 10인 이내(주임명예관), 지후관 10인(칙임명예관; 閣務의 고문에 응하다)이 존재하였다. 지후관은 규장각 업무에 직접 고문을 담당하였다(『궁내부규례』, 「궁내부관제」(1907.11.29), 제27조).
57) 『궁내부규례』, 「궁내부관제」(1907.11.29), 제27조.
58) 『순종실록』, 융희원년 11월 30일(서영희, 「통감부시기 일제의 권력장악과 규장각 자료의 정리」, 『규장각』 17, 서울대 규장각, 1994, 106쪽 재인용).

〈표 4-4〉 규장각의 부서와 업무 분장

과	분장 업무
전모과 (典謨課)	· 선원보첩과 돈령보첩의 편찬 수정 및 보관 · 열성의 어제 어필 어장 어진의 도사(圖寫) 및 상장(尙藏) · 봉심(奉審) 및 제전(祭典) 참열(參列)
도서과 (圖書課)	· 도서의 보관 및 출납 · 도서의 정리 및 분류 · 도서의 구매 및 선사(繕寫) · 도서 원관(原版)의 보관
기록과 (記錄課)	· 공문서류의 편찬 및 보관 · 공문서류의 정리 및 분류 · 윤발 일성록 상주문 의궤 책문 및 족자의 상장(尙藏) · 사고(史庫)에 관한 사항
문사과 (文事課)	· 진강 및 대찬에 관한 사항 · 존호 및 시호에 관한 사항 · 윤발 및 일성록 편찬에 관한 사항 · 사책(史册)의 기초(起草) 및 수정(修正)에 관한 사항

출전: 『궁내부규례』, 「규장각분과규정」(1908.9.23).

1908년 9월 23일 규장각 기구를 개정하고 「규장각분과규정」[59]을 제정하면서 조선의 기록을 본격적으로 장악해갔다. 이 규정에 의해 규장각에는 4개의 과가 생겼으며 각각의 업무 역할은 〈표 4-4〉와 같았다.

규장각 기록과에서 공문서의 편찬 보관 및 공문서의 정리 분류를 담당하였고, 규장각 도서과에서 규장각이 소장하고 있는 도서의 보관 출납 및 정리 분류를 담당하고 있었다.

궁내부 관제를 개편한 다음 날인 1907년 11월 30일 총 13조로 구성된 「궁내부문서조판규정」[60]과 총 9조로 구성된 「궁내부문서조판규정시행세

---

[59] 『궁내부규례』, 「규장각분과규정」(1908년 9월 23일), 48~50쪽.

칙」61)을 제정하여 궁내부 공문서류의 수수, 발송, 배부과정을 규정하고 명시함으로써, 통감부는 궁내부의 사정을 파악하고 그를 바탕으로 궁내부를 장악해 들어가고자 했다.62) 「궁내부문서조판규정」에는 궁내부 공문서의 처리과정을 명시하였다. 그 내용을 요약해 놓은 것이 〈표 4-5〉이다.

〈표 4-5〉 「궁내부문서조판규정」의 주요 내용

조항	내용
제1조	궁내부대신, 궁내부차관 및 궁내부 명의의 문서의 수수 발송 또는 배부는 기밀문서 여부를 불문하고 대신관방 서무과장이 이를 처리한다.
제2조	각청 장관, 각 과장 및 각 청과(廳課) 명의로 한 문서는 친전(親展) 문서와 보통문서를 불문하고 당해 장관, 당해 과장 및 당해 청과(廳課)에서 직접 수수 또는 발송한다.
제3조	각청 장관, 각 과장 및 각 청과(廳課)에서 제1조에 의해 배부받거나 또는 직접 수수한 문서로 다른 청과(廳課)의 주관 사무에 속한 것이 있을 때는 그 수수자(收受者)의 이유를 부쳐 대신관방 서무과장에게 송부 또는 반환한다.
제7조	시급히 처분을 요하는 문서는 상단에 붉은 종이[紅紙]를 첨부하고, 비밀을 요하는 것은 봉투 위에 '비(秘)'를 주기(朱記)하여 보통 업무와 구별한다.
제11조	각 청과(廳課)에서 처분이 완결된 문서는 사건 종료 후 1년이 경과한 때, 그 처분안 및 관계 왕복문서와 부속문서 등을 합쳐 규장각으로 송부한다.

출전: 『궁내부규례』, 「궁내부문서조판규정」(1907.11.30; 1910.2.21. 개정)(궁내부대신관방 조사과, 1910).

---

60) 『궁내부규례』, 「궁내부문서조판규정」(1907.11.30; 1910.2.21 개정), 152~155쪽.
61) 『궁내부규례』, 「궁내부문서조판규정시행세칙」(1907.12.24; 1910.2.21 개정), 155~159쪽.
62) 김건우, 『근대 공문서의 탄생』, 소와당, 2008, 62~69쪽; 김건우, 「구한말 궁내부의 공문서 관리 규칙에 관한 일고찰」, 『한국기록관리학회지』 제7권 1호, 한국기록관리학회, 2007.

제1조에는 모든 문서의 주무자를 대신관방 서무과장이 맡도록 명시하였다.63) 즉 궁내부 대신 이하 궁내부 명의로 된 모든 문서의 수수, 발송, 배부는 대신관방 서무과장이 처리하도록 하였다. 나아가 문서를 배부받거나 수수한 관청에서 다른 청과(廳課) 주관 업무에 속한 사무가 있을 때는 그 이유를 첨부하여 대신관방 서무과장에게 송부하도록 하였다[제3조]. 긴급을 요하는 문서는 문서의 상단에 붉은 종이를 붙이고, 기밀을 요하는 문서는 봉투 위에 붉은 글씨로 「秘」자를 써서 보통 문서와 구별하도록 하였다[제7조]. 또한 문서를 발송하거나 수수할 때 발송부(發送簿), 수수부(收受簿)에 건명, 발송자, 수수자, 연월일, 번호를 기입하도록 하였다.64) 사건이 종결되면 종료 후 1년이 경과한 때 그 처분안 및 관계문서 일체를 규장각에 송부하도록 하였다[제11조]. 즉 궁내부에서 수수 발송 송부되는 모든 문서는 대신관방 서무과장을 통하도록 하였으며, 궁내부에서 업무처리된 공문서는 1년 뒤 규장각에 송부하도록 규정하였다.

이러한 정부의 기록관리제도의 개편과정을 보면 공문서의 수수, 발송, 배부를 일원화시켰다는 점이다. 통감부에서는 총무부 문서과장이 주관하도록 하였고 그 처리일람표를 총무장관에게 보고하여 처리상황을 신속하게 점검하도록 하였다. 의정부와 각 부에서는 문서과가 현용기록을 담당하고, 기록과는 비현용기록을 담당하도록 하였다. 궁내부에서는 대신관방 서무과장이 문서의 수수, 발송, 배부를 총괄하도록 하였고, 문서과가 현용기록을 담당하며, 기록과는 비현용기록을 보존 편찬하도록 하였다.

이와 같이 문서의 발송 수수 과정을 일원화한 뒤, 의정부와 궁내부에 있는 기록과 도서를 총정리하는 작업을 시행하였다.

---

63) 「대신관방분과규정」에 의하면, 대신관방 산하에는 인사과, 서무과, 조사과, 주마과를 설치하였다(「대신관방분과규정」(1907.11.29)(『법령집』 6권, 98쪽)).

64) 『궁내부규례』, 「궁내부문서조관규정시행세칙」(1907.12.24; 1910.2.21개정), 제1조.

4. 통감부의 기록 정리와 내정 장악

1) 규장각의 장악과 역사기록의 정리

규장각은 1894년 6월 갑오정권에서 황실관계 기관들과 함께 궁내부에 귀속되었다. 1897년 대한제국시기에는 규장각에 새로운 도서를 구입하여 충원하기도 하였다.[65] 그 후 1905년 궁내부 관제가 개편되면서 궁내부 기구는 조직이 위축되고 산하기구는 축소되었다. 대한제국시기에 설치되었던 광학국·철도국·수민원·평식원·통신사 등 근대화 관련 기구가 폐지되고 궁내대신 관방 하에 규장각·경리원·내장사·제실회계심사국 등 22개 기관이 소속되었다.[66] 그 중 규장각은 "황실 전적 및 기록을 보관하고 열성 어제, 어장, 어진과 황통보 황족 첩적을 봉장하는"[67] 사무를 담당하였다.

1907년 11월에 궁내부의 조직 개편이 다시 이루어졌다. 궁내부 산하 조직은 11개로 더욱 축소되었지만, 반면에 산하기관인 규장각의 조직은 확대되었다. 규장각은 확대된 인원을 바탕으로 소장하고 있는 도서와 기록들을 총정리하기 시작하였다. 1908년 9월 23일에는 규장각 기구를 신식으로 개정하여 「규장각분과규정」[68]을 제정하였다. 규장각에는 전모과, 도

---

65) 서영희, 「통감부시기 일제의 권력장악과 규장각 자료의 정리」, 『규장각』 17, 서울대 규장각, 1994, 104쪽; 신용하, 「규장각도서의 변천과정에 대한 일연구」, 『규장각』 5, 서울대 규장각, 1981.

66) 서영희, 「통감부시기 일제의 권력장악과 규장각 자료의 정리」, 『규장각』 17, 서울대 규장각, 1994, 105쪽; 이상찬, 「일제침략과 황실재산정리」, 『규장각』 15, 서울대 규장각, 1992, 133쪽.
22개 기관은 다음과 같다. 제도국, 시강원, 비서감, 규장각, 홍문관, 장례원, 종부사, 돈령사, 태의원, 내정사, 내장사, 경리원, 봉상사, 전선사, 상방사, 주전원, 영선사, 태복사, 제실회계감사국, 내대신, 황태자궁시강원, 친왕부 등 22개 기관이다.

67) 「궁내부관제 개정」(1905.3.4), 제30조(『법령집』 4권, 50쪽).

68) 『궁내부규례』, 48~50쪽(『법령집』 7권, 351~352쪽).

서과, 기록과, 문사과 등 4과가 존재하는데, 기록과에서는 공문서의 정리 분류 및 편찬 보관을 담당하였으며, 도서과에서는 도서 정리 분류 및 보관 출납을 담당하도록 하였다(〈표 4-4〉 참조).

규장각이 『윤발(綸綍)』 및 『일성록』을 편찬하였을 뿐 아니라[69] 『승정원일기』, 『훈국등록』을 비롯하여 각 관서의 「일기」, 「등록」, 「존안」 등을 관리하였다. 뿐만 아니라 규장각의 기록과에서 〈사고(史庫)〉를 관리하게 됨에 따라 경기사고와 정족산성, 태백산성, 오대산성, 적상산성 사고의 장서도 모두 규장각으로 이관되었다. 또한 통감부는 홍문관, 집옥재, 시강원의 장서들을 모두 규장각으로 가져왔다.[70] 통감부에서는 대한제국의 역사기록과 도서들을 규장각으로 집중시켜갔다. 그러면서 규장각의 도서와 기록들을 정리해갔던 것이다.

규장각에서 소장하고 있는 도서와 기록들을 정리하면서 그 작업의 일부 결과물이 1909년 6월에 「궁내부기록편찬보존규정」[71]으로 정리되어 표출되었다. 이 규정에서는 규장각 기록과에서 비현용기록과 현용기록을 관리하고 나아가 편찬 보존하게 하였다. 그 내용은 편찬 보존의 일반 원칙·보존기한의 설정 및 '문목(門目)' 분류에 따른 편철방식 및 관리·폐기·열람 및 대출·서고 관리 등으로 구분되어진다.[72]

주요 내용을 살펴보면 다음과 같다. 규장각 기록과에서 궁내부의 기밀과 보통의 모든 기록을 편찬 보존하게 하였으며[제1조], 궁내부에서 업무가 종결된 기록은 다음 해 4월까지 규장각 기록과에 송부하도록 하

---

69) 『궁내부규례』, 「규장각분과규정」(1908년 9월 23일), 48~50쪽.
70) 신용하, 「규장각도서의 변천과정에 대한 일연구」, 『규장각』 5, 서울대 규장각, 1981, 69~71쪽.
71) 『궁내부규례』, 「궁내부기록편찬보존규정」(1909.6.11), 163~190쪽(부칙을 포함하여 총 26조로 구성되어 있다).
72) 이경용, 「한말 기록관리제도 -공문서관리 규정을 중심으로-」, 『기록학연구』 6, 한국기록학회, 2002, 204쪽.

였다[제2조].73) 또한 처음으로 정부 기록에 보존기간을 설정하여 중요도에 따라 영구, 10년, 7년, 3년 등 4등급으로 구분하였다[제5조]. 그리하여 영구와 10년 보존은 완철(完綴)을, 7년 보존은 약철(略綴)을, 3년 보존은 가철(假綴)을 하도록 하였다[제6조]. 또한 중요 기록은 서가를 갖춘 기록고(記錄庫)에 보관하도록 하였다[제19조]. 이와 같이 규장각 기록과에서 역사기록 및 현용기록을 체계적으로 보존하고 편찬하면서 정리하도록 하였다.

〈표 4-6〉 정부 기록의 보존기간

종류	보존기간	편철방식
제1종	영구보존	완철(完綴)
제2종	10년	완철(完綴)
제3종	7년	약철(略綴)
제4종	3년	가철(假綴)

출전: 『궁내부규례』, 「궁내부기록편찬보존규정」(1909.6.11), 164~165쪽.

기록을 정리하면서 쌓은 방식을 바탕으로 규장각 기록들을 16개 문(門), 57개 목(目)으로 분류하여 정리하도록 '기록편찬분류표'를 작성하였다. 이 분류표에 제시된 큰 얼개는 〈표 4-7〉과 같다.

---

73) 1907년 11월에 제정된 「궁내부문서조관규정」에는 궁내부에서 업무가 종결된 문서는 업무 종료 후 1년이 경과하면 그 문서를 규장각(기록과)에 송부하도록 규정하였으나(제11조), 그것의 운용이 번거로워지자 일괄적으로 매년 4월에 이관하도록 정하였다.

〈표 4-7〉 기록편찬분류표

문(門)	목(目)	문(門)	목(目)
전례 (典例)	조의(朝儀)	학사 (學事)	교육(敎育)
	등전(登典)		예술(藝術)
	예식(禮式)		문사(文事)
	알현(謁見)	도서 (圖書)	서적(書籍)
	복제(服制)		도화(圖畵)
	휘장(徽章)		문서(文書)
	악사(樂事)		출판(出版)
품계 (品階)	품계(品階)		편찬(編纂)
	훈적(勳蹟)	집보 (什寶)	보고(寶庫)
관직 (官職)	관제(官制)		보기(寶器)
	관등봉급(官等俸給)		미술(美術)
	서임파면(敍任罷免)	선수 (膳羞)	어선(御膳)
	관리복무(官吏服務)		연향(宴饗)
궁정 (宮廷)	내정(內廷)		사찬(賜饌)
	황친(皇親)	회계 (會計)	재산(財産)
	궁전(宮殿)		어자(御資)
	행행계(行幸啓)		조도(調度)
	차가필마(車駕匹馬)		세출입(歲出入)
상휼진헌 (賞恤進獻)	증사(贈賜)	토목 (土木)	수용물품(需用物品)
	포상(褒賞)		토공(土工)
	부조(扶助)		건축(建築)
	구휼(救恤)		수선(修繕)
	진헌(進獻)		저사(邸舍)

188 한국 근현대 기록관리

단묘능묘 (壇廟陵墓)	단묘사전궁(壇廟社殿宮)	수위 (守衛)	경찰(警察)
	제능(諸陵)		의장(儀仗)
	제원(諸園)	위생 (衛生)	위생(衛生)
	제묘(諸墓)		의사(醫事)
외사 (外事)	외국증답(外國贈答)	잡서 (雜書)	
	외빈접반(外賓接伴)		

출전: 『궁내부규례』, 「궁내부기록편찬보존규정」(1909.6.11), 169~174쪽.

이 규정에서 보존기간을 제시하고, '문목(門目)'별 분류에 따른 편철방식을 제시한 것이 특징이라고 할 수 있다. 이 분류표에서는 각 목별로 세부 내용이 제시되어 있다. 예를 들면 도서 문(門) 서적 목(目)에는 "대외 서적에 관한 일", 도화 목에는 "도화(圖畵)에 관한 일", 문서 목에는 "공문(公文)의 체제, 양식, 관인(官印) 및 모든 종류의 인감 등에 관한 일", 출판 목에는 "도서, 인쇄, 간행, 사진, 촬영에 관한 일", 편찬 목에는 "사지(史志), 기록, 보고, 정표(政表) 및 통계에 관한 일" 등을 그 항목에 배치하도록 하였다.[74]

궁내부 규장각에서 기록을 분류하는 방식은 '문목'별 분류방식으로 정리하고, 중요도에 따라 4종류의 보존기간을 책정하여 편찬하며, 그것을 기록고에 보존하였다는 점은 진전된 방식이라고 할 수 있다.

이와 같이 궁내부 기록들을 정리한 궁극적 목적은 열람하기 위한 것이었다. 궁내부에서 1909년 6월에 「궁내부기록편찬보존규정」을 제정하기 이전인 4월에 「궁내부기록대출규정」[75]을 마련하고 있었다. 그 대출규정에 의하면 규장각 기록과에서 대출을 관할하며[제4조], 기록을 차람 혹은

---

74) 『궁내부규례』, 「궁내부기록편찬보존규정」(1909.6.11), 172쪽.
75) 『궁내부규례』, 「궁내부기록대출규정」(1909.4.26), 190~192쪽.

열람하고자 하는 자는 본부 직원에 한하며[제1조], 차람 기간은 10일 이내 [제6조]로 정하였다. 그러나 궁내부 차관의 허락을 받으면 특별한 경우에 도 열람 혹은 차람할 수 있었다[제3조].

「궁내부기록편찬보존규정」에서 정한 제5호 양식에 따라 궁내부 규장 각 기록과에서는 1909년 11월에 『궁내부기록총목록』76)을 발간하였다. 이 목록의 작성목적은 궁내부 기록과에 소장하고 있는 준현용 및 비현용 기록물을 정리하는 의미도 있었지만, 더 중요한 것은 조선 식민지 통치를 위한 자료의 열람 목적이 더 컸다. 이 사실은 이 책의 「예언(例言)」에 "본 목록은 기록대출상 필요가 있기에 급히 인쇄에 부침으로써 오류가 있음을 면키 어려우나 훗날을 기해 이를 수정할 것"77)이라고 명시한 데서도 드러난다. 즉 기록대출상 필요가 크기 때문에 목록을 급히 작성한다는 것이었다.

이 목록을 작성하기 이전에 통감을 비롯한 일본의 고위 관료들은 궁내부를 비롯한 정부 부처의 기록 및 도서들을 대출하여 통독하면서 조선 상황을 파악하기도 하였다. 한 예로 1909년 10월에 통감 이토 히로부미가 하얼빈역에서 안중근에 의해 암살된 후에, 1911년 5월에 이토 히로부미가 대출해갔던 33종 563책을 1911년 5월에 궁내부에 다시 반납된 사실을 통해 확인할 수 있다.78)

이제 궁내부 규장각 기록과에서는 어떠한 역사기록을 정리하였는가 살펴보자. 그 내용은 『궁내부기록총목록』79)을 분석하면 일단을 알 수 있다. 이 책에는 '의궤류' '등록류' '일기류' '공문류' '잡서류' 등 5부류로 나누어 정리되어 있다. 그 목록에 있는 내용을 정리하면 〈표 4-8〉과 같다.

---

76) 『궁내부기록총목록』, 궁내부 규장각 기록과, 1909년 11월.
77) 『궁내부기록총목록』, 「例言」, 궁내부 규장각 기록과, 1909년 11월.
78) 『圖書關係書類綴』(朝鮮總督府 取調局, 1911), 1911년 5월 15일 공문.
79) 『궁내부기록총목록』, 궁내부 규장각 기록과, 1909년 11월.

〈표 4-8〉 규장각 소장의 역사기록과 공기록

분류	보존기간	보존책 수	소장기록
의궤	영구	1,477	목릉개수의궤, 연칙의궤, 가례도감의궤, 진연청의궤, 찬수청의궤, 친경의궤, 순조조실록의궤, 명성황후국장도감의궤, 정리의궤, 화성성역의궤 등
등록	영구	477	훈국등록, 결속색등록, 시종원등록, 각릉수개등록, 계후등록, 기우제등록, 장빙등록, 칙사등록, 조하등록, 통신사등록, 인신등록, 학교등록 등
일기	영구	7,896	승정원일기, 비서원일기, 비서감일기, 규장각일기, 전객사일기, 내반원일기, 선전관청일기, 감대청일기, 일성록, 륜발, 내각일력 등
공문	--	1,026	보제, 조회조복및훈령존안, 청유서, 이력서, 공문존안, 통첩, 황실비총예산서, 경위장정, 처무통칙, 훈령, 조회, 보소, 훈령급보소, 찰록 등
잡서	--	355	통문관지, 춘관지, 동문휘고, 탁지정례, 비용조례, 국혼정례, 상방정례, 균역청사목, 송금사목, 가발신칙사목, 사마방목, 국조문과방목, 국조방목, 계하절목, 전한선생안 등
합계		11,231	

출전: 『궁내부기록총목록』, 궁내부 규장각 기록과, 1909.

'의궤류'에는 〈그림 4-2〉와 같이 책이름, 간행연도, 책수 등이 기술되어 있고, 제1종 영구보존으로 규정되어 있다. 예를 들면 "穆陵改修儀軌, 光海主己酉 萬曆二十七年 五月, 1冊, 서가번호 1"[80] 등으로 기록되어 있다. '등록류'는 제1종 영구보존으로 표기되어 있으며, 훈국등록, 결속색등록, 시종원등록 등이 정리되어 있다[〈그림 4-3〉 참조].

---

80) 『궁내부기록총목록』, 궁내부 규장각 기록과, 1909년 11월, 1쪽.

〈그림 4-2〉 '의궤류' 정리 양식

〈그림 4-3〉 '등록류' 정리 양식

〈그림 4-2〉 출전: 『궁내부기록총목록』, 궁내부 규장각 기록과, 1909, 1쪽.
〈그림 4-3〉 출전: 『궁내부기록총목록』, 궁내부 규장각 기록과, 1909, 39쪽.

〈그림 4-4〉 '일기류' 정리 양식

〈그림 4-5〉 '공문류' 정리 양식

〈그림 4-4〉 출전: 『궁내부기록총목록』, 궁내부 규장각 기록과, 1909, 67쪽.
〈그림 4-5〉 출전: 『궁내부기록총목록』, 궁내부 규장각 기록과, 1909, 141쪽.

'일기류'는 제1종 영구보존이며 승정원일기, 비서원일기, 비서감일기, 규장각일기, 전객사일기, 일성록 등이 정리되어 있다[〈그림 4-4〉 참조]. '공문류'는 1907년 이전의 공문과 1907년 이후의 공문으로 구분되어 정리하였다. 장례원에서 발행한 『보제』 90권만을 제1종[영구보존]으로 규정하고, 나머지 공문서들은 미정으로 기록하고 있다[〈그림 4-5〉 참조].[81] '공문류'는 궁내부 관청의 공문서들이다. 1907년 이전의 공문은 장례원, 궁내부 조사과, 서무과[前 內事課], 제실회계감사원 등의 공문서이며, 1907년 이후의 공문은 궁내부 조사과, 제실회계감사원, 서무과, 어원사무국의 공문서들이다. '잡서류'는 〈표 4-8〉에서 보듯이 정례, 조례, 사목, 절목, 선생안 등으로 구성되어 있다.[82] '의궤류' '등록류' '일기류'는 역사기록으로 보존기간이 영구이며, '공문류'는 준현용 및 비현용 기록이다.

한편 1908년 이후 규장각 도서과에서 규장각 도서에 대한 정리작업을 시작하였다.[83] 규장각이 관리하는 도서도 본래의 규장각 이외에 홍문관, 시강원, 집옥재, 사고 도서까지 관장하게 되었다.[84] 본래의 규장각 소장 도서는 『규장각서목』으로 정리되었다. 다음으로 이 시기에 새롭게 편입된 홍문관, 집옥재, 시강원, 북한사고 장서에 대한 조사가 이루어졌다. 집옥재의 장서는 『집옥재서적목록(集玉齋書籍目錄)』, 『집옥재목록외서책(集玉齋目錄外書冊)』, 『집옥재서목(集玉齋書目)』으로 정리되고, 시강원

---

81) 『궁내부기록총목록』, 궁내부 규장각 기록과, 1909년 11월, 141쪽.
82) 『궁내부기록총목록』, 궁내부 규장각 기록과, 1909년 11월, 167~175쪽.
83) 규장각에서는 기록과 도서를 엄격히 분리하였다. 공공기관의 일지나 주고 받은 공문들은 기록으로 규정하였으며, 인쇄한 경학서나 역사서들은 도서로 분류하였다. 그러나 현재처럼 "기록은 공공기관이나 민간기관의 필사본이나 유일본이고, 도서는 인쇄한 책자"라는 개념으로 규정하지는 않은 것 같다. 예를 들면 인쇄를 했던 『화성성역의궤』는 기록으로 분류되고 있다. 이는 앞으로 연구해야 할 과제이다.
84) 서영희, 「통감부 시기 일제의 권력장악과 규장각 자료의 정리」, 『규장각』 17, 서울대 규장각, 1994.

장서는 『춘방장서총목(春坊藏書總目)』으로, 북한사고 장서는 『북한책목록(北漢册目錄)』으로 정리되었다.[85]

이상의 조사를 통하여 10만여 권을 총괄하여 '제실도서'라 명명하고, 그에 따라 분류하였다. 이러한 분류작업을 통하여 1909년 11월에 『제실도서목록』[86]을 작성하였다. 이 목록을 통하여 규장각이 소장하고 있던 도서의 전모를 파악할 수 있게 되었다. 1년 2개월에 걸쳐서 집중적으로 정리한 것은 5,493부 103,680책이었다. 이를 열람 대출하도록 하고 각 기관에서 필요한 정보를 입수하도록 하였다.[87]

이 작업은 1910년 8월 29일 한일병합까지 계속되었고, 합방과 함께 규장각은 폐지되고, 일제는 1911년 2월 규장각 도서를 조선총독부 도서로 규정하였고, 6월에 조선총독부 취조국에서 인수하여 이를 정리하였다.[88]

2) 정부기록류의 장악과 현용기록의 정리

통감부는 정부기록류를 체계적으로 관리하면서 대한제국 정부의 상황을 파악하고자 하였다. 1894년 일본의 신식 기록관리제도를 수용하였던 갑오정권은 관제 개편 이후 의정부에서는 기록국, 각 부에서는 기록국 혹은 총무국에서 공문 원본을 보존하거나 편집하여 관리하였다.[89] 대한제국 시기에도 정부 부서 혹은 궁내부 등 중요 부서에서는 공문 원본을 보존

---

85) 신용하, 「규장각도서의 변천과정에 대한 一硏究」, 『규장각』 5, 서울대 규장각, 1981, 71~72쪽.
86) 『제실도서목록』(규25243), 궁내부 규장각 도서과, 1909.
87) 서영희, 「통감부 시기 일제의 권력장악과 규장각 자료의 정리」, 『규장각』 17, 서울대 규장각, 1994, 109~111쪽.
88) 김태웅, 「1910년대 전반 조선총독부의 취조국 참사관실과 '구관제도조사사업'」, 『규장각』 16, 서울대 규장각, 1993.
89) 이영학, 「갑오개혁시기 기록관리제도의 변화」, 『역사문화연구』 27, 한국외국어대 역사문화연구소, 2007.

하거나 편찬하였다. 예를 들면, 의정부에서는 총무국 기록과가, 궁내부에서는 규장원이 공문 원본을 보존하거나 편찬하여 관리하였다.[90]

그러한 사례는 의정부 기록과와 내각 편록과에서 발간한 목록을 통해 살펴볼 수 있다. 『서적권수목록(書籍卷數目錄)』은 갑오정권부터 광무 6년[1902]까지 내각 편록과와 의정부 기록과가 보관하고 있는 공문서를 각 관서별·시기별로 편철한 문서철의 목록이다. 『존안문적목록(存案文蹟目錄)』은 내각 편록과와 의정부 기록과가 보관하고 있는 1897년 이전의 공문서 목록이다.[91]

통감부는 의정부의 기록과와 각 부 부처의 총무국 문서과를 통해서 대한제국 정부의 기록을 파악하려고 하였다. 아울러 궁내부의 기록은 규장각을 통하여 파악하고자 하였다. 통감부의 이러한 시도가 본격화한 것은 1908년 이후였다. 1907년 11월 29일 궁내부 관제를 개편하고, 다음 날인 11월 30일 「궁내부문서조판규정」을 제정하면서 궁내부의 각 청과(廳課)에서 시행이 완결된 문서는 사건 종료 후 1년이 경과할 때 그 관계서류 일체를 규장각 기록과에 송부하도록 명하였다.[92]

나아가 1908년 9월에 규장각을 신식 기구로 개편하고, 규장각에서 〈사고〉를 관리하게 됨에 따라 경기사고[북한산 행궁], 정족산성, 오대산성, 적상산성의 사고의 장서와 경판각의 판본 등이 모두 규장각으로 이관되게 되면서, 정부의 중요 역사기록이 규장각의 관할 하에 놓이게 되었다. 통감부는 〈사고〉에 소장되어 있는 도서와 기록뿐 아니라 홍문관, 집옥재, 시강원의 장서 등 정부의 도서 및 기록들을 규장각으로 집결시켜갔다.

규장각 기록과에 역사기록뿐 아니라 정부의 현용 및 준현용의 기록들이 이관되어 들어오게 되자, 규장각에서는 체계적인 정리 분류 방식이 필

---

90) 이영학, 「대한제국시기의 기록관리」, 『기록학연구』 19, 한국기록학회, 2009.
91) 서영희, 「통감부시기 일제의 권력장악과 규장각 자료의 정리」, 『규장각』 17, 서울대 규장각, 1994, 112쪽.
92) 『궁내부규례』, 「궁내부문서조판규정」, 11조, 154쪽.

요하게 되었다. 그리하여 1909년 6월에 「궁내부기록편찬보존규정」을 제정하여 궁내부의 각 부서에서 이관되어 온 공문서를 문목으로 분류하여 편철하는 양식을 제시하였다(〈표 4-7〉 참조).93)

또한 규장각으로 이관되어 오는 준현용 및 비현용기록들을 정리하는 양식을 제시하였다. 이 규정에서 제시한 양식은 다음과 같다.

〈표 4-9〉 규장각 기록의 정리 명부들

양식	명칭
제1호	기록수령부(記錄受領簿)
제2호	목별(目別) 사건표[융희 년 하종하문하목건명 목차(何種何門何目件名 目次)]
제3호	한 사건의 사건표(공문서의 접수, 시행, 완결 일자)
제4호	궁내부공문록 제 책
제5호	궁내부기록총목록, 궁내부기록공문서류지부 등
제6호	기록출납부(記錄出納簿)
제7호	기록차람증(記錄借覽證)
제8호	기록열람부(記錄閱覽簿)

출전: 『궁내부규례』, 「궁내부기록편찬보존규정」(1909.6.11), 174~190쪽.

제1호 양식은 '기록수령부'로 수령일자, 발송관청, 기록책명, 기록건명, 책수, 영수자 등을 적도록 하여, 수령한 기록을 파악할 수 있도록 하였다. 〈그림 4-6〉과 같이 공문서건은 제2호 양식으로 정리하여 1년마다 〈기록편찬분류표〉에 따라 문목을 구분하고 사건 완료 날짜 순서에 따라 이를

---

93) 『궁내부규례』, 「궁내부기록편찬보존규정」(1909.6.11), 174~190쪽.

편찬하고 책머리에는 제2호 양식의 사건표를 첨부하도록 하였다[제10조]. 또한 한 사건마다 제3호 양식의 사건표를 첨부하여 그 사건이 수수(收受)되어 완결된 날짜가 언제인지 정리하도록 하였다[〈그림 4-7〉 참조].

〈그림 4-6〉 기록수령부(제1호 양식)와
　　　　　　목별 사건표(제2호 양식)

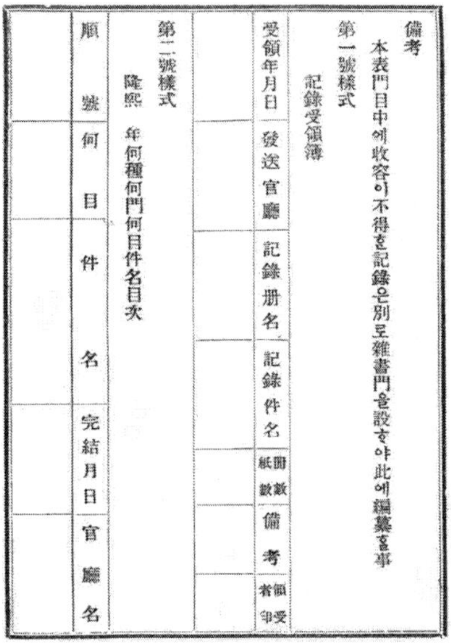

〈그림 4-7〉 건별 사건표(제3호 양식)

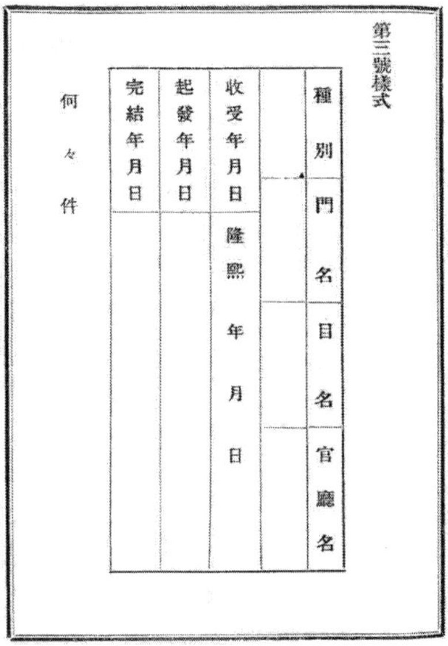

〈그림 4-6〉 출전: 『궁내부규례』, 「궁내부기록편찬보존규정」(1909.6.11), 174쪽.
〈그림 4-7〉 출전: 『궁내부규례』, 「궁내부기록편찬보존규정」(1909.6.11), 175쪽.

기록은 완철, 약철, 가철의 구별없이 모두 성책(成冊)한 후, 표지에 제4호 양식으로 문목함가(門目函架)의 번호를 적고 지전(紙箋)을 첨부하도록 하였다[〈그림 4-8〉 참조].

이와 같은 규정에 따라 작성한 제5호 양식 「궁내부기록총목록」에 의하면 〈표 4-8〉에서 보이듯이 '의궤류', '등록류', '일기류'는 영구보존되는 역사기록이었지만, '공문류'는 조회, 조복, 통첩, 처무통칙, 이력서 등 현용 및 준현용의 공문서들도 많이 존재하였다.

〈그림 4-8〉 궁내부 공문록(제4호 양식)

〈그림 4-9〉 궁내부기록총목록(제5호 양식)

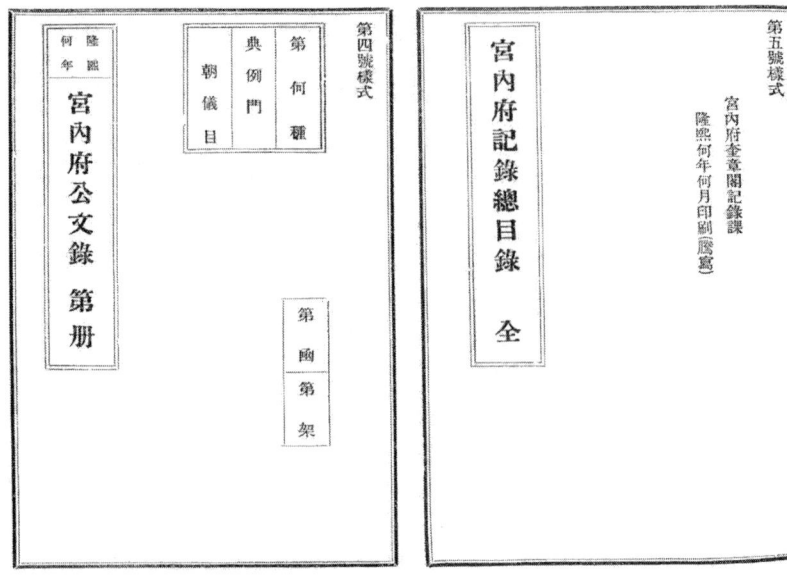

〈그림 4-8〉 출전: 『궁내부규례』, 「궁내부기록편찬보존규정」(1909.6.11), 177쪽.
〈그림 4-9〉 출전:『궁내부규례』, 「궁내부기록편찬보존규정」(1909.6.11), 179쪽.

특히 '공문류'에는 "본 공문은 융희 원년[1907]부터 융희 2년[1908]까지 이른 것으로 각 관청에서 이것을 본과[기록과를 말함: 필자 주]에 아직 송부하지 않아 후일에 완송(完送)을 기대하며 「궁내부기록편찬보존규정」에 의거하여 분류 편찬하여 현재 각 관청에서 공문을 검색함에 편리케 하기 위해 대략 그 책명 혹은 건명을 적음"94)이라고 하면서 현용 및 준현용의 기록을 정리하고 있었다. 이곳의 공문은 주로 궁내부 조사과, 서무과, 제실회계감사원, 어원사무국의 공문들이었다.

통감부는 궁내부의 현용 및 준현용기록을 규장각 기록과에서 정리토록 하였고, 반면에 정부 부처에서는 의정부 문서과와 기록과 및 각 부의 대신관방을 통하여 정리케하여 상황을 파악하였다.

94) 『궁내부기록총목록』, '공문류', 159쪽.

그러나 정부기록류의 현용 및 준현용기록을 정리하는 일은 대한제국이 멸망한 이후에 본격화하였다. 1910년 8월 29일 대한제국이 멸망한 이후 조선총독부는 대한제국의 공문서를 대대적으로 이관받았다. 조선총독부는 대한제국의 정부기록류를 총독관방 취조국(取調局)으로 이관토록 하였으며, 취조국에서는 정부기록류 뿐 아니라 규장각의 도서 및 역사기록, 법전조사국의 구관제도조사서 등 일체를 정리하였다.[95] 총독관방 취조국은 정부기록류를 1911년 5월부터 8월까지 경복궁에서 집중적으로 조사 정리하기도 하였다.[96] 취조국은 1910년 10월부터 1912년 3월까지 규장각의 도서와 기록 정리, 법전조사국의 구관제도 조사 사업을 계승하여 문헌을 정리하였고, 그 후에는 조선총독부 참사관실[1912.4~1914]에서 이 작업을 계승하여 수행하였다.[97]

궁내부 규장각의 도서와 기록을 정리하는 이유는 궁극적으로 통감 등의 권력자가 기록을 열람하기 위한 것이었다. 규장각의 기록고에 소장되어 있는 중요 기록들이 무엇이 있는지 정리하고, 그 후에 열람하기 위해 제1호부터 제8호의 양식을 만들어 규장각의 도서와 기록들을 정리하도록 한 것이었다.

한편, 1910년 8월에 일본이 조선을 합병하면서 9월에 궁내부 각 관청 장관에게 공문서 처리를 엄격히 하라는 통첩을 내렸다.[98] 당년 9월 2일에는 궁내부의 각 관청 장관에게 공문서 취급안 총 6조항을 통첩하였다.[99]

---

95) 김태웅, 「1910년대 전반 조선총독부의 취조국 참사관실과 '구관제도조사사업'」, 『규장각』 16, 서울대 규장각, 1993.
96) 『매일신보』, 1911년 8월 1일, "총독부에서는 5월 이래로 한국정부 시대의 공문서를 경복궁 내에서 조사 정리하는 중인데 그 조사 사항이 대략 탈고(脫稿)되었다더라."
97) 조선총독부 중추원, 『조선구관제도조사사업개요』, 1938, 21~59쪽.
98) 김건우, 『근대 공문서의 탄생』, 소와당, 2008, 85~89쪽.
99) 『純宗實錄附錄』, 순종 3년 9월 2일(김건우, 『근대 공문서의 탄생』, 소와당, 2008 재인용).

그것은 궁내부의 지위를 격하시키고 공문서체제를 완전히 장악하였음을 통보하는 내용이었다. 예를 들면 궁내부대신이 발송하는 공문서에 "전한국궁내부대신잔무취급씨명(前韓國宮內府大臣殘務取扱氏名)"[100]을 사용하게 함으로써 이제는 실권을 갖지 못한 전 궁내부대신이 남은 업무를 처리한다고 명시하게 하였다[제1항]. 나아가 관청으로서 궁내부를 인정하지 않아 부인(府印) 혹은 관인(官印)을 사용하지 못하게 하였고, 만약 남은 업무를 처리하기 위해서 공문서를 발송할 때는 사인(私印)을 사용하도록 하였다[제2항].

또한 공문서의 연호를 '명치(明治)'를 사용하게 함으로써 일본에 속한 나라라는 인식을 주게 하였으며[제5항], 궁내부로부터 다른 관청에 공문을 보낼 때는 일본어를 사용하도록 함으로써 일본이 궁내부의 상황을 일일이 파악할 수 있도록 강제하였다[제6항].

3) 재정기록의 수집과 조사를 통한 정부와 황실의 재정 정리

통감부 시기 일제가 재정 측면에서 심혈을 기울인 사업은 대한제국 정부와 황실의 재정을 정리하는 일이었다. 대한제국 설립 이후 고종은 왕권을 강화해가면서 궁내부 관리 하에 역둔토 경영, 광산 경영, 홍삼 전매, 어염선세 등 각종 잡세 수취 등을 통하여 막대한 황실재산을 축적해갔다. 그리하여 궁내부 재정 수입은 비대해지고, 정부의 재정 수입은 축소되었다.

이에 일본은 1904년 10월 메가다 다네타로[目賀田種太郎]을 재정고문으로 초빙케 하여 대한제국 정부의 재정 정리와 황실 재정 정리 사업을 추구해갔다. 특히 황실 재정을 정부 재정으로 변경시키는 작업을 추진해갔

---

100) "실권을 갖지 못한 전 한국의 궁내부 대신이 남은 업무를 처리한다는 이름"이라는 의미이다.

다. 그것의 과정은 특별기구의 신설과 업무 처리를 통하여 진행하였고, 구체적으로는 기록의 수집과 이관 및 조사사업을 통하여 진전시켰다.

1904년 8월에 한일협정서 체결 이후, 재정고문으로 부임한 메가다 다네타로는 한국의 재정정리 작업에 착수하였다.[101] 메가다 다네타로에 의한 재정정리의 결과는 『한국재정정리보고』의 형식으로 나타났고,[102] 그 후 아라이 켄타로[荒井賢太郎]가 재정정리사업을 계승하여 『한국재무경과보고』로 보고되었다.[103] 그 작업은 정부의 재정에 관한 기록과 자료들을 수집하고 검토 조사함으로써 이루어졌다. 그러한 과정 속에서 정부재정의 상황뿐 아니라 재원조사와 제실유재산조사 등을 행하여 1907년에는 신삼세 등이 부과되면서 새로운 조세 수입이 증가하기도 하였다.

한편 일제는 1904년 10월에 제실제도정리국을 설치하여 궁내부 제도를 변경하고자 하였다. 그 후 1905년 12월에 궁내부 재정회의를 조직하여 본격적으로 '황실재정정리'를 행하고자 하였다. 재정회의를 통하여 제실(帝室)에 대한 재용과 경제사업을 심의하고자 하였다. 1906년 2월에 제실제도정리국을 궁내부 제도국으로 개편하여 제실재정회의에 관한 사무를 주관하도록 하였다. 제실제도정리국과 제도국의 실질적인 '총재'는 일본인 가토 마스오[加藤增雄]이었다.[104]

1907년 2월에 '각국사무정리소'[1907.2~1907.11]를 설치하였다. 설립목적은 1사 7궁을 폐지하고 궁방전의 관리자인 도장(導掌)을 폐지하는 것이었고, 도장 관계의 문서철을 수집하여 '임시제실유급국유재산조사국'['조

---

101) 이영호, 『한국근대 지세제도와 농민운동』, 서울대학교 출판부, 2001, 235~250쪽.
102) 『한국재정정리보고』 6회, 경성, 1905~1907년.
    1905년부터 1907년까지 6개월마다 1회씩 모두 6회에 걸쳐 작성되었는데, 제1회는 일본 외무대신에게 보고되고, 나머지는 통감에게 보고되었다.
103) 한국정부 탁지부, 『한국재무경과보고』 6회, 경성, 1908~1911년.
    1908년부터 한국병탄 때까지 6개월에 1회씩 5회에 걸쳐 통감에게 보고되었다.
104) 이상찬, 「일제침략과 황실재산정리」, 『규장각』 15, 서울대 규장각, 1992, 126~131쪽.

사국'으로 약칭]으로 이관하는 일이었다. 1907년 6월에 내수사 및 각 궁 소속 도장을 폐지하고 각 궁사에서 발급한 도서문적과 부속문권, 양안, 추수기, 감관사음 명부 등을 수집 조사하였다.105) 이 과정에서 모아진 문서 철들이 '각궁사무정리소'에서 '임시제실유급국유재산조사국'을 거치면서 황실재정정리에 기여하였다. 그리하여 '조사국'에서는 제실유(帝室有)의 대부분을 국유(國有)로 판정하여 황실의 재산과 수입을 국고로 이속시켰다. 1908년 7월에 탁지부에 '임시재산정리국'이 설치되어 '조사국'의 결과대로 국유 부동산을 조사, 정리하고 제실의 채무를 정리하여 보고하는 역할을 담당하였다.

즉 '황실재산정리'는 황실 특히 고종의 재산을 파악하고 국유화하는 등 고종의 경제적 기반을 무너뜨리는 것을 목표로 한 것이었다. 이 과정에서 내장원, 경리원 관련자 등으로부터 황실재산 관련문서를 광범위하게 수집한 다음, 재산 상황을 조사하여 소유권을 정리하는 방식을 취하였다. 수집, 조사, 정리가 끝나는 대로 황실재산 관련 기록은 내장원과 경리원으로부터 각궁사무정리소, 임시제실유급국유재산정리국, 제실재산정리국, 임시재산정리국, 탁지부, 토지조사국 등을 거쳐 조선총독부로 이관하였다.106) 각궁사무정리소는 장토문적과 부속문권, 양안, 추수기, 감관사음 명부 등을 수집 조사하였다.

황실재산이 정리되는 과정에서 기록의 이관과 수집이 행해졌고, 그것이 정리 분류되면서 조사사업이 추가되고 기록의 집적이 이루어졌다. 궁내부 재산을 관리하던 경리원이 1907년 12월 1일 폐지되자 경리원 각 과(課)의 문서, 집기와 물품, 현금 등이 탁지부로 이관되었는데, 그 목록을 정리한

---

105) 이상찬, 「일제침략과 황실재산정리」, 『규장각』 15, 서울대 규장각, 1992, 136쪽.
106) 이상찬, 「조선총독부의 '도서정리사업'의 식민지적 성격」, 『한국문화』 61, 규장각한국학연구소, 2013, 370쪽 재인용; 임시재산정리국, 『임시재산정리국사무요강』, 1911; 이상찬, 「일제침략과 황실재산정리」, 『규장각』 15, 서울대 규장각, 1992.

것이 『인계에 관한 목록』이다.107) 그 목록을 보면 경리원이 갖고 있던 역둔토와 각 궁사(宮司)의 양안, 도조액(賭租額), 시작인(時作人) 성명, 도조의 납부 여부 등 토지 관계 문서가 많았으며, 그 외 각 과의 회계장부 등이 다수 존재하였다.108)

한편 『조사국래거문』109)은 '임시제실유급국유재산조사국'['조사국'으로 약칭]에서 '임시재산정리국'으로 인계한 자료 목록을 정리한 책이다. 여기에는 '조사국'이 경리원과 '각궁사무정리소'로부터 인계받은 서류철이 적혀 있고, '조사국'에서 수집 처리한 문서철이 추가로 기록되어 있다. 즉 '조사국'은 경리원과 '각궁사무정리소'로부터 인계받은 문서철 위에 다시 수집하거나 업무 활동 속에서 생성한 기록들을 추가하여 '임시재산정리국'에 넘겨주었던 것이다.110)

『임시재산정리국사무요강』에는 '조사국'으로부터 인계받은 서류와 물품목록인 「인수서류급물품목록(引受書類及物品目錄)」이 적혀 있고, 재산 정리가 완료되자 그에 따라 각 관청으로 인계한 문서를 알려주는 「부동산에 관한 인계 서류」가 있다. 그것을 예시하면 〈표 4-10〉과 같다.

〈표 4-10〉은 '임시재산정리국'에서 부동산에 관한 정리를 마치고 재무감독국 등 주무관청에 인계한 문서들이다. 또한 정리가 완료된 장부로는 추수기, 지방토지조사대장, 양안, 장토문적 등이 탁지부 혹은 재무감독국에 이관되었다.

---

107) 『引繼에 關한 目錄』(奎 21653).
108) 목차에는 前庶務課文簿傳掌冊, 種牧課文簿成冊, 支應課所在書類記, 莊園課書類雜物傳掌冊 등이 있다.
109) 『調査局來去文』(奎 17827).
110) 이상찬, 「'인계에 관한 목록'과 '조사국래거문'의 검토」, 『서지학보』 6, 한국서지학회, 1991.

〈표 4-10〉 인계한 서류와 인계처

구분	건수	인계처	적요
토지이용청원서	359	재무감독국	전답
동	30	재무감독국	초평
동	111	농상공부	산림
동	34	탁지부	대(垈)
토지이용에 관한 이의신청서	248	재무감독국	역둔토
가옥에 관한 청원서	62	탁지부	
합계	844		

출전: 『임시재산정리국사무요강』, 1911, 42~43쪽.

또한 '임시재산정리국'이 폐지될 때 토지조사에 관한 사무는 1910년 3월에 토지조사국으로 인계되고, 기타는 탁지부에 인계되었다. 탁지부로 인계한 서류는 문서에 상세하게 기록되고 있다.[111]

5. 맺음말

일제는 러일전쟁에서 승리를 거두면서 1905년 11월에 조선에 을사조약을 강요하여 외교권과 재정권을 장악한 후 통감부를 설치하고 조선을 '보호국화'하는 정책을 수행해갔다. 통감부는 조선의 관제를 개편하면서 실

---

111) 탁지부에 인계한 서류는 다음과 같이 분류되어 제시되고 있다. ①제실채무 관계서류 127책 ② 도장 및 혼탈지 관계서류 1,518책, 307봉 ③ 토지 貸下 관계서류 12책 ④가옥 貸下 관계서류 11책 ⑤ 단묘전 및 陵園墓位土 관계서류 20책 ⑥ 각궁 추수감 미납 관계서류 6책 ⑦ 蘆田 관계성책 2책 ⑧ 洑稅 관계성책 1책 ⑨ 漁磯 관계성책 6책 ⑩ 東西籍田 관계서류 19책 ⑪ 驛屯土 관계서류 496책 ⑫ 雜書類 245책, 1봉 합계 2,563책, 308봉(임시재산정리국, 『臨時財産整理局事務要綱』, 1911, 167~174쪽).

질적 통치권한을 강화해갔으며, '시정개선'을 내세우며 조선을 보호국화해가는 정책을 수행해갔다. 관제를 개편하였을 뿐 아니라 그를 바탕으로 기록관리제도를 개편해갔다.

1906년 통감부를 설치하면서 당년 3월에 「고문급참여관감독규정」을 제정하여 일본인 고문 및 참여관은 사무상황을 통감에게 보고하고 나아가 통감의 명령에 따라 업무를 수행하도록 하였다. 또한 당년 9월에는 「통감부문서취급규정」을 제정하여 통감부 총무부 문서과에서 모든 공문서의 수수·발송·배부를 담당하도록 함으로써 행정을 장악하였다.

아울러 통감부는 의정부와 각 부에서도 대신관방의 기록과에서 비현용기록을 보존 편찬하게 하고, 문서과에서 현용기록을 접수 발송하는 등 공기록의 체계를 일원화하여 행정사항을 파악하고자 하였다. 또한 통감부는 1907년 궁내부 관제를 개편하여 궁내부 산하 기구를 대폭 축소하였지만, 오직 규장각 조직만 확대하였다. 그 이유는 정부와 궁내부의 도서 및 기록을 규장각으로 집중시키고, 규장각에서 그 도서와 기록을 정리하게 하여 열람하고자 하는 목적이었다.

통감부는 1908년 이후 규장각의 조직과 인원을 확대하였다. 통감부는 규장각의 기록과에서 〈사고〉를 관리하게 하여 경기사고[북한산 행궁], 정족산성, 태백산성, 오대산성, 적상산성 사고의 장서와 기록들을 규장각으로 이관시켰고, 아울러 홍문관, 집옥재, 시강원의 도서와 기록들도 이관시키면서 정부의 도서와 기록들을 규장각으로 집결시켰다.

규장각에서 이 도서와 기록들을 대대적으로 정리하는 과정에서 「궁내부기록편찬보존규정」이 만들어졌고, 『궁내부기록총목록』도 작성되어 통감부의 관료들이 열람하기도 하였다. 통감부의 관료들은 정리된 역사기록을 열람함으로써 조선의 역사적 흐름을 파악할 수 있었다.

또한 규장각의 현용 및 준현용기록을 정리하게 하여 대한제국 정부의 행정 상황을 파악하고자 하였다. 『궁내부기록총목록』을 통해 그 일단을 알 수 있다. 일제가 정부기록류를 대대적으로 정리한 것은 1910년 8월 대한제국이 멸망한 이후, 정부기록류를 대대적으로 이관받은 후였다. 조선총독부 총독관방 취조국으로 정부기록류를 이관케 한 뒤 그것을 대대적으로 정리하였다.

통감부는 재정기록을 수집하고 조사하여 정부와 황실재정을 정리하였다. 1904년 메가다 다네타로가 재정고문으로 부임한 이후 정부의 재정정리를 행하였고, 궁내부의 기록들을 수집하고 조사하여 황실재정정리를 수행하였다. 황실재정정리는 황실 재산을 국유재산으로 환원시키는 작업이었다.

즉 일제는 1906년에 통감부를 설치하여 조선의 내정권을 강화해간 후에 관제를 개편하면서 조선의 관료제를 동원하여 조선의 실상을 파악해가고자 하였다. 관제의 개편을 통하여 현용기록과 비현용기록을 관리함으로써 조선의 실상을 정확히 파악하고, 그를 바탕으로 조선의 침략을 원활히 수행해갔던 것이다. 구체적으로는 규장각의 기록을 정리함으로써 역사기록을 파악하고, 정부기록을 중심으로 현용기록을 장악하면서 조선 내부의 취약적인 부분을 간취하고, '시정개선'이라는 명분을 내세워 조선의 개혁을 명분으로 조선으로 침략해 들어왔던 것이다.

제 5 장

통감부의 조사사업과 조선침탈

1. 머리말

일본은 1904년 2월 8일에 여순 대련에 있는 러시아의 극동함대를 급습하여 침몰시키고, 이틀 후인 2월 10일에 러시아에 선전포고를 하였다. 일본은 러시아와의 전쟁을 효율적으로 행하기 위하여 조선에 조약 체결을 강요하였다. 즉 일본은 조선 정부의 중립선언을 무시하고, 일본 군대가 한국을 전략기지로 사용할 목적으로 일본군이 전략상 필요한 지역을 마음대로 사용하고, 한국이 일본의 동의 없이는 제3국과 조약을 체결할 수 없도록 하는 내용의「한일의정서」체결을 강요하였다[1904.2.23].

일본 본국은 1904년 5월말 원로회의와 각의 의결을 거쳐「대한방침 및 대한시설강령」을 결정하여, 한국을 식민지화하는 기본 구상으로 '보호국화' 노선을 확정하고 군사・외교・재정・교통・통신・척식 등 6항목에 걸친 구체적 침략방안을 수립하였다.[1]

일본은 한국 침략 방안을 확정하고「제1차 한일협약」을 강요하였다[1904.

---

1) 권태억,「1904~1910년 일제의 한국 침략 구상과 '시정개선'」,『한국사론』31, 서울대 국사학과, 1994; 정연태,「일제의 한국 농지정책(1905~1945)」, 서울대 박사학위논문, 1994.

8). 대한제국으로 하여금 일본 정부가 추천하는 일본인 1명을 재정고문에, 또 외국인 1명을 외교고문으로 채용하여 이들의 의견에 따라 재정, 외교에 관한 사항을 처리하도록 하는 것이 이 협약의 내용이었다. 그리하여 재정 고문에 일본인 메가다 다네타로[目賀田種太郞]가, 외교 고문에는 20여 년 간 일본 정부에 고용되었던 미국인 스티븐스[Stevens, ?~1908]가 부임하여 대한제국의 정무에 깊이 관여하였다. 일제는 이 협약을 미끼로 규정에도 없는 군부, 내부, 궁내부, 학부 등 각 부에 일본인 고문을 두어 한국의 내정에 간섭하였다.

1905년 일제는 러일전쟁을 유리하게 이끌면서, 5월 27일과 5월 28일에 러시아의 발틱함대를 대마도에서 침몰시킨 후에는 조선에 대한 독점적 지배를 강화해갔다. 이후 일제는 미국과 카쓰라테프트 조약을 맺고[1905.7], 영국과는 제2차 영일동맹을 체결하며[1905.8], 러시아와는 미국의 중재하에 포츠머스 조약을 맺으면서[1905.9] 한국에 대한 독점적 지배를 세계 열강들에 의해 인정받게 되었다. 이제 일제는 조선에 대한 지배를 강화해가는데 열강들의 눈치를 볼 필요가 없게 되었다. 일제는 군사적으로 한국 정부를 위협하면서 을사조약 체결을 강행하였다[1905.11.17].

일제는 을사조약을 매개로 대한제국의 외교권을 박탈하고 통감부를 설치하면서[1905.12] 한국의 내정에 깊이 관여하게 되었다. 일제는 이토 히로부미[伊藤博文]를 통감으로 파견하여 조선을 식민지화해가는 준비를 실시해갔다. 일제는 먼저 토지조사와 인민에 대한 조사를 실시하였고, 나아가 재정조사, 산업조사, 왕실재산을 조사하는 등 조선에 대한 전반적 상황을 조사하고 그를 바탕으로 조선을 식민지로 만들어갔다. 즉 탁지부에서는 경제적인 재원 조달의 입장에서 국유제실유재산조사와 재원조사 등을 행하였고, 농상공부에서는 농업 등의 산업조사를 실시하여 『한국토지농산조사보고』를 편찬하였다. 법부에서는 법전조사국을 중심으로 민법과 상법 등을 비롯한 관습을 조사하여 『관습조사보고서』를 편찬하였다. 일본은 이러한 조사보고서를 바탕으로 당시의 현황을 파악하고 조선을 식민지로 통치하는 데 효과적으로 이용하였다.

이 글에서는 1905년 이후 일제가 조선에 대한 경제기초조사를 어떻게 실시하면서 식민지화해갔는가를 살펴보고자 한다. 특히 농업과 수산업을 중심으로 한 산업조사, 토지를 비롯한 부동산조사 및 관습조사를 행하여 식민지화해가는 과정을 고찰해보고자 한다. 각 부문에 대한 연구는 어느 정도 이루어져왔지만, 그것을 종합적으로 정리하면서 일제가 이 조사사업을 바탕으로 식민지화해가는 과정에 대한 연구는 미비하였다. 이 글에서는 일제가 농업과 수산업을 비롯한 산업조사와 부동산 조사 및 그에 이은 관습조사 등 경제기초조사의 과정을 살펴봄으로써 조선을 식민지화 해가는 과정을 추적해보고자 한다.

2. 농업과 수산업 조사

일본제국주의는 1900년 이후 조선 진출을 모색하면서 본격적인 준비를 해갔다. 한편으로는 러시아와 전쟁을 준비하였고, 다른 한편으로는 조선으로의 진출을 준비해갔다. 1901년 일본은 「일본이민법」을 개정하여 일본인들이 자유롭게 이민할 수 있도록 허용하였다.[2] 또한 일제는 조선인의 산업 기반을 조사하여 일본인의 조선 진출을 도우면서, 조선으로의 진출시 이익을 얻을 수 있는 영역을 파악하고자 하였다.

일본 농상무성은 1900년 이후 조선의 산업을 조사하게 하여 많은 보고서를 제출하도록 하였다. 실업조사[1902], 삼림조사[1905], 면작조사[1905], 수리조사[1905], 농업조사[1906] 등 여러 가지 분야를 정밀 조사하여 조사보

---

[2] 「移民保護法 中 改正 法律案」, 『大日本帝國議會談?』, 日本 第16 帝國議會, 1901.

고서를 간행하였다.[3] 즉 중요산업인 농업은 물론이고, 면업, 삼림 등을 조사하게 하여 조사보고서를 제출하게 하였다. 이 조사보고서를 통하여 일본인들이 조선에 적극적으로 진출하여 이익을 얻게 하거나 나아가 조선에 정착하도록 유도하였다. 뿐만 아니라 일본 정부가 조선을 식민지로 지배하는데 효율적인 방안을 찾고자 하는 목적도 지니고 있었다. 이 절에서는 농업을 비롯하여 수산업에 대한 조사실태를 살펴보려고 한다.

1) 농업조사

일제는 1894년 청일전쟁 이후 매년 인구가 50만 명 이상씩 증가하게 되자, 외국으로의 이민을 생각하게 되었다. 1900년 이후 미국과 캐나다로 일본인 이민이 급증하게 되자, 그 나라와 마찰을 빚게 되었다. 일본 정부는 미국과 캐나다의 이민 마찰을 줄이면서 증가된 인구를 이주시키는 지역으로 만주와 조선을 주목하게 되었다. 이를 통하여 밀집된 일본인을 방출하면서, 만주와 조선에 대한 영향력을 확대하는 계기로 삼고자 하였다.[4]

일본인들은 1876년 개항 이후 조선을 방문하고 난 뒤, 농업에 관한 기록을 남기고 있었지만, 조선 농업에 대한 침략과 지배를 목적으로 본격적으로 기록을 남기게 된 것은 1900년 이후였다. 일본 정부는 물론이고 일본의 지방정부와 각종 사회단체 등은 1900년경부터 농업전문가를 파견하여 한국의 농업실태에 관한 본격적인 조사작업을 실시하였다. 일제는 정부 차원에서 농상무성 기사인 가토 마쓰로[加藤末郎]와 동경농과대학 교수인 사코우 츠네아키[酒勾常明] 등을 파견하여 한국의 산업을 조사하도록 하였다.

---

3) 김용섭, 「일제의 초기 농업식민책과 지주제」, 『한국근현대농업사연구』, 일조각, 1992, 36~39쪽.
4) 이 부분은 '정연태, 「일제의 한국 농지정책(1905~1945)」, 서울대 박사학위논문, 1994'를 참조하였다.

1898~1904년 동안 4차례나 한국을 시찰한 바 있는 가토 마쓰로는 1900년까지의 시찰 결과를 정리하여 『한국출장복명서』[1901]를 제출하였으며,[5] 여기에다가 그 이후의 답사 결과를 보완하여 『한국농업론』[1904]을 간행하였다. 그는 책의 서설(序說)에 다음과 같이 적고 있었다.

> 아방[我邦: 일본]의 인구는 매년 40만 내지 50만 명씩 증가한다. 장래 이 추세는 더욱 진전될 것이다. (중략) 해외에 식민지를 만들고 매년 증가하는 인구를 그곳에 수용하고 부유한 재산을 증식시키는 외에 좋은 방안은 없다. 현재 아방인[我邦人: 일본인]이 해외로 이주하는 자가 매년 2만 내지 3만 명에 달한다. (중략)
> 한국은 면적에 비해 인구가 희소하고,(중략) 한국의 기후 풍토는 아국[我國: 일본]과 비슷하며 특히 농업은 미작을 기본으로 하고, 농민이 상용하는 쌀의 관습은 바꿀 필요가 없다. 멀리 천리의 파도를 넘어 풍토와 인정이 다른 먼 곳으로 이주하는 것에 비하면 용이한 일이다.
> 한국에 농업적 이주는 대한정책(對韓政策)으로 매우 흥미있는 방법이 아닐까? 가장 유의할 점은 하와이[布哇][6] 도항(渡航)처럼 단순히 노동만 팔러 갈 목적으로 한국에 간다면 아국[我國: 일본]의 품위를 손상시키는 일이다. 그러므로 약간의 자본을 갖고 스스로 농업을 경영할 각오를 가져야 한다.[7]

가토 마쓰로는 '한국은 면적에 비해 인구가 희소하고, 기후 풍토가 일본과 비슷하기 때문에 일본이민지로서 최적지'라고 평가하였다. 그리하여

---

5) 가토 마쓰로[加藤末郎]는 미에[三重]縣 출신이며, 동경제국대학 농과대학을 졸업하였고, 농상무성 기사로 재직하였다. 그가 정부의 명령을 받아 한국의 부산부터 경성까지 시찰하면서 농상공업을 시찰하고 그 내용을 정리하여 제출한 것이 『한국출장복명서』이다 (櫻井義之, 『朝鮮硏究文獻誌』, 龍溪書舍, 1979, 403쪽).
6) 당시 일본 이민이 많은 지역은 미국과 캐나다였으며, 그 중 두드러진 곳은 사탕수수 재배를 위한 하와이 이민이었다. 1903년 현재 하와이로 노동 이민을 간 일본인은 6만 5천 명이었고, 이는 하와이 총인구 15만 명의 절반 수준이었다(정연태, 「일제의 한국 농지정책(1905~1945년)」, 서울대 박사학위논문, 1994, 20쪽 참조).
7) 加藤末郎, 『韓國農業論』, 序說, 裳華房, 1904, 3~5쪽.

일본인의 한국 이민을 적극 권장하였으며, 미국 하와이처럼 단순노동 이민이 아니라 농업 이민을 갈 것을 권유하였다. 그는 조선으로의 일본인 이민을 권장할 목적으로 이 책을 편찬하였던 것이다.

가토 마쓰로보다 일제의 정책구상에 중대한 영향을 미친 인물은 사코우 츠네아키였다. 그는 동경농과대학 교수로 재직 중에 농상무성에 들어가 농무국장까지 역임한 자였다. 그는 농상무성의 출장명령을 받고 1902년 5월부터 9월까지 4개월간 청국과 한국을 시찰한 뒤 1902년에 『청한실업관』을 제출하였으며, 그 후 이를 증보하여 『일청한실업론』[1903]을 간행하였다.[8] 그는 『청한실업관』에서 한국 내 인구와 경지면적을 제시하고 일본인 이주의 경제적 효과를 구체적으로 제시하였다.

> 한국에는 주민의 의식주 수요가 극히 단일하고 저급하여 한 사람 당 농지를 최저 한도로 줄일 수 있다.... 지형은 우리나라와 비슷하여 경사진 곳과 협애한 곳이 많다. (가령 단보당 수확은 농법이 조방하여 낮다고 해도) 한 사람당 평균 1단보 5무를 초과할 수 없다고 생각한다. 이를 (조선인) 1,200만 인으로 곱하면 180만 정보로 총 면적 2,141만 3천 정보의 8.5%가 된다.....우리나라[일본] 최근의 조사 결과 가경지(可耕地)가 전국토의 2할 6푼인 것과 대조하면 적어도 한국 전면적의 1할 5푼 즉 321만 정보까지는 용이하게 경작할 수 있다고 믿는다. 그러면 현재 경지 180만 정보를 제외하고 141만 정보의 땅은 장차 이용할 수 있을 것으로 기대된다. 먼저 그 절반인 70만 정보를 논으로 만들어 1단보 15원의 수입을 거둔다면 1억 5백만 원이 되고, 다른 절반을 밭으로 만들어 1단보 8원의 수입을 얻는다면 5,600만 원이 되어, 합계 1억 6,100만 원의 농산이 된다. 이 신간지(新墾地) 140만 정보를 1인당 2단보로 배분하면 능히 700만 명의 인구를 부양할 수 있다. 그 대부분을 일본 이민으로 충당하면 양국은 더욱 이해공통의 내실을 거둘 수 있을 것이다.[9]

---

8) 櫻井義之, 『朝鮮硏究文獻誌』, 龍溪書舍, 1979, 404쪽.
9) 酒勾常明, 『淸韓實業觀』, 1902, 119~120쪽(정연태, 「일제의 한국 농지정책(1905~1945)」,

이 글에서 사코우 츠네아키는 다음과 같이 주장하였다. 조선의 전 국토 면적은 2,141만 정보인데, 그 중 15%인 321만 정보를 이용가능면적으로 파악하였다. 그 가운데 한국인이 경작할 수 있는 규모는 기껏해야 180만 정보를 넘지 못하므로, 나머지 140만 정보의 미간지를 일본인이 개간하여 이용할 수 있다. 이는 일본인 700만 명이 이주하여 생활을 영위할 수 있는 면적이라고 하였다.

이러한 그의 주장은 4개월간 방문하여 추계한 것으로 주먹구구식 계산이었지만, 당시의 일본인 학자와 관료들에게는 큰 영향을 미쳤다. 이 논리는 이후에 발간되는 보고서나 저서에 그대로 인용되거나 참조되면서 당시 일제의 식민정책에 큰 영향을 미쳤다.

지방관청이나 단체·개인들도 한국 농업에 대한 본격적인 실태조사에 나서고, 그를 바탕으로 조사보고서나 단행본을 출간하였다. 그 중 주목되는 보고서나 저서는 『최신한국사정-한국경제지침』[岡庸一, 1903], 『한국농업경영론』[吉川祐輝, 1904], 『조선이주안내』[山本庫太郎, 1904], 『한국산업시찰보고서』[谷崎新五郎 외, 1904], 『한국지농업』[小島喜作, 1905], 『최신한국실업지침』[岩永重華, 1905], 『한국실업조사복명서』[島根縣 第三部, 1906], 『일본식민론』[東鄕實, 1906] 등이 있다. 이 조사보고서나 저서들은 사코우 츠네아키의 논리에 영향을 받아 편찬되고 있었다.

위 논리는 정부 당국자에게도 영향을 미쳤다. 1904년 5월 말 일본의 원로회의와 각의에서 채택된 「대한방침 및 대한시설강령」에서도 일본인 이주론이 적극 제기되었다.

> 한국에 있어 본방인[일본인]의 기업 중 가장 중요한 것은 농사이다. 종래 한국은 농업국으로서 오로지 식량 및 원료품을 아국[일본]에 공급하였고, 아국은 공예품을 저들[한국인]에게 공급해왔다. 생각건대 금후일지라

서울대 박사학위논문, 1994, 27쪽 재인용).

도 양국의 경제관계는 이 원칙에 따라 발전하지 않을 수 없을 것이다. 또한 한국은 토지면적에 비해 인구가 적어 본방[일본] 이민을 쉽게 받아들일 수 있을 것이므로 만약 우리 농민이 내지에 많이 들어갈 수 있다면 한편으로는 우리의 초과하는 인구를 위한 이식지(移植地)를 얻고 다른 한편으로는 우리의 부족한 식량의 공급을 증가시켜 이른바 일거양득이 될 것이다.10)

즉 일본인을 이주시켜 일본 인구를 줄이고, 나아가 일본인으로 하여금 조선 경지를 경작하게 하여 일본에 식량 원료품을 공급함으로써 일본의 부족한 식량을 공급하게 하는 일거양득의 효과를 얻게 하는 것이었다. 일제는 조선을 식량 원료의 공급기지로 만들면서, 반면에 일본의 공예품 즉 공산품을 판매하는 상품시장이 되는 곳으로 만들고자 하였다.

이 시기에 발간된 조사보고서나 저서에서는 일본인을 조선에 이주시켜 조선 농업에 참여케 하여 조선농업을 개량시켜가거나, 일본인 지주 및 자본가가 조선의 토지를 구입하여 조선인 소작농에게 소작시키는 것이 이익을 얻는 길이라고 권장하였다.

즉 조사보고서에서 조선의 토지 가격은 매우 헐한 데 비해 소작료율은 비싸므로 일본인들이 조선의 토지를 구입하여 소작을 시킨다면 이익을 얻을 것이라고 권장하거나, 일본 농민들의 조선 이주를 권장하였다. 또한 농업부문에서 이익이 될 수 있는 영역을 소개하였고, 지역별로 농업의 특색을 소개하기도 하였다.

이러한 조사보고서들을 바탕으로 하면서, 일본정부 차원에서 한국 농업을 종합적으로 체계화하는 종합보고서를 간행하는 계획을 세웠다. 일본 정부는 1904년 3월 한국농사조사위원회를 설치하고 총 7명으로 구성된 조사

---

10) 「對韓方針竝ニ對韓施設綱領決定ノ件」, 『日本外交文書』 제37권 1책(권태억, 「1904~1910년 일제의 한국 침략 구상과 '시정개선'」, 『한국사론』 31, 서울대 국사학과, 1994, 224쪽 재인용).

위원단을 한국에 파견하는 계획을 세우고, 1904년 말부터 실행에 옮겨 한국의 농업조사를 실시하였다. 당시에 참여한 조사위원은 다음과 같다.[11]

   농사시험장 기사   三成文一郞, 小林房次郞, 鴨下松次郞
   농상무성 기사   有働良夫, 中村彦
   동경제대 교수   本田幸介, 鈴木重禮, 原熙
   농상무성 기수   染谷亮作, 松岡長藏

 그러한 조사 작업은 1906년에 『한국토지농산조사보고』라는 5책의 방대한 조사보고서로 간행되었다. 이 보고서는 당시 조선의 농업조사를 총결산하는 의미를 지녔으며, 나아가 지역별로 조선농업의 특색을 자세히 설명하는 종합보고서의 성격을 지녔다. 이 조사위원회에 참여하였던 인물 중 나카무라 히코[中村彦], 혼다 코우스케[本田幸介]는 한국 농정에 깊숙이 관여하여 일본 농업방식을 조선에 심는데 크게 기여하였다.

 일본 농상무성에서는 한국의 삼림 조사도 하였다. 일본 농상무성 기사이며 산림국 감독관인 미야지마 다키오[宮島多喜郞]와 다나카 키요지[田中喜代次] 2인이 농상무성 대신의 명을 받고 1902년 5월부터 1903년 2월까지 약 10개월간 청국과 조선 지방을 출장한 뒤 제출한 보고서로 『청한양국삼림시찰복명서』[1903]가 있다. 또한 일본 농상무성에서 편찬한 『한국삼림조사서적요』[1905], 『한국삼림조사서』[1905] 등이 있다.[12]

 그 외 일본 농상무성에서는 면작을 조사하여 『한국의 면작조사』[13]를

---

11) 주한일본공사관, 「한국농업조사의 건」, 『주한일본공사관기록』 20, 국사편찬위원회, 1904; 최원규, 「일제의 초기 한국식민책과 일본인 '농업이민'」, 『동방학지』 77・78・79 합집, 연세대학교 국학연구원, 1993, 701~702쪽; 최원규, 「19세기후반 20세기초 경남 지역 일본인 지주의 형성과정과 투자사례」, 『한국민족문화』 14, 부산대 한국민족문화연구소, 1999.
12) 櫻井義之, 『朝鮮硏究文獻誌』, 龍溪書舍, 1979, 416~429쪽.

발간하였고, 또한 수리시설을 조사하여 『한국의 농업수리시찰복명서』14)를 발간하였으며, 기타 잠업(蠶業)조사서를 발간하기도 하였다.15) 이러한 조사를 바탕으로 보고서나 책을 발간하였고, 그를 매개로 일제는 조선을 식민지화해가는 작업을 진행해갔다.

2) 수산업조사

일본인에 의한 한국 연해의 수산업에 대한 조사는 일찍부터 시작되었다. 한반도의 근해는 어업의 보고(寶庫)이기 때문에 일본 정부는 일찍부터 조선 연해에 와서 어업을 행하기를 원하였다. 일본 정부는 1876년 병자수호조약 이후 조선 연해에 대한 조업을 요구하였지만, 조선정부는 허락하지 않았다. 그러나 일본 정부의 끈질긴 요구로 인하여 1883년 7월에 「조일통상장정」을 맺으면서 일본 어민이 전라도, 경상도, 강원도, 함경도에 와서 어업 활동을 할 수 있게 되었다.16) 또한 1889년에는 「조일통어장정」을 체결하여 일본 어민이 어업 면허세를 조선 정부에 납부하면 조선의 4도[경상, 전라, 강원, 함경]의 3리 이내까지 어업을 행할 수 있고, 심지어 어획 어류를 판매까지 할 수 있게 되었다. 이에 일본 어민들은 조선 연해에 대한 정보를 필요로 하였으며, 일본 정부는 본격적으로 조선 연해에 대한 조사를 하기 시작하였다.

일본 정부는 일본 어민의 조선 연해 진출을 적극적으로 권장하면서, 체계적으로 도울 필요가 있었다. 일본 정부는 일본 어민들이 조선 연해로 진출해가는 것은 크게 2가지 유리한 점이 있다고 보았다. 하나는 조선에 일

---

13) 『韓國ニ於ケル棉作調査』[月田藤三郎, 1905]
14) 『韓國ニ於ケル農業水利視察復命書』[橫山正夫, 1905]
15) 櫻井義之, 『朝鮮硏究文獻誌』, 龍溪書舍, 1979, 416~429쪽.
16) 이영학, 「개항 이후 일제의 어업 침투와 조선 어민의 대응」, 『역사와현실』 18, 한국역사연구회, 1995.

본인 세력을 부식시킴으로써, 일본의 인구 증가를 배설하는 장으로 활용할 수 있다고 보았다. 다른 하나는 일본 어민이 조선 연해로 진출하는 것은 어업상의 큰 이익이 있었다. 조선 연해는 어족이 풍부하고, 주요 판매국인 청국과 인접하여 판로가 유리하기 때문에 크게 이익을 얻을 수 있다고 보았다.17)

그것을 이루기 위해서는 조선 연해에 대해서 정확히 알고, 그에 대처하는 일이 필요하였다. 이에 일본 정부에서는 조선 연해에 대한 조사사업을 벌였다. 일본의 외무성 통상국은 1892년에 일본 수산전문가이면서 대일본수산회 수산전습소 소장인 세키자와 아카기요[關澤明清]에게 청탁을 하여 조선 연해를 조사·보고하게 하였다. 그리하여 그는 11월에 동경을 출발하여 부산, 경성, 원산, 경상, 전라 등을 4개월간 둘러보고 8차례의 보고서를 올렸으며,18) 1893년 3월초에 동경에 다시 돌아가 그 보고서들을 정리하여 책으로 펴냈다. 그것이 『조선통어사정(朝鮮通漁事情)』19)이었다. 이 책은 일본에서 발간한 최초의 종합적인 수산업 보고서이었으며, 일본 수산인들에게 큰 영향을 미쳤다.20)

이 책에 영향을 받아, 1894년에는 원산의 일본인 유지들이 만든 원산상업회의소에서 일본 농상무성에 세키자와 아카기요를 다시 한 번 원산에 파견해 줄 것을 요청하였다. 그러나 세키자와 아카기요는 거절하였고, 이에 일본 농상무성에서는 그 소속관료인 수산전문가 카부라키 요사오[鏑木餘三男]을 파견하였다. 그는 1894년 8월 21일에 동경을 출발하여 함경도

---

17) 葛生修亮, 『韓海通漁指針』總論, 東京: 黑龍會, 1903.
18) 外務省通商局, 『朝鮮近海漁業視察概況報告』第1回~第8回, 1894, 96쪽(報告者: 關澤明清).
19) 關澤明清 竹中邦香, 『朝鮮通漁事情』, 團團社書店, 1893.
20) 『朝鮮通漁事情』에는 조선 연해의 지리와 해산물들을 기록하였으며, 조선인 어업의 상황과 일본인 진출 어선의 수와 수익금, 어획물의 판매와 제조, 일본인 진출 어업자의 희망, 정부에 대한 희망, 자본가에 대한 희망 등을 기록하였다.

원산, 길주지방을 시찰한 뒤, 12월 12일에 귀국하였고 다음 해 2월에 「조선국원산출장복명서」21)를 제출하였다. 1895년에 부산수산회사도 일본 정부에 조선 연해를 조사하고, 조선 연해에 건어장을 만들기 위한 장소를 알아보기 위한 조사 경비로 9천여 원을 요청하였다.22) 그 조사사업이 일본 정부에 의해 받아들여졌는지는 알 수 없다.

그 후 조선 연해에 대한 조사사업이 쏟아졌다. 조선에 진출해 있는 일본인 수산단체와 일본의 지방정부가 주도하여 조선 연해에 대한 전면적인 조사를 실시하였다. 일본인 수산단체로는 1895년의 '조선근해어업연합회'가 조선 연해에 대한 조사를 시작하고, 일본 정부의 지원을 받은 조선어업협회[1897], 조선해통어조합[1900], 조선해수산조합[1903] 등이 조선 연해를 조사하여 보고서를 남겼다.23) 지방자치단체로서는 후쿠오카[福岡]현, 오이타[大分]현, 사가[佐賀]현, 가가와[香川]현, 오카야마[岡山]현, 시마네[島根]현 등이 그 지역 어민의 조선 진출을 돕고자 조선 연해를 조사하고, 보고서를 책으로 펴냈다.24)

---

21) 鏑木餘三男, 「朝鮮國元山出張復命書」, 外務省 通商局, 1895(『韓日漁業關係』, 國史編纂委員會, 187~208쪽).
원산 상업회의소에서 경비 150원을 내고, 원산에 수산회사를 설립하는 것이 타당성이 있는지 일본 정부에 조사를 의뢰하였다. 수산전문가의 조사 도중에 원산 수산회사가 설립되었다(그 경위는 「一〇. 元山近海水産物取調ノ爲ㅅ農商務省技師出張一件」, 『韓日漁業關係』, 國史編纂委員會, 171~187쪽에 기록되어 있다).

22) 「漁場探檢及漁業試驗ノ義ニ付願」(1895.4.11)[『韓日漁業關係』(日本 外務省 外交史料館 史料), 韓國近代史資料集成 5, 國史編纂委員會, 102~108쪽].

23) 朝鮮漁業協會, 『朝鮮漁業協會巡邏報告』, 1898~1900(『韓日漁業關係』(日本 外務省 外交史料館 史料), 韓國近代史資料集成 5, 國史編纂委員會); 朝鮮海通漁組合聯合會本部, 『(朝鮮海通漁組合聯合會)業務報告(1900년 6월-10월)』, 1900, 102쪽; 朝鮮海通漁組合聯合會本部, 『朝鮮海通漁組合聯合會會報』 4호, 1903, 343쪽; 朝鮮海水産組合, 『朝鮮海出漁の手引』 釜山, 1907, 22쪽; 朝鮮海水産組合本部, 『朝鮮海水産組合本部調査報告』 釜山, 제2호(1908)~15호(1910), 1908-1910.

24) 福岡縣水産試驗場, 『朝鮮海漁業探檢復命書』, 1898, 71쪽; 大分縣內務部, 『韓海漁業視察復命書』, 1900, 123쪽; 佐賀縣內務部, 『韓海漁業視察復命書』, 1900, 116쪽; 香川縣水

일본 정부는 조선 연해에 대한 조사사업과 함께 일본 어민들이 조선 연해에 진출하여 국가 이익을 확대해가도록 적극적으로 출어를 권장하였다. 그 이전에 전통시대의 일본은 도쿠가와[德川]시대 이후 해외로의 출어를 금지하였다. 일본 어민이 해외로 어로 행위를 나갈 때는 정부의 허가를 받아야 했기 때문에 활발히 이루어지지 못하였다. 그러다가 1883년「조일통상장정」과 1889년「조일통어장정」에 따라 일본 어선의 조선 진출이 공식화되자, 일본 정부에서는 적극적으로 해외로의 출어를 장려하였다.

게다가 일본에서는 1897년경에 일본 연안의 어업이 점차 쇠퇴의 징조를 보이기 시작하였고,25) 반면에 일본에서는 자본주의적 상품생산이 발달하고 도시의 형성, 교통기관의 발달 등으로 수산물에 대한 국내 수요가 급격히 증가하였다. 이에 일본 정부에서는 해외로의 어업을 적극 권장하기에 이르렀다. 1897년 일본 정부는「원양어업장려법(遠洋漁業獎勵法)」을 공포함으로써 일본 어민의 원양어업을 적극 장려하였다. 아울러 일본 정부는 증가하는 일본 통어자(通漁者)를 보호하고 육성할 목적으로 원양어업 장려금을 지불하고 조직을 정비·강화하였다.26)

또한 일본 정부는 민간 단체를 지원하면서 그것의 활동을 활성화시켜 일본 어민의 조선 진출을 장려하였다. 1897년에는 전 부산영사와 부산에 있는 일본 유지(有志)가 모여 조선어업협회(朝鮮漁業協會)를 설립하고, 일본 어민의 조선 어업을 장려하고 그들을 보호하기 위한 활동을 벌였

産試驗場,『韓國漁業視察復命書』, 1902, 84쪽; 廣島縣水産試驗場,『韓海鮫鰊網試驗槪況』, 1905, 11쪽; 岡山縣수산시험장,『韓海시찰보고』, 1905; 岡山縣수산시험장,『한해어장탐험조사사업보고』, 1906; 島根縣 第3部,『韓海出漁調査報告書』松江, 1906, 42쪽; 福岡縣水産試驗場,『韓國西南沿海漁業視察書』, 1906, 37쪽; 山口縣水産組合編,『韓國水産業調査報告』, 1907, 151쪽; 山口縣水産試驗場,『韓海漁業試驗報告(1906-08년)』 1책(합본), 1907~1909; 岡山縣水産試驗場,『朝鮮海漁業試驗調査報告(1906년도)』, 1908, 38쪽.

25) 朴九秉,「韓國漁業技術史」,『韓國文化史大系』Ⅲ, 1968, 252쪽.
26) 朴九秉,「韓國漁業技術史」,『韓國文化史大系』Ⅲ, 1968, 252쪽.

다.27) 나아가 일본 정부는 그 단체가 일본 어민의 조선 진출을 적극적으로 주도하고, 그들을 보호할 수 있는 조직적 기반을 갖추도록 도와주었다. 1899년 6월에 농상무성 수산국장 마키 나오마사[牧朴眞]가 조선을 시찰하고 일본에 돌아가, 각 부현마다 한해통어조합(韓海通漁組合)을 조직하도록 권장하였다.

1900년 5월에는 일본 정부에서 보조금을 지급하면서 조선통어조합연합회(朝鮮通漁組合聯合會)를 설립하여 일본 어민의 조선 진출을 장려하고, 그곳에서 활발한 활동을 할 수 있도록 조직을 정비하였다. 그 연합회의 본부를 부산에 두고, 일본 어민과 조선 정부 사이에 발생하는 행정상의 문제를 해결해주고, 어업을 행하는데 필요한 부문을 알선하고, 또한 어획물의 판매를 중개하는 등의 중요한 역할을 담당하였다.28)

1902년 3월에 일본정부는 외국령해수산조합법(外國領海水産組合法)을 발포하고, 이 법에 의해서 연합회의 조직을 변경하여 1903년 일본 시모노세키[下關]에서 창립총회를 열고 조선해수산조합(朝鮮海水産組合)을 만들었다. 그리고 일본 정부는 매년 보조금을 지불하면서 조합을 지원하고, 이 조합을 통하여 조선에 진출한 일본 어민을 보호 장려하는 정책을 폈다.29)

이 시기에 이르러 일본 정부는 일본의 각 부현에게 조선 진출에 도움을 주는 한해통어조합을 조직토록 하고, 그를 바탕으로 조선에 진출하거나 이주해가도록 적극 후원하였다. 이에 힘입어 일본 어민의 조선 연안으로의 진출은 크게 확대되었고, 일본 어민들이 조선 연해에서의 어업을 장악할 수 있게 되었다.

일제는 러일전쟁 이후 조선에 대한 독자적인 지배권을 확보하면서 조

---

27) 葛生修亮, 『韓海通漁指針』 總論, 東京: 黑龍會, 1903, 8~9쪽.
28) 葛生修亮, 『韓海通漁指針』 總論, 東京: 黑龍會, 1903(본부를 부산에 두고, 지부를 마산, 목포, 원산에 두었다).
29) 『朝鮮總督府施政年報』, 1910, 315~318쪽.

선을 침략해 들어가는 체계적인 계획을 세웠다. 그러한 계획 가운데 하나가 1904년 5월말에 〈대한방침 및 대한시설강령〉이었다. 그 규정은 앞으로 적당한 시기에 한국을 보호국화 또는 병합하려는 계획을 구체화한 것인데, 그 중 어업에 관한 서술을 살펴보면, 어업이 "농업 다음으로 한국에서 가장 유리한 사업"30)이라고 하면서 충청도·황해도·평안도까지의 어업영역 확보를 목표로 하고 있었다.31)

그 해 6월에 〈충청, 황해, 평안도에서 어업에 관한 왕복문〉을 통해, 일본은 충청도·황해도·평안도까지 어업 영역을 확대해갔다. 이 왕복문은 "한국은 충청도·황해도·평안도 연안의 어업을 일본 인민에게 허락하며, 일본국도 이에 따라 호키[伯耆], 이나바[因幡], 다지마[但馬], 단고[丹後], 규슈[九州] 연해의 어업을 한국 인민에게 허락한다."32)고 규정하였지만, 어획법이 우수한 일본이 조선 연해의 어업 영역을 전면적으로 장악해간다는 의미를 지닌 것이었다. 이제 일본은 충청도, 황해도, 평안도 등 서해 지역까지 어업을 행함으로써 조선 연해 전체에서 어업 활동을 하며 이익을 확대해갔다.

일제는 조선의 어업을 장악하고, 일본 어민의 조선 진출을 돕기 위하여 조선 어업의 실상을 정확히 파악할 필요가 있었다. 그리하여 1904년 조선에 설치한 한국재정고문 본부에게 조선의 수산 행정 및 상황을 제출하게 하여 『한국수산행정급경제』를 발간하도록 하였다.33) 아울러 일본 농상무성에서는 소속 관료로 하여금 한국의 수산업을 조사하게 하여 보고서를 제출하게 하였다. 그리하여 시모 스이스케[下啓助]·야마와키 소우지[山脇

---

30) 『日本外交文書』 제37권 1책, 「對韓方針竝=對韓施設綱領決定ノ件」.
31) 권태억, 「1904~1910년 일제의 한국 침략 구상과 '시정개선'」, 『한국사론』 31, 서울대학교 국사학과, 1994, 225쪽.
32) 「忠淸, 黃海, 平安道=於ケル漁業=關スル往復文書」, 1904년 6월 4일.
33) 韓國政府財政顧問本部, 『韓國水産行政及經濟』, 京城, 1904.

宗次]로 하여금 한국 어업을 조사하게 하여 『한국수산업조사보고』[1905]를 발간하였다.34) 그 후 1907년 통감부 통치시기에 한국의 관제 개편이 이루어졌고, 한국의 농상공부에 수산국을 설치하였다. 수산업을 장려한다는 미명하에 5개년에 걸쳐 전국의 수산업을 조사하게 하였다. 통감부는 5개년에 걸쳐 전국의 수산업 현황을 조사하여 『한국수산지』[1908~1911] 4권의 방대한 분량으로 편찬해냈다.35) 『한국수산지』는 전국의 수산업 현황을 종합 정리한 완결판에 속하는 것이었다. 일제는 이것을 통하여 조선 수산업의 현황을 파악하고 일본어민으로 하여금 조선 연해에 진출하게 하고, 나아가 조선 어업을 통제할 수 있었다.

통감부는 이러한 조사작업을 바탕으로 조선의 어업을 장악해갈 수 있었다. 통감부는 1908년 10월에 「어업에 관한 협정」을 한국정부에 강요하여, 일본인도 조선인과 마찬가지로 어업권을 소유할 수 있도록 하였고, 같은 해 11월에는 「어업법」을 공포함으로써 어업권을 면허하고 허락해주는 권한을 장악하였다. 즉 통감부는 어업을 면허어업과 허가어업 및 신고어업으로 구별하고, 기존의 어업에 대한 기득권을 전면 무효화하고, 어민들에게 새로이 신청을 받아 통감부의 허락을 받도록 하였다. 이 과정에서 통감부는 일본 어민에게 유리하게 허가함으로써, 조선 연해의 어업권을 전면적으로 장악해 갈 수 있었다.36)

일제는 1910년 조선을 식민지화한 이후, 다음 해에 「조선어업령」을 공포하여 조선인 소유의 유망한 어장과 왕실 소유의 어장을 장악하여 일본 어민에게 허가하였고, 조선인에게는 영세한 어업을 주로 허가하였다.

---

34) 農商務省 水産局, 『韓國水産業調査報告』, 1906, 142쪽(報告者: 下啓助 山脇宗次).
35) 農商工部 水産局, 『韓國水産誌』4권, 京城, 1908~1911.
36) 이영학, 「개항 이후 일제의 어업 침투와 조선 어민의 대응」, 『역사와현실』 18, 한국역사연구회, 1995, 177~179쪽.

3. 부동산조사와 관습조사

조선시대에는 외국인들이 조선에 들어와서 조선의 토지를 직접 소유할 수 없었다. 그러나 1883년 조영조약에 의해 외국인들이 개항지 10리 이내에서 토지를 소유할 수 있게 되었고, 그 외 지역에서는 토지를 소유할 수 없었다. 1900년대 이후 일본인들이 본격적으로 조선에 진출해오면서, 그들은 내륙에 있는 조선의 토지를 잠매하거나 혹은 조선인 명의를 빌어 토지를 소유하는 편법을 자행하였다. 그러나 일본인들이 본격적으로 조선에 진출하여 마음 놓고 농업경영을 하기 위해서는 조선에서 토지소유권을 보장받아야 했다.

1905년 11월 을사조약을 맺고 그해 12월에 통감부를 설치한 일제는 이토 히로부미[伊藤博文]를 통감으로 임명하였다. 이토[伊藤]는 1906년에 부동산법조사회를 설치하여 조선의 토지제도와 토지소유관행 등을 조사하여 일본인에게 토지소유권을 허가하는 법령을 만들고자 하였다. 아울러 1908년에는 법전조사국을 설치하여 조선의 토지소유 및 매매관행은 물론이고 조선의 친족 및 관습 등을 조사하여 조선을 식민지로 재편해가는 작업을 본격적으로 실시하였다.

이 부동산조사를 바탕으로 이토 통감은 「토지가옥증명규칙」[1906.10], 「토지가옥전당집행규칙」[1907.2], 「토지가옥소유권증명규칙」[1908.8]을 공포하여 일본인의 토지소유를 인정하고, 일본인의 토지소유확대를 촉진하는 법령을 공포하였다. 나아가 조선의 친족 및 관습을 광범위하게 조사하여 조선의 민법 및 형법 등을 만들어 조선의 식민지를 효율적으로 통치하고자 하였다.

1) 부동산조사

일본은 1905년 12월에 통감부를 설치하고 한국을 보호국으로 통치해가면서, 식민지로 만들 방안을 강구하고 있었다. 이토 히로부미 통감은 한편으로 일본인의 토지소유를 보장하기 위한 방법을 강구하고, 다른 한편으로 조선 통치의 재원을 조달하기 위해 토지조사를 행하고자 하였다. 이토 통감은 일본인의 토지소유를 보장하기 위한 토지소유권 증명에 관한 법률들을 제정하려고 하였는데, 그를 위해서는 한국의 토지제도와 토지소유 관습에 대한 상황을 알아야 했다.[37]

이토는 1906년 7월에 의정부 산하에 부동산법조사회[不動産法調査會, 1906.7~1907.11]를 설립하여 조선의 토지제도 및 토지에 관한 권리를 전체적으로 조사하고, 그를 바탕으로 부동산에 관한 법률을 제정하고자 하였다. 그를 위해 일본의 동경대 법학교수이며 부동산법 전문가인 우메 겐지로[梅謙次郎]를 초빙하여 부동산법조사회의 회장으로 임명하였다. 우메 겐지로는 프랑스에서 법학을 공부하고, 1906년에 동경대 법학교수로서 이토 히로부미가 총재로 있던 법전조사회에서 일본 민법을 제정한 위원 중 한 사람이었다. 그는 일본의 근대적 민법 제정의 경험을 지닌 자로서 이토의 측근이었다.[38]

우메 겐지로는 1906년 7월 24일 의정부 산하 부동산법조사회에서 조사위원을 모아놓고 조사할 항목을 요약 정리하여 제시하였다. 그 책자가 16쪽의 『조사사항설명서』였다.[39] 조사사항은 크게 10항목으로 구성되었다. 그 항목은 ① 토지에 관한 권리의 종류와 명칭 및 내용[구체적 질문 10항목],[40] ② 관유·민유 구분의 증거, ③ 국유와 제실유의 구분, ④ 토지대

---

37) 최원규, 「한말 일제초기 토지조사와 토지법 연구」, 연세대 사학과 박사학위논문, 1994.
38) 李英美, 『韓國司法制度と梅謙次郎』, 法政大學出版局, 2005.
39) 『調査事項說明書』, 議政府 不動産法調査會(梅謙次郎), 1906.

장의 유무와 기재사항, ⑤ 토지에 관한 권리의 양도 및 그 조건과 수속, ⑥ 지권(地券) 및 가권(家券)의 대상 부동산 및 그 연혁과 기재사항, ⑦ 토지의 경계와 권리자의 기준, ⑧ 토지의 종목, ⑨ 토지 측량의 방법, ⑩ 시가지(市街地)와 기타 지역의 차이 등이었다. 부동산법조사회에서는 그 책자를 각 관계 기관에도 배포하였다. 이 책은 당시의 한국의 토지제도와 토지소유권 및 관습에 대한 조사에 모델이 되었다.

우메 겐지로의 지휘에 따라 조사위원들은 1906년 7월 26일부터 8월 6일까지 12일간 각지의 이사관, 관찰사, 부윤에게 조사사항을 인터뷰하고 그 답변을 정리하여, 1906년 8월에 『한국 부동산에 관한 조사기록』을 편찬하였다.[41] 우메 겐지로의 조사에 동참한 사람은 보좌관 나카야마 세이타로[中山成太郎]이고, 집필은 가와사키 만조[川崎萬藏], 통역은 석진형(石鎭衡)이 맡았다.[42] 대장성 서기관 나카야마 세이타로는 대만 총독부의 관리를 역임하고 대만구관조사의 진행과정에서도 경험을 가진 인물이었다. 조사지역은 경성, 인천, 평양, 부산, 마산 등 일본인이 많이 거주하는 이사청이 5개소, 대도시 지역인 관찰부가 3개소, 부가 1개소 등 9개소였다.[43] 1906년 12월 22일 현재 의정부 외사국 부동산법조사회의 재직자는 9명이었다.[44]

---

40) 구체적 질문 10항목은 ① 인민의 토지소유권 인지, ② 토지소유권의 제한 및 부담, ③ 국가가 인민의 토지소유권을 징발하는 조건 ④ 소유권은 토지의 지상과 지하에 미치는가 ⑤ 경계에서 쌍방 소유자의 권리의 한계, ⑥ 공유지의 처분 및 관리에 관한 관습, ⑦ 차지권의 종류 명칭 및 내용, ⑧ 지역권의 종류 및 효력, ⑨ 입회권이 있는가, ⑩ 질권 저당권의 설정조건 및 효력 등이었다.
41) 『韓國不動産ニ關スル調査記錄』, 議政府 不動産法調査會(梅謙次郎), 1906.
42) 『韓國不動産ニ關スル調査記錄』, 議政府 不動産法調査會(梅謙次郎), 1906, 1쪽.
43) 경성, 인천, 평양, 부산, 마산 이사청과 평양, 수원, 대구 관찰부 및 개성부 등 9개소이다.
44) 『不動産法調査會案』, 議政府 外事局, 1906~1907.
　　회장 법학박사　　　梅謙次郎
　　보좌관 통감부서기관 겸 대장서기관　　　中山成太郎

〈표 5-1〉 부동산법조사회의 현지 조사 상황

협조공문 발송시기	조사원	조사대상지역	조사기간	보고서
1906년	梅謙次郎, 中山成太郎, 川崎萬藏, 石鎭衡	경성, 인천, 평양, 부산, 마산, 수원, 대구, 개성	1906년 7월 26일 ~8월 6일	『韓國不動産ニ關スル調査記錄』
	川崎萬藏	충청도, 황해도, 평안남도		『韓國不動産ニ關スル慣例 第一綴』
	平木勘太郎	황해도		『韓國不動産ニ關スル慣例 第二綴』
8월 27일	中山成太郎, 石鎭衡	함경남북도	9월 초순	
동	山口慶一, 崔秉相	평안남북도, 황해도	동	
10월 25일	川崎萬藏, 李邦協	평안남도, 황해도	不明	
11월 13일	山口慶一, 崔秉相	경기도, 충청도	不明	
1907년 2월 9일	川崎萬藏, 柳鎭赫	경기도, 충청남북도, 전라북도,	2월 18일 ~4월 2일	
동	山口慶一, 崔秉相	전라남북도	2월 중순	
2월 18일	中山成太郎, 元應常	인천, 군산, 목포, 마산, 부산, 대구	2월 하순	『韓國ニ於ケル土地ニ關スル權利一斑』

보좌관보	川崎萬藏
보좌관보 통감부속	山口慶一
촉탁	永野俊吾
고	平木勘太郎
임시촉탁	石鎭衡
임시촉탁	崔秉相
임시 고	高鼎相

4월 1일	平木勘太郎, 高鼎相	경기도, 평안남도, 황해도	4월 상순
4월 15일	山口慶一, 崔秉相	경상남도, 전라남도	4월 중순
5월 29일	川崎萬藏, 柳鎭爀	경상남북도	6월 1일 ~6월 30일
8월 20일	川崎萬藏, 柳鎭爀	함경북도	8월 하순
동	山口慶一, 崔秉相	함경남도	동
11월 1일	川崎萬藏, 高鼎相	경상북도	不明

출전: 議政府 外事局, 『不動産法調査會案』, 1906년~1907년(李英美, 『韓國司法制度と梅謙次郎』, 2005, 57쪽 참조).

그 후 부동산법조사회에서는 〈표 5-1〉에서 보듯이 1907년 11월까지 전국을 대상으로 표본 추출하여 한국의 토지제도와 관습을 조사하였다. 조사사항은 우메 겐지로가 제시한 『조사사항설명서』의 조사항목을 중심으로 진행하였고, 조사방식은 일본인 1명과 한국인 1명이 짝을 이루어 각 지방을 조사하여 보고서를 제출하였다.

부동산법조사회의 가와사키 만조는 충청남도 직산, 천안 등 12군, 황해도의 금천, 황주 등 3군, 평안남도의 삼화부, 중화 등 1부 7군 등의 지역을 조사하였다. 그 지역에서 부윤, 군수, 군주사, 면장, 서기 등을 면담하였고, 토지 건물의 관례에 대하여 조사하였다. 이것의 조사결과를 정리한 것이 『한국부동산에 관한 관례 제1철』[45])이었다.

부동산법조사회의 촉탁 히라키 간타로[平木勘太郎]가 황해도 안악·재

---

45) 『韓國不動産ニ關スル慣例 第一綴』, 不動産法調査會(川崎萬藏), 1907년 4월.

령 등 12개 군에서 군수, 군주사, 세무주사, 은행임원 등에게, 위『조사사항설명서』의 조사항목을 질문하여 답변한 내용을 정리하여 편찬한 것이『한국부동산에 관한 관례 제2철』이었다.46)

〈표 5-1〉에서 보듯이 1906년 하반기에 일본인 1명과 한국인 1명이 팀을 구성하여 함경도, 평안도, 경기도, 충청도의 주요 도시를 선정하여 현지 조사를 수행하였다.

1907년 2월 하순에 보좌관 통감부서기관 겸 대장서기관인 나카야마 세이타로는 의정부 참서관 원응상(元應常)과 함께 인천·군산·목포·마산·부산 및 대구에 출장을 가서 한국의 토지에 관한 권리를 총체적으로 조사하였다. 한국인의 권리관념 및 토지에 관한 권리, 토지소유권의 취득 및 상실, 토지용익권, 토지에 관한 담보권 등을 조사하여 1907년 6월에『한국의 토지에 관한 권리 일반』을 편찬하였다.47)

위와 같은 부동산에 대한 조사는『조사사항설명서』의 조사항목에 따라 조사를 하였지만, 각 지방의 특성에 따라 차이가 컸고, 지방의 특성이 그대로 드러났기 때문에 그것을 종합하여 정리할 필요가 있었다. 그리하여 1908년에 법전조사국에서 요약 정리한 것이『부동산법조사보고요록』이다.48) 이 책은『조사사항설명서』의 지시 사항에 따라 조사한 핵심적 내용을 요약 정리한 것이라 할 수 있다. 1906년 8월부터 1907년 11월까지 부동산법조사회의 활동이 지속되었다.

1906년 8월부터 1907년 11월까지 부동산법조사회장인 우메 겐지로가 의정부 참정대신에 보낸 공문을 비롯하여 의정부에서 각 지방관에게 협조할 것을 지시한 훈령을 모아서 의정부 외사국에서 편찬한 책이『부동산법

---

46)『韓國不動産ニ關スル慣例 第二綴』, 不動産法調査會(平木勘太郎), 1907년 6월.
47)『韓國ニ於ケル土地ニ關スル權利一斑』, 不動産法調査會(中山成太郎), 1907년 6월.
48)『不動産法調査報告要錄』, 法典調査局, 1908.

조사회안』이다.49) 이 책을 통하여 부동산법조사회의 조직과 이 시기의 활동상황을 알 수 있다.

　부동산법조사회의 재직자들은 조선의 소유권을 종합적으로 규명하기 위하여 조선의 토지소유권이 어떻게 발전해왔는가를 연구하기도 하였다. 부동산법조사회의 촉탁 히라키 간타로는 기자시대, 삼국시대, 고려시대, 이조시대로 목차를 구성하여 각 시기의 토지소유권이 어떻게 전개되어 왔는가를 연구하여 책을 간행하기도 하였다.50) 이 연구에서는 한국에서 토지소유권이 개인에게 법률적으로 인정되어 있지 않았다고 결론을 내렸다.

　이와 같이 이토 통감은 조선에서 부동산에 관한 권리와 그것의 행사 및 관행을 모두 조사하였다. 그를 바탕으로 일제는 1906년 10월에 「토지가옥증명규칙」을 공포하여 일본인에게 토지소유권을 법적으로 허가해주었다. 그 이전까지 조선 정부는 외국인에게 토지소유를 인정하지 않았는데, 이 법률에 의해 일본인이 토지소유를 보장받게 되었다. 1907년 2월에는 「토지가옥전당집행규칙」을 공포하여 토지·가옥을 대상으로 한 전당집행에 대하여 유질 계약을 맺게 하여, 채무자가 기일을 경과하여 채무를 상환치 않을 때 채권자는 경매할 수 있도록 함으로서 일본인이 소유권을 취득할 수 있도록 보장하였다. 1908년 8월에는 「토지가옥소유권증명규칙」을 시행하여 「토지가옥증명규칙」 이전에 적법한 원인에 의하거나, 시행 후 매매 증여 교환을 제외하고 적법한 원인에 의하여51) 토지·가옥의 소유권을 취득한 경우도 증명받을 수 있게 되었다.

---

49) 『不動産法調査會案』, 議政府 外事局, 1906~1907.
50) 『韓國土地所有權ノ沿革ヲ論ス』, 內閣 不動産法調査會(平木勘太郞), 1907.
51) 遺産의 繼受, 分産의 領受, 가옥의 신축, 재판상 확인된 원인의 類를 말한다(송병기 외, 「土地家屋所有權證明規則施行細則」, 『법령집』 7권, 115쪽).

2) 관습조사

통감부는 조선에서 부동산법조사회의 활동을 정리하고, 그 기구를 확대 개편하여 법전조사국[法典調査局, 1908.1~1910.9]을 설치하면서 전국에 걸친 관습조사를 실시하였다. 법전조사국은 관습조사를 행하여 민법, 형법, 민사소송법, 형사소송법 등 식민지 지배를 효과적으로 하기 위한 법률을 만들고자 하였다.[52] 법전조사국은 1908년 1월에 설치되어, 5월부터 조사를 시작하고 1910년 9월까지 전국에 걸쳐 관습조사를 실시하였다.

〈표 5-2〉 법전조사국 직원

	委員長		
1908	倉富勇三郎	위원	松寺竹雄, 安住時太郎[법부서기관], 膳鉦次郎[검사], 國分三亥[검사], 中村竹藏[판사], 城數馬[판사], 渡邊暢[판사], 유성준[법제국장], 김낙헌[형사국장], 이시영[민사국장]
		조사과	小田幹治郎[사무관, 조사과장], 川崎萬藏[사무관보]
		회계과	山口慶一[회계과장]
			최병상, 고정상, 유진혁, 平木勘太郎[번역관보로 추측됨]
1909	倉富勇三郎	위원	渡邊暢[판사], 中村竹藏[판사], 城數馬[판사], 膳鉦次郎[검사], 國分三亥[검사], 松寺竹雄[서기관], 安住時太郎[서기관], 김낙헌[형사국장], 이시영[민사국장], 유성준[내각 법제국장]
		사무관	小田幹治郎
		서무과	山口慶一[과장], 八田岩吉, 室井德三郎[이상 사무관보]
		조사과	川崎萬藏[과장], 安藤靜, 平木勘太郎, 下森久吉[이상 관보], 최병상, 고정상, 유진혁, 김동준, 방한복, 丹羽賢太郎[이상 번역관보]
		회계과	山口慶一[과장], 川原信義, 岩谷武市, 中州政美[이상 사무관보]

출전: 「내각왕복문」, 『구한국관보』(이승일, 『조선총독부 법제정책-일제의 식민통치와 조선민사령』, 역사비평사, 2008, 70쪽 재인용).

---

52) 「法典調査局官制」(1907.12.23 칙령 제60호).

법전조사국의 조사위원은 처음에는 부동산법조사회의 위원들이 담당하였고, 그 위에 일본인 사법관 출신들이 충원되어 대폭 보강되었다. 즉, 1907년 12월 31일에는 부동산법조사회에 참여하였던 일본인 가와사키 만조, 히라키 간타로, 야마구치 케이이치[山口慶一]와 조선인 최병상, 고정상, 유진혁 등 8명이 임명되었고, 1908년 1월 1일에는 구라토미 유사부로[倉富勇三郎]를 위원장에, 우메 겐지로를 고문에 임명하고 김낙헌, 유성준 등을 위원으로 임명하였다.[53) 구체적인 명단은 〈표 5-2〉와 같다.

　그 중 법전조사국 고문인 우메 겐지로는 이토 히로부미가 초빙한 인물로 부동산법조사회 회장으로 조선의 부동산조사와 토지관계법령을 정립하는데 핵심적인 역할을 하였으며, 법전조사국의 관습조사사업에서도 주요 역할을 담당하였다.

　관습조사 방법은 실지조사와 문헌조사로 진행되었는데, 실지조사가 중심이었다.[54) 실지조사는 일반조사와 특별조사로 나뉘어 진행되었고, 일반조사는 우메 겐지로가 작성한 관습조사문항 206개 항목을 모두 조사하는 것이고 특별조사는 일반조사와는 별도로 특별히 조사가 필요한 항목이나 지역을 대상으로 조사하는 것이었다.[55) 특별조사는 특별지역의 관습을 조사하거나, 보(洑)·차양자(次養子)·혼례·장례·노비·삼포(蔘圃) 등 특별항목에 대해 조사를 실시하여, 그에 관한 특별조사서가 작성되었다.[56)

---

53) 정긍식, 「日帝의 慣習調査와 그 意義」, 『改譯版 慣習調査報告書』, 한국법제연구원, 2000, 31쪽.
54) 이승일, 「일제의 관습조사와 전국적 관습의 확립과정 연구」, 『대동문화연구』 67, 대동문화연구원, 2009, 374쪽.
55) 일반조사지역의 보고서가 모두 206개 항목으로 구성되지는 않았다. 평안북도 일부 지방은 197개의 조사문제로 구성되어 있다. 이는 198번부터 206번 항목이 해상(선박의 등기, 선박소유자 등)에 관한 것이어서 바다에 인접해서 해운과 관련된 관습이 있던 지역의 보고서만이 206개 항목으로 구성된 것으로 보인다(이승일, 「일제의 관습조사와 전국적 관습의 확립과정 연구」, 『대동문화연구』 67, 대동문화연구원, 2009, 주) 16 참조).
56) 배성준, 「통감부시기 관습조사와 토지권 관습의 창출」, 『사림』 33, 수선사학회, 2009, 230쪽.

실지조사방법은 일본인 조사관이 한국인에게 직접 질문하고 그 응답을 기록하는 방식으로 수행되었다. 피조사자는 조사문항과 관련이 있는 생업의 종사자[농민·상인 등]이거나 이해관계가 있는 계층 그리고 행정관료 등이었다.[57]

　법전조사국의 관습조사 항목은 총 206문항으로, 우메 겐지로가 일본의 민법 및 상법의 체계에 따라 만든 것이다. 대체적인 분류는 다음과 같다.

〈표 5-3〉 조사항목의 편제

제1편	민법[180문항]	총칙 20문, 물권 30문, 채권 54문, 친족 53문, 상속 23문
제2편	상법[26문항]	총칙 4문, 회사 1문, 상행위 11문, 수형[手形·어음] 1문, 해상 9문

　그 내역을 구체적으로 살펴보면, '제1편 민법 제1장 총칙[태아의 권리 및 성년의 규정 등 20문항], 제2장 물권[물권·채권의 구별 및 토지에 관한 권리 등 30문항], 제3장 채권[이율 및 복리 등 54문항], 제4장 친족[친족의 범위 및 촌수의 계산방법 등 53문항], 제5장 상속[가독상속의 개시 원인 등 23문항], 제2편 상법 제1장 총칙[상호에 관한 관습 등 4문항], 제2장 회사[회사에 관한 관습 1문항], 제3장 상행위[중개업에 관한 관습 등 11문항], 제4장 어음[어음에 관한 관습 1문항], 제5장 해상[선박등기와 국적증서의 유무 등 9문항], 부록 친족범위도'와 같다.

　조사는 일반조사 48개 지역, 특수조사 38개 지역, 일반 및 특수조사 16개 지역[중복지역] 등 총 70개 지역을 대상으로 실시되었다. 일반조사는 행정중심지에서, 특수조사는 평야가 있는 농업지역에서 실시하였다.[58] 구체적인 지역을 열거하면 〈표 5-4〉와 같다.

---

57) 이승일, 「일제의 관습조사와 전국적 관습의 확립과정 연구」, 『대동문화연구』 67, 대동문화연구원, 2009, 378쪽.
58) 정긍식 편역, 『관습조사보고서』(개역판), 한국법제연구원, 2000, 39쪽.

〈표 5-4〉 관습조사의 조사지역

도명	일반조사지역	중복조사지역	특수조사지역	계
경기도	서울 인천 안성	개성 수원	여주 풍덕 장단 파주 연천	10
황해도	해주 황주		재령 서흥 안악 봉산	6
평안남도	안주 덕천	평양 진남포	숙천	5
평안북도	강계 영변	의주 용천	정주	5
충청남도	예산 온양 은진	공주	강경 연산	6
충청북도	충주 청주 영동			3
경상북도	상주 안동	대구 경주	성주 포항	6
경상남도	진주	부산 마산 울산	밀양 김해 용남	7
전라남도	제주	광주 목포	나주 법성포 순천	6
전라북도	남원	전주 군산	금산	4
함경북도	경성 경흥 회령 성진			4
함경남도	함흥 원산 갑산 북청			4
강원도	춘천 금성 원주 강릉			4
계	13개 도, 32개 지역	8개 도, 16개 지역	9개 도, 22개 지역	70

출전: 정긍식 편역, 『관습조사보고서』(개역판), 한국법제연구원, 2000, 39쪽 재인용.

 1906년 9월 2일 칙령 제38호 및 제49호에 의하여 한국의 지방제도는 1수도, 13도, 11부 332군으로 정비되었는데[59] 일반조사지역을 살펴보면 각도의 관찰부 소재지가 있던 지역과 과거 개항장이었던 곳을 중심으로 조사지역이 선정되었음을 알 수 있다.

 법전조사국은 조사의 편의를 위하여 전국의 48개 지역을 제1관지역과 제2관지역으로 구분하였다. 제1관 지역은 경기도, 충청도, 경상도, 전라도

---
[59] 손정목, 『韓國地方制度·自治史硏究(上)』, 一志社, 1992, 80~82쪽.

등의 한반도 중남부 26개 지역이었고, 제2관 지역은 황해도, 평안도, 함경도, 강원도 등의 한반도 중북부 22개 지역이었다. 제1관 지역은 1908년 5월 말부터 12월 말까지 조사를 실시했고, 제2관 지역은 1909년도에 조사를 실시하였다. 일반조사지역을 행정중심지와 개항장으로 분류하면 다음 〈표 5-5〉와 같다. 즉, 일반조사지역은 행정중심지 혹은 구 개항지 및 구 중심지가 중심대상이었다.

〈표 5-5〉 일반조사지역

	일반조사지역[1수도, 47개 지역]			
	행정중심지	구 개항장[개시장][60]	구 중심지	기타
경성 [제1관 지역, 1곳]	경성			
경기도 [제1관 지역, 4곳]	수원	인천	개성	안성
충청남도[제1관 지역, 4곳]	공주			예산, 온양, 은진
충청북도[제1관 지역, 3곳]	청주		충주	영동
경상북도[제1관 지역, 4곳]	대구		상주, 안동, 경주	
경상남도[제1관 지역, 4곳]	진주	동래[부산], 창원[마산]		울산
전라남도[제1관 지역, 3곳]	광주	무안[목포]	제주	
전라북도[제1관 지역, 3곳]	전주	옥구[군산]	남원	
황해도 [제2관 지역, 2곳]	해주		황주	
평안남도[제2관 지역, 4곳]	평양	진남포[삼화]	안주	덕천
평안북도[제2관 지역, 4곳]	의주	용천[용암포]	강계, 영변	
함경북도[제2관 지역, 4곳]	경성	경흥, 성진, 회령		
함경남도[제2관 지역, 4곳]	함흥	덕원[원산]	갑산, 북청	
강원도 [제2관 지역, 4곳]	춘천		원주, 강릉	금성
총 계 [48개 지역]	14	11	15	8
비율	29.1%	22.91%	31.25%	16.6%

출전: 이승일, 「일제의 관습조사와 전국적 관습의 확립과정 연구」, 『대동문화연구』 67, 대동문화연구원, 2009, 375쪽 인용.

---

60) (구)개항장 및 (구)개시장은 지방제도 개편에 의하여 府로 전환되었다. 이에 대해서는 다음의 저서 참조. 손정목, 『韓國地方制度・自治史硏究(上)』, 一志社, 1992.

즉 법전조사국은 1908년 5월부터 12월말까지 경기도·충청남북도·경상남북도·전라남북도 등 7개도의 조사를 실시하였고, 1909년에는 황해도·평안남북도·함경남북도·강원도 조사를 완료하여 전국적 조사사업을 마무리하였다. 각 지역의 조사활동은 모두 조사보고서로 작성되어 법전조사국 위원장인 구라토미 유사부로에게 보고되었다.

법전조사국은 1910년 9월에 폐지되고, 1910년 12월에 법전조사국 위원장 구라토미 유사부로는 조사보고서를 『관습조사보고서』로 편찬하여 데라우치 마사다케[寺內正毅] 총독에게 보고하였다. 그 후 1913년 3월에 조선총독부 참사관실 취조국에서 증보·정정하여 증보판을 간행하였다.[61] 이렇게 조사되어 기록된 조선 관습은 조선의 근대적 민법을 제정하는 등 조선의 식민통치에 바탕이 되었다.

4. 맺음말

일제는 1905년에 을사조약을 맺고 통감부를 설치한 이후, 조선을 식민지화해가기 위한 기초작업을 실시해갔다. 이토 히로부미 통감은 조선의 전 부문에서 영역별로 조사사업을 실시해갔다. 그 조사사업을 바탕으로 각 분야의 보고서를 작성하게 하였으며, 그것을 바탕으로 조선의 상황을 파악하고 식민지화해가는 구체적 방안을 마련하였던 것이다.

이토는 조선에서 농업과 수산업을 비롯한 산업조사를 실시하였고, 부동산과 관습조사를 바탕으로 민법, 상법 등을 편찬하고자 하였으며, 재정조사 및 재원조사 그리고 황실재산조사를 행하였다. 이 글에서는 그 중에서 농업과 수산업을 비롯한 산업조사의 상황과 부동산과 관습조사를 바탕으

---

61) 조선총독부 중추원, 『조선구관제도조사사업개요』, 1938, 17~19쪽.

로 법령을 제정하고자 하는 시도를 고찰해보고자 하였다.

일제는 1900년경부터 조선에 농업전문가를 파견하여 한국의 농업실태에 대한 본격적인 조사작업을 실시하였다. 농상무성 기사인 가토 마쓰로와 동경농과대학 교수인 사토우 츠네아키 등을 파견하여 한국의 농업을 조사하게 하였고, 그 영향을 받아 일본의 지방관청이나 농업단체 및 개인 등이 한국 농업에 대한 본격적인 실태조사를 행하고, 그를 바탕으로 많은 조사보고서나 단행본을 출간하였다. 일제는 그를 바탕으로 적극적인 대한정책을 추구하였고, 구체적으로 조선으로 농업 이민을 권장하거나 일본인 지주 및 자본가가 조선의 토지를 구입하여 조선인 소작농에게 소작시켜 이익을 얻도록 권장하였다.

또한 일제는 일본 수산업전문가로 하여금 조선 연해를 조사하게 하였고, 그를 바탕으로 일본의 지방정부나 어업단체 등이 조선 연해를 조사하여 많은 보고서나 단행본을 출판하였다. 일본 어민들은 조선 연해로 진출하여 통어를 행하였고, 나아가 잡은 어류를 조선에 판매까지 하였다. 일본 어업단체나 어민들은 일본 정부의 지원을 받으면서 조선보다 선진적인 어구와 어법으로 조선 연해에 잠식해 들어오고 있었다.

이토 히로부미는 일본인 지주와 자본가의 조선 진출을 장려하고, 일본 농민의 조선 이주를 촉진하기 위하여 일본인의 조선 토지 소유를 합법화하여야 하였다. 그는 1906년 7월 의정부 산하에 부동산법조사회[不動産法調査會, 1906.7~1907.11]를 설립하여 조선의 토지제도 및 토지에 관한 권리를 전체적으로 조사하고, 부동산에 관한 법률을 제정하고자 하였다. 그는 동경대 법학교수이며 부동산법 전문가인 우메 겐지로를 초빙하여 부동산법조사회의 회장으로 임명하고, 그 사업을 일임하였다. 우메 겐지로는 1906년 7월부터 1907년 11월까지 부동산에 관한 조사사업을 벌이고, 몇 권의 보고서를 작성하였으며, 그를 바탕으로 부동산에 관한 법률을 공포하였다. 이토 통감은 「토지가옥증명규칙」[1906.10], 「토지가옥전당집행규칙」[1907.2], 「토지가옥소유권증명규칙」[1908.8]을 제정하여 일본인의 토지소유를 인정하고, 일본인의 토지소유확대를 촉진하는 법령을 공포하였다.

이어 이토 통감은 1908년 1월에 법전조사국을 설치하여 전국에 걸친 관습조사를 실시하였다. 관습조사를 행하여 민법, 형법, 민사소송법, 형사소송법 및 부속법령을 기안하여 조선을 합법적, 효율적으로 통치해가고자 하였다. 법전조사국의 활동은 1908년 1월부터 1910년 9월까지 전국의 70개 지역을 대상으로 실시하였다. 우메 겐지로가 제시한 206개 항목을 바탕으로 실지조사와 문헌조사를 실시하였으며, 그 조사 결과 『관습조사보고서』[1910년판]를 편찬하고, 나아가 조선민사령 등을 제정하여 일제는 조선에 근대법에 입각한 식민통치를 행해 갈 수 있었다.

이와 같이 이토 통감은 조선의 전 부문에서 영역별로 조사사업을 실시해갔으며, 그 조사사업을 바탕으로 각 분야의 보고서를 작성하게 하였고, 그를 매개로 조선의 사정을 파악하고 식민지화해가는 구체적 방안을 마련해갔던 것이다. 즉, 통감부는 각 분야의 조사사업을 실시하여 조선의 사정을 파악하였으며, 그를 바탕으로 조선을 식민지화 해가는 기초작업을 수행해갔던 것이다.

제 6 장

일제의 역사기록 수집·정리와 조선사 편찬

1. 머리말

일제는 1906년에 통감부를 설치하여 조선에 대한 내정간섭을 강화해갔고, 그 후 관제를 개편하면서 조선의 실상을 파악해갔다. 관제의 개편을 통하여 현용기록과 비현용기록을 정리함으로써 조선의 실상을 파악하고, 그를 바탕으로 조선의 침략을 원활히 수행해가고자 했다. 통감부는 규장각의 기록을 정리함으로써 역사기록을 파악하고, 정부의 현용기록을 정리 분류하면서 조선 내부의 취약적인 부문을 간취하고 다른 한편으로 '시정개선'이라는 명분을 내세워 개혁을 빙자하면서 조선을 침략해 들어왔다.[1]

통감부는 첫째 궁내부 규장각을 장악하여 규장각에 소장하고 있었던 역사기록을 정리하는 일을 수행하였다. 2년에 걸쳐 조사사업을 수행하고 대한제국의 역사기록을 정리함으로써 조선의 역사적 흐름과 그 핵심을 파악하였다. 둘째 의정부의 문서과와 기록과 및 각 부의 대신관방을 통하여 현용기록과 준현용기록을 수집 정리하였다. 후자가 본격화된 것은 1910

---

1) 권태억, 『일제의 한국 식민지화와 문명화(1904~1919)』, 서울대 출판문화원, 2014.

년 8월에 대한제국이 멸망한 후였다. 대한제국의 멸망 후 정부기록을 조선총독부 취조국에서 이관받아 정리하여 조선의 상황을 파악하였다.

1910년 8월에 일제가 대한제국을 병탄한 이후 조선총독부를 설치하고, 그 산하에 취조국과 참사관실을 설치하여 조선의 역사기록과 준현용기록을 정리 분류함으로써 조선의 역사적 상황을 파악하였다. 그 후 조선인의 일제 식민지배에 대한 부정적 인식이 제고되면서 저항이 일어나게 되었다. 아울러 해외에 있는 조선 지식인의 저서[『한국통사』 등]들이 국내에 유입되자, 일제는 그것을 막을 방법이 필요하였다. 일제는 1910년 조선을 병탄한 후 조선인의 저항을 막아내면서 조선을 영구적으로 다스리기 위해서는 조선의 역사를 편찬할 필요가 있었다. 조선은 문화민족이기 때문에 조선인의 역사서 등을 금서로 지정하여 읽지 못하게 하는 것으로는 효과를 거둘 수 없었다. 그리하여 '공평무사한 조선사'를 편찬하여 조선인에게 읽도록 하는 것이 필요하다고 여겼다.

조선총독부는 조선을 병탄한 직후부터 취조국과 참사관실을 통하여 고도서와 역사 사료를 정리하도록 하였고, 이를 바탕으로 중추원으로 하여금 1915년에 '조선반도사 편찬사업'에 착수하게 하였으며, 1920년대에 이르러 '조선사편찬위원회'와 '조선사편수회'를 설립하여 역사편찬사업을 지속하여 1938년에 『조선사』 35권을 발행하게 되었다. 나아가 『조선사』 편찬과정에서 수집된 사료와 고문서를 정리하여 『조선사료총간』[20종]과 『조선사료집진』[3책]으로 묶어서 출간하였다.[2]

---

2) 이승일, 「조선총독부의 '조선도서 및 고문서'의 수집·분류 활동」, 『기록학연구』 4, 한국기록학회, 2004: 이승일, 「조선총독부의 기록수집활동과 식민통치」, 『기록학연구』 15, 한국기록학회, 2007; 장신, 「조선총독부의 朝鮮半島史 편찬사업 연구」, 『동북아역사논총』 23, 동북아역사재단, 2009; 정상우, 「1910~1915년 조선총독부 촉탁의 학술조사사업」, 『역사와현실』 68, 한국역사연구회, 2008; 정상우, 「식민지에서의 제국 일본의 역사편찬사업」, 『한국사연구』 160, 한국사연구회, 2013; 정상우, 「『조선사』(조선사편수회 간행) 편찬 사업 전후 일본인 연구자들의 갈등 양상과 새로운 연구자의 등장」, 『사학

이 글에서는 통감부 시기 이후부터 1930년대까지 일제가 조선의 역사 기록을 어떻게 정리하여 1938년에 『조선사』를 발행하였는가의 과정을 살펴보려고 한 것이다.

2. 취조국과 참사관실의 역사기록 정리

1) 취조국의 역사기록 정리

1910년 8월 일제는 조선을 강점하면서, 조선총독부 총독관방 산하에 취조국을 설치하여 법전조사국이 행했던 관습조사뿐 아니라 대한제국 규장각으로부터 이관받은 도서 및 역사자료를 정리하고, 나아가 대한제국의 공문서도 조사 정리하는 작업을 수행하였다.[3] 즉 조선총독부 취조국은 1910년 10월부터 1912년 3월까지 통감부 시기의 구관조사뿐 아니라 대한제국 규장각이 소장하고 있었던 역사 자료를 포함하여 사고의 조선왕조실록 등 중요 자료 및 대한제국의 행정자료를 이관받아 총정리하였다. 그 기록들을 분류 정리하여 이용함으로써 조선의 상황을 파악하고, 나아가 조선의 식민 지배를 효율적으로 하기 위한 것이었다.

일제는 조선을 합병하자마자 9월말에 「조선총독부취조국관제」를 공포하여[4] 법전조사국의 업무를 계승하여 조사사업을 정리하고 나아가 법령의 입안 및 폐지를 담당할 뿐 아니라 조선왕조의 역사자료 및 도서의 정리를 담당하도록 하였다. 임원으로는 "장관 1명, 서기관 2명, 사무관 4명, 속(屬)과 통역생 12명, 위원은 30명 이내를 둔다"[5]고 하였다. "위원은 학식

연구』 116, 한국사학회, 2014.
3) 이영학, 「통감부의 기록장악과 조선침략」, 『기록학연구』 41, 한국기록학회, 2014.
4) 「朝鮮總督府取調局官制」 1910년 9월 30일, 勅令 제356호.

과 명망이 있는 조선인 중에 조선총독이 임명하며, 위원의 수당은 1년에 6백원을 지불한다"6)고 하였다. 조사 담당자는 조선의 자료를 파악할 수 있는 조선인을 임명하며, 1년에 6백 원을 지불하는 특별대우를 하였다.7)

사업을 총괄하는 취조국의 장관은 이스즈카 에이조[石塚英藏]이었다. 그는 동경제대 법과대학 출신으로 일본 법제국 참사관이었다가 1898년 대만총독부 참사관장으로 임무를 수행하였고, 1907년에 조선 통감부 참여관으로 부임하였다. 그 후 1910년 10월에 조선총독부 취조국 장관으로 취임하여 취조국의 조사사업을 총괄하였다.

취조국의 서기관은 나카야마 세이타로[中山成太郎]였고, 사무관으로 오다 미키지로[小田幹治郎], 시오가와 이치타로[鹽川一太郎], 사타케 요시노리[佐竹議準], 토키나가 우라조[時永浦三]가 근무하였고, 속(屬)으로 안도 시즈카[安藤 靜] 등이 있었다. 그리고 조사위원으로 조선의 지식인인 정만조, 정병조, 김한목, 김돈희, 송영대, 현은, 김교헌 등이 참여하고 있었다. 그 중 정병조, 정만조 등은 소론으로 규장각의 부제학을 역임하였던 조선 명망가이었는데, 총독부 취조국에 참여하여 조선의 구관제도조사사업에 일조하였다.8)

조선총독부 취조국은 "이전의 조사 범위를 확장하고 행정상 여러 시설에 자료를 제공하며 또한 사법 재판의 준칙이 될 만한 관습을 제시하고 동시에 조선인에 적합한 법제의 기초를 확립하기 위해 조선 전국에 걸쳐 각지의 관습을 조사하고 전적(典籍)을 섭렵하여 제도 및 관습의 연원을 탐

---

5) 「朝鮮總督府取調局官制」 1910년 9월 30일, 勅令 제356호, 제2조, 제7조.
6) 「朝鮮總督府取調局官制」 1910년 9월 30일, 勅令 제356호, 제8조, 제9조.
7) 이영학, 「일제의 '구관제도조사사업'과 그 주요인물들」, 『역사문화연구』 68, 한국외국어대 역사문화연구소, 2018, 125~127쪽.
8) 이영학, 「일제의 '구관제도조사사업'과 그 주요인물들」, 『역사문화연구』 68, 한국외국어대 역사문화연구소, 2018, 125~127쪽.

구하는"9) 곳이다. 그것을 실현하기 위하여 취조국은 토지제도, 친족제도, 종교제도 등 구관조사사업을 계승하였을 뿐 아니라 이관받은 기록을 분류 정리하였다.

취조국은 통감부, 대한제국 내각 각부, 궁내부로부터 인계받은 조선도서를 모두 정리 보관하는 업무도 담당하였다. 궁내부의 도서는 규장각, 경복궁 경성전, 태백산 사고, 오대산 사고, 적상산 사고로부터 인계받은 도서와10) 1910년 8월 강점 이전에 홍문관, 집옥재, 시강원, 북한산 행궁, 강화사고로부터 이관받은 도서를 모두 포함하였다. 즉 취조국에서는 통감부 및 대한제국 정부의 공기록, 궁내부 규장각에서 보존 정리하던 기록 등을 모두 이관받아 분류 정리하기 시작하였다. 당시 취조국이 작성한 도서 목록은 『조판도서목록』, 『당판도서목록』, 『부별도서목록』, 『별고장치결본목록』, 『미정리목록』 등이었는데, 이 목록들은 도서 정리를 위한 준비작업으로 작성한 필사본 대장이었다.11)

취조국은 통감부, 대한제국 내각 각부 및 궁내부로부터 이관받은 기록과 도서를 정리하였다. 나아가 민간에 산일(散逸)된 조선 도서를 점진적으로 구입하여 완전한 조선서도서관(朝鮮書圖書館)을 만들 계획을 세우기도 하였다.12) 조선총독부 취조국은 1910년 10월부터 1912년 4월까지 구관제도, 규장각 도서, 각종 기록 정리업무를 총괄했으며, 1911년 6월, 도서 11만 권, 정족산 사고 도서 3천 여 권 등을 강제로 인수해 『도서관계서류철』로 정리하였다.13) 이는 후에 1912년 조선총독부 참사관실로 인계하여 더욱 자세히 분류 정리하도록 하였다.

---

9) 朝鮮總督府 中樞院, 『朝鮮舊慣制度調査事業槪要』, 1938, 23쪽.
10) 朝鮮總督府 取調局, 『圖書關係書類綴』, 1911.
11) 신용하, 「규장각 도서의 변천과정에 대한 일연구」, 『규장각』 5, 서울대 규장각, 1981.
12) 朝鮮總督府 取調局, 「朝鮮圖書整理ニ關スル件」, 『圖書關係書類綴』, 1911.
13) 朝鮮總督府 取調局, 「朝鮮圖書整理ニ關スル件」, 『圖書關係書類綴』, 1911.

2) 참사관실의 역사기록 정리

1912년 4월 조선총독부 관제 개정에 의해 취조국을 폐지하고 종래 취조국에 속한 일체 사무를 본부 참사관실로 옮기게 되었다. 조선총독부는 참사관실을 별도 기구로 신설하고 취조국보다 조직과 인원을 크게 확대하였다. 특히 참사관분실을 신설하여 대한제국의 규장각으로부터 인계받은 도서와 역사자료를 체계적으로 정리하는 일을 수행하였다. 참사관실에서는 법전조사국과 취조국에서 행한 '구관제도조사사업'을 계속 수행하였고, 그 외 민간에 흩어져있는 도서와 사료를 수집하기도 하였다. 참사관분실에서는 규장각으로부터 인계받은 도서와 역사사료를 정리하면서 분야별로 귀한 사료를 발췌하는 작업을 수행하였다.14)

1912년에 참사관실은 종친부 서고에 있던 도서 전체의 목록 및 대장을 작성하였고, 태백산과 오대산 사고본의 정리 계획을 세웠다. 그리고 1913년에는 도서의 권책수・저자・출판연도 등에 대한 조사를 마쳤고, 새로 구입한 도서를 합하여 조선 재래의 분류 방식이었던 경・사・자・집(經・史・子・集)으로 분류하고 목록을 작성하였다. 이 분류에서는 출판지역을 기준으로 조선본과 지나본을 구분하던 방식에서 벗어나 편저자를 기준으로 '조선도서'와 '지나도서'로 분류하였다는 점이 특징이다.15)

참사관실에서 기록과 도서의 분류와 정리가 어느 정도 진전되자, 조선총독부 정무총감은 고기록 수집에 대한 통첩을 발동하였다. 1913년 2월에 조선총독부 정무총감은 "조선고서 및 금석문 탁본 수집에 관한 건"16)으로

---

14) 그 작업은 후에 조선사편수회(1916~1938)에서 편찬한 『조선사료집진』(3책) 『조선사료총간』(20종)의 기초 자료를 작성해내고, 그를 바탕으로 『조선사』(35책)를 편찬하였다.
15) 이승일, 「조선총독부의 기록수집활동과 식민통치」, 『기록학연구』 15, 한국기록학회, 2007, 11~15쪽.
16) 朝鮮總督府 中樞院, 『朝鮮舊慣制度調查事業槪要』, 1938, 40쪽.

통첩을 발동함으로써 각 도 장관과 도 경무부장에게 민간보유도서, 금석문, 판문 등을 조사 수집하게 하였다. 구체적으로 민간에 산일되어 있는 1894년 이전 시기의 저서 및 인쇄본을 수집하고자 하였고, 금석문의 탁본 및 사본을 수집하고자 하였으며, 관아·향교·양사재·사원·서당 및 민가에 존재하는 서적·경문·지도 등의 판목을 수집하고자 하였다.17) 그 결과 참사관실에서는 1천여 종이 넘는 금석문을 비롯해 각종 고문서들을 수집하게 되었다.

조선총독부 참사관실은 취조국 관원을 대체로 이동시켰으나, 참사관실 내에 참사관분실을 배치하면서 구관제도조사사업이 전보다 체계적으로 수행되었다. 조선총독부 참사관실에서 중추적인 역할을 한 인물은 아끼야마 마사노스께[秋山雅之介], 나카야마 세이타로[中山成太郎], 오오다 테루지[太田輝次], 和田駿이었다.18) 아끼야마 마사노스께[1866~1937]는 제국대학 법과대학 법률학과를 졸업하고, 외무성에 근무한 외교관이었다. 1910년 일제가 조선을 병탄한 후 조선총독부 참사관을 겸임하였으며 1912년에는 조선총독부 참사관을 맡았으며, 1916년에는 조선총독부 중추원 서기관장의 사무를 맡으면서 중추원 업무를 관장하였다.19) 나카야마 세이타로[1871~?]은 통감부 부동산법조사회에서 연구와 조사업무를 중심적으로 수행하였기 때문에 그 경력을 인정받아 취조국과 참사관실에서 중심적으로 활동하였다.

참사관분실에서 근무하는 조선인들은 취조국에서 촉탁되었던 자들이 대체로 위촉되었다. 규장각 도서의 정리와 해제는 일본인과 함께 정만조, 정병조 등이 담당하였고, 역사서의 편찬에는 박이양, 현은, 송영대, 김돈

---

17) 朝鮮總督府 中樞院, 『朝鮮舊慣制度調査事業槪要』, 1938, 40~47쪽.
18) 이영학, 「일제의 '구관제도조사사업'과 그 주요인물들」, 『역사문화연구』 68, 한국외국어대 역사문화연구소, 2018, 130~135쪽.
19) 秦郁彦, 『日本近現代人物履歷事典』 제2판, 東京大學出版會, 2013; 渡辺淸 編, 『秋山雅之介伝』.

희 등이 담당하였다. 또한 실록에서 분야별 주요 기사를 발췌하는 데에는 정만조, 정병조, 유맹, 구의서, 서상훈 등이 참여하였다.

3. 중추원의 역사기록 정리와 반도사 편찬

취조국과 참사관실에서 행한 역사 사료 정리 사업은 중추원으로 이관되었다. 중추원은 여러 가지 사업을 벌였지만, 그 중 제일 중요한 사업은 역사편찬이었다.

> 구관조사사무 이관에 관한 이유서 중 중추원 직원 담당 사항으로 <u>첫 번째 들 수 있는 것은 역사편찬이다.</u> 참사관의 부신(副申)에도 역시 조선사 편찬을 중추원의 사무 중 첫 번째로 들고 있다. 조선사의 편찬은 제도 및 구관조사사무 중 당연히 포괄되어야 하는 것으로 구관조사의 방계사업이 아니라는 것은 명확한 것이라고 하지 않을 수 없다.[20]

중추원에서는 취조국과 참사관실에서 수집한 역사 사료와 도서들을 바탕으로 '반도사'를 편찬하고자 하였다. 반도사편찬사업은 중추원에 구관조사사무가 이관되기 전부터 이미 그 필요를 인식하고 있는 것으로 1915년 5월 참사관실로부터 사무의 인계를 마치고 동년 7월에는 반도사편찬에 착수하였다. 처음에는 2년만에 완성할 계획이었지만, 그 후 연한을 3년으로 변경하고 1918년에는 사업의 진전을 평가하여 특히 편찬과를 만들어 오로지 반도사 편찬에 전념하도록 하였다.[21]

1916년 6월에는 반도사편찬 부속사업으로 『조선인명휘고(朝鮮人名彙考)』의 편찬에 착수하고,[22] 1920년 6월에는 『조선지지(朝鮮地誌)』의 편

---

20) 朝鮮總督府 中樞院, 『朝鮮舊慣制度調査事業槪要』, 1938, 137쪽.
21) 朝鮮總督府 中樞院, 『朝鮮舊慣制度調査事業槪要』, 1938, 137쪽.

찬을 기획하며 1921년 4월에는 다시 반도사 부대사업으로 『일한동원사(日韓同源史)』의 편찬을 시도하게 되었다. 즉 일본과 한국은 동일한 조상을 배경으로 역사적 전개를 해왔다는 사실을 규명하고자 하였던 것이다.

그러다가 조선사 편찬의 중요성이 더욱 증가함에 따라 1922년에는 새로이 조선사편찬위원회가 설치되고, 중추원 내의 반도사편찬사업은 1924년말에 이르러 중지되었다. 그런데 이 조선사편찬위원회는 1925년 6월에 폐지되고 새로이 「조선사편수회관제」가 공포되기에 이르러 역사편찬사업은 중추원으로부터 이탈되기에 이르렀다.[23]

중추원에서 반도사편찬을 하게 되는 과정은 다음과 같다. "일선양민족은 옛날부터 이합친소(離合親疎)의 변천을 해왔지만, 역사상 항상 밀접한 관계를 지속하고, 드디어 일한병합에 이르렀다. 조선에는 아직 고금에 걸쳐 정확 간명히 기술한 사적(史籍)이 없다. 정확한 사료에 근거하여 관청 및 일반에 참고될 정도의 조선반도사를 편찬할 필요를 인식하고 1915년 7월부터 착수하고 1917년 6월에 이르러 2개년으로 완성할 것을 결정하여 예산을 책정하였다. 1916년 1월부터 자료수집에 착수하고 1918년 12월에 3개년으로 편찬할 것을 수정하였다."[24]

조선반도사 편찬을 위한 인원은 조사주임 15명, 심사주임 12명, 편집주임 5명으로 구성되었으며, 인선에는 중추원 소속관원을 최대한 활용하였다. 사업을 총괄한 사람은 중추원 서기관이었던 오다 미키지로[小田幹治郎]이었으며, 조사주임에는 찬의(贊議) 유정수(柳正秀) 이하 15명의 찬의 및 부찬의를 임명하였으며, 심사주임에는 중추원 부의장 이완용 외에 중추원 고문 11명을 임명하였다. 조사주임과 심사주임에는 대부분 중추원 소속의 조선인들이 임명되었다. 그러나 편찬의 중심인물은 단연 조선반도

---

22) 1937년에 『朝鮮人名辭書』로 개칭하여 발간하였다.
23) 朝鮮總督府 中樞院, 『朝鮮舊慣制度調査事業槪要』, 1938, 137~138쪽.
24) 朝鮮總督府 中樞院, 『朝鮮舊慣制度調査事業槪要』, 1938, 138쪽.

사 서술을 담당한 편집주임이었다. 편집주임은 사업을 총괄한 오다 미키지로 외에 3명의 편집위원이 임명되었다. 1916년 3월에 경도제국대학 교수 미우라 히로유키[三浦周行], 동 대학강사 이마니시 류[今西龍] 및 동경제국대학 조교수 구로이타 가쓰미[黑板勝美]의 3명이 촉탁으로 임명되었다. 그들이 조선반도사 편찬에 중심적인 역할을 수행하기로 계획되었다.25)

1916년 1월에 그 사령을 교부할 때 고마쓰 미도리[小松綠] 서기 관장(官長)이 한 인사말에서 역사편찬의 의도를 알 수 있다.

> 오늘 여러분에게 조선사편찬 사무 담당의 사령을 교부합니다. 이것은 본원에서 새로이 정확한 조선역사를 편찬하기 위해 특별히 여러분을 선발하고 그 사무의 담당을 명령하는 것입니다. 종래 조선에는 역사에 관한 책이 많지만, 아직 정확하다고 인정하고 준거할만한 것이 없습니다. 각각 편찬 당시의 시대사상을 파악하여 공평무사한 기술을 한 것은 매우 적습니다. 즉 고려시대에 편찬한 『삼국사기』 같은 것은 신라를 소외시키고, 고려 초기의 일을 방대하게 하면서 존숭적으로 서술하였습니다. 이씨 조선시대에 편찬한 『고려사』에는 고려의 사실을 평범하게 평하고 이조의 것은 선미(善美)하게 과장적으로 기재한 것이 그 일례입니다. (중략) 그러나 지금부터 이것을 본다면 신라를 배척하고 고려를 숭상하고, 고려를 간략히 하고 조선만을 상세히 서술할 필요가 없습니다.
> 그렇다면 이번에 역사편찬이 목적으로 하는 것은 현재의 입장에서 냉정한 태도를 견지하며 허심탄회하게 폄외하지 않는 것입니다. 진실로 편파의 붓에 집착하지 않고, 역사상의 사실을 선의로 기술하여 유일하게 완전무결한 조선사를 편찬하는데 있습니다. 여러분의 열성을 이에 담당하고 그리하여 권위있는 조선 역사를 편찬하는 각오를 갖기를 희망합니다.26)

---

25) 정상우, 「식민지에서의 제국 일본의 역사편찬사업」, 『한국사연구』 160, 한국사연구회, 2013, 149~150쪽.
26) 朝鮮總督府 中樞院, 『朝鮮舊慣制度調査事業槪要』, 1938, 138~139쪽.

이와 같이 조선반도사 편찬위원들에게 임명장을 수여할 때 공평무사하고, 정확한 조선역사를 편찬하는 것을 목표로 삼아야 한다고 주장하였지만, 조선반도사 편찬의 실질 목적은 조선인들의 일제 병합에 대한 부정적 인식을 불식시키고, 나아가 조선인 동화를 합리화하려고 한 것이었다. 그러한 목적은 조선반도사 편찬의 요지에 드러난다.

　　조선인은 다른 식민지의 야만 반개(半開)의 민족과 달리 독서 속문(屬文)으로 감히 문명인에 뒤지지 않는다. 옛날부터 역사서가 많고 새로이 저작(著作)된 것도 적지 않다. 그리고 <u>전자(역사서)는 독립시대의 저술로서, 현대와의 관계는 결여하고 있고, 단지 독립국의 구몽(舊夢)을 추구하는 폐단이 있다.</u> 후자(저작)에는 근대 조선에서 청일·러일의 세력 경쟁을 서술하고 조선의 나아갈 바를 설파하거나 혹은 『한국통사(韓國痛史)』라고 칭하는 재외 조선인의 저서처럼 진상을 규명하는 것이 아니라 망설(妄說)을 늘어놓는 것이다. 이러한 사적(史籍)들이 인심을 좀먹는 해독은 실로 말할 수 없는 정도이다. 그런데 이를 절멸시킬 방책을 강구한다면 노력에 비해 효과가 없을 뿐 아니라 그 전파를 촉진시킬 가능성도 있다. 오히려 구사(舊史)의 금압(禁壓) 대신에 공명 적확한 사서의 편찬이 첩경이며 또한 효과를 현저히 하는 것이다. 이것이 조선반도사의 편찬을 필요로 하는 이유이다.[27]

　일제는 조선은 문화민족으로 역사서가 많지만, 그 역사서는 독립시대의 저술로서 현재의 일제의 합방을 반영하지 못하고 있다고 주장하였다. 그리하여 독립국의 구몽(舊夢)을 그리워하며 일제가 조선을 침략해 들어왔다는 관점에서 역사를 서술한 『한국통사』 등의 서적이 영향을 미치고 있다고 파악하였다. 이러한 서적을 폐기하려고 하는 것은 오히려 전파를 촉진하게 되므로, 조선반도사를 편찬하여 일제의 조선 합방의 긍정적 측면을 '공평무사하게' 서술하는 역사책을 발간하여 조선인들에게 읽히는 것

---

27) 朝鮮總督府 中樞院,「朝鮮半島史編纂要旨」,『朝鮮舊慣制度調査事業槪要』, 1938, 141~143쪽.

이 현명한 방식이라는 취지로 언급하였다. 즉 조선반도사를 편찬하면 조선인 동화의 목적을 달성할 수 있을 것이라고 언급하였다.28)

위와 같은 취지로부터 반도사 편찬에 착수하였는데, 우선 자료 수집이 필요하였다. 그리하여 수집한 자료를 19항목으로 나누어 정리하려고 계획하였다.

〈표 6-1〉 자료 수집 구분

第一	第二	第三~第六	第七~第八	第九~第十一	第十二~第十八	第十九
단군조선 및 기자조선	삼한	삼국	신라	고려	이조	병합

출전: 朝鮮總督府 中樞院,『朝鮮舊慣制度調査事業槪要』, 1938, 143쪽.

이를 편찬하는 데 필요한 자료는 조선, 중국, 일본의 역사서 및 지지류, 문집류뿐 아니라 조선에 관한 영어자료, 프랑스자료, 독일자료도 참조하도록 하였다. 총 884종에 이르며,29) 그 자료 중 선택하여 조선반도사를 편찬하도록 하였다.

1917년에는 오로지 사료를 수집하고, 1918년에는 사업의 진전도를 살피고, 특히 편찬과를 설치하여 반도사 편찬을 담당할 필요성을 인지하고, 중추원 사무 분장규정을 개정하도록 하였다. 그리하여 1918년 11월에 조선총독부 중추원에 조사과와 편찬과를 설치하고, 조사과에서는 구관조사 및 다른 과에 속하지 않는 사항을 관장하고, 편찬과에는 사료의 수집 편찬에 관한 사무를 담당하도록 하였다.30)

조선반도사는 다음과 같이 목차를 구성하였다.31)

---

28) 朝鮮總督府 中樞院,「朝鮮半島史編纂要旨」,『朝鮮舊慣制度調査事業槪要』, 1938, 141~143쪽.
29) 朝鮮史類 18종, 朝鮮地誌類 17종, 朝鮮文集類 11종, 朝鮮記錄 및 雜書類 118종, 支那史類 30종, 支那記錄 및 雜書類 530종, 日本史類 10종, 日本記錄 및 雜書類 90종, 朝鮮에 관한 英書類 25종, 佛書類 31종, 獨書類 4종 합계 884종이다.
30) 朝鮮總督府 中樞院,『朝鮮舊慣制度調査事業槪要』, 1938, 145쪽.

총설

제1편 상고삼한(上古三韓)

  제1기 원시시대(原始時代)

  제2기 한영토시대(漢嶺土時代)

제2편 삼국(고구려, 신라, 백제)

  제1기 삼국성립시대

  제2기 삼국 및 가라(加羅)시대(일본의 보증시대)

  제3기 삼국정립시대

제3편 통일후의 신라(당의 복속시대)

  제1기 신라융성시대

  제2기 쇠퇴시대

제4편 고려

  제1기 흥융시대

  제2기 요번부(遼藩附)시대

  제3기 무신전권시대

  제4기 원복속시대

제5편 조선

  제1기 융성시대

  제2기 외난시대

  제3기 청복속시대

제6편 조선최근사

  제1기 청세력감퇴시대

  제2기 독립시대

  제3기 일본보호정치시대

조선반도사의 편별 목차를 살펴보면 조선의 역사를 독립의 시대가 아니라 강대국의 종속과 보호의 역사로 서술하려고 한 점을 알 수 있다. 목차를 살펴보면, 삼한시대에는 한나라의 영토였으며, 삼국시대에 가야는

---

31) 朝鮮總督府 中樞院, 『朝鮮舊慣制度調査事業槪要』, 1938, 145~146쪽.

'일본의 보중시대'라고 규정하였고, 통일신라시대는 '당의 복속시대'로 규정하였다. 고려전기는 요나라의 번속이고, 후기에는 원의 복속시대로 명명하였다. 나아가 조선은 청의 복속시대로 규정하였다. 최근세사에서는 개항 이후 청세력이 감퇴하다가, 청일전쟁 이후 일본이 승리하자 독립시대로 규정하였으며, 1910년 일제가 조선을 병탄한 시기 이후에는 일본의 보호정치시대로 규정하였다. 조선반도사의 목차를 보면 한국의 전 역사를 주변의 일본 혹은 중국 등의 복속시대로 규정하고자 하였다. 즉 일제는 한국을 역사적으로 독립국이 아니라 대륙과 해양의 국가에 간섭을 받거나 복속이 되었던 불완전한 국가이었다는 사실을 역사 속에 드러내고자 하였다.

4. 조선사편수회의 조선사 편찬

1919년 3·1운동이 일어난 이후 조선총독부의 통치정책이 변화하게 되었다. 신임 사이토 총독은 헌병 경찰을 동원한 무단통치로는 더 이상 조선인을 다스릴 수 없었고, '조선 문화의 발달과 민력의 충실' 슬로건을 내걸면서 소위 '문화정치'를 표방하였다.

이러한 가운데 조선총독부의 역사 편찬 방침도 바뀌게 되었다. '조선반도사'로 조선사를 편찬하던 방침에서 사료의 수집과 간행을 천명하며 1922년 12월에 「조선사편찬위원회 규정」을 공포하였다. 이 사업은 1925년 6월에 칙령 「조선사편수회관제」의 반포를 통해 기구가 상설화되고 조직이 갖추어지면서 사업의 위상이 매우 높아지게 되었다. 반면에 '조선반도사 편찬'은 1920년 4월 편찬을 위한 협의회를 마지막으로 1922년 「조선사편찬위원회규정」의 발포와 함께 중단되었다.

이러한 변화의 역사적 배경을 살펴보면, 조선총독부는 조선인의 역사인식의 심화로 인하여 더 이상 '반도사 편찬'과 같은 역사서술이 식민통치책으로서 효과가 사라졌다고 판단하였다. 박은식과 신채호로 대표되는 조선 독립운동가들이 역사서를 발간하여 단군을 중심으로 한 한국사 서술을 지속 강화하고 이를 교육하여 민족의식을 고취시켰기 때문에, 조선인들의 자국사에 대한 인식이 더욱 심화 확산되었다. 조선총독부의 역사 편찬 사업이었던 '반도사 편찬'의 시의성이 사라지고 자국사에 대한 조선인들의 인식이 확산 강화되던 때에, 조선총독부는 '일선의 동족'과 같이 일본과 조선의 '동일 조상'을 강조하고 조선의 역사를 정치적 혼란을 중심으로 그려내고자 했던 '반도사 편찬'의 효율성은 떨어졌던 것이다.[32]

1922년 12월에 「조선사편찬위원회 규정」[33]이 공포되면서 사업 연한 10년으로 조선사 편찬이 시작되었다. 조선사편찬위원회가 결성되기 전해인 1921년에 조선의 역사에 정통한 조선과 일본의 학자 40여 명을 위원으로 하여 '조선사편찬위원회'를 구성하고, 위원장은 정무총감으로 하고, 부위원장은 조선인이 하며, 간사 2명, 서기 3명을 두어 업무를 담당하도록 계획을 세웠다. 처음에는 1921년부터 1926년까지 5년간 계획으로 출범하였으나, 1922년 12월에 「조선사편찬위원회 규정」이 공포되면서 사업 연한 10년으로 조정되었다. 그 후 1925년 6월에 「조선사편수회 관제」 발표를 통해 기구를 상설화하고, 사업의 위상을 강화하였다. 그리고 사업은 자료의 수집과 정리 및 이를 바탕으로 한 사료집의 발간으로 목표를 변경하였다.[34]

1922년 12월에 조선사편찬위원회 규정을 공포하면서,[35] 조선사편찬위원회 위원들은 일본과 조선의 역사에 조예가 깊은 역사학자들을 중심으로 각각 고문과 위원직에 임명하였다. 조선사편찬위원회 관제에서는 "조선총독부에 조선사편찬위원회를 두고 위원회는 조선사의 편찬 및 조선사료

---

32) 정상우, 『조선총독부의 역사편찬사업과 조선사편수회』, 아연출판부, 2018, 125~153쪽.
33) 「1922년 12월 4일 朝鮮總督府訓令 제64호」.
34) 정상우, 『조선총독부의 역사편찬사업과 조선사편수회』, 아연출판부, 2018, 153~154쪽.
35) 「1922년 12월 4일 朝鮮總督府訓令 제64호」.

의 수집을 담당하도록" 하였다.36)

조선총독부는 조선사편찬위원회의 역사 사료 수집과 역사 편찬을 적극적으로 지원하였다. 1923년 1월 8일에 제1차 조선사편찬위원회가 개최되었는데, 이 자리에서 아리요시 쥬이치[有吉忠一] 위원장은 조선사편찬위원회의 활동방향을 "조선 전토의 모든 자료를 집대성하고 각 분야에 걸쳐 지극히 공평한 학술적 견지에 입각하여 그 작업이 추진되어야 할 것이기 때문에 본 위원회는 이러한 태도를 근본 취지로 하여 편찬 업무에 임하지 않으면 안된다"37)고 하였다.

아리요시 쥬이치 위원장은 제1차 회의 이후 사료 수집을 위해서는 지방장관의 도움이 필요하다고 판단하여 1923년 5월 19일에 도장관회의를 개최하여 사료보존에 관한 협의회를 개최하였다. 그곳에서 도장관들에게 도움을 요청하고, 동년 6월 5일에는 그들에게 각 지방에서 사료 수집의 현황을 보고할 것을 명령하였다. 그 명령에 따라 각 도장관들은 각 지방에서 소장하거나 수집하고 있는 사료를 보고하였다. 각 도에서 수집한 사료 목록을 정리하여 모아 놓은 것이 『고기록 문서수집에 관한 건』38)이었다.

이 책 맨 끝에는 1923년 5월 도지사회의에서 아리요시 쥬이치 정무총감이 발언한 원고를 인쇄하여 게재하였다. 그 내용을 소개하면 다음과 같다.

<조선사 편찬에 따른 고기록 문서 등 보존에 관한 건>

조선의 문화는 그 연원이 매우 오래 되었고, 정치·경제·문학·예술·풍속·가요 등 각기 특색이 있지만, 아직 수사사업(修史事業)이라고 볼만한 것이 없어 유감이다. 본부(本府)는 현대에 적합한 조선사의 편찬을 급

---

36) 이승일, 「조선총독부의 기록수집활동과 식민통치」, 『기록학연구』 15, 한국기록학회, 2007, 22~28쪽.
37) 朝鮮史編修會, 『朝鮮史編修會事業槪要』, 1938, 9쪽.
38) 『古記錄文書蒐集ニ關スル件』(국사편찬위원회 소장).

선무로 여기어, 작년 12월 훈령 제64호로 〈조선사편찬위원회〉를 설립하고 올해 1월 제1차 위원회를 개최하였으며 향후 10개년간에 걸쳐서 수사사업의 완성을 도모하기로 하였다. 현재 총독부 학무과(學務課) 분실(分室)에 소장되어 있는 고기록(古記錄) 문서(文書) 중에서 사료를 수집하고 있는 중이지만, 더 나아가 모든 분야에 걸쳐 진실로 사실(史實)에 속하는 자료를 수집하여 그 내용을 충실히 하지 않을 수 없다. 각 관공서에서 보관하고 있는 고기록 문서 중에 사료로 될만한 것이 적지 않을 것이다. 이것들은 시일이 경과함에 따라 산일(散逸)될 우려가 있다. 그러므로 다음에 열거하는 고기록 문서 등에 대해 현존하는 것은 보존의 방도를 강구하고 나아가 민간에 산재한 사료에 대해서도 가능한 한 모두 보존할 수 있는 방도를 강구하기 바란다.[39]

〈표 6-2〉 수집대상 기록의 유형

유형	수집 대상 기록의 종류
量案	量案導行帳, 行審錄, 改量導行帳, 改量正案, 續降 等 陳田正案, 馬上草, 驛田畓案, 各樣田畓案, 許頉陳改量大帳, 火田 加耕 査起 遷起 陳起 等 成冊類, 事目 등
戶籍	式年大帳, 軍案, 僧籍, 賤人案, 戶籍事目 등
題決	所志 등에 관한 題決, 殺獄文案, 檢題 등
立案	完文, 完議, 立旨, 節目 등
文記	放賣文記, 分財文記, 典當文記 등
徵稅	作夫成冊, 捧稅冊, 災結成冊, 俵災成冊, 降結徵收正案, 年分槪狀, 屯土徵收成冊, 上納案, 陳省案, 尺文, 磨勘成冊, 貢案, 進獻 및 進上關係書類 등
謄錄	邑事例 등
邑誌	
禮儀	制度상의 器物, 號牌, 軍器, 樂器, 祭器, 祭服, 軍服, 鍮尺 등
기타	사료가 될 만한 것

출전: 『고기록 문서수집에 관한 건』(국사편찬위원회 소장), 맨 마지막 쪽[이승일, 「조선총독부의 기록수집활동과 식민통치」, 『기록학연구』 15, 2007, 26쪽 재인용. 실제 자료를 검토하면서 〈표〉 내용을 수정하였다].

---

39) 『古記錄文書蒐集ニ關スル件』(국사편찬위원회 소장) 맨 마지막 쪽.

즉 아리요시 쥬이치 정무총감은 조선사 편찬을 위해 지방 관공서와 민간에 산재되어 있는 고기록 문서 중에서 사료로 될 만한 자료들을 수집하라는 지시를 각 도장관에게 명하였던 것이다. 이 내용을 인쇄하여 배포하고, 6월 5일에는 공문으로 지방장관에게 발송하였던 것이다. 아울러 지방에서 사료로 될 만한 자료들을 〈표 6-2〉처럼 정리하여 예시하였다.

정무총감의 명에 따라 각 도장관들은 그해 말에 각 지방의 관공서와 민간에서 수집한 사료의 목록을 보고하였다. 그 보고 내용을 종합한 것이 『고기록 문서수집에 관한 건』이었다.

조선사편수회는 과거 취조국과 참사관실의 도서, 중추원, 이왕직 장서각 및 그때까지 수집한 자료들이나 자료 목록을 토대로 편찬자, 자료의 편찬 시기, 현재 소재지 등을 파악하였다. 그를 바탕으로 목록을 만들어 1926년에 발간하였다.[40]

조선사편찬위원회와 조선사편수회의 사료편찬사업은 일본 동경대 사료편찬소의 '대일본사료'나 '대일본고문서'의 유신사료 편찬회를 모델로 한 것이었다. 동경대 사료편찬괘(史料編纂掛)는 1895년에 설립하였다. 그 기관은 사료의 수집 및 간행을 목적으로 하였다. 대학 소속으로 대학교원이 중심이 되어 추진하였으며, 일본사 전체를 대상으로 하여 사료를 편찬해가고자 하였다. 1911년에는 정부기구인 문부성 소속으로 유신사료편찬회를 설립하였고,[41] 사료 수집의 대상 시기는 1846년부터 1871년 명치유신을 단행하면서 이룬 결과까지로, 사료 수집과 정리 및 간행을 목적으로 하였다. 그 후 1938~1942년까지 그 결과물을 발간하여 『대일본유신사료』 19책을 발간하였다.[42]

1922년 12월에 조직된 '조선사편찬위원회'는 1925년 6월에 '조선사편수

---

40) 朝鮮史編修會, 『朝鮮史料調査要錄』, 1926.
41) 유신사료편찬회는 1911년 5월부터 1949년까지 활동하였다.
42) 정상우, 『조선총독부의 역사편찬사업과 조선사편수회』, 아연출판부, 2018, 155~157쪽.

회'가 신설되면서 활동이 중단되었다. '조선사편수회'는 예산과 조직을 크게 확장하게 되었고, 이에 조선사 편찬 작업은 탄력을 받게 되었다. 조선사편수회는 정무총감이 수장을 맡았으며, 고문과 위원에 다수의 조선인이 포진되었을 뿐 아니라 조직이 대폭 확장되었다. '조선사편수회'에서 핵심적 역할을 담당한 인물은 구로이타 가쓰미[黑板勝美]였다. 그는 정무총감인 동시에 편찬위원장인 아리요시 쥬이치와 도쿄제대 동창이었다.

쿠로이타 가쓰미는 '조선사편찬위원회'에서 핵심적인 역할을 하였으며, 그 위원회에서 활동할 인물들을 초청해왔다. 1926년 이래 쿠로이타에게 사사했던 나카무라 히데다카[中村榮孝], 학부 시절 쿠로이타의 제자인 스에마쓰 야스카즈[末松保和]를 비롯하여 사업의 진척에 따라 근대사 부분의 편찬을 위해 쿠로이타가 초청한 다보하시 키요시[田保橋潔], 부족한 인력을 보충하기 위해 쿠로이타가 도쿄제대 교수였던 이케우치 히로시[池內宏]에게 부탁하여 참여케 한 수도우 요시유키[周藤吉之] 등이 그러한 예였다. 그 외 이나마 이와키치[稻葉岩吉, 교토제대 출신], 경성제대에서 조선사학을 전공하고 편수회에 들어온 신석호와 다가와 쿄죠[田川孝三] 등이 조선사편찬에 참여하였다.[43]

이와 같이 조선사편수회에는 과거 '조선반도사 편찬사업'과 마찬가지로 많은 조선인을 포괄하였지만 사업의 중추라 할 수 있는 『조선사』 편찬 담당자들의 실제는 쿠로이타와 관련이 있는 동경제국대학 출신의 소장 학자층이 주를 이루는 가운데, 신석호 같은 소수의 조선인이 참여하는 형태였다.[44]

조선사편찬위원회와 조선사편수회의 '고문'과 '위원'에는 다수의 조선인

---

43) 정상우, 「식민지에서의 제국 일본의 역사편찬사업」, 『한국사연구』 160, 한국사연구회, 2013, 153~155쪽.
44) 정상우, 「조선총독부의 『조선사』 편찬 사업」, 서울대학교 국사학과 박사학위논문, 2011, 101~146쪽 및 220~232쪽 참조.

들이 선임되었다. 이들 조선인들은 중추원과 관련된 인사들이 대부분 기용되었다. 정만조, 어윤적처럼 병탄 이후 취조국과 참사관실에서 진행한 도서정리와 실록발췌, 도서해제 사업에 참여했던 이들뿐 아니라 유맹과 홍희 같이 중추원에서 참의, 구관제도조사 촉탁을 맡았던 이들은 물론 조선총독부 편수관[이능화] 혹은 이왕직과 관련을 맺으며 이후 고종 순종실록의 편찬에 관계했던 인물[이병소]들도 참여하였다.[45]

'조선반도사 편찬회'에서는 역사서를 편찬하는 것이었지만, '조선사편찬위원회'와 '조선사편수회'에서는 사료집을 편찬하는 것이었다. 조선사편찬위원회와 조선사편수회는 특정 사건을 대상으로 하는 것이 아니라 조선사 전반을 대상으로 하여 사료집을 편찬하는 것이었다.

『조선사』 편찬은 편찬위원회 구성 당시 10년간의 작업을 계획했지만 시행착오를 거치면서 몇 차례 사업을 연장하였다가 1932년 3월 첫 권을 발간한 이래 1938년 3월 마지막 35권을 간행하면서 완결되었다. 『조선사』 발행 이후, 『조선사』 편찬과정에서 수집된 사료와 고문서를 『조선사료총간』[20종]과 『조선사료집진』[3책]으로 묶어서 출간하기도 하였다.

5. 맺음말

통감부 시기에 일본은 규장각을 장악해갔고, 규장각의 기구를 확대 개편해가면서 조선의 역사자료를 정리하였다. 규장각에 보존하고 있었던 왕실 사료뿐 아니라 전국의 사고에 있던 『조선왕조실록』 등 주요 기록을 정리하면서 조선의 상황을 파악하고자 한 것이다.

일제는 1910년에 조선을 병탄한 후에 특별히 취조국과 참사관실을 설

---

45) 정상우, 『조선총독부의 역사편찬사업과 조선사편수회』, 아연출판부, 2018, 165~166쪽.

치하여 통감부 시기의 사료 정리를 이어 받아 조선의 규장각에서 소장하고 있었던 고도서와 고문헌을 정리하고, 역사 자료를 정리하였다. 아울러 조선인들이 일제의 식민통치를 부정적으로 생각하거나 혹은 조선인 사상가들이 작성한 역사서인 『한국통사』 등이 조선인들에게 읽히게 되자 그것을 금서로 지정하여 몰수 폐기하기도 하였다. 그러나 『한국통사』 등의 저서를 금서로 지정하여 몰수 폐기하는 것은 소극적 대응방법이었다.

일제는 적극적 방법으로 중추원에서 1915년에 '조선반도사 편찬사업'을 시작하였다. '조선반도사 편찬사업'은 조선인 동화를 목표로 시작한 것이었다. 1915년 7월부터 1918년 12월까지 3년간 실시하기로 결정하였으며, 1916년에 담당자 선정이 완료되고 편찬의 목표와 요지 등이 나오면서 본격화되었다. 반도사 편찬에는 조사주임[15명], 편집주임[5명], 심사주임[12명]이 참여하였다. 당시 사업을 중추원이 담당하였기 때문에 중추원 소속 관원이 최대한 참여하였다. 당시 중추원 서기관이었던 오다 미키지로[小田幹治郞]가 사업을 총괄하였으며, 조선인이 최대 동원되었다. 그러나 '조선반도사'의 편찬에 중심적인 역할을 한 인물은 오다 미키지로를 비롯하여 경도제국대학 교수 미우라 히로유키[三浦周行], 동 대학강사 이마니시 류[今西龍] 및 동경제국대학 조교수 쿠로이타 가쓰미 등 4명이었다.

'조선반도사 편찬사업'은 자료 수집이 지연되어 사업기한이 연장되고, 1918년 1월에는 사료의 수집과 편찬을 담당하는 '편찬과'를 설립하여 사업을 지속하였지만, 1919년 3·1운동 등 당시의 시대적 변화 속에서 완결되지 못하였다.

1922년 12월에 「조선사편찬위원회규정」이 공포되고 '조선사편찬위원회'가 조직되면서 새롭게 역사편찬이 시작되었다. 그 편찬위원회는 1925년 6월 '조선사편수회'로 상설화되고 예산과 조직이 크게 확장하면서 조선사 편찬 작업은 탄력을 받게 되었다. 조선사편수회는 정무총감이 수장을 맡았으며, 고문과 위원에 다수의 조선인이 포진되었을 뿐 아니라 조직이 대폭 확장되었다. '조선사편수회'에서 핵심적 역할을 담당한 인물은 쿠로이타 가쓰미였다. 그는 정무총감인 동시에 편찬위원장인 아리요시 쥬이치와 도쿄제대 동창이었다.

『조선사』 편찬은 편찬위원회 구성 당시 10년간의 작업을 계획했지만 시행착오를 거치면서 몇 차례 사업을 연장하였다가 1932년 3월 첫 권을 발간한 이래 1938년 3월 마지막 35권을 간행하면서 완결되었다.

일제는 1906년 통감부 설치 이후부터 조선의 역사적 사료와 고도서를 정리하면서 조선의 역사적 상황을 파악하고, 1910년 조선을 병탄한 이후에도 조선을 효율적으로 통치하기 위하여 계속 역사적 사료와 고서적 등을 정리하면서 1938년에 조선사를 편찬하였다. 조선총독부는 조선사를 편찬함으로써 식민사관을 완성하였다. 그리하여 조선인에게 조선 역사의 타율성과 정체성을 교육하면서 일본 천황폐하의 신민으로서 영광을 느끼면서 살도록 하였다.

제 7 장

일제의 구관제도조사사업과 그 주요 인물들

1. 머리말

일제는 조선을 식민지로 통치하기 위해 경제뿐 아니라 문화부문의 조사 사업을 수행하였고, 이 사업을 바탕으로 식민통치의 이데올로기를 생산하였다. 일제는 조선을 식민지로 병합하고, 보다 효율적으로 통치하기 위해서는 군사 및 경제적 침탈 외에, 조선의 관습과 문화를 조사하고 그를 바탕으로 식민사관을 구축하는 것이 필요했다.[1] 즉, 일제가 수립한 식민지배정책의 궁극적인 목표는 내선융화와 내선일체를 구실로 식민지 조선의 민족정체성 말살에 있었기 때문에, 조사사업 또한 조선의 문화를 일제의 통치 의도에 맞춰 정리하는 방식으로 이루어졌다.[2]

따라서 조사활동은 조선의 독자적 문화를 해명하기보다는 동양 문화 연구를 전제로 하여 중국·만주·몽고 및 일본에 부수되는 조선 문화의 지정학적 관계를 부각시키고자 하였고, 이는 조선 문화를 단지 대륙 문화와

---

1) 박현수, 「朝鮮總督府 中樞院의 社會·文化 調査活動」, 『韓國文化人類學』 12, 한국문화인류학회, 1980.
2) 권태억, 『일제의 한국 식민지화와 문명화(1904-1919)』, 서울대 출판문화원, 2014.

일본 문화에 부속된 문화로 치부하고자 하는 의미가 내포되어 있었다. 이러한 조사 작업의 기초 위에서 이 시기 각 분야의 연구자들은 조선의 역사와 문화를 타율적이며, 정체되어 있는 실체로 파악하는 식민사관을 구축하고, 확대·재생산하였다.

이와 같은 일제의 식민지배와 그 과정에서 주조된 식민사관을 근본적으로 극복하고 그 성격을 분석하기 위해서는 그들의 학문적 연구 성과가 어디에서 출발했는가라는 지적 탐구의 경로를 밝히는 것이 필요하다. 그 출발점은 바로 식민화 초기부터 실시되었던 '구관제도조사사업'에 있다고 할 수 있다. 따라서 본 연구에서는 일제 식민지배의 토대이자 출발점이라 할 수 있는 이 사업과 여기에 참여한 일본인 및 조선인 관료들은 어떤 사람들이었는지 분석해 볼 것이다.

일제는 대만·조선·만주 등을 식민지화하기에 앞서 이들의 역사·제도·관습 등을 조사하기 위해 막대한 자금과 인력을 동원하였다. 이는 식민지 정책의 수립 및 추진을 위한 기초자료를 수집한다는 목적 하에 진행된 것이었다.

조선에 대한 조사 작업은 대략 1876년 개항을 전후한 시기부터 이루어지기 시작하였다. 초기에는 주로 군사·경제적 침투를 위한 정탐 활동을 벌여나갔으며, 이후 일제가 청일·러일전쟁에서 승리하면서 본격적인 조사활동의 체계를 갖추게 되었다.

일제는 조선을 식민지로 병합하고, 보다 효율적인 통치를 위해 통감부 시절부터 여러 분야에서 조사사업을 벌였다. 1906년 11월부터 1907년 11월까지 부동산법조사회를 통해 조선 부동산에 관한 조사를 실시하였으며, 1908년 1월부터 1910년 9월까지는 법전조사국을 통해 조선 관습에 관한 조사를 실시하였다. 또한 강제병합 직전, 홍문관, 규장각, 집옥재, 시강원, 북한산 이궁과 강화 정족산 사고의 도서를 궁내부로 이관하여 정리하기

시작하였다.3)

이 연구는 통감부를 설치한 1906년부터 1914년까지 수행된 '구관제도 조사사업'의 주도 인물이 어떠한 사람들이었으며, 그들의 목적이 무엇이었는가를 살펴보고자 한 것이다. 즉 '구관제도조사사업'의 주도 인물의 인적 계보를 추적하여 어떠한 특징이 있는가를 고찰하고자 한다.

또한 대만 식민통치의 유경험자들이 조선 '구관제도 조사사업'에 참여함으로써 대만의 식민통치 경험을 바탕으로 조선에서도 점진적 동화주의를 수행하여 조선인의 저항을 줄이고자 하는 시도도 있었다는 사실을 밝히고자 한다.

일제는 1906년 통감부를 설치한 이래 부동산법조사회[1906.7~1907. 11], 법전조사국[1908.1~1910.9], 조선총독부 취조국[1910.10~1912.4], 조선총독부 참사관실[1912.3~1914], 조선총독부 중추원[1915~1937]을 통해 조선의 부동산, 관습, 역사, 문화 등을 파악하고자 하였다. 이러한 작업은 식민정책의 수립과 추진을 위한 기초자료를 수집한다는 목적 하에서 일제에 의해 주요사업으로 추진되었다.4)

일제의 사회 문화부문의 조사활동에 주목한 연구자는 박현수다. 박현수는 일제가 조선에서 실시한 조사 연구의 특징을 크게 세 시기로 나누고, 제1기를 일본의 메이지유신~을사조약이 체결되는 1905년까지의 시기, 제2기를 1906년~3·1운동이 일어난 1919년까지의 시기, 제3기를 1919년 이후의 문화정치 시대~해방 직전까지의 시기로 구분하였다.5) 제1기의 조사활동을 군사적·경제적 침투를 위한 정탐 활동으로 보고, 아직까지 학술

---

3) 김태웅, 「1910년대 전반 조선총독부의 취조국 참사관실과 '구관제도조사사업'」, 『규장각』 16, 서울대 규장각, 1993.
4) 朝鮮總督府中樞院, 『朝鮮舊慣制度調査事業槪要』, 1938.
5) 박현수, 「朝鮮總督府 中樞院의 社會·文化 調査活動」, 『韓國文化人類學』 12, 한국문화인류학회, 1980.

적인 내용은 빈약한 상황이었다고 평가했으며, 제2기로 접어들면서 비로소 일본이 청일·러일전쟁에서 승리하고 본격적으로 조선을 식민지화하기 위한 조사활동의 체계를 갖추게 되었다고 평가하였다. 제3기에 이르면 문화정치 시대에서 조사활동도 한층 학구적인 양상을 보이게 되며, 직접 관(官)이 나서기 보다는 학자들에 의한 본격적인 연구가 우선시 되었다고 평가하였다.

최원규는 부동산법조사회의 활동과 성격에 대해 연구하였다. 그는 부동산법조사회에서 조선의 부동산권리를 조사한 후「토지가옥증명규칙」[1906] 등을 공포하여 일본인에게 토지소유권을 법적으로 허가해주었다고 설명하였다.[6]

법전조사국의 활동과 성격에 대해서는 역사학계와 법제사학계의 연구성과가 있다. 윤대성, 심희기, 정긍식은 관습조사를 행하여 조선의 민사관습법이 형성되는 과정을 연구하였다.[7] 이승일은 일제의 관습조사사업이 법률로 형성되어 가는 과정과 동아시아 관습조사의 성격에 주목하였다.[8] 그는 일제가 식민지배한 지역에서는 구관조사사업이 시행되었는데, 특히 일제의 동아시아 구관조사는 학술조사의 차원에서 수행된 것이 아니라 식민지의 법을 제정한다는 명목으로 추진되었기 때문에 통치제도와 밀접한 관련성을 가지고 있다고 하면서, 한국과 대만에서 실시된 구관조사 및 구

---

6) 최원규,「대한제국과 일제의 토지권법 제정과정과 그 지향」,『동방학지』94, 연세대학교 국학연구원, 1996; 최원규,「한말 일제초기 일제의 토지권 인식과 그 정비방향」,『한국근현대의 민족문제와 신국가건설』, 지식산업사, 1997.

7) 윤대성,「일제의 한국관습조사사업과 민사관습법」,『(창원대)논문집』13-1, 창원대학교, 1991; 심희기,「일제강점 초기 '식민지 관습법'의 형성」,『법사학연구』28, 한국법사학회, 2003; 정긍식,「식민지기 상속관습법의 타당성에 대한 재검토」,『법학』50-16, 서울대학교 아시아태평양법연구소, 2009.

8) 이승일,「일제의 관습조사와 전국적 관습의 확립과정 연구」,『대동문화연구』67, 대동문화연구원, 2009; 이승일,「일제의 동아시아 구관조사와 식민지 법 제정 구상」,『한국사연구』151, 한국사연구회, 2010.

관입법 활동을 비교하였다. 그리고 이러한 조사활동을 통해 일제는 동아시아 식민통치체제를 확립시켜갔다는 점을 강조하였다. 이영미는 우메 겐지로[梅謙次郎]가 부동산법조사회와 법전조사국을 주도해가면서 한국의 사법제도가 구축되어가는 과정을 규명하였다.9)

이영학은 1906년 통감부 설치 이후 일제가 조선에 대한 산업·관습 기초조사를 어떻게 실시하면서 식민화해 갔는가에 주목하였다. 특히 토지를 비롯한 부동산조사 및 관습조사의 과정을 추적하면서, 각 영역별 조사사업과 그 보고서를 매개로 일제가 조선을 식민화해가는 구체적 방안을 마련하였다고 평가하였다.10) 또한 통감부가 공문서제도를 장악하고, 규장각을 통하여 역사사료와 정부 문서를 장악해가는 실상을 규명하였다.11)

김태웅은 강제병합 초기인 1910년대 전반, 구관제도조사사업을 직접 담당했던 기구의 성격에 대하여 고찰하였다. 먼저, 조선총독부 산하 취조국의 설치배경과 소속관원들의 구성, 1912년 총독부 관제 개정 이후 사업을 이어서 추진했던 참사관실의 부설경위와 소속관원들의 구성, 조사 방법 등을 면밀히 검토하였다.12)

그러나 기존의 연구에서 일제의 '구관제도조사사업'이 계속 계승되어갔지만, 그 주도세력과 조선인 관료 조력자들의 연관관계와 그 맥락을 고찰한 연구는 없다. 본 연구는 부동산법조사회[1906~1907], 법전조사국[1908~1910], 조선총독부 취조국[1910~1912], 조선총독부 참사관실[1912~1914]의 주도세력과 조선인 관료 조력자들의 연관관계와 그 의미를 고찰하려고 한다.

---

9) 李英美, 『韓國司法制度と梅謙次郎』, 法政大學出版局, 2005[김혜정 역, 『한국사법제도와 우메 겐지로』, 일조각, 2011].
10) 이영학, 「통감부의 조사사업과 조선침탈」, 『역사문화연구』 39, 한국외국어대 역사문화연구소, 2011.
11) 이영학, 「통감부의 기록장악과 조선침략」, 『기록학연구』 41, 한국기록학회, 2014.
12) 김태웅, 「1910년대 전반 조선총독부의 취조국 참사관실과 '구관제도조사사업'」, 『규장각』 16, 서울대 규장각, 1993.

2. 일본제국주의의 '구관제도조사사업'

일본제국주의는 식민지를 효율적으로 지배하기 위하여 식민지 조사사업을 실시하였다. 일제의 조사사업은 지역에 따라 시계열적으로 전개되었고, 일제 관료와 학자들이 상호 연계되어 중첩적·계승적으로 조사사업에 참여하였다. 본 연구는 이 점에 주목하여 조선, 대만, 만주에 대한 일제 조사사업을 입체적·구조적으로 비교 검토하여 그 상관성과 계승성 및 차별성을 드러내고자 한다. 각국의 조사기구, 조사인물, 조사내용, 결과물 등을 비교 검토함으로써 조사목적을 규명하고자 한다. 이를 통해 조사사업과 식민정책의 상호 연관성을 입체적으로 파악하고자 한다.

일제는 1894년 청일전쟁에서 승리한 후, 1895년 시모노세끼 조약으로 대만을 식민지로 할양받았다. 일제는 처음에 대만의 식민통치를 군정을 통해 강압적 방식으로 행하려고 하였으나, 대만인의 대규모 저항에 부딪쳐 큰 어려움을 겪었다.[13] 이에 1898년 3월에 제4대 총독으로 고다마 겐타로[兒玉源太郎]와 민정국장에 고토 신페이[後藤新平]가 임명되면서 민정(民情)에 맞게 대만을 통치해야 한다는 취지를 내세우고 3가지 조사사업을 실시하였다. 1898~1904년의 토지조사사업, 1901~1919년 구관조사사업, 1905년의 호구조사를 실시하였다.[14] 즉 고토 신페이는 대만의 상황을 조사하여 대만 특성에 맞게 법제를 정비하면서 대만을 통치해야 한다고 주장하여 효과를 얻게 되었다.

---

13) 柯志明, 『米糖相剋 -日本帝國主義下臺灣的發展與從屬-』, 臺北 群學出版, 2003[문명기 역, 『식민지 시대 대만은 발전했는가』, 일조각, 2008, 63쪽]. "1898년부터 무장 항일 운동이 중단된 1902년까지 살해된 '匪徒'만 12,000명 이상에 달했고, 그 중 2,998명은 체포 후 사형판결을 거쳐 처형되었다고 한다."(東鄕實·佐藤四郞, 『臺灣植民發達史』, 晃文館, 1916).
14) 이승일, 「일제의 동아시아 구관조사와 식민지 법 제정 구상」, 『한국사연구』 151, 한국사연구회, 2010.

일제는 1904년 러시아에 전쟁을 도발하여 1905년 러일전쟁에서 승리하였다. 그 후 세계 열강인 영국, 미국, 러시아로부터 조선을 독자적으로 지배하는 것을 인정받고 조선을 침략해 들어갔다. 일제는 1905년 말에 통감부를 설치한 후, 대만의 식민통치 경험을 바탕으로 구관조사, 토지조사, 고적조사 등을 수행하면서 식민지화 기초작업을 수행하였다.

또한 일제는 1905년 9월 포츠머스 조약의 결과 러시아의 동청철도(東淸鐵道)의 남쪽 반 즉 쿠안청쯔[寬城子, 창춘 교외] 이남의 철도와 거기에 부속된 이권을 러시아로부터 양도받았다.15) 이에 1906년 1월에 육군 참모총장인 고다마 겐타로가 만주경영위원회를 설립하고, 11월에는 남만주철도주식회사를 설립하면서 대만의 민정장관인 고토 심페이가 초대 총재에 취임하였다. 고토는 '문장적 무비(文裝的武備)'16)를 주창하면서 대만의 조사 경험을 바탕으로 만주의 관습, 지리, 산업조사 등을 전면적으로 실시하였다.

일제는 대만, 조선, 만주에서 식민지배를 위한 각종 조사사업을 차례로 전개하였는데, 이때 일본 본토에서의 조사경험을 적극적으로 활용하였다. 일본은 1868년 명치유신을 통해 동아시아에서 가장 먼저 근대국가로 발돋움했는데, 근대국가건설에 필요한 재정확보를 위해 지조개정사업[1873], 지압조사사업[1885~1888], 관습조사를 통한 민법제정[1898] 등을 시행하였다. 일제는 이러한 조사경험을 살려 〈표 7-1〉에서 보듯이 대만에서의 관습조사와 토지조사를 시행하였으며, 이를 조선과 만주로 확장하였다.

---

15) 小林英夫, 임성모 역,『만철(滿鐵)』, 산처럼, 2004, 33쪽.
16) '文裝的武備'란 문사(文事, 학문 예술을 의미함)적 시설로 장래의 침략에 대비하되, 일단 급한 일이 있으면 무단적(武斷的) 행동을 돕는 방편을 아울러 강구하는 일이라는 뜻이다. 즉 식민지 지배는 단순히 무력에 의존할 것이 아니라 교육, 위생, 학술이라는 넓은 의미의 '문사적 시설'을 구사할 필요가 있다는 뜻이다. 그리고 이 '문사적 시설'의 핵심이 바로 과학적인 조사활동이다(小林英夫,『滿鐵』, 1996[임성모 역,『만철(滿鐵)』, 산처럼, 2004, 37쪽 참조]).

<표 7-1> 일제의 동아시아 각국 조사사업의 전개

		대만		조선		만주
구관제도	1895년	대만인류학회	1906년	통감부 부동산법조사회	1907년	만철 조사부
	1896년	임시조사괘(臨時調査掛)	1908년	통감부 법전조사국	1932년	만철 경제조사회
	1898년	번정(蕃情)연구회	1910년	조선총독부 취조국	1936년	만주국 산업부
	1901년	임시대만구관조사회	1912년	조선총독부 참사관실	1938년	만주국 대조사부
			1915년	중추원	1943년	만주국 조사국
토지·재정	1896년	임시조사괘	1906년	통감부 부동산법조사회	1907년	만철 조사부
	1898년	임시대만토지조사국	1909년	통감부 임시재산정리국	1932년	만주국 토지국
	1899년	토지조사사업 시행	1910년	총독부 토지조사국	1935년	임시토지제도조사회
			1910년	총독부 임시토지조사국	1936년	지적정리국
고적	1895년	대만인류학회	1909년	통감부(關野 貞 주도)	1908년	만철 조사부
	1898년	번정(蕃情)연구회	1910년	총독부 내무부 /	1933년	만주국 문교부 /
	1908년	대만총독부 박물관	1916년	학무국		민생국
	1909년	임시대만구관조사회	1921년	고적조사위원회		만몽학술조사단
		번족과(蕃族科)	1931년	학무국 고적조사과		일만문화협회
	1919년	번족조사회(蕃族調査會)		조선고적연구회		동아고고학회
						집안고적보존회

지금까지 일제의 조사사업을 비교 검토한 연구는 많지 않다. 한 국가의 조사사업에 대한 연구는 다수 존재하지만, 동아시아 각국에 대한 일제의 조사사업을 비교 검토한 연구는 미미한 실정이다.[17] 그런데 동아시아 각국에 대한 일제의 조사사업은 시계열적으로 밀접한 연관 아래 추진되었다. 일본에서 지조개정[1873]과 구관조사를 통한 민법제정[1898]을 행하였고, 그에 이어 대만에서 토지조사[1898~1904]와 구관조사[1901~1919]가 이루어졌다. 일제는 대만에서의 경험을 바탕으로 조선에서 구관조사[1908~1938], 토지조사[1906~1918], 고적조사를 행하였고, 나아가 만주에서도 거의 유사한 양상으로 조사사업을 진행하였다. 더욱이 일제의 조사사업을 수행한 인물들의 인적 네트워크는 밀접히 연관되어 있었고, 다른 국가의 조사사업에도 큰 영향을 미쳤다.

---

17) 이영호, 「일본제국의 식민지 토지조사사업에 대한 비교사적 검토」, 『역사와현실』 50, 한국역사연구회, 2003; 이승일, 「일제의 동아시아 구관조사와 식민지 법 제정 구상」, 『한국사연구』 151, 한국사연구회, 2010.

〈표 7-2〉 일제 식민지 관료의 인적 네트워크의 예

인물	대만	조선	만주
고다마 겐타로 [兒玉源太郎]	대만총독		남만주철도주식회사 창립위원장
고토 신페이 [後藤新平]	대만총독부 민정장관		남만주철도주식회사 총재
나까무라 요시고또 [中村是公]	대만총독부 임시토지조사국장		남만주철도주식회사 부총재
오카마츠 산타로 [岡松參太郞]	대만총독부 임시구관조사부장		남만주철도주식회사 조사부장
미야우치 기시 [宮內季子]	대만총독부 구관조사 조사원		남만주철도주식회사 조사원
세키야 테이자부로 [關屋貞三郞]	대만총독부 참사관	조선총독부 학무국장	남만주철도주식회사 설립위원
中田三郞	대만 토지 조사, 측량	조선임시토지조사국 측지과장	
우메 겐지로 [梅謙次郞]		부동산법조사회 회장, 법전조사국 고문	
와다 이찌로 [和田一郞]		임시토지조사국 총무과장	만주국토지고문
나카야마 세이타로 [中山成太郞]	대만총독부 구관조사 조사원	통감부 서기관, 부동산법조사회 근무, 총독부 취조국 참사관실 근무	
이스즈카 에이조 [石塚英藏]	대만총독부 참사과장	통감부 참여관, 총독부 취조국장	
시라토리 구라키치 [白鳥庫吉]			고적조사 총괄

〈표 7-2〉에서 보듯이 대만의 구관조사에 관여한 고토 신페이 대만총독부 민정장관, 나까무라 요시고또[中村是公] 임시토지조사국장, 오까마쯔 산타로[岡松參太郎] 임시구관조사부장은 후에 만주 조사사업을 주관한 남만주철도주식회사의 총재, 부총재, 조사부장에 취임하였다. 오카마쯔 산타로는 우메 겐지로와 함께 일본 민법을 만들었던 대표적 법조인이었다. 그는 고토 신페이의 초청을 받아 대만에서 구관조사사업을 총괄하였다.18)

1906년 이토 히로부미 통감은 일본의 민법 제정에 큰 역할을 수행했던 우메 겐지로[동경제대 교수]를 초빙하여 통감부에서 실시한 부동산법조사회를 총괄하도록 하고 법전조사국의 조사사업에서 핵심적 자문을 수행하도록 하였다. 조선 임시토지조사국 총무과장으로 토지조사사업을 주도한 와다 이찌로[和田一郞]는 만주국 토지고문으로 취임하였다. 세키야 테이자부로[關屋貞三郞]는 대만총독부 참사관으로 활동하다가 조선총독부 학무국장으로 활약하였고, 그 활동경험을 인정받아 남만주철도주식회사 설립위원으로 역할을 하였다. 이와 같이 대만, 조선, 만주의 조사사업에는 인적인 연결과 이전의 경험이 활용되면서 전개되었다.

〈표 7-2〉에서 보듯이, 대만에서 1896년부터 1904년까지 구관제도 조사에 참여하였던 인물이 그 후 1906년부터 실시한 조선의 구관제도조사에 참여하고, 그 경험을 바탕으로 만주의 구관제도조사에 참여하였다. 이 인물들의 참여를 비교 검토하는 일은 일본제국주의가 동아시아를 어떻게 식민지로 재편해가려고 하였는가를 살펴보는 귀중한 인적 맥락이라고 할 수 있다.

일제의 구관제도 조사사업은 기존 사회체제의 식민지적 개편과 밀접한 연관 아래 추진되었다. 가령 일제는 조선의 구관제도조사를 바탕으로 각종 법령을 개정하거나 제정하여 일본인들이 조선으로 쉽게 이주하여 정착

---

18) 이승일, 「일제의 동아시아 구관조사와 식민지 법 제정 구상」, 『한국사연구』 151, 한국사연구회, 2010, 282~286쪽.

할 수 있는 환경을 조성하였다. 이를 통해 일제는 식민지 조선에서 일본인 우위의 사회체제를 점차 구축해 나갔다. 이러한 양상은 조선에 앞서 구관제도조사를 추진했던 대만에서도 거의 유사하게 나타난다.

다만 대만은 일제 식민지 이전에는 청(淸)의 법제, 번족(蕃族)의 관습법, 부락(部落) 단위의 풍습 등이 혼재한 상황이었다. 일제는 1898년 본국에서 공포한 일본 민법을 대만에 적용할 수 있는지 확인할 필요가 있었다. 이에 대만에서 토지조사와 구관조사를 병행하면서 탐색하였다. 대만에 거주하는 일본인에게는 일본 민법을 적용할 수 있었지만, 대만인에게는 일본 민법을 적용할 수 없었다. 대만의 신분, 족속, 구관을 그대로 인정할 수밖에 없었다. 훨씬 시기가 지나서야 일본민법을 대만에 적용할 수 있었다.[19]

일제는 구관조사를 통해 각종 법제와 관습을 조사한 다음, 이를 일원적인 법령체계로 정비하여 식민지적 사회체제를 구축해 나갔다. 그리고 일본인들이 대만으로 이주할 수 있는 사회여건을 조성하고, 일본인 중심으로 대만 사회를 재편해 나갔다. 이에 비해 만주 지역에서는 초창기부터 제도나 관습보다 교통, 물산, 광물, 농업 등 산업현황을 중심으로 구관제도조사를 진행하였다. 이를 토대로 만주사변 이후 만주국을 건국하는 한편, 만주뿐 아니라 중국본토의 산업현황을 조사하여 대륙침략의 발판을 마련하였다.

이처럼 일제의 구관제도 조사사업은 각 지역의 사회체제와 일제 식민지배 목적의 차이에 따라 다른 양상을 띠었다. 이를 통해 일제가 각 지역에 구축하려 했던 식민지 사회체제의 유사성과 차이점을 파악하는 한편, 일제 강점기의 역사적 성격을 국제사적 차원에서 새롭게 규명할 필요가 있다.

---

19) 이영호, 「일본제국의 식민지 토지조사사업에 대한 비교사적 검토」, 『역사와 현실』 50, 한국역사연구회, 2003.

〈표 7-3〉 일제의 조선 구관제도 조사사업 현황

기간	시행기구	조사내용	인물
1906.7 -1907.11	통감부 부동산법조사회	부동산에 관한 조사	회장: 梅謙次郎 보좌관: 中山成太郎
1908.1 -1910.9	통감부 법전조사국	법제와 관습에 관한 조사	고문: 梅謙次郎 회장: 倉富勇三郎 보좌관: 小田幹治郎
1910.10 -1912.3	조선총독부 취조국	친족, 신분제 등 법제와 관습 기록정리	회장: 石塚英藏 보좌관: 中山成太郎
1912.4 -1914	조선총독부 참사관실	관습[조선인의 능력 등] 각종 기록물과 읍지	참사관: 中山成太郎 秋山雅之介, 太田輝次 사무관: 小田幹治郎
1915.5 -1937	중추원	관습[민사, 상업 등] 제도[國制, 王室, 地方 등] 풍속[의식주, 관혼상제, 신앙 등] 조선사 편찬	관원: 劉猛, 具義書

〈표 7-3〉을 통하여 일제의 조선 '구관제도조사사업'의 현황을 살펴볼 수 있다. 〈표 7-3〉에서는 일제가 1908년부터 통감부 법전조사국에서 조사한 내용이 법제와 관습에 관한 것이었으며, 주요인물이 구라토미 유사부로[倉富勇三郎], 오다 미키지로[小田幹治郎]임을 알 수 있다. 오다 미키지로는 그 이후 조사사업에서도 중요한 역할을 수행한 인물이다. 나카야마 세이타로는 대만 총독부에서 구관제도조사에 참여한 인물인데, 그 후 조선의 구관제도조사에 핵심적인 역할을 한 자이다. 그는 1906년부터 행하는 부동산법조사회에서 우메 겐지로 밑에서 조선의 부동산 관행을 조사하였으며, 뒤이어 1910년대에 조선총독부에서 취조국과 참사관실의 조사사업을 추진해갔던 핵심적 인물이다. 또한 오다 미키지로와 안도 시즈카[安藤靜]도 통감부시기의 법전조사국에서 행한 구관제도조사사업에 참여한 후, 조선총독부 시기 취조국과 참사관실의 구관제도조사사업에 참여하여 핵심적 역할을 한 인물이다.

〈표 7-4〉 일제의 대만, 조선, 만주 구관제도조사 현황 비교

	대만	조선	만주
기간	1901~1922년	1906~1910년 1910~1937년	1907~1931년 1931~1943년
조사기구	대만총독부 임시대만구관조사회	통감부 법전조사국 조선총독부 취조국 → 참사관실 → 중추원	만철 조사부 만주국 경제조사회 → 산업부 → 대조사부 → 조사국
창설자	총독: 兒玉源太郎 민정장관: 後藤新平	통감부 통감: 伊藤博文	창립위원장: 兒玉源太郎 총재: 後藤新平
구관조사장	岡松參太郎	법전조사국: 梅謙次郎 취조국, 참사관실: 中山成太郎	만철 조사부장: 岡松參太郎 학술조사장: 白鳥庫吉
핵심조사장	職田萬, 宮內季子 中山成太郎	小田幹治郎, 安藤靜, 小田信治, 中山成太郎	宮內季子, 松岡洋右 杉桔五郞
회원	총독부관원, 법원인사, 대학교수	법원인사, 대학교수, 법정대 출신인사	동경대학, 교토대학교수와 출신인사, 동아연구소
주요성과	『臺灣舊慣制度調查報告書』 『臨時臺灣舊慣調查報告書』 20책 『臺灣私法』 13권 『淸國行政法』 8권 『臺灣慣習記事』	『慣習調查報告書』 『朝鮮史』 35권	『滿洲舊慣調查報告書』 9책 『滿洲經濟年譜』 『滿洲産業統計』 『關東州及滿洲國鹽業統計』 『滿洲民族誌』

〈표 7-4〉에서 보듯이, 일제의 구관제도조사사업은 대만을 시작으로 조선을 거쳐 만주까지 시행하였음을 알 수 있다. 일제는 그 지역을 식민지로 지배할 때, 식민지 지배를 위한 전제조건으로 구관제도조사사업을 수행하여 그 지역에 대한 현황 파악을 하면서, 식민지배를 수행해갔음을 알 수 있다.

대만에서 구관제도조사의 창설자인 총독 고다마 겐타로, 민정장관 고토 신페이는 후에 만주의 구관을 조사하는 만철조사부의 창립위원장과 총재가 된다. 또한 대만의 구관조사장인 오카마츠 산타로는 만철의 조사부장으로 활약하였다. 대만의 구관제도조사회의 핵심조사장인 미야우치 기시

[宮內季子]와 나카야마 세이타로는 만주와 조선의 핵심조사장 역할을 수행하였다. 대만과 조선 및 만주의 구관제도조사는 인적인 측면에서 긴밀히 연결되어 있었다.

3. 부동산법조사회의 활동과 그 관련자들

본 연구는 일제가 조선을 식민지배하기 위해 사회 문화조사를 실시한 '구관제도조사사업'에 주목하여, 1906년부터 1914년까지의 주도세력을 분석하고, 그 성격을 규명하고자 하는 글이다. 일제의 '구관제도조사사업'의 시행기구와 조사내용은 〈표 7-5〉와 같다.

〈표 7-5〉 일제의 '구관제도조사사업'의 시행기구와 조사 내용

기간	시행기구	조사내용
1906.7 ~ 1907.11	부동산법조사회	부동산에 관한 조사
1908.1 ~ 1910.9	법전조사국	관습에 관한 조사
1910.10 ~ 1912.3	조선총독부 취조국	구관조사, 규장각도서, 기록 정리
1912.4 ~ 1914	조선총독부 참사관실	구관조사, 역사자료 수집 및 정리, 규장각도서 정리
1915.5 ~ 1937	중추원	구관조사, 유물유적조사, 역사편찬

출전: 조선총독부 중추원, 『조선구관제도조사사업개요』, 1938.

이 시행기구의 조사내용과 목적은 약간씩 달랐다. 부동산법조사회[1906~1907]에서는 조선의 부동산권리 및 권리의식 등을 조사한 뒤 통감부가 일본인에게 부동산소유권을 인정해주는 법령을 제정하였다.[20] 특히 대한제

---
20) 최원규, 「대한제국과 일제의 토지권법 제정과정과 그 지향」, 『동방학지』 94, 연세대학

국에서는 인정하지 않았던 외국인의 토지소유를 인정하고자 한 것이 주요 목적이었다. 법전조사국[1908~1910]에서는 조선의 경제적 권리뿐 아니라 사회, 가족 등 관습을 조사하여 조선의 민법, 형법, 민사소송법, 형사소송법 등을 제정하고자 하였다.

1910년 조선을 강제 병합한 후, 일제는 총독관방 산하에 취조국[1910~1912]을 설치하여 법전조사국의 관습조사를 심화시켰으며, 아울러 대한제국의 규장각으로부터 이관 받은 장서와 역사 사료를 정리하고 대한제국의 공문서를 대대적으로 정리하는 임무를 수행하였다. 1912년에는 총독부 관제를 개편하면서 '구관제도조사사업'을 확대 심화시켜 참여인원을 크게 늘리고 업무를 증대시켜갔다. 이를 위해 총독관방 산하에 참사관실을 독립시켰고, 대한제국 규장각의 도서와 역사사료 정리, 실록의 분야별 사료 발췌, 구관제도조사 등의 작업을 수행해갔다. 이 작업을 바탕으로 이후 조선총독부 중추원에서는 조선사편수회를 분립시켜 1938년에 『조선사』 35권을 편찬하였고, 식민사관을 확립시켜 조선의 지식인과 국민들에게 널리 알려 패배의식을 갖게끔 하였다.[21]

일본은 1905년 12월에 통감부를 설치하고 한국을 보호국으로 만들어가면서 식민지로 만들 방안을 강구하고 있었다. 이토 히로부미 통감은 1906년 7월에 의정부 산하에 부동산법조사회[1906.7~1907.11]를 설립하여 조선의 토지제도 및 토지에 관한 권리를 전체적으로 조사하고, 그를 바탕으로 부동산에 관한 법률을 제정하고자 하였다. 그를 위해 일본의 동경대 법학교수이며 부동산법 전문가인 우메 겐지로를 초빙하여 부동산법조사회의 회장으로 임명하였다.

우메 겐지로[1860~1910][22]는 프랑스에 유학을 가서 법학을 공부하고,

교 국학연구원, 1996.

21) 朝鮮總督府, 『朝鮮史編修會事業槪要』, 1938.
22) 우메 겐지로(梅謙次郎)은 1860년 島根縣 松江藩(현 마츠에 市) 出雲에서 번 의사(藩醫)

1890년에 귀국하여 제국대학[현 동경대학] 법학교수로서 활동하면서 일본 근대 민법을 제정하는데 큰 역할을 수행하였다. 이토 히로부미가 일본 수상으로 있으면서 1893년 법전조사회를 조직하고 그 총재가 되어 일본 근대 법령을 마련할 때 우메 겐지로는 두드러진 활동을 벌였다. 우메 겐지로는 일본 민법과 상법의 입안작업에 참여하였고, 일본 민법을 제정한 위원 중 한 사람이었으며 이토 히로부미의 측근이었다.

이토 히로부미는 조선의 통감으로 부임하면서 1906년 6월 말에 도쿄 제국대학 법과교수로 재직하고 있는 우메 겐지로를 대한제국의 법률 고문으로 초빙해왔다. 그리고 1906년 7월 24일 부동산법조사회의 회장으로 임명하면서 부동산법조사회의 활동을 총괄하게 하였다.[23] 부동산법조사회에 참여한 구성원은 〈표 7-6〉과 같다.[24]

의 차남으로 출생하였다. 1875년 東京外國語學校에 입학하여 프랑스어를 전공하였다. 1880년에 프랑스어과를 수석으로 졸업하고, 司法省 법률학교에 편입 후 프랑스법을 공부하였다. 1884년에 법률학교를 수석으로 졸업하고, 1885년에 司法省 御用係, 文部省 御用係의 공무원을 거쳐 관립 東京法學校의 교원으로 취임하였다. 1886년에 문부성 국비 유학생으로 선발되어 프랑스 파리 리옹대학에서 3년간 유학하여 프랑스 법률을 연구하여 법학박사 학위를 취득하였다. 다시 베를린대학에 1년간 유학하였다. 1890년에 귀국하여 제국대학(현 동경대학) 법과대학 교수에 취임하였다. 1893년 법전조사회 민법 기초위원과 상법 기초위원을 역임하였다. 1897년에 동경제국대학(제국대학의 새 명칭) 법과대학장과 내각 법제국 장관을 역임하였다. 1899년에 화불법률학교 교장, 1900년에 문부성 총무 장관, 1903년에 호세이대학(화불법률학교 후신) 초대 총리(현 총장)을 역임하였다. 1906년에 초대 통감 이토 히로부미에 의해 대한제국 정부 법률고문으로 초빙되어 부동산법조사회와 법전조사국에서 핵심적인 역할을 수행하였다(李英美, 『韓國司法制度と梅謙次郞』, 法政大學出版局, 2005[김혜정 역, 『한국사법제도와 우메 겐지로』, 일조각, 2011, 296쪽] 참조).

23) 李英美, 『韓國司法制度と梅謙次郞』, 法政大學出版局, 2005[김혜정 역, 『한국사법제도와 우메 겐지로』, 일조각, 2011].
24) 정연태, 『식민권력과 한국농업』, 서울대출판부, 2014, 59~60쪽.

〈표 7-6〉 부동산법조사회의 구성원

직위	인명	직위	인명
회장	梅謙次郎	고	平木勘太郎
보좌관	中山成太郎	임시촉탁	석진형
보좌관보	川崎萬藏	임시촉탁	최병상
보좌관보	山口慶一	임시 고	고정상
촉탁	永野俊吾		

출전: 議政府, 『不動産法調査會案』, 1906~1907.

우메 겐지로는 1906년 7월 24일 조선 의정부 산하 부동산법조사회에서 조사위원을 모아놓고 조사할 항목을 요약 정리하여 제시하였다. 그 책자가 16쪽의 『조사사항설명서』[25]였다. 우메 겐지로의 지휘에 따라 조사위원들은 1906년 7월 26일부터 8월 6일까지 12일간 각지의 이사관, 관찰사, 부윤에게 조사사항을 인터뷰하고 그 답변을 정리하여, 1906년 8월에 『한국 부동산에 관한 조사기록』[26]을 편찬하였다. 우메 겐지로의 조사에 동참한 사람은 보좌관 나카야마 세이타로[中山成太郎]이고, 집필은 가와사키 만조[川崎萬藏], 통역은 석진형이 맡았다.

대장성 서기관 나카야마 세이타로는 일본 제국대학 법과대학을 졸업하여 법학사를 받고 1895년에 사법관 시보로 임명되었다. 1897년에 고등문관시험에 급제하여 대장성 시보(試補)에 임명되었고, 다음 해에 대만총독부 참사관 겸 대만총독부 사무관에 임명되어 대만구관조사를 진행하였다.[27] 그는 대만의 구관조사 경험을 바탕으로 조선의 통감부에서 부동산에 관한 조사를 수행하였다. 그는 부동산법조사회 설립 당시 통감부 서기관 겸 대장

---

25) 『調査事項說明書』, 不動産法調査會(梅謙次郎), 1906년 9월.
26) 『韓國不動産ニ關スル調査記錄』, 不動産法調査會(梅謙次郎), 1906년 8월.
27) 『人事興信錄』, 日本 人事興信所, 1903, 590쪽.

성 서기관으로 우메 겐지로를 보좌하면서 핵심적인 역할을 수행하였다.28)

그는 1910년대에 조선총독부 취조국과 참사관실에서 구관조사를 행할 때 핵심적인 역할을 수행하였다. 그는 실지조사뿐 아니라 조선 토지소유권의 연혁을 문헌조사하여 책으로 발간하기도 하였다. 그는 『부동산신용론(不動産信用論)』[1906], 『한국에서 토지에 관한 권리 일반』[1907],29) 『한국토지소유권의 연혁을 논한다』[1907]30) 등을 발간하였다. 『부동산신용론』[1906]31)은 나카야마 세이타로가 한국부동산법 조사상의 참고를 위해 토지신용기관의 연혁, 동 신용종류 및 형식, 동 신용의 개량에 관한 문제 등을 내용으로 하여, 일본 및 구미의 논저를 중심으로 저술한 것이었다.

가와사키 만조는 호세이[法政]대학 출신으로 부동산법조사회의 중요 인물이었다. 우메 겐지로를 중심으로 나카야마 세이타로, 가와사키 만조, 야마구치 케이이치[山口慶一], 히라키 간타로[平木勘太郎]는 부동산법조사회에서 조사사업을 벌이면서 팀웍을 갖추어 이후 법전조사국에서 맹활약을 펼치며, 조선 병합 이후 조선총독부의 조사사업에서도 중요한 역할을 수행하였다. 나카야마 세이타로, 가와사키 만조, 야마구치 케이이치, 히라키 간타로는 모두 호세이[法政]대학 출신이었다.

부동산법조사회에서는 각 지역을 조사한 내용과 한국 토지소유권의 연혁 및 권리에 관한 역사적 상황을 조사하여 책으로 발간하였다. 그 발간물을 나열하면 다음과 같다.

   ① 『調査事項說明書』, 不動産法調査會(梅謙次郎), 1906년 9월
   ② 『韓國不動産ニ關スル調査記錄』, 不動産法調査會(梅謙次郎), 1906년 8월

---

28) 남기정 역, 『일제의 한국사법부 침략실화』, 육법사, 1978.
29) 『韓國ニ於ケル土地ニ關スル權利一斑』, 不動産法調査會(中山成太郎), 1907년 6월.
30) 『韓國土地所有權ノ沿革ヲ論ス』, 不動産法調査會(平木勘太郎), 1907년.
31) 『不動産信用論』, 不動産法調査會(中山成太郎), 1906.

③『韓國不動産ニ關スル慣例 第一綴』, 不動産法調査會(川崎萬藏), 1907년 4월
④『韓國不動産ニ關スル慣例 第二綴』, 不動産法調査會(平木勘太郎), 1907년 6월
⑤『韓國ニ於ケル土地ニ關スル權利一斑』, 不動産法調査會(中山成太郎), 1907년 6월
⑥『不動産法調査會案』, 議政府, 1906~1907년
⑦『韓國土地所有權ノ沿革ヲ論ス』, 不動産法調査會(平木勘太郎), 1907년
⑧『不動産法調査報告要錄』, 法典調査局, 1908년
⑨『不動産信用論』, 不動産法調査會(中山成太郎), 1906년

이토 히로부미는 이 조사 사업을 바탕으로 1906년 10월에 「토지가옥증명규칙」을 공포하여 일본인에게 토지소유권을 합법적으로 허가해주었다. 1907년 2월에는 「토지가옥전당집행규칙」, 1908년 8월에는 「토지가옥소유권증명규칙」을 공포하여 「토지가옥증명규칙」 이전에 적법한 원인에 의하여 토지·가옥의 소유권을 취득한 경우도 토지소유권을 증명받을 수 있게 하였다. 이 법령에 의해 일본인은 합법적으로 토지·가옥의 소유권을 취득하게 되었다. 이 소유권을 매개로 일본인들이 자유롭게 조선에 진출할 수 있었다.

4. 법전조사국의 활동과 그 관련자들

통감부는 조선에서 부동산법조사회의 활동을 정리하고, 그 기구를 확대 개편하여 법전조사국[法典調査局, 1908.1~1910.9]을 설치하여 전국에 걸친 관습조사를 실시하였다. 법전조사국은 조선의 관습조사를 행하여 민법, 형법, 민사소송법, 형사소송법 등 식민지 지배를 효과적으로 하기 위

한 법률을 만들고자 하였다. 법전조사국은 1908년 1월에 설치되어, 5월부터 조사를 시작하고 1910년 9월까지 전국에 걸쳐 관습조사를 실시하였다.

법전조사국의 조사위원은 처음에는 부동산법조사회의 위원들이 담당하였고, 그 위에 일본인 사법관 출신들이 충원되어 대폭 보강되었다. 즉, 1907년 12월 31일에는 부동산법조사회에 참여하였던 일본인 가와사키 만조, 히라키 간타로, 야마구치 케이이치와 조선인 최병상, 고정상, 유진혁 등 8명이 임명되었고,[32] 1908년 1월 1일에는 법부 차관인 구라토미 유사부로[倉富勇三郎]를 위원장에, 우메 겐지로를 고문에 임명하고 김낙헌, 유성준 등을 위원으로 임명하였다.

〈표 7-7〉 법전조사국 직원

	委員長		
1908	倉富勇三郎	위원	松寺竹雄, 安住時太郎[법부서기관], 膳鉦次郎[검사], 國分三亥[검사], 中村竹藏[판사], 城數馬[판사], 渡邊暢[판사], 유성준[법제국장], 김낙헌[형사국장], 이시영[민사국장]
		조사과	小田幹治郎[사무관, 조사과장], 川崎萬藏[사무관보] 山口慶一
		회계과	山口慶一[회계과장]
			최병상, 고정상, 유진혁, 平木勘太郎[번역관보로 추측됨]
1909	倉富勇三郎	위원	渡邊暢[판사], 中村竹藏[판사], 城數馬[판사], 膳鉦次郎[검사], 國分三亥[검사], 松寺竹雄[서기관], 安住時太郎[서기관], 김낙헌[형사국장], 이시영[민사국장], 유성준[내각 법제국장]
		사무관	小田幹治郎
		서무과	山口慶一[과장], 八田岩吉, 室井德三郎[이상 사무관보]
		조사과	川崎萬藏[과장], 安藤靜, 平木勘太郎, 下森久吉[이상 사무관보], 최병상, 고정상, 유진혁, 김동준, 방한복, 丹羽賢太郎[이상 번역관보]
		회계과	山口慶一[과장], 川原信義, 岩谷武市, 中州政美[이상 사무관보]

출전:『구한국관보』,「내각왕부문」(이승일,『조선총독부 법제정책-일제의 식민통치와 조선민사령』, 역사비평사, 2008, 70쪽 재인용)

---

32) 이승일,『조선총독부 법제정책-일제의 식민통치와 조선민사령』, 역사비평사, 2008.

구라토미 유사부로는 1887년에 일본 사법성 참사관으로 근무하였고, 1898년에 일본 사법성 민형국장(民刑局長)이 되었으며, 1902년에 일본 대심원 검사(大審院 檢事)로 일했던 일본 사법(司法) 전문가였다.33) 그는 1907년 9월에 대한제국 법부차관으로 부임하여 법부(法部)를 총괄하였다.34) 그는 법부차관의 직위로 1908년 1월부터 시행되는 법전조사국의 활동을 총괄하게 되었다. 법전조사국 직원의 구체적인 명단은 〈표 7-7〉과 같다.

법전조사국 고문인 우메 겐지로는 관습조사사업에서도 주요 역할을 담당하였다. 관습조사 방법은 실지조사와 문헌조사로 진행되었는데, 실지조사가 중심이었다. 실지조사는 일반조사와 특별조사로 나뉘어 진행되었고, 일반조사는 우메 겐지로가 작성한 관습조사문항 206개 항목을 모두 조사하는 것이고 특별조사는 일반조사와는 별도로 특별히 조사가 필요한 항목이나 지역을 대상으로 조사하는 것이었다. 이러한 조사 결과는 1천여 책의 보고서로 작성되었다.35) 이 보고서를 바탕으로 『관습조사보고서』가 작성되었고, 1912년에 「조선민사령」, 「조선형사령」이 만들어졌다.

법전조사국의 구성인원들은 부동산법조사회의 참여자가 주요 역할을 수행하였고, 여기에 핵심적 인력들이 보강되었다. 법전조사국의 활동에서도 우메 겐지로의 역할이 매우 중요하였다. 그는 조사 항목 206개 항목을 모두 작성하고 조사사업을 주도하였다. 한편 부동산법조사회의 핵심 인물인 가와사키 만조, 야마구치 케이이치, 히라키 간타로가 그대로 참여한 위

---

33) 『人事興信錄』, 日本 人事興信所, 1903, 689쪽.
34) 倉富勇三郎(1853-1948) 1909년 11월에는 통감부사법청장관겸 통감부참여관을 지냈으며, 1910년 조선 병탄 이후에는 조선총독부사법부장관을 역임하였다(秦郁彦, 『日本近現代人物履歷事典』 제2판, 東京大學出版會, 2013 참조).
35) 왕현종 외, 『일제의 조선관습조사 자료 해제』 5권, 혜안, 2019. 이 보고서들은 현재 경기도 수원역사박물관에 가장 많이 소장되어 있으며, 다음으로 국사편찬위원회 등 여러 곳에 분산 소장되어 있다.

에 오다 미키지로를 비롯하여 죠 카즈마[城數馬], 토오루 와타나베[渡邊暢] 등이 보강되었다. 법전조사국의 인적 구성은 관습조사를 담당하는 팀과 법전편찬의 기안 및 심의를 담당하는 위원회 팀으로 구별된다. 관습조사 팀의 구성원은 전임사무관인 오다 미키지로와 사무관보인 가와사키 만조를 비롯하여 야마구치 케이이치, 히라키 간타로 등 전속조사원들이며, 그들은 대부분 호세이대학 출신이었다. 더욱이 호세이대학 강사였던 대심원장 토오루 와타나베와 경성공소원장 죠 카즈마 두 사람이 한국에 부임할 때에는, 호세이대학에서 이들을 초청해 교우회와 다과회를 열어주었고, 우메 겐지로가 송사를 하기도 했다.36)

법전조사국의 조사활동에서 중요한 역할을 한 이는 오다 미키지로[1868~1925]였다. 오다 미키지로는 법학을 전공하고 일본 사법성에서 근무하다가 재판소 판사를 역임하였으며, 1907년에 한국정부에 고빙되어 법무보좌관으로 활동하였다. 1908년 1월 1일에 법전조사국이 출범할 때 사무관으로 임명받으면서 조사과장의 역할을 담당하였다. 2월 2일에는 법전조사국의 서기관으로 승진하면서 법전조사국의 조사 업무의 실무를 진행하는 일을 담당하였다. 이 조사업무의 능력을 인정받아, 1910년에 출범하는 조선총독부 취조국의 조사 업무의 사무관으로 옮겨갔으며, 1912년 4월에는 참사관실의 조사 사무를 담당하였다.37) 오다 미키지로는 법전조사국, 취조국, 참사관실에서 조사 업무의 실무를 담당하는 전문가로서 활동하였다.

한국인 관료로는 유성준, 김낙헌, 이시영 등 내각과 법부의 국장급들이 참여하였다. 유성준은 내각의 법제국장이었고, 김낙헌은 법부의 형사국장, 이시영은 법부의 민사국장이었다. 실제 조사원으로는 부동산법조사회

---

36) 李英美, 『韓國司法制度と梅謙次郎』, 法政大學出版局, 2005, 11~114쪽.
37) 小田梢 『小田幹治郎遺稿』, 中外印刷, 1931[李英美, 『韓國司法制度と梅謙次郎』, 法政大學出版局, 2005, 附錄 16~17쪽].

에 참여하였던 최병상, 고정상 등이 관계하였다.

유성준[兪星濬, 1860~1934]은 유길준의 동생이다. 1883년 일본 게이오의숙(慶應義塾)에 유학하고, 1906년 1월 내부 경무국장, 8월 내부 지방국장 겸 치도국장(治道局長)으로 선임되었고, 12월에는 학부 학무국장이 되어 지방관전고(地方官銓考) 위원과 문관전고소(文官銓考所) 위원을 겸임하였다. 1907년 5월 내부협판과 임시서리 경무사 사무를 맡으면서 관제조사위원(官制調査委員)을 겸하였다. 8월 내각 법제국장으로 전임되면서 9월 문관전고소 위원장과 임시제실유급국유재산조사국(臨時帝室有及國有財産調査局) 위원, 11월 임시황실어용급위호사무정리(臨時皇室御用及衛護事務整理) 위원을 겸했다.38)

김낙헌[金洛憲, 1874~1919]은 1895년 법부주사로 시작하여 사법 분야에서 일하기 시작해 검사시보·검사·법부주사 등의 직책을 역임했다. 1897년 고등재판소검사시보, 1901년에는 평리원 검사, 이듬해에는 평리원 판사로 활동했다. 1905년 을사조약 체결 이후 일본은 의병 항쟁 탄압을 위해 사법권 장악을 시도했는데, 김낙헌은 이 과정에서 충실히 협조했다. 1905년 법부 법률기초위원과 1906년 법부 형사국장, 토지소관법기초위원 등을 역임했다. 법전조사국 활동 당시에는 법부 민사국장으로 참여하였다.

이시영[李始榮, 1869~1953]은 1885년에 관직에 나아가 10여 년간 형조좌랑·홍문관교리·승정원부승지·궁내부수석참의 등을 역임하였다. 1895년 관직을 물러난 뒤로는 중형 이회영(李會榮)·이상설(李相卨) 등과 근대학

---

38) 그 후에 황실 재산을 조사한 공으로 12월 상여금 250원과 위로금 160원을 받았으며, 같은 달 보성전문학교 제2대 교장에 취임하였다가 1908년 1월 사임했다. 1908년 1월 법전조사국위원, 기호흥학회 평의원, 10월 기호흥학회 부회장, 1909년 2월 기호학교 교장, 4월 대한농회 의원을 역임했다. 같은 해 11월 이토 히로부미(伊藤博文)의 죽음을 애도하는 관민추도회 제문 담임위원을 맡았다.

문 탐구에 몰두하였다. 1905년 외부 교섭국장에 임명되었으나 을사조약의 강제체결을 계기로 사직하였다. 그러나 1906년 재차 평안남도 관찰사에 등용되었고, 근대학교 설립 및 애국계몽운동에 종사하였다. 그 뒤 1907년 중추원 칙임의관, 1908년 한성재판소장・법부 민사국장・고등법원판사 등을 역임하였다. 그 후 1910년 일제에 의해 조선이 식민지화가 되자 국권회복운동에 참여하였다.[39]

5. 조선총독부 취조국의 구관조사와 그 관련자들

1910년 8월 일제는 조선을 강점하면서 구관제도조사사업을 더욱 확대하여 체계적으로 수행하였다. 일제는 조선총독부 총독관방 산하에 취조국을 설치하여 법전조사국이 행했던 관습조사뿐 아니라 대한제국 규장각으로부터 이관받은 도서 및 역사자료를 정리하고, 나아가 대한제국의 공문서도 조사 정리하는 작업을 수행하였다.[40]

일제는 조선을 합병하자마자 곧바로 9월말에「조선총독부 취조국관제」를 공포하여[41] 법전조사국의 업무를 계승하여 조사사업을 정리하고 나아가 법령의 입안 및 폐지를 담당할 뿐 아니라 조선왕조의 역사자료 및 도서의 정리를 담당하도록 하였다. 임원으로는 "장관 1명, 서기관 2명, 사무관 4명, 속과 통역생 12명, 위원은 30명 이내를 둔다"[42]고 하였다. "위원은 학

---

39) 안창호(安昌浩)・전덕기(全德基)・이동녕(李東寧)・이회영 등과 함께 비밀결사 신민회(新民會)를 조직하여 국권회복운동을 전개하였다. 조선이 국권을 빼앗긴 후, 신민회의 국외 독립운동기지 건설 계획에 의거하여 6형제의 가재(家財)를 재원으로 삼아, 1910년말 서간도(西間島) 유하현(柳河縣) 삼원보(三源堡) 추가가(鄒家街)로 가족을 거느리고 망명하였다.
40) 이영학,「통감부의 기록장악과 조선침략」,『기록학연구』41, 한국기록학회, 2014.
41)「朝鮮總督府取調局官制」1910년 9월 30일 勅令제356호.

식과 명망이 있는 조선인 중에 조선총독이 임명하며, 위원의 수당은 1년에 6백 원을 지불한다"43)고 하였다. 조사 담당자는 조선의 자료를 파악할 수 있는 조선인을 임명하며, 1년에 6백원을 지불하는 특별 대우를 하였다.44)

〈표 7-8〉에서 보듯이 사업을 총괄하는 취조국(取調局)의 장관은 이스즈카 에이조[石塚英藏]였다. 취조국의 서기관은 나카야마 세이타로였고, 사무관으로 오다 미키지로, 시오가와 이치타로[鹽川一太郞], 사타케 요시노리[佐竹議準], 토키나가 우라조[時永浦三]가 근무하였고, 속(屬)으로 안도 시즈카[安藤 靜] 등이 있었다. 그리고 조사위원으로 조선의 지식인인 정만조, 정병조, 김한목, 김돈희, 송영대, 현은, 김교헌 등이 참여하고 있었다. 그 중 정병조, 정만조 등은 소론으로 규장각의 부제학을 역임하였던 조선 명망가이었는데, 총독부 취조국에 참여하여 조선의 구관제도조사사업에 일조하였다.

조선총독부 취조국의 구관제도조사사업은 법전조사국에서 행한 조사사업을 정리하여『관습조사보고서』를 간행하고, 그것을 계승하여 경제・사회・문화・제도를 문헌조사와 실지조사를 통하여 심화시켜갔다. 또한 대한제국의 규장각에서 이관받은 장서와 역사사료를 정리하였고, 나아가 대한제국의 공문서를 대대적으로 조사 정리하였다.

조선총독부 취조국은 1910년 10월부터 1912년 4월까지 구관제도, 규장각 도서, 각종 기록 정리업무를 총괄했으며, 1911년 6월에 도서 11만 권, 강화사고 도서 3천여 권 등을 강제로 인수해『도서관계서류철』로 정리하였다.45) 이는 후에 1912년 조선총독부 참사관실에서 인계받아 정리하였다.

---

42)「朝鮮總督府取調局官制」1910년 9월 30일 勅令제356호 제2조, 제7조.
43)「朝鮮總督府取調局官制」1910년 9월 30일 勅令제356호 제8조, 제9조.
44) 1911년의 경찰관의 평균연봉은 다음과 같다. 고원 271원, 판임대우 415원, 판임관 642원, 주임관 1,677원, 최고 직위인 칙임관은 불명이다(『朝鮮總督府統計年報』, 1912, 778~779쪽). 경찰관의 판임관에 해당하는 대우이다.

〈표 7-8〉 조선총독부 취조국 관원

직위	소속관원
長官	石塚英藏
書記官	中山成太郎
事務官	小田幹治郎, 鹽川一太郎, 佐竹義準, 時永浦三
屬	有賀啓太郎, 安藤 靜, 吉田英三郎, 宮 定平, 小田信治, 服部敬一, 西村洪治, 金原良助
囑託	河合弘民, 蜷川 新
通譯生	圓木末喜
委員	송영대, 박승조, 박이양, 현벽, 김교헌, 정병조, 김한목, 최홍준, 박종렬, 김돈희
委員囑託	유맹[중추원], 정만조[이왕직], 구의서[중추원]

출전: 『조선총독부와 소속관서직원록』(1911), 『조선신사명감』(1911)[김태웅, 「1910년대 전반 조선총독부의 취조국 참사관실과 '구관제도조사사업'」, 『규장각』 16, 서울대 규장각, 1993, 102쪽 재인용].

1) 취조국의 주요 임원들

〈표 7-8〉에서 보듯이 취조국의 장관은 이스즈카 에이조[石塚英藏], 서기관에 나카야마 세이타로[中山成太郎], 사무관에 오다 미키지로[小田幹治郎], 시오가와 이치타로[鹽川一太郎], 사타케 요시노리[佐竹議準], 토키나가 우라조[時永浦三], 속(屬)에 아리가 케이타로[有賀啓太郎], 안도 시즈카[安藤 靜], 요시다 이에자부로[吉田英三郎], 오다 신지[小田信治], 핫토리 케이이치[服部敬一], 촉탁(囑託)에는 카와이 히로타미[河合弘民], 니나가와 아라타[蜷川 新]였다.

---

45) 朝鮮總督府 取調局, 『圖書關係書類綴』 규26764, 1911. "통감부와 한국 내각 각부 및 궁내부로부터 인계한 조선 도서는 일체 취조국에서 정리 보관할 것"(一. 朝鮮圖書整理ニ關スル件).

취조국의 장관은 이스즈카 에이조[1863~]였다. 그는 동경제대 법과대학 출신으로 일본 법제국 참사관이었다가 1898년 대만총독부 참사관장으로 임무를 수행하였고, 1907년에 조선 통감부 참여관으로 부임하였다. 그 후 1910년 10월에 조선총독부 취조국 장관으로 취임하여 취조국의 구관제도 조사사업을 총괄하였다. 1912년에는 농상공부장관을 역임하였고, 1916년에는 동양척식주식회사 총재를 맡았다.

서기관인 나카야마 세이타로[1871~]는 일본 법정대학을 졸업하고, 대만총독부의 관리를 역임하면서 대만구관조사의 진행과정에서 조사원으로 복무하였다. 그 후 조선에 와서 통감부 부동산법조사회에서 우메 겐지로를 도와 핵심적 역할을 수행하였으며, 그 경력을 인정받아 조선총독부 취조국을 실무적으로 총괄하였다.

사무관 중에는 오다 미키지로[1868~1925]가 큰 역할을 담당하였다. 1908년 법전조사국의 조사과장이었다가 1910년 조선총독부 취조국의 사무관으로 활동하였고, 1912년 4월에는 참사관실의 조사 사무를 담당함으로써 구관제도 조사 업무 전문가의 역량을 키워 나갔다. 그 후 1914년에는 해인사 대장경의 정리, 1918년에는 조선어사전 심사위원, 중추원의 구관심사위원으로 활동하였다. 1921년에는 조선총독부의 구관급제도조사회 위원, 1922년에는 조선사편찬위원회 위원으로 활동하였다.[46] 그는 1908년부터 1922년까지 구관제도 조사 전문가로 활약하였다.

속(屬)으로는 안도 시즈카가 중요 역할을 담당하였다. 안도 시즈카는 취조국속(取調局屬)으로 활동한 후에 곧이어 참사관실에서도 속(屬)으로 활동하며 중요한 활동을 행하였다. 안도 시즈카는 1889년 영국법률학교[英吉利法律學校] 방어법학과(邦語法學科)를 졸업하고, 1901년 임시대만

---

46) 小田梢, 『小田幹治郎遺稿』, 中外印刷, 1931[李英美, 『韓國司法制度と梅謙次郎』, 法政大學出版局, 2005, 附錄 16~17쪽].

구관조사회 보조위원을 6년간 역임하면서 대만의 구관조사사업에 적극 참여하였다. 그 후 대만의 구관조사사업의 경험을 살려 조선으로 건너와 1911년 5월에 취조국속(取調局屬), 1912년에 참사관속(參事官屬)이 되어 조선의 관습조사에서 중요 역할을 담당하게 되었다.[47]

촉탁으로 참여한 카와이 히로타미[1873~]는 동경제국대학 문과를 졸업하고 1907년에 동양협회 전문학교 교두(教頭)를 역임하였고, 취조국에서 조사업무를 담당하였다. 그 인연으로 조선사를 연구하여 1916년에 문학박사 학위를 받았고, 협회전문학교 교수를 역임하였다. 니나가와 아라타[1872~]는 동경제국대학 법학부를 졸업하고 유럽에 유학을 하였다. 귀국 후에 취조국에서 조사업무에 종사하였다. 그 뒤 동지사(同志社)대학에서 교수를 역임하였고, 동양척식주식회사 촉탁을 담당하였다.

2) 취조국의 조선 인사들

〈표 7-8〉에서 보듯이 조선총독부 취조국의 구관제도조사사업에서는 조선인들도 큰 역할을 수행하였다. 조선의 지식인들은 조선의 규장각에서 역사기록을 정리한 경험을 바탕으로 조선총독부 취조국에서 역사기록과 정부의 재정기록 및 행정기록을 정리하는 데 일정한 역할을 수행하였다. 조선총독부는 규장각에서 근무하거나 혹은 유학에 대한 조예가 깊은 학자이면서 일본에 우호적인 인사들을 발탁하여 취조국의 조사업무를 위촉하였다. 그러한 인물로는 위원으로 송영대, 박승조, 박이양, 현벽, 김교헌, 정병조, 김한목, 최홍준, 박종렬, 김돈희 등이 있었고, 위원촉탁으로 유맹, 정만조, 구의서 등이 존재하였다.

---

[47] 西英昭,『『臺灣私法』の成立過程--テキストの層位學的分析を中心に』, 九州大學出版會, 2009, 58~59쪽. 그 후에는 京城府協議會員, 高麗人蔘合資會社 사장, 朝鮮寫眞通信社 사장 등을 역임하였다.

정만조[鄭萬朝, 1858~1936]는 정병조의 형으로 학식이 뛰어났다. 1883년[고종 20] 통리교섭통상사무아문 주사가 되고, 1889년 알성문과에 급제해 예조참의 등을 지냈다. 1908년 1월 규장각 직각(直閣)에 임명되었다가, 9월부터 『국조보감(國朝寶鑑)』 편찬위원이 되었다. 1909년 4월 경성일보사가 주최한 일본관광단에 참가해 일본을 시찰한 후 통감부의 시정방침이 "우리 행복을 증진한다"는 소감을 피력했다. 같은 달 규장각 부제학에 임명되어 1910년 7월까지 재직했다. 1911년 5월부터 조선총독부 취조국 위원으로 촉탁되었고, 1912년 3월부터 1919년 3월까지 조선총독부 참사관실 위원 촉탁으로 조선도서의 해제와 편찬사무를 맡았다.[48] 그 후 1927년 4월 조선사편수회 위원에 위촉되어 사망할 때까지 담당했다.

정병조[鄭丙朝, 1863~1945]는 유학자 정만조의 동생으로, 소론 가문에서 태어났다. 정만조와 마찬가지로 한학에 조예가 깊었다. 1908년 궁내부 예장원과 중추원에서 근무하였다. 1909년 통감부 초대 통감 이토 히로부미가 일본으로 떠날 때 전별인원으로 참여하고, 일본의 대한제국 보호통치가 정당함을 주장하는 국시유세단의 임시회장을 지내는 등 친일적이었다. 1910년에 조선총독부 취조국 위원에 임명되어 일제의 구관제도조사에 협조하였다. 1913년에는 중추원 부찬의로도 발탁되어 약 8년간 재직하다가 1921년 중추원 편제 개편 후 참의가 되었다. 중추원 근무 기간은 총 14년가량이다.[49]

---

48) 정만조는 1912년 1월 이문회(以文會) 발기인으로 참여했고, 8월 한국병합기념장을 받았다. 1913년 조선총독부 직속기구인 경학원의 기관지 『경학원잡지』의 편찬고문으로 임명되었다. 1914년 10월 제1차 세계대전에 참전하는 일본군을 후원하기 위한 경성군인후원회에 기부금을 헌납했다. 1915년 4월부터 이왕직 제사과(祭祀課)를 관장했고, 1920년 3월부터 종묘를 담당했다. 1915년 다이쇼(大正) 천황의 즉위를 축하하는 헌시를 지어 바쳤고, 그해 11월 다이쇼 천황 즉위기념 대례기념장을 받았다.
49) 학식이 뛰어난 정병조는 『대전회통』 번역, 1917년부터 2년 동안 조선도서해제 사무담임, 1918년 조선어사전 심사위원, 1928년부터 11년 동안 중추원 조사과 촉탁 등을 맡아 효율적인 식민통치를 위한 기반 조사 작업에 꾸준히 종사했다. 1927년에는 충청북

김한목[金漢睦, 1872~1941]은 1895년 관비유학생으로 일본에 유학을 가서 일본의 신학문을 수학하였고,[50] 귀국한 후에 대한제국의 관료로 복무하였다. 일본의 인공양잠기술을 배워와서 1900년에는 농상공부 기수를 역임하였고, 1901년 5월부터 6월까지 중추원 의관을 역임했고 1904년 4월 농상공부 광산국장, 1904년 10월 내부 참서관을 역임했다. 1910년 11월부터 1912년 3월까지 조선총독부 취조국 위원으로 근무했으며 구관조사에 관한 사무 촉탁[1912.4]으로 일제의 정책에 협조하였다.[51]

김교헌[金敎獻, 1871~1936]은 1885년 정시 문과에 병과로 급제하여 관직에 들어섰다. 1892년에 예조참의, 1903년에 문헌비고 찬집위원, 1909년에 규장각 부제학이 되었다. 취조국의 위원으로 촉탁되어 조사업무에 종사하였다. 그러나 1909년에 대종교에 입교하였고, 1916년에는 대종교 제2대 교주가 되어 독립운동에 참여하였다.

조선총독부 취조국은 1910년 10월부터 1912년 4월까지 구관조사뿐 아니라 법전조사국의 구관조사를 정리하고, 나아가 대한제국 규장각이 소장하고 있었던 역사 자료를 포함하여 사고의 조선왕조실록 등 중요 자료 및 대한제국의 행정자료를 총정리하였다.

도 지역에서 민정 시찰을 하며 군수의 안내를 받은 기록이 있다.
50) 朴贊勝,「1890年代後半における官費留學生の渡日留學」,『近代交流史と相互認識 I』, 慶應義塾大學出版會, 2001.
51) 김한목은 그 후에도 조선총독부 중추원 촉탁(1914년~1920년), 조선어사전 심사위원(1918년 1월~12월), 구관심사위원회 위원(1918년 10월), 고적조사위원회 위원(1919년 6월~1927년), 구관급제도조사위원회 위원(1921년 6월~1924년)을 역임하면서 조선총독부의 구관제도조사사업에 일익을 담당하였다. 조선총독부는 그 활동을 인정하여 1920년 2월부터 1921년까지 조선총독부 중추원 부찬의, 1921년 4월부터 1927년 4월까지 조선총독부 중추원 참의로 대접하였고, 1921년 4월에는 경성일보사가 주최한 내지 관광단 단장으로 일본을 방문하기도 했다.

6. 조선총독부 참사관실의 구관조사와 그 관련자들

조선총독부는 참사관실을 별도 기구로 신설하고 취조국보다 조직과 인원을 크게 확대하였다. 특히 참사관분실을 신설하여 대한제국의 규장각으로부터 인계받은 도서와 역사자료를 체계적으로 정리하는 일을 수행하였다. 참사관실에서는 법전조사국과 취조국에서 행한 '구관제도조사사업'을 계속 수행하였고, 그 외 민간에 흩어져있는 도서와 사료를 수집하기도 하였다. 참사관분실에서는 규장각으로부터 인계받은 도서와 역사사료를 정리하면서 분야별로 귀한 사료를 발췌하는 작업을 수행하였다. 그 작업은 후에 조선사편수회[1916~1938]에서 편찬한 『조선사료집진』[3책], 『조선사료총간』[20종]의 기초 자료를 작성해내고, 그를 바탕으로 『조선사』[35책]를 편찬하였다.

참사관실에서는 구관 및 제도의 범위가 넓고, 사안이 복잡하다는 이유로 먼저 민사에 관한 관습부터 조사하는 것으로 방침을 정하였다. 이를 위해 법제조사 세목과 관습조사 세목을 작성하고, 전적(典籍)조사 및 현장조사 등을 통해 친족, 상속, 유언, 물권, 채권 등의 사항에 대한 조사를 실시하였다. 또한 1913년에는 정무총감 명의로 각 도 장관과 도 경무부장에게 민간보유도서, 금석문, 판문 등의 조사 수집에 대한 통첩을 발송해 읍지, 고문서 등도 수집하게 하였다. 그 결과 1천여 종이 넘는 금석문을 비롯해 각종 고문서들이 수집되었다.

이 조사 작업은 일제의 총독부 관제개정과 함께 1915년 4월 30일자로 공포된 「칙령」제62호에 의거, 조선총독부 중추원에서 담당하게 되었다. 중추원은 1915년 말부터 구관조사의 일환으로 『조선반도사(朝鮮半島史)』편찬에 착수하였고, 1919년 조선사회사정조사(朝鮮社會事情調査)를 시작하였다. 1921년부터는 부락조사를 시작, 구관급제도조사위원회(舊慣及制度調査委員會)를 설치하였으며, 조사 분야를 민사관습·상사관습·제도·풍속의 네 분야로 구분해 조사를 진행하였다.

조선총독부 참사관실은 취조국 관원을 대체로 이동시켰으나, 참사관실 내에 참사관분실을 배치하면서 구관제도조사사업이 전보다 체계적으로 수행되었다. 즉 〈표 7-8〉의 취조국 관원이 〈표 7-9〉의 참사관실 관원으로 이동되었음을 알 수 있다. 그러나 〈표 7-10〉과 같이 참사관분실의 직원으로 분화되면서 인원도 증가하였고, 역할도 세분화되면서 구관제도조사사업이 체계적으로 수행되었다.

조선총독부 참사관실에서 중추적인 역할을 한 인물은 아끼야마 마사노스께[秋山雅之介], 나카야마 세이타로, 오오다 테루지[太田輝次], 和田駿이었다[〈표 7-9〉 참조]. 아끼야마 마사노스께[1866~1937]는 제국대학 법과대학 법률학과를 졸업하고, 외무성에 근무한 외교관이었다. 1904년부터 외교관겸 법제국 참사관을 지냈으며, 1910년 일제가 조선을 병탄한 후 조선총독부 참사관을 겸임하였으며, 1916년에는 조선총독부 중추원 서기관장의 사무를 맡으면서 중추원 업무를 관장하였다.[52]

나카야마 세이타로[1871~]은 통감부 부동산법조사회에서 연구와 조사 업무를 중심적으로 수행하였기 때문에 그 경력을 인정받아 취조국과 참사관실에서 중심적으로 활동하였다. 오오다 테루지[1883~1913]는 동경제대 법과대학을 우수한 성적으로 졸업하고 1908년에 문관고등시험에 합격하여 일본 농상무성에 근무하였다. 1910년 4월에 조선으로 부임하여 통감부에 있다가, 조선총독부에서 참사관으로 근무하였다. 그는 참사관실에 근무하면서 조사사업에 참여하였고, 『조선부동산증명령대의』[1914]를 발간하면서 재기를 보였으나 맹장병으로 급서하였다.[53] 사무관으로 오다 미키지로가 실무를 전담하였다.

---

52) 秦郁彦, 『日本近現代人物履歷事典』 제2판, 東京大學出版會, 2013; 渡辺清 編, 『秋山雅之介伝』, 1941.

53) 太田輝次, 『朝鮮不動産證明令大意』, 「故太田輝次君小傳」, 京城, 1914.

〈표 7-9〉 조선총독부 참사관실 관원

직위	1911년	1912년	1914년
참사관(參事官)	秋山雅之介	秋山雅之介	秋山雅之介
	中山成太郎	中山成太郎	大塚常三郎
	太田輝次	太田輝次	和田 駿
	和田 駿	和田 駿	藤田嗣雄
시보(試補)			杉本 郎
사무관(事務官)		小田幹治郎	小田幹治郎
속(屬)		安藤 靜	有賀啓太郎
		三好鱗造	三好鱗造
		小田信治	馬錫是一郎
		瀧口亮進	瀧口亮進
		西村洪治	西村洪治
			中里伊十郎
			金子正潔
			後藤積
통역생(通譯生)		圓木末喜	圓木末喜
판임관견습(判任官見習)			渡邊業志
			野口三郎
			김명연

출전: 김태웅, 「1910년대 전반 조선총독부의 취조국 참사관실과 '구관제도조사사업'」, 『규장각』 16, 서울대 규장각, 1993, 109쪽 재인용

〈표 7-10〉 조선총독부 참사관분실의 관원

직무		관 원	직무		관원
감독		國分象太郞	실록발췌 주임	겸임	有賀啓太郞[屬]
도서정리 주임	전임	園木末喜[通譯]			유맹[囑託]
		邊中藤壽			구의서[囑託]
		南雲幸吉[雇員]			不明[囑託]
		尾上幸春[雇員]			서상훈[囑託]
		현은[寫字生]			정만조[囑託]
		김순정[寫字生]			정병조[囑託]
		김윤복[寫字生]	도서와 참고자료 수집과 정리 주임	겸임	有賀啓太郞[屬]
		黑田甲子郞[囑託]			中里伊太郞[屬]
		千葉昌胤[囑託]			渡邊業志[見習]
	겸임	정만조[囑託]			
도서해제 주임	전임	千葉昌胤[囑託]	용인감독		園木末喜[通譯]
		정만조[囑託]	기타		高橋亨[囑託]
		정병조[囑託]			김영한[囑託]
	겸임	김윤복[寫字生]			임대규[雇員]
사서편찬 주임	전임	川上立一郞[囑託]			草場謹三郞[囑託]
		瞳口亮造[屬]			장지태[雇員]
		西村洪治[屬]			
		金子正潔[屬]			
		寺田常治[雇員]			
		井上琢磨[雇員]			
		朴彛陽[囑託]			
		현은[囑託]			
		송영대[囑託]			
		김돈희[囑託]			

출전: 『조선총독부참사관분실관계서류』(일); 『출근부』(규20816)[김태웅, 「1910년대 전반 조선총독부의 취조국 참사관실과 '구관제도조사사업'」, 『규장각』 16, 서울대 규장각, 1993, 110쪽 재인용]

참사관분실에서 근무하는 조선인들은 취조국에서 촉탁되었던 자들이 대체로 위촉되었다. 규장각 도서의 정리와 해제는 일본인과 함께 정만조, 정병조 등이 담당하였고, 역사서의 편찬에는 박이양, 현은, 송영대, 김돈희 등이 담당하였다. 또한 실록에서 분야별 주요 기사를 발췌하는 데에는 정만조, 정병조, 유맹, 구의서, 서상훈 등이 참여하였다. 정만조와 정병조에 대해서는 취조국에서 언급하였다.

박이양[朴彛陽, 1858~1925]은 소론으로 1880년 과거에 급제한 뒤 1883년 승정원 주서, 1884년 홍문관 교리·수찬, 1895년 내각 참서관 등 중앙 관료를 지냈다. 1908년 친일 유림단체인 대동학회에 참가하여 회원·평의원·경리부장 등을 지냈으며 일본유람단의 일원으로 일본시찰에 참가했다. 1911년 조선총독부 취조국 위원에 임명되었고, 토목국 진남포출장소 촉탁, 중추원 촉탁, 중추원 평집과 촉탁, 조선어사서 편찬위원 등을 역임했다. 1920년 유림 계열의 친일단체인 대동사문회에 이사 및 편찬위원으로 활동했다. 1921년 중추원 개편 때 주임대우 참의와 조선총독부 산하 구관급제도위원회 위원에 임명되었다.

현은[玄櫽, 1860~1934]은 17세기부터 대대로 역관을 지낸 중인 출신이었다. 현은도 1880년 역관을 선발하는 역과 증광시에 합격하여 관료로 복무하였다. 1907년 칙임관 3등인 내부 지방국장에 올랐고 1908년에는 기호흥학회와 대한협회에 참여하면서 계몽운동에 참여하기도 하였으나, 일본이 대한제국의 주권을 단계적으로 침탈하면서 차츰 친일 쪽으로 돌아섰다. 현은은 한국의 역사, 지리, 어문 등에 깊은 지식을 갖고 있는 전문가였다. 통감부 시절부터 학부에 설치된 국문연구소에 근무하며 일제에 협력하기 시작했고, 1910년 한일 병합 조약이 체결된 뒤 이듬해 조선총독부의 취조국 위원으로 위촉되어, 조선어에 대한 촉탁 업무를 맡게 되었다. 그 후 참사관실에서 조사업무에 종사하였다.

송영대[宋永大, 1851~]는 유학자로 홍문관 응교, 중추원 참서 겸 내각 참사관을 지내고, 중추원 부참의를 역임하였다. 1910년 일제가 조선을 병탄한 후, 취조국을 설립하여 구관제도조사사업을 벌이는데 그를 촉탁으로 임명하자 일제에 협조하였다. 그 후 취조국의 촉탁으로 활동하다가 참사관실에서도 촉탁으로 참여하면서 사서 편찬에 전력하였다.

김돈희[金敦熙, 1871~1937]는 한말에 법부 주사와 검사를 거쳐 중추원 촉탁을 지냈다. 일제가 취조국을 설립하면서 위원으로 촉탁하였고, 그 후 참사관실에서도 촉탁으로 위임받아 사서 편찬에 참여하였다. 원래 서예에 능하여 1919년에 서화협회(書畵協會)를 창립하면서 서예가로 활동하였다.

서상훈[徐相勛, 1858~1943]은 1885년 진사시에 합격하고, 1889년 경무대(景武臺) 문과시(文科試) 병과에 급제했다. 1891년 12월 시강원(侍講院) 겸설서(兼說書)를 시작으로 예문관 검열, 탁지부 참서관, 중추원 의관, 비서원승, 성균관장, 궁내부 수학원 차장 등을 역임했다. 1907년 2월 조직된 대동학회의 발기인 겸 총무·평의원을 역임하였고, 대동학회가 법률교육기관인 대동전문학교를 설립할 때 찬무원, 1908년 기호흥학회 찬무원으로 참여했다. 일제 강점 이후에는 일제의 정책에 적극 협조하면서 조선총독부 중추원 부찬의[1910~1921]로 임명되었고, 구관제도조사사업에 적극 협력하였다.

본 연구는 부동산법조사회[1906~1907], 법전조사국[1908~1910], 조선총독부 취조국[1910~1912], 조선총독부 참사관실[1912~1914]의 주도세력과 조선인 관료 조력자들의 변화과정, 그 의미를 추적한 것이다.

먼저 '구관제도조사사업'을 수행한 일본인 관료 주요인물들을 분석하고, 그들의 경력 및 관계를 비롯하여 구체적 직무를 규명해냄으로써 조사사업의 목적과 의미를 평가하였다. '구관제도조사사업'에서 핵심적 역할을 한 인물은 다음과 같다.

〈표 7-11〉 '구관제도조사사업'의 핵심인물

	부동산법 조사회	법전 조사국	취조국	참사관실	경력
우메겐지로 [梅謙次郞]	0	0			프랑스에서 법학 공부, 동경제대 법학교수, 일본민법 제정위원, 부동산법조사회와 법전조사국에서 주도적 역할
나카야마 세이타로 [中山成太郞]	0		0	0	법정대학 졸업, 대만총독부 구관조사, 통감부서기관, 부동산법조사회에서 실지조사와 문헌조사를 통하여 3권의 책을 발간
가와사키 만조 [川崎萬藏]	0	0			법정대 졸업, 부동산법조사회와 법전조사국에서 주요활동을 수행
야마구치 케이이치 [山口慶一]	0	0			법정대 졸업, 부동산법조사회와 법전조사국에서 주요활동을 수행
히라키 간타로 [平木勘太郞]	0	0			법정대 졸업, 부동산법조사회와 법전조사국에서 주요활동을 수행
오다 미키지로 [小田幹治郞]		0	0	0	법정대 졸업, 법전조사국 조사과장, 법전조사국과 취조국에서 주요 활동을 수행
안도 시즈카 [安藤 靜]		0	0	0	법전조사국과 취조국에서 주요 활동을 수행
아키야마 마사노스케 [秋山雅之介]			0	0	동경제대 법대 졸업, 외무성근무, 영국과 러시아에 근무, 1910년 조선총독부 참사관에 피임
和田 駿			0	0	경도제대 법대 졸업, 통감부 총무부 근무, 취조국과 참사관실에서 주요 활동을 수행
오오다 테루지 [太田輝次]			0	0	동경제대 법대 졸업, 취조국과 참사관실에서 주요 활동을 수행
오다 신지 [小田信治]			0	0	취조국과 참사관실에서 주요 활동을 수행

이 핵심인물들은 밀접한 연관이 있음을 확인할 수 있다. 부동산법조사회에서 핵심적인 역할을 수행했던 우메 겐지로, 나카야마 세이타로, 가와사키 만조, 야마구치 케이이치, 히라키 간타로 등은 부동산법조사회의 경험을 바탕으로 법전조사국에서도 핵심적인 역할을 수행하면서 관습조사에 임하였다. 그리하여 관습조사에서 126개 항목에 이르는 일반조사와 그 외 특수조사를 수행하여 1천여책의 보고서를 발간할 수 있었다.

다음으로 법전조사국에서 주요 역할을 수행하였던 오다 미키지로, 안도 시즈카는 관습조사의 경험을 바탕으로 조선총독부 취조국과 참사관실에서 행하는 구관조사, 문헌조사 등을 수행하였다. 또한 조선총독부 취조국에서 주요 역할을 수행하였던 아키야마 마사노스케, 오오다 테루지, 오다 신지 등은 그 이후 참사관실에서 수행하는 사업에서도 중심 역할을 수행하였다.

7. 맺음말

본 연구의 취지는 일제의 초기 식민지 정책의 수립 및 추진의 기초가 되었던 조사 활동, 즉 통감부 및 조선총독부 취조국과 참사관실에서 벌인 조사활동의 진행 과정을 검토하고, 동시에 여기에 참여한 일본인 및 조선인 관료들 각각의 사업에 대한 인식과 방향성 등을 비교 검토함으로써 일제 식민지배의 본질을 조망해보는 것이다. 이러한 작업은 해당 주제를 연구하는데 있어 그 이해의 폭을 넓혀 줄 것이며, 더 나아가 일제 식민행정 전반을 이해하는데 활용되어, 향후 연구에 작은 디딤돌 역할을 할 것이다. 본 연구를 통해서 다음의 사항들을 이해할 수 있는 효과를 얻었다.

첫째 1896년에 일제의 식민지 대만에서 관습조사에 참여했던 관료들이

1906년 이후 조선과 만주의 '구관제도조사사업'에 참여하였다는 사실을 규명함으로써 일본제국주의의 대만을 비롯한 조선, 만주 등 동아시아 식민지배 정책이 인적 맥락으로 서로 연결되어 있음을 확인하였다. 즉 부동산법조사회에서 중요 역할을 행하였던 나카야마 세이타로는 대만의 관습조사에 참여하였고, 그 이후 조선 통감부에서 부동산법조사회, 조선총독부 취조국, 참사관실에서 '구관제도조사사업'을 수행하는데 중요한 역할을 하였다는 사실을 규명해냈다.

둘째 부동산법조사회를 주도하였던 우메 겐지로, 나카야마 세이타로, 가와사키 만조, 야마구치 케이이치, 히라키 간타로가 그 후의 기구인 법전조사국에서 중요한 역할을 수행하였으며, 법전조사국 초창기 주요 조사원은 호세이대학 출신이거나 그와 관련된 인물이었다. 그 사실을 규명함으로써 초창기 부동산법조사회와 법전조사국의 인적 연관성을 확인할 수 있었다.

셋째 일제의 '구관제도조사사업'은 경험이 축적되면서 조직과 인원, 그리고 업무가 확대되면서 조사사업이 심화되었다. 일제는 이 사업을 바탕으로 식민통치의 이데올로기를 생산하였다. 이러한 정책은 점진적 동화주의에 입각하여 시행되었으며, 궁극적으로 조선 민족문화의 말살이 목적이었다.

강제병합 이후 조사사업을 벌였던 취조국과 참사관실의 일본인 관원들은 주로 이전 법전조사국에서 활동한 경력과 식민정책 입안의 실무자들이 주축을 이루었다. 한편 조선인의 경우, 규장각 출신의 학자로 이루어져 있었고, 그들이 구관제도조사사업을 행하는데 일정한 역할을 담당하였다.

취조국은 1912년 총독부 관제 개편으로 폐지되었으며, 이후 조사업무는 총독부 참사관실에서 관장하게 되었다. 참사관실의 조직과 인원, 그리고 업무 범위도 크게 확대되었다. 또한 참사관분실을 두어 조선의 도서 정리 및 해제 작업이 활발히 수행되었다. 이 과정에서 규장각 출신의 조선인 관원들이 주로 활용되었으며, 조사사업이 보다 심화되었다.

　조선에 대한 각종 조사사업의 결과물들은 일제에 의해 식민지 정책의 수립과 추진뿐 아니라, 식민사관 구축을 위한 기초자료로 활용되었다. 즉 조선인의 정체성과 저열성 등을 강조하여 일제의 식민통치가 정당한 것이라는 사상을 주입하는 데 이용되었다.

제 8 장

일제의 토지조사사업과 기록관리

1. 머리말

일제는 1905년 11월에 을사조약을 맺어 조선으로부터 외교권을 빼앗고, 12월에는 통감부를 설치하여 이토 히로부미[伊藤博文]를 초대 통감으로 임명하면서 실질적으로 조선을 지배하기 시작하였다. 이에 일제는 조선을 식민지로 만들기 위한 기초작업을 실시하였다.

1904년을 전후하여 각 부서들은 조선의 상황을 파악하고, 장차 조선을 식민지로 만들기 위한 기초 작업을 추진하였다. 탁지부에서는 경제적인 재원 조달의 입장에서 조사사업을 실시하였고, 그를 바탕으로 정책을 집행하였다. 예를 들면, 재원조사, 국유제실유재산조사 등을 행하였고, 화폐정리사업을 실시하였다. 농상공부에서는 산업조사를 실시하였다. 농업을 조사하여 『한국토지농산조사보고』[1]를 편찬하였으며, 염업,[2] 수산업,[3] 연초업[4] 등 산업 전반에 대한 조사를 행하여 조사보고서를 간행하였다.

---

1) 농상무성 농무국, 『韓國土地農産調査報告』 5권, 동경, 1907; 통감부 농상공무부, 『韓國ニ於ケル農事ノ經營』, 경성, 1906; 통감부 농상공무부, 『韓國ニ於ケル農業ノ經營』, 경성, 1907.
2) 度支部 臨時財源調査局, 『韓國鹽業調査報告』, 1907.
3) 농상공부 수산국, 『韓國水産誌』 4권, 경성, 1908~1911.

법부에서는 법전조사국을 중심으로 물권·채권·친족·상속 등의 민법과 상법을 조사하여 『관습조사보고서』5)를 편찬하기도 하였다. 학부는 교육제도 보고서를 작성하였다. 이와 같이 각 방면에서 조사보고서를 작성하여 조선을 식민지화해가는 기초를 마련하였고, 대한제국을 효과적으로 장악하는데 활용하고자 하였다. 이 글은 통감부와 조선총독부가 토지조사를 어떻게 행하였으며, 그 조사사업을 수행하면서 생산한 기록을 어떻게 활용하였는가 살펴보고자 한 것이다.

일제는 통감부 시기에 조선의 토지 권리 등을 세밀히 조사하였고, 그를 바탕으로 1910년대에 토지조사사업을 행함으로써 조선을 식민지로 지배하기 위한 물적 토대를 구축하였고, 나아가 조선을 경제적으로 재편해가기 위한 기초작업을 시행하였다. 그러한 식민지적 재편의 핵심 사업이 토지조사사업이었다.

이 글에서는 일제가 조선을 식민지적으로 재편하기 위한 기초작업인 토지조사사업을 실시해간 과정과 그 과정 속에서 양산한 정책문서들, 토지조사사업을 시행하면서 생산해낸 업무기록들을 고찰해보고자 한다. 그리하여 일제가 토지조사사업을 실시해가면서 기록관리를 어떻게 해갔는가를 살펴보고, 그를 통하여 조선을 어떻게 식민지로 관리해갔는가를 살펴보고자 한다.

2. 통감부의 토지소유권 조사

1905년 12월에 일제는 조선에 통감부를 설치하고, 1906년 2월에 이토 히로부미를 통감으로 파견하면서 본격적으로 대한제국을 보호국화하는 조치

---

4) 度支部 臨時財源調査局, 『韓國煙草調査書』, 경성, 1910.
5) 한국부동산법조사회, 『慣習調査問題』, 1909; 조선총독부, 『慣習調査報告書』, 1913.

를 취하였다. 이토는 1906년 6월 의정부 산하에 부동산법조사회를 설치하고, 동경대 법학교수인 우메 겐지로[梅謙次郎]을 초빙하여 부동산법조사회의 회장으로 삼았다. 우메 겐지로는 프랑스에 유학하여 법학을 공부하였고, 1898년 일본 민법을 제정한 위원 중 한 사람으로 부동산법 전문가이었다.

우메 겐지로는 1906년 6월 24일에 의정부 산하 부동산법조사회에서 조사위원을 모아놓고 조사할 항목을 요약 정리하여 제시하였다. 그 책자가 『조사사항설명서』[1906년]이었다.[6] 이 책은 당시 한국의 토지제도와 토지소유권 및 관습에 대한 조사의 모델이 되었다. 우메 겐지로는 1906년 7월 26일부터 8월 5일까지 12일간 각지의 이사관, 관찰사, 부윤에게 조사사항의 응답을 받아, 1906년 8월에 『한국부동산에 관한 조사기록』을[7] 편찬하였다. 당시 우메 겐지로의 조사에 동반한 사람은 보좌관 나카야마 세이타로[中山成太郎]이고, 집필은 가와사키 만조[川崎萬藏], 통역은 한국인 석진형이 맡았다.

그 후 일본인 1명과 한국인 1명이 팀을 이루어 각 지방의 토지소유권 및 관습을 조사하여 보고서를 제출하였다. 부동산법조사회의 가와사키 만조는 토지 건물의 관례에 대하여 조사하였다. 부윤, 군수, 군주사, 면장, 서기 등을 면담하였고, 조사지역은 충청남도 직산, 천안 등 12군, 황해도의 금천, 황주 등 3군, 평안남도의 삼화부, 중화 등 1부 7군 등의 지역을 조사하였다. 이것의 조사결과를 정리한 것이 『한국부동산에 관한 관례 제1철』[8]이었다. 또한 부동산법조사회의 촉탁 히라키 간타로[平木勘太郎]가 한국 부동산에 관한 관례를 조사하였다. 조사방법은 우메 겐지로의 방법을 모방하여 위의 『조사사항설명서』의 조사항목에 따라 황해도의 안악 등 12군을 조사하여 『한국부동산에 관한 관례 제2철』로 편찬하였다.[9]

---

6) 『調査事項說明書』, 議政府 不動産法調査會(梅謙次郎), 1906.
7) 『韓國不動産ニ關スル調査記錄』, 議政府 不動産法調査會(梅謙次郎), 1906.
8) 『韓國不動産ニ關スル慣例 第一綴』, 不動産法調査會(川崎萬藏), 1907년 4월.

보좌관 통감부서기관 겸 대장서기관인 나카야마 세이타로는 의정부 참서관 원응상과 함께 1907년 2월 하순, 인천 군산 목포 마산 부산 및 대구에 출장을 가서 지방의 실태를 조사하였다. 한국인의 권리관념 및 토지에 관한 권리, 토지용익권 등을 조사하여 1907년 6월에 『한국의 토지에 관한 권리 일반』을 편찬하였다.10)

위와 같은 부동산에 대한 조사는 『조사사항설명서』의 조사항목에 따라 조사를 하였지만, 각 지방의 특성에 따라 차이가 컸고, 지방의 특성이 그대로 드러났기 때문에 그것을 종합하여 정리할 필요가 있었다. 그리하여 1908년에 법전조사국에서 요약 정리한 것이 『부동산법조사보고요록』이다.11) 이 책은 『조사사항설명서』의 지시 사항에 따라 조사한 핵심적 내용을 요약 정리한 것이라 할 수 있다.

이와 같이 이토 히로부미 통감은 부동산법조사회를 통하여 조선에서 부동산에 관한 권리와 그것의 행사 및 관행을 조사하게 하였다. 그를 바탕으로 이토 히로부미는 1906년 10월에 「토지가옥증명규칙」을 공포하였고, 1908년 10월에 「토지가옥소유권증명규칙」을 공포하여 일본인에게 토지소유권을 법적으로 인정해주었다.

통감부는 경제적인 측면에서 재정정리를 단행하여 재정의 수입과 지출을 장악하고자 하였다.12) 그러나 일본이 행하고자 하였던 소위 '시정개선사업'을 추진하기 위해서는 많은 재원이 필요하였다. 일본 본국에서 지출하고자 하는 경비를 줄이기 위해서는 한국에서 재정 수입을 확충해가지 않으면 안 되었다. 재정 확대를 위한 여러 가지 방안이 강구되었는데, 그 중 하나가 토지조사였다.13) 그리하여 한국 재정을 총괄하던 탁지부 차관

---

9) 『韓國不動産ニ關スル慣例 第二綴』, 不動産法調査會(平木勘太郎), 1907년 6월.
10) 『韓國ニ於ケル土地ニ關スル權利一斑』, 不動産法調査會(中山成太郎), 1907년 6월.
11) 『不動産法調査報告要錄』, 法典調査局, 1908.
12) 이영호, 『한국근대 지세제도와 농민운동』, 서울대 출판부, 2001.

아라이 켄타로[荒井賢太郞]가 경상남북도의 조세 수입을 관장하던 대구재무감독국장 가와카미 쓰네로[川上常郞]에게 지시하여 토지조사에 대한 정책 제안서를 작성하도록 하였다. 이에 가와카미 쓰네로는 1909년 2월에 『토지조사강요』14)라는 토지조사사업의 계획서를 제출하였다. 이 보고서의 내용은 일제가 1910년 8월에 조선을 병탄한 이후 1910년부터 1918년까지 토지조사사업을 실시해가는데 많은 부분 반영하였다.

통감부에서는 지세의 증가를 위해서 토지조사를 계획하였다. 토지조사사업의 준비작업으로써 측량기술자를 양성하고, 토지에 관한 구관(舊慣)을 조사하고, 각국 토지제도를 비교 연구하면서 1909년 11월부터 경기도 부평군 일부 지역부터 시험적으로 토지조사를 실시하고, 1910년 3월에는 토지조사국관제를 제정하였다.15)

1910년에 구체적으로 토지조사사업을 실시하기 전에 참고될 만한 사항을 정리하여 『토지조사참고서』 5책을 발행하였다.16) 1책은 임시재산정리국 사무관 유홍세가 조사한 것으로 양전에 관한 용어, 양전제도와 양전의 전개과정, 토지에 관한 법률 등을 소개하였다. '양전제도 및 연혁의 조사'에서는 고려시기부터 조선시기의 양전사업과 양전사목 및 양전에 관한 규정 등을 소개하였다. 2책은 1909년 10월에 임시재산정리국 촉탁 尾石剛毅가 공주, 한성, 평양의 재무감독국 관내에서 조사한 구관조사를 정리한 것으로 토지조사사업에서 시행되는 조사의 내용이 망라되어 있다. 즉 행정구획의 명칭, 토지의 명칭 및 그 사용목적, 과세지 및 불과세지의 구분, 경계, 산림원야 등의 경계, 소유권, 질권 및 저당권 등으로 구성되어 있다. 3

---

13) 이영호, 「통감부시기 조세증가정책의 실현과정과 그 성격」, 『한국근대 지세제도와 농민운동』, 서울대 출판부, 2001.
14) 川上常郞, 『土地調査綱要』, 1909, 108쪽.
15) 이영호, 「통감부시기 조세증가정책의 실현과정과 그 성격」, 『한국근대 지세제도와 농민운동』, 서울대 출판부, 2001, 555쪽.
16) 『土地調査參考書』 5책, 度支部, 1909~1910, 440쪽.

책은 1909년 10월 임시재산정리국 촉탁 鹽田與助가 전주, 대구, 원산의 재무감독국 관내에서 토지관계 구관(舊慣)사항을 조사한 내용을 펴낸 것이다. 1909년 5월 14일부터 7월 13일까지 주요 도읍 12개소를 실지 조사한 것인데, 내용은 2책과 유사하다. 4책은 1909년 11월부터 1910년 2월에 걸쳐 실시한 경기도 부평군 토지시험조사에 관한 보고서로 1910년 4월 28일 보고되었다. 일제는 이 시험조사와 대만토지조사의 경험을 바탕으로 1910년 이후 구체적 토지조사사업을 실시해갔다. 5책은 1909년 임시재산정리국에서 조사한 토지에 관한 통계표이다. 토지 백 평당 수확, 토지 백 평당 매매가격, 토지 백 평당 임대가격 등을 조사하였다.

이것을 바탕으로 1910년 1월에 탁지부에서 『한국토지조사계획서』를 수립하였다.[17] 이 책의 구성은 토지조사강요, 토지조사 필요의 이유, 토지조사시행의 순서 및 방법, 토지조사기관도표, 토지조사비 세입세출 예산, 전국조사면적 및 필지 수, 작업연도일정, 소요직원표, 경비산출기초명세표, 그리고 참고항목으로 일본 본토·오키나와[沖繩], 대만의 토지조사 및 본계획의 경비 및 공정 비교표로 되어 있다. 이 계획서를 바탕으로 1910년 3월 15일 토지조사국 관제를 공포하고, 1910년 8월에는 토지조사법을 제정함으로써 본격적인 토지조사사업에 착수하고, 1912년 8월 토지조사법을 토지조사령으로 개정하여 1918년까지 토지조사사업을 실시해 갔던 것이다.

지금까지 1905년 12월 통감부를 설치한 이후, 이토 통감이 한국의 토지제도와 토지소유관습을 어떻게 조사해갔으며, 1910년 이후 토지조사사업의 준비를 어떻게 행해갔는가를 당시의 정책문서를 중심으로 살펴보았다.

---

17) 『韓國土地調査計劃書』, 度支部, 1910년 1월 조사, 27쪽.

3. 임시토지조사국의 설립과 토지조사

1) 임시토지조사국의 설립

통감부 탁지부에서는 1910년 1월 토지조사국 설립 및 토지조사 전반의 계획을 담은 『한국토지조사계획서』를 제출하였다.18) 토지조사의 기본적인 골격은 이 계획서에 의해 마련되었다. 이 계획서에 의하면, 토지조사국은 총재와 부총재 1인씩을 두고, 부총재 아래 총무부, 조사부, 측량부를 두었다. 총무부 산하에는 서무과·회계과·구관조사과를 두고, 조사부 아래에는 조사과와 정리과를, 측량부 아래에는 삼각과·측지과·제도과를 두었다.

〈그림 8-1〉 토지조사기관 직제(1910.1)

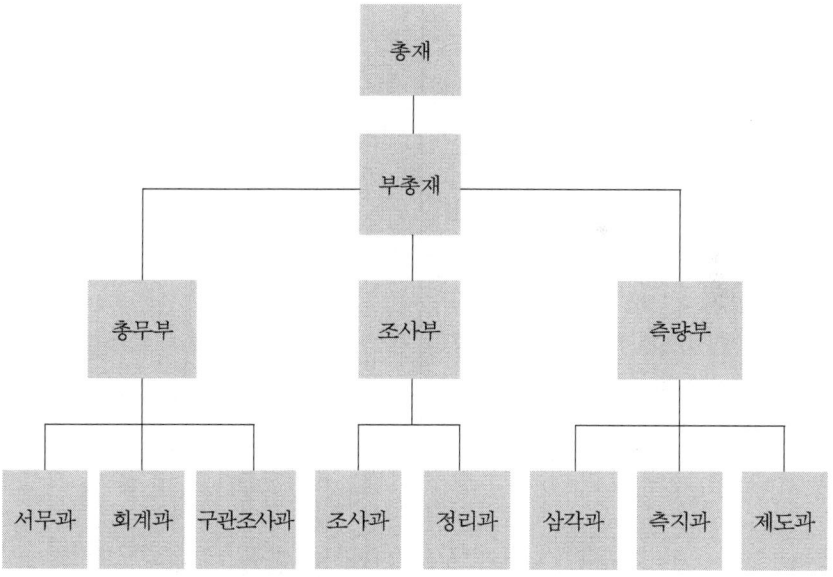

출전: 『韓國土地調査計劃書』, 度支部, 1910년 1월 조사, 7쪽.

---

18) 『韓國土地調査計劃書』, 度支部, 1910년 1월 조사.

그 후 2개월 뒤인 3월 15일에 「토지조사국관제」가 공포되면서 정식으로 토지조사국이 설립되었다.[19] 토지조사국의 설립은, 재정고문 메가다 다네타로[目賀田種太郞]와 탁지부 차관 아라이 겐타로[荒井賢太郞]가 주도하였다.[20] 토지조사국의 직제[21]는 『한국토지조사계획서』의 안을 따르면서, 총재관방이 총무부를 대체하도록 하였고, 그 밑에 있었던 구관조사과를 폐지하였다.

즉 총재관방 아래에 서무과(庶務課)와 회계과(會計課)를 두고, 서무과는 토지조사국의 전반적인 업무를 관장하도록 하고, 회계과는 토지조사국의 경비를 담당하도록 하였다. 조사부 산하의 조사과(調査課)는 토지에 대한 관습 조사 및 토지제도에 대한 사무를 계획하고 실행 감독하는 업무를 담당하였고, 정리과(整理課)는 여러 대장과 장부를 만드는 일을 담당하였다. 측량부 아래의 삼각과(三角課)는 대삼각측량과 소삼각측량을 담당하도록 하였으며, 측지과(測地課)는 일필지측량을 중심으로 세부측량을 담당하도록 하였으며, 제도과(製圖課)는 면적계산과 제도(製圖)를 담당하도록 하였다.[22]

일제는 1910년 8월 22일에 조선을 강제로 병합한 후, 조선총독부를 설립하였다. 조선총독부에서 가장 시급한 일이 토지조사사업이었기 때문에, 곧바로 9월 30일에 「임시토지조사국관제」[23]를 공포하면서 토지조사국의 명칭을 임시토지조사국으로 변경하였다. 즉 탁지부 산하의 토지조사국으로부터 조선총독부 산하의 임시토지조사국으로 변경된 것이었다.

---

19) 『官報』 4627호, 「土地調査局官制」, 勅令 제23호(1910.3.15).
20) 남기현, 「일제하 조선토지조사사업 계획안의 변경과정」, 『사림』 32, 수선사학회, 2009, 6~8쪽.
21) 『度支部公報』 號外, 「土地調査局分課規程」, 度訓令 제32호(1910.3.18).
22) 남기현, 「일제하 조선토지조사사업 계획안의 변경과정」, 『사림』 32, 수선사학회, 2009.
23) 『臨時土地調査局 局報』 1호, 「朝鮮總督府臨時土地調査局官制」, 勅令 제361호(1910.9.30), 6쪽.

〈그림 8-2〉 임시토지조사국 직제(1911.12)

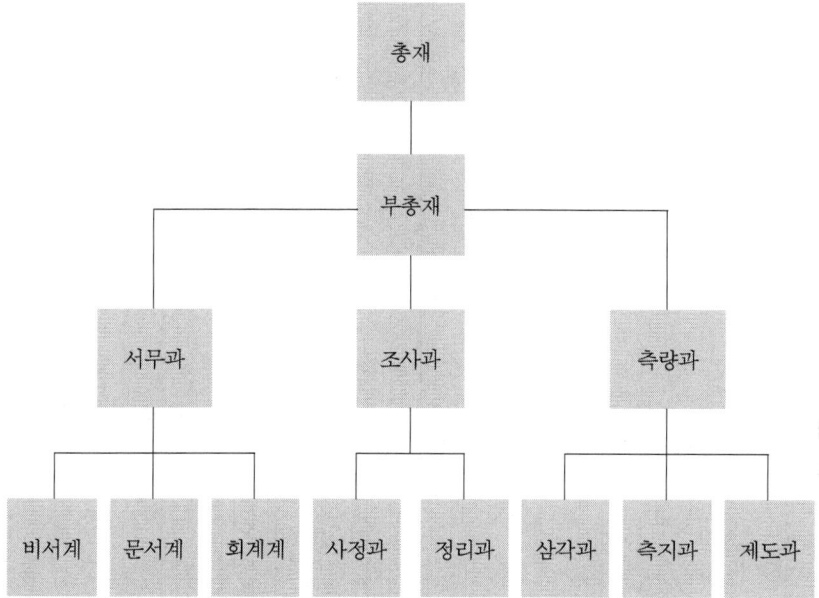

출전: 『土地調査事業現況報告書』(제2회), 臨時土地調査局, 1911년 12월 조사, 25~30쪽.

　임시토지조사국의 조직은 〈그림 8-2〉에서 보듯이 토지조사국과 비슷하였다. 총재와 부총재가 있고, 그 밑에 서무과, 조사과, 측량과를 두었다. 서무과 산하에는 비서계, 문서계, 회계계를 두고, 조사과 산하에는 사정과와 정리과를 두었으며 별도로 국원양성소사무원양성과를 두었다. 측량과 산하에는 삼각과, 측지과, 제도과를 두었다.24)

　서무과의 비서계(秘書係)는 비밀에 관한 사항을 담당하였고, 문서계(文書係)는 문서의 접수, 발송 및 편찬 보존에 관한 사항을 담당하였으며, 회계계(會計係)는 회계에 관한 사항을 담당하였다. 조사과 아래의 사정과(査定科)는 조사 사무의 계획 및 실행에 관한 사항을 담당하였으며, 정리과에서는 토지대장 및 장부 작성에 관한 사항을 담당하고 있었다.25)

---

24) 『土地調査事業現況報告書』(제2회), 臨時土地調査局, 1911년 12월 조사, 25~30쪽.

기록관리를 담당하는 부서는 서무과 소속의 문서계(文書係)와 조사과 소속의 정리과였다. 문서계(文書係)는 문서의 접수, 발송을 담당하였으며, 다른 한편 업무가 끝난 비현용기록을 편찬 보존하는 업무를 담당하였다. 조사과의 정리과는 토지대장 및 장부 조제에 관한 사항을 담당함으로써 현행 기록을 생산하고 현행 기록을 담당하고 있었다.

2) 토지조사사업의 실시

통감부 탁지부에서는 한국에서 토지조사가 필요함을 적극적으로 인식하여 1910년 1월에 『한국토지조사계획서』를 작성하고, 일본 본토·오키나와[沖繩]·대만의 토지조사 경험을 바탕으로 토지조사사업을 실시해갈 계획을 진행해가고 있었다.[26] 탁지부 임시재산정리국에서는 가장 먼저 1909년 11월부터 1910년 2월까지 경기도 부평군에서 시범적으로 토지조사를 실시하였다. 토지시험조사의 목적은 토지조사에 대한 민심의 동향을 살피고, 측량의 경험을 축적하기 위한 것이었다.[27] 그러한 경험을 바탕으로 1910년 3월에는 토지조사국을 개설하여 토지조사사업을 준비해갔다.

1910년 8월 22일 일제는 한국을 식민지로 전환하는 한국병합조약을 체결하였고, 다음 날인 8월 23일에 일제는 「토지조사법」[28]과 「토지조사법시행규칙」[29]을 공포하였다. 「토지조사법시행규칙」에는 토지소유자의 신고서 제출, 표항(標杭) 설치, 지주총대 선정, 소유자 이동 신고 등 사업의 기본원칙들을 전반적으로 담고 있었다.

---

25) 『局報』 1호, 「朝鮮總督府臨時土地調査局事務分掌規程」, 朝鮮總督府訓令 제11호(1910.10.1).
26) 『土地調査事業現況報告書』, 조선총독부 임시토지조사국, 1911년 6월 조사, 2쪽.
27) 이영호, 「일제의 조선식민지 토지조사의 기원, 부평군 토지시험조사」, 『한국학연구』 18, 인하대학교 한국학연구소, 2008.
28) 「土地調査法」 法律 제7호(1910.8.23), 『(臨時土地調査局) 局報』 1호, 1쪽.
29) 『(臨時土地調査局) 局報』 1호, 「土地調査法施行規則」, 度支部令 제26호(1910.8.23), 3~5쪽.

조선총독부는 그해 9월 30일에 「임시토지조사국관제」30)를 공포하고, 토지조사국의 명칭을 임시토지조사국으로 변경하면서, 토지조사사업을 실시해갔다. 조선총독부 임시토지조사국에서는

> 작업의 진척에 영향을 끼칠 사항에 대해서는 깊이 주의를 기울여야 한다. 즉 본 사업에 대한 각 지방 인민의 의향에 대해서는 전적으로 시행 취지를 잘 주지시켜, [토지조사사업이] 종래 불확실한 토지소유권을 보장하고 각자의 복리를 증진시키기 위한 것임을 이해시켜서 스스로 본 사업 시행규정의 수속에 따르게 해야 한다.31)

라고 민심의 동향에 주의를 기울이면서 토지조사사업을 신중하게 추진해 갔다. 1911년 4월까지 토지조사사업을 완료한 지역은 경기도의 1부 9개 군[인천부, 부평군, 시흥군, 과천군, 김포군, 통진군, 양천군, 강화군, 교동군, 안산군]과 경상북도의 대구부 등 총 11개 군이었고, 1911년 5월부터 12월까지 완료한 지역은 경기도의 7개 군[광주군, 수원군, 남양군, 양성군, 안성군, 용인군, 양지군]과 경상북도의 6개 군[현풍군, 고령군, 경산군, 청도군, 하양군, 자인군] 등 모두 13개 군이었다. 또한 1911년 현재 진행 중인 군은 4개, 착수 예정인 군은 31개 지역이었다.32)

그렇지만 토지조사사업은 초기에 총독부의 계획대로 진척되지는 못하였던 것 같다. 일본인은 자기의 소유권을 인정받으려고 토지조사사업에 적극 협조하였지만, 조선인들은 토지조사를 환영하지도 않고 비협조적이었기 때문이었다.33) 조선총독부 임시토지조사국에서는 토지조사사업에

---

30) 『(臨時土地調査局) 局報』 1호, 「朝鮮總督府臨時土地調査局官制」, 勅令 제361호(1910.9.30), 6~7쪽.
31) 『土地調査事業現況報告書』, 조선총독부 임시토지조사국, 1911년 6월 조사, 1쪽.
32) 『土地調査事業現況報告書』(제2회), 조선총독부 임시토지조사국, 1911년 12월 조사, 4~5쪽.

대해 반대하고 있던 지주, 농민들에게 소책자로 만들어 토지조사사업의 이점과 필요성을 적극적으로 홍보하였다.34)

임시토지조사국은 시중에 떠돌고 있는 토지조사사업에 대한 부정적 소문들을 적시하면서, 그것이 사실이 아님을 설명하였다. 예를 들면 "토지조사할 필요가 없다.", "토지조사는 결세를 증가할 목적이다.", "토지조사의 목적은 사유지를 관유지로 하려고 한다.", "토지조사의 결과는 다른 사람에게 토지가 약탈될 것이다."라는 당시의 소문에 대해서 적극 해명하였다.35) 그 설명은 다음과 같다.

'토지조사는 결세를 증가할 목적'이라 함은 오해다.

토지조사의 목적은 지적을 명확히 하고 소유권을 확인하여 토지 개량 및 이용을 편리하게 하여 각 개인의 부력(富力)을 증진케 함과 동시에 토지의 등급을 정확히 산정하여 지세 부담의 공평을 기하는데 있다. 이에 결세를 증가하고자 하는 목적이 아니다. 한 나라의 조세는 국가 통치상 정책을 시행하면서 국민의 부담력을 감안하여 이를 부과하는 것이니, 토지조사의 수행여부나 조사사업의 완성 여부와는 하등 관계를 갖고 있지 않다.36)

'토지조사의 목적은 사유지를 관유지로 함에 있다'는 것은 망언이다.

구한국정부가 전에 궁내부 소유의 토지를 국유로 옮긴 결과로 각 도에 산재한 역둔토와 기타 국유지를 조사함으로써 관민유지의 구분을 명확히 하기 위하여 작년 이래 각 재무감독국에 국유지조사반을 설치하여 대략

---

33) 왕현종, 「경남 창원지역 토지조사의 시행과정과 장부체계의 변화」, 『역사와 현실』 65, 한국역사연구회, 2007, 323쪽.
34) 그 책자가 『土地調査事業의 說明』(조선총독부 임시토지조사국, 연도미상)이다. 이 책은 1910년의 상황을 기록한 것이다. 그 증거는 다음과 같다. 첫째, 국한문혼용체로 작성된 점, 둘째 "작년 이래 각 재무감독국에서 국유지조사반을 설치하여 대략 조사를 종료하였다"고 한 점, 셋째 토지조사국의 조사라고 한 점 때문이다(주 37) 참조].
35) 「第七章 土地調査에 對혼 辨妄」, 『土地調査事業의 說明』, 조선총독부 임시토지조사국.
36) 「第七章 土地調査에 對혼 辨妄」, 『土地調査事業의 說明』, 조선총독부 임시토지조사국.

조사를 종료하였다. 이 사이 다소 인민의 오해가 있어서 민유지를 국유지로 편입시킨다는 감을 주었다. 이번 토지조사국에서 시행하는 조사도 혹시 민유지를 관유지로 삼는 것이 아닌가 하는 오해를 갖는 자가 있으나, 토지조사국의 조사는 국유지의 조사와 그 목적을 달리하는 것으로 이미 설명한 바와 같이 각 개인의 토지소유권을 확인하여 그 토지의 개량 이용을 원만히 하고자 함이다.[37]

임시토지조사국의 이러한 설득에도 불구하고, 조선인들은 일제의 토지조사사업에 적극적으로 협조하지 않았다. 예를 들면, 조선인 토지소유자들은 임시토지조사국에서 진행하는 토지소유자들의 토지신고서 제출에 협조하지 않았다. 경상남도 창원군에서는 1913년 6월 1일부터 토지신고를 하게 되었으나, 토지소유자들이 토지신고를 제대로 행하지 않아 신고기간을 몇 차례 연장하기도 하였다. 처음에는 1914년 3월 31일로 연장하였다가, 1914년 6월 1일부터 8개월간 다시 연기하기도 하였다.[38]

조선총독부에서는 농민들의 의구심을 적극 해명하면서, 토지조사사업을 추진해갔다. 토지조사사업은 토지제도와 지세제도를 식민지 경영에 적합하도록 개편하려는 의도에서 추진되었으며, 소유권을 조사하여 법적으로 확인하는 것, 토지가격을 조사하여 법정지가를 확정하는 것, 지형 지모를 조사하는 것 등 세 가지를 목적으로 진행하였다.[39]

토지조사사업의 진행과정은 크게 조사사무(調査事務)와 측량사무(測量事務)로 나누어진다.[40] 조사사무는 준비조사(準備調査), 실지조사(實地調査), 검사(檢査)의 세 단계로 진행되었다. 준비조사는 면동리의 명칭 및

---

[37] 「第七章 土地調査에 對흔 辨妄」, 『土地調査事業의 說明』, 조선총독부 임시토지조사국.
[38] 왕현종, 「경남 창원지역 토지조사의 시행과정과 장부체계의 변화」, 『역사와 현실』 65, 한국역사연구회, 2007, 330쪽.
[39] 신용하, 『조선토지조사사업사연구』, 한국연구원, 1979.
[40] 『土地調査事業現況報告書』, 임시토지조사국, 1911년 6월 조사, 3~12쪽.

경계 조사, 면동리의 약도 작성, 토지신고서의 수합 등으로 이루어지고, 실지조사는 일필지의 경계 및 지목, 토지소유자 조사, 개황도의 작성, 실지조사부의 작성, 수확량 조사, 토지등급조사 등이다. 검사는 실지조사에서 작성한 개황도와 실지조사부를 검사하고 측량원도와 토지신고서를 대조 조사하는 작업이다. 측량사무[41]는 삼각측량, 측지[도근측량과 세부측도], 제도(製圖)로 진행되었다.

준비조사는 먼저 면동리의 명칭 및 경계조사를 실시하였다.[42] 그 과정에서 1913년 12월에 행정구역 개편이 이루어졌다. 아울러 면동리의 약도, 즉 면별로 축척 12,000 분의 1인 약도를 목측에 의해 작성하도록 하였다. 그 약도에는 철도선로, 중요 하천, 도로를 활용한 면동리의 경계와 촌락 등의 대략적인 위치를 표시하도록 하였다.

다음으로 토지신고서의 배포와 수합이었다. 토지신고서의 배포경로는 군수 – 면장 – 지주총대였다. 면장은 토지신고기간이 고시되면 지주총대를 통하여 토지신고서를 수집하고 동리별로 묶어 정리하였다. 수합한 토지신고서는 당시 공부(公簿)의 역할을 하고 있었던 결수연명부와 대조하도록 하여, 토지신고의 누락을 방지하였다. 1910년 5월부터 시작하여 1916년 5월에 종료된 준비조사에서 수집된 토지신고서는 총 518만 1,652통이고, 필수는 1,857만 3,731필이었다.[43]

실지조사에서 일필지조사는 지주조사, 경계조사, 지목조사, 지번조사로 나누어 진행하였다. 지주조사는 신고자를 소유자로 인정하였고, 경계조사는 인접한 토지와 관계를 확정하는 것이며, 지목조사는 토지를 18종으로 구분하여 지목을 부여하는 것이었으며, 지번조사는 필지별로 순서대로 지번을 부여하는 것이었다.[44]

---

41) 일필지의 형상을 묘사하고, 면적을 측정하며 지적도를 작성하는 일이다.
42) 이 부분은 '조석곤, 『한국 근대 토지제도의 형성』, 해남, 2003'을 많이 참조하였다.
43) 조석곤, 『한국 근대 토지제도의 형성』, 해남, 2003, 44~55쪽.

일필지조사의 조사내용은 실지조사부에 기재하였다. 실지조사부는 개황도에 의거하여 토지신고서를 바탕으로 동리별로 가지번의 순서에 따라 작성하였다. 실지조사부의 지번은 일필지 측량이 끝난 뒤 지번조사를 통해 부여하였으며, 토지신고서의 두락수를 면적계산기를 사용하여 매 필지의 평수를 정확히 기재하였다. 일필지조사는 1910년 6월에 경기도 부평에서 시작하여 1916년 11월 경남 일부 군의 부속도서를 마지막으로 종료하였다. 조사필수는 총 1,910만 1,989필이었다.

이와 같이 준비조사, 실지조사 및 세부측량의 순서를 거쳐 면적 계산을 하고 그 결과물로 토지조사부, 토지대장, 지세명기장, 지적도를 작성하게 되었다. 토지조사부와 지적도 작성을 완료하게 되면, 임시토지조사국장은 도지방토지조사위원회에 자문을 구한 후 토지소유자 및 그 경계를 사정(査定)한다. 토지조사부와 지적도를 토지 소재의 부군청에 비치하고 30일 동안 일반에 공람하며, 그것을 공시(公示)한다. 이 공시기간 만료 후 60일 이내에 고등토지조사위원회에 불복을 신청할 수 있다. 불복을 신청하지 않았을 때는 사정은 확정되고, 토지소유자의 권리는 공적으로 보장된다.[45] 불복을 신청한 토지는 고등토지조사위원회의 판결에 의해 토지소유자가 확정되게 된다.

사정 공시는 토지조사사업이 종료된 지역부터 실시하였으며 1913년부터 행하여져 1917년까지 진행되었다. 공시 실적은 총 지주 187만 1,636명 중 100만 5,352명[53.7%]이 열람하였다.[46]

---

44) 조석곤, 『한국 근대 토지제도의 형성』, 해남, 2003, 56~57쪽.
45) 田中定平, 『土地調査ト地主』 嚴松堂書店, 京城, 1915, 2~3쪽.
46) 조석곤, 『한국 근대 토지제도의 형성』, 해남, 2003, 87~94쪽.

4. 토지조사사업의 실시와 생산 기록

현재 마산에는 토지조사사업을 실시하면서 생산한 일괄 문서 20여 종류 약 13여만 장이 보존되어 있다. 현재까지 알려진 바에 의하면, 토지조사사업 시행 당시 생산한 일괄 문서가 남아 있는 지역은 김해를 제외하면 알려진 지역이 거의 없다.[47] 토지조사사업 시행 당시의 일괄 문서는 그 사업의 정책문서와 함께 토지조사사업의 성격을 규명하는데 핵심 자료이기 때문에 중요한 역사적 의의를 지닌다.

이제 1910년부터 1918년까지 토지조사사업을 실시하면서 어떠한 기록들이 생산되었으며, 그 기록들이 어떠한 기능[역할]을 하였는가 살펴보기로 하자. 마산시청에는 결수연명부, 과세지견취도, 토지신고서, 실지조사부, 토지조사부, 토지조사부등본, 이동지신고서, 이동지조사부, 토지대장, 토지대장집계부, 분쟁관계서류[분쟁지 심사서류, 불복신립사건심사서류] 등의 자료들이 보존되어 있다. 그 자료의 현황을 살펴보면 〈표 8-1〉과 같다.[48]

〈표 8-1〉에서 보듯이 토지신고서와 결수연명부가 많이 남아 있으며, 다음으로 토지조사부등본과 실지조사부의 양이 많이 남아 있는 편이다. 특히 과세지견취도는 마산과 김해를 제외하고는 남아 있는 지역이 없을 뿐 아니라, 자료의 성격에서도 지적도의 생성과정을 알 수 있는 귀중한 자료이다.

---

47) 조선총독부가 토지조사사업을 시행하면서 생산한 김해시의 자료는 현재 국가기록원에 소장되어 있다. 그러나 그 자료의 분량은 마산시에 비교하여 매우 적다.
48) 최원규, 「일제시기 창원군 토지조사사업 자료소개와 분석」, 한국역사연구회 토지제도연구반 발표문, 2008; 최원규, 「창원군 토지조사사업 관계장부의 종류와 성격」, 『일제의 창원군 토지조사와 장부』, 선인, 2011.

〈표 8-1〉 마산시청 소장 창원군 토지조사사업 자료

구분	자료명	분량	자료가 남아있는 지역						
1	결수연명부	170여 책 (3만 4천여 장)	구산면	내서면	대산면	동면	부내면	북면	상남면	웅남면
			웅동면	웅읍면	진동면	진북면	진전면	진해면	천가면	
2	과세지견취도	574장	구산면	내서면	대산면	동면	외서면	진서면	진해면	천가면
			하남면							
3	토지신고서	250책	구산면	내서면	대산면	동면	진북면	진전면	진해면	천가면
			부내면	북면	상남면	웅남면	웅동면	웅읍면	진동면	기타
4	실지조사부	5,900장	구산면	동면	부내면	북면	상남면	웅남면	웅동면	웅읍면
			진동면	진전면	진북면	진해면	천가면			
5	토지조사부	1,200장	부내면	진동면	진북면	천가면				
6	토지조사부등본	9,700장	구산면	내서면	대산면	동면	부내면	북면	상남면	웅남면
			진동면	진북면	진전면	진해면	천가면	웅동면	웅천면	
7	이동지신고서	4,500장	구산면	내서면	대산면	동면	부내면	북면	상남면	웅남면
			웅읍면	진동면	진북면	진전면	진해면	천가면	웅동면	함안군
8	이동지조사부	500여 장	구산면	내서면	대산면	동면	부내면	웅동면	웅읍면	진동면
			진전면	진해면						
9	토지대장집계부	5책	창원군[민유과세지, 국유지 등]							
10	분쟁관계서류		분쟁지 심사서류, 불복신립사건심사서류							
11	토지대장									
12	지적원도									

이 업무 자료들은 토지조사의 진행과정 속에서 생산된 것들이다. 토지조사 진행과정에서 생산된 자료들을 살펴보면 다음과 같다. 결수연명부는 1909년에 신구양안 및 기존의 장부책을 바탕으로 지세장부로 만들기 시작하였으며, 세 번의 과정을 거쳐 1911년 말과 1912년 초에 완성되었다. 과세지견취도는 1911년에 결수연명부의 실지 확인을 위해 도면으로 작성한 것이다. 1910년 8월에 토지조사법이 공포되면서 본격적으로 토지조사사업이 실시되자, 토지소유자들에게 토지신고서를 작성 제출하도록 하였다. 임시토지조사국에서는 토지신고서를 바탕으로 실지조사부를 작성하여 정확한 면적을 계산하고, 그 위치를 확인하였다. 토지조사부에서는 신지번을 부여하고 실지조사부의 평수와 토지신고 날짜를 적고 토지소유자를 (확)정하였다. 토지조사부등본은 토지조사부와 결수연명부를 비교 검토함으로써 소유장부와 지세장부를 상호 비교하였다. 토지신고서 제출 이후 토지소유의 변동상황은 이동지신고서를 제출하도록 하였다. 이후 사정(査定)이 이루어지면서 토지조사부, 토지대장, 토지대장집계부 및 지세명기장이 작성되고, 과세지견취도를 바탕으로 지적도가 완성되었다.

이제부터 각 업무서류를 자세히 살펴보도록 하자. 결수연명부는 〈그림 8-3〉에서 보듯이 개인 지주별로 토지소유자의 주소 및 이름을 적고, 토지소유지의 주소, 지번, 지목[답·전·택지·잡지], 면적, 결수, 결가, 세액 등을 기록한 문서이다. 개인 지주가 해당 리에서 소유한 토지를 집성하여 기록한 것이다. 결수연명부를 통하여 그 지역의 동리에 누가 얼마나 토지를 소유하고 있는지를 알 수 있다. 일본인들은 별책으로 해당 면별로 토지를 얼마나 소유하고 있는가를 따로 파악하고 있었다.[49]

---

49) 예를 들면 창원군 내서면에는 『結數連名簿 昌原郡 內西面 (內地人)』이 있다.

〈그림 8-3〉 결수연명부[창원군 구산면 남포리]

일제가 1909년 이후 토지에 대한 본격적인 조사를 실시하면서 제일 먼저 작성한 것이 결수연명부였다. 이것은 조선의 경지를 파악하고 조세 징수의 효율성을 극대화하기 위하여 만든 지세 부과장부였다. 결수연명부는 대체로 세 단계를 거쳐 작성작업이 진행되었다.50) 통감부는 1909년 7월에 '결수연명부 조제에 관한 통첩'을 내려 통일된 양식의 징세대장인 결수연명부를 작성하도록 하였다. 재무서가 주관하고, 동리별로 동리장(洞里長)이 납세자별로 기재한 결수신고서를 작성하여 면에 제출케 하였다.

1910년 6월에는 '결수연명부완제계획요항'을 공포하여, 지주를 납세의무자로 확정하고 면을 단위로 지주가 신고하도록 하였다. 지주의 입장에서 자기 소유지에 신고를 하도록 한 최초의 경우였다.51) 지주별로 소유토지를 연기(連記)하였고, 결수연명부로 증명사무를 대신하였다.

1911년 11월 10일 「결수연명부규칙」52)이 발표되면서 제도적으로 완성되었다. 구래의 징수대장을 폐지하고 결수연명부로 대신하도록 하였다. 결수연명부에는 토지의 소재지, 자번호, 지목, 면적, 결수, 결가 및 지세액, 소유자의 주소 및 이름을 적었으며, 그 이후에 변동이 있을 때마다 토지소유자로 하여금 신고하도록 하여 결수연명부를 수정하였다. 그 후 결수연명부는, 토지조사사업이 종료되고 1910년대 말에 토지대장이 만들어지면서, 지세를 징수하는 지세명기장으로 대체되었.

마산시청이 소장하고 있는 결수연명부는 1909년부터 1913년 사이에 작성된 경상남도 창원군 15개 면의 것으로 170여 책 약 34,000장에 이른다.

---

50) 최원규, 「일제시기 창원군 토지조사사업 자료소개와 분석」, 한국역사연구회 토지제도 연구반 발표문, 2008; 최원규, 「창원군 토지조사사업 관계장부의 종류와 성격」, 『일제의 창원군 토지조사와 장부』, 선인, 2011, 36~39쪽.

51) 박석두, 「토지조사사업에 대한 지주가의 인식과 대응」, 『조선토지조사사업의 연구』, 민음사, 1997, 467~469쪽.

52) 한국역사연구회 편, 『局報』18호, 「結數連名簿規則」, 朝鮮總督府令 제143호.

구체적으로 마산부53) 구산면 남포리의 결수연명부를 살펴보자. 〈그림 8-3〉은 남포리에 거주하는 이재영(李載榮)의 결수연명부인데, 택지와 전답을 소유하고 있고 "대정 2년[1913] 7월에 견취도와 대조한 결과 결수 오류가 발견되어 정정하고 있다"라는 표시를 하고 1부의 토지를 2속으로 정정한 것을 알 수 있다.54)

또한 1912년부터 토지소유자가 매도 혹은 매입한 사항을 결수연명부에 추기하고 있었다. 그러므로 마산부에서는 결수연명부가 1912년 중순까지 마무리되었다고 여겨진다.55)

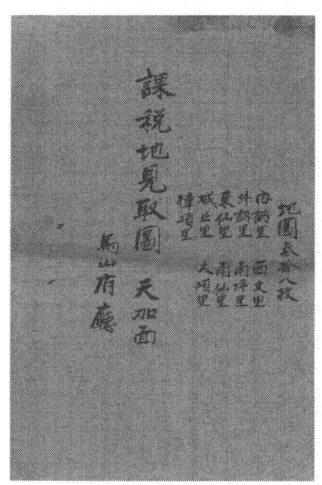

〈그림 8-4〉 과세지견취도 표지

과세지견취도는 과세지의 각 필지에 대한 개형을 묘사한 간단한 형태의 지적도이다. 과세지견취도는 동리를 한 단위로 묘사한 1장의 개형도[혹은 연락도라 칭함]와 동리의 크기에 따라 몇 장으로 나누어 작성한 견취도[혹은 과세지견취도라 칭함]로 구성되었다. 동리 전체의 개형도를 먼저 작성하고, 그 후 개형도에서 몇 구역으로 나눈 부분을 각 필지별 생김새에 따라 견취도를 작성하는 것이 순서였다.

---

53) 조선총독부는 1913년 12월에 전국적인 행정구역 개편을 행하였는데, 馬山府는 昌原郡으로 개칭되었다. 또한 기존의 20개 면이 15개 면으로 통폐합되면서 행정구역이 조정되었는데, 기존의 면 중에 양전면, 외서면, 웅서면, 진서면, 하남면이 폐지되었다. 그리하여 자료에서는 馬山府로 쓰인 자료가 1914년 이후 昌原郡으로 수정되고 있다.
54) 『창원군 구산면 남포리 결수연명부』 7쪽에서는 1913년 7월에 결수의 오류를 정정하였고, 『창원군 구산면 내포리 결수연명부』 57쪽에서는 1913년 7월에 누락된 토지를 추가적으로 기록하고 있었다.
55) 『창원군 구산면 남포리 결수연명부』 42쪽에서 1912년 10월 13일에 이상태의 토지를 최근형에게 매도된 사실을 적시하고 있다.

〈그림 8-5〉 과세지견취도 연락도[창원군 천가면 동선리]

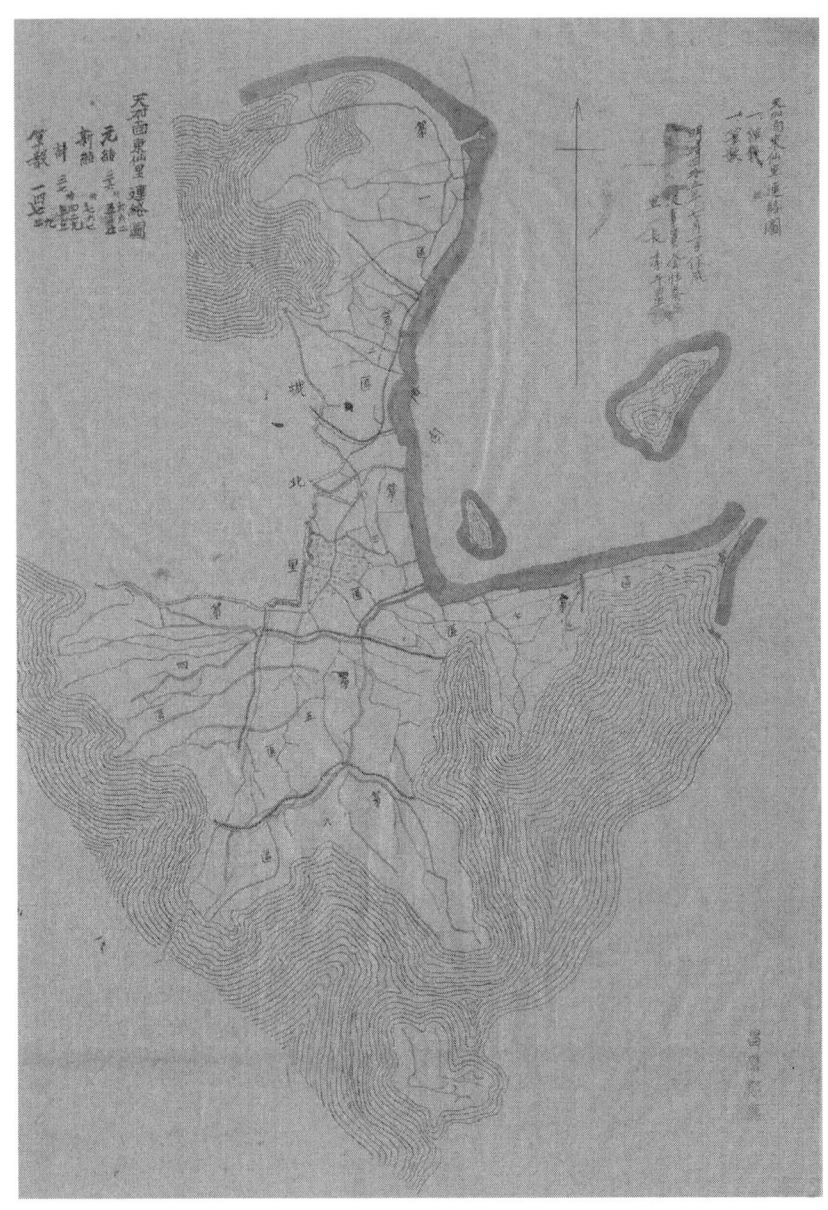

〈그림 8-6〉 과세지견취도[창원군 천가면 동선리]

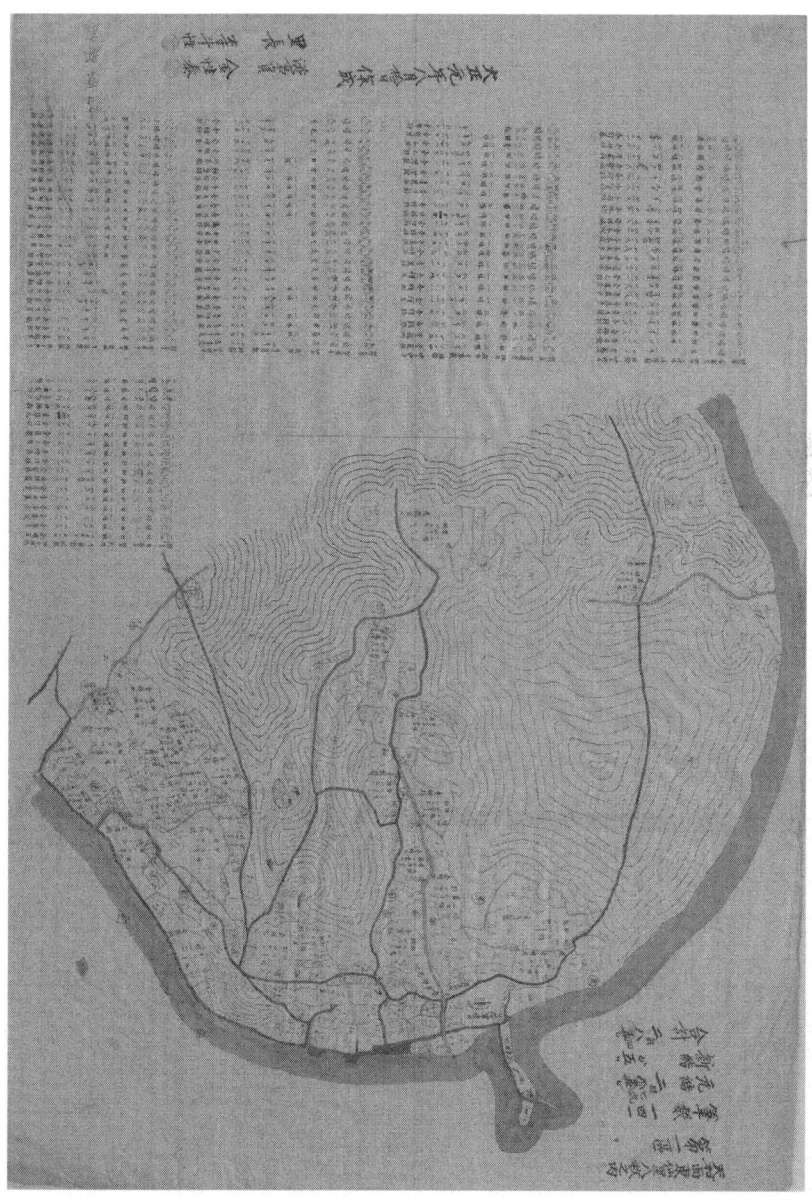

예를 들면, 마산부 천가면 동선리의 연락도는 1912년 7월 1일에 작성하고, 견취도는 8월 10일에 작성하였다.56) 전자는 동리의 표지로서 1/6,000의 축적으로 동리 전체의 지형을 묘사하면서 동리 전체를 8구역으로 구분한 개황도이다[〈그림 8-5〉 참조]. 후자는 1/1,200의 축적으로 8구역을 각 1장씩 소묘하였는데, 각 필지별 생김새를 표시하고 그 안에 지목, 자번호, 배미수[夜味數], 토지면적, 소유자명 등을 표시한 세밀도(細密圖)57)이었다[〈그림 8-6〉 참조]. 견취도에는 이 밖에 도로, 제방, 교량, 하천, 산야, 국·민유 분쟁지 등을 표시하였고, 여백에는 면명, 리동명, 결수와 필수의 집계, 작성연월일, 종사자, 동리장 서명 날인, 방향 표시 등을 기록하였다. 특히 원결수와 신결수를 기술하여 개간지나 이전 결세장부에서 누락된 토지를 추가로 파악하여 기록하였다. 이 문서는 과세지견취도라는 명칭 그대로 세금을 부과하기 위해 작성한 도면이다.

과세지견취도는 1911년 충남과 충북에서 먼저 작성되었다. 1911년 5월 15일에 훈령 제19호로 6월 1일부터 9월 17일까지 충북 18개 군에서 과세지견취도를 작성하였고, 7월 15일부터 12월까지 충남 6개 군에서 과세지견취도를 작성하였다.58) 이를 기초로 하여 1912년 3월 「과세지견취도작성에 관한 건」과 「과세지견취도작성수속」59)을 발표하고 1912년에는 남부 전역과 북부 일부 지역에서 작성되었고, 1913년에는 함남 함북의 일부를 제외한 전국에서 작성되었다. 1912년 여름부터는 견취도와 함께 결수

---

56) 『과세지견취도』 馬山郡 天加面 東仙里. 다른 사례로서, 天加面 城北里에서 연락도는 1912년 6월 30일에 작성하고, 견취도는 1912년 8월 10일에 작성하였다.
57) 견취도에는 신지번, 지목, 야미수, 두락수, 결수, 토지소유자명 등을 기록하였고, 구지번은 적색으로 표시하였다. 견취도에서 공간이 너무 작아, 위 사항을 표시할 수 없는 토지는 여백에 일련번호를 적어 작성하였다.
58) 『課稅地見取圖調製經過報告』, 조선총독부, 1911.
59) 『조선총독부관보』 제466호, 「과세지견취도작성수속」(1912.3.19), 176~179쪽(왕현종, 「경남 창원지역 토지조사의 시행과정과 장부체계의 변화」, 『역사와 현실』 65, 한국역사연구회, 2007, 주 15) 재인용).

연명부가 결세 부과의 기초대장이 되었다.60)

조선총독부에서는 "종래 결수연명부는 납세자의 신고에 의해 작성하는데, 대부분 책상에서 신구양안 및 기타 장부책을 참조하여 작부(作伕)를 만들어서 그것을 실지에 대조할 때는 항상 막연하여 어느 것이 올바른 것인지 판단할 수가 없다. 더욱이 매년 매매 등 여러 원인에 의해 소유권 이동, 진재(陳災), 개간, 환기(還起)로 인하여 토지의 이동 및 탈세를 꾀하는 자의 부정행위 등은 더욱 심해져 지세 부과의 기초를 어지럽히고 있다. 만약 현재의 지적(地籍)을 확립하고 장래 지세 부과의 공평을 유지하고자 한다면 마땅히 근거를 마련해야 한다."61)라고 하면서 과세지견취도 작성의 필요성을 강조하였다. 과세지견취도 작업 개시 10일 전에 면내에 견취도 작성을 공시하고, 면장 감독 아래 각 필지의 표항을 설치하였고, 조선인 지주와 일본인 지주를 모아 놓고 취지를 설명하기도 하였다. 과세지견취도의 작성은 1911년 6월부터 시작되어 결수연명부의 작성과 맞물려 진행되었다.62)

〈표 8-1〉에서 보듯이 마산부에는 9개 면의 과세지견취도 574장이 현존하고 있다. 모두 1912년 5월부터 8월 사이에 작성되었는데, 마산부 진해면이 제일 시기가 빨라서 1912년 5월 26일부터 6월 12일까지 작성이 완료되었다. 또한 마산부 진해면의 과세지견취도에서 동리 전체의 개형을 그린 연락도(連絡圖)는 1/6,000의 축적으로 동리 전체의 개관을 묘사하고 있는데 반해, 견취도는 다른 면과는 달리 1/600 축적으로 묘사되어 있는 것이 특징이다.63)

---

60) 박석두, 「토지조사사업에 대한 지주가의 인식과 대응」, 『조선토지조사사업의 연구』, 민음사, 1997, 472쪽.
61) 『課稅地見取圖調製經過報告』, 조선총독부, 1911, 1쪽.
62) 왕현종, 「경남 창원지역 토지조사의 시행과정과 장부체계의 변화」, 『역사와 현실』 65, 한국역사연구회, 2007, 325~326쪽.

과세지견취도는 1910년대 현존하는 자료 중에 시각적으로 당시 모습을 거의 그대로 보여주는 자료이다. 일제의 농촌 '개발'이 추진되기 전의 자료이므로, 전통시대 조선의 농촌사회를 보여주는 자료라 할 수 있다. 이 과세지견취도는 김해와 마산 등에서 조사, 보고되었지만 연구에 활용된 적은 없다. 이 과세지견취도가 발전한 것이 지적도이다.

토지신고서는 토지소유자들이 작성하여 제출한 자료이다. 조선총독부는 1910년 8월 23일에「토지조사법」을 공포하고, 8월 24일에 '토지신고심득'을 발포하면서[64] 토지소유자로 하여금 토지신고서를 제출하도록 하였다. 토지신고서는 면장 - 동장 - 지주총대를 통하여 배포하고 수합하도록 하였다.[65] 기재사항은 토지신고 날짜, 토지소유자의 거주지와 성명을 적고 소유한 토지의 내역을 기록하도록 하였다. 그 내역은 토지소재지, 지목, 지번과 사표, 면적[두락], 결부수 등을 적어 신고하도록 하였다[〈그림 8-8〉 참조].

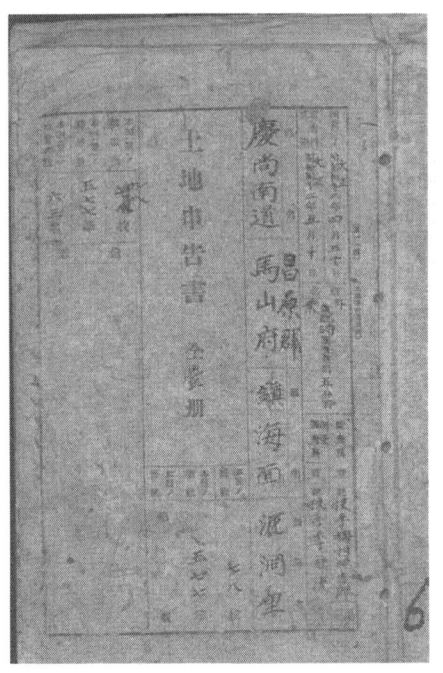

〈그림 8-7〉 토지신고서 표지

---

63) 『馬山府 鎭海面 課稅地見取圖』 1~18매. 처음에는 견취도를 1/600로 작성하였음을 알 수 있다.
64) 1912년 8월에 '토지조사령'을 공포하고, 1913년 1월에 '토지신고심득'을 개정 공시하였다.
65) 조석곤, 『한국근대 토지제도의 형성』, 해남, 2003, 49쪽.

〈그림 8-8〉 토지신고서[창원군 진해면 니동]

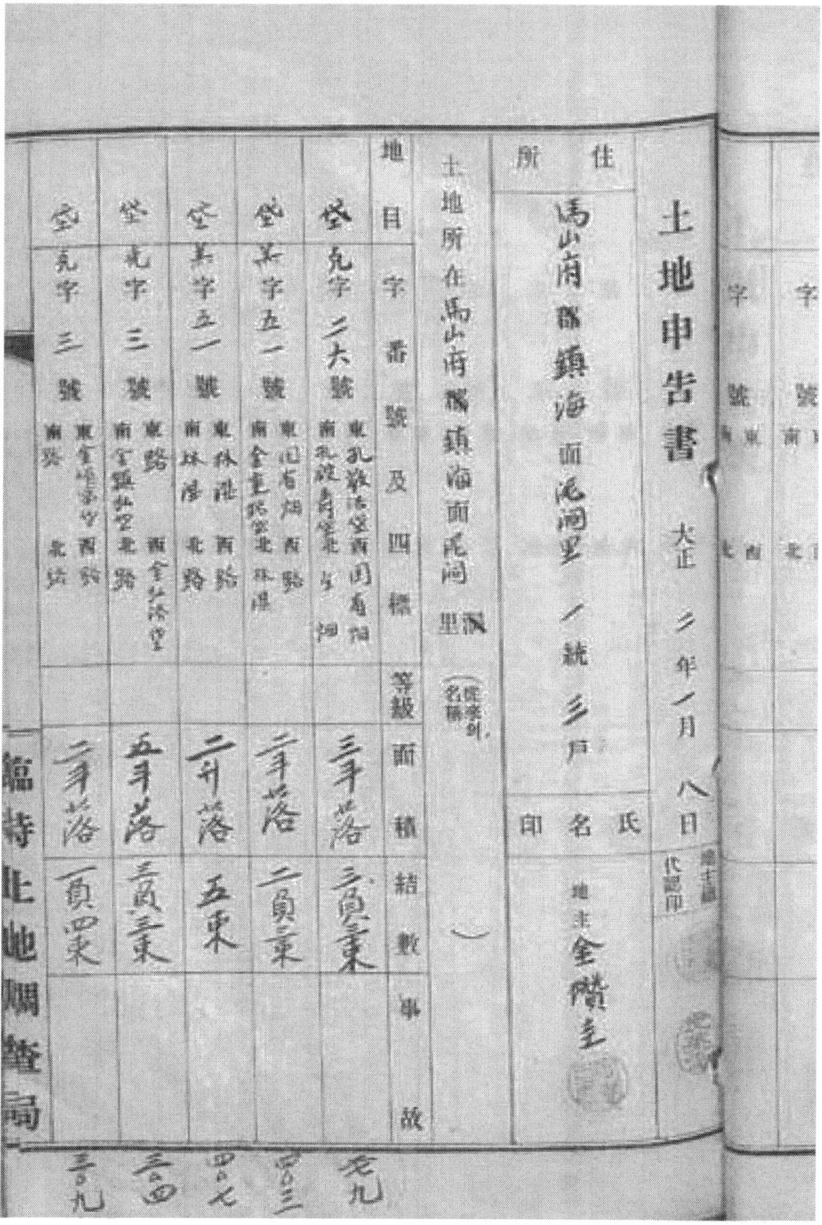

신고서는 동리별로 한 통씩 작성하도록 하였다.[66] 다른 동리에 거주하는 토지소유자도 소유 토지가 있는 동리에 지주총대의 확인을 받아 토지신고서를 제출하도록 하였다. 예를 들면, 창원군 구산면 덕동리 거주자가 구산면 덕동리뿐 아니라 내포리에 토지를 소유하고 있으면 각 리에 모두 토지신고서를 제출해야 했다.

현재 마산시에는 토지신고서가 250책이 남아 있다. 그 중 마산부 진해면에는 행암리, 자은리, 니동, 장천리, 덕산리, 복산리, 안곡리, 비봉리, 두산리 등에 토지신고서가 남아 있는데, 토지신고의 날짜는 모두 1913년 1월 8일로 되어 있었다. 그것을 점검 완료한 날짜는 1913년 3월 26일부터 5월 5일에 이르렀다. 이 지역의 토지신고서는 토지신고의 날짜가 모두 같은 날짜로 되어 있고, 필체도 비슷한 것으로 보아 지주총대 등 한 사람이 일괄적으로 정리하여 제출한 것 같다.

마산부 진해면 니동(泥洞)의 토지소유자들도 1913년 1월 8일에 토지신고서를 작성하여 제출하였고, 니동에서는 그것을 상호 대조하여 1913년 4월 30일에 점검을 완료하였다. 니동의 토지신고서에 "과세지견취도에는 자번호, 씨명 기재가 없지만, 분쟁의 결과 민유로 확정한다."[67]라는 표시가 있는 것으로 보아, 과세지견취도와 비교하였다는 사실과 분쟁의 결과도 적시하였음을 알 수 있다.

마산부 구산면 내포리의 경우에는 1913년 7월 3일에 신고하였고, 1914년 9월 10일에 다시 한 번 신고하였다. 후자의 경우에는 매입, 상속, 개간 등으로 자신의 토지로 된 것이나, 혹은 묘지나 임야 등을 사적 소유지로 추가로 신고하였다. 임야를 개인소유지로 신고하는 경우에는 면장과 리장을 비롯하여 지주총대 및 인접지주의 날인을 받은 인증서를 첨부하여 제출하도록 하였다.[68]

---

66) '토지신고심득'(1913.1), 제5조.
67) 『馬山府 鎭海面 泥洞 土地申告書』, 60·62쪽.

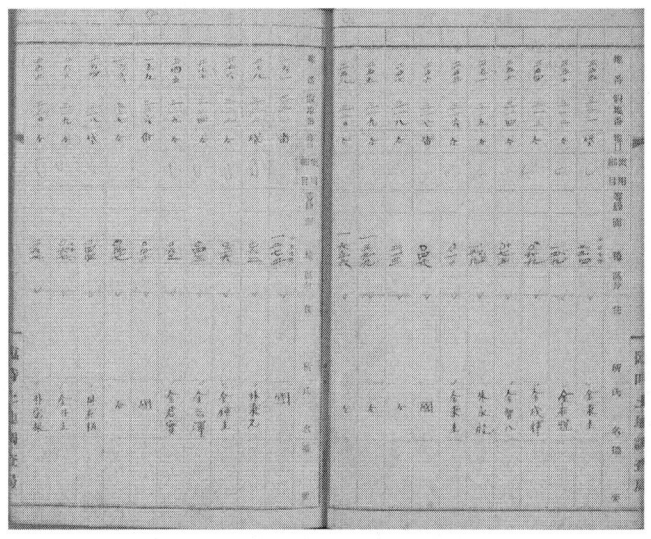

〈그림 8-9〉 실지조사부[창원군 진해면 니동]

　실지조사부는 토지신고서를 바탕으로 실제 그 토지를 정리하고, 사실을 대조한 장부이다[〈그림 8-9〉 참조]. 토지신고서의 필지수와 실지조사부의 필지수는 대체로 일치한다. 실지조사부에서는 새 지번과 구 지번, 지목, 면적, 소유자의 주소와 이름을 기록함으로써, 토지신고서를 바탕으로 과세지 견취도와 비교하여 지적을 확인하도록 하였다. 특히 실지조사부에서는 면적계산기로 계산하여 매 필지의 평수를 정밀히 계산하여 적도록 하였다.69) 현재 마산부의 15개 면 중에 13개 면의 실지조사부가 현존하고 있다.70) 실지조사부를 살펴보면, 실제의 토지소유주와 토지면적을 확인하기 위해서 감사원(監査員), 검사원(檢査員), 측도원(測圖員)을 두어 몇 차례의 확인과정을 거쳤다. 실지조사부는 사정공시에 사용될 토지조사부 작성을 위한 자료가 되었다.

---

68) 『마산부 구산면 내포리 토지신고서』, 22쪽.
69) 田中定平, 『土地調査ト地主』, 巖松堂書店, 京城, 1915, 2쪽.
70) 그 외 咸安郡 郡北面 烏谷里와 漆原面 梧谷里의 실지조사부가 현존하고 있다.

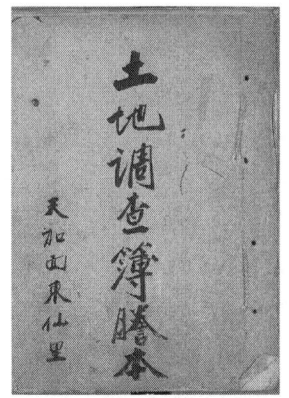

〈그림 8-10〉 토지조사부등본 표지

토지조사부는 지번을 부여하면서 지목, 토지면적[坪]과 토지신고서를 제출한 날짜와 소유자의 주소와 성명을 적고 있었다. 새로운 지번뿐 아니라 옛 지번을 기록하여 그 토지를 찾아볼 수 있도록 하였다[〈그림 8-11〉 참조]. 분쟁지는 적요란에 '분쟁지 제00호', 무신고지는 '무신고', 상속자가 정해지지 않은 토지는 '상속 미정'이라고 기입하였다.71) 토지조사부를 근거로 토지조사부등본을 만들어 결수연명부와 다시 한 번 대조하여 그 연관관계를 확인하였고, 이것을 근거로 토지소유권을 확인하는 사정(査定) 공시(公示)를 하게 된다.

〈그림 8-11〉 토지조사부[창원군 천가면 동선리]

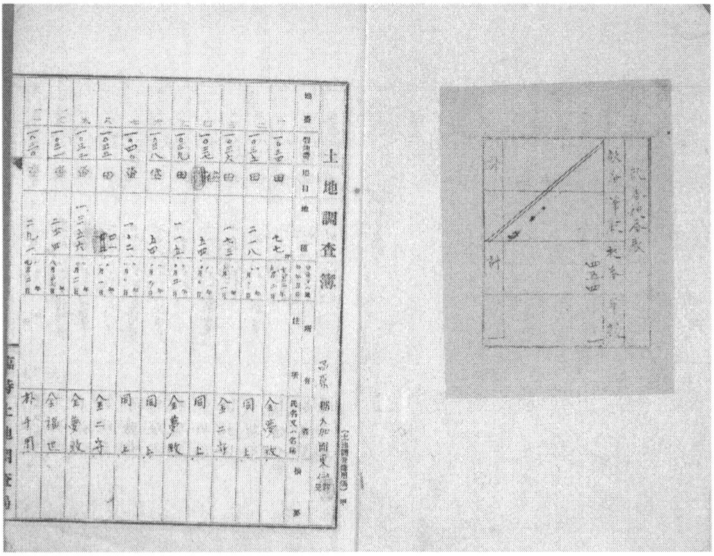

---

71) 『관보』, 「임시토지조사국조사규정」(1913.6.7)(조석곤, 『한국 근대 토지제도의 형성』, 해남, 2003, 59쪽 재인용-).

330 한국 근현대 기록관리

〈그림 8-12〉 토지조사부등본[창원군 천가면 동선리]

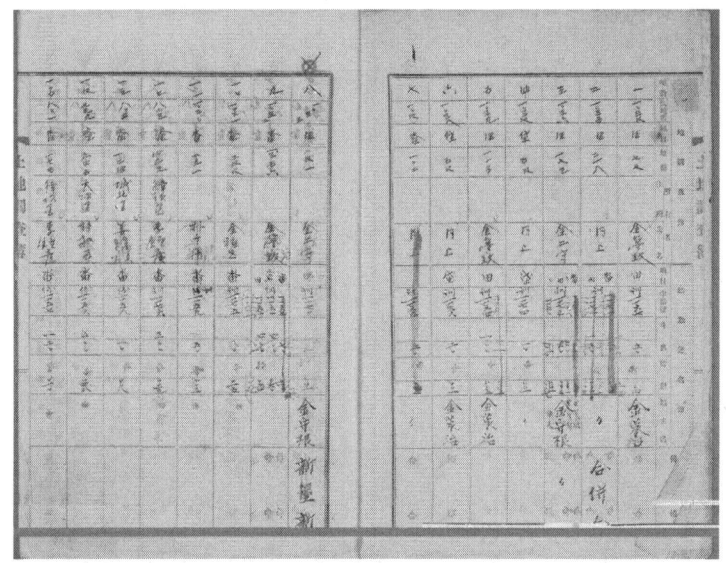

토지조사부등본은 한 면을 위 칸과 아래 칸으로 나누고, 위 칸에는 토지조사부를 적고, 아래 칸에는 결수연명부를 대비시켜 그 토지를 실제 대조하여 확인하고자 하였다[〈그림 8-12〉 참조]. 즉 토지조사부에서 소유주의 지번과 지목, 면적[평], 소유자를 적고, 바로 아래 칸의 결수연명부에서 지목, 지번[字地番], 결수, 소유자명을 적어 서로 비교하는 작업을 수행하였다. 그리하여 토지조사부의 토지와 결수연명부의 토지를 대조·확인하고자 하였다.

이동지신고서는 토지신고서 제출 이후 토지매매나 토지의 분할, 행정구역의 개편 등의 여러 가지 사유로 인하여 토지 소유가 변동되었을 때 토지 소유자가 신고한 문서이다. 토지의 매매 등으로 인하여 소유권이 변동한 경우에는 토지매매신고서를 첨부하였고, 행정구역의 개편으로 주소가 변경된 경우, 잘못된 주소나 소유자의 명이 변경되는 경우, 지목이 변경되는 경우 등도 이동지신고서를 제출하도록 하였다. 이동지 신고는 「토지조사법시행규칙」[1910.8.23]에서도 규정하고 있는 사항이었다. 이동지신고서를 정리한 서류가 이동지조사부였다.

토지대장은 토지소유자를 일괄적으로 기록한 문서이다. 토지조사부와 토지조사부등본으로 소유권을 확정한 사항은 사정(査定)을 공시하도록 하였다. 사정 공시는 각 지방관청에서 지방토지조사위원회가 주관하여 토지조사부와 지적도를 공람하도록 하였다. 공람 기간은 30일이며, 공람 이후 60일 이내에 잘못된 사실에 대하여 고등토지조사위원회에 이의를 제기하도록 하였다. 이의를 제기하지 않는 경우에는 사정이 확정되었다. 이의를 제기하는 경우에는, 고등토지조사위원회의 판결인 재결(裁決)로서 토지소유권이 확정된다. 사정이 확정된 사항을 정리한 것이 토지대장에 기록된 것이다. 토지대장에서 확정된 소유권은 소유권의 원천 취득으로 인정하여 현재까지 계승되어 내려오고 있다.

토지대장집계부는 면별로 전과 답의 총토지면적과 필지수를 기록하고 과세지와 비과세지를 구분하여 기록함으로써 지세액을 총괄적으로 파악한 문서이다. 창원군의 토지대장집계부는 1916년 4월에 사정이 확정된 이후, 국유지와 민유과세지 및 민유불과세지의 세 부류로 나누어지고, 각 부류 내에서 창원군 15개 면의 상황을 연도별로 기록하고 있었다.[72] 토지대장집계부는 매년 작성되었으며, 이 자료에서는 해방 이후에도 계속 사용되었으며 1961년의 상황까지 기록되고 있다. 총 15권의 토지대장집계부가 현존하고 있다.[73]

---

[72] 『토지대장집계부』 2권은 창원군의 國有地에서 사정이 확정된 1916년 4월부터 1920년 4월까지 15개 면의 상황을 전, 답, 대, 지소, 임야, 사사지, 분묘지, 도로, 철도용지, 잡종지별로 현황을 기록하고 있다. 『토지대장집계부』 10권은 창원군의 민유지 중 과세지를 사정 공시 당시의 상황과 사정이 확정된 1916년 4월부터 1917년 12월까지 15개 면의 상황을 전, 답, 대, 지소, 잡종지로 구분하여 지세 현황을 기록하고 있다. 『토지대장집계부』 13권은 창원군의 민유지 중 불과세지를 사정이 확정된 1916년 4월부터 1920년 4월까지 15개 면의 상황을 社寺地, 분묘지, 임야, 도로 등 지목별로 현황을 기록하고 있다.

[73] 15권 중 1권(『토지대장집계부』 5권)은 地價据置地臺帳이다.

불복신립지 통지서, 불복신립사건심사서류 등은 일제의 조선토지조사사업을 인정하지 않고 문제를 제기하여 판정을 받은 서류나 심사 서류들이다. 이 분쟁지서류들을 통하여 일제의 토지조사사업에서 문제가 있었던 부분들이 무엇이고, 무엇이 쟁점이 되었는가를 알 수 있다.

그 외에도 마산시에는 국유지 관계 서류와 임야 관계 서류들이 많이 존재한다. 국유임야양여통지서, 국유지성집계표, 국유지이동관계, 국유토지불하통지서, 역둔토지대장총집계부, 역둔토지도 등의 국유지관계 서류들이 있으며, 임야신고서, 임야조사부, 임야대장, 임야폐쇄지적, 임야세부측량원도, 임야대장집계부, 임야사무예규 등의 임야관계 서류들이 보관되어 있다.

5. 맺음말

일제는 1905년 조선에 통감부를 설치한 이후, 조선 산업 전반에 대해 조사를 실시하였고, 그와 함께 토지소유권과 토지제도에 관한 조사를 실시해갔다. 그를 바탕으로 일본인의 토지소유를 합법화하는 「토지가옥증명규칙」을 제정함과 동시에 1910년 이후 토지조사사업의 준비작업을 행해갔던 것이다.

일제는 1910년 3월에 토지조사국을 개설하였다가, 8월 29일 조선을 합방한 후 임시토지조사국으로 변경하여 본격적으로 토지조사사업을 실시해갔다. 일제는 일본 본토, 오키나와, 대만에서 토지조사를 벌인 경험을 바탕으로 조선에서 효율적으로 토지조사를 실시해가고자 했다.

일제는 1909년에 신구양안 및 기존의 장부책을 바탕으로 지세장부인 결수연명부를 만들기 시작하였고, 세 번의 과정을 거쳐 1911년 말과 1912

년 초에 완성하였다. 과세지견취도는 1911년에 결수연명부의 실지 확인을 위해 도면으로 작성한 것이다. 1910년 8월에 토지조사법이 공포되면서 본격적으로 토지조사사업이 실시되자, 토지소유자들에게 토지신고서를 작성 제출하도록 하였다. 임시토지조사국에서는 토지신고서를 바탕으로 실지조사부를 작성하여 정확한 면적을 계산하고, 그 위치를 확인하였다. 실지조사부를 바탕으로 신지번을 부여하면서 토지조사부를 작성하고, 토지조사부에서 토지소유자의 성명과 소유면적 및 지번 등을 확정하였다. 토지조사부등본을 통하여 소유대장인 토지조사부와 징세대장인 결수연명부를 상호 비교함으로써 소유권과 징세를 연결시켰다. 일제는 이후 사정(査定)을 행하면서 토지조사부, 토지대장, 토지대장집계부 및 지세명기장을 작성하고, 과세지견취도를 바탕으로 지적도를 완성함으로써 토지소유권과 징세제도를 완성시키게 된다.

일제시기 토지조사사업에 대한 역사적 평가는 크게 두 가지로 나뉘어져 있다. 하나는 토지조사사업의 식민지적·지주적 성격을 강조하는 것이다. 사업의 시행과정에서 약탈적·폭력적 방식이 동원되었고, 지주대표인 지주총대가 사업의 민간측 담당자로 종사하였으며, 분쟁지의 처리 방식에서는 사법재판이 아닌 행정처분으로 소유자가 최종 확정되었다는 것이다. 그러나 1980년대 후반 이후 이 같은 연구경향에 의문을 제기하는 연구들이 나타났다. 신고주의에 의하여 일제와 지주가 농민의 토지를 수탈하였다는 것은 사실과 거리가 멀다는 것이다. 조선후기의 토지소유권이 이미 근대적 소유권에 근접하게 발전하였기 때문에 지주의 자의적 신고를 가능케 할 여지를 주지 않았다. 신고주의에 의한 사정은 토지사유제의 발전을 토대로 기존의 소유권을 법적으로 확인하는 절차에 불과하였다고 하였다.[74]

---

74) 조석곤, 『한국 근대 토지제도의 형성』, 해남, 2003; 정연태, 「일제의 식민농정과 농업의 변화」, 『한국역사입문』 3권, 풀빛, 1996.

이러한 두 가지 연구경향이 병존하는 가운데, 토지조사사업의 정책기록을 엄밀히 검토하고, 사업의 실시과정에서 생산된 기록을 분석하면서 역사적 성격을 검토하는 것은 새로운 시각을 열어줄 수 있을 것이다. 즉 토지조사사업의 정책기록을 통하여 사업의 의도와 목적을 분명히 할 수 있고, 사업의 실시과정에서 생산된 기록을 검토함으로써 토지의 소유권이 어떻게 확정되었는가를 구체적으로 검토할 수 있을 것이다.

제 3 부

한국현대사와 기록관리

제 9 장

한국근현대사와 국가기록물관리

1. 머리말

　국가기록물이란 대통령을 중심으로 한 행정부, 입법부, 사법부 등의 국가기관에서 생산·활용·보존되는 기록물을 말한다. 그것은 그 시대의 사회상을 반영하는 것일 뿐 아니라, 당대에는 정책의 실상이고, 후대에는 역사 자료가 된다.
　국가기록물을 잘 보존·활용하는 일은 정책의 투명성과 공정성을 보장하는 일이며, 정책의 노하우를 전달하는 일이다. 또한 국민의 권리를 보호하는 일이며, 나아가 그것은 국력을 신장시킬 수 있는 바탕이 된다. 그러므로 선진국에서는 전문인을 배치하여 국가기록을 잘 보존·활용하고 있다.
　국가기록물관리의 정도는 그 사회의 문화적 척도이며 통치능력의 수준을 반영한다. 아울러 그 사회의 공정성 정도를 나타낸다. 비민주적 사회일수록 국가기록물관리가 잘 이루어지지 않으며, 국가 통치능력의 효율성은 떨어지며, 부정부패가 온존할 가능성이 높다.
　우리나라는 근현대 100여 년 동안 기록물, 특히 국가기록물이 제대로 관리되지 못하였다. 국가기록물이 제대로 보존되지 못하고, 쉽게 폐기되거나 방치되어 옴으로서, 국가기록물이 국가 발전에 전혀 기여하지 못하였다. 이제 그 실상을 살펴보고 개선점을 찾아보도록 하자.

2. 국가기록물 부재의 시대

조선시대에는 국가적 차원에서 국가기록물을 '경국대전'의 규정에 따라 잘 관리하였다. 사관들은 이 기록들을 바탕으로 『실록』을 편찬하여 당시의 사회상을 정리함으로써 기록문화의 전범을 보여주었다.

그러나 지난 100여 년 동안의 한국근현대사를 회고해 볼 때, 국가기록물관리의 측면에서 '국가기록물 부재의 시대'라고 일컬을 수 있다. 근대 이후 한국의 역사는 온갖 역경과 질곡을 겪어온 시기였다. 한국인들은 19세기 중엽 이후 자주적 근대국가를 만들기 위하여 노력하였지만, 그 노력은 1910년에 일본제국주의의 식민지로 귀결되면서 좌절되었다. 20세기 전반기 일제에 의한 식민지배라는 후유증과 20세기 후반기 열강들의 세계 재편 의도로 인한 분단의 시기를 맞았다. 식민과 분단이라는 왜곡과 질곡의 시기를 거쳐야 했던 한국의 근현대사는 자기의 것을 정리하면서 반성해보는 시간을 가질 수가 없었다. 20세기 전반기는 식민지배로부터의 독립 문제에 매달렸고, 20세기 후반기는 분단에 따른 피해의식의 확대과정 속에서 상대방을 점령하는데 몰두하였다.

이와 같이 한국 근현대사 100여 년은 식민지배 기간 동안 주체적 사회 운영이 불가능했던 데 따른 역사적 경험의 단절, 해방 후 국가 운영의 파행에서 오는 민주적 기록문화의 부재, 현대 문화능력의 한계로 말미암아 국가기록물관리가 부재하였던 것이다.

한국 근현대사 속에서 국가기록물관리는 제대로 이루어지지 못하였다. 즉 국가기록물들이 제대로 보존되거나 계승되지 못하였고, 나아가 국가기록물들이 효율적으로 공개되지도 못하였다. 국가기록물들이 정책자료나 역사자료로 제대로 보존되지 못하였고, 또한 연구자나 시민들에게 효과적으로 공개되지도 못하였다.

〈표 9-1〉 각국 중앙기록관과 전국 기록관의 소장량

국가	소장 기록량
미국	1,360만 권 전국 1,850만 권, 대통령기록관 문서 3억 장
프랑스	1,200만 권 전국 6,000만 권
영국	350만 권 전국 ?
중국	2,450만 권 전국 9,800만 권
한국	50만 권 전국 ?

출전: 최정태, 「제9장 기록관련 국가기관과 학술단체」, 『기록학개론』, 아세아문화사, 2001; 강성천, 『국가기록물 보존현황과 학술자료 활용방안』, 한국사회사학회 동계세미나, 1999 참조.

이제 국가기록물의 관리 실태를 다른 나라와 비교하면서 보존 기록의 양적·질적인 측면을 살펴보자. 〈표 9-1〉에서 보듯이 미국은 국립기록청[NARA]에 1,360만 권 정도 보관되어 있으며, 그 외 지역기록보존소, 대통령기록관 등을 합하면 약 2억 권이 된다. 미국 국립기록청의 장(長)은 차관급이며, 그곳에서 3,900명의 공무원이 근무하고 있다. 프랑스는 국립기록청[Archives Nationales]에 1,200만 권을 소장하고 있으며, 전국적으로 6,000만 권을 소장하고 있다. 프랑스의 국립기록청장은 국장급이다. 중국은 중앙당안관에 1,200만 권, 제1역사당안관에 1,100만 권,

제2역사당안관에 150만 권을 소장하고 있으며, 전국적으로 1억 권을 소장하고 있다. 중국 당안국장은 차관급이며, 전국적으로 약 100만 명의 공무원이 당안관에 근무하고 있다. 반면에 한국은 대전의 정부기록보존소에 약 35만 권의 문서와 기타 도면, 카드 등을 소장하고 있다.[1] 정부기록보존소장은 국장급이며, 약 130명의 공무원이 근무하고 있다. 이와 같이 양적으로 미국, 프랑스, 중국 등의 나라와 비교할 수 없이 빈약하다.

위에서 보듯이 미국과 프랑스, 중국 등의 나라들은 많은 자료를 소장하고 있다. 그것을 바탕으로 그들 나라의 정책을 펴가고 있다. 국가기록물은 정책을 입안하고 집행해가는 데 기초적인 자료가 되는 것이다. 선대(先代)의 정책이 새 정부의 정책 입안의 근거가 된다.[2]

더욱 심각한 것은 자료의 질적인 수준이다. 우리나라의 정부기록보존소에 보관하고 있는 자료의 질적인 수준은 매우 낮다고 볼 수 있다. 일제시기의 문서 2만 4천 권 중에 역사적 가치가 있는 영구문서류는 많지 않으며, 해방 후에도 중요한 문서를 체계적으로 보관하고 있지 못하다.

---

[1] 1999년 기준으로 정부기록보존소가 수집, 보존하고 있는 기록물은 문서 373,620권(조선왕조실록·정부수립이후 문서 포함), 도면 1,194,502매(일제시기 지적원도, 일기도, 각종 공사 설계도) 카드 1,584,636매(공무원인사기록카드, 연금카드, 병적카드 등) 시청각기록물 1,328,892점(사진, 녹음테이프, 영화필름 등), 마이크로필름 197,813롤(보존용 및 열람용), 정부간행물 121,292권(행정백서, 연보, 통계자료)으로서 이를 문서로 환산하면 약 50만 권에 이른다(강성천, 『국가기록물 보존현황과 학술자료 활용방안』, 한국사회사학회 동계세미나, 1999 참조).

[2] 다른 나라의 국가기록물은 그 나라에 대한 중요한 정보이다. 그리하여 전쟁을 수행할 때 구 소련은 소위 '역사기록부대'를 앞세워 독일의 문서를 크레믈린으로 가져갔고, 미국도 한국전쟁시에 평양에 먼저 입성해서 북한문서를 가져가서 미국 국립기록청에 보관하였다. 미국 국립기록청에는 미국 행정문서뿐만 아니라 세계 곳곳에서 수집해온 각국의 중요문서들을 소장하고 있다.

〈표 9-2〉 정부기록보존소의 역대 대통령기록 보존 현황

유형 대통령	합계 (건)	문서류 비전자(건)	문서류 전자(건)	시청각 (전자+비전자) (장/건)	행정박물 (선물포함) (점)	행정정보 데이터 세트 (건)	웹기록 (건)	간행물, 도서 등 (권/개)
이승만	94,074	24,940	-	65,177	16	-	-	3,941
허 정 (권한대행)	288	173	-	-	-	-	-	115
윤보선	3,601	3,002	-	287	-	-	-	312
박정희	75,075	59,926	-	13,986	623	-	-	540
최규하	34,629	9,471	-	19,415	2,286	-	-	3,457
박충훈 (권한대행)	49	48	-	-	1	-	-	-
전두환	97,557	42,770	-	53,579	644	-	-	564
노태우	46,437	38,704	-	7,081	388	-	-	264
김영삼	133,283	97,107	-	31,460	3,164	-	-	1,552
김대중	805,456	311,862	-	20,925	2,147	56,877	411,876	1,769
노무현	7,919,261	549,051	758,567	739,085	2,751	883,921	4,971,158	14,728
고 건 (권한대행)	1,845	257	-	1,546	-	-	-	42
이명박	10,879,864	436,830	592,123	1,407,352	3,496	3,298,129	5,134,137	7,797
박근혜	11,229,088	175,352	545,688	1,587,211	1,349	4,985,022	3,931,042	3,424
총계(건)	31,320,507	1,749,493	1,896,378	3,947,104	16,865	9,223,949	14,448,213	38,505

출전: 대통령기록관 〉 기관소개 〉 기록물현황(2018년 12월 31일 기준)으로 수정·보완하였음.

그러한 대표적 사례 가운데 하나가 대통령관련 기록이다. 대통령제 하에서 대통령이 가지고 있는 권한은 막강하고, 그의 권한 행사는 당시 정책에 결정적인 영향을 미친다. 그 때문에 대통령비서실을 중심으로, 정책결정에 따른 기록들이 많이 생산되었다. 당시의 정책결정 과정과 사회상을 살피기 위해서는 대통령 관련 기록물에 대한 검토가 매우 필요하다. 대통령 기록은 당대 역사를 구성하는 주요 부분이다. 그러나 불행히 대통령기록관에는 대통령 관련 기록물이 거의 보관되어 있지 못하다. 〈표 9-2〉에서 보듯이 김대중 대통령 이전에는 박정희 대통령 관련 기록물만 약간 보관되어 있고, 나머지 대통령들의 문서는 거의 보관되어 있지 못하다. 보관되어 있는 기록들도 『통치사료기록서』를 포함한 공식적 공개적 행사 기록이나, 법령공포원본, 각급 행정기관의 보고문서 등이다. 그러므로 질적 측면에서 매우 낮다고 할 수 있다.

그렇게 된 중요한 이유는 대통령들이 그 직을 그만 둘 때 대통령기록물을 폐기 처분하여 '후환'을 없애거나, 그것을 모두 가지고 나감으로써 기록이 남아 있지 않게 된 것이다.[3] 대통령 관련 기록물은 다음 정권에서 정책을 수립하고 집행해가는 데 중요한 바탕이 되는 것이며, 아울러 역사자료로서 중요한 의미를 지닐 수 있는 것임에도 불구하고 그것을 규제하고 보존할만한 제도적인 장치를 마련하지 못하였던 것이다.

대통령기록물을 보완해줄 수 있는 자료가 국무회의 회의록이다. 그러나 우리나라에는 국무회의 회의록에 논의 내용을 적지 않고 결정사항만 기록하고 있다. 그것만으로는 어떤 논의과정을 거쳐서 정책이 결정되었는지 알 수 없다. 반면에 조선시기의 『비변사등록』과 『일성록』 및 『실록』에는 어떠한 정책이 결정되기까지 누가 어떠한 주장을 하였는지 기록함으로써, 그 관료와 당파의 입장을 파악할 수 있다.

---

3) 곽건홍, 「대통령기록 관리기구의 기능과 역할」, 『기록학연구』 4, 한국기록학회, 2001, 9쪽.

또 하나의 예는 비밀기록의 보존 문제이다. 비밀기록이란 그 시대에서 정책 결정의 진수이며, 질적으로 높은 수준의 문서이다. 동시에 역사적 가치가 높은 문서이다. 그러므로 각국에서는 비밀문서를 잘 보존하고, 시일이 훨씬 지난 후에 공개하는 것이 일반적인 원칙이다. 그러나 우리나라에서는 보안관리상의 문제로 예고기간이 지나면 폐기하는 것이 일반적이다. 그러므로 우리나라에서는 비밀문서가 별로 남아 있지 않다.

이와 같이 정부기록보존소에 보관되어 있는 국가기록물은 양적·질적 수준에서 매우 빈약하다고 할 수 있다.

3. 한국근현대사 속의 국가기록물관리

1) 일제시기의 국가기록물관리

19세기 중엽 이후 한국인들은 외적으로 서구 열강의 침략을 견제하고 내적으로 근대사회를 이루어가려고 노력하였다. 그러나 그러한 노력은 결실을 이루지 못하였고, 일본제국주의에 의해 식민지로 귀결되게 되었다.

일본제국주의는 한국을 식민지로 지배하기 위해서 치밀한 연구와 조사를 바탕으로 정책을 집행해갔다. 일제는 독일로부터 제국주의국가의 식민정책을 연구하여 이론적인 기반으로 삼았고, 그를 바탕으로 대만을 식민지로 통치해가면서 그곳에서 행했던 식민정책의 시행착오를 거울삼아 조선을 지배해 갔다. 예를 들면 1894년 이후 대만에서 토지조사사업의 경험을 바탕으로 1910년 이후 조선에서 토지조사사업을 벌여 나갔다.

일제는 조선을 식민지로 효과적으로 지배하기 위하여 조사를 실시하였고, 그를 바탕으로 조선을 지배해갔다. 1906년 이후 '재원조사', '국유제실유재산조사', '산업조사', '구관조사' 등을 실시하였고 1920년대는 조선을 영구히 지배하기 위해서 '조선의 역사기록', '조선의 취락', '조선의 종교' 등을 조사·정리하였다. 일제는 조선을 식민지배하면서 많은 기록물을 생산·활용·보존하였지만, 전쟁에서 패망할 무렵, 조선총독부의 기밀문서와 중요문서를 불태우거나 혹은 일본으로 가져갔다. 그리하여 지금 정부기록보존소에 소장하고 있는 일제 발행의 2만 권의 문서 중 중요 기록물을 찾아보기 어렵다. 다만『지적원도』,『토지조사부』, 법무부 행형기록 등이 유용할 만하다.[4]

2) 해방 후의 국가기록물관리

해방 후 한국의 사회세력들은 자주적 민족국가를 수립하려고 노력하였고, 1948년 대한민국 정부를 수립하면서 좌우대립이 심화되어 한국전쟁으로 귀결되었다. 1953년 휴전협정 이후 남한과 북한의 대립은 지속되었다.

해방 후 미군정[1945~1948]의 시기에는 미군이 남한을 통치하였고, 국가기록물관리를 그들이 주도하였으나, 1948년 남한 단독정부 수립 이후에 국가기록물을 대한민국정부에 전수하지 않았다. 현재 정부기록보존소에는 미군정기 각 부서에서 생산된 기록물을 거의 찾아볼 수 없다. 관보 등 극히 일부분의 문서만이 남아 있기 때문에 미군정의 정책문서는 그들의 나라로 가져갔다고 여겨진다.

1948년 남한에 대한민국 정부가 세워진 이후에도 국가기록이 착실히 보존되지 못하였다. 친일파들이 정권에 많이 참여하였고, 그들은 기록을 남기는 것을 기피하였다. 증거로 남기기 싫은 일들은 말이나 전화로 하였다. 정책문서로 발간한 문서도 일정한 시기가 지나면 폐기하였다. 또한 그 시기 좌우익의 대립도 문서를 남기지 않게 하는 사회적 분위기가 조성되었다. 좌익

---

4) 일제가 토지조사사업을 벌이면서 만들었던『지적원도』와『토지조사부』를 통하여 당시의 농촌상황과 토지소유관계를 알 수 있고, 법무부의 행형기록은 독립운동관련 인물과 독립운동의 실상을 알 수 있다.

과 우익 단체의 인사들은 자신들의 기록이 자기 조직의 상태를 알리는 정보가 되거나, 혹은 탄압의 빌미가 되기 때문에 설사 문서를 발간하였다고 하더라도 일정한 시기가 지나면 폐기하는 것이 일반적이었다. 더욱이 1950년에 발발한 한국전쟁에서 국가기록물 등 많은 문서와 자료들이 소실되었다.

1950년대 중반 이후 이승만정권이 부패하면서 국가기록물관리가 제대로 이루어지지 못하였고, 이승만 대통령은 4·19 혁명 이후 대통령에서 물러날 때 대통령기록 중 일부를 폐기하거나, 중요한 기록을 갖고 나갔다. 그리하여 정부기록보존소에는 법령공포원본, 임용 및 서훈 문서, 각급 행정기관의 보고문서 등 형식적인 기록을 중심으로 일부 남아 있다. 다만 이 시기 법무부의 행형기록이 많이 남아 있어 주요 정치적 사건과 관련된 인물들의 기록은 풍부하여 사회사 연구에 도움이 된다.

3) 1960~1980년대 국가기록물관리

1960년 4·19 혁명으로 이승만 정권이 무너지고, 민중의 요구가 폭발적으로 제기되었지만, 박정희가 군사쿠데타를 일으켜 정권을 잡은 후 경제개발정책을 펴나갔다. 박정희는 1972년 유신으로 독재정권을 강화해가면서 차관을 통한 경제개발을 시도하였다.

박정희정권 때 국가기록물관리 차원에서 진일보한 측면이 있었다. 1969년에 정부기록보존소를 설립하여 그 동안 각 정부기관에서 자체 보관하고 있던 기록물을 종합적으로 수집하여 보존·관리하였다.

정부기록보존소에 보관되어 있는 기록물 중에 '대통령비서실'의 기록물이 다른 역대 대통령에 비해 상대적으로 내용과 양이 많은 편이다. 이 시기 대통령기록물이 많이 남은 이유는 통치기간이 길기도 하였지만, 박정희 대통령이 갑자기 서거해 자료를 챙길 시간적 여유가 없었기 때문이다. 또한 '경제개발관련', '경제정책회의기록', '외환환율관련', '외자도입심의

회안건' 등 경제관련 기록물들이 다수 남아 있다.5) 그러나 '경제정책회의록', '경제장관회의일정' 등의 자료에서 회의의 안건명만이 간단히 수록되어 있을 뿐 논의과정이 기록되어 있지 않아 정책결정과정을 파악하기에는 한계가 있다.

4) 1980년대 이후 국가기록물관리

1980년대 이후 민주화운동이 전면화되면서 사회민주화가 크게 진전되었고, 반면에 자본주의가 고도로 발전해가는 양상을 띠게 되었다. 자본주의가 고도로 발달해가면서 정보의 축적과 파악이 중요하였고, 사회민주화가 진전되면서 국가기록물관리에 대한 관심이 높아졌다.

먼저 전두환정권 시기에는 대통령기록물의 생산이라는 차원에서 일정한 기여를 하였다. 1980년 "청와대 비서실 직제"[대통령령 제16407호]를 개편하면서 비서실에 통치사료실을 설치하여 대통령기록물을 생산하는 측면에서 일정한 진전이 있었다. 그러나 전두환 대통령도 퇴임할 때는 주요 자료를 모두 가지고 나갔다. "각종 말씀자료와 수석비서관 회의록, 수석들이 보관한 문서 등을 연희동 사저로 옮겼다"고 하는 신문기사 내용에서도 지적하는 것처럼 대통령 기록물의 관리는 전혀 개선되지 않았다.

이 시기에는 파란만장한 사건들이 계속 일어나면서 국가기록물 파기와 유기 현상이 빈번하게 발생하였고, 그것을 방지하는 제도적인 장치를 마련하지도 못하였다. 예를 들면, 1980년 전두환정부의 국정틀을 잡았던 국가보위입법회의의 회의록이 없어져, 역사적 진실 규명을 할 수 없게 되었다. 또한 신군부를 재판하는 과정에서 핵심 문서로 주목되었던 육군참모총장 체포 재가서가 '기록보존연한 3년'에 해당하는 기록으로 분류되어 합법적으로 파기되어 그 실체를 규명할 수 없었다. 반면에 북방정책을 추진

---

5) 강성천, 『국가기록물 보존현황과 학술자료 활용방안』, 한국사회사학회 동계세미나, 1999.

하였던 노태우정부의 남북밀사교환 관련 기록을 개인이 소장하고 있을 정도로 관리가 허술하였다.

　이러한 문서의 파기와 유기는 1990년대 말까지 지속되었다. 국정 최고 책임자의 IMF 구제금융요청의 결정은 국운을 좌우할 중대 사안임에도 불구하고 관련기록이 없어져, IMF행을 둘러싸고 그 책임문제와 인수문제에서 흙탕물 공방을 벌였고, 그 싸움에 전직 대통령까지 말려들기도 하였다. 이것은 주요 문서가 파기되어 생긴 문제였다.[6]

　이러한 국가기록물의 관리 허술은 행정부처의 활동 부실로 나타나기도 하였다. 예를 들면, 김대중 정부 초기 일본과의 어업협상에서도 우리 정부의 해양수산부 관료들이 갖고 있는 자료들이 피상적인 것이었고, 일본 정부의 관료들은 구체적이면서도 정확한 자료들을 지니고 있었기 때문에 협상에서 우리의 이익을 관철시키지 못하고, 일본의 요구를 수용하는 형태로 귀결되었던 것이다.

　이러한 문제점을 학자는 물론 국가기록물 기관에서도 공감하여, 1999년 1월에 「공공기관기록물법」을 만들게 되었다. 이것은 국가기록물관리의 측면에서 보면 획기적인 일이었다. 그것은 공공기관의 기록물관리를 체계적으로 할 수 있는 법률적 근거를 마련함으로써 기록물관리를 발전시킬 수 있는 토대를 마련하였다.

　그러나 법이 만들어졌다고 해서 모두 이루어진 것은 아니다. 그 법령을 어떻게 구체화시킬 수 있는지는 우리 국민의 역사의식 수준에 달려 있다. 그러므로 기록관리에 관심을 갖고 있는 학자와 그 분야에 관계하고 있는 공무원 및 관계 기관 종사자는 물론이고, 시민[시민단체]들이 문제의식을 갖고 꾸준히 문제 제기를 하고 노력해갈 때 실현되는 것이다.

---

6) 김영삼정권 말기 때도 재정경제원의 외환관리정책과 관련한 문서들이 파기되었고, 일부 공안기관에서는 몇 트럭분의 기밀자료를 파기하였다고 한다. 아울러 김영삼 대통령도 수많은 대통령기록물을 파기하거나 가지고 나갔다고 한다.

4. 효율적인 국가기록물관리를 위한 제언

1) 중앙기록물관리기관의 권한 강화

「공공기관기록물법」에는 중앙행정기구에 중앙기록물관리기관을 두고, 각 지방자치단체에는 지방기록물관리기관을 설립하며, 각 특수기관에는 자료를 과도기적으로 보관하는 자료관이 설립되어야 한다고 규정하고 있지만, 아직 실현되지 않고 있다.

행정부의 중앙에는 정부기록보존소가 있어 그러한 기능을 행하고 있지만, 최근까지 정부기록보존소는 한미한 기구로 위치지어졌고, 소장도 2급직이며, 최근 2년 사이에 3명의 소장이 교체될 정도로 자리를 잡지 못하고 있다. 소장은 중앙행정기구로 승진하기 위한 과도적인 자리로 여겨지고 있으니, 이러고서야 정부기록보존소가 제 역할을 할 수가 없다. 소장은 기록관리분야에 식견을 갖고 있는 전문인이 임명되어 장기간 소신을 갖고 일할 수 있도록 해야 한다. 미국, 프랑스 등의 선진국에서는 중앙기록물관리기관의 장은 전문직으로 장기간 근무를 하는 것이 관례이다.

아울러 정부기록보존소장이 2급으로 되어서는 행정부 각 부서의 문서 생산과 이관을 강제할 수 없다. 적어도 소장은 차관급으로 격상되고 예산도 독립적으로 편성되어 각 행정부의 문서를 감독할 수 있는 권한을 갖도록 해야 할 것이다. 정부기록보존소가 행정부처에서 일정한 기간이 지나 활용성이 없어진 문서들을 이관하도록 강제할 수 있어야 한다. 또한 지방자치단체에도 별도로 지방기록물관리기관이 설립되어 독자적으로 역할을 하여야 하며, 하위의 자치단체나 행정부서에는 자료를 과도기적으로 보관할 수 있는 자료관을 설립하여야 한다.

2) 전문인력의 육성과 배치

기록물관리기관에서 국가기록물을 보존하고 공개하는 일을 제대로 수행하기 위해서는 기록연구새[Archivist]가 배치되어야 한다. 현대는 매우 복잡다단한 시대로, 기록에 대한 분류, 정리뿐 아니라 기록을 평가하고 공개하는 과정은 전문적인 지식을 필요로 한다. 그것은 역사학, 문헌정보학, 컴퓨터공학, 행정학 등을 아우르는 기록학을 전공한 기록연구사가 역할을 담당하여야 한다.

현재 정부기록보존소에는 10여 명의 박사학위 소지자가 배치되어 근무하고 있다. 미국 국립기록청에는 석박사 전문인력이 1,200여 명이 근무하고 있고, 독일의 연방기록보존소에는 박사급 전문인력이 100여 명 이상, 그리고 프랑스에서는 석사급 이상의 기록관리관 450여 명이 근무하고 있다.[7]

우리나라에서는 2000년부터 20여 개 대학의 대학원에 기록관리학과정이 설립되어 학생들이 열심히 공부하고 있다. 그 학생들을 대상으로 정부에서 자격증 시험을 보거나, 혹은 우수한 학생을 선발하여 정부기록보존소 등에 배치하여야 한다.

5. 맺음말

올해 2002년은 정치사적으로 중요한 한 해이다. 6월에 지방자치단체장 선거가 있고 12월에는 대통령선거가 있다. 새로운 인물들이 대통령과 단체장이 되면서 각각 정권을 인수 인계받을 것이다. 21세기에는 통일과 자주, 민주를 위해 한 걸음씩 나아가야 한다. 지금처럼 "기록이 없는 국가",

---

[7] 이만열, 「국가기록 관리의 현실」, 『국가기록보존관리 현실과 미래』, 한국국가기록연구원 창립기념 심포지움, 1999, 16~17쪽.

"역사가 없는 국가"가 되어서는 안 된다. 한국사회가 한 단계 발전하기 위해서는 국가기록물관리부터 철저히 해야 한다. 지금까지의 잘못된 관행을 청산하고 민주적인 기록문화를 정립해야 한다. 지금처럼 국가기록물을 무단으로 파기하여도 아무런 책임을 지지 않는 행태가 계속되어서는 안 된다. 국가기록물을 사적으로 점유하여서도 안 된다.

김대중정권은 「공공기관기록물법」을 만든 개혁의 초심으로 돌아가 대통령기록물들을 정부기록보존소에 이관하는 모범을 보여야 한다. 이전의 대통령과는 달리 새로운 전범을 만들어야 한다. 안기부 등의 국가기관에서도 무단으로 비밀문서들을 파기해서는 안 된다.

기록이 없는 정치는 반드시 부패한다. 지방자치단체장들도 자신의 기록을 그대로 남기고 그것을 '지방기록물관리기관'에 그대로 이관해야 한다. 국가기록물의 보존은 우리 사회를 한 단계 진전시키는 일이다. 그것이 국가를 위한 길이고, 국민을 위하는 길이고, 역사를 위하는 길이다.

2002년은 새로운 기록문화, 민주적 기록문화를 정착시키는 한 해가 되어야 한다.

「한국근현대사와 국가기록물 관리」, 『기록학연구』 6, 한국기록학회, 2002.

제 10 장

참여정부 기록관리정책의 특징

1. 머리말

　1948년 대한민국정부 수립 이후부터 현재까지 국가기록관리제도에서 가장 큰 변화를 가져온 시기는 1999년 「공공기관기록물법」 제정 이후이며, 특히 참여정부 시절[2003~2008]이었다.
　1948년 대한민국 정부 수립 이후 국가의 기록관리는 매우 부실하였다.[1] 정부의 공공기록관리의 전기를 마련하게 된 것은 1999년의 「공공기관기록물법」 제정이었다. 이 법률에서 기록관리의 목적을 "기록유산의 안전한 보존과 공공기관의 기록정보의 효율적 활용을 도모한다"[2]고 함으로써, 공공기관의 기록물을 잘 관리하는 것이 중요하며, 나아가 기록정보의 효율적 활용을 모색함을 명시하였다. 즉 이제 기록관리는 행정사무의 효율화를 위한 수단이 아니라, 그 자체로서 가치를 지니는 독립적 행정행위가 된 것이다.[3]

---

1) 이승일, 『기록의 역사』, 혜안, 2011; 곽건홍, 『한국 국가기록관리의 이론과 실제』, 역사비평사, 2003; 이영학, 「한국근현대사와 국가기록물 관리」, 『기록학연구』 6, 한국기록학회, 2002.
2) 「공공기관의 기록물관리에 관한 법률」(1999), 제1조.
3) 서혜란, 「한국 공공기록관리정책의 연대기적 검토」, 『한국기록관리학회지』 제9권 2호,

이 법률에서 구체적으로 공공기관에서 중요 기록의 생산 의무, 생산한 기록의 등록 의무, 기록 무단 폐기 등의 처벌, 기록관의 설립, 기록물관리 전문요원의 배치 등을 명시하였다.[4]

그러나 법률이 제정되었다고 해서 공무원 혹은 국민들의 기록관리에 대한 인식이 바뀐 것은 아니었다. 이 법률의 시행에도 불구하고, 공공기관의 기록물관리는 개선되지 않았다. 주요 공공기관이 업무를 수행하면서 생산한 기록을 등록하지 않았으며, 중요한 역사기록을 무단으로 폐기하였다. 그리고 기록관은 설립되지 않았고, 나아가 기록물관리 전문요원의 배치도 이루어지지 않았다. 그리하여 참여연대와 한국국가기록연구원 등 시민단체에서는 "법령의 기초적인 요구도 준수되지 않는 행정 소홀과 무관심"[5]을 지적하였고, 한 언론사의 공공기관 기록관리에 대한 탐사기획 〈기록이 없는 나라〉에서는 기록관리의 부실이 적나라하게 폭로되었다.[6]

이에 참여정부는 공공기록을 잘 관리하는 것이 행정부의 혁신을 가져오는 것이라고 판단하였으며, 2004년 이후 공공기록관리의 혁신을 시도하였다. 참여정부의 기록관리정책을 추진하는 데 있어서 중요한 특징은 시민단체와 민간인 전문가의 의견을 적극적으로 반영하는 거버넌스를 실현하고자 하였다는 점이다. 참여정부는 대통령 소속의「정부혁신지방분권위원회」내에 '기록관리혁신전문위원회'를 설치하여 정부의 기록관리 혁신을 추진하였다. 2004년 11월에 기록관리혁신전문위원회가 출범하여 2005년 4월에「국가기록관리혁신 로드맵」을 대통령에게 보고하고 10월에 로드맵을 확정하여 기록관리 분야의 개혁을 추진해 나갔다.

한국기록관리학회, 2009, 195쪽.
4) 곽건홍,「한국 국가기록관리체제 '혁신'의 성격」,『기록학연구』13, 한국기록학회, 2006, 7쪽.
5) 참여연대,「공공기관의 기록물관리에 관한 법률 개정안에 대한 참여연대 의견서」, 2006년 2월 14일.
6) 특집기사「기록이 없는 나라」1~9,『세계일보』, 2004년 5월 30일~7월 14일.

또한 로드맵에 제시된 개혁과제의 달성을 촉진하기 위해, 2005년부터 혁신분권평가전문위원회를 발족시켜 로드맵 과제의 진전을 점검하도록 하였다. 그리하여 참여정부에서는 「국가기록관리혁신 로드맵」의 과제가 적극적으로 추진되게 노력하였다.

이 글에서는 참여정부에서 「국가기록관리혁신 로드맵」의 과제가 어떻게 추진되었으며, 추진된 기록관리정책의 주요 내용과 특징을 검토하고자 한다.

2. 기록관리혁신전문위원회의 설치와 기록관리정책의 추진

1) 공공기록 혁신의 역사적 배경

1948년 대한민국 건국 이후 공공기록관리는 행정업무 수행을 위한 수단으로 협소하게 취급되었다가, 1999년에 「공공기관기록물법」이 제정되면서 기록관리의 목적이 기록유산의 보존과 기록정보의 효율적 활용을 도모함에 있음을 천명하였다. 법률 제정 이후 공공부문에서 기록물관리기관의 역할을 정의내리고, 기록물관리전문요원 제도를 도입하며, 공공기관에서 기록물 생산의무를 명문화하는 등의 진전을 이루었지만 그것이 공공기관의 기록관리제도로 뿌리내리지는 못하였다.[7]

참여정부[2003~2008]에 들어와서도 공공기관의 기록관리제도가 체계적으로 정립되지 못하였다. 당시 공무원들의 공공기록관리에 대한 인식이 깊지 못하였고, 공공기관에서 기록관리는 철저하지 못하였다. 당시 공공기록관리의 부실 상태는 언론의 큰 질타를 받았다. 먼저 2004년 5월말부터 3개월에 걸쳐 세계일보와 참여연대는 공동으로 탐사하여 기획기사 〈기록이 없는 나라〉를 통하여 당시 공공기록관리의 부실을 적나라하게

---

7) 서혜란, 「한국 공공기록관리정책의 연대기적 검토」, 『한국기록관리학회지』 제9권 2호, 한국기록관리학회, 2009, 195~198쪽.

고발하였다.8)

이에 행정자치부에서는 그 해 6월과 7월에 123개 공공기관에 대해 기록관리 실태를 조사하여9) 8월에 국무회의에서 대통령에게 보고하였는데, 당시 공공기관의 기록관리 상황은 매우 부실하였다.10) 당시 보고에 의하면 기획예산처는 공공기록의 무단폐기를 자행하였고, 식품의약품안전청의 경우는 공공기록물을 창고에 묶음상태로 방치하는 등 심각한 직무유기를 저지르고 있었다. 당시 언론과 시민단체에서는 정부의 기록관리와 공공기록물관리의 정상화를 촉구하는 논평과 성명서를 쏟아내고 있었다.11)

이에 노무현대통령은 감사원에게 정부의 공공기록관리 실태를 감사하라는 명령을 내렸다. 그리하여 감사원에서 2004년 11월부터 2005년 2월까지 공공기관의 기록물관리 실태를 조사하여 보고서를 제출하였다.12) 감사원에서는 국가기록원 등 24개 정부기관을 감사하여 "중요기록물 유실 및 영구보존 대책 미흡, 특수기록물[국새·화폐 등] 보존 미흡 및 관리 부실, 대통령기록물관리 소홀 및 기록물의 범위 모호, 비밀기록물의 관리 소홀 및 중요기록물 보존 부실 등"13)의 문제점이 있어, "행정자치부와 국가기록원에 대하여 특수기록물[국새 등]관리 등 7개 분야에 걸쳐 42건의 문제점을 지적

---

8) 특집기사 「기록이 없는 나라」 1~9, 『세계일보』, 2004년 5월 30일~7월 14일.
9) 대통령은 2004년 6월 8일 국무회의에서 국가기록원으로 하여금 기록관리 실태를 조사하게 하고, 7월 20일 국무회의에서 "우리가 이렇게 해서 새 출발을 못합니다. 기록관리부터 새롭게 하고, 지난 날의 처리에 대해 국민 앞에 진상공개하고 앞으로 안 그러겠다고 맹세해야 합니다"라고 기록관리혁신의 필요성을 강조하였다(정부혁신지방분권위원회, 『참여정부의 기록관리혁신』(정부혁신지방분권위원회 백서 7), 2005, 40쪽).
10) 행정자치부 국가기록원, 『기록물관리 실태조사 결과보고』, 2004년 7월.
11) 국가기록개혁네트워크, 「공공기록물관리의 조속한 정상화를 촉구한다」, 2004년 10월 6일 논평; 참여연대 보도자료, 「대검찰청 기록물폐기 심각한 문제 드러나」, 2004년 8월 18일; 참여연대 보도자료, 「기획예산처장관 등 기록물관리법 위반으로 형사고발」, 2004년 10월 6일; 「정부기록 엉망관리 언제까지」, 2004년 10월 7일 논평, 『한겨레』.
12) 감사원, 「'공공기록물 관리 및 보존실태' 감사결과」, 2005년 10월 27일.
13) 감사원, 「'공공기록물 관리 및 보존실태' 감사결과」, 2005년 10월 27일, 2쪽.

하여 권고 또는 주의 등의 처분 요구를 하였다"14)고 발표하였다.

감사원 감사에서는 구체적인 사례들이 적시되면서 공공기관의 기록물 관리의 난맥상이 폭로되었다. 예를 들면, 국가기록원에서는 제1차 개정헌법부터 제5차 개정헌법까지 그 필사본을 원본인 줄 알고 보존서고에 보관하고 있었고, 국가의 상징인 국새와 정부수립 이후 발행한 화폐를 분실하는 등 기록관리의 문제점이 그대로 드러났다.15)

이와 같이 언론과 시민단체에서 공공기관의 기록관리의 부실이 지적되었고, 국가기록원과 감사원의 기록관리 감사에서도 공공기관의 기록관리의 소홀이 확인되면서 공공기록물관리의 중요성과 시급성이 부각되었다.

이에 참여정부는 공공기록을 제대로 관리하는 것이 정부의 혁신을 도모하는 것이라고 판단하였다. 그리하여 참여정부는 공공기록관리의 혁신을 도모하고자 하였고, 그를 통하여 행정부의 혁신을 이루고자 하였다.

다른 한편 당시는 기록관리혁신을 주도해 갈 집단들이 형성되어 가고 있었다. 1999년에 「공공기관기록물법」이 공포된 후, 대학원에 '기록관리학과'가 신설되어, 그곳에서 대학원 교육을 받은 기록관리 전문가들이 배출되기 시작하였다.16) 또한 역사학, 문헌정보학 및 컴퓨터공학 교수들이 기록학에 관심을 가지고 연구를 시작하면서 기록학 전문가로 변해가고 있었다.17) 또한 대통령비서실의 기록관리비서관실이 기록관리 개혁 마인드

---

14) 감사원, 「'공공기록물 관리 및 보존실태' 감사결과」, 2005년 10월 27일, 2쪽.
15) 감사원, 「'공공기록물 관리 및 보존실태' 감사결과」, 2005년 10월 27일, 5쪽.
16) 우리나라에 대학원 기록관리학과가 설립된 것은 1999년 이후였다. 1999년에 목포대, 원광대에 설립되었고, 2000년에는 명지대, 충남대, 한남대, 경남대, 부산대 등에 설립되었고, 2001년에는 한국외대, 서울대 등에 설립되어 현재 20개 대학원에 기록관리학과가 설립되어 기록물관리 전문요원을 양성하고 있다. 대학원에서 교육을 받고 졸업을 한 기록물관리 전문요원이 2006년 말에는 2백여 명이 넘었다(이영학, 「기록물관리 전문요원의 운영 현황과 전망」, 『기록학연구』 21, 한국기록학회, 2009, 344쪽).
17) 김익한, 「기록학의 도입과 기록관리혁신(1999년 이후)」, 『기록학연구』 15, 한국기록학회, 2007.

를 지니고 있었고, 국가기록원의 일부 인사들이 기록관리 개혁의 인식과 능력을 갖추고 있었다.

참여정부는 이러한 전문가들을 기록관리혁신전문위원회에 참여시켜 「국가기록관리혁신 로드맵」을 작성하게 하였다. 또한 개혁적인 관료와 민간 전문가 및 대학원 졸업생들이 기록관리비서관실 및 국가기록원 기록관리혁신단에 참여하면서 기록관리혁신의 동반자가 되어 갔던 것이다.

2) 기록관리혁신전문위원회의 설치

참여정부는 2003년 2월 25일 출범하면서 정부혁신과 지방분권에 관한 사항을 종합적·체계적으로 심의하기 위해, 대통령 산하 기구로 「정부혁신지방분권위원회[혁신분권위원회로 약칭]」를 출범시켰다. 4월 7일에 『정부혁신지방분권위원회규정』[대통령령]을 제정·공포하고, 4월 9일에 제1회 정부혁신지방분권위원회를 개최하였다. 4월과 5월 사이에 혁신분권위원회의 5개 전문위원회 위원을 위촉하였다. 그 분야는 '행정개혁', '인사개혁', '지방분권', '재정세제', '전자정부' 분야였다. 각 분야별로 위원들이 분야별 로드맵을 발표하면서 개혁의 방향과 내용을 제시하였다.[18]

한편 참여정부에 들어와 공공기록관리의 필요성과 중요성이 중대되고, 대통령의 기록관리에 대한 관심이 깊어지면서[19] 청와대 내에서 기록관리

---

18) 5개 전문위원회는 각 분야별로 로드맵을 발표하였다. 그 발표일시는 다음과 같다. 인사개혁(4월 9일), 지방분권(7월 4일), 행정개혁(7월 22일), 재정세제(7월 29일), 전자정부(8월 14일).

19) 노무현대통령은 공공기록관리를 제대로 하는 것이 중요하다는 인식을 하고 있었다. 대통령 당선자 시기에는 "청와대의 모든 회의기록과 정부의 모든 공식회의 기록을 의무화할 것입니다. 일정기간이 지나면 공개하고 독립심의기구에서 심의하여 공개여부를 결정할 것입니다"라고 하여 기록의 생산 의무화와 공개 활용을 언급하였고, 2004년 7월 20일에 국무회의에서는 "우리가 이렇게 해서 새 출발을 못합니다. 기록관리부터 새롭게 하고, 지난 날의 처리에 대해 국민 앞에 진상공개하고 앞으로 안 그러겠다고 맹세

및 정보공개 관련 전문가 간담회가 2004년 7월 19일부터 9월 13일까지 4차례에 걸쳐 진행되었다. 이 간담회에서 기록관리의 현황을 점검하고 기록관리 혁신방안 등을 논의하였다.20)

대통령비서실 총무·업무혁신·국정기록비서관실 등으로 구성된 '기록관리 및 정보공개 개선 T/F'는21) 대통령에게 기록관리의 현황과 개선안을 보고하였다. 이에 대통령은 9월 15일에 기록관리 전반을 혁신할 수 있는 로드맵을 작성하고 기록관련 제도 정비 및 관련 법률 개정안을 마련하라는 지시를 내리는 한편, 정부혁신지방분권위원회 소속으로 '기록관리혁신전문위원회'를 설치할 것을 지시하였다.22)

그리하여 정부혁신지방분권위원회 제41차 본회의[2004.10.29]에서 '혁신분권위원회' 소속으로 기록관리혁신전문위원회를 신설할 것을 의결하였다. 전문위원회 구성은 개혁성과 실무경험을 겸비한 기록관리학, 문헌정보학, 역사학 등 각 학계의 인사들로 민간위원 13명, 행정자치부 행정개혁본부장, 국가기록원장, 국사편찬위원회 편사부장 등 당연직 정부위원 3명 등 총 16명이 전문위원으로 위촉되었다.23) 기록관리혁신전문위원회 간사위원으로는 안병우[한신대]가 임명되었다.24)

해야 합니다"라고 하여 기록관리 개혁의 필요성을 강조하였다(정부혁신지방분권위원회, 『참여정부의 기록관리혁신』(정부혁신지방분권백서 7), 2008, 70~71쪽 참조).
20) 정부혁신지방분권위원회, 『참여정부의 기록관리혁신』(정부혁신지방분권백서 7), 2005, 42쪽.
21) 정부혁신지방분권위원회, 『참여정부의 기록관리혁신』(정부혁신지방분권백서 7), 2005, 42쪽, "토론자인 김익한 교수는 당시 명칭이 '업무혁신 및 정보공개개선 T/F'라고 기억한다고 하였다."
22) 정부혁신지방분권위원회, 『참여정부의 기록관리혁신』(정부혁신지방분권백서 7), 2005, 42~43쪽.
23) 민간위원은 안병우(한신대), 김익한(명지대), 이종흡(경남대), 이승휘(명지대), 이주현(한남대), 정용욱(서울대), 조승현(한국방송통신대), 경건(서울시립대), 김태수(연세대), 정연경(이화여대), 서혜란(신라대), 채기준(이화여대), 유상영(연세대) 교수이었다.
24) 정부혁신지방분권위원회, 『참여정부의 기록관리혁신』(정부혁신지방분권백서 7), 2005,

기록관리혁신전문위원회는 4개의 T/F[Task Force]로 나누어 활동하면서, 전체 모임에서 그 활동을 종합·정리하였다. 4개의 T/F는 '문서속성카드 및 기록관리 프로세스 T/F', '거버넌스 기록관리 T/F', '시스템혁신 T/F', '국가역사역량강화 T/F'였다. 첫째 '문서속성카드 및 기록관리 프로세스 T/F'는 문서관리카드 모델과 기록관리 프로세스 로드맵을 마련하는 역할을 맡았고, 둘째 '거버넌스 기록관리 T/F'는 거버넌스형 국가기록관리 조직을 마련하는 일을 맡았으며, 셋째 '시스템혁신 T/F'는 기록관리시스템을 작성하는 일을 맡았으며, 넷째 '국가역사역량강화 T/F'는 기록관리를 통한 국가역사역량 강화 방안을 마련하였다.25)

기록관리혁신전문위원회는 10여 차례의 회의 동안 국가기록관리혁신 로드맵을 작성하였으며, 2005년 3월에는 국가기록물관리기관의 위상 문제에 대한 토론을 전개하였다. 민간위원들은 국가기록원과 국사편찬위원회를 통합하여 별도 기구인 국가역사기록위원회를 설립하여 기록관리의 전문성, 독립성, 중립성을 확보하자고 주장한 반면에, 당시 국가기록원장과 행정자치부 행정개혁본부장 등 정부위원은 양 기관의 통합에 반대하고 중앙기록물관리기관의 행정자치부 외청안을 제시하였다. 이 문제는 논란을 벌였지만 결론을 내리지는 못하였다. 전자는 현용기록과 비현용기록[역사기록]을 함께 관리하는 독립된 기구[장관급]를 만들자는 의미이고, 후자는 현용기록만 관리하는 행정자치부 관련기구를 만들자는 의미이다.

2005년 4월 7일 기록관리혁신전문위원회는 청와대에서 국가기록관리혁신 로드맵을 대통령에게 보고하였다. 이날 보고회에는 대통령을 비롯하여 김병준 정책실장, 이원덕 사회정책수석비서관, 총무비서관과 기록관리비서관 등 청와대 관계자, 오영교 행정자치부 장관, 조영택 국무조정실장,

---

43쪽.
25) 정부혁신지방분권위원회,『참여정부의 기록관리혁신』(정부혁신지방분권백서 7), 2005, 48~49쪽.

이만열 국사편찬위원회 위원장 등 정부관계자, 윤성식 정부혁신지방분권위원회 위원장과 안병우 전문위원회 간사 및 김익한, 이종흡, 이승휘, 이주현 위원 등이 참석하였다.26)

안병우 위원은 기록관리혁신의 의의, 기록관리의 현황 및 개혁과제 등을 설명하였고, 기록관리혁신의 과제를 10개 분야로 정리하여 보고하였다.27) 국가기록관리혁신 로드맵을 보고 받은 대통령은 역사 자료의 관리 및 편찬과 기록관리의 관계, 회의록의 비공개 문제, 대외비 폐지 문제, 중요 민간 기록의 국가 관리문제 등 보고 내용 전반에 관해 의견을 피력하였고, 참석자들도 활발한 토론을 전개하였다. 나아가 역사기록과 현용공공기록의 통합 관리의 타당성과 효율성을 논의하였는데, 이 문제는 중앙기록물관리기관의 조직 개편과 관련된 것이었다. 대통령은 중앙기록물관리기관의 조직 개편은 시간을 두고 생각할 문제이며, 현재 중요한 것은 프로세스와 시스템 혁신이라는 입장을 밝혀서 조직안 개편은 유예되었다.28)

4월 7일의 대통령 보고에서 기록관리혁신 아젠다의 정당성을 인정받았지만, '역사기록'에 대한 내용은 조정되어야 했다. 그리하여 다음에 열리는 기록관리혁신전문위원회에서 기존의 4개 T/F가 3개의 T/F로 개편되었고, 3개의 T/F는 '프로세스·시스템 T/F', '법·제도 T/F', '공공기록자원화 T/F'로 구성되었다. 그리고 로드맵에서 '역사기록'이라는 용어는 '공공기

---

26) 정부혁신지방분권위원회, 『참여정부의 기록관리혁신』(정부혁신지방분권백서 7), 2008, 87쪽.
27) 기록관리 혁신의 과제는 ① 공공업무 수행의 철저한 기록화, ② 기록관리 프로세스와 시스템의 재정비, ③ 정보공개 확대, ④ 비밀관리의 체계화, ⑤ 글로벌 스탠다드에 부합하는 국가표준의 제정, ⑥ 역사기록 수집 및 관리 강화, ⑦ 역사기록 편찬 및 서비스 확대, ⑧ 법·제도의 정비, ⑨ 전문인력의 양성과 배치, ⑩ 거버넌스 조직의 실현 등 10개 분야별 아젠다로 제시하였다.
28) 중앙기록물관리기관의 위상 문제는 '국민의 정부(1998~2003)'에도 논의된 적이 있다. 국민의 정부 출범 시에 정부기록보존소와 국사편찬위원회 및 정신문화연구원이 통합하여 별도의 독립적 기관을 만들자는 논의가 있었으나, 결론을 내지 못하였다.

록'으로 교체되었다.29)

2005년 5월 기록관리혁신전문위원회는 정부혁신지방분권위원회의 운영체계 변화에 발맞추어 '기록관리혁신T/F협의회'로 바뀌게 되었다.30) '기록관리혁신T/F협의회'는 기존의 3개의 T/F를 중심으로 활동하면서 전체 모임에서 그 활동을 종합적으로 결정하였다.

수개월에 걸친 혁신위와 국가기록원의 협의 과정을 거쳐 완성된 로드맵은 「국가기록관리혁신 로드맵」[수정안]으로 확정되었고, 2005년 10월 4일 국무회의에서 정식으로 보고되어 확정되었다. 대통령은 "기록관리혁신 로드맵을 국무회의에서 보고하도록 한 것은 이런 일을 정부에서 진행하고 있다는 사실을 각 부처가 관심을 갖고 협력해주기를 바라는 뜻"31)이라고 말하였다.

이 수정된 로드맵이 1차 로드맵[2005.4.7]과 달라진 점은 국가기록관리기구의 조직 개편은 유예되고, 프로세스와 시스템을 통한 기록관리혁신의 원칙이 관철된 것이었다. 그 「국가기록관리혁신 로드맵」을 정리한 것이 〈표 10-1〉이다. 국무회의 보고 후, 정부혁신지방분권위원회 위원장은 "기록관리혁신 로드맵이 기존의 기록관리 관행을 변화시키는 역사적 계기이며, 앞으로 정부혁신을 가속화시키는 하나의 이정표"32)가 될 것이라고 말하였다. 「국가기록관리혁신 로드맵」의 확정은 한국현대사에서 처음으로 기록관리에 대한 국가정책문서가 공식적으로 채택되었다는 의미를 지녔다.33)

---

29) 비현용기록이면서 역사기록의 관리보다는 현용기록인 공공기록 관리의 비중이 커졌다고 할 수 있다.
30) 기록관리혁신T/F협의회 위원은 안병우, 김익한, 김경창, 이종흡, 정연경, 채기준, 경건, 류상영, 이승휘, 서혜란, 조승현, 정용욱, 이주현 교수들로 위촉되었다.
31) 정부혁신지방분권위원회, 『참여정부의 기록관리혁신』(정부혁신지방분권백서 7), 2008, 92~93쪽.
32) 정부혁신지방분권위원회, 『참여정부의 기록관리혁신』(정부혁신지방분권백서 7), 2005, 65쪽.

〈표 10-1〉 국가기록관리혁신 로드맵

혁신분야	과제명		추진기구	관련부처
	아젠다	세부과제		
프로세스와 시스템 혁신	공공업무 수행의 철저한 기록화	문서과제/관리카드 개발 확산	행정자치부 국가기록원 행정자치부 혁신기획관	대통령 비서실 확산 시범부처
		등록관리 대상기록의 확대	행정자치부 국가기록원	각 부처
		업무와 분류체계의 통합	행정자치부 국가기록원 행정자치부 혁신기획관	대통령 비서실 확산 시범부처
	기록관리 프로세스와 시스템 정비	기관내 기록관리 프로세스 재설계	행정자치부 국가기록원	각 부처
		기관내 기록관리 시스템 재설계와 도입	행정자치부 국가기록원	대통령 비서실, 행정자치부 혁신기획관, 각 부처
기록관리 기준·표준	정보공개 확대	정보공개 확대	행정자치부 국가기록원 행정자치부 정부혁신본부 정부혁신지방분권위원회	국정홍보처
	비밀관리의 체계화	비밀관리의 체계화	국가안전보장회의, 국가정보원, 정부혁신지방분권위원회	
	글로벌 스탠다드에 부합하는 국가표준의 제정	한국기록관리 표준 및 메타데이터 표준 제정	행정자치부 국가기록원	
		공공서비스, 전문인력 표준 제정		
공공기록의 자원화	공공기록 편찬 및 서비스 확대	공공기록 편찬 및 서비스 확대	행정자치부 국가기록원 국사편찬위원회	해당 부처
법·제도 정비	법·제도의 정비	기록관리법, 대통령 기록관리 법제 정비	행정자치부 국가기록원 대통령 비서실	
		정보공개법 개정, 비밀 설정 및 해제에 관한 법제 정비	행정자치부 국가정보원	대통령 비서실
	전문인력 확보 및 능력개발	전문인력양성 프로그램 설계	행정자치부 국가기록원	중앙인사위원회 기획예산처
	거버넌스형 조직의 실현 및 기록관리 인프라 구축	거버넌스형 조직의 실현 및 기록관리 인프라 구축	행정자치부 국가기록원 행정자치부 정부혁신본부	중앙인사위원회 기획예산처

출처: 정부혁신지방분권위원회, 『기록이 없으면, 정부도 없다 -국가기록관리혁신 로드맵 이해하기-』, 2005.

---

33) 서혜란, 「한국 공공기록관리정책의 연대기적 검토」, 『한국기록관리학회지』 제9권 제2

「국가기록관리혁신 로드맵」은 참여정부가 공공기록관리 분야에서 중점을 두고 추진할 과제를 정리한 것이다. 그것은 4개 분야, 9개 아젠다, 14개 과제로 구성되었다. 그 중 '프로세스와 시스템 혁신', '기록관리 기준·표준', '법·제도 정비' 등이 중시되었다.

이 로드맵의 실천에는 추진체계 간의 협력이 매우 중요하였다. 참여정부에서 국가기록관리의 추진 주체는 대통령비서실의 기록관리비서관실, 행정자치부 국가기록관리혁신기획단, 민간인이 중심이 된 기록관리혁신전문위원회가 존재하였다. 그 중 대통령비서실 기록관리비서관실과 대통령비서실 T/F는 기록관리혁신모델을 설계하고, 기록관리혁신전문위원회는 로드맵을 작성하며, 기획단은 부처별 실천계획을 수립·실천하기로 역할을 분담하였다.34) 세 주체는 초기에 서로 주도권을 장악하려고 갈등을 벌이기도 하였지만, 점차 서로 협력하면서 국가기록관리의 혁신을 주도해 갔다.

기록관리혁신의 추진에는 관련 법률의 정비가 필요하였다. 〈표 10-1〉의 로드맵에 있는 것처럼, 관련 법률에는 기록물관리법을 비롯하여 정보공개법, 대통령기록관리법, 비밀 설정 및 해제에 관한 법 등이 있었으며, 그 법률의 전면 개정 및 제정의 필요성이 높았다. 기록관리혁신T/F를 비롯한 추진체계들이 이 법률의 제정과 전면 개정을 준비해갔다.

2006년 6월에는 정부혁신지방분권위원회의 조직이 개편되었다. 그리하여 기록관리혁신T/F협의회가 기록관리전문위원회로 명칭이 바뀌게 되었다. 기록관리전문위원회는 관련기관과 협의하면서 「공공기록물법」[전부 개정], 「대통령기록물법」을 제정하는 데 일정한 역할을 담당하였다. 그러나 「공공기관의 정보공개에 관한 법률」의 전면 개정 및 「비밀 설정 및

호, 한국기록관리학회, 2009, 198쪽.
34) 정부혁신지방분권위원회, 『참여정부의 기록관리혁신』(정부혁신지방분권백서 7), 2005, 50쪽.

해제에 관한 법률」을 제정하지는 못하였다. 기록관리전문위원회는 「기록관리혁신 로드맵」의 추진상황을 점검하면서, 9개 아젠다 14개 세부과제가 잘 추진될 수 있도록 컨설팅하는 역할을 담당하였다.

다음으로 문서관리카드와 과제관리카드를 개발하여 공공업무 수행의 과정과 결과를 그대로 기록으로 남게 하였으며, 기록관리 프로세스와 기록관리시스템을 재설계함으로써 기관 내 모든 유형의 기록을 전자적으로 관리하기 위한 체계를 마련하고자 하였다. 또한 세계 표준에 부합하는 국가표준을 제정하여 효율성과 책임성을 구현할 수 있는 기록관리체계를 구축하고자 하였다. 나아가 기록관리 전문인력을 양성하고 기록관에 배치하여 각급 기록관리기관의 전문역량을 강화하도록 하였다.

정부혁신지방분권위원회 산하 기록관리전문위원회는 2007년 9월까지 지속되었으며, 「공공기록물법」 제15조에 의해 국무총리 소속의 국가기록관리위원회가 2007년 9월 중순부터 활동을 시작하면서 기록관리전문위원회의 활동이 그곳으로 이관되었다.[35]

3) 혁신분권평가전문위원회의 신설과 기록관리 평가

2005년 5월 정부혁신지방분권위원회는 조직과 운영체계의 변화를 시도하였다. 기존의 분야별 전문위원회 중심 체계에서 벗어나 기획T/F와 평가T/F라는 두 개의 T/F 체제로 조직을 바꾸었다. 참여정부는 평가T/F로 하여금 2003년부터 활동한 정부혁신지방분권위원회의 혁신로드맵이 정부 부처에서 어느 정도 실현되었는지를 점검하는 역할을 담당하도록 하였다. 노대통령은 정부혁신지방분권위원회가 추진한 각 분야의 로드맵 과제

---

[35] 「공공기록물 관리에 관한 법률」 제15조에 국가기록관리위원회는 국무총리 소속의 심의기관으로서 ① 기록물 관리에 관한 기본 정책의 수립, ② 기록물 관리 표준의 제정·개정 및 폐지, ③ 영구기록물관리기관 간의 협력 및 협조사항, ④ 대통령 기록물의 관리 등의 업무를 심의하도록 하였다.

들을 정부 부처에서 어느 정도 실행하고 있는가를 평가T/F로 하여금 점검하도록 하였다.

평가T/F는 혁신분권평가전문위원회로 불렸다. 혁신분권평가전문위원회는 2005년부터 참여정부가 끝날 때까지 3년 동안 지속적으로 활동하였다. 그 위원회는 각 영역별로 2인 내지 5인을 위촉하여 20명 내외의 전문위원으로 구성되었다.36) 기록관리분야의 평가위원으로는 이영학[한국외대], 설문원[한국국가기록연구원]이 위촉되었다. 평가T/F는 2005년 10월에는 평가지표를 완성하고, 10월 중순부터 각 영역별로 평가에 착수하기 시작하였다. 1차로 서면조사를 실시하고, 특정한 과제에 대해서는 담당부서와 공무원을 방문하거나 소환하여 면담조사를 실시하였다.

실제 평가는 11월 중순부터 12월 중순까지 1달간 실시하였다.37) 기록관리분야에서 평가위원으로 상임위원인 이영학, 설문원 외에 김익한[명지대], 이수상[부산대], 지수걸[공주대]이 참여하였다. 그러나 기록관리분야는 2005년 4월경에 1차 로드맵이 작성되고, 10월경에 로드맵이 최종 확정되었기 때문에 많은 과제들이 계획을 세워서 실행하려고 하거나, 추진과정 중에 있는 것이 대부분이었다.

이 기록관리 혁신과제를 실행하는 담당부서는 행정자치부 국가기록원이 가장 많았고, 행정자치부 혁신기획관 혹은 행정자치부 정부혁신본부 및 국사편찬위원회 등이었다. 그 혁신과제에 대한 평가를 실시하자, 그 과제의 실행을 담당한 부서들은 좋은 평가를 받기 위해서 열심히 노력하였다.

2005년에 평가를 시작하게 되자 국가기록원을 비롯한 행정자치부에서

---

36) 1차년(2005년)에는 정부혁신지방분권위원회에 속하는 '인사개혁' '지방분권' '행정개혁' '제정세제' '전자정부' '기록관리' 등 6개 분야에서 각각 2~5명씩 위촉하여 평가위원회는 총 24명으로 구성되었다(정부혁신지방분권위원회, 「제1차 혁신분권평가전문위원회」, 2005년 6월 29일 회의자료, 2005).

37) 실제 점검기간은 2005년 11월 18일부터 12월 13일까지 26일간 진행되었다.

는 로드맵의 과제들을 실현하기 위하여 많은 노력을 기울였다. 예를 들면, 행정자치부에서는 정보공개 확대를 위하여 담당공무원을 6명이나 배치하면서 정보공개 확대를 위한 노력을 기울였다. 당시 기록관리분야는 14개 과제 중에 1개 과제[비밀관리의 체계화]는 점검에서 제외되었고, 13개 과제가 점검 대상이었다. 기록관리 평가위원들은 13개 과제 중 4개 과제는 '정상 추진'되고 있었고, 9개 과제는 '보완 지속'되어야 한다고 평가하였다.[38] 제1기 혁신분권평가전문위원회는 2006년 2월에 '2005 로드맵 과제 점검결과'를 대통령에게 직접 최종 보고하였다.[39]

2006년도에도 제2기 평가위원회가 구성되어 평가를 실시하였다. 2006년도 평가위원으로는 상임위원인 이영학, 설문원 외에 김익한, 최석두[한성대], 이승휘[명지대] 등이 참여하였다. 2차년도의 특별한 사항은 감사원에서 기록관리 평가 담당자가 파견되어 기록관리 평가를 함께 실시한 점이었다. 감사원에서 파견된 평가자는 "앞으로 감사원에서도 기록관리 평가의 전문성을 높이기 위해 전문가를 양성할 계획"이라고 말하였다.[40] 감사원의 그러한 방향은 기록관리평가의 전문성을 높이기 위한 바람직한 것이었다. 제2기 혁신분권평가전문위원회는 평가지표를 수정한 뒤 12월부터 본격적으로 활동을 시작하여, 2007년 1월에는 부처 현장실사를 실시하였고, 전체 워크숍을 개최하여 평가보고서를 작성하였다.

당시 기록관리분야는 다른 분야에 비해 늦게 시작하였지만, 추진되는 속도는 빨랐다고 할 수 있다. 2006년도 말에는 대체로 모든 과제들이 정

---

38) 정부혁신지방분권위원회, 「2005년도 혁신분권로드맵과제 점검결과」, 제72회 국정과제회의자료, 2006, 70~76쪽.
39) 2006년 2월에 청와대에서 각 분야 평가위원 대표자들이 참여하여 대통령에게 각 분야의 진전상황에 대한 평가 내용을 보고하였다.
40) 감사원이 대통령의 지시를 받아 2004년 11월부터 2005년 2월까지 공공기관의 기록물 관리 실태를 감사한 것도 중요한 경험이었다.

상적으로 추진되고 있었고, 평가를 받은 13개 과제 중 5개 과제는 우수, 8개 과제는 보통으로 점검되었다.41) 그러나 '비밀관리의 체계화' '정보공개법 개정, 비밀 설정 및 해제에 관한 법제 정비' '공공기록 편찬 및 서비스 확대' 등은 부진하였다.

2007년에도 제3기 혁신분권평가전문위원회가 구성되었지만, 2007년 하반기부터 참여정부의 권력누수 현상이 일어나고 있었기 때문에 해당 부처에서는 평가자료를 제출하지 않았다. 게다가 그 해 12월에는 대통령선거가 있었기 때문에 해당 부처가 자료를 제출하지 않아서, 평가전문위원회는 제대로 평가를 실시할 수 없었다.

혁신분권평가전문위원회의 기록관리 평가는 행정자치부로 하여금 13개 과제를 적극적으로 수행해가도록 견인하는 역할을 담당하였다. 「국가기록관리혁신 로드맵」의 과제들은 대통령의 주요 관심주제였기 때문에, 행정자치부와 국가기록원은 적극적으로 추진해가고자 하였다.

2005년부터 시작한 혁신분권평가위원회[기록관리분야]의 활동을 정리하면 다음과 같다. 제1차년[2005] 평가는 첫 평가라 미숙한 점이 있었지만, 제2차년[2006] 이후에는 감사원도 참여하면서 정부의 관심이 높아졌고, 아울러 평가하는 체계가 잡혀갔다. 이에 로드맵을 추진하는 정부 부서도 한층 신경을 쓰면서 업무를 수행하였다. 더욱이 혁신분권평가전문위원회의 평가 결과가 국무회의에 보고되기 때문에 로드맵 과제의 담당부서는 긴장하지 않을 수 없었다.

혁신분권평가전문위원회는 순수히 민간인 전문가로 구성되었다는 점이 특징이다. 정부 업무에 대한 평가는 일반적으로 공무원이 담당하거나

---

41) 14개 과제 중 "7. 비밀관리의 체계화"과제는 평가에서 제외되었다. 5개의 우수 과제는 "2. 등록관리 대상기록의 확대, 4 기관 내 기록관리 프로세스 재설계, 5 기관 내 기록관리 시스템 재설계와 도입, 8 한국기록관리 표준 및 메타데이터 표준 제정, 11. 기록관리법, 대통령 기록관리 법제 정비"이었다.

혹은 공무원·민간인 전문가가 공동으로 참여하더라도 공무원이 주도하는 경우가 일반적인데, 혁신분권평가전문위원회는 민간인 전문가로 구성되어 그것을 행하였다는 점에 두드러진 특징을 지니고 있었다.42) 이 현상은 기록관리분야의 평가에서도 마찬가지였다.

3. 기록관리와 거버넌스

참여정부 기록관리정책의 중요한 특징은 거버넌스(Governance)를 구현하고자 하였다는 점이다. 즉 참여정부는 정책을 입안하고 집행해가는데, 관련 시민단체와 민간인 전문가를 참여시켜 정책을 수행해가는 거버넌스43)를 시도해가고자 하였다. 그리하여 정부기구 산하에 많은 위원회를 설립하여 정부 정책을 자문하거나 심의하는 형태를 취하였다. 기록관리정책에서 이러한 측면이 두드러졌다. 참여정부는 기록관리정책을 입안하고 집행하는데, 기록관리의 전문가 및 이해관계 단체들의 의견을 적극적으로 수렴하고자 하였다.44)

기록관리를 둘러싼 주체들은 크게 보아 정부[좁은 의미], 기록생산기관, 기록관리기관, 시민사회, 전문가 집단으로 나눌 수 있다.45) 참여정부는

---

42) 정부혁신분권위원회의 모 국장은 "해방 이후 대한민국 정부의 운영과정에서 민간인이 정부업무의 기획과 평가를 주도한 예는 처음이다"라고 과장(?)해서 말하였다. 정책 수행에서 거버넌스를 시도하는 측면도 있지만, 정부관료의 입장에서는 시기(?)하는 측면도 있었다.
43) '거버넌스(Governance)란 정부가 시민들의 생활에 필요한 의사결정이나 집행을 할 때 다른 주체들과 함께 정책을 수행하고 풀어나가는 방식'이다[Andrew Lipchak, "Evidence-based Governance in the Eletronic age: A Summary of Key Policy Issues", *IRMT*, 2002(오항녕, 「한국 기록관리와 '거버넌스'에 대한 역사적 접근」, 『기록학연구』 11, 한국기록학회, 2005, 16쪽 재인용)].
44) 이러한 측면은 서양의 기록관리정책의 추진에서 발견하기 어려운 점이다.

공공기록관리의 현황을 점검하고 문제를 해결해가는 데 기록학의 전문가와 시민사회의 의견을 적극적으로 수렴하고자 하였다. 기록학·문헌정보학·역사학 등 학계의 전문가를 참여시켜 기록관리혁신전문위원회와 기록관리평가위원회를 가동하여 「국가기록관리혁신 로드맵」을 공포하고 그 과제들을 정부부처에서 실행해가고자 하였다.

나아가 참여연대 등의 시민단체에서 공공기록관리의 혁신을 요구하거나, 언론사에서 공공기록관리의 부실을 지적하는 기획기사 및 고발기사를 게재하는 경우에, 참여정부에서 이를 적극적으로 수용하는 노력을 기울였고, 공공기록관리의 부실을 시정하는 방안을 강구하고자 하였다.

대통령비서실의 기록관리비서관실이 기록관리혁신의 기획을 주도하고, 기록관리혁신전문위원회는 로드맵을 작성하며, 국가기록원 국가기록관리체계개선기획단은 부처별 실천계획을 설계·집행해가는 역할을 분담하였다. 참여정부의 기록관리혁신 정책은 기록생산기관의 미흡함 속에서 일부 기록관리기관과 전문가 집단의 선도적 역할에 의해 추진되었다.[46] 그리고 대학원 교육을 받은 신진 전문가들이 2005년부터 중앙부처에 기록연구사로 배치되면서 기록관리 혁신의 적극적 동반자가 되었다.

기록관리에서 거버넌스가 구현된 다른 하나의 예는 '국가기록관리위원회'의 설치와 운영이었다. 2007년에 시행된 「공공기록물법」에서 국무총리 소속하에 '국가기록관리위원회'를 두어 국가의 기록물관리에 관한 정책을 심의하도록 하였다.[47] 1999년 법률의 '국가기록물관리위원회'는 1년에 2

---

45) 김익한, 「기록학의 도입과 기록관리혁신(1999년 이후)」, 『기록학연구』 15, 한국기록학회, 2007, 73쪽.
46) 김익한, 「기록학의 도입과 기록관리혁신(1999년 이후)」, 『기록학연구』 15, 한국기록학회, 74쪽.
47) 「공공기록물 관리에 관한 법률」, 제15조 국가기록관리위원회.
국가기록관리위원회는 1. 기록물관리에 관한 기본정책의 수립, 2. 기록물관리 표준의 제정·개정 및 폐지, 3. 영구기록물관리기관 간의 협력 및 협조사항, 4. 대통령 기록물회 정도 개최하는 형식적 위원회이었는데 반해, '국가기록관리위원회'는 국가의 기록물관리에 관한 정책을 심의하는 '실질적' 위원회였다. 이 위원회는 정부위원 5인, 기록물관리에 관한 학식과 경험이 풍부한 자 15인 내외로 구성하도록 하였다. 제1기는 2007년 9월부터 3년의 임기로 진행되었다.[48]

그러나 국가기록관리위원회 운영은 정부가 적극적으로 활용할 의지가 있을 때 활발하였으며, 그렇지 않을 때는 활동이 미약하였다. 예를 들면, 참여정부하에서는 전 기록관리비서관이 위원으로 참여하는 등 대통령비서실의 기록관리비서관실 등이 관심을 가지고 후원할 때는 위원회 활동이 활발하였다. 그러나 이명박정부에 들어서서 국가기록관리위원회의 위상을 국무총리 산하 기구에서 행정안전부장관 산하 기구로 격하시키려 하였고, 정부 관심이 줄어들자 국가기록관리위원회 운영이 활성화되지 못하였다. 현재로서는 '국가기록관리위원회'가 상설화되어야 그 활동이 활발하여 질 것이라 기대된다.

거버넌스 기록관리는 공공행위를 기록화하고 이를 국민에게 공개함으로써 실현된다.[49] 즉 거버넌스 기록관리는 국민과의 소통을 필요로 하기 때문에 정보공개의 확대를 추구한다. 참여정부에서는 정보공개에 적극적이었고, 비공개기록의 공개재분류작업을 본격화함으로서 국민과의 소통을 적극화하였고, 국민의 알 권리를 충족시키고자 하였다.[50]

의 관리, 5. 비공개 기록물의 공개 및 이관시기 연장 승인, 6. 국가지정기록물의 지정 및 해제, 7. 그 밖에 기록물관리와 관련한 사항 등을 심의하도록 규정하였다.

48) 정부위원은 국회사무총장·법원행정처장·헌법재판소사무처장 및 중앙선거관리위원회사무총장이 추천하는 소속공무원, 중앙기록물관리기관의 장이었는데, 국회기록보존소장, 법원기록보존소장, 헌법재판소사무과장, 선거기록보존소장이 참석하였고, 국가기록원장을 대신하여 기록정책부장이 참여하였다.

49) 김익한, 「기록관리혁신의 과제와 전망 -거버넌스 기록관리」, 『기록학연구』 11, 한국기록학회, 2005, 6쪽.

행정자치부에서는 정보공개를 담당하는 공무원을 늘려 국민들의 요구에 부응하고자 하였다. 뿐만 아니라 사전 정보를 공개하는 사전공개제도를 실시하고자 하였다. 국민이 공공기록의 공개를 요청하기 전에 공표하는 사전공표제도가 있었지만, 정부부처에서 능동적으로 수행하지 않았다. 이것을 참여정부에서 사전공개제도를 신설하여 능동적 적극적으로 수행하고자 하였다.

이전 정부에서 과도하게 비밀기록으로 지정되어 비공개로 묶여 있었던 정부의 공공기록을 과감히 공개하기도 하였다. 예를 들면, 1965년 한일회담의 조약문서들이 과도하게 비밀기록으로 지정되어 비공개되어 있었다. 이에 참여정부에서는 '국민의 알 권리'를 보장하고 '연구자의 연구할 권리'를 확대하고자 한일회담문서의 다수를 전문연구자의 심의를 거쳐 공개하였다.[51]

참여정부에서는 공공기록의 비공개기록물에 대한 공개재분류작업을 본격적으로 전개하였다. 1999년에 공포된 「공공기관기록물법」 제17조에는 "전문관리기관은 비공개로 분류하여 관리하는 기록물 중 생산연도 종료 후 30년이 경과한 기록물에 대하여는 공개여부를 다시 분류하여야 한다"라고 규정하였지만, 실제로 공개재분류작업이 이루어지지 않았다. 참여정부에서는 2007년에 「공공기록물법」을 시행하면서 제35조에 기록물의 공개와 재분류를 명문화하였다. 기록물관리기관은 "비공개로 재분류된 기록물에 대하여 재분류된 연도부터 매 5년마다 공개여부를 재분류하여"[52] 공개를 지속적으로 실시하도록 하였고, "비공개기록물은 생산연도 종료 후 30년이 경과하면 모두 공개함을 원칙으로"[53] 하였다. 나아가 "이

---

50) 또한 「비밀기록관리에 관한 법률」을 제정하여 비밀기록의 관리 및 해제를 적극적으로 추진하고자 하였으나, 실현하지 못하였다.
51) 전현수, 「외교문서 관리제도의 개선 방향」, 『기록학연구』 13, 한국기록학회, 2006.
52) 「공공기록물 관리에 관한 법률」, 제35조 제2항.

법 시행일 이전에 기록물관리기관이 보유하고 있는 기록물 중 비공개로 분류된 기록물에 대하여는 2009년 6월 30일까지 공개 여부를 재분류"54) 하도록 지정함으로써 기록물관리기관의 공개재분류작업을 강제하였다. 그리하여 중앙기록물관리기관인 국가기록원에서는 30년 경과 비공개기록물을 공개재분류하여 2008년부터 공개하기 시작하였다.55)

이와 같이 참여정부에서는 기록관리혁신전문위원회와 국가기록관리위원회의 구성에 민간인 전문가를 참여시키고, 시민단체와 언론의 의견을 수렴하여 기록관리정책을 입안하였으며, 정보공개의 확대 및 비공개기록의 공개재분류 작업 추진 등을 통하여 국민의 알 권리를 확대시키고 국민과의 소통을 확대하는 거버넌스를 구현하고자 하였다.

4. 기록물관리 전문요원의 배치와 기록물관리기관의 설치

1) 기록물관리 전문요원의 배치

참여정부에서는 기록생산기관에 기록물관리 전문요원을 배치하는 것이 기록관리의 핵심이라는 사실을 인식하였다. 행정기관에 기록관리를 전담하는 전문가가 배치되어야 공공기록의 관리가 제대로 행해질 수 있는 것이다. 일찍이 정부는 이 점을 인식하여 1999년 법률에서도 "기록물의 체계적이고 전문적인 관리를 위하여 기록물관리기관에는 기록물관리 전문요원을 배치하여야 한다"56)고 규정하였지만, 제대로 시행되지 않았다.

---

53) 「공공기록물 관리에 관한 법률」, 제35조 제3항.
54) 「공공기록물 관리에 관한 법률」, 부칙 제5조.
55) 행정안전부 국가기록원, 『국가기록관리위원회 안건』, 제5차 정기회(2008.10.2) 참조.
56) 「공공기관의 기록물 관리에 관한 법률」, 제25조 제1항.

참여정부에서는 기록물관리 전문요원의 배치를 적극적으로 시행하였다. 2005년 2월 연구직 공무원에 기록연구직렬을 신설하고, 동년 7월에 중앙부처 45개 부서에 각 1명씩의 기록연구사를 배치하였고, 2007년 1월에 지방연구직 공무원에 지방기록연구직렬을 신설하여 기록연구사를 배치하기 시작하였다.57)

참여정부에서는 2007년 「공공기록물법」에 의해 기록물관리 전문요원의 배치를 강하게 권고하였다. 법률 시행령에 각 공공기관별로 기록물관리 전문요원의 배치 시한을 규정하였다.58) 배치 시한을 지나서도 기록물관리 전문요원을 채용하지 않는 경우에는, 해당 기관에서 기록물평가심의회를 거쳐 기록물 폐기를 하지 못하도록 하였다.59) 그리하여 각 기록관으로 하여금 기록물관리 전문요원을 채용하도록 적극적으로 유도하였다. 아울러 국가기록원 담당자와 각 지방의 기록학교수가 함께 기록물관리기관을 방문하여 기록물관리 전문요원의 채용 당위성을 설명하기도 하였다.

---

57) 이영학, 「기록물관리 전문요원의 운영 현황과 전망」, 『기록학연구』 21, 한국기록학회, 2009.
58) 「공공기록물 관리에 관한 법률 시행령」, 부칙 제5조.
① 광역시·도 및 특별자치도, 시·도교육청 및 특별자치도교육청 기록물관리기관의 경우에는 2007년 12월 31일까지, 관할 행정구역의 인구수가 15만 명 또는 학생수가 7만 명 이상인 기초자치단체 또는 지역교육청 기록물관리기관의 경우에는 2008년 12월 31일까지, 그 밖의 기초자치단체 또는 지역교육청의 경우에는 2009년 12월 31일까지, 중앙행정기관의 소속기관에 설치된 기록물관리기관의 경우에는 2010년 12월 31일까지, 그 밖의 공공기관 기록물관리기관의 경우에는 2011년 말까지 제78조 제1항에 따른 자격을 갖춘 기록물관리 전문요원을 배치하여야 한다.
59) 「공공기록물 관리에 관한 법률 시행령」, 부칙 제4조(기록물 심사에 관한 경과조치).
기록물관리 전문요원 배치시기 이전까지는 기록관에서 일반직 공무원이 기록물 심사 업무를 담당할 수 있도록 하였으나, 배치시한이 지나면 기록물 심사 업무를 담당할 수 없도록 하였다.

〈표 10-2〉 기록물관리 전문요원의 연도별 배치 추이

기관 \ 연도	2008년 말	2009년 말	2010년 말	2011년 12월 말
총계(778개)	60	139	274	321
중앙(46개)	43	44	44	46
시·도(16개)	10	16	16	16
시·도교육청(16개)	4	10	13	14
시·군·구(230개)	3	67	186	210
지역교육청(178개)	-	2	10	29
중앙소속(163개)	0	0	0	0
군기관(129개)	0	0	5	6

출전: 국가기록원 정책기획과 자료.

〈표 10-3〉 기록물관리 전문요원 배치현황(2011년 12월말)

구분	계	중앙			지자체		교육청	
		본부	소속	군기관	광역	기초	광역	지역
대상기관	778	46	163	129	16	230	16	178
배치기관	321	46	0	6	16	210	14	29
배치인원	336	49	0	8	23	212	15	29

출전: 국가기록원 정책기획과 자료.

그리하여 2005년 이후 기록물관리 전문요원이 공공기관에 배치되기 시작하여 매년 증가하고 있다. 〈표 10-2〉에서 보듯이 기록물관리 전문요원의 수가 2008년에는 60명이었는데, 2009년에는 139명, 2010년에는 274명, 2011년에는 321명으로 점진적으로 증가하였다. 2009년 이후 기록물관리 전문요원의 배치가 증가한 이유는 시·군·구 등 기초자치단체에 기록물관리 전문요원을 배치하기 시작하였기 때문이다. 그 배치 이유는 2007년 법률 시행령[60]에 기록물관리 전문요원을 배치하지 않으면, 기록의 평가 및 기록의 폐기를 결정하는 기록물평가심의회를 개최하지 못하도록 규정하였기 때문이다. 그러나 아직 지역교육청과 중앙부처의 산하 기관에는 기록물관리 전문요원의 배치가 이루어지지 않고 있는 실정이다.

초창기[2005]에 중앙부처 45개 부서에 배치된 기록연구사들은 업무 담당과 처리에 많은 어려움을 겪었다. 공공기관에서는 기록연구사의 업무가 총무처에서 행하던 '문서정리'라고 여겨서 문서 정리와 기타 잡업에 해당하는 일을 맡기기도 하였다. 심지어 기록연구사가 배차 등의 잡무를 담당하기도 하였다.[61]

공공기관에 배치된 기록연구사들은 각 부처의 기록관에서 기록관리의 고유업무를 수행하면서 기록관리의 중요성을 제고시키고 전문성을 인정받기 시작하였다. 초기에 기록연구사들이 한 역할은 다음과 같았다. 첫째, 기록관리의 실무적 측면에서 기록물 보유현황조사나 기록물 DB 구축을 실현함으로써 기록물의 유실 위험을 방지하였다. 둘째, 기록관 운영규정과 기록물평가위원회 운영규정 등을 제정 내지 개정하여 기록관리의 원칙과 기록관리에 필요한 제도들을 확립해갔다. 셋째, 기록물 보존에 필요한 공간을 확보하고 시설·장비를 갖추어 안전한 보존을 위한 환경을 조성하

---

60) 「공공기록물 관리에 관한 법률 시행령」, 부칙 제4조; 제5조.
61) 전수진, 「기록물관리 전문요원제도의 성과와 역할」, 국가기록원 제5회 기록관리포럼, 2009.

였고, 보존과 업무 및 열람을 위한 공간으로 기록관을 마련하였다. 끝으로 일반 직원 또는 간부들을 대상으로 기록관리 교육을 실시하여 기록관리의 중요성을 제고하는 데 큰 기여를 하였다.[62)]

앞으로 공공기관에 배치된 기록물관리 전문요원들은 기록관리 프로세스에 따라 기록을 철저히 생산하고 관리하며, 이를 잘 활용하여 이용할 수 있는 체계를 설계하는 일을 수행해야 한다. 즉 해당 기관의 기록물을 잘 정리·분류하여 다양한 이용자에게 기록물을 서비스하는 기록정보서비스의 수준을 높여야 한다. 나아가 해당 기관의 공무원들이 기록을 생산하고 관리하는 일이 업무를 증거하고, 국민의 알 권리를 보장하며, 역사적으로 중요한 일임을 인식하도록 해야 한다.

2) 기록물관리기관의 설치

공공기관에서 기록물을 잘 관리하기 위해서는 기록물관리 전문요원의 배치뿐 아니라 기록물관리기관을 설치하여야 한다. 기록물관리기관을 설치하여 기록의 수집, 정리, 분류, 기술을 바탕으로 기록의 활용을 통해 기록을 이용하게 함으로써 기록의 의미를 제고시켜야 한다. 기록을 활용할 수 있는 장이면서 기록을 분류·정리·기술하고 점검하는 장으로서 기록물관리기관이 존재해야 한다. 나아가 1명의 기록연구사가 하나의 기록물관리기관의 기록물을 모두 관리하는 비효율적 형태가 아니라 기록관리팀이 신설되어 기록을 분업적·체계적으로 관리할 수 있는 메커니즘을 구축해야 한다. 기록관리팀은 기록연구사뿐 아니라 컴퓨터 전공자 및 정보공개 담당자 등 종합적으로 구성되어야 한다.

1999년 「공공기관기록물법」에는 "일정한 시설 및 장비와 전문인력을

[62)] 전수진, 「기록물관리 전문요원제도의 성과와 역할」, 국가기록원 제5회 기록관리포럼, 2009.

갖추고 기록물관리업무를 수행하는 기관"⁶³⁾을 기록물관리기관으로 규정하고, 그것을 다시 전문관리기관·자료관·특수자료관으로 구분하였다.

그러나 이 법률의 규정에서 기록물관리기관의 명칭이 명확하지 못하였다. 그리하여 2007년 「공공기록물법」에서는 기록물관리기관을 영구기록물관리기관·기록관·특수기록관으로 구분하였다. 영구기록물관리기관에는 중앙기록물관리기관·헌법기관기록물관리기관·지방기록물관리기관·대통령기록관이 해당되며, 이 기관에서는 기록물의 영구 보존에 필요한 시설 및 장비와 이를 운영하기 위한 전문인력을 갖추고 기록물을 영구적으로 관리하도록 하였다.⁶⁴⁾

대통령령이 정하는 공공기관은 기록물을 효율적으로 관리하기 위하여 기록관을 설치·운영하도록 규정하였다.⁶⁵⁾ 나아가 통일·외교·안보·수사·정보 분야의 기록물을 생산하는 공공기관의 장은 소관 기록물을 장기간 관리하고자 하는 경우에 중앙기록물관리기관의 장과 협의하여 특수기록관을 설치·운영할 수 있도록 하였다.⁶⁶⁾

공공기관의 기록을 효율적으로 관리하기 위한 기록물관리기관의 설치가 본격화된 것은 참여정부 시절이었다. 특히 2005년 이후 정부 부처에 기록물관리 전문요원이 배치되면서, 그들이 부처 내에서 공공기록을 제대로 관리하기 위해서는 시설과 장비를 갖춘 기록관이 있어야 한다고 주장한 점이 자극이 되었다.

다른 한편 국가기록원의 중앙부처에 대한 기록관리업무 평가작업이 기록관 설치에 동력이 되었다. 중앙기록물관리기관인 국가기록원은 법률에 정해져 있는 '기록물관리에 관한 지도·감독 및 평가'⁶⁷⁾를 적극적으로 활

---

63) 「공공기관의 기록물 관리에 관한 법률」(1999), 제3조.
64) 「공공기록물 관리에 관한 법률」(2007), 제3조.
65) 「공공기록물 관리에 관한 법률」(2007), 제13조.
66) 「공공기록물 관리에 관한 법률」(2007), 제14조.

용하여 2007년부터 중앙부처의 기록관리를 평가하기 시작하였다.[68] 그 과정에서 '기록물관리 전문요원의 확보·운영', '기록물관리기관 시설 및 장비 확보', '[기록관리]직제·운영규정 제정' 등을 평가요소로 반영하면서 중앙부처의 기록관 설립을 유도하였다.[69] 그리하여 2007년도에 피평가기관이었던 중앙행정기관과 16개 광역시도 교육청에서는 기록관을 설치하고 기록물관리 전문요원을 배치하려고 노력하였다.

영구기록물관리기관이 설립되기는 하였지만 아직 법적 요건을 갖춘 정식의 기록물관리기관을 설립하지는 못하였다. 특히 16개 광역시도에 해당하는 지방기록물관리기관의 경우는 아직 미흡하다. 그러나 16개 광역시도나 기초자치단체에 '기록관리팀'이 신설되면서 기록관리의 중요성을 인지하고 본격적인 기록관리업무를 수행하기 시작한 점은 고무적이라 할 수 있다.

5. 기록관리법령의 정비

참여정부는 기록관리법령을 정비하여 기록관리제도를 체계화하려고 하였다. 공무원 사회에서 가장 영향력이 큰 것은 법적 구속력이다. 법률을 제

---

67) 「공공기관의 기록물 관리에 관한 법률」, 제9조 제2항.
68) 「공공기관의 기록물 관리에 관한 법률 시행령」, 제63조(기록관리현황의 평가), 중앙기록물관리기관의 장은 국가기록관리위원회의 심의를 거쳐 평가계획을 수립하고 평가항목, 기준 및 방식 등을 공공기관에 통보한 후, 매년 평가를 하여 그 결과를 국무회의에 보고하도록 하였다. 국가기록원은 2007년 이후 매년 공공기관에 대한 기록관리업무 평가를 실시해오고 있으며, 대상기관을 점차 확대해왔다.
69) 행정자치부 국가기록원, 「국가기록관리위원회 안건」, 제2차 정기회(2007.12.14), 27~58쪽. 국가기록원은 2007년 이후 매년 공공기관에 대한 기록관리업무 평가작업을 실시해오고 있으며, 대상기관도 점차 확대해왔다. 그 평가 결과를 매년 국가기록관리위원회 및 국무회의에 보고해 왔다.

정하면, 공무원들은 그에 맞도록 공무를 수행하려고 노력한다. 〈표 10-1〉의 '국가기록관리혁신 로드맵'에서 보듯이 「공공기관기록물법」과 「공공기관의 정보공개에 관한 법률」을 전면 재개정하고자 하였고, 「대통령기록물법」과 「비밀설정 및 해제에 관한 법률」을 새롭게 제정하고자 하였다.

그 중 1999년에 공포한 「공공기관기록물법」을 전면 개정하여 2007년에 「공공기록물법」을 공포하게 되었고, 2007년에 「대통령기록물법」을 새롭게 제정하여 공포하였다. 그러나 「공공기관의 정보공개에 관한 법률」의 전면 개정과 「비밀설정 및 해제에 관한 법률」의 제정은 성취하지 못하였다.[70]

2007년의 「공공기록물법」은 1999년 법률과는 다른 역사적 상황의 전개에 의해 만들어진 것이었다. 가장 큰 변화는 공공기록 중 전자기록이 차지하는 비율이 2007년도 기준으로 98.8%에 달할 정도로 절대적인 비중을 차지하였다는 점이다.[71] 아울러 8년이 지나는 동안 기록관리에 대한 인식이 발전하였고, 기록학 연구자의 양적·질적 발전이 이루어졌으며, 기록연구사들이 중앙부처에 배치되는 등의 큰 변화가 일어났다. 참여정부의 위로부터의 혁신과 시민단체·학계 등의 아래로부터의 개혁운동이 조응하면서 새로운 법률을 만들어낸 것이다.[72]

2007년 법률에서는 기록관리의 목적이 '기록의 안전한 보전과 기록정보의 효율적 활용'에서 '투명하고 책임 있는 행정의 구현'이 추가되었고, 그를 위해 기록의 생산·수집·정리·분류·기술·평가·폐기·활용의 방

---

70) 「비밀의 보호와 관리에 관한 법률」은 대통령 기록비서관실, 국가정보원, 기록관리혁신 전문위원회 등 3자가 2년 동안 협의하여 법률안을 만들어 국회에 제출 심의하였으나, 제17대 국회가 마감하면서 자동 폐기되었다. 그 후 제18대 국회(2008~2012)에서 다시 상정되었지만, 논의가 진전되지 못하여 현재까지 처리되지 못하고 있다.
71) 국가기록원, 『국가기록관리 선진화 전략 종합실천계획』, 2009, 3쪽.
72) 곽건홍, 「한국 국가기록관리체제 '혁신'의 성격」, 『기록학연구』 13, 한국기록학회, 2006, 14~15쪽.

안이 구체화되었다. 기록물의 생산과 등록을 더욱 자세하게 규정하였으며, 전자기록생산시스템에서 언제 생산등록번호와 접수등록번호를 부여하는가에 대해서도 구체적으로 명기하였다.73) 특히 전자기록이 다수를 차지하는 전자정부 시대를 맞이하여 기록의 전자적 생산·관리가 강화되고, 기록관리 표준화원칙이 제정·시행되게 되었다.

또한 국민의 정보공개 요구가 점증하고, 이에 참여정부는 국민의 알 권리를 보장하면서 적극적 정보공개제도의 확대정책을 펴가려고 하였다. 새 법률에서는 기록의 공개 및 열람을 확대하고자 하였다. 기록물관리기관이 비공개로 재분류하여 이관한 기록물을 매 5년마다 공개여부를 재분류하도록 하였고, 비공개기록물은 생산연도 종료 후 30년이 경과하면 모두 공개함을 원칙으로 하였다.74)

2007년 「대통령기록물법」은 "대통령 기록물의 보호·보존·활용 등으로 국정운영의 투명성과 책임성을 높이는 것을 목적"75)으로 하였다. 그 법률에서 대통령기록물의 범주를 대통령과 보좌기관뿐 아니라 자문기관·경호기관을 비롯하여 대통령직 인수위원회에서 생산·접수한 기록물로 확대하고, 대통령 기록의 공개·열람 등 대국민 서비스를 강화하고, 대통령지정기록제도를 만들어 민감한 사안을 지닌 중요한 대통령기록물을 안전하게 보존할 수 있도록 하였다.76)

참여정부는 「대통령기록물법」을 제정하여 대통령기록물을 제대로 관리할 수 있는 제도를 만들고, 그를 바탕으로 대통령기록물을 대통령기록

---

73) 「공공기록물 관리에 관한 법률 시행규칙」, 제4조.
74) 서혜란, 「한국 공공기록관리정책의 연대기적 검토」, 『한국기록관리학회지』 제9권 제2호, 한국기록관리학회, 2009, 203쪽.
75) 「대통령기록물 관리에 관한 법률」(2007), 제1조.
76) 조영삼, 「대통령기록관리의 현황과 전망」, 『기록학연구』 21, 한국기록학회, 2009; 이영학, 「대통령 기록관리제도 시행의 의의와 과제」, 『역사문화연구』 33, 한국외국어대 역사문화연구소, 2009.

관에 이관함으로써 후대에 연구자와 국민들이 기록을 이용하는 데 큰 기여를 하였다. 〈표 9-2〉에서 보듯이, 우리나라는 대한민국정부 수립 이후 대통령중심제 국가임에도 불구하고, 전임대통령들은 대통령기록물을 국가기록원에 이관하지 않았다. 전임대통령들은 퇴임할 때 대통령기록물을 폐기하거나 혹은 사적으로 가지고 나갔다. 그리하여 국민들과 연구자들은 기록의 부실로 말미암아 대한민국의 통치행위를 국가기록원 보존기록을 통하여 파악할 수 없게 되었다.

참여정부는 법률을 제정하여 대통령기록물이 사적 소유물이 아니라 국가소유임을 천명하고, 대통령의 직무수행과 관련한 모든 과정과 결과가 기록으로 생산·관리되도록 하였다. 특히 정책의 입안·처리 경로·의사결정 등 업무처리의 전 과정이 문서양식에 포함되어 생산되도록 하였다. 또한 대통령기록의 공개원칙을 천명하고, 국민의 적극적 활용을 위한 기록 공개의 제반 조치 마련을 의무화하였다. 대통령기록 중 지정기록과 개인의 사생활 등에 관한 기록을 제외하고 적극적으로 공개함으로써 국민의 지식역량을 제고하도록 하였다. 나아가 비공개 대통령기록물이라도 30년이 경과하면 원칙적으로 공개하도록 하였다.

대통령기록의 생산과 관리를 원활히 하기 위하여 보호대상 기록을 지정하여 정보비공개는 물론 국회의 자료제출요구에도 불응할 수 있도록 하였다. 대통령지정기록은 대통령기록물을 이관하기 전에 대통령이 지정하며 개인 사생활에 관련한 기록은 최대 30년, 기타 기록은 최대 15년간 접근을 제한하도록 하였다. 또한 전직 대통령은 재임시 생산한 대통령기록물에 대하여 열람할 수 있는 권한을 보장하였다.

참여정부는「대통령기록물법」을 제정하고, 대통령기록의 생산과 관리를 엄격히 하여 약 790만 건의 대통령기록물을 대통령기록관에 이관함으로써 한국현대 기록관리사에 큰 토대를 구축하였던 것이다.

6. 맺음말

　1948년 대한민국정부 수립 이후부터 현재까지 한국현대 기록관리의 역사에서 가장 큰 발전을 가져온 것은 '국민의 정부'의 1999년 기록관리법 제정과 '기록관리개혁'정책, 참여정부의 2004년 「국가기록관리혁신 로드맵」 설정과 '기록관리혁신'정책이다.

　참여정부 기록관리정책의 추진에서 중요한 특징은 거버넌스를 구현하고자 하였다는 점이다. 참여정부는 기록관리정책을 추진함에 있어 시민단체와 언론의 의견을 수렴하고, 기록학전문가를 초빙하여 기록관리혁신전문위원회를 가동하여 「국가기록관리혁신 로드맵」을 만들어 기록관리 개혁의 방향을 설정하였다. 아울러 국민의 알 권리를 확대하고 국민과의 소통을 강화하고자 정보공개를 적극적으로 확대하고 비밀기록 혹은 30년이 넘은 기록의 '공개재분류'를 적극적으로 행하여 국민에게 기록을 공개하고자 하였다.

　다음으로 공공기관의 기록물관리를 효율적으로 하기 위하여 기록물관리 전문요원을 배치하고 기록물관리기관을 설치하고자 하였다. 공공기관에 기록물관리 전문요원을 배치한 일은 기록의 생산과 관리를 체계화하고 전문화하는 첫걸음이었다. 기록물관리 전문요원들은 각 공공기관에서 자신의 활동영역을 구축하면서 기록관리를 철저히 하고 그를 바탕으로 정보공개도 원활히 할 수 있을 것이다. 아울러 기록물관리 전문요원이 효과적으로 활동할 수 있는 공간인 기록물관리기관이 설치되게 되면서 기록의 관리 및 보존 시설을 갖추게 되고, 기록의 관리가 체계적으로 수행되도록 하였다.

　끝으로 기록관리법령을 제정하거나 전면 개정하여 기록관리제도의 체계화를 도모하고자 하였다. 그리하여 1999년의 「공공기관기록물법」을 전부 개정하여 2007년에 「공공기록물법」을 만들었고, 「대통령기록물법」을 제정하여 대통령 기록의 생산과 관리 및 이용을 효율적으로 행하고자 하였다. 그 점은 한국현대 기록관리의 역사에 큰 획을 긋는 작업이었다.

참여정부의 기록관리는 한국현대사에서 비정상적인 기록관리체계를 정상적인 형태로 나아가는 기능을 하도록 하였다. 이를 바탕으로 다음 정부에서는 '새 거버넌스 기록관리'를 구축해야 할 것이다. 기록관리의 주체는 중앙정부뿐 아니라 지방정부, 시민사회, 기업, 민간전문가 등이 함께 참여하는 새로운 거버넌스형이 되어야 한다.

기록관리의 대상은 단순한 공공기록이 아니라 정책이 입안되고 집행되며 그 결과는 물론 정책이 미친 영향까지 모두 포괄되어야 한다. 즉 공공정책의 맥락에 따라 기획 및 집행뿐 아니라 그 정책이 미친 영향까지 기록화해야 할 것이다. 공공기관의 기록만이 아니라 정책 집행의 결과 나타나는 사회현상까지 기록화하는 적극적 형태를 도모해야 할 것이다.

「참여정부 기록관리정책의 특징」, 『기록학연구』 33, 한국기록학회, 2012.

제 11 장

국가기록관리정책의 방향

1. 머리말

　1948년 대한민국 정부 수립 이후 현재까지 한국 현대의 기록관리는 세 시기로 구분된다. 제1시기[1948~1969]는 초기에 조선총독부의 기록관리 제도를 그대로 계승하다가 1960년대 들어와 우리나라 독자적인 기록관리 제도를 세운 시기이다.[1] 제2시기[1969~1999]는 정부기록보존소를 설립하여 행정부의 기록을 독자적으로 관리하려는 시기이다. 제3시기[1999~현재]는 1999년에 「공공기관기록물법」을 제정하여 본격적으로 공공기관의 기록물을 관리하려는 시기이다.[2]

　1999년 「공공기관기록물법」이 통과된 이후, 지난 10년 동안 공공기록관리는 많이 진전되었다. 공공기록 관리제도는 체계화되고, 공공기록관리

---

1) 이상훈, 「한국정부 수립 이후 행정체제의 변동과 국가기록관리체제의 개편(1948-1964년)」, 『기록학연구』 21, 한국기록학회, 2009; 이승일, 「1960년대 초반 한국 국가기록관리체제의 수립과정과 제도적 특징」, 『한국기록관리학회지』 제7권 2호, 한국기록관리학회, 2007.
2) 이영학 외, 『한국 근현대의 기록관리정책과 기록관리제도』, 제7회 한국기록학회 심포지움 발제집, 2006.

의 영역은 점차 확대되어 갔다. 2004년에 대통령 산하 정부혁신지방분권위원회 내 기록관리혁신전문위원회, 청와대 기록관리비서관실, 행정자치부 국가기록원 기록관리혁신단 등 세 기구가 추진주체가 되면서 공공기록관리의 영역이 크게 발전하였다. 특히 국가기록관리정책을 추진하는 정부기록보존소가 국가기록원으로 명칭을 변경하고 조직을 확대하면서 국가기록관리를 주도하게 되었다.

2005년에 처음으로 중앙부처 40여 곳에 기록물관리 전문요원인 기록연구사가 배치되어 기관의 기록물관리를 전담하게 되면서 기록관리가 체계화되기 시작하였다. 그 후 중앙부처에 기록관을 설립하고, 그곳에 기록관리시스템이 가동되면서 기록관에 소장되어 있는 기록의 현황을 파악하고, 이관받은 전자기록을 관리하며 기록정보를 활용하게 되었다.

중앙부처의 기록관리는 지방자치단체의 기록관리로 확산되어가고 있다. 16개 광역시·도에 2008년 이후 기록물관리 전문요원이 배치되기 시작하였고, 기록관리팀이 추진주체로 나서면서 영구기록물관리기관으로서의 기록관 설립이 모색되고 있다. 2009년 이후에는 기초자치단체에 기록물관리 전문요원이 배치되면서 기록관리가 행해지기 시작하였다. 이제 공공기록관리의 영역이 지방기록관리로 확산되면서 지방기록물관리기관이 설립되고 그 성격도 지방의 특성에 따라 새로워질 것이다.

지난 10년 동안 국가기록원과 중앙부처의 기록관리가 발전해왔는데, 앞으로 지방기록관리가 발전해갈 것이다. 나아가 민간기록관리의 영역도 확대되어 갈 것이다. 예를 들면, 기업·종교단체·대학·시민단체 등 민간기구의 기록관리가 진전되고, 미술·영상·영화·과학기술·의료·정당 등 다양한 영역의 아카이브즈(Archives) 설립이 시도될 것이다.[3]

지난 10년 동안 기록관리 인프라를 구축하는 데 노력하였다면, 이제는

---

[3] 곽건홍,「자율과 분권, 연대를 기반으로 한 국가기록관리 체제 구상」,『기록학연구』22, 한국기록학회, 2009, 21~27쪽.

기록관의 효율적 운영을 위해서 노력할 시기이다. 지난 10년 동안의 기록관리 활동을 평가한 후, 새로운 기록관리의 방향을 모색해 볼 시기이다. 앞으로 우리나라의 국가기록관리 방향을 제시해본다.

2. 기록관리와 거버넌스

한국사회는 더디지만 민주주의를 향해 나아가고 있다. 민주주의 정부는 정책을 일방적으로 집행하는 것이 아니라, 그와 관련되는 민간전문가·시민단체·국민들이 참여하면서 정책을 집행하고 수행한다. 우리는 그러한 정책 집행 행위를 '거버넌스(Governance)'라 부른다. 민주정부는 정책의 추진 방법을 '거버넌스'로 구현한다. '거버넌스'에 대한 정의를 살펴보자.

> 거버넌스란, 정부가 시민들의 생활에 필요한 의사결정이나 집행을 할 때 다른 주체들과 함께 정책을 수행하고 풀어나가는 방식이다.[4]

즉 거버넌스란 정부뿐만 아니라 이해당사자 모두가 참여하여 정책을 수행하는 방식을 의미한다.

한국사회가 민주주의를 이루기 위해서는 공공기록이 잘 관리되어야 한다. 독재의 시기에는 공공기록이 잘 관리되지 못하였다. 독재정권은 공공기록을 무작위로 폐기하였으며, 공공기록을 잘 관리하려고 하지 않았다. 공공기록을 남겼다가는, 그것이 그들 자신의 잘못을 드러내는 근거가 될 가능성이 크기 때문에 가능하면 기록을 남기지 않았다. 업무를 수행하면

---

4) Andrew Lipchak, "Evidence-based Governance in the Electronic age: A Summary of Key Policy Issues", *IRMT*, 2002(오항녕, 「한국기록관리와 '거버넌스'에 대한 역사적 접근」, 『기록학연구』 11, 한국기록학회, 2005, 16쪽 재인용).

서 기록을 생산하였더라도, 후에 기록을 폐기하거나 혹은 이직할 때나 퇴임할 때 기록을 사적으로 가져나가기도 하였다.

　공공기록을 제대로 관리하는 것은 효율적이고 투명하며 책임성 있는 정부를 만들어준다. 기록관리는 관료사회의 투명성과 책임성을 높임으로써 일견 공직사회를 감시하는 역할을 수행하는 듯하지만, 바로 그 투명성과 책임성을 통해서 관료사회의 자정기능을 활성화하여 장기적으로 정부기관의 공공성을 높이는 효과를 가져온다. 이를 통해 정부는 국민으로부터 신뢰를 받는다.[5]

　미래사회의 기록관리는 거버넌스로 실현된다. 정부기관뿐 아니라 민간전문가·시민단체·국민들이 모두 기록관리에 참여한다. 국가기록원이 국가기록관리 정책을 수립할 때 국가기록관리위원회에 심의를 요청하는 일도 그러한 사례의 하나이다. 공공기관이 국민에게 공공기록을 바탕으로 정보를 폭넓게 공개하고, 국민들은 이를 기반으로 정부 활동을 이해하고 역으로 정보공개를 청구하는 것도 거버넌스의 한 예이다. 공공기관은 정보공개를 폭넓고 신속하게 하여 국민의 역사지식 역량을 강화시키고, 연구자와 국민들은 그를 바탕으로 정부의 책임성을 인지하면서 신뢰하게 된다.

　미래 사회에서는 공공기관뿐 아니라 민간기관에서도 기록관리가 필요하다. 종이·필름·비디오·사진·이메일·전자기록 등 표현 매체가 다양화하고 IT기술을 바탕으로 정보가 넘쳐나는 시기에 기록을 관리하지 않고는 정책 집행이나 업무 수행을 효과적으로 행할 수가 없다. 다양한 매체와 넘쳐나는 정보의 홍수 시대를 맞아, 의미 있는 기록을 관리하고 활용하지 않고서는 현대사회에서 효율적으로 대처할 수 없다. 현대사회에서 기관을 운영하기 위해 기록관리의 중요성은 더욱 커졌으며 기록관리는 필수가 되었다.

---

5) 오항녕, 「한국 기록관리와 '거버넌스'에 대한 역사적 접근」, 『기록학연구』 11, 한국기록학회, 2005, 37쪽.

앞으로 공공기관뿐 아니라 민간기구에서도 기록관리의 중요성은 커질 것이다. 기업·대학·종교단체·영화·미술·음악·병원·과학기술·정당·시민단체 등 다양한 분야에서 아카이브즈들이 설립되고, 그 기구들이 자율권을 가지고 각 분야의 기록관리를 수행하게 될 것이다.[6] 각 분야의 아카이브즈들이 자율권을 가지고 서로 연대와 협조를 이루어간다면 국가지식 역량은 크게 강화될 것이다.

3. 중앙기록물관리기관의 독립

「공공기록물법」(2007)에 의하면, 중앙기록물관리기관은 국가의 기록관리정책을 수립하고, 기록관리 표준을 제정하며, 기록물관리기관을 지도·감독하고 평가를 수행하는 중추적 기록물관리기관이다.[7] 중앙기록물관리기관의 역할은 현재 국가기록원이 수행하고 있다. 국가기록원이 법률에 정해진 업무를 수행하려면, 정치적 중립성과 독립성을 확보하고 전문성을 지닌 기관이어야 한다.

1969년에 정부기록을 전담하기 위해 설립된 정부기록보존소는 2005년에 국가기록원으로 격상되었고, 인원과 조직이 크게 확대되었다. 이제 국가기록원은 외형적 성장으로부터 벗어나 내실을 기할 단계이다. 국가기록원은 행정안전부 소속이지만 행정부와는 독립하여 국가기록관리정책을 수립하고 집행해가는 일이 긴요하다. 또한 국가기록원이 정치적으로 중립을 지킬 때, 정책 수립이나 추진이 신뢰를 얻을 수 있을 것이다. 특히 대통령기록관에서 관리하고 있는 대통령기록의 관리와 활용은 더욱 정치적 중

---

[6] 곽건홍, 「자율과 분권, 연대를 기반으로 한 국가기록관리 체제 구상」, 『기록학연구』 22, 한국기록학회, 2009, 21~27쪽.
[7] 「공공기록물 관리에 관한 법률」(2007), 제9조.

립이 긴요하다. 그렇지 않으면 대통령 기록을 둘러싸고 정쟁이 심화될 것이며 나아가 대통령들은 기록을 남기려고 하지 않을 것이다.

또한 국가기록원의 전문성이 강화되어야 할 것이다. 국가기록원에 근무하는 기록연구사를 비롯한 연구사들이 전문성을 발휘할 수 있도록 연구여건과 근무여건을 만들어가야 할 것이다. 연구사들이 자신의 전문영역을 유지하면서 전문성을 심화시켜가도록 여건을 조성하고 배려해야 할 것이다. 예를 들면, 미국의 국립기록청[NARA]에서는 아키비스트들이 자신의 전문영역을 유지하면서 전문지식을 키우고 단계를 거치면서 전문가로 발전할 수 있도록 배려하고 있다.

2008년에 노무현 대통령 기록물 '유출' 사건이 일어났을 때, 국가기록원은 정치적 독립성을 지키지 못하였다. 청와대와 행정부의 영향으로부터 독립하지 못하였으며, 청와대의 명을 받아 국가기록원은 노무현 대통령 재임시 기록관리비서관 등 10명을 검찰에 고발하기도 하였다.[8] 국가기록원이 정치적 중립성과 독립성을 확보하지 못한다면 주요 기록을 둘러싼 정쟁이 심해질 것이며, 나아가 정부의 중요 기록과 대통령기록의 이관 및 관리를 원활히 수행하기 어려울 것이다.

현재처럼 행정안전부 산하의 국가기록원으로 있는 한, 국가기록관리를 매우 불안정하게 수행할 수밖에 없다. 국가기록원장은 수시로 바뀌며,[9] 국가기록원 표준협력과에서는 상급기관인 행정안전부의 기록관리를 평가한다. 아울러 정보공개, 비밀기록을 총괄하며, 기록물관리기관을 통괄하기에는 국가기록원의 위상이 불안정하다. 또한 대통령기록을 이관 받아 공개

---

[8] 곽건홍, 「자율과 분권, 연대를 기반으로 한 국가기록관리 체제 구상」, 『기록학연구』 22, 한국기록학회, 2009, 8~10쪽.
[9] 1999년에 제정된 「공공기관의 기록물관리에 관한 법률」 이후 10년 동안 국가기록원장의 평균 재임기간은 10개월을 넘기지 못하고 있다(1999년 1월부터 2008년 11월까지 10명의 원장이 바뀌었다).

하는 대통령기록관을 통하는 위치로는 더욱 부적절하다.[10] 중앙기록물관리기관을 국가역사기록원 혹은 국가기록청이라는 위상으로 독립시켜야 할 것이다. 나아가 국민들은 국가기록관리가 정치적 중립성과 독립성을 지켜야만 잘 관리될 수 있다는 인식을 공유하고, 그것이 어그러질 때는 비판하는 자세를 공유해야 국가기록관리가 제대로 자리 잡을 수 있다.

현 법률에서, 중앙기록물관리기관이 정치적 중립성과 독립성을 가질 수 있도록 지원 또는 견제하기 위해 만든 기구가 '국가기록관리위원회'이다.[11] 국가기록관리위원회는 국무총리 소속 기구로서 기록물관리에 관한 정책, 기록물관리 표준 제정, 대통령기록물의 관리 등의 안건을 심의하도록 하였다. 국가기록관리위원회는 헌법기관의 기록관리전문가와 민간분야 기록관리전문가가 모여 국가기록관리 정책에 대한 방향을 협의 모색하고, 영구기록물관리기관과 협조하도록 명시하고 있다.[12] 중앙기록물관리기관에서는 이 위원회의 활동을 활성화시켜 위원회의 의견을 충분히 수렴하여 정책을 집행해가도록 해야 할 것이다. 기록관리는 일방적인 정책의 집행으로 수행되는 것이 아니라, 정부관료·민간전문가·시민단체·국민이 모두 참여하는 거버넌스의 형태로 진행되어야 성공적으로 수행될 수 있다. 관료뿐 아니라 민간전문가·국민들이 기록관리의 중요성을 인식하고 함께 참여할 때 우리나라 기록관리의 제도화가 정착되고 발전해갈 수 있을 것이다.

대통령기록관리위원회도 조속히 구성하여 국가적으로 중요한 비중을 차지하고 있는 대통령기록관리의 운영을 효율적으로 진행해야 할 것이다. 대통령중심제 하의 대통령기록은 당대의 역사상을 설명하는 핵심적인 정보

---

10) 2008년에 대통령기록을 둘러싼 논란에서 국가기록원이 중심을 잡고 대응하기가 어려웠던 일이 있다.
11) 곽건홍, 「한국 국가기록 관리 체제 '혁신'의 성격: 기록관리법 개정안 분석을 중심으로」, 『기록학연구』 13, 한국기록학회, 2006, 20쪽.
12) 「공공기록물 관리에 관한 법률」(2007), 제15조.

라 할 것이다. 대통령기록을 잘 보존하고 관리 활용하는 일은 지식 역량을 제고시키고, 우리나라를 한 단계 발전시키는 지름길이라 할 수 있다.

법률의 정비와 제도 정비는 기록관리의 기반을 구축하는 첩경이다. 1999년에 「공공기관기록물법」 제정으로 기록관리의 중요성을 알리는 계기가 되었고, 2007년에 제정된 「공공기록물법」은 우리나라가 전자기록의 시대에 들어서면서 유의해야 할 사항을 규정하였다. 같은 해에 「대통령기록물법」을 제정한 것은 대통령기록의 중요성을 천명하고 대통령기록의 생산·보존·관리·활용을 한 단계 승화시키겠다는 의지를 표명한 것이었다. 지난 몇 년 동안 비밀기록을 어떻게 관리할 것인가를 연구하였는데, 그 부분을 체계화하는 법률 제정도 필요한 일이다. 나아가 기록관리 거버넌스에 부합할 수 있도록 정보공개에 관한 사항을 정비하고 제도화하는 법률 개정도 필요한 일일 것이다.

중앙기록물관리기관인 국가기록원은 정치적 중립성과 독립성을 확보하고 전문성을 강화해감으로써 법률에 정해진 국가기록관리정책의 수립, 기록물관리 표준정책의 수립 및 개발, 기록물의 전자적 관리체계 구축, 기록물관리 종사자에 대한 교육, 기록물관리에 대한 지도 감독 및 평가 등의 업무를 효과적으로 수행할 수 있을 것이다. 그리하여 우리나라 기록관리의 체계를 한 단계 진전시킴으로써 민주주의 발전을 도모하는 데 기여할 수 있을 것이다.

4. 기록의 수집과 활용

1) 기록의 기획 수집과 국가지정기록제도의 활용

20세기 전반의 한국사는 굴곡진 역사적 흐름을 겪어왔다. 일제시기에는 한민족이 국가를 스스로 운영해가지 못하였고, 해방 이후는 국제정세의 불안정과 좌우대립으로 인하여 공공기록이 많이 훼손되거나 보존되지 못하였다. 대한민국 정부 수립 이후에도 여전히 공공기록관리의 체계는 정립되지 못하였다. 기록관리 전담기구도 없었으며, 기록물관리 전문요원이 배치되지도 않았다. 공공기록의 보존기간 설정도 담당자의 '자의적인 판단'에 의해 결정되어 중요 공공기록은 다수 폐기되거나 파기되었다.[13]

정부의 공공기록관리에서 시행착오를 거치기도 하였다. 1962년, 1968년, 1975년에 '대대적인 문서정리사업'을 벌였는데, 그 과정에서 시행착오를 거치기도 하였다. 예를 들면, 1961년 5.16 군사쿠데타 이후 성립한 군사정부는 1962년에 행정의 효율화와 행정의 간소화를 주창하면서 일제시기 이래 전해 내려왔던 행정기록을 대거 폐기·정리하였다. 이것은 기록에 대한 인식이 정립되지 못한 상황에서 정리함으로써 일제시기 이래 전해져 내려오던 기록을 폐기하는 우를 범하였던 것이다.[14]

1969년에 설립된 정부기록보존소가 2005년에 국가기록원으로 명칭을 변경하면서 조직과 인원을 확대하였고, 그에 맞게 기록정보서비스를 강화해가는 활동을 하였다. 하지만, 그 내용이 튼실하기 위해서는 국가기록원이 제공하는 기록의 질이 높아서 연구자와 국민들이 자주 찾아야 할 것이다. 국가기록원은 중요한 역사 기록을 많이 소장하고, 그 기록들을 제공할 때 연구자와 국민들이 국가기록원을 새롭게 인식할 것이다. 이를 위해 국가기록원은 공공기관이나 민간에 흩어져 있는 중요기록이나 역사기록을 적극적으로 수집하여야 할 것이다.

현재도 일제시기 이후의 공공기록이 지방자치단체의 기관에서 파편적으

---

13) 곽건홍, 「한국 국가기록 관리 체제 '혁신'의 성격: 기록관리법 개정안 분석을 중심으로」, 『기록학연구』 13, 한국기록학회, 2006, 20쪽.
14) 이경용, 「한국의 근현대 기록관리제도사 연구 -1894~1969년-」, 중앙대 박사학위논문, 2002.

로 관리되고 있다. 이러한 공공기록을 국가기록원이 체계적으로 수집할 필요가 있다. 예를 들면, 1910년대 전반에 조선총독부가 실시한 호구조사 혹은 토지조사를 통하여 작성한 호구자료나 토지소유관계 일괄 자료들이 지방자치단체에서 파편적으로 보관되고 있다. 호적은 보존기간이 80년으로 책정되어 있어서 1990년대에 면사무소 등에서 폐기된 곳이 많으며, 그렇지 않으면 제적부로 편철하여 보존하고 있다. 이러한 상황을 체계적으로 조사하고 현황을 파악하여 국가기록원에서 국가 사업으로 관리할 필요가 있다.

또한 1910년대에 조선총독부가 실시하였던 토지조사사업의 일괄자료들도 지방자치단체에서 폐기하거나 분실한 곳이 많지만, 일부의 경우 시청 지적과에서 그 자료들을 보존하고 있는 곳이 있다. 이러한 자료 현황도 체계적으로 조사하여 국가기록원에서 기획·수집하는 것이 필요하다. 그 외 일제시기의 수리조합 일괄문서들도 체계적으로 수집할 필요가 있다.

민간인 혹은 민간기구에 산재해있는 역사기록물은, 법률에 정해 있는 국가지정기록물제도[15]를 적극적으로 활용하여 중요기록 및 역사기록을 수집하거나 현황을 파악할 필요가 있다. 또한 전국 대학도서관이나 박물관에서 소장하고 있는 기록물의 현황을 파악하고 내용을 스캔하여 국민에게 기록포털로 제공할 수 있도록 시도해야 할 것이다. '도사편찬'이나 '시사편찬'을 위해 지방 사료를 수집하였던 문화원 등에서 보존하던 자료들도 시간이 지나면 방치하기 마련이다. 이를 효율적으로 관리하는 방안을 지방자치단체에 제시할 필요가 있다.

국가기록원은 현재도 공공기관이나 민간기구에 산재해 있는 중요한 한국근현대사 기록을 체계적으로 수집할 계획을 세울 필요가 있다. 시기가 늦을수록 역사기록은 사라질 것이다. 이 작업에서는 그동안 근현대사 사

---

15) 「공공기록물 관리에 관한 법률」(2007), 제43조~제46조.
법률 제정 이후 '국가지정기록물'을 제대로 지정하지 않는 것은 국가기록원이 직무를 소홀히 하고 있다고 할 수 있다.

료를 수집해왔던 국사편찬위원회와 적극 협력하여 추진하는 것이 합리적 방법이라 여겨진다.16)

2) 기록의 활용과 거버넌스

기록관의 기능이 과거에는 기록의 생산과 보존에 초점이 놓여 있었지만, 이제는 기록의 이용・서비스에 중점이 두어지고 있다. 현재는 기록관의 기록정보서비스 수준이 기록관의 존재 여부를 판단할 정도이다.

캐나다에서는 고객의 요구에 따라 도서관과 기록관의 조직을 통합하여 기록정보서비스를 제공하고 있다. 영국의 기록관에서는 민간 사료와 공공기록을 통합하여 서비스를 제공하거나, 혹은 박물관과 기록관의 정보를 통합하여 서비스를 제공하기도 한다.17) 선진국의 기록관에서는 기록정보서비스를 어떻게 할 것인가에 대한 고민과 다양한 방법론이 제시되고 있다. 각국의 기록관에서는 역사교사, 학생, 전문연구자, 일반인 등으로 수요자를 구분하여 그들이 요구하는 기록정보를 적극적으로 제공하고 있다. 즉, 미국의 국립기록청[NARA], 영국의 국립기록청[TNA] 등에서는 수요자별로 소장하고 있는 기록물들을 다양하게 제공하고 있다.

예를 들면, 미국의 국립기록청에서는 약 40개의 주제별 온라인 전시관을 구축하여 서비스를 제공하고 있다. 또한 검색 열람을 위한 온라인 데이터베이스를 제공한다. 즉, 미국 행정조직변천사, 정부조직사, 인물전기, 기록관리, 정보관리 등 75,000개의 서지정보를 OPAC[Online Public Access Catalog]를 통해 제공하고 있다. 영국 국립기록청에서는 시대적 배경이나

---

16) 국사편찬위원회에서는 2004년 이후 "한국근현대자료 조사수집사업"을 실시하여 전국적으로 산재해 있는 한국근현대자료를 조사해오고 있다. 국가기록원이 국사편찬위원회와 협력하여 지방에 현존해있는 중요한 역사기록 현황을 파악할 필요가 있다.
17) 김익한, 「기록관리법 10년, 다시 한 번의 도약을 위한 제언」, 『기록학연구』 21, 한국기록학회, 2009, 414쪽.

사건을 중심으로 31개의 온라인 전시관을 제공하고 있다. 또한 학교 교육을 위해 러닝 큐브(Learning Curve)와 같은 방대한 온라인 자료를 제공하고 있다. 호주 국립기록청[NAA]에서는 가족사, 내각기록, 국방관련기록, 연방정부기록, 외국관련기록 등 9개 분야의 컬렉션(Collection)을 제공하고 있다. 기록물 시리즈군별 열람안내서를 제공하거나 교육용 활용자료를 발간하기도 하였다.18) 이와 같이 선진국에서는 이용자의 수준 및 요구에 맞게 다양한 기록정보서비스를 제공하고 있다.

우리나라 국가기록원에서도 '나라기록포털', '컬렉션' 소개 등 국가기록원이 소장하고 있는 기록정보를 효율적으로 제공하려는 시도를 하고 있다. 국가기록원이 소장하고 있는 기록물을 검색할 수 있도록 '나라기록포털'로 제공하고 있고, 다른 한편 조선총독부기록물, 독립운동판결문, 국무회의관련 기록물, 지적관련 기록물, 일제 강제연행자 명부 등 11개의 컬렉션을 제공하고 있다. 국민들이 관심을 가질만한 기록물의 군(群)을 중심으로 제공하고 있는 것이다.

그러나 교사나 학생 등 수요자가 많은 계층을 대상으로 교육용으로 국가기록원 소장의 기록물을 편집하여 제공하는 노력을 기울여야 할 것이다. 또한 지적컬렉션에서 토지조사부나 토지대장뿐 아니라 지적도 등의 기록을 제공하거나, 일반 국민들이 관심을 갖고 있는 족보 등의 기록을 제공하는 것도 흥미와 관심을 유발할 수 있을 것이다. 나아가 기록을 제공하면서 수요자들의 의견을 물어, 그들이 원하는 정보를 효과적으로 제공하려는 노력을 기울여야 할 것이다.

한편 기록을 적극적으로 발굴하여 제공할 필요가 있다. 비공개기록을 주기적으로 재평가하여 공개하거나, 비공개기록의 30년 공개원칙을 철저히 시행함으로써 '바람직한 거버넌스[Good Governance]' 실현을 위해 노

---

18) 국가기록원, 『국가기록관리 선진화 전략 종합실천계획』, 2009, 8쪽.

력하는 것도 중요하다.

또한 각종 전문영역의 아카이브즈들을 구축하여 기록정보를 서비스하는 것도 필요하다. 과학기술, 문화재, 영상 등의 전문 아카이브즈를 설립하여 그들의 특별기록을 수집하여 정리·활용하는 노력도 기울어야 할 것이다.

5. 기록관리시스템의 확산과 고도화

2009년 현재 공공기록 중에 극히 일부를 제외하고는 전자기록이 대부분을 차지한다. 전자결재율이 2007년 기준으로 98.8%에 이르고 있을 정도이다.[19] 이제 공공 업무의 수행과정에서 전자기록은 대세를 이루고 있다. 전자기록생산시스템[업무관리시스템, 전자문서시스템 등], 기록관리시스템, 영구기록관리시스템을 효과적으로 구축하는 것이 앞으로의 과제이다.

국가기록원에서는 기록관리시스템[RMS: Records Management System]의 기능을 고도화함과 동시에 유관시스템[업무관리시스템인 온나라시스템, 중앙기록관리시스템, 통합정보공개시스템, 전자서명장기검증시스템]에 연계하고, 이를 중앙행정기관으로 확산하는 등의 성과를 거두었다고 발표한 바 있다.

현재, 중앙부처의 경우에는 마이그레이션(Migration)이 대부분 완료되었으며, 이제 지방자치단체에 확산사업을 시작하고 있다. 그러나 문제는 지방자치단체의 경우, 기존의 자체적인 전자결재시스템을 사용하고 있으며, 정부기능분류체계[BRM]나 온나라시스템을 사용하고 있지 않다는 점이다.

---

19) 국가기록원, 『국가기록관리 선진화 전략 종합실천계획』, 2009, 3쪽.

자료관시스템 규격은 전자문서시스템의 규격을 기준으로 데이터가 정리되어 있고, 기록관리시스템은 기존 전자문서시스템과 온나라시스템의 규격을 모두 포함하고 있다. 따라서 기존의 자료관시스템의 자료를 기록관리시스템으로 마이그레이션을 꼭 해야지만 이전 자료관시스템의 데이터를 사용할 수 있다.

단순히 자료관시스템에서 기록관리시스템으로 마이그레이션이 우선시 되는 것보다 정부기능분류체계[BRM]을 기반으로 한 업무기록관리시스템이 확산 및 보급되어야 할 것이다. 단순히 기록관리시스템으로 마이그레이션하는 전략을 계속 해서 유지하는 것은 기록관리시스템의 기본취지를 무색하게 할 정도로 단순하다고 할 수 있겠다. 또한 현재 기록관리시스템의 마이그레이션에서도 많은 보완사항이 발생하고 있는 실정이라고 하니, 여기에서 발생하는 문제도 간과할 수 없을 것이다.

2002년 전자적 업무처리를 의무화한 사무관리규정이 발효된 이래로 급속도로 전자기록이 생산되고 관리되어져 왔다. 각 공공기관에서는 여러 가지 시스템을 사용하여 왔는데, 어떤 시스템을 사용하여 왔으며, 저장되어 있는 전자기록은 무엇인지에 대한 현황 파악은 중요한 과제라고 할 수 있을 것이다. 이는 기록정보를 통합적으로 관리하고, 기록정보를 공유하기 위함뿐만이 아니라 영원불멸한 시스템은 존재하지 않는다는 진리에 대비하기 위한 책무라는 대의에서도 필요하다고 보인다.

또한 현재 각 기관에서 소장하고 있는 기록에 대한 메타데이터 정보는 기관별로 서비스되고 있다. 따라서 각 기관의 소장 기록물의 정보를 통합적으로 제공할 수 있는 메커니즘 형성이 필요하다. 이를 위해서는 국가기록원 중심의 협의체를 구성함과 아울러, 민간영역을 아우르는 메타데이터 및 기술 정보의 표준화 방안이 마련될 필요가 있다.[20]

---

20) 송병호, 「기록관리시스템의 현황과 전망」, 『기록학연구』 21, 한국기록학회, 2009.

다른 유형의 디지털 자원에 비하여 전자기록은 진본성이 중요한 품질 요건이 된다. 특히, 전자기록 생산의 비중이 높아지면서 '법적인 증거로서의 기록'이라는 점에서의 기록 가치가 중요시되므로, 진본성 요구 조건이 높아야 할 것이다. 신뢰할 만한 진본기록을 유지하고 차후 활용할 수 있도록 전자기록을 관리하는 전자기록관리시스템의 구축이 필수적이며, 이러한 시스템이 전자기록의 품질요소를 충족할 수 있도록 전자기록의 법적효력에 대한 기본 틀을 마련하는 법제를 정비할 필요성이 있다. 현재 우리나라의 전자거래기본법, 전자서명법 등의 관련법으로는 진본 전자기록의 장기보존이라는 사회적 합의를 완성하기에는 턱없이 부족하다. 전자기록이 업무활동의 증거이자 법적관계에서 증거로서 하자 없이 생성 및 관리되기 위해서는 전자기록의 진본성 및 증거능력을 유지할 수 있도록 규율할 수 있는 법제 마련이 필요하고, 이와 함께 진본성을 추정하도록 하는 요건에 대한 표준이 개발되어야 할 것이다.[21]

　진본 기록을 생산·관리하는 전자기록생산시스템 및 기록관리시스템과 기록관리기관 즉, 보존소에 대한 인증제도가 도입되어야 한다. 간단히 말하면 신뢰성있는 기록이란 믿을만한 보존소에서 믿을만한 사람에 의해 생산, 유지, 관리된 기록이라 할 수 있다. 따라서 믿을만한 보존소에서 생산된 기록은 그 기록의 증거력과 진본성을 인증할 수 있도록 그 보존소에 대한 인증 기준이 마련되어야 한다. 앞으로 기록관리기관의 투명한 경영 및 신뢰도 측정을 위하여 기록관리 수준평가[ISO 인증 등]와 인증제 등이 도입되어야 할 것이다.

　표준관리체제를 정립하는 것도 긴요한 일이다. 표준에는 국가표준, 공공표준, 기관표준의 세 가지 종류가 있다. 표준이란 공공기관에서 기록을 관리하면서 쌓은 경험을 정리하는 것이다. 우리나라는 기록관의 역사가 짧기

---

21) 이소연, 「전자기록관리의 현황과 과제」, 『기록학연구』 21, 한국기록학회, 2009.

때문에 아직 표준이 확립되고 있지 못하다. 현재는 국제표준을 참조하면서, 우리나라의 특성에 맞는 표준을 만들어가는 일이 시급하다고 여겨진다.

6. 기록물관리기관의 활성화

1999년에「공공기관기록물법」이 통과된 이후 10년 동안 공공기록관리는 괄목할 만한 발전을 이루었다. 그 발전은 국가기록원 및 중앙부처의 기록관을 중심으로 발전해왔다. 이제 중앙부처의 기록관리를 지방의 기록관리로 확산시켜야 하며 나아가 민간기록관리로 체계화할 수 있도록 노력해야 한다. 이를 위해 다양한 아카이브즈, 작은 아카이브즈들을 많이 설립하여 다양한 영역에서 기록관리를 활성화시켜야 한다.[22]

먼저 지방기록물관리기관을 설립하여야 한다. 국가기록원 및 중앙부처의 기록관리체계를 지방기록관리로 확산시켜가야 한다. 광역시·도를 중심으로 영구기록물을 관리·활용하는 지방기록물관리기관을 적극 설립하여야 한다. 기록자치를 활성화함으로써 지방자치를 한 단계 완성시킬 수 있다. 지방기록물관리기관의 설립 목적은 첫째 지방 행정의 책임성과 효율성을 제고시키고, 둘째 주민참여 정치를 활성화시키며, 셋째 지역사회에 유의미한 정보·지식을 축적하여 지역민 및 국민에게 제공하는 데 있다.[23] 지방기록물관리기관은 단순히 지방의 행정기록을 관리하는 기구가

---

[22]「공공기록물 관리에 관한 법률」(2007)에 의하면, "'기록물관리기관'이라 함은 일정한 시설 및 장비와 이를 운영하기 위한 전문인력을 갖추고 기록물관리업무를 수행하는 기관을 말하며, 영구기록물관리기관·기록관 및 특수기록관으로 구분한다"(제3조)라고 규정하고 있다. '아카이브즈(Archives)'는 개인이나 조직이 사적 또는 공적으로 생산하거나 접수한 기록 중 역사적으로 보존할 가치가 있는 기록물 또는 관리시설을 말한다. 여기에서 사용하는 기록물관리기관은 '아카이브즈(Archives)'를 포함하는 것이다.

[23] 지수걸,「지방기록물관리기관 설립의 방향과 방법」,『기록학연구』21, 한국기록학회,

아니라, 지방의 문화·역사를 관리 활용하는 지방문화기관으로 발전해가면서, 지방기록문화운동의 매개기관이자 협조기관 역할을 수행해야 한다.

다음으로 공공기관뿐 아니라 민간기록을 관리하는 아카이브즈가 활성화되어야 한다. 지난 10년 동안 공공기록관리가 기록관리를 선도해왔지만, 앞으로는 민간기록관리의 영역이 확대 발전해가면서 우리나라 기록관리영역을 풍부히 하고, 기록을 지식자원화하는 체계로 나아가야 한다.

현재 기업, 종교단체, 대학 등에서 기록관을 설립하여 기록관리를 행하려는 움직임이 활발하게 진행되고 있다. 현재 기업 가운데 포스코, 메리츠화재, 교보생명 등에서 기록관을 설립하여 기업의 투명성을 제고하고, 기업 운영의 노하우를 전승하기도 한다.[24] 앞으로 기업기록관의 기록을 통하여 기업 브랜드 인지도를 제고시키고 상업적 정체성을 확립하며 사업비밀의 노하우를 관리한다. 나아가 기업기록물은 적대적 소송, 상표 위반 행위 또는 평판에 대한 비난에 대항할 증거를 제공한다.[25]

유럽 선진국의 기업 중 기업기록관리팀이 중심이 되어 기업기록을 바탕으로 기업홍보를 행하거나 제품마케팅을 행하기도 한다. 예를 들면 미국의 헤글리 기록관[Hagley Museum and Library]은 미국 듀퐁(Dupont) 회사의 기록을 관리하고 전시함으로써 그 회사의 브랜드 이미지를 제고시킨다.[26] 프랑스의 셍고뱅(Saint-Gobain) 주식회사[1665년 설립]의 기록센터 조직팀은 중앙기록센터를 설립하고 기업기록의 활용을 통하여 기업의

2009, 270~271쪽.
24) 김화경, 「기업 사료의 기록학적 관리방안 연구」, 명지대 석사학위논문, 2006; 최정애, 「기업기록관리 현황에 대한 연구」, 한국외대 석사학위논문, 2005; 고선미, 「포스코 보존기록물 관리에 관한 연구」, 『기록학연구』 8, 한국기록학회, 2003.
25) 이정연, 「세계 기업 및 지방기록관의 기록콘텐츠 구축현황 및 전망」, 제1회 전국기록인대회 발표집, 2009.
26) James E. Fogerty(곽정 역), 「미국의 기업 아카이브즈와 기업기록관리의 발전」, 『기록학연구』 9, 한국기록학회, 2004.

인지도를 높이고, 프랑스 경제·기업사 연구에 자료를 제공함으로써 문화 및 교육적 역할을 행하기도 한다. 독일의 알리엔츠(Allianz) 보험회사는 기록관을 만들어 기업 홍보, 역사연구 자료 제공, 정보서비스 제공 등의 역할을 행한다.[27] 독일의 크래프트(Kraft) 식품회사는 기록관리팀의 기록을 제품 광고에 활용하기도 하였다. 앞으로 다국적 기업이 증가할수록 기업기록관리의 중요성은 더욱 커질 것이다.

종교단체에서도 기록관을 설립하여 역사적 기록을 정리하고 활용하는 노력을 기울이고 있다. 불교계의 조계종에서 조계종기록관을 설립하여 종단의 역사기록을 정리하고 전시하면서 조계종의 역사성과 정통성을 신도뿐만 아니라 국민들에게 알리고 있다.[28] 기독교계에서도 신일교회, 정동교회 등에서 기록관을 설립하여 역사적 기록을 정리하고 활용하는 노력을 기울이고 있다.[29] 천주교계에서도 기록관을 설립하여 역사적 기록을 정리하는 노력을 기울이고 있다.[30]

대학에서는 연세대학교, 고려대학교, 이화여자대학교, 한국외국어대학교, 명지대학교 등의 사립대학에서 기록관 혹은 역사기록관을 설립하여 대학의 역사적 기록을 정리하고 전시하면서 대학의 역사성과 사명 등을 적극적으로 홍보하고 있으며,[31] 서울대학교, 경북대학교 등의 국립대학에서도 기록관을 설립하여 대학기록 및 역사적 기록을 정리하고 있다.[32]

---

[27] 이정연, 「세계 기업 및 지방기록관의 기록콘텐츠 구축현황 및 전망」, 제1회 전국기록인대회 발표집, 2009.
[28] 곽정, 「조계종 기록관리시스템 구축에 관한 연구」, 『기록학연구』 11, 한국기록학회, 2005.
[29] 송현강, 「대전·충남 지역의 근현대 기독교 기록물현황과 기록관리실태」, 『역사와 담론』 45, 호서사학회, 2006; 마원준, 「한국 개(個)교회기록물의 기능분류방안」, 『기록학연구』 10, 한국기록학회, 2004.
[30] 김선미, 「가톨릭 교회 기록물 관리에 관한 연구 -인천교구 기록관을 중심으로-」, 『한국기록관리학회지』 제4권 제1호, 한국기록관리학회, 2004.
[31] 손동유, 「사립대 아카이브즈의 위상과 기능에 관한 연구」, 『기록학연구』 9, 한국기록학회, 2004.

기업, 종교단체, 대학뿐 아니라 영화, 미술, 음악 등의 예술영역의 아카이브즈들이 활성화되어야 하고, 과학기술, 건축도면, 병원, 신문, 방송, 노동, 여성, 정당 등의 아카이브즈들이 활성화되어야 한다. 국가기록원은 다양한 영역의 아카이브즈들이 설립될 수 있도록 적극적으로 지원하고 컨설팅해야 한다. 국가기록원은 설립 방식, 운영 방법 등을 각 기관에게 안내해주어 아카이브즈를 실제 설립할 수 있도록 지원해야 한다. 국가기록원과 다양한 영역의 아카이브즈는 상하관계가 아니라 서로 연대하면서 협력하는 관계를 유지해야 한다.

사회 각 부문에서 다양한 아카이브즈들이 설립되고, 그러한 아카이브즈들에 의해 공공부문과 민간부문의 기록관리가 서로 영향을 주고받으면서 발전해간다면 한국사회의 지식정보자원은 한층 풍부해질 것이며, 나아가 한국사회의 민주화도 더욱 발전해갈 것이다.

7. 기록물관리 전문요원의 배치

기록관에서 기록관리를 제대로 하기 위해서는 제일 먼저 기록물관리 전문요원을 배치하여야 한다. 기록물관리 전문요원은 기록물관리기관의 각 분야에서 전문적 업무를 수행하는 동시에, 전 과정을 효율적이고 균형 있게 운영하는 전문적인 통합·중개·조정 역할을 하는 자이다.

현재 「공공기록물법 시행령」 부칙에는 기록물관리 전문요원의 배치 기한이 명시되어 있다.

---

32) 이주연, 「국·공립 대학기록관리의 현황과 과제」, 『한국기록관리학회지』 제8권 제1호, 한국기록관리학회, 2008.

〈부칙 제5조(기록물관리 전문요원의 배치에 관한 경과조치)〉

광역시·도 및 특별자치도, 시·도교육청 및 특별자치도교육청 기록물관리기관의 경우에는 2007년 12월 31일까지, 관할 행정구역의 인구수가 15만 명 또는 학생수가 7만 명 이상인 기초자치단체 또는 지역교육청 기록물관리기관의 경우에는 2008년 12월 31일까지, 그 밖의 기초자치단체 또는 지역교육청의 경우에는 2009년 12월 31일까지, 중앙행정기관의 소속기관에 설치된 기록물관리기관의 경우에는 2010년 12월 31일까지, 그 밖의 공공기관 기록물관리기관의 경우에는 2011년 말까지 제78조 제1항에 따른 자격을 갖춘 기록물관리 전문요원을 배치하여야 한다.[33]

위 부칙에 기록된 사항을 요약·정리하면 〈표 11-1〉과 같다.

〈표 11-1〉 전문요원 배치대상 기관 및 배치시한

기관		인원 수	배치 시한
중앙	본부	44	기배치***
	소속	283	2010년
지방자치단체	광역	16	2007년
	기초* (15만 이상)	112	2008년
	기초* (15만 미만)	120	2009년
교육청	광역	16	2007년
	지역** (7만 이상)	43	2008년
	지역** (7만 미만)	137	2009년
기타 공공기관		68	2011년
계		839	

비고: * 인구 기준 / ** 학생수 기준 / *** 방위사업청은 미배치.
출전: 「공공기록물법 시행령」, 부칙 제5조.

---

33) 「공공기록물 관리에 관한 법률 시행령」, 부칙 제5조.

〈표 11-1〉에서 보듯이, 우리나라 839개의 공공기관은 2011년까지 기록물관리 전문요원을 배치하도록 의무화되어 있다. 참여정부에서는 2005년 2월에 연구직공무원에 기록연구직렬을, 2007년 1월에 지방연구직공무원에 지방기록연구직렬을 신설하여 기록물관리기관에 기록연구사를 배치하도록 하였다.[34]

〈표 11-2〉 기록물관리 전문요원 배치현황 (2009년 3월 현재)

구분		대상기관	정원확보 기관 수 (확보정원)	배치인원 수
중앙	본부	44	43 (48)	50
	소속	283	0 (0)	0
지방자치단체	광역	16	16 (23)	16
	기초 (15만 이상)	112	20 (20)	10
	기초 (15만 미만)	120	2 (2)	0
교육청	광역	16	12 (13)	5
	지역 (7만 이상)	43	3 (3)	0
	지역 (7만 미만)	137	1 (1)	0
기타 공공기관		68	0 (0)	0
계		839	97 (110)	81

출전: 조이현, 「기록물관리 전문요원제도의 현황과 과제」, 국가기록원 제5회 기록관리포럼, 2009, 4쪽.

---

[34] 2005년 2월에 「연구직 및 지도직공무원의 임용 등에 관한 규정」을 개정하여 학예 직군에 기록연구직렬을 신설하였다. 2007년 1월에는 「지방 연구직 및 지도직공무원의 임용 등에 관한 규정」을 개정하여 기록연구직렬을 신설하였다.

국가기록원은 2005년 8월 중앙행정기관의 위임을 받아 기록연구사 45명을 선발하여 중앙부처에 배치하였고, 광역자치단체의 경우에도 2006년 16개 시도에 38명의 정원을 확보하여, 2007년부터 기록물관리 전문요원을 배치하고 있다. 그리고 2008년부터는 기초자치단체와 교육청이 전문요원 배치를 추진하고 있으며, 2009년 3월까지 각급 기관의 전문요원 배치현황은 〈표 11-2〉와 같다.35)

〈표 11-2〉에서 보듯이 2009년 3월까지 중앙행정부처에는 50명, 광역자치단체는 16명, 기초자치단체에는 10명, 광역교육청에는 5명 총 81명의 기록물관리 전문요원이 배치되었다.

현행 「공공기록물법 시행령」에 의하면, 기록물관리 전문요원의 배치 시한을 넘긴 기관의 경우에는 각 기관이 관리하고 있는 기록물 중 보존연한이 끝난 기록을 기록물평가심의회를 개최하여 폐기하지 못하도록 하고 있다.36) 즉 각 기관에서 관리하고 있는 기록물을 폐기하려고 하는 경우에는 기록물관리 전문요원을 채용해야만 한다.

16개 광역시·도와 광역교육청의 지방기록물관리기관이나 행정부 중앙부처의 기록관에서는 기관장 및 관리자를 포함하여 5명 이상인 경우, 종사자의 1/4 이상을 기록물관리 전문요원으로 배치해야 하므로 추가로 선발하여 배치해야 할 것이다. 서울시와 경기도 등 광역시 기록물관리기관 중 큰 규모이거나, 혹은 중앙부처 중 많은 소속기관을 거느리고 있는 대부처인 경우 기록물관리 업무가 중대될 것이므로, 기록물관리 전문요원을

---

35) 조이현, 「기록물관리 전문요원제도의 현황과 과제」, 국가기록원 제5회 기록관리포럼, 2009, 4쪽.
36) 「공공기록물 관리에 관한 법률 시행령」, 부칙 제4조에 의하면 "기록물관리 전문요원 배치시기 이전까지는 기록관 또는 특수기록관에서 기록물관리업무에 종사하는 일반직 공무원·특정직 공무원 또는 별정직 공무원이 기록물 심사업무를 담당할 수 있다"라고 규정하고 있는데, 부칙 제5조에 따라 기록물관리 전문요원을 배치해야 하는 시기를 경과하는 경우, 기록물관리 전문요원만이 기록물 심사업무를 담당할 수 있게 된다.

추가로 배치해야 할 것이다. 2009년 12월 현재 국무총리실, 기획재정부, 교육과학기술부, 문화체육관광부, 국토해양부 등 5곳과 광역시·도 중 서울특별시, 대구광역시, 충청북도, 경상남도 등 4곳은 각각 2명씩의 기록연구사가 근무하고 있다.

2009년 12월 초에는 〈표 11-3〉에서 보듯이, 중앙부처 49명, 광역자치단체 19명, 기초자치단체 52명, 광역교육청 10명, 기초교육청 2명 총 132명의 기록물관리 전문요원을 배치하였다. 2009년 3월에 비하면 51명의 기록물관리 전문요원의 배치가 증가하였다. 2009년 12월에 전문요원을 채용하고자 공고를 낸 공공기관이 86곳이나 되니, 앞으로 기록물관리 전문요원 채용이 더욱 증가할 것이다.

〈표 11-3〉 기록물관리 전문요원 배치현황 (2009년 12월 7일 현재)

구분		대상기관	배치기관	배치인원 수	채용 중[37]
중앙	본부	45	44	49	-
	소속	283	-	0	-
지방자치단체	광역	16	15	19	1
	기초 (15만 이상)	112	47	47	24
	기초 (15만 미만)	120	5	5	60
교육청	광역	16	9	10	1
	지역 (7만 이상)	43	1	1	0
	지역 (7만 미만)	137	1	1	0
기타 공공기관		68	-	0	-
계		839	122	132	86

출전: 국가기록원, 『국가기록관리위원회 안건』, 2009.12, 34~37쪽.

그런데 기록물관리 전문요원의 배치과정에서 개선해야 할 중요한 사항이 있다. 공공기관에서 기록물관리 전문요원을 채용하면서 정규직이 아니라, 계약직이나 비전임 계약직으로 채용하는 경우가 점점 증가해간다는 사실이다. 2008년 7월에 인천광역시 연수구에서 전문요원을 계약직으로 채용하는 공고를 내면서, 그 이후 기초자치단체에서 전문요원 채용을 정규직이 아니라 계약직이나 비전임 계약직으로 하는 사례들이 증가하게 되었다.

특히 기록물관리 전문요원을 비전임 계약직으로 선발을 하는 곳은 경기도 지방자치단체들의 경우가 심하며, 경기도 의정부시·안산시·시흥시·수원시·화성시 등이 그곳이다. 비전임 계약직이란 시간제 고용직으로 지방공무원의 정원에도 포함되지 않으며, 업무권한도 없는 신분이 불안정한 직위이다.[38]

비전임 계약직이 공공기관의 기록물관리 업무를 담당한다면 여러 가지 곤란한 점들이 발생할 가능성이 크다. 그들은 고용이 불안정하므로 업무에 전념하거나 업무의 연속성을 기대하기 힘들다. 그들이 기초자치단체의 기록물현황을 파악한다든가, 기록물을 심의·폐기한다든가 혹은 기초자치단체의 비밀기록·비공개기록을 열람하는 경우 문제가 생길 여지가 있다. 비전임 계약직에게 전문직으로서의 윤리의식이나 소명의식을 기대하기 어렵다. 즉 비전임 계약직[시간제 근로]인 경우, 그들에게 기록관리의 열정 및 전문직으로서의 도덕성, 기관에의 소속감 등을 요구하기 어려우

---

37) 채용 중인 기관은 다음과 같다. 광역자치단체는 경상북도, 기초자치단체는 서울 3, 부산 4, 인천 1, 광주 2, 울산 1, 경기 5, 강원 12, 충북 11, 충남 14, 전북 7, 전남 1, 경북 8, 경남 13, 제주 2, 광역교육청은 인천교육청이다. 기록물관리 전문요원 86명 중 기록연구사는 64명, 계약직은 22명이다(국가기록원 자료 참조).
38) 전임계약직은 공무원 신분이기 때문에 공무원연금관리공단에 가입되는 반면에, 비전임계약직은 공무원 신분이 아니기 때문에 국민연금관리공단에 가입하며, 업무권한이 없고 하루에 보통 4시간 정도 일하는 시간제 근로자이다.

며, 기록관리업무의 연속성을 기대하기 힘들다.[39]

기록물관리 전문요원은 정규직이어야 한다. 기관의 사정상 그것이 어려운 경우 전임 계약직으로 임명해야지, 비전임 계약직으로 임명하는 경우 기록관리의 전문성을 지속하기가 어렵다.

각 지방자치단체와 교육청에서 기록물관리 전문요원을 채용하는 것은 기록관리의 첫걸음을 내딛는 일이다. 우리나라 기록관리체계를 한 단계 발전시키는 첩경은 기록물관리 전문요원을 정규직으로 기록물관리기관에 배치시켜, 해당 기관의 조직과 성격에 맞도록 기록관리제도를 정착해 가는 일이다. 그런 의미에서 각 공공기관에 기록물관리 전문요원을 시급히 배치하는 일이 급선무라 할 수 있다. 나아가 공공기관뿐 아니라 민간기구 및 전문아카이브즈에도 기록물관리 전문요원을 배치하여 기록관리를 전문적·효율적으로 행해야 할 것이다.

8. 맺음말

2000년대부터 공공기관의 기록관리를 중심으로 크게 발전해왔다. 1999년에 「공공기관기록물법」이 제정되고, 2004년에 국가기록관리 혁신이 추진되면서 국가 기록관리제도가 정비되었다. 그 후 기존 법률이 「공공기록물법」로 전면 개정되고, 「대통령기록물법」이 제정되었으며, 국가기록원의 조직과 인원이 크게 확대되면서 체제가 정비되었다.

그 결과 국가기록원과 중앙부처에는 기록연구사가 배치되고 기록관이 설립되었지만, 다른 기관에서는 아직도 기록관리가 소홀히 여겨지고 있

---

[39] 이영학, 「기록물관리 전문요원의 운영 현황과 전망」, 『기록학연구』 21, 한국기록학회, 2009, 342쪽.

다. 즉 '높은 단계의 제도화'는 이루어졌지만, 현실은 '낮은 수준의 기록관리'를 벗어나지 못하였던 것이다.[40] 즉 법률이 제정되고 국가기록원이 정비되고 중앙부처에 기록연구사가 배치되면서 기록관이 설립되었지만, 아직도 공공기관에서 기록관리는 경시되고 있다.

미래사회는 정보의 홍수시대이다. 종이, 필름, 비디오, 사진, 구술, 이메일, 전자기록 등 표현 매체가 다양화되고 IT기술을 바탕으로 정보가 넘쳐나는 시기에 기록을 관리하지 않고서는 각 기관은 정책이나 업무를 제대로 수행할 수가 없다. 밀려오는 '정보화의 홍수'를 거스를 수는 없다. 정보화시대에 개인이든 조직이든 유의미한 기록을 잘 관리하고 활용해야만 살아남을 수 있다.

국가기록관리 체계를 구축하기 위해서는 먼저 정부가 기록관리 정책을 집행할 때, 민간전문가·시민단체·국민들이 참여하는 '거버넌스' 형식으로 추진하여야 한다. 정부뿐 아니라 이해관계자 모두가 참여하면서 정책을 수행해가는 것이 필요하다. 나아가 국가기록관리 정책을 통괄하는 국가기록원이 정치적 중립성과 독립성을 확보하고 전문성을 지닌 독자적 기관으로 자립하는 것이 요구된다. 정치적 당파에 휘둘리지 않고, 정부 권력으로부터 독립될 때 국가기록관리는 바로 설 수 있다.

이제는 국가기록원 및 중앙부처의 기록관리뿐 아니라 지방기록관리와 민간기록관리 영역이 발전해가야 한다. 지방기록물관리기관이 설립되고, 기록물관리 전문요원이 배치되어 기록자치가 활성화됨으로써 지방자치가 더욱 발전해갈 수 있을 것이다. 앞으로는 기업·종교단체·대학뿐 아니라 영상·미술·음악·신문·방송·과학기술·병원·여성·노동·정당 등의 아카이브즈들이 설립되어 각 분야의 기록을 관리·활용해야 할 것이

---

40) 곽건홍, 「자율과 분권, 연대를 기반으로 한 국가기록관리 체제 구상」, 『기록학연구』 22, 한국기록학회, 2009, 6쪽.

다. 즉 다양한 영역에서 다양한 아카이브즈, 작은 아카이브즈를 많이 설립하여 유의미한 기록을 관리하고 활용함으로써 한국의 지식정보자원은 한층 풍부해지고 넓어질 것이다.

국가기록원은 다양한 영역의 아카이브즈들이 설립될 수 있도록 적극적으로 지원하고 안내해야 한다. 다양한 영역에서 다양한 아카이브즈, 작은 아카이브즈들이 많이 설립되고 나아가 그 기관에 기록물관리 전문요원이 배치되게 하여 기록관리의 전문화·다양화를 모색해야 한다. 국가기록원과 다양한 영역의 아카이브즈는 상하관계로 명령을 주고 받는 관계가 아니라, 서로 연대하면서 협력하는 관계를 유지해야 한다. 각 분야의 아카이브즈들은 자신의 영역을 지키면서 서로 협력하는 자율·분권·연대·상생하는 관계를 유지해야 한다.

「국가기록관리정책의 미래」, 『한국기록관리학회지』 제9권 제2호, 한국기록관리학회, 2009.

제 4 부

한국 현대 기록관리제도

제 12 장

대통령기록관리제도 시행의 의의와 과제

1. 머리말

2007년 4월 27일 「대통령기록물 관리에 관한 법률」[2007, 이하 「대통령기록물법」으로 약칭함]이 제정되고, 같은 해 7월 28일 시행되었으며, 이 법률에 의거하여 11월 30일 대통령기록관 직제를 신설하고, 2008년 4월에 대통령기록관을 개관하게 되었다. 「대통령기록물법」이 시행됨으로써 대한민국 역사에서 대통령기록물을 관리하는 법적인 토대가 처음으로 마련되었다. 이것은 한국 현대 기록관리의 역사에서 하나의 획을 긋는 일이었다.

1999년 「공공기관의 기록물관리에 관한 법률」[1999, 이하 「공공기관기록물법」으로 약칭]이 공공기관에서 기록물관리의 중요성을 각인시키고 의미 부여하는 계기가 되었다면, 2007년 「대통령기록물법」의 제정은 대통령기록관리의 중요성과 그 관리를 체계화하는 발판을 마련하였다는 점에 기록학적 의의가 크다.

우리나라는 대통령중심제 국가이기 때문에 대통령이 행하는 통치행위는 국가운영에 절대적 영향을 미친다.[1] 1948년 이후 대한민국 정부의 운영과 정책을 알기 위해서는 대통령의 통치행위와 그의 생각, 의지 등을 고찰하는 것이 반드시 필요하다. 즉, 해방 이후 한국현대사를 이해하기 위해서는 대통령의 통치행위를 담고 있는 대통령기록을 반드시 살펴보아야만 가능하다. 그러나 불행히도 1948년 대한민국 정부 수립 이후 역대 대통령기록물은 거의 전승되고 있지 못하다. 1948년부터 2002년까지 국가기록원에 남겨진 대통령기록은 〈표 12-1〉과 같이 33만 건에 불과하다. 그리하여 '조선시대에는 『조선왕조실록』을 편찬하였지만, 대한민국에서는 『대한민국실록』을 편찬할 수 없다'고 하는 것이다. 왜냐하면, 대한민국에서 가장 중요하면서도 역사적 의미가 큰 대통령기록이 남아 있지 않기 때문이다. 즉, 지금까지 역대 대통령들은 업무를 수행하면서 생산한 기록들을 대부분 폐기하거나, 사저(私邸)로 가지고 나가서 국가기록원에 이관하지 않았다. 대통령기록물을 사적인 소유물로 여겨 경시하거나, 혹은 기록을 근거로 정권의 부도덕성이 드러나는 것을 꺼려 폐기하였기 때문이다.

그러나 「대통령기록물법」이 제정되면서 대통령기록을 제대로 관리할 수 있는 법적 토대를 마련하였다. 「대통령기록물법」 제3조에서 "대통령기록물의 소유권은 국가에 있으며, 국가는 대통령기록물을 이 법으로 정하는 바에 따라 관리하여야 한다."[2]라고 규정함으로써, 대통령기록물이 사적 소유물이 아니라 국가소유라는 것을 천명하였다. 나아가 대통령기록관을 설립하여 대통령기록물을 체계적으로 관리할 것을 제시하였다. 「대통령 기록법」 제정을 계기로, 국가기록원장 직속으로 대통령기록관리팀이 결성되어 대통령기록관의 설립, 조직, 기능 등을 검토하여 2007년 11월 30일 대통령기록관 직제를 신설하고 2008년 4월에 대통령기록관을 개관하게 되었다.

---

1) 대통령은 헌법상 대외적으로 국가를 대표하는 권한, 국가의 독립과 영토의 보전, 국가의 계속성과 헌법을 수호할 책무에 관한 권한, 국정 조정권한, 헌법기관 구성 권한, 국군 통수 권한, 대통령령 공포 권한, 공무원 임면권, 법률안 제출 공표 거부 권한 등을 가진다. 이와 같이 대통령은 국정 수행에서 그 지위와 권한이 막강하다.
2) 「대통령기록물 관리에 관한 법률」(2007.4.27), 제3조.

〈표 12-1〉 역대 대통령기록물 이관 현황

역대 대통령	합계 (점/건)	문서 (건/점)				시청각 (점)	행정박물 (점)
		소 계	대통령 비서실	관련기관	전자기록		
1~3대 : 이승만 (1948.07~1960.08)	7,601	4,202	715	3,846		3,400	
4대 : 윤보선 (1960.08.~1962.03)	2,040	1,572		1,572		468	
5~9대 : 박정희 (1962.03~1979.10)	37,614	25,501	9,044	16,457		12,046	67
10대 : 최규하 (1979.10~1980.09)	2,261	975	105	870		1,286	
11~12대 : 전두환 (1980.09~1988.02)	42,535	1,621	4,782	11,439		26,181	138
13대 : 노태우 (1988.02~1993.02)	21,211	8,476	2,494	5,982		12,667	68
14대 : 김영삼 (1993.02~1998.02)	17,013	13,812	8,214	5,598		3,091	110
15대 : 김대중 (1998.02~2003.02)	200,814	180,333	139,553	10,156	30,624	20,466	15
합 계	331,089	220,467	146,907	55,560	30,624	79,605	393
16대 : 노무현* (2003.02~2008.02)	2,873,445	2,152,820	489,479	1,663,341	695,334	5,869	

* 이 밖에 간행물 19,422권, 청와대브리핑 등 32개 홈페이지 웹기록 5,383,034건의 기록이 있다.

출전: 이승휘, 「공공기록물 관리에 있어 이명박정부의 책임과 '업적'」, 『기록학연구』 18, 한국기록학회, 2008, 277~278쪽.

「대통령기록물법」을 제정하고, 대통령기록관을 설립하기도 하였지만, 이제 대통령 기록관리의 첫발을 내디뎠을 뿐이다. 제도적 장치를 마련하였다고 해서 모두 이루어진 것이 아니다. 앞으로 대통령기록물을 제대로 관리·이관·보존·활용하는 것은 기록관리 관계자들을 비롯한 국민들의 과제이다.

2008년에는 대통령기록물을 둘러싸고 많은 일들이 벌어졌다. 「대통령기록물법」 시행 1년도 되지 않아 전직 대통령의 전자기록물 사본을 둘러싼 논란이 일어나고, 그 후 국가기록원장이 대통령 기록물 반환과 관련하여 전·현직 비서관과 행정관 등 10명을 검찰에 고발하였으며, 검찰은 서울고등법원장의 영장을 발부받아 노무현 전 대통령의 전자기록물 목록을 조사하는 일이 벌어졌다. 또한 같은 해 12월 2일에는 국회 재적의원 2/3 이상의 찬성으로 노무현 전 대통령이 대통령지정기록물로 지정한 쌀 직불금 명단 관련 국무회의록 일체를 열람하는 결정을 내리기도 하였다. 「대통령기록물법」에 명시된 지정기록물을 열람할 수 있는 방법이 모두 발생하였던 것이다. 앞으로도 많은 경우의 일이 발생하고, 대통령기록관리의 시행착오를 거치게 될 것임을 예고하고 있다.

이 글에서는 「대통령기록물법」의 제정 과정과 그 주요 내용을 살펴보고, 대통령기록관리제도의 주요 쟁점이 무엇인가를 고찰한 뒤, 앞으로의 과제를 중심으로 살펴보려고 한다.

2. 「대통령기록물 관리에 관한 법률」의 제정 과정과 주요 내용

1) 「대통령기록물 관리에 관한 법률」의 제정 과정

해방 후 대한민국 정부에서는 대통령기록물에 대한 관심이 희박하였다. 1949년 「정부처무규정」[대통령훈령 제1호]과 1963년 전면 개정된 「정부공문서규정」[각령 제1645호]에 대통령 기록물에 관한 규정이 있지만, 문서수발에 대한 일반적인 사무규정이었다. 대통령기록물의 수집과 보존을 법적으로 규정한 것은 1987년에 개정된 「정부공문서규정」[대통령령 제1222호]이었다. 제39조 제1항에서 "대통령의 결재를 받은 문서[대통령에게 보고된 문서를 포함한다]는 …. 총리령이 정하는 바에 따라 정부기록보존소에 이관하여 보존하여야 한다"고 규정함으로써 이관의 법적 근거를 제시하였다. 이 규정은 1991년 「사무관리규정」[대통령령 제13390호]에 그대로 유지 반영되었는데, 대통령기록물을 대통령의 결재문서와 보고문서로 한정하였기 때문에 대통령비서실, 자문기관, 경호기관에서 생산한 기록물을 비롯하여 비망록 등의 주요 기록물들이 수집과 보존대상에서 모두 제외되었다.[3]

1999년 「공공기관기록물법」 제13조[대통령관련 기록물관리]와 제8조[대통령기록관] 및 동법 시행령 제28조[대통령관련 기록물의 보존관리]에서 대통령기록물을 정의하고, 대통령기록물을 관리할 수 있는 법률적 규정을 마련하였다. 대통령기록물을 대통령의 결재문서와 보고문서뿐 아니라 대통령과 그 보좌기관이 생산 또는 접수한 기록물 및 대통령의 업무와 관련한 비망록 등으로 확대하여 규정하였던 것이다.[4] 위 법률에서 대통령기

---

[3] 남태우 외, 「대통령기록물관리법에 관한 연구」, 『한국기록관리학회지』 제7호, 한국기록관리학회, 2007.
[4] 「공공기관의 기록물관리에 관한 법률」, 제13조(대통령관련 기록물관리)에서 "대통령과 그 보좌기관이 대통령의 직무수행과 관련하여 생산 또는 접수한 모든 기록물은 중앙기록물관리기관의 장이 이를 수집하여 보존하여야 한다"고 규정하고, 동법 시행령 제28조(대통령관련 기록물의 보존관리)에서 대통령관련 기록물의 범위를 7가지로 규정하였는데, ①대통령이 결재하거나 보고받은 기록물, ②대통령과 그 보좌기관이 생산 또는 접수한 기록물, ③공공기관이 대통령 또는 그 보좌기관에 제출한 기록물의 원본, ④ 대통령 또는 차관급 이상의 대통령의 보좌기관이 참석하는 정책조정을 위한 각종 회의의 회의록, ⑤ 대통령의 업무와 관련한 메모, 일정표, 방문객 명단 및 대화록, 연설문 원본 등 사료적 가치가 높은 기록물, ⑥ 대통령의 영상 또는 육성이 수록된 시청각기록물, ⑦ 대통령 가족의 공적 업무활동과 관련한 기록물 등이었다.

록물의 범위와 관리 과정을 처음으로 구체적으로 정하였다는 점에 의미가 있었다.

그러나 대한민국에서 대통령이 차지하는 비중과 위치에 비하여, 여전히 대통령관련 기록물의 범주는 협소하고 대통령기록관리에 관한 규정도 매우 미비하였다. 그리하여 독자적으로「대통령기록물법」[가칭]을 제정해야 한다는 요구가 시민단체, 학계 등에서 계속 제기되었다.5) 구체적 제안은 1998년 참여연대에서 대통령기록의 국가소유를 천명하고 대통령기록보존소 설치를 내용으로 한「대통령기록보존법제정」청원[1998.4.4]으로 나타났다. 나아가 2002년에는 한국국가기록연구원 등 기록·역사·정책학 관련 단체들이 철저한 대통령기록관리를 위해 대통령기록관 설립을 주장하였다.6) 또한 2003년에는 역사학자와 역사교사들이 '국가기록관리 개혁을 위한 역사연구자 및 교사선언'[2003.3.27]을 발표하고 진정한 민주정부가 되기 위해서는 정보공개 및 대통령기록관리를 제대로 해야 한다고 선언하였다.7) 행정개혁시민연합도 '대통령기록물 관련법제 개선에 관한 토론회'[2003.6.25]를 개최하여 '대통령기록물 관리법' 제정의 필요성을 강조하였다.

2004년과 2005년에 이르러 대통령비서실과 정부혁신지방분권위원회 기록관리혁신전문위원회에서 대통령기록물법 제정을 검토하기 시작하였다. 정부에서는 2005년 10월 9일 노무현 대통령의 지시로 정부혁신지방분권위원회 기록관리전문위원회·국가기록원·대통령비서실 기록관리비서

---

5) 이 부분은 '조영삼,「대통령기록관리체계의 형성과 쟁점」,『지배문화와 민중의식』(서평일교수정년기념논총), 한신대 출판부, 2008'을 주로 참고하였다.
6) 한국기록학회, 한국역사연구회, 한국정책학회, 대전·충남 기록문화발전을 위한 포럼, 한국국가기록연구원 등은 2002년 5월 22일 "2002년 정치변동과 국가기록물관리"라는 심포지움을 개최하고, 철저한 대통령기록 관리를 주장하였다.
7) 오마이뉴스(http://www.ohmynews.com/nws_web/view/at_pg.aspx?CNTN_CD=A0000114703).

관실 등 3주체가 '대통령기록관리혁신T/F'를 구성하여 대통령기록관리법의 제정, 대통령기록관의 위상 등을 논의하기 시작하였다.[8]

그런 와중에 2005년 11월 22일 정문헌의원 등 73명의 국회의원이 「예문춘추관법안」 제정을 발의한 것이 대통령기록관리법을 제정하는 촉매제가 되었다. 「예문춘추관법안」에서는 대통령기록관리기구로 국회·대통령·대법원장이 추천하는 9인으로 구성된 예문춘추관을 설치하고, 일체의 대통령기록을 예문춘추관으로 이관하며, 대통령이 특별 지정하는 기록에 대해 퇴임후 최대 50년까지 공개·열람·제출 요구가 불가하며, 대통령기록관을 설치·운영하는 등의 내용을 담고 있었다.

'대통령기록관리혁신T/F'에서는 대통령기록의 보호방안, 대통령기록관의 위상, 대통령기록물법의 별도 제정 여부 등에 대한 검토를 진행하였고, 대통령기록관리법을 독자적으로 입법하기로 결정하고, 2006년 7월 18일 대통령기록관리법안을 국회에 제출하였다. 국회에서는 정문헌 의원 등이 제출한 「예문춘추관법안」과 정부에서 제출한 법안을 병합 심리하여 국회 행정자치위원회, 법제사법위원회를 거쳐 2007년 4월 2일 국회 본회의에서 「대통령기록물법」을 의결하였으며, 4월 27일 공포하고 7월 28일부터 시행하게 되었다.

2) 「대통령기록물 관리에 관한 법률」의 주요 내용

「대통령기록물법」에서 이전의 「공공기관기록물법」의 대통령기록관리에 대한 규정보다 새롭게 정한 내용을 살펴본다면 다음과 같다.[9]

---

[8] 대통령자문 정부혁신지방분권위원회, 『참여정부의 기록관리혁신』, 2008, 177~178쪽.
[9] 조영삼, 「대통령기록관리체계의 형성과 쟁점」, 『지배문화와 민중의식』(서굉일교수정년기념논총), 한신대 출판부, 2008; 이영남, 「대통령 기록관리제도의 변화와 의미 -대통령기록법의 주요 내용을 중심으로-」, 『한국비블리아발표논집』, 한국비블리아학회, 2007.

(1) 대통령기록물의 범위 확대

먼저 대통령기록물의 범위를 확대하였다. 「공공기관기록물법」에서는 대통령기록을 "대통령과 그 보좌기관이 대통령의 직무수행과 관련하여 생산한 기록물"로 정의하였는데, 새 법률에서는 "대통령과 그 보좌기관, 자문기관, 경호기관을 비롯하여 대통령직 인수위원회에서 생산·접수한 기록물"로 확대함으로서 대통령과 관계있는 기록물을 더 많이 이관·보존·관리하게 하였다.[10] 그리하여 후대의 연구자와 국민들이 이전보다 훨씬 더 많은 대통령기록물을 살펴봄으로써, 대통령중심제 하의 대통령의 영향력을 실증적으로 고찰할 수 있도록 하였다.

(2) 대통령기록 생산·유통·관리 프로세스의 법제화

대통령의 직무수행과 관련한 모든 과정과 결과가 기록으로 생산·관리되도록 하였다. 특히 공공업무 수행 중에 생산한 기록을 전자기록으로 남기도록 하였으며, 비전자문서의 경우도 전자적으로 관리하도록 하였다.[11] 또한 정책의 입안·처리 경로·의사 결정 등 업무처리의 전 과정이 문서양식에 포함되어 생산하도록 하였다.

(3) 대통령기록물의 폐기 절차 규정

대통령기록물 중 보존가치가 없는 문서에 대해 합리적으로 폐기하는 절차를 마련하였다.

---

10) 「대통령기록물 관리에 관한 법률」, 제2조.
"대통령기록물이란 대통령의 직무수행과 관련하여 대통령, 대통령의 보좌기관, 자문기관, 경호기관, 대통령직 인수위원회에서 생산 접수하여 보유하고 있는 기록물과 국가적 보존가치가 있는 대통령상징물(대통령을 상징하는 문양이 새겨진 물품 및 행정박물)을 말한다."
11) 「대통령기록물 관리에 관한 법률」, 제8조.

기존 법률에서는 대통령기록물을 폐기하지 못하도록 하였다. 그러나 「대통령기록물법」에서는 대통령기록물 생산기관에서 심의하여 폐기를 요청할 경우, 대통령기록관에서 심의하여 폐기를 승인하도록 하였다. 그 절차를 엄격히 규정하였는데, 대통령기록물 생산기관은 폐기대상 목록을 폐기 60일 전까지 대통령기록관으로 송부하고, 대통령기록관은 50일 이내에 대통령기록관리위원회의 심의를 거쳐 그 결과를 생산기관에 통보하면 대통령기록생산기관의 장은 폐기될 대통령기록의 목록을 관보 또는 정보통신망에 고시하도록 하는 검증절차를 마련하였다.[12]

(4) 대통령기록 이관절차 정비

일체의 대통령기록을 임기 종료 6개월 전부터 임기종료시까지 중앙기록물관리기관으로 이관하고, 대통령기록관에서 관리하도록 하였다. 다만, 경호관련 기록의 경우 업무수행에 활용할 필요가 있다면 위원회의 심의를 거쳐 이관시기를 연장하도록 하였다.[13]

옛 법률에서는 전임 대통령기록물을 정부기록보존소[2005년 이후 국가기록원으로 개칭] 또는 현임 대통령에게 이관하도록 규정하였다. 그러나 이것은 적절하지 않은 규정이었다. 전임 대통령기록물이 현임 대통령에게 이관하도록 할 경우, 정치적 성향이 다른 정권이 들어설 경우에는 전임 대통령기록물이 악용될 소지가 있기 때문에 남기거나 이관하지 않을 개연성이 훨씬 높기 때문이다. 새 법률에서는 일체의 대통령기록을 대통령기록관에 이관하도록 하였다.

---

12) 「대통령기록물 관리에 관한 법률」, 제13조.
13) 「대통령기록물 관리에 관한 법률」, 제11조.

(5) 대통령기록 공개 열람 등 대국민서비스 강화

대통령기록의 공개원칙을 천명하고, 국민의 적극적 활용을 위한 기록 공개의 제반 조치 마련을 의무화하였다. 대통령 기록 중 지정기록과 개인의 사생활 등에 관한 기록을 제외하고 적극적으로 공개함으로써 국민의 지식역량을 제고하도록 하였다. 또 정보통신망 등을 통한 정책 홍보에 최선의 노력을 기울이도록 하였다. 지정기록물을 제외한 대통령기록을 효과적으로 공개하면, 연구자와 국민들은 그를 이용하여 역사연구 및 권리확보 등에 활용할 수 있을 것이다.

(6) 대통령기록의 공개 원칙 천명

대통령기록물 중 비공개로 설정된 기록은 이관 시점부터 매 2년마다 재분류하도록 하여, 비공개를 유지할 필요가 없는 경우에는 공개하도록 하였다. 비공개 대통령기록물이라도 30년이 경과하면 원칙적으로 공개하도록 하였다. 단 공개될 경우 국가안전보장에 중대한 지장을 초래할 것이 예상되는 대통령기록물에 대해서는 위원회의 심의를 거쳐 공개하지 아니할 수 있다.[14]

(7) 대통령기록관리위원회의 설치 운영

국가기록관리위원회 소속으로 '대통령기록관리위원회'를 설치하여 대통령기록관리 기본정책, 폐기 및 이관시기 연장의 승인, 지정기록물의 보호조치 해제, 비공개 기록물의 재분류, 개별대통령기록관의 설치 등 주요 정책사항을 심의하도록 하였다. 위원회는 국가기록관리위원회 위원, 대통령기록관장, 외부전문가 등 9인 이내로 구성하도록 하였다.[15]

---

14) 「대통령기록물 관리에 관한 법률」, 제16조.
15) 「대통령기록물 관리에 관한 법률」, 제5조.

(8) 대통령기록관 설치 의무화

중앙기록물관리기관인 국가기록원 소속으로 대통령기록관 설치를 의무화하였다. 대통령기록물관리 및 보호기능을 전문적이고 독립적으로 수행할 대통령기록관 설치를 의무화함으로써, 대통령기록물의 관리를 본격화한 것이다. 또한 개인 또는 단체가 관리시설을 건립하여 국가에 기부하는 경우에는 위원회의 심의를 거쳐 개별 대통령기록관으로 인정하도록 하였다. 이 경우 해당 전직 대통령이 개별대통령기록관의 장을 추천하도록 하였다.[16]

(9) 대통령지정기록보호제도의 신설

대통령기록의 생산과 관리를 원활히 하기 위하여 보호대상 기록을 지정하여 정보비공개는 물론 국회의 자료제출요구에도 불응할 수 있도록 하였다. 대통령지정기록은 대통령기록물을 이관하기 전, 대통령이 지정하며 개인 사생활에 관련한 기록은 최대 30년, 기타 기록은 최대 15년간 접근이 제한된다. 다만 국회 재적의원 2/3 이상이 의결하거나, 관할고등법원장이 영장을 발부하는 경우에는 접근이 가능하다.[17]

(10) 전직 대통령의 열람권 보장

전직 대통령은 재임시 생산한 대통령기록물에 대하여 열람할 수 있으며, 대통령기록관장은 열람의 편의를 제공하도록 하였다.[18] 대통령기록관의 장은 전직 대통령이 재임 시에 생산한 대통령기록물을 열람하려는 경우에는 열람을 위한 전용 장소 및 시설이나 그 밖의 편의 제공 등의 방법으로 적극 협조하여야 한다고 규정하였다.

---

16) 「대통령기록물 관리에 관한 법률」, 제21조~제25조.
17) 「대통령기록물 관리에 관한 법률」, 제17조.
18) 「대통령기록물 관리에 관한 법률」, 제18조.

〈표 12-2〉「공공기관기록물법」과「대통령기록물법」의 차이점

항목	제정 전(「공공기관기록물법」)	제정 이후(「대통령기록물법」)
대통령기록의 범위	대통령 및 그 보좌기관 각 부처 대통령결재문서	대통령 및 그 보좌·자문·경호기관 대통령직인수기관, 권한대행 포함 각 부처 대통령 결재문서 제외
	기록	기록, 대통령상징물, 선물
이관	국가기록원 이관 또는 차기 대통령 인계	국가기록원 이관
관리주체	국가기록원 필요시 대통령기록관 설치(임의)	대통령기록관(설치를 의무화) 개별 대통령기록관 설치 가능
	국가기록관리위원회 심의	대통령기록관리위원회 심의
폐기	대통령 관련 기록 폐기 못함	보존기간 경과 기록 폐기 가능
비공개기록 재분류	기록 생산 30년경과 후 재분류	사유 소멸 시 즉시 공개 2년마다 재분류
보호 조치	별다른 보호 조치 없음	대통령지정기록 최대 15년간 접근제한 자료제출요구불응 법관의 영장만 예외 가능
전직 대통령의 기록활용	기록 활용에 대한 규정 없음 국무회의 의결을 통해 이용 가능 (「전직 대통령 예우에 관한 법률」)	비공개·비밀·대통령지정기록 등 자신이 재임 중 생산한 모든 기록 활용 가능
벌칙	무단 파기, 7년 이하 또는 1천만 원 이하; 은닉·유출·멸실, 3년 이하 5백만 원 이하	무단파기, 10년 이하 3천만 원 이하; 은닉·유출·멸실, 7년 이하 2천만 원 이하

출전: 조영삼, 「대통령기록관리체계의 형성과 쟁점」, 『지배문화와 민중의식』, 한신대출판부, 2008.

3. 대통령기록관의 조직과 활동

대통령기록관은 2007년 11월 30일에 출범할 당시 〈그림 12-1〉과 같이 2부 7팀 1센터의 조직체계를 갖추었다. 대통령기록관장 밑에 정책협력부와 수집관리부가 있었으며, 전자의 부서 아래 정책운영팀·운영지원팀·홍보협력팀·공개관리팀이, 후자의 부서 아래 기록수집팀·정리기술팀·기록보존팀이 존재하였다. 그 외 별도로 연구와 열람·전시 등 서비스를 담당하는 연구서비스센터가 설치되어 있었다. 2007년 11월 30일에 조직 신설시에는 〈표 12-3〉과 같이 대통령기록관의 정원이 76명이었는데 37명만이 근무하였다. 그 중 고위공무원은 대통령기록관장, 정책협력부장, 수집관리부장 등 3명이었다.

〈그림 12-1〉 대통령기록관의 조직 구성(2부 7팀 1센터: 2007년 11월 30일)

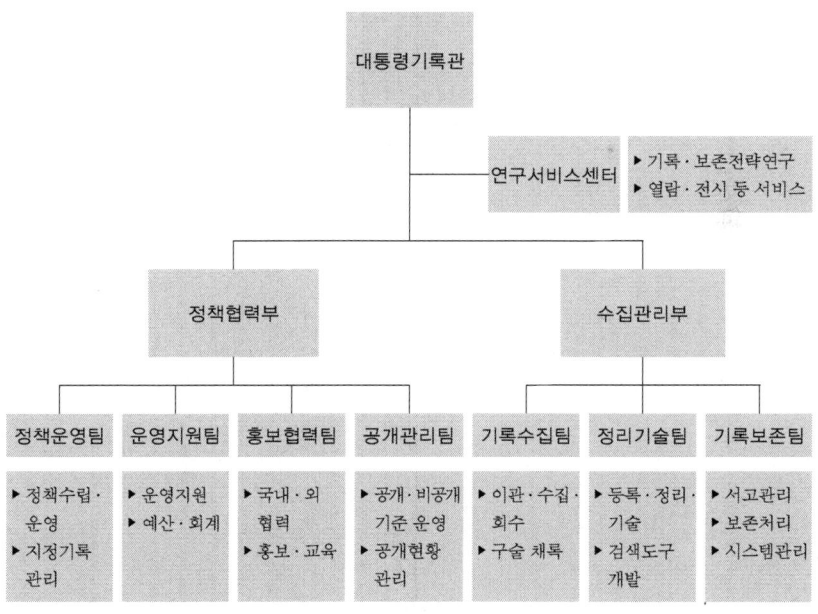

출전: 대통령기록관 자료집.

〈표 12-3〉 대통령기록관 정원과 근무인원(2007년 11월 30일)

구분	계	일반								기능
		소계	고위공무원	3·4급, 연구관	4급, 연구관	4·5급, 연구관	5급, 연구관	6·7급, 연구사	8·9급	
정원	76	68	3	2	6	1	23	31	2	8
현원	37	33	2	2	4	0	6	17	2	4

출전: 대통령기록관 자료집.

그러다가 이명박정부가 출범하면서 조직과 정원에 변화가 생겼다. 2008년 5월 15일에 〈그림 12-2〉와 같이 조직 개편이 행해졌고, 대통령기록관장 아래 정책협력관이 신설되었으며, 7팀이 5과[팀]로 축소되었다. 그 5과는 정책운영과·기록수집과·정리기술과·기록보존팀·연구서비스과로 구성되었다. 2008년 12월에는 〈표 12-4〉와 같이, 정원은 73명이었는데 그 중 69명이 근무하여 충원율 95%를 나타냈다. 그 중 고위공무원은 대통령기록관장과 정책협력관 등 2명이었다.

〈그림 12-2〉 대통령기록관의 조직 구성(1협력관 5과: 2008년 12월 현재)

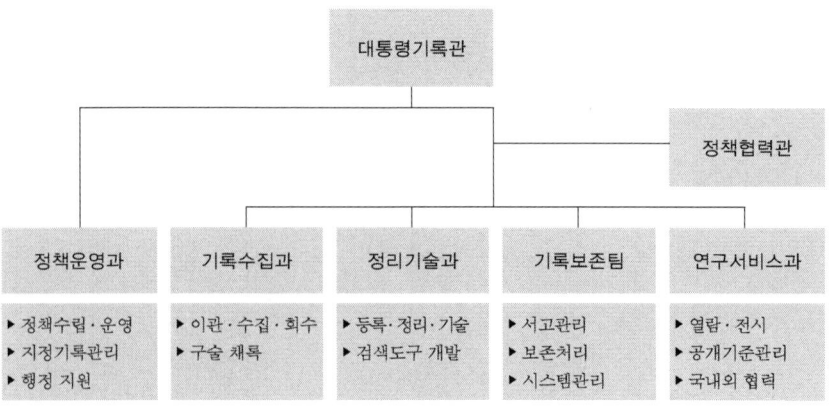

출전: 대통령기록관 자료집.

〈표 12-4〉 대통령기록관 정원과 근무인원(2008년 12월 현재)

구분	계	일반								기능
		소계	고위 공무원	3·4급, 연구관	4급, 연구관	4·5급, 연구관	5급, 연구관	6·7급, 연구사	8·9급	
정원	73	65	2	1	7	1	22	30	2	8
현원	69	61	·	2	6	·	9	42	2	8

출전: 대통령기록관 자료집.

　조직 구성에서 나타난 변화는 다음과 같다. 운영 지원과 예산을 담당하는 운영지원팀, 국내외 협력 및 교육을 담당하는 홍보협력팀, 공개·비공개 기준을 마련하는 공개관리팀이 해체되어 그 역할이 다른 부서에 편입되거나 축소되었다. 반면에 근무인원은 대통령기록관이 출범할 당시에는 37명이었는데, 1년 뒤인 2008년 12월에는 69명으로 증원되어 정원에 근접하게 되었다. 이에 대통령기록관은 본격적으로 업무를 수행하게 되었고, 특히 2008년 2월에 이관받은 노무현 전 대통령의 기록물을 정리하는데 많은 노력을 기울이게 되었다.

　2008년과 2009년의 사업 예산을 통하여 대통령기록관의 활동을 살펴보면 다음과 같다. 〈표 12-5〉에서 보듯이 일반 사업 예산이 2008년에는 32억 3천만이었는데, 2009년에는 16억 5천 4백만 원으로 크게 줄어들었다. 특히 대통령기록물 수집 비용, 대통령기록물 분류·평가 비용 및 대통령기록물 보존·관리 비용이 크게 감소하였다. 대통령기록관은 설립 초기인 만큼 설립기반을 구축하기 위해서는 예산을 투입할 필요가 있지만, 새 정부 들어와 '작은 정부'를 표방하면서 예산이 줄어들었다.

〈표 12-5〉 대통령기록관 일반사업 예산(대통령기록관리체계 확립) (단위: 백만 원)

구분	'08예산 (A)	'09예산안 (B)	증감내역 (C=B-A)
합 계	3,230	1,654	△1,576 (48.8% 감)
① 대통령기록관리 법제도의 전문적 운영	132	50	△82
② 대통령기록물 수집 강화	993	591	△402
③ 대통령기록물 분류·평가 등 관리체계 강화	567	63	△504
④ 대통령기록물 보존·관리 추진	961	382	△579
⑤ 대통령기록물 연구역량 및 대국민 서비스 강화	261	260	△1
⑥ 대통령기록물 교류협력 및 소개	248	138	△110
⑦ 대통령기록물 공개관리	38	17	△21
⑧ 대통령기록물 정리사업 운영	30	153	123

출전: 대통령기록관 자료집.

〈표 12-6〉 대통령기록관 정보화 예산 (단위: 백만 원)

구분	'08예산 (A)	'09예산안 (B)	증감내역 (C=B-A)
합 계	5,289	1,228	△4,061 (76.8% 감)
① 대통령기록관리정보화	5,289	1,228	△4,061
- 콘텐츠 제작을 통한 지식자원화		638	638
- 대통령기록웹서비스 기능 개발	1,500	100	△1,400
- 서비스용 인프라 안정성 강화		408	408
- 대통령기록관리시스템 구축	3,789		△3,789
- 대통령기록관리시스템의 안정적 유지보수		82	82

출전: 대통령기록관 자료집.

특히 〈표 12-6〉에서 보듯이 정보화예산은 52억 8천 9백만 원에서 12억 2천 8백만 원으로 대폭 감소하였다. 그 내역으로는 2008년에 대통령기록웹서비스 기능 개발비와 대통령기록관리시스템[PAMS: Presidential Archives Management System] 구축 비용으로 소진하였고, 2009년에는 그 항목이 삭제되었다. 이것은 2008년에 대통령기록웹서비스 기능과 대통령기록관리시스템 개발을 완료하였다는 점에서 사업비가 소멸되었다고 할 수 있다. 그러나 대통령기록관리시스템을 유지 보수하고 고도화하는 비용을 계속 투입해야 한다. 8천 2백만 원의 유지 보수 비용으로는 계속 고도화하기 어렵지 않을까 여겨진다.

4. 대통령기록관리제도의 주요 쟁점

「대통령기록물법」이 만들어지고, 대통령기록관이 설립되어 대통령기록관리제도를 시행한 지 1년밖에 지나지 않았는데, 대통령기록물과 그것의 관리제도를 둘러싸고 많은 논란이 일어났다. 새 법률의 시행, 대통령기록관의 설립, 대통령기록관리제도의 새로운 시도 등 획기적인 일을 시행했음에도 불구하고 많은 난관이 가로놓여 있다. 현재까지 드러난 주요 쟁점들을 살펴보면서 문제들을 살펴보기로 하자.[19]

1) 대통령지정기록물보호제도

대통령기록물은 국가 운영의 총체성과 특수성을 지니기 때문에 기록물관리도 보다 엄격할 필요가 있다. 또한 비밀기록이나 정치적으로 민감한

---

19) 이상민, 「위기에 처한 대통령기록물관리, 문제의 인식과 해결을 위한 접근방식」, 『기록학연구』 18, 한국기록학회, 2008; 이소연, 「전자기록의 속성에 기반한 기록관리의 과제」, 『기록학연구』 18, 한국기록학회, 2008.

기록이 많기 때문에 그것을 제대로 보호해주지 않으면, 대통령들이 기록을 남기려고 하지 않을 것이다. 현재까지 대통령기록물이 현존하지 않은 이유는 그 기록을 빌미로 자신에게 피해가 오지 않을까 하는 우려 때문에, 대통령들이 물러나면서 대통령기록물을 폐기하거나 사저로 가져가 이관하지 않은 탓이다.

이에 새 법률에서는 '대통령지정기록물'이란 조항을 삽입하여 대통령기록물을 보호하는 규정을 신설하였다. 「대통령기록물법」에서는 그 기록을 공개할 경우, 국가안전보장에 중대한 위험을 초래할 수 있는 기록물, 국민경제의 안정을 저해할 수 있는 기록물, 정무직 공무원 등의 인사에 관한 기록물, 개인의 사생활에 관련된 기록물, 정치적 혼란을 일으킬 수 있는 기록물 등을 정하여 전임 대통령이 대통령기록관에 이관할 때 대통령지정기록물로 지정하여 보호하도록 규정하였다. 보호기간은 최대 15년이고, 개인의 사생활과 관련된 기록물은 최대 30년으로 정하였다.[20]

새 법률에 의거하여 16대 노무현 대통령은 역대 최대의 대통령기록물을 이관하였다. 〈표 12-1〉과 같이 약 287만 건의 기록물을 이관하였고, 그 중 약 37만 건을 '대통령지정기록물'로 규정하였다. 그러나 역설적이게도 이렇게 남겨진 최대의 대통령기록물이 논란의 빌미를 제공하고 있다.

2008년 7월에는 일부 국회의원의 경우, 전임 대통령 기록물을 현 정부의 운영에 활용하는 것이 국가 운영을 위해 바람직한 것이 아니냐? 그러기 위해서는 전임대통령 기록물의 지정기록물 보호제도를 해지하는 것이 필요하지 않느냐고 주장하였다. 11월에는 쌀 직불금 부당수령자 문제에서 감사원이 명단을 파악하여 국회에 제출하였고, 의료보험공단에서는 그 사람들의 직업을 확인해주기를 거부하였다. 이에 간사를 맡고 있는 한 국회의원이 노 전 대통령의 지정기록물을 국회에서 해지하여 확인하자고 제안

---

[20] 「대통령기록물 관리에 관한 법률」, 제17조.

하였다.21) 그리하여 2008년 12월 2일에 국회 재적의원 2/3 이상이 찬성하여 노무현 전 대통령의 대통령지정기록물 중 '쌀 직불금 관련 국무회의록' 일체를 열람하는 결정을 내렸다.22)

이렇게 정치적 사안이나 판단으로 대통령지정기록물을 해제하는 것은 바람직하지 못하다. 이러한 일의 반복은 대통령기록물을 남기지 않게 할 위험성이 크다. 외국에서도 대통령기록물의 특수성을 인정하여 보호기간을 설정하는 것이 일반적이다. 그래야 대통령기록물의 생산과 보존을 보장할 수 있기 때문이다. 미국의 대통령기록물 보호기간 설정제도, 외국의 비공개지정 공개제한 제도, 우리나라의 대통령지정기록물제도는 그러한 취지에서 설정한 제도이다.23) 대통령지정기록물 보호제도는 대통령기록물의 생산과 보존을 보장하는 최소한의 기록관리 제도적 장치이자 선진국에서 보편적으로 채택하는 제도이므로 유지하여야 한다. 이 제도를 잘 활용하여, 역사적 가치를 지니고 있는 대통령기록물을 남기도록 해야 한다. 미국의 대통령기록물관리법에서 대통령지정기록물을 지정한 이후, 그 지정기록물을 해지한 적이 한 번도 없다.24)

2) 열람권의 내용

「대통령기록물법」에는 전직 대통령의 열람권을 다음과 같이 규정하고 있다. 제18조에 "대통령기록관의 장은 … 전직 대통령이 재임 시 생산한 대통령기록물에 대하여 열람하려는 경우에는 열람에 필요한 편의를 제공

---

21) 『한겨레』, 2008년 11월 26일.
22) 『경향신문』, 2008년 12월 3일, 6면.
23) 이상민, 「위기에 처한 대통령기록물관리, 문제의 인식과 해결을 위한 접근방식」, 『기록학연구』 18, 한국기록학회, 2008.
24) 이상민, 「위기에 처한 대통령기록물관리, 문제의 인식과 해결을 위한 접근방식」, 『기록학연구』 18, 한국기록학회, 2008.

하는 등 이에 적극 협조하여야 한다."라고 규정하고, 시행령 제10조에는 "대통령기록관의 장은 법 제18조에 따라 전직 대통령이 재임 시에 생산한 대통령기록물을 열람하려는 경우에는 열람을 위한 전용 장소 및 시설이나 그 밖의 편의 제공 등의 방법으로 적극 협조하여야 한다."고 정하고 있다.

2008년 2월에 노무현 전 대통령은 퇴임하면서 위 조항을 근거로 대통령 재임 시 생산한 대통령기록물을 대통령기록관에 이관하고, 1부를 사본 제작하여 봉하 마을로 가져갔다. 그 해 6월에 국가기록원은 이의 반환을 요구하고, 당시의 기록관리비서관과 행정관 등 10명을 검찰에 고발하였다.

대통령기록관리체제를 확립하려고 하는 기본 목적은 대통령기록물이 잘 보존되도록 하여 연구에 활용하고 재임 시기에 대해 역사적 성찰과 교훈을 얻고자 하는 것이다. 전직 대통령에게 열람권의 특권을 부여하는 것은 대통령이 자신이 생산·접수한 기록에 대해 자유롭게 접근할 수 있도록 하여 그 기록물을 처음부터 잘 생산하고 보존하는 것을 최대한 보장하기 위한 것이다.[25] 전직 대통령이 대통령기록물을 이용하여 자서전 혹은 회고록을 집필하거나 연구를 행하는 일은 국가에 이익이 되는 일이다.

미국에서는 지정된 비밀기록물도 전직 대통령이 생산한 대통령 기록물이면 전직 대통령이나 전직 대통령이 지정한 재연구자나 역사가 포함가 이용할 수 있도록 하였다. 미국의 대통령기록관은 대부분 퇴직 대통령이 거주하는 도시에 건립되어, 전직 대통령이 원하는 한 얼마든지 자신의 대통령기록물을 손쉽게 열람할 수 있도록 하였다. 단, 전직 대통령이 기록을 열람할 수는 있되 임의로 비밀기록과 개인정보를 외부에 공개할 수는 없게 되어 있다. 그러나 전직 대통령이 비밀기록과 개인정보를 열람할 수 있는 권한은 나라의 역사적 특성에 따라 다르다. 독일의 경우 전직 대통령이라 하더라도 국가의 비밀정보와 개인정보를 담은 국가기록물에 대해서는

---

25) 이 부분은 '이상민, 「위기에 처한 대통령기록물관리, 문제의 인식과 해결을 위한 접근 방식」, 『기록학연구』 18, 한국기록학회, 2008'을 주로 이용하였다.

열람할 수 없다.

노무현 전 대통령은 인터넷 전용선을 통한 기록물 열람 편의 제공을 국가기록원에 요청하였다. 이에 대해 한 기록학자는 "노무현 전 대통령의 대통령기록물 상당 부분이 전자적 형태의 전자기록물이다 … 이것은 대통령기록물에 대한 인터넷 접근권의 제공문제이다 … 대통령 인터넷 전용선을 통한 전자기록물에 대한 접근권 제공이 세계적으로 선례가 없기는 하다 … 우리나라의 인터넷 보안기술 또한 세계적으로 높은 수준인데, 일개 서버 시스템과 전용선의 보안이 불가능하지는 않을 것이다. 세계적으로 유례가 없으면 선례를 만들면 된다. 그리고 이것은 좋은 선례이다."[26)라고 주장하였다. 대통령의 열람권을 최대한 보장하는 것이 대통령기록물을 잘 남기도록 하는 길이다.[27)

3) 대통령기록관의 독립성과 전문성

대통령기록물은 대부분 정치적이고 민감한 역사기록물이다. 선진국에서는 대통령기록물은 정치적으로 중립적이고 전문적인 국가기록물관리기관에서 전·현직 대통령의 기록물을 이관받거나 수집하여 엄격하게 관리하고 있다. 이관된 대통령기록물에 대해 어떠한 정치적 공개요구도 없으며, 선별된 소수의 아키비스트들만이 이 기록물들을 일반 연구자들이 가능한 한 빨리 최대한 이용할 수 있게 정리·조직하고 그 공개여부를 검토한다. 이들 국가기록관리기관들이 정치적인 사안에 휘둘리거나 정치적으로 이용되는 경우는 없다. 중립적이고 권위 있는 기관에서 철저하게 보호된다는 보장이 없으면, 생산되지도 않고, 생산되어도 관리되지 않고, 이

---

26) 이상민, 「위기에 처한 대통령기록물관리, 문제의 인식과 해결을 위한 접근방식」, 『기록학연구』 18, 한국기록학회, 2008, 310쪽.
27) 단, 비밀기록과 개인 정보에 관한 기록의 열람은 논의를 거쳐 결정할 일이다.

관·보존되지 않으며 사라지고 만다. 이것은 기록관리의 역사적 전통과 분위기 속에서 형성된 일이다.

우리나라의「대통령기록물법」에서도 독립성과 전문성을 충족시키기 위해 대통령기록관장의 장기적 임명제 도입, 대통령기록관리위원회의 구성과 운영, 대통령기록관의 기능 구체화 등을 명시하였다. 먼저 대통령기록관장의 임기를 5년으로 정하여 대통령기록물을 다음 정권으로부터 온전히 보호·관리하도록 하였다. 외국의 국가기록관리기관에서는 기록관리 전문 경력을 가진 기관장의 장기 임명을 통해 중립성과 전문성을 담보하려고 한다.28) 다음으로 학식과 경험이 풍부한 민간위원 1/2 이상을 구성원으로 하는 대통령기록관리위원회를 구성하여 대통령기록의 관리에 관한 기본정책 등을 심의하도록 하였다. 대통령기록관리위원회를 정치적으로 독립되고, 학문적으로 전문적인 인사들을 중심으로 구성함으로써 대통령기록관리에 독립성과 전문성을 강화하려고 한 것이다. 셋째로「대통령기록물법」제22조에는, 대통령기록관이 대통령기록물의 관리에 관한 기본계획의 수립·시행, 대통령기록물의 수집·분류·평가·기술·보존·폐기, 비밀기록물 및 비공개 대통령기록물의 재분류, 대통령지정기록물의 보호조치 해제 등의 기능을 수행하도록 구체적으로 명시하였다.29) 법령에 대통령기록관의 기능을 명시함으로써 대통령기록관이 독립적이고 전문적인 기록관리를 수행하는 관리기관이 되도록 하였다.

그러나 현재 대통령기록관의 독립성과 전문성이 흔들리고 있다. 먼저 대통령기록관장의 임기제가 시행되지 못하였다.「대통령기록물법」에 규정되어 있는 것처럼 대통령기록관장의 임기 5년은 최소한 보장해주어야 한다.30) 그리하여 후임 정권으로부터 대통령기록관리의 침해를 보장해주

---

28) 미국 대통령기록관의 관장은 10년 이상 때로는 20~30년간 봉직하는 것이 상례이다.
29)「대통령기록물 관리에 관한 법률」, 제22조.
30) 이 부분은 논쟁의 여지가 있다. 개별대통령기록관에서는 전임대통령이 대통령기록관

어야 대통령기록을 남길 수 있을 것이다. 그러나 불행히도 처음부터 대통령기록관장은 임기를 채우지 못하였다.[31]

다음으로 「대통령기록물법」에 명시된 대통령기록관리위원회를 2009년 4월 현재까지도 구성하지 못하고 있다. 법률에 명시된 사항을 지키지 않고 있는 것이다. 대통령기록관리위원회는 대통령기록물관리에 관한 기본정책과 대통령기록관의 운영에 관한 주요 사항을 심의하도록 되었는데, 그것을 구성하지 않음으로써 대통령기록물관리에 관한 정책 수립이 방치되고 있다.

끝으로 대통령기록관의 주요 기능 중에서 기록물 관련 법령의 제정·개정 등의 업무 지원 및 업무의 운영 지원 등을 행정안전부에서 분담하도록 하였다. 이것이 구체적으로 어떠한 방식으로 구현될지 모르지만, 대통령기록관의 업무 수행을 제한하는 방식으로 관철되어서는 안 될 것이다. 대통령기록관은 독립성과 전문성을 가지고 법률 제정 및 개정은 물론이고 정책을 입안할 수 있는 권한을 가져야 할 것이다.[32]

5. 대통령기록관리제도의 과제

1948년 대한민국 정부 수립 이후 한국 현대 기록관리의 역사는 1969년 정부기록보존소의 설립, 1999년 「공공기관기록물법」의 제정 등을 계기로 세 시기로 구분할 수 있다. 1999년에 「공공기관기록물법」을 제정한 이후

장을 임명하는 것이 무방하지만, 통합대통령기록관에서 전임대통령이 대통령기록관장을 임명하는 경우, 그가 이전의 대통령기록물을 관리하는 것은 문제가 있다고 여겨진다.

31) 2008년 7월 28일 대통령기록관장은 직무정지되었고, 2009년 5월 1일 대통령기록관장은 새로 임명되었다.
32) 2009년 4월 말 국무회의에서 대통령기록관의 권한을 행정안전부와 분담하기로 결정하였다.

국민의 정부[1998~2003]에서 공공기록의 기록관리 체계를 마련하고, 참여정부[2003~2008]에서 기록관리의 발전을 이루었다.33) 참여정부는 기록관리제도 정립을 매개로 행정부의 혁신을 도모하였다. 정부혁신지방분권위원회 내 기록관리혁신전문위원회, 청와대 기록관리비서관실, 국가기록원의 기록관리혁신단 등 3 주체가 본격적으로 활동하면서 국가기록관리의 전체적 틀을 추진해갔다. 2005년에 국가기록관리혁신 로드맵이 국무회의에서 확정된 후, 기록관리시스템의 정립과 확산, 기록연구사의 배치, 기록관리표준의 제정, 법률의 정비 등을 실시해갔다. 특히 한국 전자기록관리 체계의 발전 양상은 두드러져, 일본 중국을 비롯한 세계 각국이 관심을 갖고 지켜보고 있다.

1999년 이후 10년 동안 공공기록 부문이 국가기록관리를 선도해왔지만, 앞으로는 점차 민간기록관리 영역이 확대되어 갈 것이다. 조계종 등 종교기록관, 포스코 등 기업기록관, 연세대 등 대학기록관 등이 확대되면서 민간기록관리가 활발해져 가고 있다. 앞으로는 민간기록관리의 영역이 크게 확장될 것으로 기대되며, 조만간 민간기록관리 영역이 공공기록 부문을 이끌게 될 것이다.34)

2007년 4월에 「대통령기록물법」이 제정되기 전에는 〈표 12-1〉에서 보는 바와 같이 대통령기록물의 이관이 부실하기 때문에 대통령기록관리조직이 필요하지 않고, 이에 관리인원이 미흡하기 때문에 다시 대통령기록물의 이관을 기피하는 악순환이 거듭되었다. 이제 새 법률을 제정하여 대통령기록물관리의 법적인 근거를 마련하고, 2008년 4월에 대통령기록관

---

33) 김익한, 「기록학의 도입과 기록관리혁신(1999년 이후)」, 『기록학연구』 15, 한국기록학회, 2007.
34) 미국 기록학의 발전과정을 살펴보면, 1930년대 공공기록 부문이 정착된 이후 1960, 1970년대에 기업, 대학, 종교단체 등의 민간기록관이 설립되면서 민간기록관리가 발달하게 되었다.

을 설립하여 대통령기록물의 관리 주체를 확실히 함으로써 대통령기록관리제도의 틀을 세울 수 있게 되었다. 즉 법률적 기초를 마련하고, 대통령기록관이라는 주체를 설립하였으니, 앞으로 대통령기록관리가 정립되어 갈 것이다.

그러나 대통령기록관리제도가 제대로 정립되기 위해서는 다음의 과제들이 수행되어야 할 것이다. 먼저 대통령기록관리를 제대로 해나가기 위해서는 대통령기록관에 자율권을 주어야 한다. 대통령기록관이 예산과 정책을 독립적으로 수행할 수 있을 때, 책임감을 갖고 업무를 수행해갈 수 있을 것이다. 대통령기록관이 전문성과 정치적 독립성을 가지고 대통령기록관리를 수행해갈 때 대통령기록물을 이관받아 잘 관리할 수 있을 것이다. 현재처럼 행정안전부 산하 국가기록원의 지휘 감독을 받는 대통령기록관이라면 정치적 외압에 쉽게 흔들릴 수 있을 것이다. 나아가 2009년 5월에는 '기록물 관련 법령 제/개정 등의 업무지원'이 행정안전부의 기능으로 이관되기까지 하여 대통령기록관의 자율성이 약화되는 것이 아닌가 하는 우려도 된다.

다음으로 「대통령기록물법」에 명시된 대통령기록관리위원회를 시급히 구성해야 할 것이다. 대통령기록관리위원회는 대통령기록물관리에 관한 기본정책과 대통령기록관의 운영에 관한 주요 사항 등을 심의하며, 위원장 1인을 포함하여 9인 이내의 위원으로 구성하도록 법률에 명시하고 있다.[35] 그러나 법률 제정 이후 2년이 지난 현재까지도, 대통령기록관리위원회를 구성하지 않음으로써 대통령기록물관리에 관한 정책 수립이 방치되고 있다. 하루 빨리 정치적 중립성과 전문적 식견을 지닌 인사들로 대통령기록관리위원회를 구성하여 대통령기록관리 정책을 심도 있게 심의하고, 대통령기록관의 자율성과 정치적 중립성을 뒷받침하는 역할을 수행하

---

[35] 「대통령기록물 관리에 관한 법률」(2007.4.27), 제5조.

도록 하여야 한다. 어느 정파에도 치우치지 않으면서 대통령기록관리를 심의할 수 있는 제도적 틀을 구축하는 것이 시급하다고 할 수 있다.

셋째로 대통령기록관리를 전문적으로 취급하는 기록관리전문인력의 배치와 전문가의 양성이 필요하다. 우리나라는 전문적 기록관리의 전통이 매우 짧기 때문에 기록관리전문인력의 전문성과 경험이 미흡한 편이다. 1999년에 「공공기관기록물법」이 통과되었지만, 제대로 기록관리의 체계가 자리잡은 것은 참여정부에 들어오면서 시작되었다. 국가기록원과 정부 중앙부처에 기록연구사가 채용되기 시작한 것은 2004년 무렵이다. 더욱이 대통령기록관 직제를 신설한 것은 2007년 말이고, 대통령기록관을 개관한 것은 2008년 4월이었다. 아직 대통령기록관리의 전문인력이 일을 익히기도 전에, 2009년 2월말에 대통령기록관을 포함한 기록관리전문인력의 대대적인 인사조치가 행해졌다. 이제 일을 익히기 시작하였는데, 다수 인원들을 교체함으로써 업무의 연속성과 전문성을 익힐 기회를 갖지 못하였던 것이다. 대통령기록관은 기록관리전문인력이 전문성과 독립성을 키우도록 배려해야 할 것이다.

넷째로 대통령기록관은 현직 대통령기록물을 잘 이관받는데 심혈을 기울이고, 나아가 역대 대통령기록물을 수집하는 일에 노력해야 한다. 「대통령기록물법」에 의하면, "대통령기록물생산기관의 장은 매년 3월 31일까지 관할 기록관의 장에게, 기록관의 장은 매년 5월 31일까지 중앙기록물관리기관의 장에게 전년도의 대통령기록물 생산현황을 통보하도록"36) 되어 있다. 아울러 "대통령기록물생산기관의 장은 대통령령으로 정하는 기간 이내에 대통령기록물을 소관 기록관으로 이관하여야 하며, 기록관은 대통령의 임기가 종료되기 전까지 이관대상 대통령기록물을 중앙기록물관리기관으로 이관하여야 한다."37)라고 규정하고 있다. 이 법률에 따라

---

36) 「대통령기록물 관리에 관한 법률 시행령」(2007.7.26), 제4조.

대통령기록관은 대통령기록물을 잘 이관받는 일이 중요하다.

나아가 대통령기록관은 역대 대통령기록물을 수집하여야 한다. 현재 대통령기록관에 소장하고 있는 대통령기록물은 매우 파편적이다. 노무현 전 대통령의 기록물을 제외하고는 대통령기록물이 양적·질적으로 부족한 편이다. 그를 보완하기 위해 현재 흩어져 있는 대통령기록물의 현황을 파악하고 적극적으로 수집하는 일이 긴요하다. 예를 들면 연세대 현대한국학연구소에서 소장하고 있는 이승만대통령의 기록물 현황을 조사 정리하여 복사본으로나마 수집한다든가, 혹은 연세대에 설치된 김대중 도서관에서 관리하고 있는 기록물을 파악하여 대통령기록관의 기록물로 이용할 수 있는 방법을 강구해야 한다. 또한 역대 대통령의 기록물을 수집하여 결락된 영역을 채우는 일이 중요하다. 필요한 경우, 역대 대통령과 관련 인사의 구술기록을 적극적으로 획득하여, 결락되었던 영역의 역사적 사실을 채우는 일도 적극적으로 행해야 할 것이다.

다섯째로 이관받아 관리하고 있는 기록물과 수집한 기록물을 잘 가공하여 연구자와 국민들에게 제대로 제공하는 일을 행해야 한다. 온라인과 오프라인 상에 기록물을 바탕으로 콘텐츠를 제공한다면 대통령기록관의 존재의의는 더욱 빛날 것이다. 대통령기록을 잘 관리하고 공개하는 일은 국정운영의 투명성과 책임성을 높이며 국민의 권리와 피해구제를 행하는 일이며, 국민의 알 권리를 증진시키는 데 결정적인 역할을 하는 것이다. 아울러 대통령기록물을 효율적으로 관리·공개하는 일은 국민의 역사의식과 민주주의 발전을 제고시키고, 국가지식역량을 제고시키는 일이기도 하다.

끝으로 대통령기록관을 지휘 감독하고 있는 국가기록원장을 임기제로 하는 것을 적극 고려해야 할 것이다. 국가기록원이 독립적인 기관으로 분립하는 것이 바람직하지만, 현실의 행정적 여건으로 어렵다면 국가기록원

---

37) 「대통령기록물 관리에 관한 법률」(2007.4.27), 제11조.

장이라도 임기제로 하여 업무의 전문성을 높이도록 해야 할 것이다. 현재처럼 국가기록원장이 일을 익힐 만하면 교체되는 상황에서는 국가기록관리 업무를 원활하게 수행할 수 없다.[38] 국가기록원장은 한 번 임명하면 2년 이상은 근무해야 하는 것을 내규에서라도 정해야 할 것이다.

6. 맺음말

2007년 4월에「대통령기록물법」이 제정되고, 그 해 11월 30일에 대통령기록관 직제를 신설하고, 2008년 4월에 대통령기록관을 개관하였다.「대통령기록물법」의 시행은 한국 현대 기록관리의 역사에 하나의 획을 긋는 일이다.

1999년「공공기관기록물법」이 공공기록관리의 중요성을 명문화하고 그 관리를 체계화하고자 하였다면, 2007년의「대통령기록물법」은 대통령기록물의 범위를 확대하고 그 관리를 명문화하였다는 점에 큰 의의가 있다.

대통령중심제 하의 우리나라에서 그 동안 대통령기록관리의 중요성을 간과하고 방치하였는데 반해,「대통령기록물법」의 공포로 대통령기록물의 이관・보존・공개 등을 명문화하고 후대의 국민들이 대통령기록물을 활용하게 함으로써 한국의 민주주의 발전과 국민의식 향상에 크게 기여할 것으로 기대된다.

「대통령기록물법」의 제정과 시행은 이제 대통령기록물관리의 첫 발을 내디뎠을 뿐이다. 대통령기록관리제도를 체계화하는 일은 기록학 종사자

---

[38] 1999년「공공기관의 기록물관리에 관한 법률」제정 이후 현재까지 10년 동안 국가기록원장의 평균 재임기간은 10개월을 넘지 못하고 있다(1999년 1월부터 2008년 11월까지 10명의 원장이 바뀌었다). 그렇지 않으면, 미국 등의 선진국처럼 민간전문가가 독립성과 전문성을 갖고 운영해가도록 하는 것도 하나의 방법이다.

를 중심으로 한 국민들에게 달려 있다. 대통령기록관 설립 이후 1년 동안의 쟁점들을 살펴보고, 대통령 기록관리를 제대로 정립하기 위한 과제를 고찰해봄으로써 바람직한 대통령 기록관리 제도를 모색해보고자 한다.

2007년 4월에 「대통령기록물법」이 제정되고, 2008년 4월에 대통령기록관을 개관하면서 대통령기록관리제도를 시행하게 되었지만, 1년 동안 많은 시행착오를 겪게 되었다. 대통령기록관리제도를 시행하면서 나타난 주요 쟁점을 소개하면 다음과 같다. 먼저, 대통령지정기록물보호제도에 관한 것이다. 일부의 정치인이나 논객들이 대통령지정기록물을 해지하여 현 정부의 운영에 이용하자고 주장을 하지만, 절대 다수의 학자들은 대통령지정기록물보호제도를 철저히 유지하여 대통령기록물을 남기도록 하자고 주장한다. 현재 선진국에서도 대통령기록물 보호기간을 설정하여 대통령기록물을 남기도록 하고 있다.

다음으로 전직 대통령의 대통령기록물 열람권의 문제이다. 대체로 선진국에서는 퇴임 대통령이 재임시 생산한 기록물을 열람하여 회고록 집필 및 연구에 활용하고 있다. 그러나 우리나라에서 문제가 되고 있는 것은 전자기록물이다. 우리나라는 IT의 강국이며, 그에 따라 전자기록물이 대통령기록물 중 95% 이상을 차지하고 있다. 어느 학자는 대통령 인터넷 전용선을 설치하여 대통령기록물에 대한 인터넷 접근권을 제공해야 한다고 적극적으로 주장하고 있다.

셋째로 대통령기록관의 독립성과 전문성을 강화해야 한다는 견해이다. 처음으로 대통령기록관이 설립되었기 때문에, 대통령기록관이 정치적으로 중립적이고 전문성을 지닌 기관으로 정착해야만 대통령기록물을 이관받고 관리할 수 있을 것이다. 그렇지 않고, 정치적 외압에 따라 대통령기록을 관리하게 되면, 대통령기록물생산기관에서는 이관하지 않으려고 할 것이다. 대통령기록관이 독립성과 전문성을 갖고 대통령기록물관리를 행하지 않는다면, 모처럼 세워진 대통령기록관리의 체계가 무너질 것이다.

앞으로 대통령기록관리제도를 정착시키기 위한 과제를 해결하기 위해 대통령기록관의 독립성과 전문성을 강화해가야 하며, 대통령기록관리위원회를 시급히 구성해야 하며, 기록관리전문인력의 배치와 전문가의 양성이 필요하다. 또한 대통령기록관은 대통령기록물을 제대로 이관받거나 수집해야 하며, 관리하고 있는 기록물을 국민 및 연구자들이 이용하기 쉽도록 서비스해야 할 것이다.

「대통령기록관리제도 시행의 의의와 과제」, 『역사문화연구』 33, 한국외국어대 역사문화연구소, 2009.

제 13 장

지방기록관리의 정립과 지방자치

1. 머리말

1999년 「공공기관기록물법」이 통과된 이후, 정부는 공공기록의 관리체계를 구축하는 데 주력하였다. 그 결과 법률적으로 정비되고, 중앙기록물관리기관과 중앙부처의 기록관리는 어느 정도 체계화되었지만, 지방의 기록관리나 민간영역의 기록관리는 아직도 부진하며, 더욱이 국민들에게 기록관리는 여전히 미지의 분야로 남아 있다.

특히 공공영역이면서도 지방의 기록관리는 여전히 옛 틀에서 벗어나지 못하였다. 1994년에 지방자치 선거가 실시되어 자치단체 활동이 독자적으로 수행된 지 16년이 지났다. 올해 2010년 6월에 지방자치단체장 및 의회 선거가 실시되어 7월부터 제5기 지방자치가 실시되었다. 독자적인 지방자치제가 정착되기 위해서는 기록자치의 기반을 확립해가야 할 것이다.

지방자치제가 완성되고 성숙되기 위해서는 지방의 기록문화가 정립되면서 뒷받침되어야 한다. 지방정부를 운영하면서 생성한 행정기록을 제대로 수집·이관·정리·분류·기술하여 업무에 활용하도록 하거나, 지방의 역사기록·문화기록을 수집·정리·분류·기술하여 지방의 시민이나 연구자 및 언론인에게 제공함으로써 지방의 정체성을 확립하고 행정의 효율화, 책임행정, 투명행정이 구현될 수 있도록 노력해야 한다.[1)]

그러나 지방기록관리의 체제를 확립하는 일은 아직도 요원하다. 해방 이후 현재까지 지방기록관리는 제대로 이루어지지 못하였다. 광역자치단체의 기록관에서 관리하고 있는 기록은 주로 인·허가서류, 공무원 발령대장 및 인사기록카드 등 증빙적 가치를 지닌 것이기 때문에 당시 지방행정시책 및 흐름을 알 수가 없다.

1999년「공공기관기록물법」에서 지방기록물관리기관이나 자료관을 설립하도록 권장하였으나 실현되지 못하였고, 2006년에「공공기록물법」에서 16개 광역시도 지사는 행정안전부 장관 등과 협의하여 지방기록물관리기관을 설립하도록 의무화하였지만 현재까지 실행된 지역은 없다.

이 글에서는 지방기록관리를 제대로 하는 것이 지방자치에 왜 도움이 되는가를 살펴보고, 지방기록관리를 제대로 하기 위해서는 기록물관리기관의 설치와 기록관리팀의 신설 및 기록물관리 전문요원이 배치되어야 하는 이유를 고찰하고자 한다. 나아가 기록문화운동을 통하여 기록관리의 중요성을 제고시켜야 하는 이유를 살펴보고자 한다.

2. 지방기록관리의 중요성

1948년 대한민국 정부의 수립 이후 중앙정부와 지방자치단체의 기록은 제대로 관리되지 못하였다. 즉 공공기록이 제대로 생산되지도, 관리되지도, 공개되지도 못하였다. 대한민국 정부의 중요기록은 제대로 관리되지

---

1) 지수걸,「지방기록물관리기관 설립의 방향과 방법」,『기록학연구』 21, 한국기록학회, 2009.

못하여 현재 부실하게 전해지고 있다. 예를 들면, 대통령기록이나 국무회의 회의록 등이 부실하게 관리되어왔다. 1948년부터 1997년까지 50년 동안의 대통령 기록이 약 20만 건밖에 전해지고 있지 않다.2) 국무회의 회의록 내용은 간략하여 당시의 논의 내용을 충분히 파악할 수가 없다.

지방자치단체의 기록도 충실하게 관리되지 못하였다. 해방 이후 1980년대까지 기록관리 상황은 당시의 기록이 거의 남아 있지 않아서 지방의 상황을 파악할 수가 없다. 지방자치단체의 문서고는 조직과 인력이 부족하고 시설도 미비하여 지방기록물을 보존·관리할 수 없었으며, 기록물의 공개를 통한 활용은 생각할 수도 없는 실정이었다. 예를 들면, 경기도청의 경우 1970년에 문서고가 설치되면서 기록물관리를 시작하였다. 2008년 당시 경기도청 기록관에는 1960년대 이전의 기록물이 2천 5백여 권, 1970년대는 4천여 권, 1980년대는 1만 5천 권 정도 관리되고 있다. 그 기록들은 대부분 인·허가서류, 공무원 발령대장, 인사기록카드 및 재산관련사항 등 증빙적 가치를 지닌 것이기 때문에, 그 기록을 통하여 당시 지방행정시책 및 흐름을 파악할 수가 없다.3)

2000년 이전에는 지방자치단체들은 준영구와 영구기록을 자체적으로 관리 보존하지 못하였고, 총무처[행정안전부의 전신] 산하의 정부기록보존소[국가기록원의 전신]로 이관해야 했다. 2000년 12월 현재 국가기록원에서 관리하고 있는 지방자치단체의 영구문서는 총 21만 권에 달한다. 이

---

2) 이영학, 「대통령기록관리제도 시행의 의의와 과제」, 『역사문화연구』 33, 한국외국어대 역사문화연구소, 2009.
  노무현대통령은 5년 임기(2002-2007) 동안에 약 800만 건(그 중 웹기록이 500만 건)의 기록을 남겼다.
3) 박춘배, 「경기도 지방기록물관리기관 설치방안 연구」, 『지방기록물관리기관 설치 방안과 향후과제』, 국가기록원 제4회 기록관리포럼, 2008, 36~37쪽(원래는 영구 및 준영구 기록은 정부기록보존소에 이관하도록 되어 있으나, 각 광역자치단체에서 관리하고 있는 자료들이 있다).

문서들을 성격별로 분류해보면 법규성문서, 증빙성문서, 정책성문서, 기타 4종류로 구분해볼 수 있는데, 그 중 다수를 차지하는 것이 인사기록, 징계기록, 농지 분배 및 상환 등의 재산관계 증빙류 등의 증빙성문서이고 [전라북도의 사례, 약 73%], 지방자치단체의 정책 수립이나 집행 과정을 알 수 있는 정책성문서는 적은 비율로 존재하고 있다.[4]

대한민국 정부와 지방자치단체의 기록관리 관행이 개선되기 시작한 것은 1999년의 「공공기관기록물법」이 통과된 이후이다. 중앙정부나 지방자치단체에서 기록관리의 중요성을 인식하기 시작하였던 것이다. 이 법률에서 회의록 등 기록물의 생산을 의무화하고, 기록관리의 전문화를 위해 전문요원의 배치를 의무화하고, 기록의 무단 파기 및 은닉행위를 처벌한다고 규정하여 공무원으로 하여금 기록관리의 중요성을 인식하게 하였다.

지방자치단체의 기록이 잘 관리된다면 행정의 효율화, 행정의 책임화, 행정의 투명화를 이룰 수 있다.[5] 지방 공무원의 업무 경험과 사업 경험이 기록으로 생산되어 관리되지 않는다면 개인의 기억으로 끝날 뿐이지 다른 사람에게 전해지거나 후손에게 전승되지 않을 것이다. 지방공무원의 업무경험과 사업경험이 기록으로 생산되고 관리되어 후임 공무원들이 그것을 참조하고 활용할 수 있을 때 행정의 효율은 높아질 것이다. 특히 지방자치단체에서 활발하게 수행하는 경영수익사업 등은 "지역 주민들의 세금으로 진행되는 것이므로 당연히 주민 전체의 것이 되어야 하며, 그를 위해서는 행정과정에서 생산된 지식이나 정보는 관련 공무원 등의 사적인 '경험'이나 '기억'이 아니라 당연히 공적인 '기록물'로 남겨져야 한

---

4) 이진영, 「정부기록보존소 소장 지방기록물의 현황과 성격 -전라북도 영구문서를 중심으로」, 『기록보존』 14, 정부기록보존소, 2001.
5) 지수걸, 「지방자치와 지방기록관리」, 제2회 기록학 심포지움, 2002.

다."6) 그를 통하여 그 경험이 공유되고 평가되어 행정의 효율화를 이루어 가야 할 것이다.

지방자치단체가 책임행정을 이루기 위해서 '주민소환제도', '주민감사청원제도', '회계감사제도', '주민 및 납세자 소송제도', '공익제보자 보호제도' 등의 제도가 유지되고 있다. 하지만 책임행정이 제대로 이루어지려면 업무의 기획단계부터 업무의 종결단계까지 업무의 책임소재를 밝힐 수 있는 업무 기록이 생산되고 관리되어야 한다. 왜냐하면 그 기록을 바탕으로 각 단계별로 책임소재를 규명할 수 있기 때문이다. 업무담당자는 업무를 수행하면서 생산한 기록을 남김으로써 일부의 집단이나 사적 이익을 위하여 업무를 수행하지 않았음을 증빙할 수 있다.

행정의 투명성을 확보하려면 지방자치단체는 모든 행정절차와 결과를 주민에게 낱낱이 공개하여, 특정 이해집단이 폐쇄적으로 의사결정을 하지 못하도록 여러 가지 견제와 감시장치를 마련해야 한다. 모든 행정절차를 주민들에게 공개할 때, 특정 이해집단만이 아니라 지역 주민들의 적극적인 참여가 이루어진다. 지역 주민과 관심을 가진 주민들이 적극적으로 참여함으로써 지방자치에서도 거버넌스가 실현되는 것이다. 주민들도 공개된 행정기록을 바탕으로 지방행정을 이해하고 적극적으로 지방행정에 참여함으로서 지방자치의 활성화를 도모할 수 있다.

지방기록관리의 체계화는 행정의 효율성, 행정의 책임성, 행정의 투명성의 제고뿐 아니라 지방의 특성과 역사문화수준을 드러내는 중요한 바탕이 된다. 지방에서 역사적 가치가 높은 민간기록이나 역사기록을 수집하고 관리하면서 연구자와 주민들에게 제공될 때 지방의 정체성이 제고되고, 주민들은 자기 고장을 이해함으로써 애향심이 고취될 것이다. 즉 지방기록물관리기관이 설립되어 지방의 행정기록뿐 아니라, 지방의 역사기록

---

6) 지수걸, 「지방자치와 지방기록관리」, 제2회 기록학 심포지움, 2002, 29쪽.

및 문화기록을 수집하여 정리하고 공개함으로써 지방민에게 지역의 역사와 문화를 이해하도록 하고 그를 바탕으로 지역에 대한 정체성과 자긍심을 갖게 할 수 있는 것이다. 나아가 자기 지역에서 생산된 자기 지역의 유의미한 지식과 정보를 자기 지역 내의 전문가나 주민들에게 제공함으로써 지방자치의 활성화를 가져올 수 있을 것이다.[7]

또한 복잡다단해져 가는 사회 속에서 지방자치단체 기록관은 관리하고 있는 기록을 적극 활용함으로써 지방자치단체의 문화산업과 관광산업을 진흥시킬 수 있는 원천이 될 수 있다. 지방자치단체 기록관에 있는 기록을 활용하여 지방의 특성에 맞는 문화사업이나 지역축제 등을 기획하고, 그에 맞는 홍보자료를 만들 수 있을 것이다. 예를 들면, 독일 하이델베르크 시의 경우 시청 기록관에서 기록관 자료를 활용하여 시 축제를 기획하고 도시의 특성을 제고시켜 다른 도시나 나라 국민들의 관심을 부각시켜 많은 관광객을 끌어들이고 있다.[8] 이러한 사례는 시청 기록관의 활동방향을 제시하는 하나의 모델이 될 수 있다.

3. 지방기록물관리기관의 설립

1) 지방기록물관리기관의 설립 목적과 설립 계획

지방 행정의 투명성, 책임성, 효율성을 제고하기 위해서 지방기록을 제대로 관리하는 지방기록물관리기관을 설립하여야 한다. 그 기관을 통

---

7) 지수걸, 「지방기록물관리기관 설립의 방향과 방법」, 『기록학연구』 21, 한국기록학회, 2009.
8) Peter Blum, 「독일 하이델베르크 아카이브즈 사례: 기록을 통한 하이델베르크 시민의 정체성 형성과 관광 및 문화산업 발전」, 『기록관리를 통한 기업경영과 지방행정의 발전』, 한국외국어대 정보・기록관리학과 10주년기념 국제컨퍼런스, 2010.

하여 지방의 행정기록을 잘 보존·관리함으로써 공무원들이 업무에 참고할 수 있도록 공무자료를 제공하며, 나아가 업무기록을 잘 보존·관리함으로써 업무의 투명성을 제고시켜 나가야 한다. 또한 지방의 역사기록을 수집·관리·활용하고, 해당 지역의 역사·문화·산업·생활 등의 제 자료들을 수집·정리·보존하여 연구자와 주민들에게 자료를 활용케 함으로써 지방의 정체성을 강화하고 주민의 애향심을 제고시켜 나갈 수 있다.

1999년에 「공공기관기록물법」에서는 16개 광역시도에 기록관 설립을 임의사항으로 규정하고, 시·군·구 등 기초자치단체에서 자료관 설립을 의무화하였다. 지방기록물관리기관이 설립되지 않은 상황에서 자료관 설립을 의무화함으로써 시·군·구 → 광역자치단체 → 정부기록보존소의 관리체계가 시·군·구 → 정부기록보존소의 관리체제로 변화하면서 기록관리의 중앙집중화가 심화되었다. 광역자치단체의 지방기록물관리기관이 설립되지 않은 상황에서 시·군·구의 자료관을 통할할 수가 없었다.[9]

2007년의 「공공기록물법」에서 영구기록을 보존·관리할 수 있는 기관으로 중앙기록물관리기관, 헌법기관기록물관리기관, 지방기록물관리기관, 대통령기록관 등을 규정하고 있다. 16개 광역시도는 2007년 12월 31일까지 시·도지사가 행정자치부장관 등과 협의하여 시·도 기록물관리기관의 설치 및 운영 등에 관한 계획을 수립하도록 명시하여,[10] 그 당시 제출한 계획은 다음과 같다.

---

9) 박춘배, 「경기도 지방기록물관리기관 설치방안 연구」, 『지방기록물관리기관 설치 방안과 향후과제』, 국가기록원 제4회 기록관리포럼, 2008, 31~33쪽.
10) 「공공기록물 관리에 관한 법률」, 제11조 1항, 부칙 제3조.

〈표 13-1〉 지방기록물관리기관 설치계획 비교(2010년)

구분	기록물보존수요 (2006 + 향후 20년)	시설, 인력규모	소요예산 (억 원)	설치시기
서울	180만 권	시설: 25,200m²(7,623평) 인력: 41명 → 59명	949	2008~2010
부산	240만 권	시설: 16,851m²(5,106평) 인력: 25명 → 36명 → 58명	504	2008~2015
대구	220만 권	시설: 13,224m²(4,000평) 인력: 25명	450	2008~2012
인천	240만 권	시설: 16,146m²(4,893평) 인력: 25명 → 36명--〉58명	486	2008~2015
광주	110만 권	시설: 9,758m²(2,953평) 인력: 9명 → 25명 확대	311	2008~2012
대전	90만 권 (시청만)	시설: 9,758m² 인력: 34명	360	2008~2013
울산	200만 권	시설: 9,758m²	330	2008~2015
경기	641만 권	시설: 6,456m²(1,953평) 인력: 36 → 57명	40~50 (기존건물 확충)	2008~2012
강원	200만 권	시설: 20,721m²(6,279평) 인력: 36명	650	2008~2015
충북	100만 권	시설: 12,126m² 인력: 24명	400	2008~2012
충남	100만 권	시설: 13,910m² 인력: 25명	500	2008~2012
전남	100만 권	시설: 12,133m² 인력: 34명	427	2008~2012
경북	200만 권	시설: 47,672m² 인력: 25명	480	2008~2010
경남	200만 권	시설: 15,036m² 인력: 25명 → 36명	480	2008~2013
제주	60만 권	시설: 7,800m² 인력: 28명 → 35명	276	2008~2010

출전: 전가희, 「시·도 지방기록물관리기관설립 추진현황」, 『기록관리, 전문성을 말하다』(제2회 전국기록인 대회 발표자료집), 2010.
비고: 전북은 세부적인 계획을 수립하지 않아, 제외하였다.

15개 시·도에서 지방기록물관리기관을 설립하려면, 각 기관 당 최소 200억 원에서 950억 원이 소요된다. 계획서에는 국비 70~80%, 도비 20~30%의 비용으로 조달하여 건설할 예정이라고 한다.[11] 그러나 중앙정부의 기획예산처에서는 지방기록물관리기관은 지방사무에 관한 사항을 관장하는 곳이므로 지원할 수가 없다고 한다.[12] 중앙정부의 경제적 지원 거절, 지방자치체의 추진의지 부족, 각 기록관의 역량 미흡으로 인하여 지방기록물관리기관의 추진이 정체된 상태이다.

이를 효과적으로 실행하기 위해서는 지방 관계, 학계, 지방전문가, 지방의 기록연구사 등이 참여하는 '지방기록관리위원회'를 구성하여 현실의 조건 속에서 지방기록물관리기관을 어떠한 목적으로 어떻게 구성할 것인가를 논의하여야 한다.[13] 그 위원회에서 현재 기록관에 소장·관리하고 있는 기록물의 현황을 점검하고, 그 바탕 위에 그 지방의 특성을 파악하고, 그것을 살릴 수 있는 역사기록 및 민간기록을 적극적으로 수집 활용함으로써 지방기록물관리기관의 특성을 살릴 수 있을 것이다.

설립 방식은 현재 다양한 방식이 제시되어 있다. 2008년에 국가기록원에서 「지방기록물관리기관 설치방안과 향후 과제」라는 주제로 발표회를 가진 적이 있다. 당시 조이형[국가기록원 보건연구관]은 지방기록물관리기관을 설치하기 위해서는 예산확보가 가장 중요하며 국고에서 지원하면서 광역 단위 '자치단체조합'을 만들거나, 기존 시설을 리모델링하여 설립하는 방안을 제시하였으며,[14] 김상호[대구대 교수]는 '행정효율성 증진'

---

11) 전가희, 「시·도 지방기록물관리기관설립 추진현황」, 『기록관리, 전문성을 말하다』(제2회 전국기록인대회 발표자료집), 2010.
12) 조이형, 「지방기록물관리기관 설치 추진현황과 대안」, 『지방기록물관리기관 설치 방안과 향후과제』, 국가기록원 제4회 기록관리포럼, 2008.
13) 지수걸, 「지방기록물관리기관 설립의 방향과 방법」, 『기록학연구』 21, 한국기록학회, 2009.
14) 조이형, 「지방기록물관리기관 설치 추진현황과 대안」, 『지방기록물관리기관 설치 방

'지방기록문화발전'이라는 명분을 내걸고 지방기록물관리기관을 지역 사정에 맞게 국가기록원 분관, 기록센터, 지방자치단체조합, 대학기록관 등의 다양한 형태로 설립할 것을 제안하였다. 박춘배[경기도청 과장]는 각 지방자치단체들은 기관의 사정에 맞게 지방기록관을 설립하여야 할 것이라고 제안하면서, 경기도는 독립기관으로서 '경기도 기록원'이 적절하다고 주장하였다.15)

지방기록물관리기관의 설립은 시급한 과제이다. 현재 국가기록원에서는 지자체의 준영구, 영구기록물을 이관받지 않고 있다. 준영구, 영구를 비롯한 지방기록을 제대로 관리·활용하기 위해서는 지방기록물관리기관의 신설이 시급하다. 지방기록물관리기관이 설립되면 현재 존재하고 있는 도사편찬위원회를 통합하는 것이 필요하다. 16개 광역시도는 일정 기간에 한 번씩 시·도사를 편찬하고 있다. 행정기록뿐 아니라 민간에 산재해 있는 역사기록을 수집하여 진전된 역사를 편찬하는 것이 필요하다. 현재까지 시·도사편찬은 기존 시·도사를 재인용한 위에 현대시기를 추가한데 불과하다. 지방기록물관리기관이 도사편찬위원회를 흡수하여 장기적 계획과 전망을 갖고 활동한다면 역사문화기관의 기능을 수행할 수 있을 것이다. 아울러 기존의 문화원 혹은 문화재단과의 역할 조정도 필요할 것이다.

2) 지방기록물관리기관의 성격

지방기록물관리기관은 준현용 내지 비현용의 준영구·영구 기록물을 중심으로 보존·관리·활용을 하고 있다. 또한 이 행정기록물뿐 아니라 지방의 역사기록·문화기록을 수집하여 정리·분류·기술함으로써 적극적

안과 향후과제」, 국가기록원 제4회 기록관리포럼, 2008.
15) 박춘배, 「경기도 지방기록물관리기관 설치방안 연구」, 『지방기록물관리기관 설치 방안과 향후과제』, 국가기록원 제4회 기록관리포럼, 2008.

으로 활용을 모색해갈 필요가 있다. 그리하여 단순히 지방의 행정기록을 관리 활용하는 차원을 넘어 지방문화센터의 기능을 수행하면서 기능을 확대해가는 것이 필요하다.

세계 각국의 지방기록물관리기관은 다양하게 존재하고 있다. 그 중 지방기록물관리기관을 효율적으로 활용하고 있는 예를 살펴보자. 대체로 지방기록물관리기관은 지방의 행정기록을 보존·관리하는 문서보존소가 많지만, 기록관리의 선진국이나 지방의 역사문화·기록문화적 전통이 강한 지역에서는 지방기록물관리기관이 일종의 '역사문화센터'의 위상을 지니고 있다. 즉 지방문화센터의 기능을 수행하고 있는 곳도 많다.

예를 들면 일본 야시오시[八潮市] 자료관, 교토부립[京都府立]총합자료관이나 미국의 네바다주 아카이브즈의 경우를 참조할 필요가 있다. 일본 야시오시[八潮市] 자료관은 "① 야시오 시민이 모든 자료의 관찰과 활용을 통하여 지역의 역사문화가 형성된 과정을 이해하고, 나아가 새로운 문화를 창조할 수 있게 하는 자료관 ② 지역의 고고·역사·민속 등의 자료, 행정문서, 지역문헌을 수집·정리·보관하고 시민의 문화유산 보존을 도모하는 자료관 ③ 지역문화의 향상을 도모하기 위한 강연·강좌·견학 사업과 편찬물의 간행·조사·연구를 행하는 자료관"[16] 등으로 위상을 정립하고 있다. 즉 야시오시 자료관은 단순한 문서관리기관을 넘어 야시오지방의 지역자료를 수집·정리·보존 및 조사연구하고, 시민에게 자료관 소장의 모든 자료를 제공하여 야시오시[八潮市]의 문화향상과 문화유산의 보존을 설치목적으로 삼고 있다.[17] 즉 야시오시[八潮市] 자료관은 일종의 '역사문화센터'의 기능을 담당하고자 하였던 것이다.

---

16) 박찬승, 「외국의 지방기록관과 한국의 지방기록자료관 설립방향」, 『기록학연구』 창간호, 한국기록학회, 2000, 128~129쪽.
17) 박찬승, 「외국의 지방기록관과 한국의 지방기록자료관 설립방향」, 『기록학연구』 창간호, 한국기록학회, 2000, 128~129쪽.

교토부립[京都府立]총합자료관은 해당 지역의 역사, 문화, 산업, 생활 등의 모든 자료[도서, 고문서, 행정문서, 사진·근대문학자료, 미술, 공예, 역사, 민속자료 등]를 중점적으로 수집·정리·보존하여 이용자들에게 서비스하고 있다.[18]

이러한 사례는 미국의 네바다주 아카이브즈의 경우에서도 확인된다. 미국의 네바다주 홈페이지를 살펴보면 "주 정부의 행정정보를 얻고자 하는 자, 상속문제·사회보장문제·재향군인에 대한 혜택문제 등에 대한 정보를 얻고자 하는 자, 법원의 재판기록을 참고하고자 하는 변호사나 법률가, 범죄기록을 얻고자 하는 검찰이나 경찰, 환경오염의 원인을 알고자 하는 환경주의자 및 환경보호기관, 역사적인 유적이나 유물을 연구하려는 박물관의 큐레이터나 역사적 유물보존주의자, 부동산에 대한 기록을 보고자 하는 행정가나 부동산업자, 다큐멘터리를 제작하려는 TV나 영화 프로듀서, 소설의 배경을 구상하려는 소설가, 가족의 뿌리를 연구하는 족보연구가, 헤어진 부모나 가족을 찾으려는 사람들, 역사연구를 하려는 학자나 학생 등의 내방을 환영하면서"[19] 이에 관련된 자료를 충분히 수집·보존하고 그를 바탕으로 자료를 제공하려고 애쓰고 있다. 즉 네바다주 아카이브즈는 지방의 '역사문화센터'를 지향함으로서 지방의 역사문화정보를 소통하고 지방민의 지식역량을 제고시키는 기능을 행하고자 한 것이다.

독일 하이델베르크시 기록관의 경우는 시청 기록뿐 아니라 지방의 역사기록을 수집 보존하면서, 그것을 연구자와 주민들에게 제공한다. 나아

---

18) 김종철, 「일본의 지방공문서관과 지방기록관리 -문서관과 역사자료관의 설립과정을 중심으로-」, 『기록학연구』 11, 한국기록학회, 2005, 241~249쪽. 이 글에서는 일본에서 교토부립총합자료관, 나가노현현립역사관, 기후현역사자료관, 효고현공관현정자료관, 이바라키현립역사관, 후쿠시마현역사자료관 등 6개의 지방기록물관리기관이 역사자료관의 형태로 운영되는 사례로 소개하고 있다.

19) 박찬승, 「외국의 지방기록관과 한국의 지방기록자료관 설립방향」, 『기록학연구』 창간호, 한국기록학회, 2000, 118~119쪽.

가 시청 기록관에서 문화관광 자료를 작성 배포함으로써, 하이델베르크시의 역사적 문화적 특성을 생생하게 전달하여 국내외의 많은 관광객을 불러들이는 역할도 하고 있다. 즉 하이델베르크시 기록관이 시 관광산업과 문화산업의 진흥에 중심적인 역할을 하고 있다.[20]

지방기록물관리기관은 단순히 지방의 행정기록을 관리 보존 활용하는 것을 넘어서 지방의 역사와 문화를 증거하는 기록들의 관리처가 되어야 한다. 지방의 특성을 살펴볼 수 있는 '지방문화센터'의 기능을 할 수 있도록 행정기록뿐 아니라 역사기록 및 문화기록을 수집 정리하여 언론, 연구자, 향토사학자 및 주민에게 공개 활용하도록 한다. 나아가 지방기록물관리기관의 기록을 활용하여 지방의 문화산업과 관광산업을 증진시키는 메카가 될 수 있을 정도로 기록의 보고가 되어야 할 것이다.

4. 기록물관리전문요원의 배치

지방기록물관리기관의 기본적 업무는 공공행정 업무기능의 분석과 그에 따른 기록물 가치평가와 보존기간 분류, 기록물관리 전산화, 전자기록의 평가와 관리, 검색도구의 작성, 검색을 위한 기술항목 입력, 보존환경의 자동통제, 정보공개 평가와 열람 제공 등이다[법률 제 11조].[21] 이러한 업무를 효율적으로 수행하려면 전문적 교육과 훈련을 받은 전문인력만이 가능하다.

---

20) Peter Blum, 「독일 하이델베르크 아카이브즈 사례: 기록을 통한 하이델베르크 시민의 정체성 형성과 관광 및 문화산업 발전」, 『기록관리를 통한 기업경영과 지방행정의 발전』, 한국외국어대 정보·기록관리학과 10주년기념 국제컨퍼런스, 2010.
21) 박춘배, 「경기도 지방기록물관리기관 설치방안 연구」, 『지방기록물관리기관 설치 방안과 향후과제』, 국가기록원 제4회 기록관리포럼, 2008, 50쪽.

〈표 13-2〉 기록물관리 전문요원 배치 현황 (2010년 8월 31일 기준)

구 분	계	중앙		지자체			교육청		
		본부	소속	소계	광역	기초	소계	광역	지역
대상기관	775	45	290	246	16	230	194	16	178
배치기관	234	44	5	163	16	147	22	12	10
배치인원	248	49	7	169	20	149	23	13	10
배치비율	30%	98%	2%	66%	100%	64%	11%	75%	6%
채용 중	53명	-	-	48명	2명	46명	5명	3명	2명

출전: 국가기록원 자료.

그리하여 「공공기록물법 시행령」에서 우리나라 839개 공공기관은 2011년까지 기록물관리 전문요원을 배치하도록 의무화하고 있다.[22] 그러나 시행령의 규정이 제대로 지켜지지 않고 있다. 지금까지 전문요원이 배치된 기관의 현황은 〈표 13-2〉와 같다. 중앙부처의 본부에는 2005년에 기록

---

22) 〈표 13-3〉 전문요원 배치대상 기관 및 배치시한

중앙	본부	44	기배치***
	소속	283	2010년
지방자치단체	광역	16	2007년
	기초*(15만 이상)	112	2008년
	기초*(15만 미만)	120	2009년
교육청	광역	16	2007년
	지역**(7만 이상)	43	2008년
	지역**(7만 미만)	137	2009년
기타 공공기관		68	2011년
계		839	

비고: * 인구 기준 / ** 학생수 기준 / *** 방위사업청은 미배치.
출전: 「공공기록물 관리에 관한 법률 시행령」, 부칙 제5조.

연구사를 1명씩 배치하였고, 지방자치단체에는 2007년부터 16개 광역시
도를 중심으로 기록연구사를 배치하였으며, 시·군·구 등 기초자치단체
는 배치가 진행 중이다.

〈표 13-2〉에서 보듯이 2010년 8월말 현재 광역자치단체는 1명 내지 2
명을 배치하였지만, 시·군·구 등 기초자치단체의 경우는 230개 기관 중
147개만이 기록물관리 전문요원을 배치하였다. 전문요원의 채용속도가
매우 부진하다고 할 수 있다. 더욱이 일부 지방자치단체에서는 정규직 기
록연구사가 아니라 계약직을 선발하고 있으며, 특히 비전임계약직을 채용
하는 경우도 있어서 기록관리 전문성과 연속성을 저해할 우려가 큰 것도
현실이다.[23]

현재 지방자치단체에서 기록물관리전문요원을 채용하는 것은 지방자
치단체의 장이나 공무원들이 기록관리에 대한 인식이 높아져서가 아니다.
아직도 지방자치단체는 기록관리의 중요성에 대해 인식하지 못하고 있다.
그럼에도 불구하고 기록물관리전문요원을 채용하는 것은「공공기록물법」
에 기록물관리전문요원을 배치하지 않으면 기록물 평가·폐기를 하지 못
하도록 하였기 때문이다.[24]

현재「공공기록물법」에 따라 2008년과 2009년에 지방기록물 평가심의
회를 개최하여 기록물을 평가하고 심의 폐기하는 일을 진행하였다. 그 과
정에서 기록물관리전문요원의 역할은 매우 크고 중요하였다. 이 일이 계

---

[23] 기록물관리 전문요원은 정규직인 기록연구사와 계약직으로 나눌 수 있다. 계약직은 다
시 전임계약직과 비전임계약직(시간제)으로 구분되어진다(이영학, 「기록물관리 전문
요원의 운영현황과 전망」, 『기록학연구』 21, 한국기록학회, 2009, 340~343쪽).
[24] 「공공기록물 관리에 관한 법률 시행령」, 부칙 제4조에 의하면 "기록물관리 전문요원
배치시기 이전까지는 기록관 또는 특수기록관에서 기록물관리업무에 종사하는 일반직
공무원·특정직 공무원 또는 별정직 공무원이 기록물 심사업무를 담당할 수 있다."라
고 규정하고 있는데, 부칙 제5조에 따라 기록물관리 전문요원을 배치해야 하는 시기를
경과하는 경우, 기록물관리 전문요원만이 기록물 심사업무를 담당할 수 있게 된다.

속 진행된다면 기록물관리전문요원의 위상이 약간씩 높아질 것이라고 여겨진다.

기록물관리전문요원이 존재하지 않았을 때, 기록물 폐기 과정에서 중요 기록물이 폐기되었을 가능성이 컸다. 한 예를 들면 충청남도의 사례에서 발견할 수 있다. 2000년에 공주대 대학원 기록관리학과 학생들이 충남도청 자료들의 폐기를 위탁받아 심의를 한 적이 있다. 〈98, 99년 충남도청 폐기대장 문서 총 27,277건〉의 자료들이 모두 폐기될 예정이었는데, 기록관리학과 학생들이 심사하여 56건의 자료들을 폐기대상에서 제외하여 충남도청 자료관에 보관할 수 있게 되었다고 한다.[25] 이런 사실들을 보면, 자료의 폐기와 영구문서 지정 등의 전문적인 일을 할 때 기록관리전문가들이 많은 중요문서들이 폐기되는 것을 막을 수 있을 것이다.

또한 기록물관리전문요원은 보존연한의 설정, 공개 여부 등의 전문적인 일에 몰두할 수 있다. 그리하여 중요한 역사기록물들을 보존·관리할 수 있을 것이다. 예를 들면 현재 국가기록원에서 관리하고 있는 지방자치단체의 기록물 다수는 증빙성기록물이다. 2000년 12월 현재 지방자치단체에서 정부기록보존소에 보내어 보관하고 있는 영구문서가 218,422권인데, 그 중 다수가 증빙성 문서라는 사실을 확인하였다.[26] 그것은 공공기록문서의 보존연한을 설정하는 『보존기간표』의 탓이기도 하지만, 보존연한의 구분은 기록물 생산기관의 판단이 우선적으로 작용하였다. 생산기관의 입장에서는 증빙성문서를 중요하다고 생각하였다. 그런 점을 기록관리전문가들이 보완해줄 수 있을 것이다.

아키비스트[기록관리전문가]가 참여하여 공공문서의 보존연한을 설정

---

25) 지수걸,「'지방기록물관리기관'의 기능과 역할」,『기록학연구』 3, 한국기록학회, 2001, 9쪽.
26) 이진영,「정부기록보존소 소장 지방기록물의 현황과 성격 -전라북도 영구문서를 중심으로」,『기록보존』 14, 정부기록보존소, 2001.

한다면, 정책문서들이 영구문서로 많이 바뀔 것이다. 역사상 의미있는 문서들이 영구문서로 될 것이고, 지방사정을 파악하는데 중요한 시사를 줄 수 있는 자료들이 영구문서로 많이 바뀔 것이다.

2005년부터 배치된 기록물관리 전문요원들은 많은 역할을 하였다. 5년이 지난 현재 각 기관의 기록연구사들은 자신들의 고유업무를 찾아가면서 전문성을 발휘해가고 있다. 그 동안 각 공공기관의 기록연구사들이 이룩한 성과는 다음과 같다. 먼저, 기록관리에 관련된 제도를 만들었거나 개선한 것이다. 기록연구사들은 자료관 운영규정과 기록물 폐기심의회 운영규정 등을 제정하거나 개정했고, 그 과정에서 기록관리의 원칙과 기록관리에 필요한 제도들을 확립해갔다. 둘째, 기록관리의 물질적 기반을 구축하기 위해 노력했다. 기록물 보존에 필요한 공간을 확보하고 시설·장비를 갖추어 안전한 보존을 위한 환경을 조성하였고, 보존과 업무 및 열람을 위한 공간으로 기록관을 마련하였다. 셋째, 기록관리에 대한 교육을 통해 기록관리의 중요성을 제고하고 기록관리 실무에 대한 이해를 높였다. 일반 직원 또는 간부들을 대상으로 다양한 형태의 교육을 실시하여 기록관리의 중요성을 제고하는 데 큰 기여를 하였다. 넷째, 기록관리의 실무적 측면에서도 변화를 가져왔다. 기록물 보유현황조사나 기록물 DB 구축을 실현함으로써 기록물의 유실 위험을 방지하고 원활한 기록물 서비스를 제공하였다. 또한 기록물평가위원회를 구성하여 기관 기록물의 폐기를 적절한 절차에 따라 행하게 함으로서 기록물의 무단 폐기를 막는 데 크게 기여하였다.

지방기록물관리기관에 기록물관리전문요원을 배치하여 지방기록물관리기관의 설립을 기획하게 하고, 지방기록의 수집 및 이관, 기록물의 현황 파악 및 정리 분류 기술 등을 행하며, 소장 기록을 공개하는 전문적인 일을 수행하게 할 수 있다. 나아가 지방에 산재해있는 역사기록 및 민간기록을 수집하여 '역사기록관'의 토대를 마련할 수 있을 것이다.

지방기록물관리기관을 지방의 역사기록관 내지 지방문화관으로 제대로 만들기 위해서는 기록물관리전문요원이 필요하다. 기록관리전문가들이 공공기록뿐만 아니라 지방의 역사에 관한 기록을 수집하고, 나아가 사적인 기록물까지 수집함으로써 지방의 종합적인 문화관으로서 기능할 수 있도록 해야 한다. 기록관리전문가들이 지방기록물관리기관에서 활발하게 활동할 수 있을 때, 그 기관이 지방문화의 산실로 자리잡을 수 있을 것이다. 현재로서는 요원한 일이지만, 장기적인 계획을 갖고 추진해간다면 이루어질 수 있는 일이다.

이와 같은 측면에서 지방기록물관리기관에는 기록관리 전문가가 배치되어 기록관리의 일을 수행할 때 제대로 된 지방역사기록관이나 지방문화관의 기능을 할 수 있을 것이다.

5. 기록문화운동의 전개

앞에서 살펴본 바와 같이 지방자치와 함께 기록자치도 이루어져야 하며, 기록자치를 이루기 위해서는 기록물관리기관의 설치와 기록물관리 전문인력의 배치가 행해져야 할 것이다.

1999년의 「공공기관기록물법」에서 광역지자체에 지방기록관의 설립을 권장하고 기초자치체의 자료관 설립을 의무화하였고, 다시 2007년의 「공공기록물법」에서 광역자치단체에서 지방기록물관리기관의 설립을 의무화하였지만, 지방자치단체의 의지 부족과 중앙정부의 예산 지원 거절로 설립이 계속 지연되고 있다.

국민의 정부와 참여정부에서 기록관리의 체계화를 추진해 온 측면은 긍정적이지만, 지나친 중앙집중적 기록관리정책의 추진으로 말미암아 자율의 측면은 축소되고, 법률에 의한 준수의 요구로 지방기록관리를 해결하려는 정책의 한계가 드러난 것이 아닌가 하는 반성도 있다. 즉, 1999년 「공공기관기록물법」 제정 이후, 정부가 기록관리정책을 추진해오면서 너무 법률적 측면으로 문제를 해결하려고 하지 않았는가 하는 반성이다.[27]

현재의 답보상태에 머물러 있는 지방기록물관리기관의 설치와 전담기구 설립은 지방자치단체 스스로의 인식과 추진 의지 부족, 중앙정부의 지속적 독려와 예산 지원의 결여, 각 기록관의 역량과 역할의 미흡으로 인한 것이다.

그러나 10년 전과는 달리 주변의 상황이 호전되고 있다. 2007년 이래 16개 광역시도에는 1명씩의 기록물관리 전문요원이 배치되었으며, '기록관'이라는 명칭으로 시설을 정비해가고 있다.

아울러 기록관리학 전문연구자들이 학회와 대학에서 왕성하게 활동하고 있고, 이들의 교육을 통해 기록물관리 전문인력도 대거 배출되고 있으며, 그와 함께 국제적인 수준의 이론과 방법론에 대한 이해도 전에 없이 높아진 상태이다.[28] 이를 바탕으로 기록문화운동을 통하여 국민들의 기록관리에 대한 이해를 높이고 공무원들의 인식도 제고시킬 필요가 있다.

기록관리와 거버넌스를 제대로 구현하기 위해서 기록문화운동을 전개해야 한다. 지방사회를 구성하는 모든 구성원들이 기록관리 중요성을 인식하고 그것을 제고시키는 노력을 행해야 한다. 해당지역의 자치단체, 대학, 시민사회단체, 향토문화단체, 관련전문가, 향토사학자 등이 높은 정치사회의식을 가지고 지방기록관리운동에 주체적으로 참여한다면 지방의 기록문화를 획기적으로 발전시킬 수 있을 것이다.

---

27) 이원규, 「지방 공공기록관리의 정책과제」, 『기록학연구』 26, 한국기록학회, 2010.
28) 이원규, 「지방 공공기록관리의 정책과제」, 『기록학연구』 26, 한국기록학회, 2010.

현재 지방사회에서는 지방자치단체의 장과 공무원들이 아직은 지방기록관리의 중요성을 인식하지 못하고 있다. 나아가 귀찮은 업무가 추가되는 것으로 인식하고 있다. 공무원들은 지금까지 지방행정업무를 잘 해왔는데, 갑자기 기록을 잘 관리해야 하며 기록물폐기대장을 만들고, 보존연한을 다시 설정하는 등의 부가적인 일이 최근 몇 년 사이에 부가되었다고 여긴다.

지방기록을 잘 관리하는 것이 지방의 문화적 특성을 제고시키고, 지방의 역사성을 깊이 하는 것이며, 그를 바탕으로 지방의 업무와 사업이 특성을 지닐 수 있으며 독창성을 지닐 수 있음을 알려야 한다.

지수걸은 지방의 기록문화유산을 제고시키는 지방기록문화운동을 제안하고 있다. 첫째, 모든 공공기관으로 하여금 공공기록물을 제대로 생산하고, 관리하고, 공개할 수 있게 만드는 운동, 둘째, 역사적 가치가 풍부한 해당지역의 모든 기록물을 수집 정리하여 역사적 말하기와 글쓰기를 장려하는 운동, 셋째, 이 같은 역사적 말하기와 글쓰기를 통해서 행정의 책임성과 투명성은 물론이고 궁극적으로 행정의 효율성도 달성하려는 운동을 벌이자고 제안한다.[29]

이 운동을 활성화시키기 위해서는 관료사회와 시민사회의 협력과 동시에 단체장 산하에 지방기록문화창달위원회를 설치하여 기록을 제대로 관리하려는 노력을 하면 효과를 얻을 수 있을 것이다. 그리하여 지방 공무원 뿐 아니라 지역주민들도 스스로 참여하여 지방기록문화를 창달하기 위해 노력한다면 지방의 문화 창달에 크게 기여할 것이다.

가장 중요한 것은 해당 지역의 관련전문가, 연구자, 향토사학자를 비롯한 주민들이 적극적으로 조직하고 참여하여 기록관리의 중요성을 연구하

---

29) 지수걸, 「지방기록물관리기관 설립의 방향과 방법」, 『기록학연구』 21, 한국기록학회, 2009.

고 그 인식을 공유하여 확산시키려는 노력이 필요하다. 2000년 전반기에 설립하였던 충남·대전기록관리포럼이나 경기기록문화포럼의 활동을 평가·반성하면서 그러한 활동을 확산시켜가야 하지 않을까.

6. 맺음말

지금까지 지방기록관리를 제대로 정립한다면 지방자치가 활성화될 것이라는 이야기를 하였다. 지방의 기록관리를 제대로 한다면 지방행정의 효율성, 행정의 책임성, 행정의 투명성을 가져올 것이고, 지방의 기록을 통한 지방 행정의 경험을 공유한 시민들이 행정 참여에 가세할 것이라고 전망하였다.

지방기록관리를 제대로 하기 위한 효과적인 방법은 지방기록물관리기관 및 전담기구를 설치하고, 전문가인 기록물관리전문요원을 배치하는 것이라 할 수 있다. 지방기록물관리기관은 지방의 재정적, 역사적, 문화적 특성에 맞게 설치해야 한다. 지방기록물관리기관이 설립된다면 지방의 행정기록뿐 아니라 지방의 특성을 반영하는 민간기록을 수집할 수 있을 것이고, 지방의 역사와 문화를 반영하는 역사기록을 체계적으로 수집 정리하여 시민이나 연구자들에게 공개할 수 있을 것이다. 지방기록물관리기관의 설립과 활성화는 공무원의 공적업무를 적극적으로 보조하여 업무의 효율성을 높이고, 주민들의 역사의식 수준을 높일 수 있으며, '지방문화센터'의 기능을 심화시켜 갈 수 있을 것이다.

지방기록물관리기관의 기능이 활성화되기 위해서는 기록물관리전문요원을 배치하여 전문적인 역할을 부여해야 한다. 2005년에 중앙부처에 배치된 기록연구사들은 기록물 보유현황조사와 기록물의 DB구축, 기록관리에 관련된 운영규정 제정과 개선, 기록관리의 인프라 구축, 기록관리 교육을 통한 기록관리 중요성 제고 등의 기초적 작업을 충실히 수행하였다. 현재는 지방 기록물관리 전문요원이 지방기록물의 평가 폐기를 위해서 배치하였지만, 보존연한의 설정, 공개 여부 등 기록관리의 고유업무를 확대시켜가야 하며 나아가 행정기록뿐 아니라 역사기록의 수집 및 정리를 통한 공개를 행할 수 있는 장기적 마스터플랜의 구상도 필요하다.

지방기록관리를 실현하기 위해서는 지방기록문화운동이 필요하다. 현재는 공무원은 물론이고 지역 주민들도 지방기록관리의 중요성을 인식하지 못하고 있다. 지방기록을 수집·정리·분류·공개함으로써 지역의 주민이나 연구자 및 관련 인사들이 지방의 정보를 공유한다면 지방행정에 관심을 갖게 되고 적극적으로 참여할 수 있을 것이다. 그러면 지방자치와 거버넌스가 결합되면서 이상적인 지방행정의 형태를 구사할 수 있을 것이다. 기록관리의 전통이 강한 프랑스, 독일, 영국 등에서는 이러한 형태를 행하고 있다.

해당 지역의 자치단체, 대학, 시민사회단체, 향토문화단체, 관련전문가, 향토사학자 등이 높은 정치사회의식을 가지고 지방기록관리운동에 주체적으로 참여한다면 지방의 기록문화는 획기적으로 발전할 것이다.

「기록문화와 지방자치」, 『기록학연구』 26, 한국기록학회, 2010.

제 14 장

기록물관리 전문요원의 운영현황

1. 머리말

1999년 「공공기관의 기록물관리에 관한 법률」[이하 「공공기관기록물법」으로 약칭] 제정 이후부터 현재까지 10년 동안 한국의 기록관리는 비약적으로 발전해왔다. 「공공기관기록물법」에서는 기록물관리는 무엇이며, 기록물을 관리하는 기록물관리기관은 어떠한 역할을 해야 하는가를 제시하였다. 그리하여 공공기관의 기록물관리를 철저히 수행하여 "기록유산의 안전한 보존과 공공기관의 기록정보의 효율적 활용을 도모"[1]하고자 하였다. 이 법률에서는 공공기관의 기록관리가 중요하며, 그를 위해 기록물관리 전문요원, 기록물관리기관 등이 필요함을 적시하였다.

참여정부에 들어와 '기록관리 혁신'을 통하여 정부 개혁을 도모하고자 하였다. 기록관이 설립되고 기록물관리 전문요원이 배치되기 시작하였으며, 이에 공공기관의 기록관리가 본격적으로 시행되기 시작하였다. 국가기록원에서 기록연구사를 선발하였으며, 2005년에 중앙부처에서 기록연

---

1) 「공공기관의 기록물관리에 관한 법률」(1999), 제1조.

구사를 채용하여 배치하였다. 초기에는 공공기관에서 기록관리에 대한 이해가 부족하여 기록연구사들이 독자적인 업무를 수행하지 못하였다. 그러나 기록연구사들이 자신의 기관에서 점차 할 일을 찾아갔고, 기록관리가 한 단계 발전하기 위해서는 기록관과 기록물관리 전문요원뿐 아니라 전담조직이 필요함을 체득하기도 하였다.

기록관, 기록연구사뿐 아니라 전담조직의 필요성이 부각되었고, 다른 한편 종이기록으로부터 전자기록으로 빠르게 전이됨에 따라 새로운 기록관리 환경이 필요하게 되었다. 2007년에는 기존의 「공공기관기록물법」이 「공공기록물 관리에 관한 법률」[이하 「공공기록물법」으로 약칭]로 전면 개정되었다. 새 법률에서는 전자기록이 지배적인 환경 하에서 기록관리가 어떠해야 하는가를 자세히 규정하였다. 전자기록 환경 하에서 보존시설, 전문요원, 전담조직 등이 어떠한 역할을 해야 하는가를 규정하였던 것이다.

이 글에서는 1999년 이후 10년 동안 기록물관리 전문요원 제도가 어떻게 운영되어 왔는가를 살펴보고, 앞으로의 과제에 대하여 고찰해보고자 한다.

2. 기록물관리 전문요원의 역할

1) 기록물관리 전문요원의 정의

기록물관리 전문요원은 기록물관리기관의 각 분야에서 전문적 업무를 수행하는 동시에, 전 과정을 효율적이고 균형있게 운영하는 전문적인 통합·중개·조정 역할을 하는 자이다.[2]

기록물관리업무는 기록물관리기관에서 다양한 분야의 전문직능이 참여한다. 즉 그 업무는 일반 행정, 정책개발 및 지도·감독 등 전문행정, 이용정보개발, 정보처리, 시설장비 운영관리, 교육 및 홍보, 이용 제공 및 자문 등의 일이 필요하며, 그를 위해 기록연구직뿐 아니라 문헌정보전공 사서직, 역사전공 학예연구직, 전산관리분야 전산직, 보존환경 및 기록매체 전공 공업연구직, 기술분야 기능직 등도 참여한다.

기록물관리 전문요원은 기록물 생성기관의 업무기능과 기록물의 특성과 가치를 파악하여 기록물관리에 반영하고, 기록물의 이용에 적절하게 제공하는 업무를 중심으로 수행한다.[3]

미국의 경우, 기록물관리 전문요원에는 크게 아키비스트(Archivist)와 기록관리자[Records Manager]가 있다. 『기록학 용어 사전』에 따르면, **아키비스트**(Archivist)는 "① 기록의 진본성과 맥락을 유지·보호하기 위하여 출처주의, 원질서 존중 원칙, 그리고 집합적 단위의 통제라는 원칙에 따라 지속적 가치를 지닌 기록의 평가, 수집, 정리·기술, 보존, 검색 제공 등의 책임을 지닌 사람 ② 보존 기록을 보관하는 기관이나 지속적 가치를 지닌 기록에 대한 관리·감독에 책임을 지닌 사람"[4]으로 정의하고 있고, 주로 영구[준영구] 기록이나 역사 기록을 관리하는 기록물관리기관[Archives]에 근무하는 자이다.

반면에 **기록관리자**[Records Manager]는 "①기록 생애 주기 전반에 대하여 기록의 효과적이며 경제적인 취급·보호·처분에 관한 정책과 행정에 책임을 지닌 사람 ② 한 기관이나 조직의 기록관리 책임자"[5]로 정의하고 있어서, 현용기록 혹은 준현용기록을 관리하는 기관[Records Center: 기록관]에 근무하는 자이다.

---

2) 이원규, 『한국 기록물관리제도의 이해』, 진리탐구, 2002, 58쪽.
3) 이원규, 『한국 기록물관리제도의 이해』, 진리탐구, 2002, 58쪽.
4) 한국기록학회 엮음, 『기록학 용어 사전』, 역사비평사, 2008, 156쪽.
5) 한국기록학회 엮음, 『기록학 용어 사전』, 역사비평사, 2008, 53~54쪽.

미국에서 아키비스트와 기록관리자는 근무하는 기관과 역할이 구분되어 있다. 그러나 유럽과 호주에서는 미국에서 기록관리자의 일이라고 할 수 있는 현용 기록의 관리를 아키비스트의 일에 함께 포함시킨다.6) 즉 아키비스트와 기록관리자를 구분하지 않는다. 기록물관리 전문요원의 역할 분담은 각 나라의 기록관리 전통에 따라 다르다고 할 수 있다.

우리나라의 경우, 전통시대의 기록관리 전통은 일제하 식민지시기를 거치면서 단절되었고 반면에 현대 기록학 이론은 최근에 소개되었으며, 또한 기록관에 기록물관리 전문요원이 배치된 지 얼마 되지 않아, 아키비스트와 기록관리자의 업무가 분화되어 있지 않다. 우리나라도 기록관리 경험이 축적되어야 기록물관리 전문요원의 역할이 기록관의 위상에 따라 달라질 것이다.

2) 기록물관리 전문요원의 역할

1999년 제정된 「공공기관기록물법」에서 기록물관리기관에 기록물관리 전문요원을 배치하도록 하였지만, 실제로 공공기관에 기록연구사가 배치된 것은 2005년 7월 이후였다. 그 이전에 정부기록보존소[국가기록원의 전신]에서 약간의 기록연구사를 채용하기는 하였지만, 2005년 2월 연구직 공무원에 기록연구직렬이 신설되면서 공공기관에 기록연구사의 배치가 본격화되었다.

이 시기는 국가기록관리의 혁신이 도모되는 참여정부 시기였다. 1997년 말 김영삼정부로부터 김대중정부로 이양할 때 공공기록물의 파기가 매우 심각하였고, 그 반성 위에서 1999년 1월에 「공공기관기록물법」을 제정하였지만, 공공기록물관리 상황은 크게 개선되지 못하고 있었다. 2004년 5월에 『세계일보』에서 3개월간 정부기록관리의 실태를 정밀 추적하여 〈기록

---

6) 한국기록학회 엮음, 『기록학 용어 사전』, 역사비평사, 2008, 156쪽.

이 없는 나라)7)를 연재함으로써 공공기록관리의 부실을 집중 폭로하였다. 이에 행정자치부는 6월과 7월에 공공기록물관리 실태를 조사하여 8월 23일 국무회의에서 대통령에게 보고하였고,8) 노무현 대통령은 임기 내 기록관리의 정비를 당부하였다.

2004년 11월에 정부혁신지방분권위원회 산하에 '기록관리혁신전문위원회'를 신설하여 공공기관의 기록관리제도를 개혁해갔다. 참여정부에서는 '기록관리의 혁신을 매개로 정부의 개혁을 도모'해가고자 하였다. 대통령의 기록관리비서관실, 정부혁신지방분권위원회의 기록관리혁신전문위원회, 국가기록원 기록관리혁신단의 3 주체가 서로 협력하면서 국가기록관리의 혁신을 주도해갔다. 2005년 기록관리혁신로드맵을 국무회의에서 확정지으면서 정부 기록관리의 체계화를 추진해갔고, 그를 바탕으로 정부의 개혁을 도모해가고자 하였다.

이러한 시대적 상황 속에서 2005년 2월 연구직공무원에 기록연구직렬이 신설되면서 기록연구사 배치의 신기원을 마련하게 되었다. 그를 바탕으로 동년 7월에 처음으로 중앙부처 45개 부서에 각 1명씩의 기록연구사가 배치되었다. 당시 배치된 기록연구사들은 내적·외적으로 많은 어려움을 겪었다. 공공기관에서는 기록연구사의 업무가 총무처에서 행하던 '문서정리'라고 여겨, 문서 정리와 기타 잡업에 해당하는 일을 맡기기도 하였다. 배치 직후부터 기록연구사들은 기록관리를 위해 필요한 조직이나 기록물의 성격과 특성을 파악하기도 전에, 기록물 정리·생산현황보고·이관 폐

---

7) 특집기사 '기록이 없는 나라', 『세계일보』, 2004년 5월 30일~7월 14일.
8) 그 후 대통령은 감사원에 의뢰하여 국가의 기록물관리체계 전반을 감사하도록 하였다. 감사원은 정부 설립 이래 처음으로 2004년 11월부터 2005년 2월까지 기록물관리법의 주무부처인 행정자치부와 중앙기록물관리기관인 국가기록원 등 24개 기관을 대상으로 기록물관리 감사를 벌여 "7개 분야에 걸쳐 42건의 문제점을 지적하여 권고 또는 주의 등 처분요구"를 하였다(양승조, 「국가공공기록물 관리 실태분석 및 개선방안」, 『2004년 정기국회 정책자료집』, 2004 참조).

기·DB구축 등의 밀린 업무를 처리하느라고 많은 어려움을 겪었다.9)

4년이 지난 현재 각 기관의 기록연구사들은 자신들의 고유 업무를 찾아가면서 전문성을 발휘해가고 있다. 그 동안 각 공공기관의 기록연구사들이 이룩한 성과는 다음과 같다. 먼저, 기록관리에 관련된 제도를 만들었거나 개선한 것이다. 기록연구사들은 자료관 운영규정과 기록물 폐기심의회 운영규정 등을 제정하거나 개정했고, 그 과정에서 기록관리의 원칙과 기록관리에 필요한 제도들을 확립해갔다. 둘째, 기록관리의 물질적 기반을 구축하기 위해 노력했다. 기록물 보존에 필요한 공간을 확보하고 시설·장비를 갖추어 안전한 보존을 위한 환경을 조성하였고, 보존과 업무 및 열람을 위한 공간으로 기록관을 마련하였다. 셋째, 기록관리에 대한 교육을 통해 기록관리의 중요성을 제고하고 기록관리 실무에 대한 이해를 높였다. 일반 직원 또는 간부들을 대상으로 다양한 형태의 교육을 실시하여 기록관리의 중요성을 제고하는 데 큰 기여를 하였다. 넷째, 기록관리의 실무적 측면에서도 변화를 가져왔다. 기록물 보유현황조사나 기록물 DB 구축을 실현함으로써 기록물의 유실 위험을 방지하고 원활한 기록물 서비스를 제공하였다. 또한 기록물평가위원회를 구성하여 기관 기록물의 폐기를 적절한 절차에 따라 행하게 함으로서 기록물의 무단 폐기를 막는 데 크게 기여하였다.10)

이러한 성과를 바탕으로 기록물관리 전문요원이 해당 기관에서 행해야 하는 역할은 기록물 생성기관의 업무기능과 기록물의 특성과 가치를 파악하여 기록물관리에 반영하고, 기록물의 이용에 적절하게 제공하는 업무를 수행해야 한다.11) 구체적으로 열거하면, 먼저 해당 기관의 기록관리에 적

---

9) 전수진, 「기록물관리 전문요원제도의 성과와 역할」, 국가기록원 제5회 기록관리포럼, 2009, 2쪽.
10) 전수진, 「기록물관리 전문요원제도의 성과와 역할」, 국가기록원 제5회 기록관리포럼, 2009, 3쪽.

용되는 상세한 절차와 기준을 마련하는 것이다. 처리과에서 업무를 수행하면서 기록의 생산과 관리는 어떻게 하며, 생산된 기록물은 어떻게 등록하고 분류하며, 이관하는 지를 설계하고 구현하도록 해야 한다. 둘째, 기록물 폐기에 대한 판단을 하여야 한다. 기록물 폐기는 한 번 행해지면 돌이킬 수 없는 중요하면서도 책임성 있는 일이다. 그러므로 기록의 보존기간이 적절히 설정되었는지 살피고 그에 맞게 폐기절차를 진행해야 한다. 셋째, 기관의 기록물을 잘 정리 분류하여 다양한 이용자에게 기록물을 서비스하는 일이다. 기록관리의 수준 높은 단계는 서비스 중심으로 발전해 가는 일이다. 끝으로 해당 기관에서 공무원들이 기록물 보호·관리와 국민들에 대한 공개 활용이라는 기록관리의 임무를 준수하도록 제도적 인식적 기반을 갖추도록 교육하는 일이다.[12]

3. 기록물관리 전문요원의 배치 요건

1999년에 제정된 「공공기관기록물법」에는 "기록물의 체계적이고 전문적인 관리를 위하여 기록물관리기관에는 기록물관리 전문요원을 배치하도록"[13] 명문화하고 있다. 그러나 초기에는 제대로 된 기록물관리기관도 설치하지 못하였고, 그에 따라 기록물관리 전문요원이 배치되지 못하였다. 그러다가 한국기록학회 주최로 2002년 10월에 국회의사당에서 "아키비스트와 기록물의 보존관리"라는 주제로 심포지움을 개최하면서, 연구자들이 공공기관의 기록물을 제대로 보존·관리하기 위해서는 아키비스트를 배치해야

---

11) 이원규, 『한국 기록물관리제도의 이해』, 진리탐구, 2002, 58쪽.
12) 전수진, 「기록물관리 전문요원제도의 성과와 역할」, 국가기록원 제5회 기록관리포럼, 2009, 5~7쪽.
13) 「공공기관의 기록물관리에 관한 법률」, 제25조.

하며, 그것을 효율적으로 배치하기 위해서는 공무원의 연구직에 기록관리 직렬과 직류를 신설하는 것이 필요하다고 적극적으로 주장하였다.14) 이에 2005년 2월에 연구직 공무원에 기록연구 직렬이 신설되었고, 동년 7월에는 신설된 기록연구 직렬에 따라 중앙부처에 45명의 기록연구사가 채용되어 배치되었다.

그 뒤 2007년에는 「공공기관기록물법」이 전면 개정되어 「공공기록물법」이 제정되었다. 이 「공공기록물법」에서는 기록물관리 전문요원에 대한 규정을 보완하여 명문화하였다.

· 제41조(기록물관리 전문요원)
① 기록물의 체계적·전문적인 관리를 위하여 기록물관리기관에는 기록물관리 전문요원을 배치하여야 한다.
② 기록물관리 전문요원의 자격 및 배치인원 등에 관하여 필요한 사항은 국회규칙·대법원규칙·헌법재판소규칙·중앙선거관리위원회규칙 및 대통령령으로 정한다.
③ 중앙기록물관리기관의 장은 기록물관리 전문요원을 포함한 전문인력의 수요파악 및 양성 등에 관한 계획을 수립하여야 한다.15)

이 조항에서 기록물관리기관에는 기록물관리 전문요원을 배치하도록 하였으며, 나아가 중앙기록물관리기관의 장[국가기록원장]은 기록물관리 전문요원의 수요와 양성에 관한 계획을 세우도록 하였다. 즉 국가기록원장이 기록물관리 전문요원의 수요 파악 및 양성을 비롯한 배치에 주의를 기울이도록 명문화하였다.

기록물관리 전문요원의 자격요건과 배치인원에 대해서는 「공공기록물법 시행령」에 규정되어 있다.

---

14) 조영삼, 「전문직렬제도의 현상과 기록연구직렬」, 『기록학연구』 7, 한국기록학회, 2003.
15) 「공공기록물 관리에 관한 법률」, 제41조.

・제78조(기록물관리 전문요원의 자격과 배치)
　① 법 제41조제2항에 따른 기록물관리 전문요원은 다음 각 호의 어느 하나에 해당하는 자로 한다.
　<u>1. 기록관리학 석사학위 이상을 취득한 자</u>
　<u>2. 역사학, 문헌정보학 석사학위 이상을 취득한 자로서 행정안전부장관이 정하는 기록물관리학 교육과정을 이수한 자</u>
　3. 검찰총장이 정하는 검찰청 소속 공무원 중 행정안전부장관이 정하는 기록물관리학 교육과정을 이수한 자
　4. 육군・해군・공군 참모총장이 정하는 군인 또는 군무원 중 행정안전부장관이 정하는 기록물관리학 교육과정을 이수한 자
　5. 경찰청장 및 해양경찰청장이 정하는 경찰공무원 중 행정안전부장관이 정하는 기록물관리학 교육과정을 이수한 자
　<u>② 기록물관리기관의 전체 정원의 4분의 1이상(4분의 1이 1인 미만인 때에는 1인 이상)을 기록물관리 전문요원으로 배치하여야 하며</u>, 기록물 정리・기술, 기록정보 관리, 보존업무, 그 밖에 기록물관리를 위하여 필요한 전문인력을 배치하여야 한다.
　③ 제1항에 따른 행정안전부장관이 정하는 기록관리학 교육과정의 설치에 필요한 사항은 행정안전부령으로 정한다.
　④ 기록물관리 전문요원이 아닌 기록물관리기관의 종사자는 기록물관리기관에 보직되기 전 또는 보직된 후 6월이 지나기 전까지 중앙기록물관리기관의 장이 정하는 기록물관리 교육과정을 이수하여야 한다.

위 시행령 제78조에 규정되어 있는 바와 같이 기록물관리 전문요원이 되기 위해서는 "1. 기록관리학 석사학위 이상을 취득하거나, 2. 역사학, 문헌정보학 석사학위 이상을 취득한 자로서 행정안전부장관이 정하는 기록물관리학 교육과정을 이수한 자"[16]이어야 한다.

---

16) 「공공기록물 관리에 관한 법률 시행령」, 제78조.

그 외 검찰청이나 육군·해군·공군 및 경찰청에서는 행정안전부장관이 정하는 기록물관리학 교육과정을 이수한 자에게 기록물관리 전문요원의 자격을 부여하도록 하였다. 이 부분은 검찰·군대·경찰의 특수 임무를 인정하여, 그 기록관의 근무자 중 일정한 교육과정을 이수한 자에게 기록물관리 전문요원의 자격을 부여하고자 한 것이다. 이 기관들의 기록물관리 전문요원에게 예외를 인정하는 것은 엄격해야 할 것이다.[17]

그리고 기록물관리 전문요원의 배치는 각급 기관 기록관에 최소 1인 이상을 배치하도록 규정하고 있으며, 기록물관리기관에서 근무하는 전체 정원의 4분의 1 이상을 배치하여야 한다고 명시하고 있다.[18] 즉 기록물관리기관에서는 기록물관리 전문요원을 최소 1인 이상을 배치하도록 하였으며, 나아가 전체 정원의 4분의 1 이상을 배치하도록 규정함으로써 기관 규모가 커서 기록물관리 업무가 많은 곳에서는 2명 이상의 전문요원 배치를 제도화하였다.

4. 기록물관리 전문요원의 배치 현황과 계획

기록물관리 전문요원을 배치해야 하는 기록물관리기관이라 함은 "일정한 시설 및 장비와 이를 운영하기 위한 전문인력을 갖추고 기록물관리업무를 수행하는 기관을 말하며, 영구기록물관리기관, 기록관 및 특수기록관"[19]을 말한다.

영구기록물관리기관[20]이란 "기록물의 영구 보존에 필요한 시설 및 장

---

17) 자격 예외에 대한 사항을 많이 인정하는 것은 전문성을 떨어뜨리는 일이다.
18) 「공공기록물 관리에 관한 법률 시행령」, 제78조.
19) 「공공기록물 관리에 관한 법률」, 제3조 4항.
20) 영구기록물관리기관에서만 영구 및 준영구 기록물을 관리할 수 있으며, 기록관에서는

비와 이를 운영하기 위한 전문인력을 갖추고 기록물을 영구적으로 관리하는 기관을 말하며, 중앙기록물관리기관·헌법기관기록물관리기관·지방기록물관리기관 및 대통령기록관"[21)을 일컫는다.

중앙기록물관리기관에는 국가기록원이 있다. 국가기록원은 기록물관리를 총괄·조정하고, 기록물관리에 관한 기본 정책을 수립하는 핵심적 기능을 수행한다.[22) 국가기록원에는 2009년 6월 346명의 직원이 근무하고 있었다.

헌법기관기록물관리기관에는 국회·대법원·헌법재판소 및 중앙선거관리위원회에서 설치·운영하는 국회기록보존소, 법원기록보존소, 헌법재판소기록보존소, 선거기록보존소가 있다. 지방기록물관리기관은 16개 광역시도와 광역 교육청에서 설립·운영할 수 있으며, 기초자치단체에서도 설립 운영할 수 있다.[23) 대통령기록관은 대통령기록물을 영구적으로 관리하는 기관을 말하며,[24) 현재는 별도로 설립되어 있지 않고, 국가기록원 내에 소속되어 있다.[25)

모든 공공기관은 의무적으로 기록관을 설치·운영하여야 한다. 단 특수기록관을 설립하는 기관의 경우에는 설치할 수 없다.[26) 특수기록관은 "통일·외교·안보·수사·정보 분야의 기록물을 생산하는 공공기관의 장은 소관 기록물을 장기간 관리하고자 하는 경우 중앙기록물관리기관의 장과 협의하여"[27) 설치·운영할 수 있도록 하였다.

영구 및 준영구 기록물을 영구기록물관리기관에 이관해야 한다.
21) 「공공기록물 관리에 관한 법률」, 제3조 5항.
22) 「공공기록물 관리에 관한 법률」, 제9조.
23) 「공공기록물 관리에 관한 법률」, 제11조.
24) 「대통령기록물 관리에 관한 법률」, 제2조.
25) 이영학, 「대통령기록관리제도 시행의 의의와 과제」, 『역사문화연구』 33, 한국외국어대 역사문화연구소, 2009.
26) 「공공기록물 관리에 관한 법률」, 제13조.

현재 특수기록관은 통일부, 외교통상부, 국방부, 검찰청 및 지청, 경찰청 및 지방경찰청, 해양경찰청 및 지방해양경찰청, 국가정보원, 육군본부, 해군본부, 공군본부 등에 설치할 수 있도록 하였다.[28] 이 기관들은 업무의 특수성을 인정하여, 소관 기록물을 장기간 관리하는 것을 국가기록원장과 협의하도록 하였다.

「공공기록물법 시행령」 부칙에는 기록물관리 전문요원의 배치 기한이 명시되어 있다.[29]

> 부칙 제5조(기록물관리 전문요원의 배치에 관한 경과조치) 제78조 제1항의 개정규정에 불구하고, 광역시·도 및 특별자치도, 시·도교육청 및 특별자치도교육청 기록물관리기관의 경우에는 2007년 12월 31일까지, 관할 행정구역의 인구수가 15만 명 또는 학생수가 7만 명 이상인 기초자치단체 또는 지역교육청 기록물관리기관의 경우에는 2008년 12월 31일까지, 그 밖의 기초자치단체 또는 지역교육청의 경우에는 2009년 12월 31일까지, 중앙행정기관의 소속기관에 설치된 기록물관리기관의 경우에는 2010년 12월 31일까지, 그 밖의 공공기관 기록물관리기관의 경우에는 2011년 말까지 제78조 제1항에 따른 자격을 갖춘 기록물관리 전문요원을 배치하여야 한다.[30]

위 부칙에 기록된 사항을 요약하면 〈표 14-1〉과 같다.

---

27) 「공공기록물 관리에 관한 법률」, 제14조.
28) 「공공기록물 관리에 관한 법률」, 시행령, 제11조.
29) 이 장에서는 조이헌, 「기록물관리 전문요원제도의 현황과 과제」, 국가기록원 제5회 기록관리포럼, 2009를 많이 참조하였다.
30) 「공공기록물 관리에 관한 법률 시행령」, 부칙 제5조.

〈표 14-1〉 전문요원 배치대상 기관 및 배치시한

구분		대상기관	정원확보 기관 수 (확보정원)	배치인원 수
중앙		본부	44	기배치***
		소속	283	2010년
지방자치단체		광역	16	2007년
		기초* (15만 이상)	112	2008년
		기초* (15만 미만)	120	2009년
교육청		광역	16	2007년
		지역** (7만 이상)	43	2008년
		지역** (7만 미만)	137	2009년
기타 공공기관			68	2011년
계			839	

비고: * 인구 기준 / ** 학생수 기준 / *** 방위사업청은 미배치.
출전: 「공공기록물법 시행령」, 부칙 제5조.

「공공기록물법 시행령」에 의해, 우리나라 839개의 공공기관은 2011년까지 기록물관리 전문요원을 배치하도록 의무화되어 있다. 2005년 2월에 연구직공무원에 기록연구직렬이, 2007년 1월에 지방연구직공무원에 지방기록연구직렬이 신설되어 기록연구사가 배치되고 있다.[31] 앞서 언급한 대로 2005년 8월 중앙행정기관의 위임을 받아 국가기록원에서 45명을 선

---

31) 2005년 2월에 「연구직 및 지도직공무원의 임용 등에 관한 규정」을 개정하여 학예직군에 기록연구직렬을 신설하였다. 2007년 1월에는 「지방 연구직 및 지도직공무원의 임용 등에 관한 규정」을 개정하여 기록연구직렬을 신설하였다.

발하여 기록연구사를 배치하였고, 광역자치단체의 경우에도 2006년 16개 시도에 38명의 정원을 확보하여 전문요원을 배치할 수 있는 근거를 마련하였다. 그리고 2008년부터는 기초자치단체와 교육청이 전문요원 배치를 추진하고 있다. 현재까지 각급 기관의 전문요원 배치현황은 다음과 같다.[32]

〈표 14-2〉 기록물관리 전문요원 배치현황 (2009년 3월 현재)

구분		대상기관	정원확보 기관 수 (확보정원)	배치인원 수
중앙	본부	44	43(48)	50
	소속	283	0(0)	0
지방자치단체	광역	16	16(23)	16
	기초 (15만 이상)	112	20(20)	10
	기초 (15만 미만)	120	2(2)	0
교육청	광역	16	12(13)	5
	지역 (7만 이상)	43	3(3)	0
	지역 (7만 미만)	137	1(1)	0
기타 공공기관		68	0(0)	0
계		839	97(110)	81

출전: 조이현, 「기록물관리 전문요원제도의 현황과 과제」, 국가기록원 제5회 기록관리포럼, 2009, 4쪽.

---

[32] 조이현, 「기록물관리 전문요원제도의 현황과 과제」, 국가기록원 제5회 기록관리포럼, 2009, 4쪽.

〈표 14-2〉의 상황을 권역별·기관유형별로 조금 더 구체적으로 살펴보면 다음과 같다.

〈표 14-3〉 권역별·기관유형별 기록물관리 전문요원 미배치 기관(2009년 3월 현재)

권역\기관	지자체	시·도	시·군·구	광역교육청	소계
서울	26	0	23	0	23
경기	32	0	28	0	28
인천	11	0	9	1	10
강원	19	0	18	1	19
충북	13	0	12	1	13
충남	17	0	14	1	15
대전	6	0	5	0	5
대구	9	0	8	1	9
경북	24	1	23	1	25
경남	21	0	19	0	19
울산	6	0	5	1	6
부산	17	0	16	1	17
광주	6	1	5	1	7
전남	23	1	22	1	24
전북	15	0	13	1	14
제주	3	1	2	1	4
계	248	4	222	12	238

비고: 지역 교육청은 기록물관리 전문요원 배치 전무.
출전: 조이현, 「기록물관리 전문요원제도의 현황과 과제」, 국가기록원 제5회 기록관리포럼, 2009, 4쪽.

〈표 14-2〉에서 보듯이, 중앙행정기관[44개 부처]에는 1명 이상의 기록물관리 전문요원이 배치되었다. 그러나 〈표 14-3〉에서 보듯이 16개 광역시도에서 경북 등 4곳에서 전문요원이 배치되지 않았으며, 16개 광역교육청에서도 전문요원이 배치되지 않은 곳이 12곳이나 된다. 특히 인구 15만 명 이상의 기초자치단체[시·군·구]와 학생 수 7만 명 이상의 지역교육청은 2008년 말까지 기록물관리 전문요원을 배치하여야 함에도 불구하고, 〈표 14-2〉에서 보듯이 155개 기관 중 10명밖에 배치하지 않아 전문요원의 배치가 매우 저조한 실정이다.

2008년 이후 기록물관리기관에서 기록물관리 전문요원의 배치가 늦어지는 이유와 배치 과정에서 나타난 문제점을 살펴보면 다음과 같다. 먼저 전문요원의 배치가 늦어지는 이유는 두 가지다. 첫째, 각 공공기관에서 전문적이고 체계적인 기록물관리를 위하여 전문요원이 필요하다는 점에 대한 인식이 높지 않다. 아직 기관장을 포함한 공직 담당자들이 기록물관리의 중요성과 필요성을 절감하지 않아 전문요원 배치의 시급성을 갖고 있지 않다. 둘째 이명박 정부에 들어서 '작은 정부' 기치를 내걸어 지방자치단체의 공무원 수를 감축하는 상황에서 기록물관리 전문요원 정원 신설을 요청하기가 쉽지 않다는 점이다. 즉 국가기록원의 상위기구인 행정안전부에서 지방 공무원 정원을 감축하라는 요구를 하면서, 총액인건비제도 시행으로 기관장의 독립성이 보장되어 있는 지방자치단체에게 기록물관리 전문요원의 신설을 요청하는 것이 어렵다는 점이다.[33]

2009년 3월 현재 전문요원을 채용하겠다고 공고한 지방자치단체와 교육청은 53개 기관에 이르고 있다. 구체적으로 광역시·도 2개[광주, 제주], 기초자치단체 47개[충남 14, 충북 6, 경기 5, 강원 7, 경남 9, 광주 2, 전남 1, 서울 2, 인천 1], 교육청 4개[전북, 충북, 제천, 청주] 기관이다.[34] 이 중

---

[33] 조이현, 「기록물관리 전문요원제도의 현황과 과제」, 국가기록원 제5회 기록관리포럼, 2009, 5쪽.

정원을 확보한 상황에서 채용 공고한 기관은 53개 기관 중 15개 기관에 불과하며, 해당 기관에서는 채용 시기까지 정원을 확보한다는 입장이지만 불확실한 상황이다.

현행「공공기록물법 시행령」에 의하면, 기록물관리 전문요원을 선발하지 않는 경우에는 각 기관이 관리하고 있는 기록물 중 보존연한이 끝난 기록을 기록물평가심의회를 개최하여 폐기하지 못하도록 하고 있다.35) 즉 각 기관에서 관리하고 있는 기록물을 폐기하려고 하는 경우에는 기록물관리 전문요원을 채용해야만 한다. 그리하여 2009년 6월 현재 기초자치단체에서 21명을 채용하였고, 올해 하반기에 전문요원을 채용하고자 공고를 낸 기초자치단체도 66곳이나 된다.36) 앞으로 전문요원을 채용하려는 기초자치단체는 더욱 늘어날 것으로 전망된다.

또한 16개 광역시도와 광역교육청의 지방기록물관리기관이나 행정부 중앙부처의 기록관에서는 기관장 및 관리자를 포함하여 5명 이상인 경우, 종사자의 1/4 이상 기록물관리 전문요원을 배치해야 하므로 추가로 선발하여 배치해야 할 것이다. 서울시와 경기도 등 광역시 기록물관리기관 중 큰 규모이거나, 혹은 중앙부처 중 많은 소속기관을 거느리고 있는 대부처인 경우 기록물관리 업무가 중대될 것이므로, 기록물관리 전문요원을 더 배치해야 할 것이다.

최근에 기록물관리 전문요원의 배치과정에서 생기는 문제점은 지방자

---

34) 조이현,「기록물관리 전문요원제도의 현황과 과제」, 국가기록원 제5회 기록관리포럼, 2009, 6쪽.
35)「공공기록물 관리에 관한 법률 시행령」, 부칙 제4조에 의하면 "기록물관리 전문요원 배치시기 이전까지는 기록관 또는 특수기록관에서 기록물관리업무에 종사하는 일반직 공무원·특정직 공무원 또는 별정직 공무원이 기록물 심사업무를 담당할 수 있다."라고 규정하고 있는데, 부칙 제5조에 따라 기록물관리 전문요원을 배치해야 하는 시기를 경과하는 경우, 기록물관리 전문요원만이 기록물 심사업무를 담당할 수 있게 된다.
36) 행정안전부 국가기록원,『국가기록관리위원회 안건』, 제8차 정기회(2009.6.26), 2009, 70쪽.

치단체에서 기록물관리 전문요원을 채용하면서 정규직이 아니라, 계약직이나 비전임 계약직으로 채용하는 경우가 많이 생겼다는 사실이다. 2008년 7월에 인천광역시 연수구에서 전문요원을 계약직으로 채용하는 공고를 내면서, 그 이후 인구 15만 이상의 기초자치단체에서 전문요원 채용을 정규직이 아니라 계약직이나 비전임 계약직으로 하는 사례들이 증가하게 되었다.

특히 기록물관리 전문요원을 비전임 계약직으로 선발하는 곳은 경기도 지방자치단체들의 경우가 심하다. 경기도 의정부시, 안산시, 시흥시, 수원시, 화성시 등이 비전임 계약직으로 선발하였다. 비전임 계약직이란 시간제 고용직으로 지방공무원의 정원에도 포함되지 않으며, 업무권한을 갖고 있지 않는 신분이 불안정한 직위이다.[37]

비전임 계약직이 공공기관의 기록물관리 업무를 담당한다면 여러 가지 곤란한 점들이 발생할 가능성이 크다. 그들은 고용이 불안정하므로 업무의 연속성을 기대하기 힘들다. 그들이 기초자치단체의 기록물현황을 파악한다든가, 기록물을 심의·폐기한다든가 혹은 기초자치단체의 비밀기록·비공개기록을 열람하는 경우, 문제가 생길 여지가 있다. 비전임 계약직에게는 전문직으로서의 도덕성이나 소명의식을 기대하기 어렵다. 즉 비전임 계약직[시간제 근로]인 경우, 그들에게 기록관리의 열정 및 전문직으로서의 도덕성, 기관에의 소속감 등을 요구하기 어려우며, 기록관리업무의 연속성을 기대하기 힘들다.

기록물관리 전문요원은 정규직이 바람직하다. 기관의 사정상 그것이 어려운 경우 전임 계약직으로 임명해야지, 비전임 계약직으로 지속하는 경우 문제가 생길 수 있는 여지가 있다.

---

37) 전임계약직은 공무원 신분이기 때문에 공무원연금관리공단에 가입되는 반면에, 비전임계약직은 공무원 신분이 아니기 때문에 국민연금관리공단에 가입하며, 업무권한이 없고 하루에 보통 4시간 정도 일하는 시간제 근로자이다.

각 지방자치단체와 교육청에서 기록물관리 전문요원을 채용하는 것은 기록관리의 첫걸음을 내딛는 일이다. 각 공공기관에서 기록물관리 전문요원을 채용하는 일에 국가기록원에서도 적극 노력해야 하지만, 전국 대학원 기록관리학과에서도 의견을 제시하는 등 노력을 기울여야 할 것이다. 아울러 전국 대학원 전공 주임교수 협의회[38]나 기록관리단체 및 시민사회 등에서도 적극적으로 관심을 갖고 의견을 제시해야 할 것이다.

우리나라 기록관리체계를 한 단계 발전시키는 첩경은 기록물관리 전문요원을 정규직으로 기록물관리기관에 배치시켜, 해당 기관의 조직과 성격에 맞도록 기록관리제도를 정착해가는 일이다. 그런 의미에서 각 공공기관에 기록물관리 전문요원을 시급히 배치하는 일이 급선무라 할 수 있다.

5. 기록물관리 전문요원의 양성

기록물관리기관에 전문요원을 배치하는 것과 아울러 기록물관리 전문인력을 제대로 양성하는 일도 매우 중요하다. 기록물관리 전문요원의 배치가 효과를 거두기 위해서는 기록물관리 전문요원을 제대로 양성하여 배출해야 한다. 공공기관에 배치된 기록물관리 전문요원들이 그들이 배운 지식을 현장에서 해당 기관의 조직과 성격에 맞게 창조적으로 업무를 수행해 갈 때, 다른 공공기관에서도 그 효과를 인식하여 전문요원을 채용하려고 할 것이다.

기록물관리 전문요원이 되기 위해서는 "1. 기록관리학 석사학위 이상을 취득하거나, 2. 역사학, 문헌정보학 석사학위 이상을 취득한 자로서 행정

---

[38] 국가기록원과 전국 대학원 전공 주임교수 협의회가 합동으로 올해 지방자치단체를 방문하여 전문요원 배치를 컨설팅하고 독려하고 있다.

안전부장관이 정하는 기록물관리학 교육과정을 이수한 자"[39)]의 자격을 갖추어야 한다. 그들이 기록물관리기관에 선발되어 배정되면서 업무를 효과적으로 수행해 갈 때 우리나라 기록관리체계가 제대로 갖추어갈 수 있을 것이다.

2009년 3월 현재 기록관리 교육기관으로는 대학원 기록관리학 전공으로 21개교가 개설되어 있고, 행정안전부장관이 인정하는 한국기록관리학교육원이 있다[〈표 14-4〉참조]. 1999년에 목포대와 원광대가 대학원 기록관리학 전공을 설립한 이래, 매년 증가하면서 현재 수도권에 10개 대학, 지방에 11개 대학의 대학원에 기록관리학 전공이 개설되어 있다. 2008년 12월 현재 528명의 졸업자가 배출되었으며, 그 중 많은 인원이 공공기관과 민간기관의 기록관리 유관업체에서 근무하고 있거나, 취업을 준비하고 있다.

대학원 기록관리학 전공에서는 교과과정에서 기록학에 대한 전문지식을 습득시키고, 현장에서 학문적 이론을 적용하여 실질적 문제해결 능력을 지닐 수 있도록 교육을 한다. 기록관리학 교육의 지향은 기본적으로 현장에서 문제해결 능력을 함양하는 데에 있다.

기록관리학[혹은 기록학]은 역사학과 문헌정보학을 중심으로 행정학, 법학, 컴퓨터공학 등이 어우러져 학과를 운영해가고 있다. 기록관리학은 종합학문이면서 응용학문의 성격을 지니고 있으므로 학문 전공자간에 상호 협조하여 교육을 담당해야 한다. 특히 최근에 이르러 전자기록의 비중이 높아지면서 기록관리시스템, 행정정보시스템 등의 활용이 일반화되었고, 이에 컴퓨터공학의 기여도가 커지고 있다.

---

39)「공공기록물 관리에 관한 법률 시행령」, 제78조.

〈표 14-4〉 기록물관리 전문요원 유자격자 배출현황(2008년 12월 현재)

대학교/교육원		설치연도	배출인원(졸업자 수)							
			계	2001	2002	2003	2004	2005	2006	2007	2008
수도권	명지대	2000	101	-	5	5	5	17	13	21	35
	서울대	2001	21	-	1	3	0	4	2	7	4
	한국외대	2001	63	-	-	5	4	4	6	15	29
	이화여대	2002	19	-	-	-	-	2	8	4	5
	중앙대	2006	8	-	-	-	-	-	-	-	8
	한양대	2007	-	-	-	-	-	-	-	-	-
	연세대	2007	-	-	-	-	-	-	-	-	-
	한신대	2007	-	-	-	-	-	-	-	-	-
	한성대	2008	-	-	-	-	-	-	-	-	-
	덕성여대	2008	-	-	-	-	-	-	-	-	-
충청권	공주대	2000	18	-	-	4	2	1	4	6	1
	충남대	2000	27	-	1	-	1	3	6	10	6
	한남대	2000	17	-	-	1	3	2	2	4	5
	중부대	2006	7	-	-	-	-	-	-	-	7
호남권	목포대	1999	7	1	-	2	-	-	1	1	2
	원광대	1999	17	-	-	2	3	1	2	1	8
	전북대	2004	19	-	-	-	-	-	-	13	6
영남권	경남대	2000	14	-	-	5	1	-	-	5	3
	부산대	2000	15	-	-	1	-	3	3	5	3
	경북대	2005	8	-	-	-	-	-	-	5	3
	신라대	2007		-	-	-	-	-	-	-	-
대학원 계		-	361	1	7	28	19	37	47	97	125
해외 학위		-	2	-	-	-	1	1	-	-	-
한국기록관리학교육원		1999	165	-	19	18	9	17	22	46	34
총 계			528	1	26	47	29	54	69	143	159

출전: 국가기록원, 「기록물관리 전문요원 제도 안내」, 2009.

대학원 기록관리학 전공의 개설과목은 분야별로 몇 가지로 분류할 수 있다. 어떤 학자는 기초영역, 내용영역, 관리영역, 보조영역, 기타영역으로 구분하였고,40) 어떤 학자는 기록학 전문지식과 관련된 교과, 기록관리업무지식과 관련된 교과, 맥락지식과 관련된 교과, 다학문지식과 관련된 교과로 구분하기도 하였다.41)

국내 대학원에서 개설한 과목으로는 기록관리기초 및 총론에 해당하는 기록관리학개론, 기록관리학입문 등이 있고, 기록관리원칙에 해당하는 기록의 정리와 분류, 기록의 평가, 기록의 보존 등이 있으며, 기록관경영 및 기록정보서비스, 전자기록관리론, 한국의 기록관리제도 및 외국의 기록관리제도, 실무지식을 익히는 기록관리실습 등이 있다.42)

1999년에 목포대학교에서 대학원 기록관리학과를 개설한 이후 21개의 대학원에 기록관리학 전공이 개설되면서 교과과정에서도 초창기에 비해 많은 변화를 겪어왔다. 초창기에 미국, 캐나다, 독일, 중국 등의 교과과정이 소개되면서 그 나라들의 교과과정이 원용되었고, 그 후 기록학 교과과정에 대한 연구가 진행되면서 우리나라 사정에 부합하는 교과목과 교과과정들로 정비되게 되었다. 전자기록관리연구나 전자기록관리시스템 등 교과목이 분화되거나, 한국기록관리제도 및 기록관리법 등은 그러한 예에 해당한다.

교과과정과 교과목에서 개선할 점은 교과목의 표준화를 이루어야 할 것이다. 각 대학원에서는 학과의 설립목적에 따라 특성을 지닐 수 있지만, 기록관리기초 과목을 중심으로 교과목과 교과내용의 표준화를 모색해가

---

40) 최정태, 「'기록관리학', 그 교육의 방향 -신설 9개 대학원 교과과정을 보면서-」, 『기록학연구』 2, 한국기록학회, 2000.
41) 김익한, 「전문요원제도와 기록관리교육의 질적 제고」, 『기록학연구』 7, 한국기록학회, 2003.
42) 이지연, 「기록물관리 전문요원제도 양성과정 발전방안」, 국가기록원 제5회 기록관리포럼, 2009.

야 한다. 예를 들면, 기록관리학개론, 기록정보서비스, 전자기록관리 등의 교과목들은 교과목명이 같거나 유사할 뿐 아니라 교과목표도 대체로 같기 때문에 워크샵 등을 통하여 교과내용을 표준화하는 공동작업이 필요하다고 여겨진다.

이러한 공동관심사를 해결하기 위하여 2008년 8월에 '전국 대학원 기록관리학 전공 주임교수 협의회'를 결성하였지만 아직 활동이 활발하게 전개되지 못하고 있다. 전국 대학원 단위의 활발한 활동을 기대한다. 아울러 대학원 학생들간의 공동커뮤니케나 의견 교환이 필요하다.

또한 중앙기록물관리기관인 국가기록원의 역할도 매우 중요하다. 국가기록원은 영구기록물관리기관 혹은 중앙부처 기록관에 배치된 기록물관리 전문요원의 전문성과 현장실무능력을 제고시키기 위해 체계적이면서도 전문적인 재교육을 담당해야 할 것이다. 아울러 일반공무원뿐 아니라 고급공무원에게 공기록을 체계적으로 관리하는 것이 국정의 투명성과 공정성을 담보하며, 국정의 노하우를 축적하고 능률을 제고시키며, 국민의 권익을 적극적으로 보호하는 일임을 주지시켜야 할 것이다.

한국 기록관리의 발전을 위해서는 기록생산기관, 기록물관리기관, 전문가 집단[학회, 기록연구사단체 등], 시민단체 등 기록관리 관련 단체들의 적극적인 활동과 연대를 필요로 한다.[43] 「공공기관기록물법」이 제정된 지 10년이 되었다. 법률 제정 이후, 기록관리에 대한 관심이 제고되었지만, 이제 시작에 불과하다. 한국의 기록관리가 인류사회에 기여하기 위해서는 현실뿐 아니라 미래 지향적 자세로 노력해야 할 것이다.

---

43) 김익한, 「기록학의 도입과 기록관리혁신(1999년 이후)」, 『기록학연구』 15, 한국기록학회, 2007.

6. 맺음말

지금까지 1999년「공공기관기록물법」이 제정된 이후 현재까지 10년 동안 기록물관리 전문요원 제도의 운영 현황을 살펴보았다.

2004년 11월에 노무현 대통령의 지시로 정부혁신지방분권위원회 산하에 '기록관리혁신전문위원회'가 신설되었고, 참여정부에서는 '기록관리의 혁신을 매개로 정부의 개혁을 도모'해가고자 하여 대통령의 기록관리비서관실, 정부혁신지방분권위원회의 기록관리혁신전문위원회, 국가기록원의 기록관리혁신단의 3 주체가 서로 협력하면서 국가기록관리의 혁신을 주도해갔다.

이 3주체가 협의하여, 2005년 2월에 연구직공무원에 기록연구직렬이 신설되었고, 이어서 2007년 1월에 지방연구직공무원에 지방기록연구직렬이 신설되면서 기록물관리 전문요원이 채용되는 신기원을 마련하게 되었다.

위 규정에 의해 2005년 7월에 처음으로 중앙부처 45개 부서에 각 1명씩의 기록연구사가 배치되었고, 그 후 그들은 시행착오를 거치면서 각 중앙부처의 기록관리를 체계화하는 데 큰 기여를 하고 있다. 반면에 지방자치단체에서는 2008년에 16개 광역시도와 광역교육청에서 기록연구사를 배치하기 시작하였지만, 2009년 중반에 이르러서도 기록연구사를 채용하지 않은 곳이 있다.

2007년에 전면 개정된「공공기록물법」에 의하면, 16개 광역시와 광역교육청 기록물관리기관의 경우에는 기록물관리 전문요원을 2007년 말까지, 인구수 15만 명 또는 학생수가 7만 명 이상인 기초자치단체 또는 지역교육청 기록물관리기관인 경우에는 2008년 말까지 기록물관리 전문요원을 배치하도록 하였지만, 기록물관리 전문요원의 배치가 순연되고 있다.

현재 중앙기록물관리기관인 국가기록원은 기초자치단체 또는 지역교육청 기록물관리기관에서 기록물관리 전문요원을 채용하지 않는 경우에는 자체 기관에서 기록물평가심의회를 구성하여 보존기간이 지난 기록물을 폐기하지 못하도록 하고 있어, 각 공공기관에서 기록연구사를 채용할 것으로 예상된다.

다만 인구 15만 명 이상의 기초자치단체의 경우 기록물관리 전문요원을 채용할 때 정규직이 아니라 계약직 또는 비전임 계약직으로 채용하고 있어 시급히 개선이 요망된다. 특히 비전임 계약직으로 채용하는 경우, 기록관리 업무의 연속성 확보가 어렵고, 기록물의 폐기·비밀기록물 및 비공개기록물의 관리 등에서 도덕성 및 소명의식을 기대하기 어렵기 때문에 문제가 생길 여지가 있다.

2005년 7월에 중앙부처에 채용된 기록연구사들은 처음에는 많은 어려움을 겪었지만, 현재는 자신들의 고유 업무를 찾아가면서 전문성을 발휘해가고 있다. 4년 동안 근무하면서, 기록관리에 관련된 제도를 만들었거나 개선한 점, 기록물 보존에 필요한 공간을 확보하고 시설 장비를 갖추어 안전한 보존을 위한 환경을 조성한 점, 기록관리에 대한 교육을 통해 기록관리의 중요성을 제고시킨 점, 기록물 보유현황조사와 기록물 서비스를 제공한 점 등을 이룩하였다.

또한 기록물관리 전문요원을 양성하는 전국의 대학원 기록관리학 전공에서는 전문요원들이 현장에 배치되었을 때 전문지식과 실질적 문제해결 능력을 지닐 수 있도록 양성해야 할 것이다. 기록관리의 본질을 묻는 기록관리학원론은 물론, 최근에 비중이 높아가고 있는 전자기록관리·기록관리시스템 등을 익히도록 해야 할 것이다. 특히 지방기록물관리기관 혹은 지방기록관에서 활동하는 기록물관리 전문요원들은 지방의 기록관리가 단순히 지방의 행정기록관리를 넘어서서 지방의 문화수준을 제고시키는 역할을 할 수 있다는 점도 이해시켜야 할 것이다.

중앙기록물관리기관인 국가기록원도 영구기록물관리기관 혹은 중앙부처 기록관에 배치된 기록물관리 전문요원의 전문성과 현장실무능력을 제고시키기 위해 체계적이면서도 전문적인 재교육을 담당해야 할 것이다.

　1999년에 「공공기관기록물법」이 통과된 지 10년이 되었지만, 실제로 기록관 내지 기록물관리기관에 본격적으로 기록물관리 전문요원이 배치된 지는 4년밖에 되지 않았다. 이제 배치되기 시작한 기록연구사들이 자기의 전문적인 영역을 확보해가고, 자신의 역할을 충실히 해 갈 수 있도록 여건을 조성해야 할 것이다.

「기록물관리 전문요원의 운영현황과 전망」, 『기록학연구』 21, 한국기록학회, 2009.

제 15 장

매뉴스크립트 관리전문가들의 국제협력 및 연대

1. 매뉴스크립트 관리전문가의 역할

기록은 역사의 증거물이다. 기록이 없으면, 역사를 설명하거나, 증거할 수 없다. 기록은 역사의 중요한 흔적이며 징표이다. 역사를 제대로 알기 위해서, 혹은 잘못된 역사를 되풀이하지 않기 위해서는 역사기록을 수집하고 잘 관리하여 활용하여야 한다.

아카이브즈(Archives)와 매뉴스크립트 보존소(Manuscript Repository)는 역사적 가치가 있는 기록물들을 관리하는 곳이다.[1] 그곳에서는 역사적으로 의미있는 기록물을 수집하고 정리·분류하여 활용한다. 기록관리전문가[2]들은 계획을 세워 역사 기록물을 수집하고 정리·분류하여, 연구

---

1) 아카이브즈(Archives)는 생산 출처별로 이관되거나 입수되는 기록을 보존하는 곳이고, 매뉴스크립트 보존소(Manuscript Repository)는 모(母)기관이 아닌, 다른 정보원으로부터 조직·가문·개인의 기록을 수집하는 기관이다(한국기록학회, 『기록학용어사전』, 역사비평사, 2008).
2) 미국에서는 Archives에 근무하는 사람은 Archivist, Manuscript Repository에 근무하는 사람은 Manuscript curator, Record center에 근무하는 사람은 Record manager라고 분리해서 부르는데(한국기록학회, 『기록학용어사전』, 역사비평사, 2008), 이 글에서는 이러한 사람들을 통칭해서 '기록관리전문가'라고 부르기로 한다.

자들로 하여금 연구에 활용하게 하거나 혹은 열람·전시·교육 등의 방법으로 시민들에게 사실을 알려 역사의식을 고양시킨다.

정부의 아카이브즈들은 정책을 중심으로 국가 전반적인 사항을 보여주지만, 공공 아카이브즈나 민간 아카이브즈 및 매뉴스크립트 보존소들은 여러 분야로 특화되면서 다양한 측면들을 보여준다. 특히 20세기 후반 이후 피지배계층에 대한 인식이 제고되면서, 그들이 남긴 기록을 수집하거나, 혹은 그들의 삶과 인식을 구술로 수집하는 기록관이 증가하기 시작하였다.3) 또한 기록관에서는 고난이나 피해를 당했던 사람들에 대한 문헌기록이나 구술 기록을 수집하여 연구자 혹은 시민에게 제공함으로써 묻혀 있었던 역사적 사실을 역사화함으로써 그 사건을 성찰하게 한다.

아카이브즈(Archives)와 매뉴스크립트 보존소(Manuscript Repository)에 근무하는 기록관리전문가들은 기록이 인류의 문화유산이라는 측면에서 기록의 수집과 관리 및 활용에 임하고, 다른 한편 기록관리를 통하여 인류의 보편적 이상인 민주주의, 평화, 인권 등이 실현될 수 있도록 노력하는 자이다.

기록관리전문가들은 이관되고 수집한 기록들을 정리·분류·기술하여 기록을 활용하게 하는 즉 '기록을 재창조'하는 전문가이다. 그들은 기록의 생애주기에 개입하여 기록유산을 만들어내는 창조자이다. 특히 그 동안 소홀히 해왔던 피억압계층에 대한 기록들을 수집하여 활용하게 함으로써 역사 속에서 그들의 역할을 재정립하게 된다. 혹은 집단학살에 관한 기록들을 수집·관리·활용함으로써 인간에 의한 인간 대학살은 범죄이며, 그것은 인류사에서 다시는 일어나지 말아야 한다는 사실을 알리는 역할을 한다.

---

3) 피지배층들은 기록을 제대로 남기지 않기 때문에, 그들의 삶과 경험은 주로 구술기록으로 재현된다.

한국의 민주화운동기념사업회 사료관은 한국현대사에서 민중을 중심으로 한 사회계층들이 민주주의를 어떻게 발전시켜갔는가를 보여주는 기록들을 수집·관리하고 있다. 반면에 미국의 홀로코스트 기념관은 제2차 세계대전 당시 독일군이 유태인을 얼마나 잔혹하게 집단 학살하였는가[4]를 전시관과 기록을 통하여 보여주고 있다.

매뉴스크립트 관리전문가들은 기록을 바탕으로 역사적 기억을 복원함으로써 역사적 사건의 의미를 되새기게 한다. 즉 과거 청산, 과거 복귀, 역사화 등[5]의 작업을 바탕으로 바람직한 역사가 무엇인가를 생각하게 해주는 산파역을 담당하고 있다.

2. 기록관과 역사 기억

한국 현대의 기록관 역사는 매우 짧다. 조선시기의 기록관리 전통은 1910년 일제가 조선을 식민지로 병탄하면서 단절되었다. 1945년 일제로부터 해방이 되고, 1948년 대한민국 정부가 수립되었지만, 민간기록관리는 물론이고 공공기록관리도 경시되었다. 1969년 정부기록보존소가 설립되어 정부기록을 관리하고자 하는 시도를 하였지만, 제대로 이루어지지 못하였다. 중요한 공공기록은 관료들의 이해관계에 의해 파기되거나, 소홀히 취급되어 방치되었다.[6] 공공기록관리에 대한 관심은 1999년 「공공

---

[4] 제2차 세계대전 당시 나치하 독일군이 약 6백여만 명의 유태인을 학살하였다고 알려지고 있다.
[5] 전진성, 「대항기억을 넘어서」, 『기억과 기록을 통해 본 인류 비극의 역사에 대한 자기성찰』, 미국 홀로코스트기념관 전문가초청 국제행사, 민주화운동기념사업회, 2008.
[6] 세계일보와 참여연대가 공동기획한 특집 기사 〈기록이 없는 나라〉 1회~9회(『세계일보』, 2004년 5월 30일~6월 9일); 감사원, 「공공기록물 보존 및 관리 실태' 감사결과」, 2005년 10월 27일.

기관기록물법」이 국회에서 제정된 이후부터 높아졌다.

　2000년 이후 공공기록관리에 대한 관심이 높아지고, 2004년 참여정부의 기록관리혁신정책에 힘입어 공공기록관리는 크게 강화되었으며, 정부기록보존소는 국가기록원으로 승격 개편되면서 조직과 기구가 확대되고 국가기록관리를 선도해가게 되었다. 2007년 국가기록원 산하 나라기록관(Archives)이 새로 설립되었고, 아울러 대통령기록관도 설립되어 전임대통령 기록물을 체계적으로 관리하는 발판을 마련하였다. 50여 개의 중앙부처에서도 이전의 문서보존소를 리모델링하여 기록관(Record center)으로 새로 자리잡아갔다.7)

　기록관리에 대한 관심이 제고되면서, 공공기록뿐만 아니라 민간기록의 영역도 발전하게 되었다. 국립영상아카이브즈가 설립되어 영화필름을 수집·관리하게 되었고, 민주화운동기념사업회 사료관에서는 1945년 해방 이후 민주화운동에 대한 기록을 수집하여 관리·활용하게 되었다. 또한 민간 영역에서도 2000년 이후 종교기록관, 기업기록관, 대학기록관 등이 설립되면서8) 각 부문의 기록관리가 발전하게 되었다.

　2000년 이후 정부는 '의문사진상규명위원회'를 비롯한 '진실화해를 위한 과거사정리위원회'등 10여 개 위원회를 설립하여 활발한 과거사 진상규명작업을 벌여왔다. 과거사 규명작업을 행하면서 매뉴스크립트, 자료, 문헌 복사, 구술기록 등의 다양한 기록을 수집하면서 역사적 사실을 규명하였다. 이러한 역사적 자료를 효율적으로 활용하여야 할 것이다. 이 위원회들은 앞으로 1~2년 사이에 활동을 종결하게 된다. 이 위원회들이 활동

---

7) 2008년부터 16개 광역시도에서는 영구기록물관리기관(Archives)으로서 지방기록물관리기관이 설립되기 시작하고, 기록연구사도 배치하기 시작하였다.
8) 종교기록관으로는 조계종 기록관, 천주교 기록관, 신일교회 기록관 등 개신교 기록관이 생겼고, 기업기록관으로는 posco 역사기록관, 대학기록관으로는 서울대 기록관, 고려대 기록관 등이 생겨났다.

하면서 수집·관리하고 있는 매뉴스크립트 등의 자료들을 종합적으로 관리하는 '역사기록관[가칭]'을 설립하여 활동과정에서 어렵게 수집한 매뉴스크립트, 구술기록 등의 자료를 효율적으로 관리 활용하여야 할 것이다.9)

우리나라에서는 더 많은 매뉴스크립트 보존소[Manuscript Repository]가 설립되어야 한다. 민주화운동기념사업회 사료관이나 '역사기록관[가칭]'은 과거 역사 속에서 조명받거나 관심을 받지 못했던 민중, 소수자, 소외계층, 피해계층 등이 걸어온 삶을 재현하는 데 도움을 준다. 기록관은 기록을 수집·관리 활용함으로써, 시민들에게 잊힌 역사적 사실을 기억하게 해주는 역할을 한다. 이는 좀 더 객관적으로 혹은 종합적으로 역사를 바라보게 하는 데 기여를 한다.

3. 한국의 민주화운동기념사업회 사료관과 미국의 홀로코스트 기념관

민주화운동기념사업회는 2001년 「민주화운동기념사업회법」에 의해 설립되었고, 민주화운동기념사업회 사료관은 2002년 1월부터 민주화운동 관련 기록들을 수집하기 시작하여 2003년부터 3년 동안 집중적으로 수집하였다. 2007년 기준으로 기증자수는 650여 명, 수집량은 70여만 건이다. 최근에는 문헌자료를 보완하기 위해 민주화운동 관련자의 구술기록을 수집하고 있으며 구술자수도 240여 명에 이르고 있다. 2008년 현재 기록을 계속 수집하고 있으며, 올해(2008) 13만 건 정도 수집하였다.

한국민주화운동기념사업회 사료관의 기록들은 1945년 해방 이후 한국

---

9) 임희연, 「과거사위원회 기록의 효율적인 관리와 활용방안」, 『기록학연구』 17, 한국기록학회, 2008.

사회의 민주주의를 이루는 데 기여한 개인, 단체, 계층들이 생산한 것을 수집·기증·구매한 것이다. 정치인, 지식인, 운동가들이 쓴 일기, 회고록, 저술, 구술 기록을 포함하고, 노동운동 단체와 학생운동 조직 및 사회운동 단체들이 발간한 선언문 및 정세보고서 등을 포함하고 있다.

그 기록들을 통하여 한국의 민주주의가 어떻게 성장해갔으며, 발전해갔는가를 알 수 있을 것이다. 특히 1987년 6월 민주항쟁 이후 한국의 민주주의제도가 한 단계 발전하면서 정착되어가는 사실을 기록을 통하여 확인할 수 있다. 앞으로 전시관을 통하여 자료를 전시하고 또한 자료를 통한 연구가 진전된다면, 시민들은 민주주의 제도를 계속 지켜나가고 생활 속에서 확대해가야 한다는 사실을 느낄 수 있을 것이다. 현재 온라인 전시관을 만들어가고 있는 중이다.

한편 미국 워싱턴D.C.에 있는 홀로코스트 기념관(Holocaust Memorial Museum)[10]은 내셔널 몰(National Mall)에 위치하고 있다. 홀로코스트 기념관 설립은 1979년 대통령 산하에 전담위원회가 설립되었고, 1989년부터 공사를 시작하여 1993년에 완공되었다. 건립비용은 약 1억 6천 8백만 불(건축 시설비 9천만 불, 전시 관련비 7천 8백만 불)이 소요되었다.

홀로코스트 기념관은 1986년경부터 자료 수집 활동을 벌여 2008년 현재 약 1만 3천여 점의 박물류[Objects], 개인기록·회고록·필사본을 포함한 1억 7천만 쪽의 문서, 45개국 22개 언어로 된 마이크로필름 형태의 정부 및 비정부 문서들, 개인구술 역사증언 약 9천 건의 1천 시간 분량의 필름과 동영상, 약 8만 항목의 사진 영상의 컬렉션을 갖추고 있다.

홀로코스트 기념관에서는 제2차 세계대전 당시 독일군이 유태인을 얼마나 잔혹하게 살해하였는가를 전시관을 통하여 보여주고, 그에 관련된

---

10) Henry Mayer, 「미국 홀로코스트 기념관과 '집단기억'의 개발」, 『기억과 기록을 통해 본 인류 비극의 역사에 대한 자기 성찰』, 미국 홀로코스트 기념관 전문가초청 국제행사, 민주화운동기념사업회, 2008.

역사기록을 수집하여 연구자들에게 제공하고 있다. 1993년 4월 기념관을 개관하였는데, 총 2,700만 명 이상이 관람하였다고 한다.

홀로코스트 기념관을 통하여 제2차 세계대전 당시 독일군이 얼마나 잔혹하게 유태인을 학살하였는가를 생생하게 알 수 있으며, 그에 관련된 문헌, 초고, 사진 등을 통하여 생생함을 느낄 수 있다. 우리는 홀로코스트 기념관을 통해 전쟁의 과정 속에서 인간에 의한 인간의 학살이 얼마나 비인간적이며, 다시는 일어나서는 안 되는 일임을 느끼게 된다.

동아시아에서도 전쟁 시기의 대량 학살, 혹은 전쟁 시기의 민간인 학살 등에 관심을 가지고 있다. 한국은 한국전쟁 시기 수많은 사람들이 살상되었으며, 그 예로 미군에 의한 민간인 학살, 인민군과 한국군에 의한 집단학살 등이 행해져 현재 '진실화해를 위한 과거사 정리위원회'에서 규명 작업이 계속되고 있다. 일본은 국립나가사키원폭사몰자추도평화기념관[国立長崎原爆死没者追悼平和祈念館], 국립히로시마원폭사몰자추도평화기념관[国立広島原爆死没者追悼平和祈念館] 등을 통하여 태평양전쟁 당시의 학살과 그 관련 기록들을 수집·관리·전시하고 있다. 중국은 남경대학살 기념관을 통하여 일본군에 의한 중국인 대학살에 대한 기록들을 관리·전시하고 있다.

그 외 세계 각국에서는 전쟁과 독재 통치의 시기에 인권이 얼마나 참혹하게 억압받고 말살되었는가에 대한 기억을 지니고 있다. 매뉴스크립트 보존소는 그것에 대한 기록을 수집·관리·활용함으로써 국민들에게 "다시는 이런 일이 일어나서는 안 된다"는 각오와 다짐을 하도록 도와준다. 그곳의 매뉴스크립트 큐레이터들은 소명의식을 갖고 근무하고 있다.

4. 매뉴스크립트 관리전문가 간 국제협력

20세기 중엽 이후 세계 각국의 인권에 대한 인식이 제고되면서, 각 나라의 역사적 전통 속에서 아픈 경험들을 기억하려는 노력이 행해지게 되었고, 그 중심 작업이 기념관 혹은 아카이브즈나 매뉴스크립트 보존소 설립으로 나타나게 되었다. 각 기록관들은 그 나라의 역사적 배경에 따라 특징적인 기록들을 관리하고 있다. 예를 들면, 20세기 전반부의 제국주의 열강에 의한 식민통치의 부정적 유산에 대한 기록들, 식민지로부터 해방된 이후 독재정권의 전철을 밟았던 지역의 그 흔적들, 전쟁을 거치는 과정에서 대량 학살의 기록들 등등 무수하다.

각 기록관의 기록관리전문가들이 그들의 기록관리 업무를 효율적으로 수행하기 위해서 국내의 연구자 및 기록관리전문가뿐 아니라, 외국의 기록관리전문가들도 교류 협력하고 있다. 그들은 아키비스트 윤리규약[11])에 명시한 대로 "아키비스트는 역사적 보존기록이 완전한 통합성을 갖도록 보호해야 하며, 그럼으로써 계속 과거에 대한 신뢰할 수 있는 증거가 되도록 해야 한다", "아키비스트는 역사적 보존기록을 그것이 가진 역사적, 법률적, 행정적 맥락에서 평가·선별·보존해야 하며 출처주의 원칙을 지키고, 기록의 본래적 연관성을 명백히 해야 한다" 등의 항목과 더불어 "아키비스트는 기록관리 지식을 끊임없이 체계적으로 쇄신하고 연구결과와 경험을 서로 공유하여 탁월한 전문성을 추구해야 한다"는 항목을 지키도록 노력해야 한다.

기록관리전문가들은 전문성을 확보하여야 하며, 그를 위해 국내외의 연구자 및 기록관리전문가와 교류 협력하여야 한다. 국내의 연구자와 기록

---

11) 1996년 9월 ICA 제13차 북경총회에서 아키비스트 윤리규약이 채택되었다. 그 내용은 '이상민 번역, 「ICA 아키비스트 윤리규약」, 『기록보존』 12호, 정부기록보존소, 1999'에 실려 있다.

관리전문가의 성과들을 끊임없이 흡수하여야 하며, 나아가 외국의 기록관리전문가들과 교류하고 협력함으로서 자신의 전문성을 제고시켜야 한다.
　우리가 살펴보려고 하는 매뉴스크립트 보존소에서는 다음과 같은 작업들이 서로 교류하는데 관심의 영역이 될 수 있다.

1) 매뉴스크립트를 수집하는 방법
2) 매뉴스크립트를 효과적으로 관리하는 방법(정리, 기술, 분류의 방법)
3) 매뉴스크립트를 효과적으로 전시하는 방법
4) 매뉴스크립트를 웹서비스에 활용하는 방법
5) 매뉴스크립트 활용을 통한 출판, 교육의 방법
6) 기타

　첫째, 매뉴스크립트 보존소에서는 어떠한 방법으로 실시하면 의미가 있는 역사기록물을 수집할 수 있겠는가? 구체적으로 기증 혹은 구매하는 방법은 어떠한 기준으로 설정되어 있는가? 서로 기능이 유사한 기록관에서는 어떻게 역할을 분담할 것인가? 등이 관심대상이다.
　둘째, 매뉴스크립트를 수집한 후 정리·분류·기술하는 방법은 어떠한 것이 효율적인가? 예를 들면 기록을 수집한 후 등록 방법을 기록의 생산자를 중심으로 할 것인가 혹은 기록의 획득처를 중심으로 할 것인가? 나아가 분류·정리하는 데는 어떠한 방법으로 할 것인가? 그 나라의 역사적 특성을 얼마나 반영할 것인가? 등등의 고려가 행해져야 할 것이다.
　셋째, 매뉴스크립트를 어떻게 하면 효과적으로 전시하여 관람객에게 감흥을 느끼게 할 것인가?[12] 관람객의 동선(動線)을 어떻게 정하며, 시청각

---

12) 예를 들면 홀로코스트 기념관의 전시방법은 인상적이다. 입장할 때 게토(Ghetto, 집단포로수용소)에 수감된 유태인 신분증을 나누어주어, 그 사람의 처지가 되어 보도록 한다. 또한 실제 게토에 수감된 유태인들의 신발, 가방, 머리털, 인물 사진 등을 전시함으로써 생생함을 느끼게 한다.

자료는 어느 정도 활용하는 것이 효율적인가?

넷째, 매뉴스크립트 보존소가 관리하고 있는 기록들 중 핵심적인 기록을 발췌하여 웹서비스에 어떻게 제공할 것인가? 현대는 점점 인터넷이 확대되어 가는 시기이므로 인터넷의 웹서비스를 잘 활용한다면 효과를 극대화할 수 있을 것이다.

다섯째, 매뉴스크립트 보존소에서 관리하고 있는 기록을 어떻게 출판하여 국민들에게 알리고 있으며, 보존기록을 매개로 중고등학생들을 중심으로 한 국민들에게는 어떻게 교육을 하고 있는가? 즉 역사적 기록을 통하여 기억을 복원하기 위한 구체적 교육프로그램은 어떠한가?

마지막으로, 매뉴스크립트 보존소의 관리운영 방식은 외국의 사례도 참고하면서, 자국의 역사적 전통과 문화에 부합하는 방법을 추구해가야 할 것이다. 각 매뉴스크립트 보존소에 근무하는 기록관리전문가들이 상호 교환 근무하는 프로그램을 개발하는 것도 좋을 것이다. 또한 자기 기관의 운영의 노하우를 축적해가면서 그를 바탕으로 독자적 운영방식을 구축해가야 할 것이다.

한국의 민주화운동기념사업회 사료관의 기록을 통해서 기록관리전문가들을 한국의 민주주의가 시민계층의 지난한 노력에 의해서 전개되어 왔다는 사실을 국민들에게 알려준다. 반면에 미국의 홀로코스트 기념관의 기록을 통해서는 기록관리전문가들은 인간에 의한 대학살이 얼마나 반인륜적이며, 다시는 일어나서는 안 되는 일임을 깨닫게 해준다.

「매뉴스크립트 관리전문가들의 국제협력 및 연대」, 『기록학연구』 18, 한국기록학회, 2008.

이 책의 기초가 된 논문들

총　론:「한국기록관리의 사적 고찰과 그 특징」,『기록학연구』 34, 한국기록학회, 2012;「한국 현대 기록관리의 사적 추이」,『한국학연구』 54, 인하대학교 한국학연구소, 2019.

제 1 장:「18세기『화성성역의궤』에 나타난 조선의 사회상」,『역사문화연구』 64, 한국외국어대학교 역사문화연구소, 2017.

제 2 장:「갑오개혁시기 기록관리제도의 변화」,『역사문화연구』 27, 한국외국어대학교 역사문화연구소, 2007.

제 3 장:「대한제국시기의 기록관리」,『기록학연구』 19, 한국기록학회, 2009.

제 4 장:「통감부의 기록장악과 조선침략」,『기록학연구』 41, 한국기록학회, 2014.

제 5 장:「통감부의 조사사업과 조선침탈」,『역사문화연구』 39, 한국외국어대학교 역사문화연구소, 2011.

제 6 장:「일제의 역사기록 수집·정리와 조선사 편찬」,『역사문화연구』 71, 한국외국어대학교 역사문화연구소, 2019.

제 7 장:「일제의 '구관제도조사사업'과 그 주요인물들」,『역사문화연구』 68, 한국외국어대학교 역사문화연구소, 2018.

제 8 장:「일제의 토지조사사업과 기록관리」,『역사문화연구』 30, 한국외국어대학교 역사문화연구소, 2008.

제 9 장:「한국근현대사와 국가기록물 관리」,『기록학연구』 6, 한국기록학회, 2002.

제10장:「참여정부 기록관리정책의 특징」,『기록학연구』 33, 한국기록학회, 2012.

제11장:「국가기록관리정책의 미래」,『한국기록관리학회지』 제9권 제2호, 한국기록관리학회, 2009.

제12장:「대통령기록관리제도 시행의 의의와 과제」,『역사문화연구』 33, 한국외국어대학교 역사문화연구소, 2009.

제13장:「기록문화와 지방자치」,『기록학연구』 26, 한국기록학회, 2010.

제14장:「기록물관리 전문요원의 운영 현황과 전망」,『기록학연구』 21, 한국기록학회, 2009.

제15장:「매뉴스크립트 관리전문가들의 국제협력 및 연대」,『기록학연구』 18, 한국기록학회, 2008.

참고문헌

▷ 자료

(근대)

『朝鮮王朝實錄』

『華城城役儀軌』(『화성성역의궤 국역중보판』, 경기문화재단, 2005)

『議案』 『勅令』 『詔勅』 『法律』

『法規類編』 『警務廳訓令』

『官報』 『독립신문』 『皇城新聞』

宮內府大臣官房調査課, 『宮內府規例』, 1910.

宮內府奎章閣記錄課, 『宮內府記錄總目錄』, 1909.

宮內府奎章閣圖書課, 『帝室圖書目錄』, 1909.

朝鮮總督府取調局, 『圖書關係書類綴』, 1911.

經理院編, 『引繼에關한目錄』, 1907.

『調査局來去文』

『韓國施政年報』

『統監府施政年報』

『韓國財政整理報告』

『韓國財務經過報告』

『統監府例規』(국가기록원, CJA0004668)

臨時財産整理局, 『臨時財産整理局事務要綱』, 1911.

議政府 不動産法調査會, 『調査事項說明書』, 1906.

議政府 不動産法調査會, 『韓國不動産ニ關スル調査記錄』, 1906.

不動産法調査會, 『不動産信用論』, 1906.

議政府 外事局, 『不動産法調査會案』, 1906~1907.

不動産法調査會, 『韓國不動産ニ關スル慣例第一綴』, 1907.

不動産法調査會, 『韓國不動産ニ關スル慣例第二綴』, 1907.

不動産法調査會, 『韓國ニ於ケル土地ニ關スル權利一斑』, 不動産法調査會, 1907.

不動産法調査會, 『韓國土地所有權ノ沿革ヲ論ス』, 1907.

法典調査局, 『不動産法調査報告要錄』, 1908.

不動産法調査會, 『慣習調査問題』, 1909.

『朝鮮總督府參事官分室關係書類』

朝鮮總督府參事官室編, 『引繼圖書目錄』, 1914.

朝鮮總督府, 『慣習調査報告書』, 1913.
度支部, 『土地調査參考書』, 1909~1910.
度支部, 『韓國土地調査計劃書』, 1910.
『(臨時土地調査局)局報』
臨時土地調査局, 『土地調査事業現況報告書』, 1911.
『日本外交文書』
『駐韓日本公使館記錄』
『每日申報』
『古記錄文書蒐集ニ關スル件』
朝鮮史編修會, 『朝鮮史料調査要錄』, 1926.
朝鮮總督府中樞院, 『朝鮮舊慣制度調査事業槪要』, 1938.
朝鮮史編修會, 『朝鮮史編修會事業槪要』, 1938.
水田直昌 監修, 『統監府時代の財政』, 友邦協會, 1974.
『韓末近代法令資料集』(대한민국 국회도서관)
최덕수외, 『조약으로 본 한국근대사』, 열린책들, 2010.
金正明編, 『日韓外交資料集成』, 嚴南堂書店, 1963.
정긍식 편역, 『관습조사보고서』(개역판), 한국법제연구원, 2000.

(현대)
「공공기관의기록물관리에관한법률」, 1999.
「공공기록물관리에관한법률」, 2007.
「대통령기록물관리에관한법률」, 2007.
행정자치부 국가기록원, 「기록물관리 실태조사 결과보고」, 2004.
감사원, 「'공공기록물 관리 및 보존실태' 감사결과」, 2005.
정부혁신지방분권위원회, 『참여정부의 기록관리혁신』, 정부혁신지방분권백서 7, 2005.
정부혁신지방분권위원회, 『기록이 없으면, 정부도 없다-국가기록관리혁신 로드맵 이해하기-』, 2005.
국가기록원, 『국가기록관리 선진화전략 종합실천계획』, 2009.

▷ 저서

강은경, 『고려시대 기록과 국가운영』, 혜안, 2007.
곽건홍, 『아카이브와 민주주의』, 선인, 2014.

곽건홍, 『한국 국가기록관리의 이론과 실제』, 역사비평사, 2003.
국가기록원, 『공개재분류 중요기록 해제집 I (국무총리실)』, 2009.
국가기록원, 『국가기록관리 선진화전략』, 2009.
국가기록원, 『국가기록원 40년사』, 2009.
권태억, 『일제의 한국 식민지화와 문명화(1904-1919)』, 서울대 출판문화원, 2014.
김건우, 『근대 공문서의 탄생』, 소와당, 2008.
김문식·신병주, 『조선왕실기록문화의 꽃 의궤』, 돌베개, 2005.
김운태, 『조선왕조행정사』(근대편), 박영사, 1970.
김혜정 외, 『통감부 설치와 한국식민지화』, 독립운동사연구소, 2009.
남기정 역, 『일제의 한국사법부 침략실화』, 육법사, 1978.
박성준, 『대한제국기 공문서 연구』, 아모르문디, 2015.
박성진·이승일, 『조선총독부 공문서-일제시기 기록관리와 식민지배』, 역사비평사, 2007.
박지태, 『기록관리법령 따라 읽기』, 선인, 2008.
서영희, 『대한제국 정치사연구』, 서울대 출판부, 2003.
서울대 규장각한국학연구원 편, 『고종시대 공문서 연구』, 태학사, 2009.
서울대 규장각, 『화성성역의궤』(서울대 규장각 자료총서), 1994.
왕현종 외, 『일제의 조선관습조사 자료 해제』, 혜안, 2019.
유영익, 『갑오경장연구』, 일조각, 1990.
이승일, 『기록의 역사』, 혜안, 2011.
이승일, 『조선총독부 법제정책-일제의 식민통치와 조선민사령』, 역사비평사, 2008.
이영호, 『한국근대 지세제도와 농민운동』, 서울대 출판부, 2001.
이원규, 『한국 기록관리제도의 이해』, 진리탐구, 2002.
정긍식 편역, 『관습조사보고서』(개역판), 한국법제연구원, 2000.
정부혁신지방분권위원회, 『참여정부의 기록관리혁신』(정부혁신지방분권위원회 백서 7), 2005.
정상우, 『조선총독부의 역사편찬사업과 조선사편수회』, 아연출판부, 2018.
정진임·박종연, 『NLL 대화록 실종을 둘러싼 기록관리 쟁점들』, 한국국가기록연구원, 2013.
한국국가기록연구원, 『기록사료관리와 근대』, 진리탐구, 2005.
한국국가기록연구원, 『조선총독부 공문서 다계층 상세목록집』, 한울, 2005.
한국국가기록연구원, 『조선총독부 공문서 종합목록집』, 한울, 2005.
한국역사연구회, 『일제의 창원군 토지조사와 장부』, 선인, 2011.

한영우, 『조선왕조 의궤』, 일지사, 2005.

李英美, 『韓國司法制度と梅謙次郎』, 法政大學出版局, 2005(김혜정 역, 『한국사법제도와 우메겐지로』, 일조각, 2011).
西英昭, 『『臺灣私法』の成立過程--テキストの層位學的分析を中心に』, 九州大學出版會, 2009.

Elizabeth Yakel, *Starting An Archives*(강명숙 역, 『아카이브 만들기』, 진리탐구, 2003).
ICA & IRMT, *The Management of Public Sector Records : Principles and Context*(이상민 역, 『공공부문의 기록관리: 원칙과 맥락』, 진리탐구, 2008).
Thomas Wilsted & William Nolte, *Managing Archival and Manuscript Repository*, SAA Archival Fundamentals Series(이소연 역, 『기록관 경영』, 진리탐구, 2004).

▷ 논문

강민정·이승휘, 「미국 대통령기록관의 수집정책에 관한 연구」, 『기록학연구』 46, 한국기록학회, 2015.
곽건홍, 「'해체와 재구성': 차기 정부의 역사·기록분야 조직 개혁 방향」, 『기록학연구』 52, 한국기록학회, 2017.
곽건홍, 「국가기록원 개혁 방향: '국가기록원법안' 분석을 중심으로」, 『기록학연구』 40, 한국기록학회, 2014.
곽건홍, 「기록관 체제 재검토」, 『기록학연구』 27, 한국기록학회, 2011.
곽건홍, 「자율과 분권, 연대를 기반으로 한 국가기록관리 체제 구상」, 『기록학연구』 22, 한국기록학회, 2009.
곽건홍, 「한국 국가기록관리체제 '혁신'의 성격」, 『기록학연구』 13, 한국기록학회, 2006.
곽건홍, 「대통령기록 관리기구의 기능과 역할」, 『기록학연구』 4, 한국기록학회, 2001.
곽정, 「조계종 기록관리시스템 구축에 관한 연구」, 『기록학연구』 11, 한국기록학회, 2005.
권태억, 「1904~1910년 일제의 한국 침략 구상과 '시정개선'」, 『한국사론』 31, 서울대학교, 1994.
권태억, 「갑오개혁 이후 공문서 체계의 변화」, 『규장각』 17, 서울대 규장각, 1994.
권태억, 「통감부 설치기 일제의 조선 근대화론」, 『국사관논총』 53, 국사편찬위원회,

1994.

김건우, 「구한말 궁내부의 공문서 관리 규칙에 관한 일고찰」, 『한국기록관리학회지』 제7권 1호, 한국기록관리학회, 2007.

김경남, 「1894~1910년 한국과 일본 근대기록구조의 중층성과 종속성」, 『한국기록관리학회지』 제15권 제3호, 한국기록관리학회, 2015.

김문식, 「'의궤사목'에 나타나는 의궤의 제작과정」, 『규장각』 37, 서울대 규장각, 2010.

김성수·서혜란, 「대통령기록관의 설립 및 정부기록보존소의 위상에 관한 연구」, 『한국기록관리학회지』 제2권 제1호, 한국기록관리학회, 2002.

김성수, 「기록관리법의 개정과 관련한 제문제 연구」, 『한국기록관리학회지』 제4권 제2호, 한국기록관리학회, 2004.

김성수, 「국가기록물 관리의 현황에 관한 발전적 제언」, 『한국기록관리학회지』 제3권 제1호, 한국기록관리학회, 2003.

김유승, 「박근혜 정부, 정보공개 잔혹사」, 『박근혜정부의 기록관리·정보공개를 평가한다』, 국회의원회관, 2017.

김유승, 「국회 라키비움의 전망에 관한 연구-문화유산기관 협력 정책에 관한 논의를 중심으로-」, 『한국기록관리학회지』 제12권 제2호, 한국기록관리학회, 2012.

김익한, 「왜 다시 기록관리혁신인가?: 소통, 기술, 협치를 향해」, 『기록학연구』 55, 한국기록학회, 2018.

김익한, 「'남북 정상회담 회의록' 문제와 대통령 기록물 관리」, 『역사비평』 106, 역사비평사, 2014.

김익한, 「기록관리법 10년, 다시 한번의 도약을 위한 제언」, 『기록학연구』 21, 한국기록학회, 2009.

김익한, 「기록학의 도입과 기록관리혁신(1999년 이후)」, 『기록학연구』 15, 한국기록학회, 2007.

김익한, 「불균형 잔존 행정기록의 평가방법 시론 -조선총독부 공문서의 평가절차론 수립을 위하여-」, 『기록학연구』 13, 한국기록학회, 2006.

김익한, 「기록관리혁신의 과제와 전망 -거버넌스 기록관리」, 『기록학연구』 11, 한국기록학회, 2005.

김재순, 「일제의 공문서제도 장악과 운용의 실제」, 『한국문화』 16, 규장각한국학연구소, 1995.

김재순, 「조선총독부 공문서제도와 정부기록보존소 소장 일제 문서」, 『역사와 현실』 9, 한국역사연구회, 1993.

김재순, 「한국근대 공문서관리제도의 변천」, 『기록보존』 5, 총무처 정부기록보존소, 1992.
김종철, 「일본의 지방공문서관과 지방기록관리 -문서관과 역사자료관의 설립과정을 중심으로-」, 『기록학연구』 11, 한국기록학회, 2005.
김주관, 「공동체의 기억을 담는 아카이브를 지향하며」, 『기록학연구』 33, 한국기록학회, 2012.
김태웅, 「갑오개혁 전후 지방공문서관리의 변화」, 『규장각』 23, 서울대 규장각, 2000.
김태웅, 「1910년대 전반 조선총독부의 취조국 참사관실과 '구관제도조사사업'」, 『규장각』 16, 서울대 규장각, 1993.
김혁, 「장서각 소장의 등록의 문헌학적 특징」, 『장서각』 4, 2000.
김현숙, 「한말 조선정부의 고문관정책」, 『역사와현실』 33, 한국역사연구회, 1999.
남태우 외, 「대통령기록물관리법에 관한 연구」, 『한국기록관리학회지』 제7호, 한국기록관리학회, 2007.
도면회, 「정치사적 측면에서 본 대한제국의 역사적 성격」, 『역사와현실』 19, 한국역사연구회, 1996.
마원준, 「한국 개(個)교회기록물의 기능분류방안」, 『기록학연구』 10, 한국기록학회, 2004.
박미애, 「기록관리 '혁신'로드맵의 법제화연구」, 『기록학연구』 25, 한국기록학회, 2010.
박성준, 「대한제국기 공문서의 편철과 분류」, 『서지학연구』 41, 서지학회, 2008.
박성진, 「일제 강점기의 문서행정」, 『한국 문서행정의 발달사』, 한국고문서학회 전국학술대회, 2008.
박성진, 「일제하 조선총독부의 공문서 분류방식」, 『기록학연구』 5, 한국기록학회, 2002.
박성진, 「조선총독부의 공문서 보존기간 책정기준과 가치평가」, 『기록보존』 15, 총무처 정부기록보존소, 2002.
박찬승, 「외국의 지방기록관과 한국의 지방기록자료관 설립방향」, 『기록학연구』 창간호, 한국기록학회, 2000, 128~129쪽.
박현수, 「日帝의 植民地 調査機構와 調査者」, 『정신문화연구』 21-3(통권 72호), 한국정신문화연구원, 1998.
박현수, 「朝鮮總督府 中樞院의 社會·文化 調査活動」, 『韓國文化人類學』 12, 한국문화인류학회, 1980.
배성준, 「통감부시기 관습조사와 토지권 관습의 창출」, 『사림』 33, 수선사학회, 2009.
서영희, 「통감부시기 일제의 권력장악과 규장각 자료의 정리」, 『규장각』 17, 서울대 규장각, 1994.

서영희, 「1894~1905년의 정치체제변동과 궁내부」, 『한국사론』 23, 서울대 국사학과, 1990.
서혜란, 「한국 공공기록관리정책의 연대기적 검토」, 『한국기록관리학회지』 제9권 제2호, 한국기록관리학회, 2009.
서혜란, 「기록유산의 보존과 활용을 위한 도서관과 기록관의 협력」, 『한국비블리아학회지』 제16권 제2호, 한국비블리아학회, 2005.
설문원, 「로컬리티 기록화를 위한 참여형 아카이브 구축에 관한 연구」, 『기록학연구』 32, 한국기록학회, 2012.
설문원, 「디지털 환경에서의 로컬리티 기록화 방법론 연구」, 『한국기록관리학회지』 제11권 제1호, 한국기록관리학회, 2011.
설문원, 「지역 기록화를 위한 도큐멘테이션 전략의 적용」, 『기록학연구』 26, 한국기록학회, 2010.
손동유·이경준, 「마을공동체 아카이브 활성화 방안」, 『기록학연구』 35, 한국기록학회, 2013.
손동유, 「지방의 역사기록관리 활성화 방안 연구」, 『기록학연구』 28, 한국기록학회, 2011.
손동유, 「사립대 아카이브즈의 위상과 기능에 관한 연구」, 『기록학연구』 9, 한국기록학회, 2004.
송병호, 「기록관리시스템의 현황과 전망」, 『기록학연구』 21, 한국기록학회, 2009.
송현강, 「대전·충남 지역의 근현대 기독교 기록물현황과 기록관리실태」, 『역사와 담론』 45, 호서사학회, 2006.
시귀선, 「대한제국시기 기록문화」, 『대한제국기 고문서』, 국립전주박물관, 2003.
신용하, 「규장각도서의 변천과정에 대한 一硏究」, 『규장각』 5, 서울대 규장각, 1981.
심희기, 「일제강점 초기 '식민지 관습법'의 형성」, 『법사학연구』 28, 한국법사학회, 2003.
안병우 외, 「한국 공공기록관리의 쟁점과 전망-2013년 기록관리체제를 위하여」, 『기록학연구』 34, 한국기록학회, 2012.
연갑수, 「조선후기 등록에 대한 연구」, 『외대사학』 12, 한국외국어대 역사문화연구소, 2000.
오항녕, 「조선전기 기록관리 체계의 이해」, 『기록학연구』 17, 한국기록학회, 2008.
오항녕, 「한국 기록관리와 '거버넌스'에 대한 역사적 접근」, 『기록학연구』 11, 한국기록학회, 2005.
오항녕, 「실록(實錄): 등록(謄錄)의 위계」, 『기록학연구』 3, 한국기록학회, 2001.

왕현종, 「경남 창원지역 토지조사의 시행과정과 장부체계의 변화」, 『역사와 현실』 65, 한국역사연구회, 2007.

윤대성, 「일제의 한국관습조사사업과 민사관습법」, 『(창원대)논문집』 13-1, 창원대학교, 1991.

윤은하, 「공동체와 공동체 아카이브에 대한 고찰」, 『기록학연구』 33, 한국기록학회, 2012.

윤은하, 「북미 기록학의 동향과 전망: 패러다임 변화를 중심으로」, 『한국기록관리학회지』 37(1), 한국기록관리학회, 2011.

이경래·이광석, 「영국공동체 아카이브 운동의 전개와 실천적 함의」, 『기록학연구』 37, 한국기록학회, 2013.

이경용, 「조선총독부의 기록관리제도」, 『기록학연구』 10, 한국기록학회, 2004.

이경용, 「한국 기록관리체제 성립과정과 구조-정부기록보존소를 중심으로」, 『기록학연구』 제8호, 한국기록학회, 2003.

이경용, 「한국의 공기록관리제도(Ⅰ)」, 『기록보존』 15, 행정자치부 정부기록보존소, 2002.

이경용, 「한국의 근현대 기록관리제도사 연구(1894~1969년)」, 중앙대 박사학위논문, 2002.

이경용, 「한말 기록관리제도 -공문서관리 규정을 중심으로-」, 『기록학연구』 6, 한국기록학회, 2002.

이상민, 「위기에 처한 대통령기록물관리, 문제의 인식과 해결을 위한 접근 방식」, 『기록학연구』 18, 한국기록학회, 2008.

이상찬, 「조선총독부의 '도서정리사업'의 식민지적 성격」, 『한국문화』 61, 규장각한국학연구소, 2013.

이상찬, 「갑오개혁 이후 문서행정」, 『한국 문서행정의 발달사』, 한국고문서학회 전국학술대회, 2008.

이상찬, 「규장각 소장 자료의 공문서 분류도장에 대하여」, 『서지학보』 20, 한국서지학회, 1997.

이상찬, 「일제침략과 황실재산정리」, 『규장각』 15, 서울대 규장각, 1992.

이상찬, 「'인계에 관한 목록'과 '조사국래거문'의 검토」, 『서지학보』 6, 한국서지학회, 1991.

이상훈, 「한국정부 수립 이후 행정체계의 변동과 국가기록관리체제의 개편(1948~64년)」, 『기록학연구』 21, 한국기록학회, 2009.

이소연·오명진, 「기록관리를 위한 업무분석 방법론 연구」, 『기록학연구』 12, 한국기록학회, 2005.
이소연, 「전자기록 관리의 현황과 과제」, 『기록학연구』 21, 한국기록학회, 2009.
이소연, 「전자기록의 속성에 기반한 기록관리의 과제」, 『기록학연구』 18, 한국기록학회, 2008.
이승일, 「한국 국가기록관리체제의 개혁과 국가기록원 개편」, 『기록학연구』 41, 한국기록학회, 2014.
이승일, 「일제의 동아시아 구관조사와 식민지 법 제정 구상」, 『한국사연구』 151, 한국사연구회, 2010.
이승일, 「일제의 관습조사와 전국적 관습의 확립과정연구 -관습조사보고서의 편찬을 중심으로-」, 『대동문화연구』 67, 대동문화연구원, 2009.
이승일, 「1960년대 초반 한국 국가기록관리체제의 수립과정과 제도적 특징」, 『한국기록관리학회지』 제7권 2호, 한국기록관리학회, 2007.
이승일, 「조선총독부의 기록수집활동과 식민통치」, 『기록학연구』 15, 한국기록학회, 2007.
이승일, 「조선총독부 공문서제도-기안에서 성책까지의 과정을 중심으로-」, 『기록학연구』 9, 한국기록학회, 2004.
이승일, 「조선총독부의 '조선도서 및 고문서'의 수집·분류활동」, 『기록학연구』 4, 한국기록학회, 2001.
이승휘, 「갑오개혁기 기록관리제도와 등기실체제(Registry System)」, 『기록학연구』 17, 한국기록학회, 2008.
이승휘, 「공공기록물 관리에 있어 이명박정부의 책임과 '업적'」, 『기록학연구』 18, 한국기록학회, 2008.
이승휘, 「건국 후 문혁기까지 역사기록물의 보존과 이용-정치적 변동과 관련하여」, 『국제중국학연구』 47, 한국중국학회, 2003.
이영남, 「국가기록혁신과 기록담론」, 『기록학연구』 56, 한국기록학회, 2018.
이영남, 「기록의 역운: <포스트1999>를 전망하며」, 『기록학연구』 39, 한국기록학회, 2014.
이영남, 「공동체아카이브, 몇 가지 단상」, 『기록학연구』 31, 한국기록학회, 2012.
이영남, 「'마을아르페'(Community Archpe) 시론 -마을 차원의 책·기록·역사, 그리고 치유와 창업의 커뮤니티를 위한 제언-」, 『기록학연구』 18, 한국기록학회, 2008.
이영남, 「대통령 기록관리제도의 변화와 의미 -대통령기록법의 주요 내용을 중심으로-」, 『한국비블리아발표논집』, 한국비블리아학회, 2007.
이영남, 「1950~1960년대 국가행정체계의 재편과 성격(1957~1963)」, 서강대학교 박사학위논문, 2004.
이영은, 「광역자치단체장의 기록 관리 방안 연구」, 『기록학연구』 27, 한국기록학회, 2011.
이영학, 「통감부의 기록장악과 조선침략」, 『기록학연구』 41, 한국기록학회, 2014.
이영학, 「참여정부 기록관리정책의 특징」, 『기록학연구』 33, 한국기록학회, 2012.
이영학, 「국가기록관리정책의 미래」, 『한국기록관리학회지』 제9권 제2호, 한국기록관리학회, 2009.
이영학, 「기록물관리 전문요원의 운영 현황과 전망」, 『기록학연구』 21, 한국기록학회, 2009.
이영학, 「대통령 기록관리제도 시행의 의의와 과제」, 『역사문화연구』 33, 한국외국어대 역사문화연구소, 2009.
이영학, 「대한제국시기의 기록관리」, 『기록학연구』 19, 한국기록학회, 2009.
이영학, 「갑오개혁시기 기록관리제도의 변화」, 『역사문화연구』 27, 한국외국어대 역사문화연구소, 2007.
이영학, 「경기지역 기록문화의 활성화 방안」, 『경기지역 기록문화의 현황과 과제』, 경기기록문화포럼 창립 심포지움, 2003.
이영호, 「일본제국의 식민지 토지조사사업에 대한 비교사적 검토」, 『역사와현실』 50, 한국역사연구회, 2003.
이영호, 「통감부시기 조세증가정책의 실현과정과 그 성격」, 『한국근대 지세제도와 농민운동』, 서울대 출판부, 2001.
이원규, 「지방 공공기록관리의 정책과제」, 『기록학연구』 26, 한국기록학회, 2010.
이주연, 「국·공립 대학기록관리의 현황과 과제」, 『한국기록관리학회지』 제8권 제1호, 한국기록관리학회, 2008.
이진영, 「정부기록보존소 소장 지방기록물의 현황과 성격 −전라북도 영구문서를 중심으로」, 『기록보존』 14, 정부기록보존소, 2001.
장신, 「조선총독부의 朝鮮半島史 편찬사업 연구」, 『동북아역사논총』 23, 동북아역사재단, 2009.
전진한, 「'박근혜 정부, 대통령기록 사태'와 제도개선의 논점들」, 『박근혜정부의 기록관리·정보공개를 평가한다』, 국회의원회관, 2017.
전현수, 「한국 현대 기록관리 제도의 정립(1969~1999)」, 『기록학연구』 15, 한국기록학회, 2007.
전현수, 「외교문서 관리제도의 개선 방향」, 『기록학연구』 13, 한국기록학회, 2006.
정긍식, 「식민지기 상속관습법의 타당성에 대한 재검토」, 『법학』 50-16, 서울대학교

아시아태평양법연구소, 2009.

정긍식, 「日帝의 慣習調査와 그 意義」, 『改譯版 慣習調査報告書』, 한국법제연구원, 2000.

정상우, 「『조선사』(조선사편수회 간행) 편찬 사업 전후 일본인 연구자들의 갈등 양상과 새로운 연구자의 등장」, 『사학연구』 116, 한국사학회, 2014.

정상우, 「식민지에서의 제국 일본의 역사편찬사업」, 『한국사연구』 160, 한국사연구회, 2013.

정상우, 「조선총독부의 『조선사』 편찬 사업」, 서울대학교 국사학과 박사학위논문, 2011.

정상우, 「1910~1915년 조선총독부 촉탁의 학술조사사업」, 『역사와현실』 68, 한국역사연구회, 2008.

정연태, 「일제의 식민농정과 농업의 변화」, 『한국역사입문』 3권, 풀빛, 1996.

조민지·이영남, 「민주주의 관점으로 본 국가기록관리체계 평가와 전망」, 『기록학연구』 53, 한국기록학회, 2017.

조민지, 「미국 대통령기록관의 역기능에 관한 연구」, 『기록학연구』 20, 한국기록학회, 2009.

조영삼, 「국가기록관리 발전을 위한 정책 제안」, 『역사비평』 100, 역사비평사, 2012.

조영삼, 「한국의 대통령기록관리제도 연구」, 명지대학교 박사학위논문, 2011.

조영삼, 「대통령기록관리의 현황과 전망」, 『기록학연구』 21, 한국기록학회, 2009.

조영삼, 「대통령기록관리체계의 형성과 쟁점」, 『지배문화와 민중의식』(서굉일교수 정년기념논총), 한신대 출판부, 2008.

조영삼, 「전문직렬제도의 현상과 기록연구직렬」, 『기록학연구』 7, 한국기록학회, 2003.

주진오, 「갑오개혁의 새로운 이해」, 『역사비평』 가을호, 역사문제연구소, 1994.

지수걸, 「미래세대를 위한 역사교육 -2011년 한국사 교육과정 논쟁의 실상과 허상-」, 『역사교육』 123, 역사학연구소, 2012.

지수걸, 「'구술사 하기'와 지역문화운동」, 『역사연구』 19, 역사학연구소, 2010.

지수걸, 「'지방기록물관리기관'의 기능과 역할」, 『기록학연구』 3, 한국기록학회, 2001.

지수걸, 「지방기록물관리기관 설립의 방향과 방법」, 『기록학연구』 21, 한국기록학회, 2009.

최원규, 「창원군 토지조사사업 관계장부의 종류와 성격」, 『일제의 창원군 토지조사와 장부』, 선인, 2011.

최원규, 「일제초기 토지조사 법규 정비와 토지신고서」, 『역사문화연구』 17, 한국외국어대 역사문화연구소, 2002.

최원규, 「대한제국기 양전과 관계발급사업」, 『대한제국의 토지조사사업』, 민음사, 1995.

최재희, 「국가차원의 문화유산기관 협력체 구성사례 및 시사점 -영국 MLA를 중심으로-」, 『한국기록관리학회지』 제8권 제2호, 한국기록관리학회, 2008.

최정태, 「'기록관리학', 그 교육의 방향 -신설 9개 대학원 교과과정을 보면서-」, 『기록학연구』 2, 한국기록학회, 2000.

한영우, 「정조의 화성 건설과 "화성성역의궤"」, 『화성성역의궤 국역증보판』, 경기문화재단, 2005.

한영우, 「"화성성역의궤"해제」, 『화성성역의궤』, 서울대 규장각, 1994.

安藤正人, 「일본의 아시아 침략과 아카이브정책」, 『과거청산, 인권 그리고 기록』, 한국기록학회 학술대회, 2005.

찾아보기

ㄱ

가와사키 만조[川崎萬藏] 225, 227~278, 280
가와카미 쓰네로[川上常郎] 305
가토 마스오[加藤增雄] 201
가토 마쓰로[加藤末郎] 210~211
각부각아문통행규칙 90, 96, 104
각부관제통칙 97
각부분과규정 97
개국기년 110
개형도 321
거버넌스 387
거중기 80
결수연명부 318
결수연명부규칙 320
경리원 202
경무청 143
경무청처무세칙 119
경부 145~147
경부분과규정 147
경위원 149
고다마 겐타로[兒玉源太郎] 266~267, 273
고마쓰 미도리[小松綠] 248
고문급참여관감독규정 169
고토 신페이[後藤新平] 266, 270, 273
공문식 103, 107, 111
공문유별급식양 107, 113
과세지견취도 321, 324
교토부립[京都府立]총합자료관 455~456
구라토미 유사부로[倉富勇三郎] 231, 235, 272, 280~281
구로이타 가쓰미[黑板勝美] 248, 257
국가기록관리위원회 391
국가기록관리혁신 로드맵 48, 361~363
궁내부 135
궁내부관제 136
궁내부기록총목록 190
궁내부기록편찬보존규정 186, 190
궁내부문서조관규정 182~183
규장각 63~64
규장각분과규정 185
기록관리자 469
기록관리혁신전문위원회 359~360, 362
기록국 91
기록물관리 전문요원 374, 474~475
기록물관리기관 400
기록물평가심의회 376
기록사(記錄司) 136~137
김교헌 290
김낙헌 283
김돈희 296
김한목 290

ㄴ

나카무라 히코[中村彦] 215
나카야마 세이타로[中山成太郎] 225, 228, 242, 245, 272, 277~278, 285,

287, 292
네바다주 아카이브즈 455~456
니나가와 아라타[蜷川 新] 286, 288

ⓒ
다가와 쿄죠[田川孝三] 257
다나카 키요지[田中喜代次] 215
다보하시 키요시[田保橋潔] 257
대통령기록관리시스템 431
대통령기록관리위원회 424, 436, 439
대통령지정기록 382, 425
대통령지정기록물 432
대통령지정기록물보호제도 431
대통령지정기록보호제도 425
대한국국제 130
도서관계서류철 285

ⓜ
마키 나오마사[牧朴眞] 220
매뉴스크립트 보존소 494, 501
메가다 다네타로[目賀田種太郎] 167, 200
명령반포식 102
문목(門目) 189, 196
미야지마 다키오[宮島多喜郎] 215
미우라 히로유키[三浦周行] 248
민주화운동기념사업회 497

ⓑ
박이양 295
법률 115
보존문서정리사업 41
부평군 310

ⓢ
사코우 츠네아키[酒勾常明] 210, 212~213
서상훈 296
세키야 테이자부로[關屋貞三郎] 270
세키자와 아카기요[關澤明淸] 217
셍고뱅(Saint-Gobain) 주식회사 401
송영대 296
수도우 요시유키[周藤吉之] 257
스에마쓰 야스카즈[末松保和] 257
신석호 257
신식유서필지 107
실지조사부 329

ⓞ
아라이 켄타로[荒井賢太郎] 201
아리요시 쥬이치[有吉忠一] 254, 256
아카이브즈 494
아키비스트 469
아키비스트 윤리규약 500
안도 시즈카[安藤 靜] 272, 287
알리엔츠(Allianz) 보험회사 402
야시오시[八潮市] 자료관 455
어윤적 258
어제성화주략 67
연락도 325
영구기록물관리기관 476
오다 미키지로[小田幹治郎] 248, 272, 282, 285, 287, 292
오오다 테루지[太田輝次] 245, 292
와다 이찌로[和田一郎] 270
우메 겐지로[梅謙次郎] 175, 224, 231, 270, 275, 277

찾아보기 517

원수부관제 142
원양어업장려법 219
원행을묘정리의궤 65
유맹 258
유서필지 107
유성준 283
유형거 80
의문사진상규명위원회 496
의안 103, 109, 115
이나마 이와키치[稻葉岩吉] 257
이능화 258
이동지신고서 331
이마니시 류[今西龍] 248
이병소 258
이스즈카 에이조[石塚英藏] 242, 285, 287
이시영 283
이케우치 히로시[池內宏] 257
이토 히로부미[伊藤博文] 172, 223, 279
일필지조사 314
일한동원사(日韓同源史) 247
임시재산정리국 203~204
임시제실유급국유재산조사국 201~203
임시토지조사국 309

ⓒ

전직 대통령의 열람권 433
정만조 258, 285, 289
정병조 285, 289
정부기능분류체계 398
정부기록보존소 41
정약용 64, 80
제실제도정리국 201

조선반도사 291
조선사료집진 291
조선사료총간 291
조선사편수회 252, 256~257
조선사편찬위원회 252~253, 256
조선사회사정조사 291
조선어업협회 219
조칙 103~104, 115
종묘서고문 112
죠 카즈마[城數馬] 282
지계아문 152
지방기록물관리기관 400

ⓒ

참사관분실 294~295
참사관실 292~293
취조국관제 284
칙령 103, 105, 115

ⓚ

카부라키 요사오[鏑木餘三男] 217
카와이 히로타미[河合弘民] 286, 288
크래프트(Kraft) 식품회사 402

ⓔ

토오루 와타나베[渡邊暢] 282
토지가옥소유권증명규칙 279
토지가옥증명규칙 229, 279
토지대장 332
토지대장집계부 332
토지신고서 314, 326, 328
토지조사강요 305
토지조사국관제 308

토지조사법 310
토지조사부 330
토지조사부등본 331
통감부문서취급규정 170~171
통감부예규 171
통신원 151
특수기록관 477~478

ⓗ
한국농사조사위원회 214
한국토지조사계획서 307

한국통사 249
한해통어조합 220
헤글리 기록관 401
혁신분권평가전문위원회 366, 368
현은 295
혼다 코우스케[本田幸介] 215
홀로코스트 기념관 498
홍희 258
히라키 간타로[平木勘太郎] 227, 229, 278~279

찾아보기 519

외대 역사문화 연구총서를 간행하며

한국외국어대학교 역사문화연구소는 세계 각 지역의 제도·사상·문화를 포함한 역사 전반을 비교·연구하기 위해 1984년 3월 1일 설립되었습니다. '사학연구소'로 발족한 본 연구소는 문화에 대한 사회적 관심 증가에 부응하고 연구 영역을 더욱 다양화하려는 취지에서 1996년 3월 '역사문화연구소'로 변경했습니다.

본 연구소는 설립 이래 지금까지 학술지 발간을 비롯해 국내외 학술회의 개최, 학술서적 출판 등을 통해 역사학과 인문학을 발전시키기 위해 많은 노력을 기울여왔습니다. 특히 본 연구소가 소속된 한국외국어대학교의 기반과 장점을 살려 한국사와 동·서양사의 비교 연구, 세계 각국의 생활문화 연구, 고려인과 조선족 등 재외한인 연구 등을 중점적으로 추진하여 많은 업적을 축적했습니다.

이러한 노력 덕분에 본 연구소에서 간행하는 '역사문화연구'가 2005년 한국연구재단의 등재학술지로 선정되었고, 콜로퀴움을 포함하여 150회가 넘는 학술회의를 개최했으며, 30여 종의 학술서를 출판했습니다. 다만 그동안 각종 단행본을 여러 출판사에 분산해 간행했기 때문에 연구소 업적을 체계적으로 축적하고 널리 확산하는 데 많은 어려움을 겪었습니다.

이에 본 연구소는 (주)신서원과 함께 '외대 역사문화 연구총서'와 '외대 역사문화 교양총서'를 간행하기로 했습니다. 향후 연구총서는 연구소의 학문적 성과를 학계 및 전문 연구자와 공유하기 위해 학술서 중심으로 간행할 계획이며, 교양총서는 본 연구소뿐 아니라 학계의 연구 성과를 일반 대중에게 널리 보급하기 위해 다양한 교양서를 기획하여 출간하려고 합니다.

이러한 '외대 역사문화 총서' 간행이 위기에 처한 한국 역사학과 인문학의 지평을 넓히고, 우리 역사와 문화에 대한 일반 대중의 관심을 더욱 높이는 계기가 되기를 희망해 봅니다.

어려운 여건에도 본 연구소의 총서 간행 제의를 흔쾌히 수락해 주신 (주)신서원의 정용국 사장님과 직원 여러분께 감사드리며, 아울러 학계와 선학 제현의 아낌없는 성원을 부탁드리는 바입니다.

한국외국어대학교 역사문화연구소